U0804641

山東藏書家史略

（增订本）

王绍曾　沙嘉孙　著

顾廷龙题

儒家文明协同创新中心资助项目

儒学与山左学术丛书之三

齊鲁書社

儒家文明协同创新中心
学 术 委 员 会 组 成 名 单

名誉主任　杜维明　刘大钧

主　　任　陈　来

副 主 任　（按姓氏笔画排列）

王云路　王学典　杨国荣　舒大刚

委　　员　（按姓氏笔画排列）

万俊人　王云路　王学典　朱小健

池田知久　安乐哲　李景林

杨世文　杨国荣　杨朝明　陈　来

陈卫平　郭齐勇　黄俊杰　崔英辰

董　平　景海峰　傅永聚　舒大刚

颜炳罡

办公室主任　杜泽逊

藏书家遗像、藏书印、书影

明李开先像

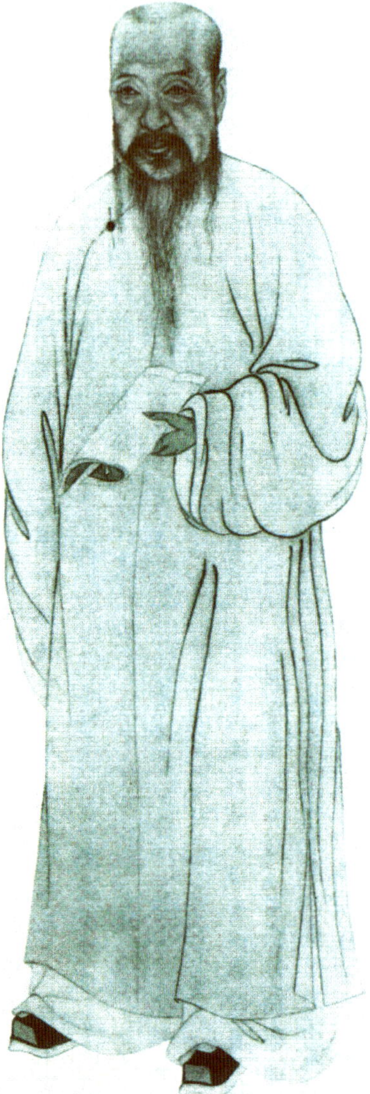

清王士禛像

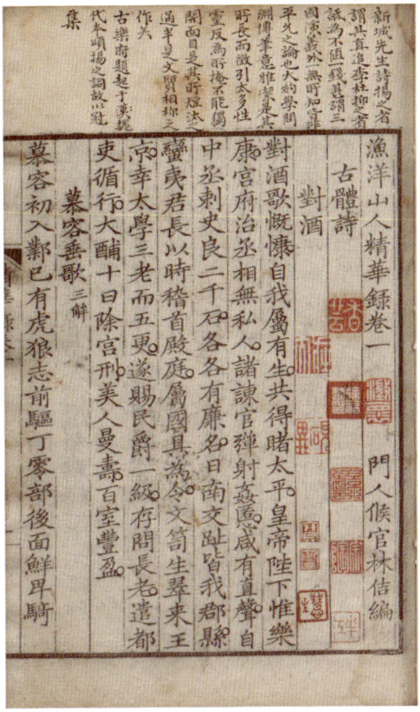
漁洋山人精華錄卷一　門人侯官林佶編
古體詩
對酒
對酒歌慨慷自我屬有生共得睹太平皇帝陛下惟樂康宮府治丞相無私人諸諫官彈射姦慝咸有直聲自中丞刺史良二千石各各有廉名日南交趾皆我郡縣蠻夷君長以時稽首殿庭屬國具爲令文筍生犀來王京幸太學三老而五更遂賜民爵一級存問長老遣都吏循行大酺十日除宮刑美人曼壽百室豐盈
慕容垂歌 三解
慕容初入鄴已有虎狼志前驅丁零部後面鮮卑騎

清王士禛门人福建侯官林佶编王士禛《渔洋山人精华录》书影（天津图书馆藏）

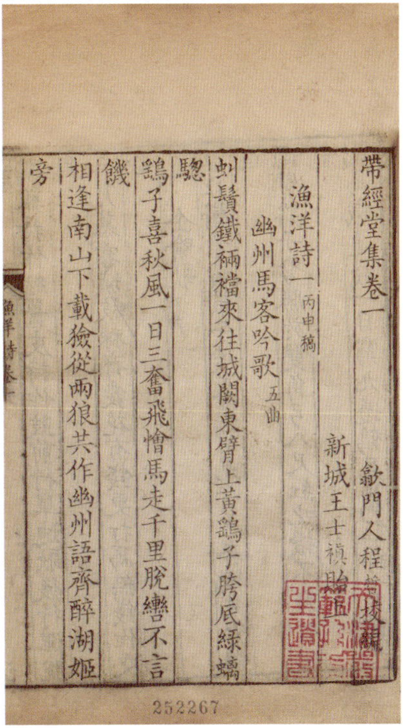
帶經堂集卷一　歙門人程哲校
漁洋詩一 丙申稿　新城王士禛貽上
幽州馬客吟歌 五曲
虯鬚鐵裲襠來往城闕東臂上黃鷂子膀底綠螭驄
鷂子喜秋風一日三奮飛憎馬走千里脫韁不言饑
相逢南山下載獫從兩狼共作幽州語齊醉湖姬旁
252267

清王士禛门人安徽歙县程哲编王士禛《带经堂集》书影（天津图书馆藏）

清孔尚任像

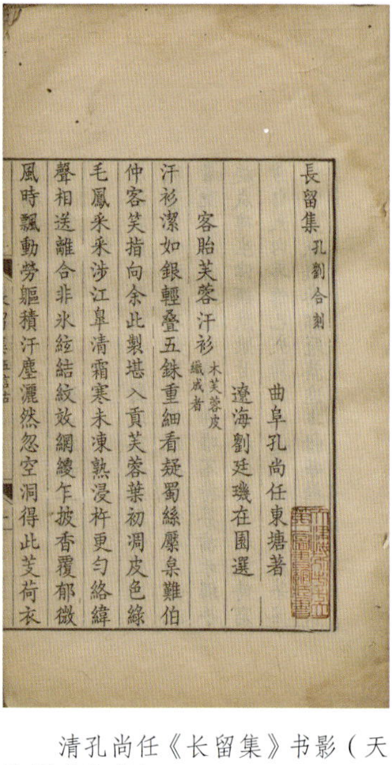

長留集 孔劉合刻

曲阜孔尚任東塘著

遼海劉廷璣在園選

客貽芙蓉汗衫 木芙蓉皮織成者

汗衫潔如銀輕疊五銖重細看疑蜀絲縻枲難伯仲客笑指向余此製堪入貢芙蓉葉初凋皮色綠毛鳳采采涉江皐清霜寒未凍熟浸杵更勻絡緯聲相送離合非氷絃結紋放網縷乍披香覆郁微風時飄動勞軀積汗塵灑然忽空洞得此芰荷衣

清孔尚任《长留集》书影（天津图书馆藏）

清高凤翰像

清李文藻像

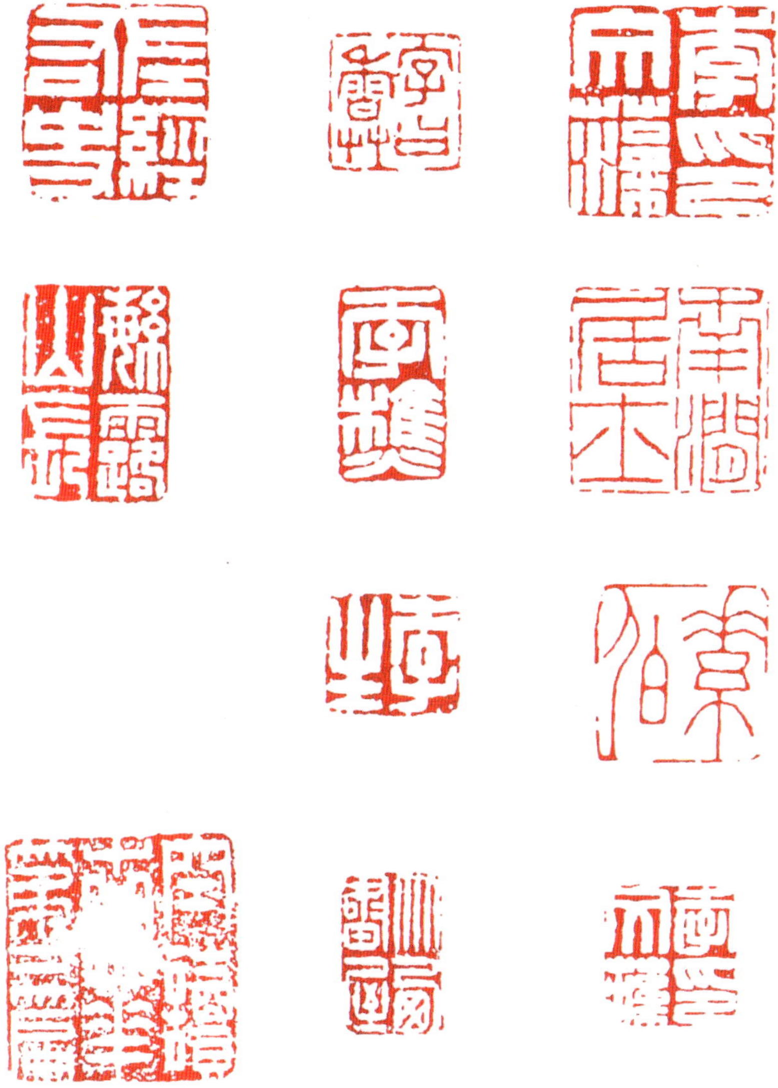

清李文藻大云山房部分藏书印

清周永年像

清孔广森像

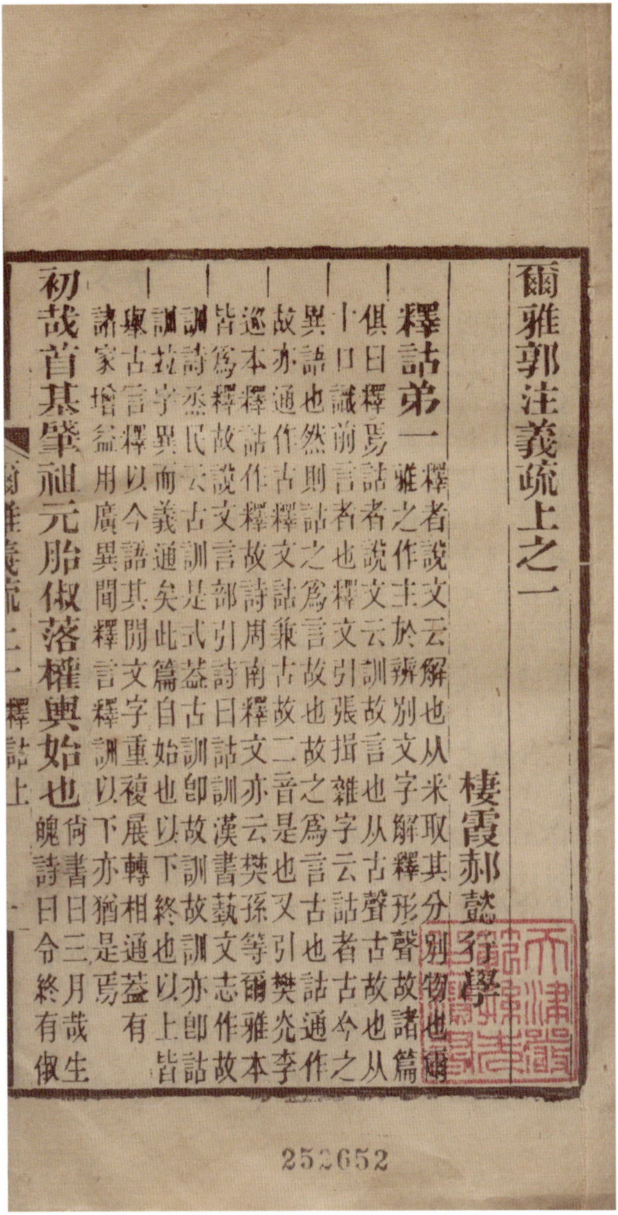

爾雅郭注義疏上之一

釋詁弟一

棲霞郝懿行學

釋者說文云解也从采取其分別物也爾雅之作主於辨別文字解釋形聲故諸篇俱曰釋詁者說文云訓故言也从古聲古故也从十口識前言者也釋文引張揖雜字云詁者古今之異語也然則詁之爲言故故也故之爲言古也詁通作故亦通作古釋文詁兼古故二音是也又引樊光李巡本釋詁作釋故詩周南釋文亦云樊孫等爾雅本皆爲釋故說文言部引詩曰詁訓漢書藝文志作故訓詩烝民云古訓是式蓋古訓即故訓故訓亦即詁訓按字異而義通矣此篇自始也以下終也以上皆舉古言釋以今語其閒文字重複展轉相通蓋有諸家增益用廣異聞釋言釋訓以下亦猶是焉

初哉首基肇祖元胎俶落權輿始也

尚書曰三月哉生魄詩曰令終有俶

爾雅義疏上之一　釋詁上　一

252652

清郝懿行《尔雅义疏》书影（天津图书馆藏）

清杨以增像

聊城杨氏海源阁匾额

聊城杨氏海源阁藏书印（之一）

聊城杨氏海源阁藏书印（之二）

聊城杨氏海源阁藏书印（之三）

聊城杨氏海源阁藏书印（之四）

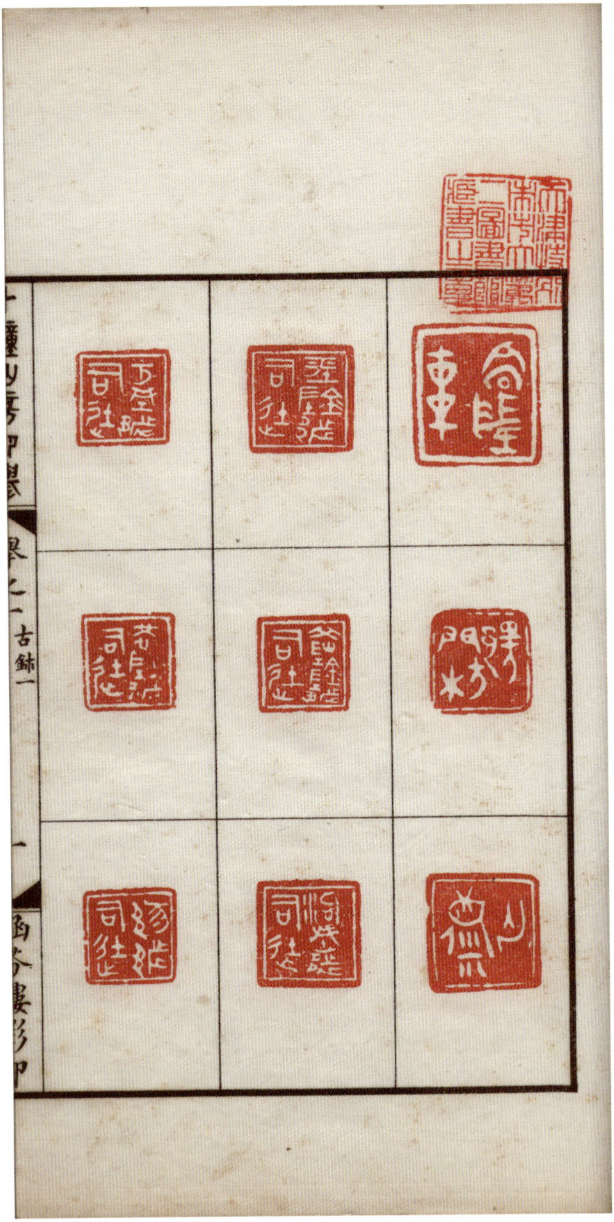

清陈介祺《十钟山房印举》书影（天津图书馆藏）

王献唐像

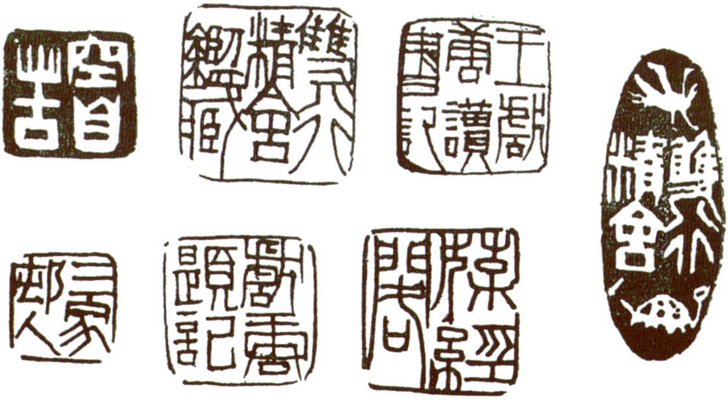

王献唐双行精舍部分藏书印

王献唐《双行精舍书跋辑存》书影

聊城杨氏海源阁旧藏部分书影

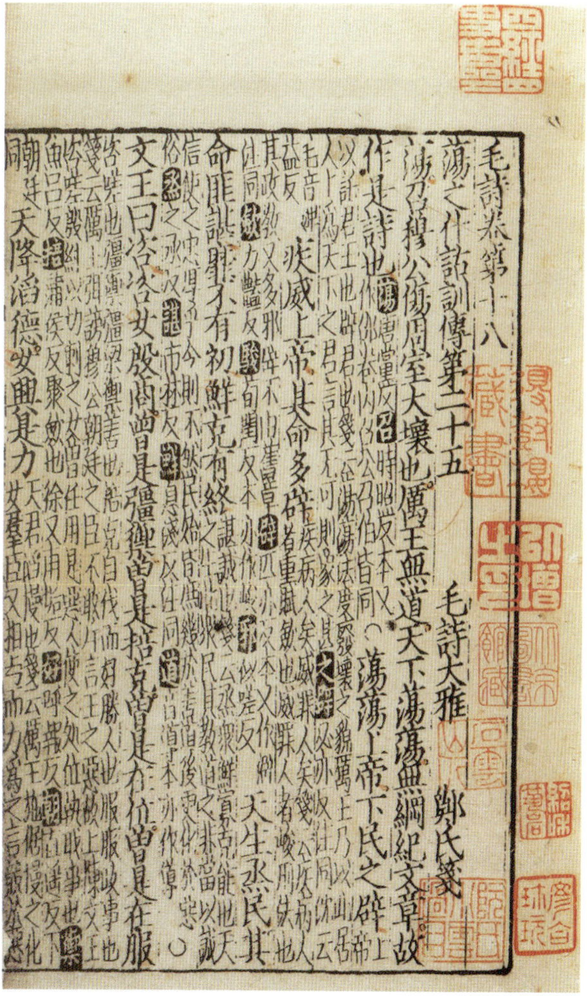

汉郑玄笺《毛诗》，宋巾箱本（聊城杨氏旧藏四经之一，国家图书馆藏）

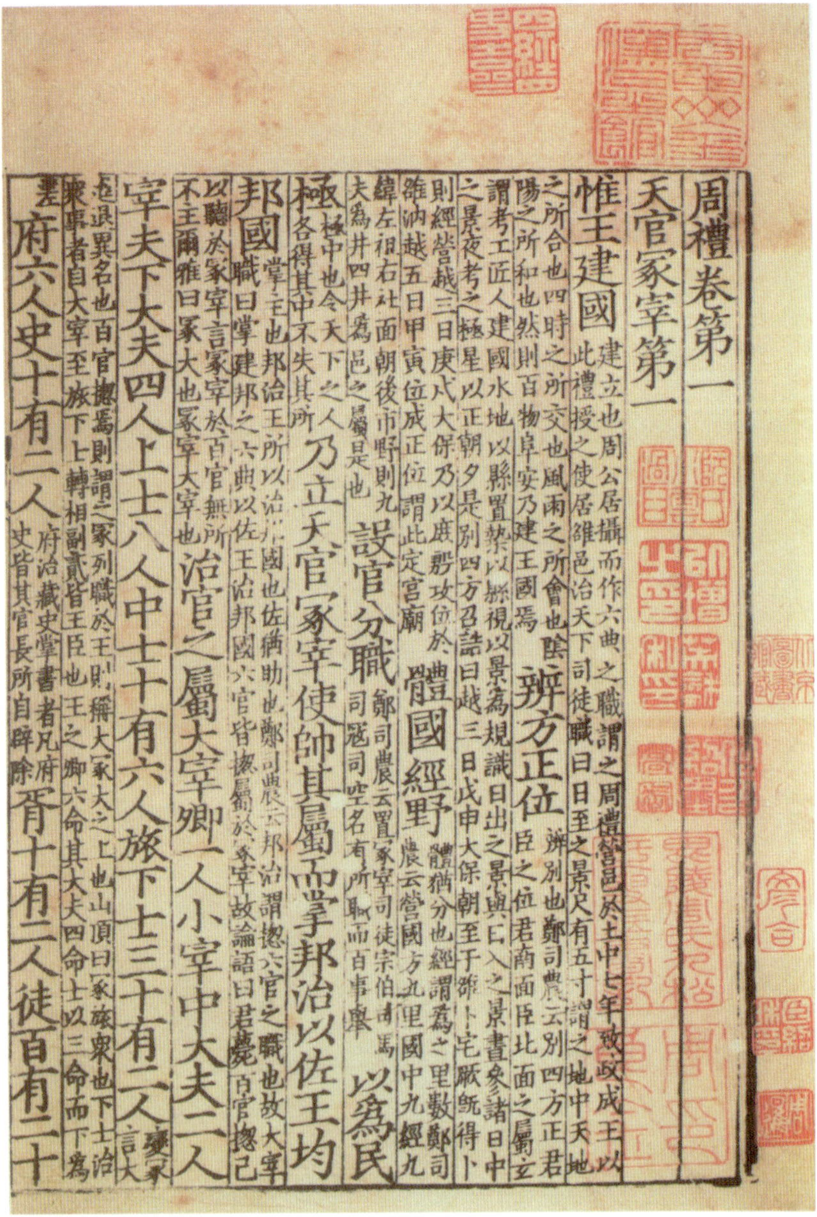
周禮卷第一
天官冢宰第一
惟王建國 建立也周公居攝而作六典之職謂之周禮營邑於土中七年致政成王以此禮授之使居雒邑治天下司徒職曰日至之景尺有五寸謂之地中天地之所合也四時之所交也風雨之所會也陰陽之所和也然則百物阜安乃建王國焉 辨方正位 辨別也鄭司農云別四方正君臣之位君南面臣北面之屬玄謂考工匠人建國水地以縣置槷以縣視以景爲規識日出之景與日入之景晝參諸日中之景夜考之極星以正朝夕是別四方召誥曰越三日戊申大保朝至于雒卜宅厥既得卜則經營越三日庚戌大保乃以庶殷攻位於雒汭越五日甲寅位成正位謂此定宮廟 體國經野 體猶分也經謂爲之里數鄭司農云營國方九里國中九經九緯左祖右社面朝後市野則九夫爲井四井爲邑之屬是也 設官分職 鄭司農云置冢宰司徒宗伯司馬司寇司空名有所職而百事舉 以爲民極 極中也令天下之人各得其中不失其所 乃立天官冢宰使帥其屬而掌邦治以佐王均邦國 掌主也邦治王所以治邦國也佐猶助也鄭司農云邦治謂總六官之職也故大宰職曰掌建邦之六典以佐王治邦國六官皆總屬於冢宰故論語曰君薨百官總己以聽於冢宰言冢宰於百官無所不主爾雅曰冢大也冢宰大宰也 治官之屬大宰卿一人小宰中大夫二人宰夫下大夫四人上士八人中士十有六人旅下士三十有二人 變冢言大進退異名也百官總焉則謂之冢列職於王則稱大冢大之上也山頂曰冢旅衆也下士治衆事者自大宰至旅下士轉相副貳皆王臣也王之卿六命其大夫四命士以三命而下爲其差 府六人史十有二人 府治藏史掌書者凡府史皆其官長所自辟除 胥十有二人徒百有二十

汉郑玄注《周礼》，宋婺州市门巷唐宅刻本（聊城杨氏旧藏四经之一，国家图书馆藏）

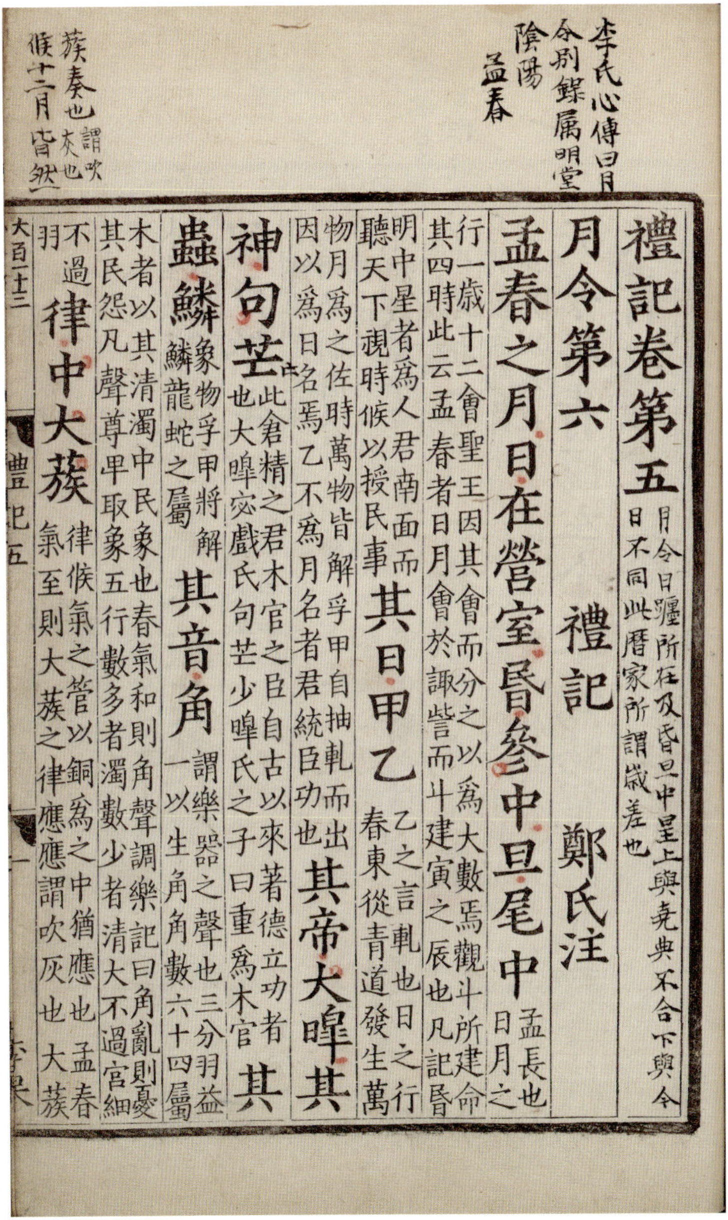

李氏心傳曰月令別錄屬明堂陰陽
孟春

禮記卷第五 月令日躔所在及昏旦中星上與堯典不合下與今日不同此曆家所謂歲差也

月令第六　禮記　鄭氏注

孟春之月日在營室昏參中旦尾中 孟長也日月之行一歲十二會聖王因其會而分之以爲大數焉觀斗所建命其四時此云孟春者日月會於諏訾而斗建寅之辰也凡記昏明中星者爲人君南面而聽天下視時候以授民事 其日甲乙 乙之言軋也日之行春東從青道發生萬物月爲之佐時萬物皆解孚甲自抽軋而出因以爲日名焉乙不爲月名者君統臣功也 其帝大皞 其神句芒 此蒼精之君木官之臣自古以來著德立功者也大皞宓戲氏句芒少皞氏之子曰重爲木官 其蟲鱗 象物孚甲將解鱗龍蛇之屬 其音角 謂樂器之聲也三分羽益一以生角角數六十四屬木者以其清濁中民象也春氣和則角聲調樂記曰角亂則憂其民怨凡聲尊卑取象五行數多者濁數少者清大不過宫細不過羽 律中大蔟 律候氣之管以銅爲之中猶應也孟春氣至則大蔟之律應應謂吹灰也大蔟

蔟奏也謂吹灰也
候十二月皆然

禮記五

汉郑玄注《礼记》，宋淳熙四年杭州公使库刻本（聊城杨氏旧藏四经之一，国家图书馆藏）

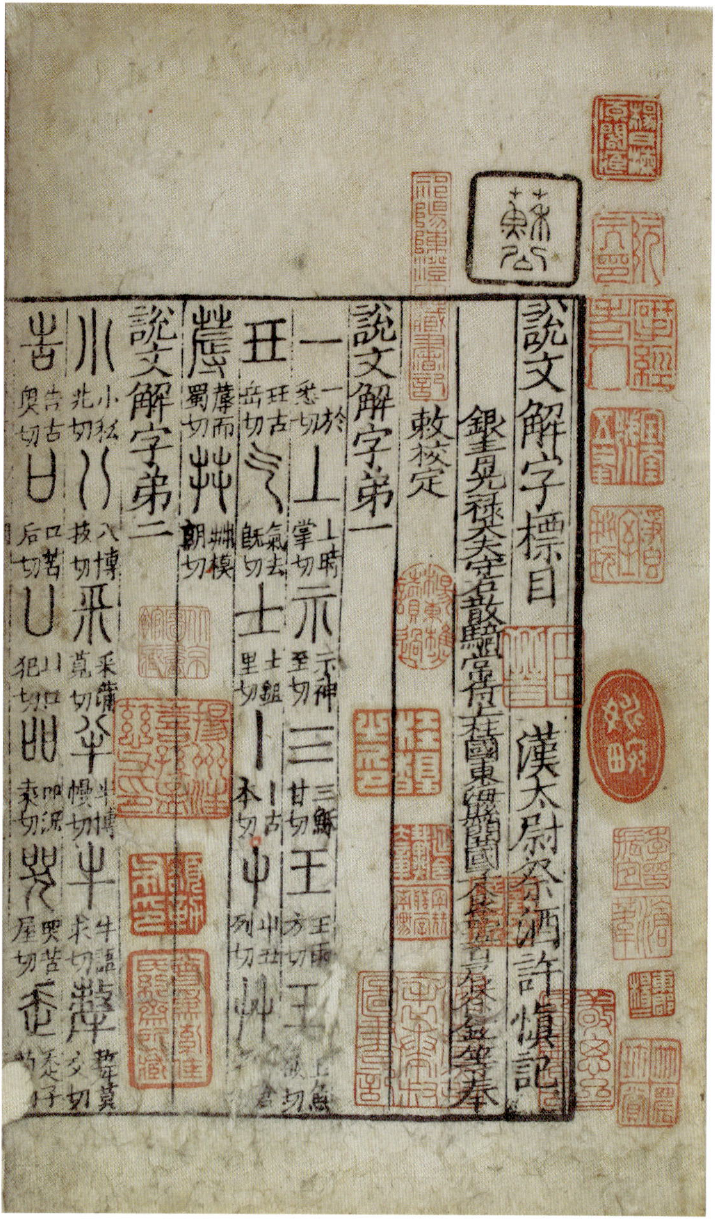

汉许慎《说文解字》，宋刻元修本（国家图书馆藏）

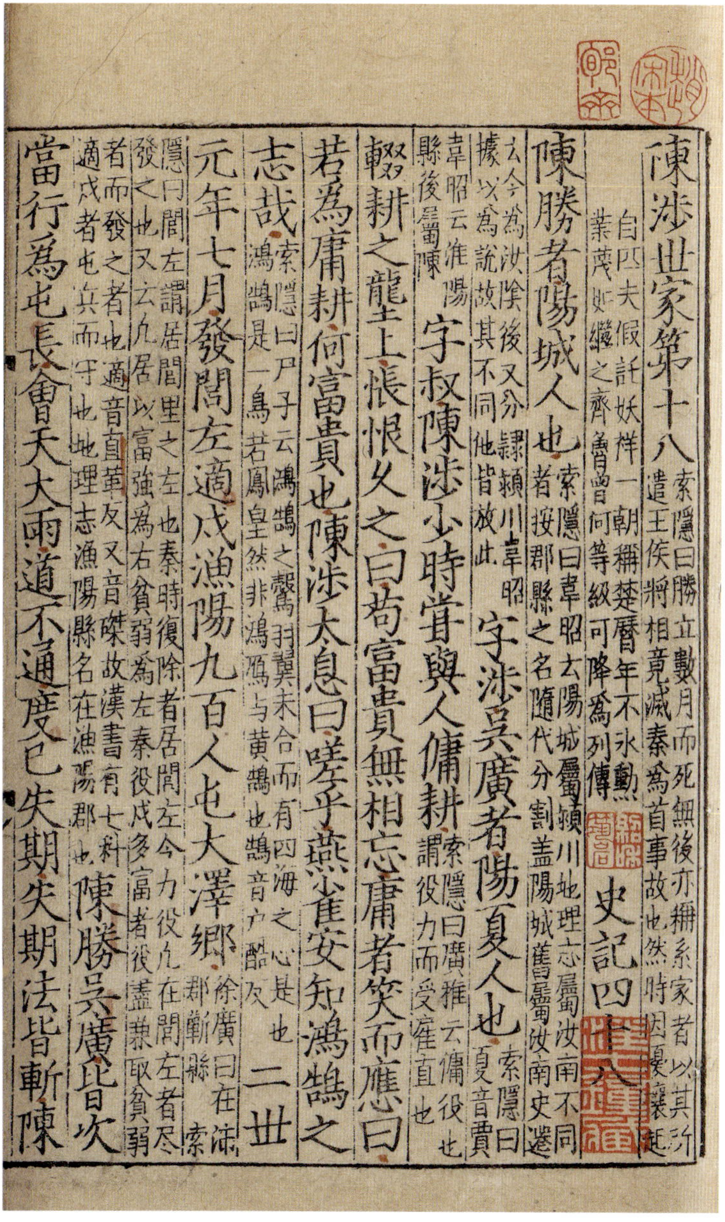
陳涉世家第十八 索隱曰勝立數月而死無後亦稱系家者以其所遣王侯將相竟滅秦爲首事故也然時因[illegible]襄[illegible]自四夫假託妖祥一朝稱楚曆年不永勳業蔑如繼之齊魯曾何等級可降爲列傳 史記四十八

陳勝者陽城人也 索隱曰韋昭云陽城屬潁川地理志屬汝南不同者按郡縣之名隨代分割蓋陽城舊屬汝南史遷云今爲汝陰後又分隸潁川韋昭據以爲說故其不同他皆放此 字涉吳廣者陽夏人也 索隱曰夏音賈韋昭云淮陽縣後屬陳 字叔陳涉少時嘗與人傭耕 索隱曰廣雅云傭役也謂役力而受雇直也 輟耕之壟上悵恨久之曰苟富貴無相忘庸者笑而應曰若爲庸耕何富貴也陳涉太息曰嗟乎燕雀安知鴻鵠之志哉 索隱曰尸子云鴻鵠之鷇羽翼未合而有四海之心是也鴻鵠是一鳥若鳳皇然非鴻鴈與黃鵠也鵠音戶酷反 二世元年七月發閭左適戍漁陽九百人屯大澤鄉 徐廣曰在沛郡蘄縣 索隱曰閭左謂居閭里之左也秦時復除者居閭左今力役凡在閭左者盡發之也又云凡居以富強爲右貧弱爲左秦役戍多富者役盡兼取貧弱者而發之者也適音直革反又音磔故漢書有七科適戍者也屯兵而守也地理志漁陽縣名在漁陽郡也 陳勝吳廣皆次當行爲屯長會天大雨道不通度已失期失期法皆斬陳

刘宋裴骃、唐司马贞《史记集解索隐》，宋乾道七年蔡梦弼东塾刻本（聊城杨氏旧藏四史之一，国家图书馆藏）

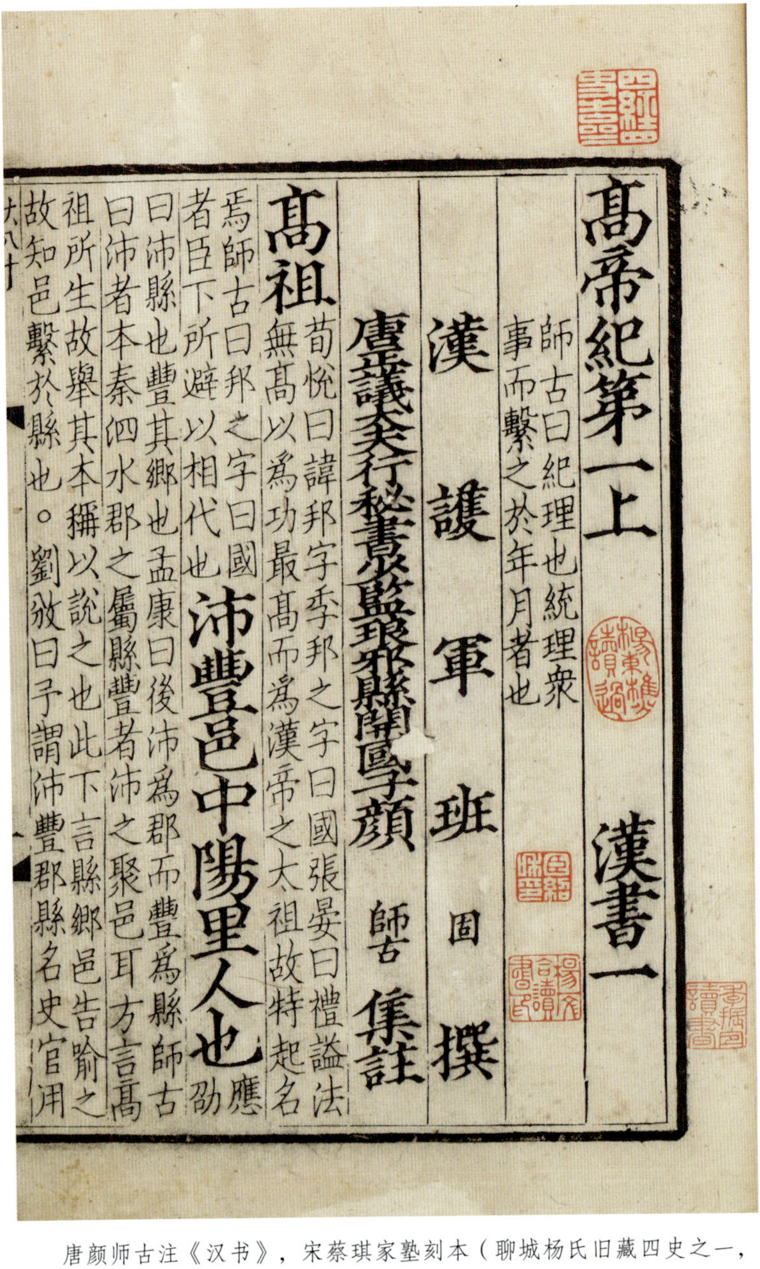
高帝紀第一上　漢書一

師古曰紀理也統理衆事而繫之於年月者也

漢　護　軍　班　固　撰

唐正議大夫行秘書少監琅邪縣開國子顏師古集註

高祖荀悅曰諱邦字季邦之字曰國張晏曰禮謚法無高以爲功最高而爲漢帝之太祖故特起名焉師古曰邦之字曰國者臣下所避以相代也沛豐邑中陽里人也應劭曰沛縣也豐其鄉也孟康曰後沛爲郡而豐爲縣師古曰沛者本秦泗水郡之屬縣豐者沛之聚邑耳方言高祖所生故舉其本稱以説之也此下言縣鄉邑告喻之故知邑繫於縣也。劉攽曰予謂沛豐郡縣名史官用

唐颜师古注《汉书》，宋蔡琪家塾刻本（聊城杨氏旧藏四史之一，国家图书馆藏）

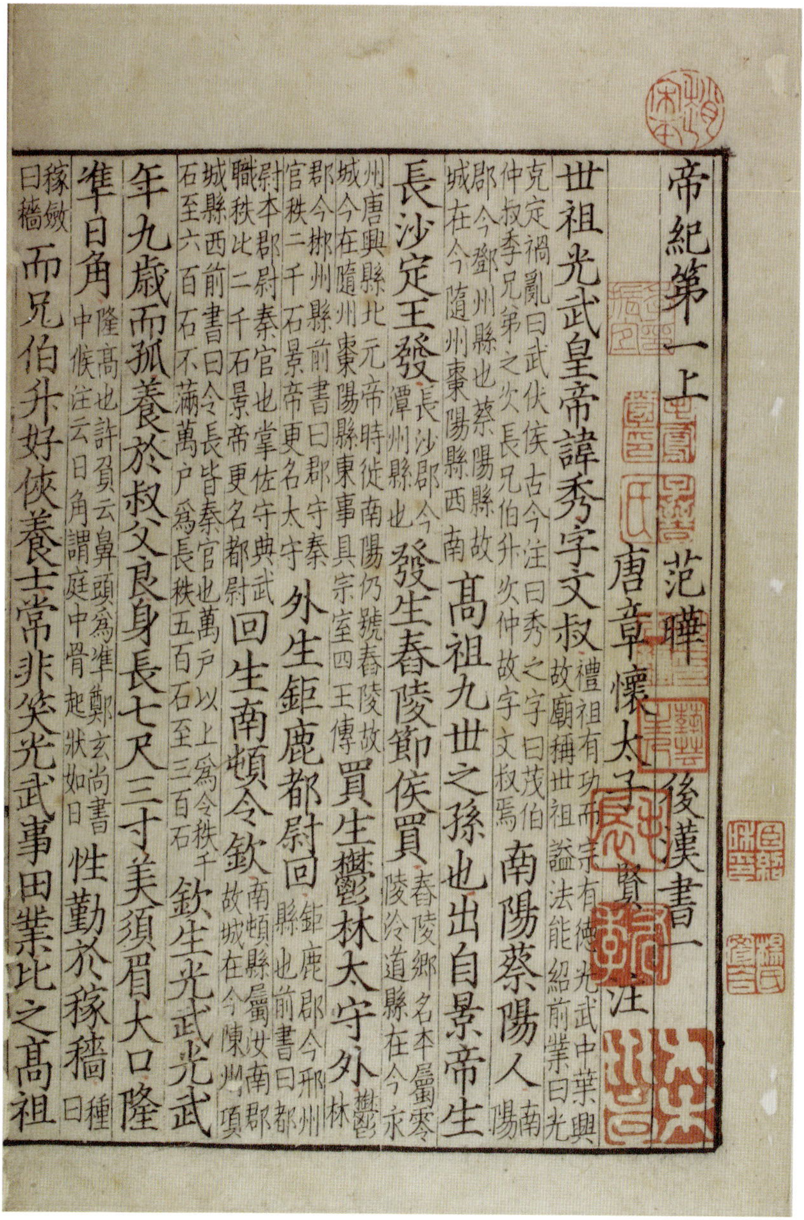
帝紀第一上　范曄　後漢書一

唐章懷太子賢注

世祖光武皇帝諱秀字文叔禮祖有功而宗有德光武中興故廟稱世祖謚法能紹前業曰光克定禍亂曰武伏侯古今注曰秀之字曰茂伯仲叔季兄弟之次長兄伯升次仲故字文叔焉南陽蔡陽人南陽郡今鄧州縣也蔡陽縣故城在今隨州棗陽縣西南高祖九世之孫也出自景帝生長沙定王發長沙郡今潭州縣也發生舂陵節侯買舂陵鄉名本屬零陵泠道縣在今永州唐興縣北元帝時徙南陽仍號舂陵故城今在隨州棗陽縣東事具宗室四王傳買生鬱林太守外鬱林郡今鬱州縣前書曰郡守秦官秩二千石景帝更名太守外生鉅鹿都尉回鉅鹿郡今邢州縣也前書曰都尉本秦官也掌佐守典武職秩比二千石景帝更名都尉回生南頓令欽南頓縣屬汝南郡故城在今陳州項城縣西前書曰令長皆秦官也萬戶以上爲令秩千石至六百石不滿萬戶爲長秩五百石至三百石欽生光武光武年九歲而孤養於叔父良身長七尺三寸美須眉大口隆準日角隆高也許負云鼻頭爲準鄭玄尚書中候注云日角謂庭中骨起狀如日性勤於稼穡種曰稼斂曰穡而兄伯升好俠養士常非笑光武事田業比之高祖

唐李贤注《后汉书》，宋王叔边刻本（聊城杨氏旧藏四史之一，国家图书馆藏）

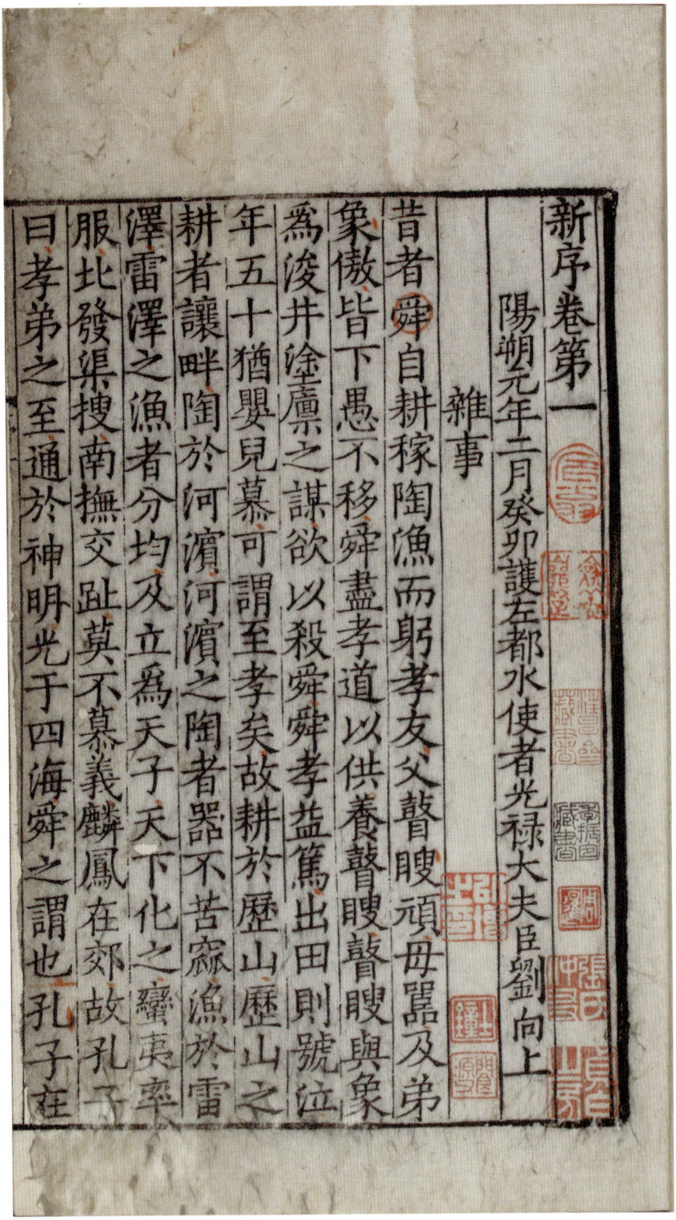
新序卷第一

陽朔元年二月癸卯護左都水使者光禄大夫臣劉向上

雜事

昔者舜自耕稼陶漁而躬孝友父瞽瞍頑母嚚及弟象傲皆下愚不移舜盡孝道以供養瞽瞍瞽瞍與象爲浚井塗廩之謀欲以殺舜舜孝益篤出田則號泣年五十猶嬰兒慕可謂至孝矣故耕於歷山歷山之耕者讓畔陶於河濵河濵之陶者器不苦窳漁於雷澤雷澤之漁者分均及立爲天子天下化之蠻夷率服北發渠搜南撫交趾莫不慕義麟鳳在郊故孔子曰孝弟之至通於神明光于四海舜之謂也孔子在

汉刘向《新序》，宋刻本（聊城杨氏海源阁旧藏宋本，国家图书馆藏）

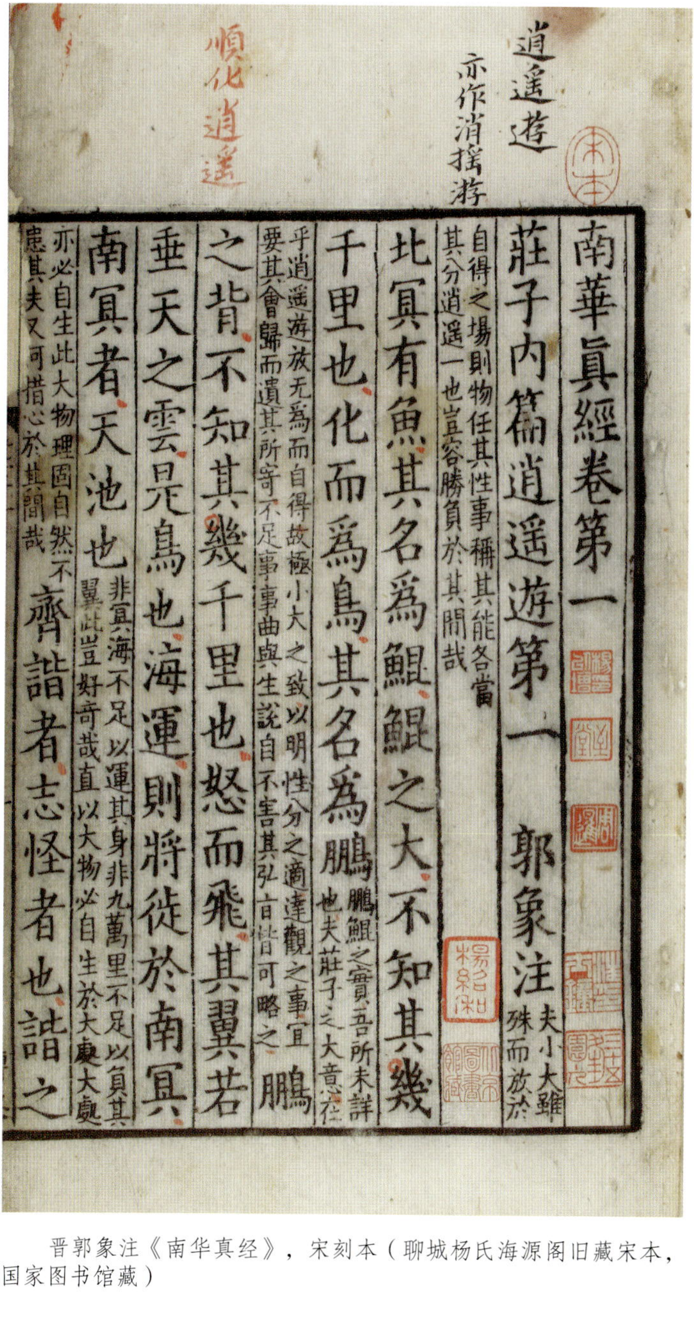

逍遥遊　亦作消揺游

順化逍遥

南華眞經卷第一

莊子内篇逍遥遊第一　郭象注　夫小大雖殊而放於自得之場則物任其性事稱其能各當其分逍遥一也豈容勝負於其間哉

北冥有魚其名爲鯤鯤之大不知其幾千里也化而爲鳥其名爲鵬　鵬鯤之實吾所未詳也夫莊子之大意在乎逍遥遊放无爲而自得故極小大之致以明性分之適達觀之事宜要其會歸而遺其所寄不足事事曲與生説自不害其弘旨皆可略之　鵬之背不知其幾千里也怒而飛其翼若垂天之雲是鳥也海運則將徙於南冥南冥者天池也　非冥海不足以運其身非九萬里不足以負其翼此豈好奇哉直以大物必自生於大處大處亦必自生此大物理固自然不患其失又可措心於其間哉　齊諧者志怪者也諧之言

晋郭象注《南华真经》，宋刻本（聊城杨氏海源阁旧藏宋本，国家图书馆藏）

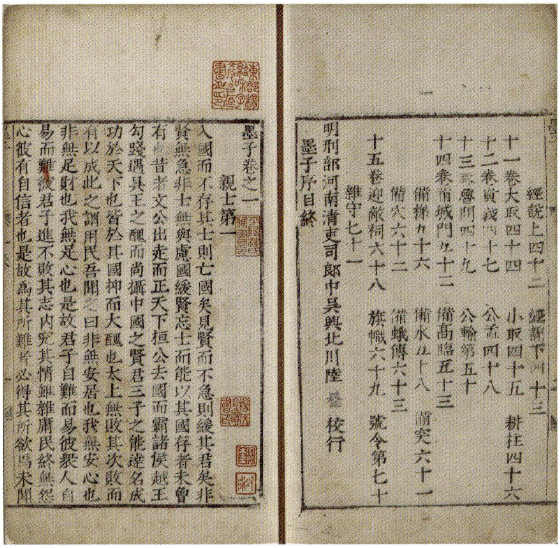

《墨子》，明嘉靖三十一年芝城铜活字蓝印本（国家图书馆藏）

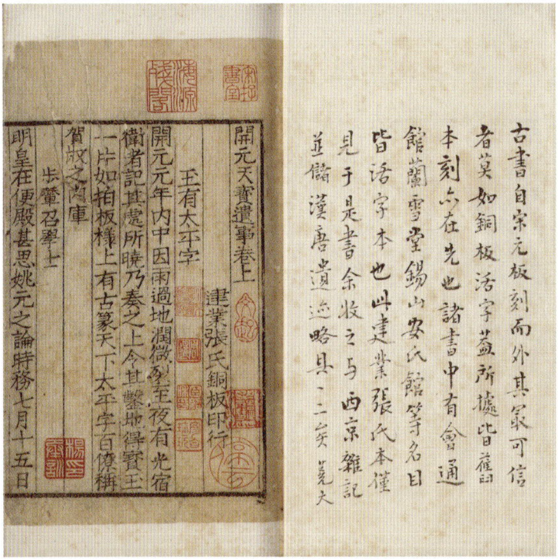

后周王仁裕《开元天宝遗事》，明建业张氏铜活字印本（国家图书馆藏）

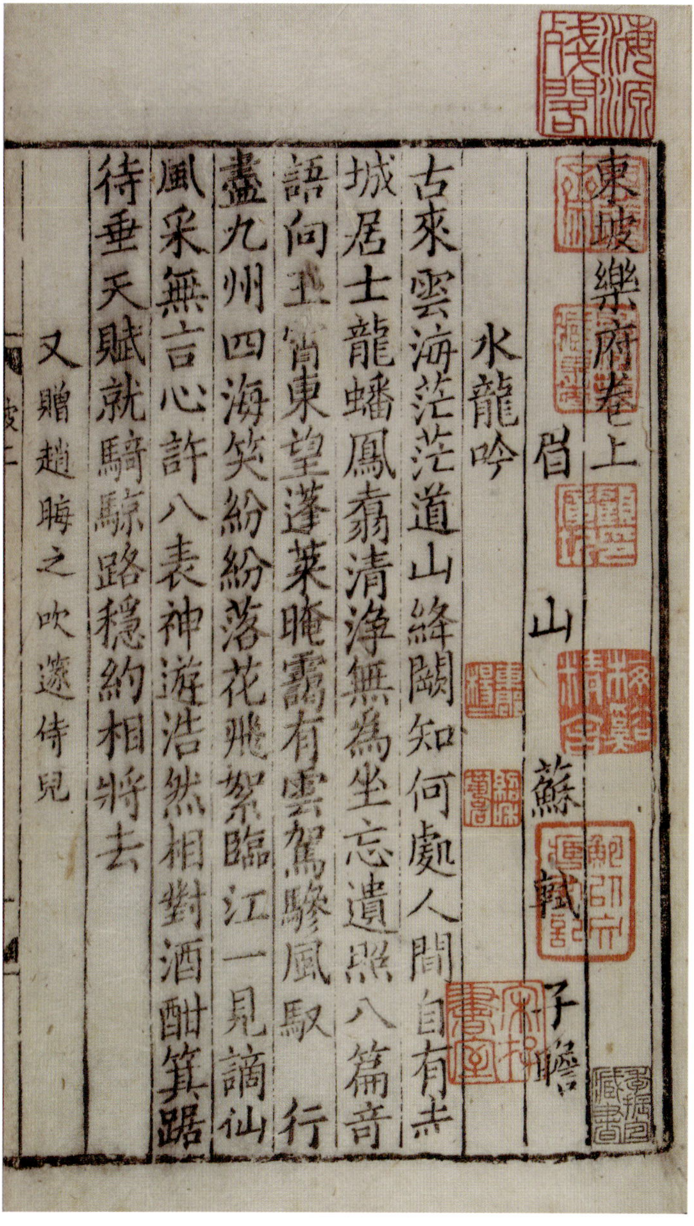
東坡樂府卷上

眉山蘇軾子瞻

水龍吟

古來雲海茫茫道山絳闕知何處人間自有赤城居士龍蟠鳳翥清淨無爲坐忘遺照八篇奇語向玉霄東望蓬萊晻靄有雲駕驂鳳馭行盡九州四海笑紛紛落花飛絮臨江一見謫仙風采無言心許八表神遊浩然相對酒酣箕踞待垂天賦就騎鯨路穩約相將去

又贈趙晦之吹笛侍兒

宋苏轼《东坡乐府》，元延祐七年叶曾南阜书堂刻本（国家图书馆藏）

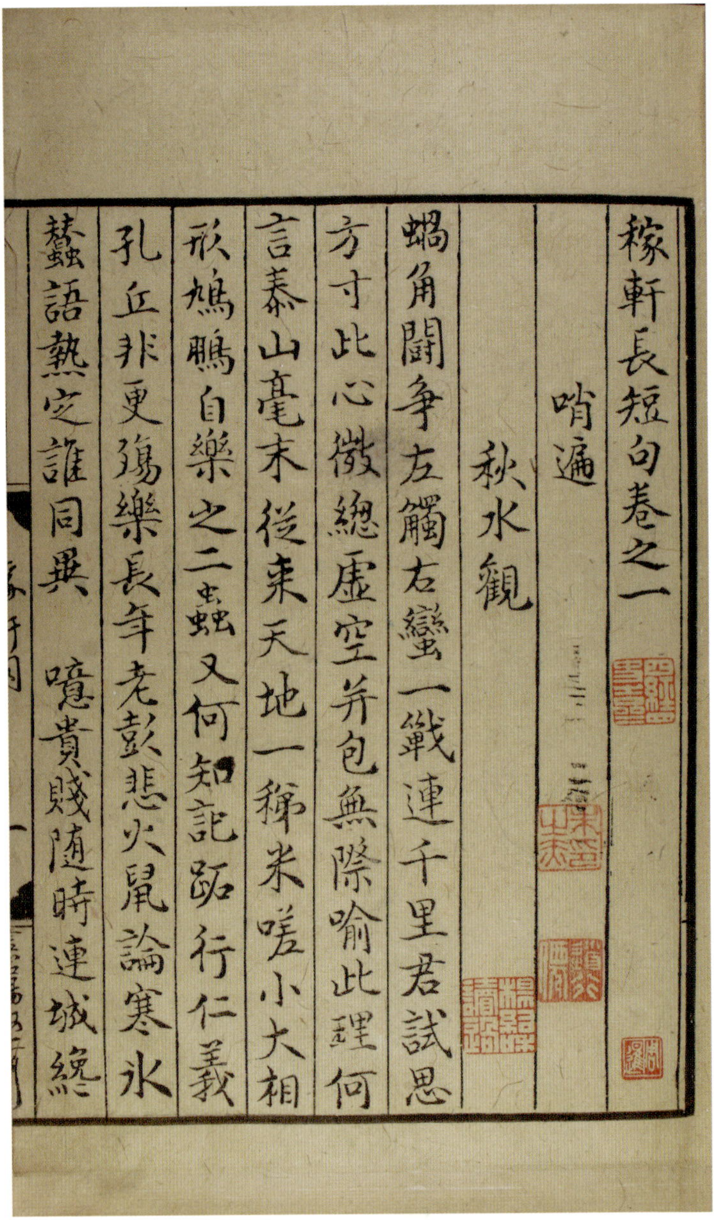
稼軒長短句卷之一

哨遍

秋水觀

蝸角闘爭左觸右蠻一戰連千里君試思
方寸此心微總虛空并包無際喻此理何
言泰山毫末從來天地一稊米嗟小大相
形鳩鵬自樂之二蟲又何知記跖行仁義
孔丘非更殤樂長年老彭悲火鼠論寒氷
蠶語熱定誰同異噫貴賤隨時連城纔

宋辛弃疾《稼轩长短句》，元大德三年广信书院刻本（国家图书馆藏）

儒家文明协同创新中心
资助项目成果出版说明

为促进儒学与中国传统文化的研究和弘扬，山东大学于2012年8月联合清华大学、北京师范大学，共同组建了“儒学与中华文化复兴协同创新中心”。2015年3月，中心进一步扩大协同范围，更名为“儒家文明协同创新中心”。协同单位有：山东大学、清华大学、北京师范大学、浙江大学、四川大学、华东师范大学、曲阜师范大学等高校，以及孔子学院总部/国家汉办、文化部民族民间文艺发展中心、山东省人民政府、济宁市人民政府、曲阜市人民政府，国际儒学联合会、中国孔子基金会、山东社会科学院、孔子研究院、孟子研究院、山东省图书馆、山东教育电视台、尼山圣源书院、台湾大学人文社会高等研究院、夏威夷大学中国研究中心等单位。中心成立了由理事会、学术委员会和管理委员会组成的学术和行政决策运行体系。2015年3月21日召开理事会年度会议，山东大学校长张荣教授当选为中心理事会理事长，清华大学陈来教授当选为中心学术委员会主任。儒家文明协同创新中心办公机构设在山东大学，各协同单位成立相应的管理中心及办公室，共同开展与国家文化发展战略相关的具有重大意义的学术创新研究工作。

儒家文明协同创新中心对相关学术成果经过专家评审，予以资助出版。本次资助出版的《儒学与山左学术丛书》包括四项成果：《山东文献书目（修订本）》《山东文献书目续编》《山东藏书家史略（增订本）》《清代山东刻书史》。

儒家文明协同创新中心

2015年11月20日

目　录

序

张景栻

少时常赴图书馆阅书，时日照王献唐先生长山东图书馆，于普通阅览室圆厅北，设善本书阅览室。其地仿天一阁，四周环水，通一小桥，楼下设长案联椅，壁上悬牌，标善本书目，楼上藏书。读者指其书名，管理人即取诸楼上，恣人阅读，不收费也。课余辄往，因得稍窥版本之门径。后随之广阅书肆，若南门内路东（战争时肆为火所焚，后移路西）之友竹山房历城人吕小舟，人称吕狠子。芙蓉街路西之衡水人贡世卿（后移布政司小街路南，今之省府东街)。其族侄贡文玉在布政司小街路北集古堂。逢源阁书店夥友历城北乡河套圈赵级三连陛（工于修补旧书)。路南蓬莱书店王茂卿。曲水亭街路东居家书铺历城人郑守珠。府学门前路东聚文斋河北省人彭辑五等书店，皆常流连其间。诸肆多独家经营，非若李南涧之《琉璃厂书肆记》所载之专收书籍，于碑帖书画，亦间及之，故耳濡目染，亦渐兼好。而古玩店及碑帖店亦兼售书籍，若布政司小街北汉宝斋济阳人刘寿亭（收毕自严家藏书最早)。怀古斋历城人郑静轩。尚书府街路东原鸿宝斋历城人霍介秋。布政司小街路南建古斋碑帖店济南人孙积平。宝丰泰楠木作济南人刘汉卿，人称刘大脚。缘古阁济南人李进斋及其子大经。布政司大街（今省府前街）路东敬古斋碑帖店王仁竟，人称王大个子，子王笙甫（所获聊城海源阁杨氏书甚多，新城王渔洋池北书库书亦不少）。路西英宝斋济南人王揆三。曲水亭街路西彝古斋历城北乡唐王道口人王思训，人称王长脖。路东鉴古斋历城人李自谦。府学门前茹古斋博山人钱汝英，人称钱眼子，夥友潍县人台继武（工于摹拓金石，得陈氏之传）。张店人杨德斋，人称杨疯子。鞭指巷路东春浦阁济阳人刘桂锡、刘桂全兄弟等处亦常涉足。诸贾有赴外地收书者，每询其书主先世藏书之原委，笔之于册，备作吾东藏书家之掌故。今诸友零落殆尽，所存者唯赵级三及郑守珠二君耳。

四十年来,济南藏书者多大称论斤鬻于丁家崖街故纸贩。书贾亦有前往选购者,往往得善本,唯多零帙残编,以其多不肯解捆也。故家藏书散出者如邑人张振卿英麟,家布政司大街路东,同治乙丑进士,官都御史。其藏书后人以每斤五分出售于纸贩,不下万斤,贡贾世卿增其值以二角收购,所救出者不少。其书多清人文集,至可惜也。昆明人萧绍庭应椿,号大庸,清举人。父萧质斋培元,咸丰壬子进士,授编修,官山东按察使,因家济南,居蕃安巷(原幡竿巷)。绍庭官道尹,兼以盐务起家。其紫藤花馆所藏书画多宋元名迹,碑帖亦有精品。书籍明刊本颇多,即清刻本亦皆初印精好者。闻其宋元本藏于壁中,秘不示人,屋漏壁湿,尽霉烂焉。其书散出,亦多归贡贾。吴县人吴友石鹗,游宦山左,因家济南,藏石刻拓片甚夥,藏书多罕秘,散出后多归吕贾。献唐先生尝谓吴氏藏书为济南市之冠。固安刘伯峰峙,官沾化县知县,因家济南。其所藏有数种借刊于《四部丛刊》,藏书生前已散尽矣。曲靖夏金年,流寓济南,精金石碑版之学,民国《续修历城县志·金石志》为其执笔。藏书亦富,身后亦均散出。范隽丞之杰,原籍绍兴,占籍历城,家济南东燕窝街。光绪癸卯进士,授编修,官安徽道监察御史。民国初年任湖北高等审判厅厅长。得杨星吾守敬旧藏日本古写卷子本甚夥,所藏书画亦多精品。家人陆续售于吕贾,时范远在上海,年八十余矣,不及知也,度上海尚有所藏。荣城孙佩南葆田,侨居潍县,其不夜山房藏书,多为北京隆福寺李贾拔元所得,其中有明刊奏议多种,获利甚丰。吕贾亦赴潍,收其残余,尚多旧本及旧拓碑帖,盖其家书籍论箱出售,不能挑检故也。武昌邹心一允中,流寓济南,居南新街路北,所藏书画碑帖书籍甚富,身后俱散出矣。陈冠生冕,顺天宛平人,举进士第一,授修撰,所藏书画多著录于《书画过目考》。小墨墨斋藏书亦富。父恩寿,官长清县知县,因家济南。旧居鞭指巷北首路北,数十年前,门内尚有"状元"二字扁额。南门内亦有故宅。书多散去,间有旧本。文安邢仲采蓝田,长济南市财政局,好收书,有《藏书百咏》之作,自印行世。其鲽砚居藏书,皆装潢整饬而十九为残帙。盖多购自聚文斋,彭贾工作伪,取残本撤序剜目,装以书套,充作完书。或改头换面,加盖伪章,冒为善本,以售其欺。邢肄业莲池书院,辞章文学之士,于版本目录,不甚留意也。

寒士力薄,不过收废拾坠,人弃我取,节衣缩食竭尽资力,以事抢救于万一。而丙午"浩劫",首当其冲,街道办事处以破四旧为名,发动"群众"尽取所藏,于院中拉杂摧烧之,自午至暮,积灰数尺。复封闭房门,大索三日,尽将所余书籍碑帖书画,联车载去,于是几欲攀辕卧辙,为二少年挟持,臂为之伤。后辗转没入市博物馆及市图书馆。手稿及抄存资料更散佚不可问。收合余烬,十不存一,犹复抱残守缺,视同性命,何其愚也;一时知交或遭焚掠而荡然无存,或畏贾祸而自行销毁,藏书家种子,《广陵散》自兹绝矣。

昔献唐先生有《齐鲁藏书纪事诗》诸作,手稿散佚于南京(先生手稿大部分置于丁公鼎丞寓,丁公浮海去,及先生托人寻还,已零落不全)。后此吾东未闻有关注及此者。江阴王绍曾先生,宜兴沙嘉孙先生,成此巨著,捧读之余,感愧交集,吾东人有志未逮者,二先生完成之。发潜阐幽,光及泉壤,乡先贤有知,亦当含笑于地下。

学殖荒落,老病侵寻,辗转床褥者已八阅月。前尘梦影,散如云烟,勉就所忆,聊以代序,贻笑方家,在所弗计矣。壬申八月,济南布衣张景栻亦轩甫识于历下区棋盘街先人之敝庐,时年八十。

山东藏书家概述(代序)

王绍曾

一

图书是人类社会发展过程中创造出来的重要工具,又是人类物质生活和文化生活所借以进步的重要手段。古今中外的藏书活动,与国家的政治经济密切相关。每当政治升平、社会稳定、经济文化上升时期,公私藏书都会出现蓬勃的景象。反之,每当政治腐败、社会动乱、经济文化停滞或凋敝的时期,公私藏书必然会随之衰落,甚至造成破坏,形成不可弥补的损失。从文化教育方面来看,藏书的盛衰,往往又是文化教育消长的晴雨表。藏书活动从来就是文化教育活动的重要组成部分。在中国历史上,春秋以前,学在王官。六艺就是周官的旧典。贵族子弟学习文化,“《礼》以宗伯为师,《乐》以司乐为师,《诗》以太师为师,《书》以外史为师”①,一般老百姓是见不到的。迨官师失守,学术下于民间,孔子杏坛设教,首创私学,教育内容,自然离不开六艺。相传孔子曾“西观周室,论史记旧闻”,自卫返鲁,删《诗》《书》,订《礼》《乐》,修《春

①章学诚《校雠通义》卷一《原道》一之二。

秋》,晚年好《易》,韦编三绝。《史记·孔子世家》记叙孔子殁后,弟子就其所居之堂,收藏生前遗物,除“衣、冠、琴、车”外,还有他收藏的“书”。可见孔子是中国历史上第一个私人藏书家。春秋战国之际,诸子蜂起,聚徒讲学,墨子南游,载书自随①;惠施多方,其书五车②。这都是历来为人们传诵的故事。任何一个时代的知识分子,想在学术上有所深造,总是要跟书结下不解之缘。即使在版刻盛行的时代,由于交通梗阻,图书的流传有一定困难,寒畯之士,也无力购致。还有一些著作,从未刊刻,世所罕见,只有辗转传抄,才能为己所有。苏轼曾说:“余犹及见老儒先生自言及其少欲求《史记》《汉书》而不可得,幸而得之,皆手自书,日夜诵读,唯恐不及。”苏轼自己就抄过两《汉书》,有“贫儿暴富”之喻。③ 宋朱弁《曲洧旧闻》记载了宋敏求的一则故事:

> 宋次道藏书皆校三五遍,世之蓄书,以宋为善本。居春明坊时,士大夫喜读书者多居其侧,以便于借置故也。当时春明宅子比他处僦值高一倍。陈叔易尝为予言此事,叹曰:“此风岂可复见邪!”

十分难得的是:宋敏求的藏书,居然成了变相的公共图书馆。从这则故事中可以想见当时士大夫如饥若渴求书的情景和得书之难。大家都很熟悉,许多大学问家,他们都拥有自己的藏书。例如南北朝的王俭、任昉、王僧孺;宋的赵明诚、李清照、晁公武、陈振孙、叶梦得、陆游、郑樵、周密;明的王世贞、李开先、焦竑、胡应麟、谢肇淛;清的钱谦益、朱彝尊、黄宗羲、顾炎武、徐乾学、惠栋、杭世骏、卢

①见《墨子·贵义》。

②见《庄子·天下》篇。

③见《经进东坡文集事略》卷五三《李君山房记》。

文弨、纪昀、翁方纲、阮元、孙星衍等。尽管各人的情况有所不同,有的是终身治学,心无旁骛;有的是公余退食或告老归田,即使在车尘马足之间,他们都身系书囊,晨夕籀读,或书城坐拥,恣意披览,真正做到“涉其流,探其源,采其华实,而咀嚼其膏味以为己有”。他们取得的成就,决不是偶然的。明清以来,江浙号称人文渊薮,这与私人藏书的蔚然成风是分不开的。其最著者如祁氏澹生堂、范氏天一阁、郑氏二老阁、赵氏小山堂、汪氏振绮堂、吴氏拜经楼、卢氏抱经楼、胡氏琳琅秘室、丁氏八千卷楼、陆氏皕宋楼、蒋氏密韵楼(以上浙江);叶氏菉竹堂、李氏得月楼、陈氏宝颜堂、黄氏千顷堂、毛氏汲古阁、钱氏绛云楼、钱氏述古堂、吴氏丛书堂、张氏爱日精庐、黄氏士礼居、汪氏艺芸精舍、钱氏守山阁、瞿氏铁琴铜剑楼、缪氏艺风堂(以上江苏)。私藏之外,复有公藏。清乾隆间纂修《四库全书》,于江浙两省设文宗、文汇、文澜三阁,庋藏全书,使嗜奇好学之士,得以到阁传抄。图书的广泛传播,更加促使人才的崛起与学术文化的发展。晁公武在《郡斋读书志序》中深有体会地说:

> 魏王粲为蔡中郎所奇,尽得其家书籍文章,故能博物多识,问无不对。国朝宋宣献公亦得毕文简、杨文庄家书,故藏书之富,与秘阁等,而常山公以赡博闻于时。夫世之书多矣,顾非一人之力所能聚,设令笃好而能聚之,亦老将至而耄且及,岂暇读哉!然则王、宋所以能博者,盖自少时已得先达所藏故也。

晁氏举了王粲和宋绶(字公垂,谥宣献)两个例子,说明他们学问的赡博,都自幼得到别人的赠书。接着他自述晁氏虽世多藏书,“中原无事时,已有火厄。及兵戈之后,尺素不存”。他自己“仕宦连蹇,久益穷空,虽心志未衰,而无书可读”,每以为恨。幸而后来得到井度的赠书,才有可能在守荣州时躬自雠校,撮其大旨,撰成《郡斋读书志》。晁公武的体会是深刻的。但无论苏轼也好,宋敏求、晁公武也好,他们的藏书,只满足于自己的需求,从中得到濡染和提高,都忽略了藏书的另一个重要作用,在于保存和传播国家珍贵的文献。假使没有伏生壁藏《尚书》,就不会有《今文尚书》二十九篇,山东大师就无由传授《尚书》,①我们的上古史就会变成空白。假使没有孔子壁中书的发现,就不会有古文经的存在,孔安国就无法"以今文读之",刘向也就无法以中古文校今文经,②一大批古文献就会失传。藏书对保存、传播文献的重要性,是显而易见的。

从我国藏书史来进行考察,在漫长的封建社会中,私人藏书的比重和它发生的作用,远远超过国家藏书。这是因为国家的馆阁藏书一般是不公开的(清代南三阁是例外),只有个别管理典藏的官员,才有机会借读御书,③即使允许借阅传抄,也只有少数达官贵显才有可能。④因此,馆阁藏书在很大程度上只是粉饰承平的工具。每逢易代之际,兵临城下,往往化为灰烬。牛弘的书有五厄之叹,即缘是而来。明胡应麟在《少室山房笔丛》中,总结隋唐以至宋末的五大厄,也逃不出战争的灾难。私人藏书情况就有明显的不同。尽管他们聚散无常,但由于分藏各地,每多失之东隅,收之桑榆。加之很多藏书家爱书若命,每逢战乱,总是千方百计加意庇护,或藏诸山庄,或辗转穷乡僻壤。清末咸同之际,虽然战火纷飞,而南瞿北杨,基本上保存完好,损失不大,就是最好的明证。况且

①②见《汉书艺文志·六艺略》、《易》序、《书》序。

③如唐李敬玄于贞观末由马周荐入崇贤馆,可以"借御书读之"(见《旧唐书·李敬玄传》)。李邕渴望读秘府之书,李峤让他"假直秘书",当了秘书省的官员,终于获读秘阁图书(见《玉海》卷一三六);段成式为秘书省校书郎,"精研苦学,秘阁藏书,披阅皆遍"(见《旧唐书·段文昌传》)。

④例如北宋的馆阁藏书,专门有外借书库,达官贵显常传抄官方藏书。苏颂藏书便多录自秘阁。参阅来新夏《中国古代图书事业史》209—210页。

藏书家中不乏开明之士。他们与社会人士,广结文字因缘,并为好学之士提供便利。如宋王明清自述其祖父留心典籍,藏书数万卷,皆手自校雠,汝阴士大夫多从而借传①;九江陈氏建家塾聚书,延四方学者,伏腊取资,江南名士皆肄业于其家②。明江阴李鹗翀在友朋之间,“遇秘册必贻书相问,有求假必早发夕至”③。他还曾说过:“天下好书,当与天下读书人共之。”④吴县杨循吉好蓄异书,既老,叹家人心唯财货,将书散与亲友,《题书橱诗》中有云:“朋友有读者,悉当相奉捐。胜付不肖子,持去将鬻钱。”⑤这种例子很多。一乡一邑,只要有几个开明的藏书家,这个地方就会有许多人才脱颖而出。就收藏和传播文献的贡献而言,私藏远胜公藏。而公藏又多来自私藏。司马迁在《史记·六国年表》中说:“秦既得意,烧天下《诗》《书》,诸侯《史记》尤甚。……《诗》《书》所以复见者,多藏人家。”这是事实。自汉武帝“敕丞相公孙弘广开献出之路,百年之间,书如山积”⑥。历代馆阁藏书,大都沿为旧制。清修《四库全书》,各省巡抚采进者,亦均来自私藏。仅就《四库总目》著录者加以统计,内府藏本仅有299种,而私家藏书如浙江鲍士恭一家即达250种(进呈600余种);范懋柱家95种;两淮马裕家144种;在京供职的汪如藻90种,纪昀62种,黄登贤48种,其他10种、8种不等。⑦ 人们熟知的百宋千元,为黄氏士礼居、吴氏拜经楼所收藏,而不在内阁大库。直到今天,南京图书馆、北

①见《挥麈后录》。
②《书林清话》卷一引释文莹《湘山野录》。
③《藏书纪事诗》卷三引钱谦益《草莽私乘跋》。
④陈登原《古今典籍聚散考》卷三第十章引钱谦益《草莽私乘跋》。
⑤《藏书纪事诗》卷二引《人海记》及《静志居诗话》。
⑥《文选注》三十八引《七略》。
⑦见郭伯恭《四库全书纂修考》附录二《四库全书依据书本一览表》。

京图书馆珍藏的宋元旧椠，前者大都来自钱塘丁氏八千卷楼，后者大都来自归安姚氏、常熟瞿氏、聊城杨氏、至德周氏、南海潘氏和上海涵芬楼。当然还有其他许许多多的藏书家。这里不过略举数例。至于私家藏书每多精雠密勘，著意丹黄，秘册借抄，奇书互赏，孤本秘笈，赖是以传，而是正舛讹，考校版本，其有功文献，尤为尽人皆知的事实。吴晗在《江苏藏书家史略·序言》中有一段精辟的论述：

> 中国历来内府藏书虽富而为帝王及蠹鱼所专有，公家藏书则复寥落无闻，惟士大夫藏书风气，则千数年来，愈接愈盛。……藏书之风气盛，读书之风气亦因之而兴，好学敏求之士往往跋涉千里，登门借读，或则展转请托，多录副本，甚或节衣缩食，恣意置书，每有室如悬磬而弃书充栋者；亦有毕生以抄诵秘籍为事，蔚成藏家者。版本既多，校雠之学因盛，绩学方闻之士多能扫去鱼豕，一意补残正缺，古书因之可读，而自来所不能通释之典籍，亦因之而复显于人间。甚或比勘异文，发现前人误失，造成学术上之疑古求真风气。藏家之有力者复举以付剞劂，辑为丛书，公之天下。数百年来踵接武继，化秘籍为亿万千身，其嘉惠来学者至多。

吴晗阐述读书风气的兴起，校雠学的昌盛，化秘笈为亿万千身的丛书的刊刻，都来源于藏书风气之盛，这真是不刊之论。不仅如此，吴晗接着分析了藏书之风“被及商贩，刊①上豪门，广中洋贾，间亦挥霍多金，购藏典籍，开馆延宾，属以校刊。其用意虽为附庸风雅，自跻士林，然其保存传播之功，固不可没”。“继而公家亦闻风兴起，广延学士大夫，设局刊书，与私家事业并行不悖。各地书贾亦竞翻旧籍，刊印新书，由是学者皆得人手一编，潜心考索。藏书之

①“刊”疑“邗”字之误，邗城、邗州即今扬州。

家,插架亦因之愈富。”藏书与刊书相互为因的关系,阐发得淋漓酣畅,剖及毫芒。吴晗因而明确提出:“学者苟能探源溯流,钩微掘隐,勒藏书家故实为一书,则千数百年来文化之消长,学术之升沉,社会生活之变动,地方经济之盈亏,固不难一一如示诸掌也。”我们正是在吴晗的启示下来从事这方面的工作的。

二

我国私人藏书起源于春秋战国,可以说源远流长。可是藏书家的事迹,缺乏全面系统的记述。直到清代才有郑元庆(一作郑庆元)的《吴兴藏书录》、丁申的《武林藏书录》。清末出现了叶昌炽的《藏书纪事诗》(以下简称《纪事诗》)①,藏书家的史传,才由一郡一邑而扩及全国。叶著取材于史志稗乘,内容丰富,收录藏书家741家②。可以说是我国封建社会私家藏书比较完整的资料汇编。可惜叶著始于五代,五代以前,缺而不载,不能不是一个缺陷。叶氏以后,踵事增华者大有人在,如伦明的《辛亥以来藏书纪事诗》、王謇的《续补藏书纪事诗》、徐绍棨的《广东藏书纪事诗》、已故吴则虞学长的《续藏书纪事诗》,乃至最近周退密、宋路霞两位先生的《上海近代藏书纪事诗》(连载上海书店《古旧书讯》)。其中徐著补自明末,吴著有十二卷,补360人,稿本未刊,已发表者仅补四川藏书家七人。其余都是补辛亥至民国间的藏书家。藏书纪事诗外,复有汪訚《明清蟫林辑传》、袁同礼《清代藏书家概略》、洪有丰《清代藏书家考》。他们补苴罅漏,做了一定的贡献,但很少有人在宋以前挖掘增补。杨立诚、金步瀛的《中国藏书家考略》(以下简称

---

①《藏书纪事诗》有六卷本(江标刻入《灵鹣阁丛书》);有七卷本,叶氏自刻于宣统元年,1983年上海古籍出版社出版了点校本,附王欣夫补正。

②王欣夫《藏书纪事诗补正序》称收录一千一百余人,系包括书内提及的人名在内,实际上不足此数。

《考略》)和吴晗的《江浙藏书家史略》(以下简称《史略》)相继问世①,可以说是一个突破。然而他们增补宋以前的藏书家,仍属寥寥无几。据我统计,《考略》收录874人,增补宋以前共23人。其中汉4人,南北朝5人,隋唐五代12人。《史略》收录浙江399人,江苏492人,增补宋以前9人。其中晋2人,南北朝3人,唐五代4人。五代以前的藏书家是不是这样的稀少呢?在雕版印刷盛行前,书籍的载体都是简帛,学者得书不易,藏书家相对地少,这是事实。然而搜罗未广,这是个重要原因。最令人大惑不解的是:《考略》作为全国藏书家的传记,成书于1929年,著录了874人。按理说,他们应该在叶著《纪事诗》的基础上,广事增补。但事实并非如此。据刘心明同志核对,叶著中竟有159人为《考略》所脱漏②。被郑逸梅先生"奉为秘籍"的俞运之校补本,亦仅增补134人。俞运之虽然订正了原书的某些舛错,但是原书误黄鲁曾为王鲁曾,误李文藻、李南涧为两人,这种显而易见的错误都未及校正,可见这个校补本的水平是极其有限的。最近见到李玉安、陈传艺编的《中国藏书家辞典》(以下简称《辞典》)③,收录了先秦两汉至清末藏书家1149人。从人数来看,较《考略》增加了275人。但是如果以吴晗的《史略》江浙两省的人数来衡量,江浙以外的藏书家脱漏仍然是大量的,山东就是最好的例证。《考略》《辞典》的共同缺点,不记注资料来源,文献无征,稽考为难。《史略》虽记注出处,又失之过简,对藏书家的生平事迹,极少记叙,藏

①《中国藏书家考略》1929年浙江省立图书馆排印本;1987年上海古籍出版社出版俞运之校补本。《江浙藏书家史略》1932—1933年先后发表于《清华周刊》《图书馆学季刊》,1981年中华书局排印出版。

②刘心明《评校补本〈中国藏书家考略〉》(《古籍整理研究论丛》,山东大学出版社1991年版)。

③湖北教育出版社1989年版。

书与学养事功的关系，无由窥见，有悖知人论世之旨。《考略》《史略》《辞典》于藏书源流、藏书家收书、抄书、读书、校书、刻书、著书、其他书林掌故，以及藏书版刻、印章之见于著录者均语焉不详，或略而不谈，较之叶著《藏书纪事诗》不啻有霄壤之别。在体例上，《考略》《史略》都按姓氏笔画排比，《辞典》更无足怪。藏书的发展脉络及授受之迹，黯然不彰。可以作为工具书用，均不足以言藏书史。为编写一部比较完备的藏书史做准备，弥补叶著和《考略》的大量脱漏，我认为必须在前人的基础上，从郡邑开始，广事搜采。吴晗的《史略》虽体例未臻完善，但草创之功不可没。如何继承前修，取长补短，深入挖掘整理，这是文献工作者义不容辞的职责。

三

山东自古为文物之邦，中华文明的摇篮。自孔子整理六经，以六艺敷教，开私家藏书之风以来，齐鲁大师辈出，代不乏人，私家庋藏，蔚然成风。元明以前尤居全国之冠，明清两代亦足与江浙相媲美。由于山东地处华北，相对地说，交通闭塞，不少学者，僻处穷乡，甚至以蒙训糊口，即乡邑亦鲜知其名。顾炎武与张尔岐订交，张犹在蒙塾之中。清末日照丁以此著《毛诗正韵》，亦以训蒙糊口，“岁祗三千文”。太炎先生因而叹“山东耆秀，先后同符”，“然后知贤士湮没者多”。① 山东藏书家颇多类似。他们的事迹鲜为人知，也就不足为怪了。上面我提到的叶著《纪事诗》收录五代至清山东藏书家 29 人，汪訚《明清蟫林辑传》收录明清山东藏书家 39 人，杨立诚、金步瀛《考略》收录两汉至清山东藏书家 30 人。近年出版的

①见章太炎《毛诗正韵序》（《太炎文录》卷二）。章太炎致邓实书（转引自《刚毅木讷的学者革命家丁惟汾传》，台湾近代中国出版社）。

李玉安、陈传艺编的《辞典》,亦仅收录先秦两汉至近现代山东藏书家62人①。其中个别人是管理国家图书的官员,严格地说不是藏书家。为了弥补叶著和《考略》对山东藏书家的大量脱漏,吸取叶著的优点,我从1983年起,得到沙嘉孙同志的协作,决定略师吴晗《史略》之意,变更其体例,编著一部《山东藏书家史略》,以期与吴著相伯仲。先由我发凡起例,由沙嘉孙同志利用业余时间,遍检史传、稗乘、方志、官私簿录、古今文集、笔记,广事采录,草成初稿,辛勤耕耘,稿几盈尺。然后由我陆续汰删、笔削、润饰,乃至反复改写,再三订补。史必探其源,事必求其真,前人成说之舛误者必详加考辨。九年以来,稿经三易,始行写定,付印前又重加增订。凡得山东藏书家559人。其中先秦两汉10人,魏晋南北朝18人,隋唐五代12人,两宋21人,金元17人,明84人,清349人,民国48人。如果与吴著江浙相比较,从下表中可见一斑:

省别	先秦两汉	魏晋南北	隋唐五代	宋	金元	明	清	民国	总计
江苏	—	1	4	22	15	160	290	—	492
浙江	—	4	—	33	15	80	267	—	399
山东	10	18	12	21	17	84	349	48	559

在上表中不难看出,两宋以前山东藏书家为40人,江浙仅寥寥数人。宋、元、明、清山东藏书家不亚于江浙,而清代则远过之。即使减去山东民国藏书家48人,仍较江苏多6人,较浙江多117人。当然江浙藏书家的人数,不能排除吴晗采摭未备这个因素。但大体上可以肯定,山东藏书家以人数而言,决不次于号称藏书渊薮的江浙。山东私家藏书的发生、发展,远较江浙为早,这才是名副其实的源远流长。从藏书质量而言,足与百宋千元相颉颃者,山东亦颇不乏人。关于这个问题,下文当详细申论。

①《中国藏书家辞典》收录的62人中,将王肃郯误为东海郡(今江苏东海)人。

早在三十年代,山东学者山东省立图书馆馆长王献唐先生就准备编写《山东藏书家考略》,并以李文藻为发轫。他在《李南涧之藏书及其他》开头是这样说的:

本馆前岁以十二万金,购得日照马氏藏书,颇多宋元旧椠及名家校藏精本。唯以山东藏书,在清代乾嘉之际,以益都李南涧为最。其校藏书籍,关系齐鲁文献,遍检旧存及马氏新籍,独付缺如。间尝颇引为憾。寒家旧有《南涧文集》手稿二种,及批校《杜诗》残本一种,拟自抄留副本,以原书赠存本馆。乃于去冬,本城大布政使街敬古斋碑帖店,忽以南涧抄本惠定宇《古文尚书考》至,并经戴东原、邵二云、钱辛楣及南涧亲笔批校,朱墨烂然,阅之狂喜。连同查初白手批赵注《杜诗》,以百二十元之重价,为本馆购得之。同时又闻敬古斋新由章丘高淑性家,购得大批书籍,上述二本,即在其中,度必尚有佳椠。越日自往该店,检其丛残,尘灰污手如漆,又得南涧藏书一种。敬古斋亦以余能不惜重价,每日以新购书籍之佳者,捆负求售。于是南涧遗书及毛西河手批《诗所》,邵二云手校《新唐书纠谬》,宋晋之说经手稿,为吾一网打尽矣。自后求书之心愈炽,意有所念,所求之书,即随念而至。如周林汲、桂未谷、孔荭谷等旧藏,辄连翩得之,亦不知其何说。遂决意为诸家藏书考略,以南涧一家为斯事发动。乃先为此篇。

献唐先生从收购李文藻、周永年、桂馥、孔继涵、马邦举、宋书升等人的藏书,因而想编写诸家藏书考略,用以保存齐鲁文献。当时似乎还没有打算编写一部从先秦到近代的《山东藏书家考略》。事实上献唐先生只写成了《李南涧之藏书及其他》和《山东之抄书家——卢德水先生》两篇①,即连如清代的周永年、桂馥、孔继涵等诸大家都未及执

①这两篇文章,都发表在《山东省立图书馆季刊》第一卷第一期(1931)上,均转载本书附录。

笔。1931年6月4日在跋《藏书纪事诗》时,又曾提到"尝欲裒集鲁人藏书事实,为《齐鲁藏书纪事诗》,尚未暇也"①。可见《山东藏书家考略》或《齐鲁藏书纪事诗》,献唐先生都有过这种设想,均未暇执笔。因此,我们这次编写《山东藏书家史略》是完成献唐先生想做而没有做的工作,对保存和弘扬齐鲁文献有其重要意义。

大量文献证明,山东藏书家有九大特色。

第一个特色是笃爱坟籍,藏书成风。这种风气,由来已久。我在上面曾经提到,自从官师失守,学术下于民间,第一个开私人讲学和藏书之风的就是孔子。孔子弟子三千人,身通六艺者七十七人②。以《史记·仲尼弟子列传》考之,在七十七人中出于齐鲁者为四十三人。孔子所建立的儒家学派,自然以齐鲁为中心。他们对六艺的传播,声势之大,影响之深,可以想见。《庄子·天下》篇说:"其在于《诗》《书》《礼》《乐》者,邹鲁之士,搢绅先生,多能言之",决非偶然。稍后于孔子、以儒墨并称显学的就是墨子。墨子长于《诗》《书》《春秋》,因为南游时载书甚多,曾引起弦唐子的问难③。足见当时齐鲁私人藏书已相当普遍。降及战国,驺衍、淳于髡、田骈、宋钘、尹文、接子、慎到、环渊、驺奭之徒,七十六人,皆集于齐之稷下,号称稷下先生,而荀卿三为祭酒,终老兰陵。他们这些学者都著书立说,言治乱之事。这就是历史上著名的百家争鸣④。其

①《双行精舍书跋辑存》180页。据张亦轩先生回忆,献唐先生曾撰有《齐鲁藏书纪事诗》,手稿在南京散佚,见本书张序。

②班固《汉书艺文志序》仅云七十子,颜师古注谓"七十子谓弟子达者七十二人,举其成数,故言七十"。《史记索隐》:"《孔子家语》亦有七十二人。"此从《史记·仲尼弟子列传》。

③见《墨子·贵义》,参考顾实《汉书艺文志讲疏》150页。

④参考《史记·田敬仲世家》《史记·孟荀列传》;《汉书·艺文志》;《尹文子》一篇下颜师古注:"刘向云:'与宋钘俱游稷下。'"蒋伯潜《诸子通考·稷下诸子考》。

中有儒家、道家、阴阳家、法家、名家、墨家。驺衍、驺奭、淳于髡、田骈、接子、尹文都是齐人。他们著书立说,虽然没有藏书的记载,但是他们既然要相互辩难,自成一家之言,这就离不开自己的藏书。我们从墨子、惠施丰富的藏书,即可以此类推。两汉的学术论坛,无论今古文学,基本上是齐鲁的天下。西汉十四今文博士,多数是齐鲁大师①。我们从《史记》《汉书》的《儒林传》中可以得到证明。如果这些大师没有自己的藏书,他们怎么可能"教于齐鲁之间"。1972 年山东省临沂银雀山两座汉墓中发现的大批竹简,就已经整理出来的 830 多号(共编定号码 4900 多号)中,就有周秦诸子如《六韬》(残简 54 号)、《孙子》十三篇(105 号)、《尉缭子》(残简 36 号)、《管子》(残简 36 号)、《晏子》(残简 10 号)、《墨子》(残简 1 号附佚文 42 号)、《孙膑兵法》(残简 232 号)等多种,此外还有汉元光元年(公元前 134 年)《历谱》(32 号)、《相狗经》(残简 11 号)、四种阴阳书及风角、灾异、杂占残简。在未经整理的六分之五的竹简中,必然还有为人所未知的著作。已经整理出来的周秦诸子,如《孙子》《六韬》《尉缭子》等,和今天传世的本子,字句有很多不同,足资校勘。《孙膑兵法》的出现,使汉以来久已失传的佚书,重显于世,意义尤为重大②。以上已经整理出来的汉简,除元光《历谱》出自二号汉墓外,余均出自一号汉墓。一号汉墓的墓主就是西汉早期山东的一个藏书家。可以肯定,随葬的书籍,仅仅是墓主生前心爱的一小部分。从这里也可以看出当时书籍的传播已相当广泛。士大夫家和民间普遍传抄收藏,便于传诵,这是符合历史事实的。在秦汉和魏晋私人藏书有记录可考者,秦汉之际有孔鲋、孔腾;汉初有伏胜、淳于意(仓公)、孔安国③;东汉有曹

①见周予同《经今古文学》十四今文博士西汉即已立。
②参考罗福颐《临沂汉简概述》(《文物》1974 年第 2 期)。
③孔安国为孔腾曾孙。

曾;魏有王粲、王业、王弼。武帝初鲁恭王坏孔子宅所得壁中书《古文尚书》及《礼记》、《论语》、《孝经》,即为孔鲋、孔腾所藏。有人怀疑孔子壁中书的存在①,这不过是康有为《新学伪经考》的唾余,不足凭信。不能因为《史记》不载此事,就认定班固《汉书》采自传说②。其实《史记·儒林传》明明说"孔氏有古文,而安国以今文读之,因以起其家"。司马迁曾从安国问故,此说必然信而有据。班固《汉书·艺文志》《六艺略·书序》中在谈到孔子壁中书时说:"孔安国者,孔子后也,悉得其书,以考二十九篇,得多十六篇,安国献之。"这本是刘向《别录》旧文,更没有怀疑的余地。西汉是齐学、鲁学鼎盛的时期,虽然有明确记载的齐鲁藏书家为数寥寥,但事实并非如此。即如西汉第一个传《易》的田何,田何的再传弟子杨何,他们何尝没有藏书。推而广之,传《鲁诗》的申公,传《齐诗》的后苍,传《毛诗》的毛亨,传《礼》的高唐生,传《公羊春秋》的胡毋生,他们都会有自己的藏书。我们可以肯定地说,齐鲁的私家藏书,在西汉已奠定了基础。到了东汉,由于蔡伦改进了造纸技术,价廉物美的图书载体,为私人抄书、著书提供了物质条件。所以山东便出现了收藏万余卷的"曹氏书仓"。蔡邕是东汉的大藏书家。建安七子之一的王粲藏书即来自中郎,当亦不下万卷。魏晋南北朝的山东藏书家,有一个共同的特点,他们虽身居显列,但都家无余财,唯笃好坟籍。例如晋华恒"常布衣蔬食,年老弥笃,死之日,家无余财,唯有书数千卷"。南齐刘善明"家无遗储,唯有书八千卷"。王俭熟谙朝章旧事,平居"车服尘素,家无余财,唯博览公私藏书"。梁任昉"于书无所不窥,家虽贫,聚书至万余卷③,

①见金德建《经今古文字考》三十九《论壁中书系属传说》。

②参考顾实《汉书艺文志讲疏》34 页。孔子壁中书刘歆《移太常博士书》有明确记载,西汉今文家虽然反对刘歆,但从未有人提出孔子壁中书出于刘歆的伪造。说详钱穆《刘向刘歆年谱》。

③晁公武《郡斋读书志》称"昉家藏书三万卷",当另有所本。

率多异本”。尤其重要的是,在任昉卒后,“高祖使学士贺纵共沈约勘其书目,官所无者,就昉家取之”。说明任昉的家藏,富于公藏。此外,如梁王僧孺“笃爱坟籍,家贫,常佣书养母,写毕讽诵亦了”。尝“聚书至万余卷,多异本,与沈约、任昉家书埒”。北魏唐瑾,随军南征,江陵既平,“诸将多因虏掠,大获财物,瑾一无所取,唯得书载之以归”。文帝初不置信,为了“明其虚实,密遣使检阅之,唯见坟籍而已”。南北朝山东藏书家类似这样的高风亮节,实在是难能可贵。在隋唐五代藏书家中,值得一提的是青州竟有五人。一为杨成云,是个普普通通的读书人,“素琴一张,《老》《庄》万卷,池亭之下逍遥自娱”。二为何鲁,“蓄书数千卷,以探讨自娱,尤好《老》《庄》”。三为王师范,父敬武为平卢节度使。敬武卒,师范年十六,代父主平卢军。“师范好学,聚书数千卷,使杨彦询掌之”。四为朱遵度,青州书生。家多藏书,阅览略遍,时人号称“朱万卷”。五为石昂,不求仕进,“家有书数千卷,喜延四方之士。士无远近,多就昂问学”。叶昌炽《藏书纪事诗》所谓“青州万卷一书生,灯灺篝香秣下城。羡煞故乡杨从事,但司藏室不论兵”者,即为朱遵度、王师范而发。其中杨成云、何鲁、朱遵度、石昂都隐居不仕,而藏弆颇丰。说明山东藏书家到了隋唐五代已不为达官贵人所专有。藏书的普及民间,这跟隋唐五代雕版印刷的兴起是分不开的。随着宋代的雕版盛行,历元明清,版刻而外,复有活字,至清季又有石印、影印诸法。印刷术的发展,促进学术文化的繁荣,而学术文化的繁荣,又加速了书籍的流转。书籍越多,求书越便,藏书之风越盛。山东藏书家从宋代21人、金元17人,到明代一跃而为84人,到清代竟达349人,以四倍的速度递增。这与山东文化教育和学术的发展是完全相适应的。如果以山东藏书家的地区分,从下表也可以看到地区之间明显的差别。

地名	人数	地名	人数	地名	人数
济南	12	博山	2	苍山	1
历城	8	临淄	4	德州	12
淄川	11	峄县	3	陵县	1
德县	1	临朐	3	宁阳	15
德平	1	安丘	16	东平	6
齐河	7	诸城	21	平阴	10
济阳	3	潍县	23	滋阳	4
临邑	3	胶州	5	曲阜	22
平原	10	高密	8	邹县	2
乐陵	3	胶县	1	兖州	1
商河	3	平度	1	泗水	2
东武城	1	掖县	9	滕县	11
夏津	2	即墨	2	济宁	19
恩县	2	蓬莱	6	金乡	6
庆云	4	黄县	4	鱼台	1
惠民	2	福山	7	微山	1
阳信	7	栖霞	2	曹州	4
无棣	7	招远	1	城武	2
滨州	1	莱阳	6	巨野	5
利津	5	牟平	2	郓城	3
沾化	6	文登	9	曹县	7
邹平	4	海阳	2	濮州	8
长山	8	荣成	2	定陶	1
博兴	2	临沂	7	东明	1
青城	3	郯城	3	东昌	11

(续表)

地名	人数	地名	人数	地名	人数
高苑	1	费县	1	堂邑	1
乐安	3	莒州	5	博平	1
广饶	1	沂水	1	茌平	2
桓台	10	日照	14	清平	3
齐东	2	泰安	10	观城	2
青州	32	长清	3	城朝	1
寿光	11	莱芜	5	冠县	1
昌乐	7	章丘	5		
高唐	3	寿张	2		
东阿	8	临清	5		

备注:表列山东藏书家籍贯,均以史传及山东地方志地名为依据。某些古地名管辖区域与今地名未必相等,故一仍其旧。

从上表可以看出,山东藏书家最多的是青州,其次是潍县、诸城、曲阜、济宁、济南、安丘、宁阳、日照、德州、淄川,再次是寿光、滕县、东昌、平阴、平原、桓台、泰安,又次为文登、掖县、历城、高密、濮州、东阿、齐河、阳信、无棣、昌乐、福山、临沂、曹县、沾化、蓬莱、莱阳、东平、金乡,其他不一一列举。大体上反映了地区之间经济、学术文化的消长。

总起来看,山东藏书家从古到今,上至公卿,下至寒畯,藏书读书,蔚成风气。其中有杰出的思想家、政治家、军事家、经学家、史学家、理学家、科学家、语言文字学家、金石舆地学家、目录版本校勘学家、古文家、诗人、词人、戏曲家、小说家、书法家、画家、印人;还有名医、训蒙的塾师、山寺的高僧、隐逸的高士,等等。尽管他们的品类不同,贫富有别,志趣各异,但他们都是一个心眼,那就是嗜书若命,甚至把书看成比自己的生命还重要。他们都像爱护自己的头目那样爱护自己的藏书。他们共同的美德:藏书过于积产,爱书甚于爱财。而爱书的目的在于读书,用以修身养性,充其腹笥。如金日照张莘卿,老犹笃学,手不释卷,蝇头细楷,往往手自抄写。或谓之曰:“人生当行乐,何至自苦如此?”笑且答曰:“人生当行乐,吾乐是耳,其他不能易也。”元阙里孔文升以读书种子自居,其座右铭曰:“宁人负我,毋我负人;宁存书种,无苟富贵。”元济南赵受益,“视他人所好子女玉帛,弃若涕唾,唯收书数千卷而已”。明历城边贡官南京尚书太仆卿,被劾纵酒废职。致仕归,筑万卷楼于湖上,蓄书甚富,嘉靖十年火几尽。贡仰天大哭曰:“甚于丧我也。”王士禛尝谓其“所至登山涉水,购古书金石文字,数万卷,而家无中人之产。自后至无以庇其子姓”。清淄川毕际有改尚书第正房振衣阁为藏书楼,藏书万卷,蒲松龄《哭毕刺史》诗称其:“物必求工真似癖,书如欲买不论金。”孔尚任在《小忽雷传奇记》中自称“喜的是残书卷,爱的是古鼎彝,月俸钱支来不勾一朝挥”。葛建枫“恨不十年读书”,往来通都大邑,必入书肆,购求善本,不惜重价。临淄赵东璧,光绪岁贡生,教授乡里,所得修金,悉以购书,曰:“积产千金,何如藏书万卷?”清代还有一个由汴梁入籍高密姓孙的人,佚其名,因家富藏书,自号“书箱”,人因称之谓“孙书箱”。从以上这些事例中不难看出,他们把藏书读书看成是最大的乐趣、最大的享受。所有声色狗马,子女玉帛,都弃之如敝屣。正因为他们有着这样高尚的情操,所以他们乐此不疲。具体分析,山东私家藏书,因人而异。主要不同表现有八:

有公余退食、勤搜博览者。山东藏书家中不少人出身巍科,任过大小官职,但他们都随时搜访,积书万卷,公余之暇,似饥若渴地博览群书。例如明寿光刘銧(西桥)嘉靖中官至太常卿兼翰林院五经博士,供事内阁诰敕房。弘治以来,办事两房,以博封旧典著称。家本多书,至銧抗则又倍力聚之。李开先举进士,独造銧庐,以均有好购书癖而相见恨晚。毕自严酷爱坟籍,藏弆满架,官户部时,舆后必置书二寸余,日晡事竣,必读书,漏下数刻乃归。清淄川王敷政官内阁侍读学士,每夏晒书,牙签散落盈升,家人岁以为苦。新城王士禛官都下二十余载,俸钱所入,尽以购书,每睹罕秘之书,辄录其副。月之朔望,必往慈仁寺书摊购书。士人有数谒而不获一见者,恒于慈仁寺得一瞻颜色,一时传为佳话。士禛每读四部书,辄为题跋,雠校评泊,丹黄满纸,经辑入《渔洋读书记》①者达六百四十则。历城周永年在纂修《四库全书》时,每遇庙会,必至“城内隆福诸寺”去赶庙买书。看到庙会上出卖的书散帙满地,往往不全,亦好购买。“尝见吴老才《韵补》为他人买去,怏怏不快。”②乐陵董养性“在督运途中每捆载诸书以往”。茌平王曰高“居官所得俸禄,尽以购书,多至万卷,所往辄随”。寿光李铎“家藏书籍,充栋汗牛,不减邺侯家。官京师时,无日不游琉璃厂书肆,所得益夥。迨出任外官,每至一地,必载书兼两,案牍之暇,手未尝释卷”。清东阿陈宗妫以进士官度支部左丞,“服用俭素类寒儒,唯好聚书。每日夕退食,必纡东海王村,游诸书肆,遇所好者载以归,不必精椠善本,第用之适,日日市之,为数已多,每归里,所辇运者皆书也”。这不过是山东藏书家中少数几个例子。此其一。

有淡泊荣利、独喜积书者。最早见于记载的是后周鄄城的翟光邺。光邺虽贵,不营财产。常假官舍以居,萧然仅蔽风雨,而好聚书。又如明青城韩一右有“居官不爱钱,归囊唯余万卷”之称。青城杨梦衮官至工部尚书、太子太保,“告归后所居图书四壁,茅屋数椽而已”。高密李邦魁以进士官唐山令,劳瘁而卒,“箧司中唯细二端,俸银十余两,左右图书外无长物”。寿光安致远屡试不售,建

①《渔洋读书记》是我与杜泽逊同志合编,青岛出版社 1991 年 8 月出版。
②见李文藻《琉璃厂书肆记》(《京津风土丛书》)。

读书堂，积书万卷，与仲子箕朝夕相对，讲习不辍，书未尝须臾离手。清泰安赵国麟为官清冷绝尘，乾隆初由福建巡抚、安徽巡抚授文渊阁大学士，“解组归里，死后身外无长物，贻子孙者古书一屋，砚十数方而已”。长山徐启新以武举、会元官云南临元镇总兵官，“然胸怀韬略，外秉儒雅。自宦游以迄居家，囊无余物，唯蓄书册卷轴而已”。广饶隋藏珠以进士官户部郎中，补授建昌知府，绝苞苴，“性严正，恶言利，独爱书成癖”，“插架万轴，寝馈以之”。冠县赵锡蒲历官三十年，无声色之娱，唯爱佳山水，好聚书，常以数千卷自随。平度石嵩宗以诸生名于时，少好读书，收藏极富。因其先人起自埠阳，名其藏书处曰“埠阳书屋”，日浸淫其中以为乐。孙儒秀为撰《石颖瞻秀才书屋歌》：“独有石子少读书，年年购书书五车。读书多种北堂草，藏书静作南山庐。”蓬莱慕维德官至翰林院编修、光禄寺少卿。平居插架千万轴，暇辄手自一编。荣城孙葆田父福海，以举人署随州知州，及卒贫不能敛，行箧唯书万卷。潍县高鸿裁祖其绪，先获寿光故家藏书，后司铎阙里，又得书牍，捆载东归。尝戏语人曰：“此吾冷官宦橐也。”济宁刘延坦官沔阳知州，尝捐廉办监利学堂，积书至四十万卷。这种高贵的品质，在山东藏书家中屡见不鲜。此其二。

有构楼庋藏、乐在其中者。元明以来，山东藏书家构楼贮书，坐拥书城者颇不乏人。其最著者，如元寿张申屠致远清修苦节，耻事权贵。平居无他好，唯聚书万卷。每见以古彝器、书法、名画求售者，辄援厚值取之。所蓄既富，缄縢庋置，乃筑楼以储之，名曰墨庄，颜其堂曰博古。翰林院承旨欧阳玄尝为撰《墨庄楼铭》，勒石其上，黄缙为撰《博古堂记》。明曲阜孔彦缙尝建存化书堂，盛称古今图书，薛瑄为撰《存化书堂记》。明张翊建堂五楹，购古今书史万卷庋于左右，屏幽阶邃，颇远尘嚣，颜其门曰“甘泉书塾”，自为之池。博兴顾铎聚书万卷，构一楼居其中，每夜得句，辄呼灯录之，至再三起不倦。明鄄城李尧民尝构小楼，颜以“快读”，典籍充栋，无所不读。章丘李开先藏书万卷，甲于齐东，自撰《藏书万卷楼记》，并系之以诗。其友唐顺之为撰《中麓文选藏书歌》。中麓《积书省悟诗》自称："多取不为贪，读书僻性耽。借抄先馆阁，博览及瞿昙。誉望惭书麓，文章效济南。若无真实行，万卷总空谈。"可见其求书、抄书、读书之勤。明临邑李若讷仿宋朱昂以"小万卷"颜其楼，自撰《小万卷楼记》。文登刘必绍"自入仕途，常禄之外，不敢苟得，除充日用、赡亲友，余者即易书"。因所积将近万卷，乃于"城东文山下筑万卷楼，为贮书之处"，而自为之记。清长山李慨之"起芝烟阁于堂之左，置经传子史、法书名画，枕藉其中，旁及天官、地理、九流百家、二氏之说，靡不审其是非，正其纰缪"。王士禛以一代诗宗，于顺康间主持风会数十年，毕生求书、藏书、读书、论书，几于成癖，尝于《居易录》卷十四自序其池北书库聚书原委，朱彝尊复为撰《池北书库记》。淄川高珩嗜读书，凡海内名山所藏及文人所著，人间未经见者，购求务得之，居恒手不释卷，段松龄《淄川开元寺访碑赠高赞虞明经昆季》所谓"君家侍郎明德远，构书万卷藏栖云"者也。顺康以后，构楼贮书、寝馈其中者尤史不绝书。如泗水施端教自撰《一草亭记》，述其藏弆始末。济宁刘嗣瑞宅两偏有"涸园"，邑人夏联钰为之记，镌石而陷诸壁。藏书甲济上，披览不倦。而号称海内大家者，如德州卢氏雅雨堂、曲阜孔氏微波榭、益都李氏大云山房、历城周氏借书园、聊城杨氏海源阁、文登于氏小谟觞馆、东武刘氏味经书屋、福山王氏天壤阁、临清徐氏（坊）归朴堂。他们虽然都是在从政之余勤搜博访，然未尝一日废书。而德州卢氏、曲阜孔氏、益都李氏、历城周氏、东武刘氏、福山王氏，或以经学名家，或以校勘名家，或以金石名家，在学术上都有杰出成就。① 聊城杨氏海源

①清张之洞《书目答问》附二《国朝著述诸家姓名略》以孔继涵列经学家，卢见曾、李文藻、周永年列校勘家，刘喜海列金石家。

阁,杨以增创业于前,杨绍和步武于后,杨保彝善承先志,经祖孙三代的惨淡经营,使士礼居、艺芸精舍、怡府乐善堂的孤本秘笈,始终为陶南所珍藏,在晚清四大藏书家中,唯常熟瞿氏铁琴铜剑楼,足与并峙南北。而临清徐氏归朴堂家富万签,声名烜赫,骎骎与南瞿北杨方驾齐驱①,晚清民初言收藏者,无不知有临清徐氏。其影响之深,不在聊城杨氏之下。迄于近世,潍县高鸿裁有"辨蟫居",宋书升为撰《辨蟫居藏书记》,称其"参钩研稽,甲乙丹黄,寒暑靡间"。而日照王献唐"双行精舍",自撰《藏书十咏》,齐鲁文献几乎囊括殆尽。近岁曲阜孔达生(德成)先生为补题其斋额。齐鲁藏书的流风余韵,于斯可见。此其三。

有田园退隐、积书自娱者。山东藏书家颇多居官清正、爱书之外,复酷爱园林。田园退隐,每多于庭院中莳花养鸟,垒石为山,曲径成凼,左图右史,啸傲其中。如明城武张录,巡按山西,宪度修明,污吏敛迹,虽权贵有犯者亦不少贷,然终以事累。家居二十年,日以诗书花鸟为乐。副使钱宏《晚留张侍御东台》诗所谓:"百尺层台景色新,堂间柱史绝嚣尘。四时花鸟勘为乐,万卷诗书未是贫。"濮州李先芳官亳州及宁国府同知,"罢归后,坐卧会台别业,尽发所藏,日伏读经史百家之言"。齐河房守士告归后,于齐河城西南隅筑千楸园藏书其中,古柏森翳,亭台错落,相映成趣。钱唐吴文楫《题千楸园壁》,称其"离离别馆藏书屋,漠漠垂杨拂酒杯"。长山王蚪山以进士除如皋知县,告归后"饲鹿调鹤,积书数万卷,坐卧其下"。临邑邢侗官陕西行太仆卿,"年甫三十余,移疾乞休,辄被发入山"。"素不好治家人产,唯喜收书,庋藏甚富。日蠹鱼经史诸子百家、稗官掌故间,网鲜罷翠,渔猎靡遗。尝恨少人间未见之书,而又字劳编绝,叩玄问奇,反复商略,抽绎精华。家资巨万,筑来禽馆

①见缪荃孙《艺风藏书记·缘起》;傅增湘《双鉴楼善本书目序》。

于古犁丘，减产奉客，遂致中落。终日与檐雀对，时或翻书库，得古人一言半语，欣然有会，乃自谓不贫。”平阴孙敬祀“所居植花竹，蓄奇石，扫地焚香，图书充几案，键户默坐以自娱”。淄川毕自严生平无他嗜，唯酷爱坟籍，藏弆满架。《石隐园怀古诗》自称：“阶前饶葱蒨，架上富坟籍。黄鸟鸣林皋，蠹鱼侵几席。”又如清淄川唐梦赍，所居志壑堂为藏书之处，茂林修竹，有丘壑之胜。韩维垣《唐豹岩五亩园》诗：“老室窈而深，窔窔如丘壑。万卷倚琅玕，大雅今可作。兴来发青吟，长啸振丛薄。”济宁孙玉庭官至两江总督、体仁阁大学士，“年老乞休，筑小园凿池种莲，尤爱菊，岁栽千百盆。所居阁五楹，堆菊为山，足迹不至城市，门庭清寂，无杂宾。家多藏书，缥缃插架，满堂满室”。平阴程自迩“以负郭田数千亩，筑土为垣，多植树栽花，结茅其中，杜门谢客，日坐斗室中，拥书万卷，寓目会心，则握管书之”。滕县徐宪文以进士官台湾南路理番同知，时年近六旬，履任年余，买舟归。酷嗜图章古籍，俸金所得以千百计。笑谓人曰：“慎勿以薏苡见疑，所有宦囊止此痴儿耳。”葺芳屋于薛南，颜之曰淡香书屋。王莲塘以进士官郑州知府，挂冠归田，橐书数千卷，日事研讨。清末齐河邵允中，官训导，民国改元，教授乡里，不受脩脯。宅西有余地数弓，构屋三楹，藏书万余卷，外则叠怪石为岩岫，莳花木其旁，秋菊则佳种尤多。屋之东修竹左右，清影罩窗，因以竹西自号。这类例子，可以说不胜缕举。此其四。

有节衣缩食、但愿贮书者。山东藏书家颇多出身微寒，即使入仕以后，亦自奉淡泊，囊无余资。然每遇佳书，虽脱衣典质，在所不顾。如宋李清照在《金石录后序》中自述与其夫赵明诚居京师时，“每朔望谒告，出，质衣，取半千钱，步入相国寺，市碑文果实。归，相对展玩咀嚼，自谓葛天氏之民”。后明诚连守两郡，竭其俸入，以事铅椠。收书既成，归来堂起书库。清照“始谋食去重肉，衣去重采，首无明珠、翠羽之饰，室无涂金、刺绣之具。遇书史百家，字不刓缺、本不讹谬者,辄市之,储作副本。自来家传《周易》《左氏传》,故两家者流,文字最备。于是几案罗列,枕席枕籍,意会心谋,目往神授,乐在声色狗马之上”。元明以来,此风不替。如元齐河商挺衣食不足,而俸钱常以聚书,至老不废。明博兴顾铎子龙山能读父书,自称“架签且喜藏千卷,瓶粟无劳问石储”。阳信毛思义官副总漕运,老病乞归,囊无余资,唯积书数万卷,名其书室曰“四万卷楼”。东阿赵邦彦家中金币尽以购长安市肆书,其后子女十余人,衣食不能给。青城韩容以高州守致仕,囊橐萧然,唯牙签万卷而已。莱芜李棣生“家无担石而拥图史”。益都钟羽正自奉俭约,身服布素,常食不过二器,藏书百箧,丹黄殆遍。济阳任光服食雅素,而收书则靡问其值,缥缃充栋,视为快事。清曹州赵振极家贫授徒,束脯所得,悉以鬻书,叠窗列架,千厢万轴。高密王大椿家无儋石储,而积书盈室。费县陈介吉生平无他嗜,唯酷嗜读书,终岁所入,半付书贾,虽屡空,淡如也。淄川韩源官至太仆寺卿,解组以来,唯葛巾野服,陋室数椽,读书其中。诸费从省,而市书则不计。曰:“苟嫌值贵,但多读几篇,便足相偿。”诸城谭成爻善诗,嗜饮酒。坐一室,四壁图书,藜藿不给,淡如也。泰安聂钦,家贫,少为吏,已辄弃去。闭户聚图史自娱。见市间有异书,必竭力购之,虽绝炊不顾。诸城王应奎为如皋令,解组之日,乡民多束帛相遗,皆不受。唯购书十余车,挽之归。光绪间,宋书升馆其家,犹见其遗书盈屋,或丹黄细书,旁行斜上,多在署时校勘者。宁阳宁世佺,乾隆中诸生,喜读书,堆案盈几积轴,外无长物。恩县郭种德以进士为湖北京山、盐利、嘉鱼县令。生平砥砺廉隅,不为阿附。唯喜藏书,去官时旧书数簏,外无长物。栾允谦嗜学,文名噪一时。舌耕所积,尽以购书。诸城王莲塘以进士官郑州知府,挂冠归田,橐书数千卷,日事研讨。寿光任象益初授乡塾,脩脯尽以购书。桓台王彭年由知县改信阳训导,在任三十年,朴素无华,风格严峻。及解组,行李萧然,盖廉俸所入,悉以购书。沾化王金奎,嗜书成癖,遇有贾客以佳本来售,虽书值无措,宁典衣以偿之。家藏书籍,不下万卷。寿光杨绍典,廪贡生,衣食尚节俭,唯购书不惜重资。晚岁自题楹联:“数卷图书慰夙好,一庭花木乐余年。”临淄赵东璧,光绪岁贡生,教授乡里,所得脩金,悉以购书,曰:“积产千金,何如藏书万卷。”此其五。

有高人雅士、风流自赏者。山东藏书家中每多清高之士,或博通经史,或长于吟咏,或精于书法、篆刻,或擅音乐、绘画,或好古文奇字,而性多狷介。如明曹县尹邦麟性爱图书,杨维桢比之邺侯之富。工草书,得张旭笔意。扈永通赠诗所谓“一榻春风万卷书,圣贤真趣日论讨”者。益都冯裕茅屋数椽,藏书满架。其《山泉精舍诗》云:“两山重重泉曲曲,高人傍此结茅屋。蓬窗引入清风来,白云常在檐阿宿。阶前紫竹几千竿,架上牙签三万轴。渊明黍熟多酿酒,陶然一醉东篱菊。闾山老翁日相过,击节酣歌振崖谷。”清莱阳宋瑚博通五经,匿影荒山,读书自得。其侄宋俶赠诗云:“宁冀千秋后,聊忘万卷余。……闻道东家好,饶多邺架书。”蓬莱吴脉鬯精研《易》理,复好吟咏,其《清闲歌》有云:“李杜诗千卷,圣贤书半榻。”又《笑柬蔡对山》诗云:“良朋欣萃止,奇书负满簏。”安丘张在辛“工书,精铁笔,得文何之神髓,又绝似洗石氏。家有墨宝楼,庋藏颇富”。长山刘孔怀,顾炎武尝主其家,辨析疑义,庋藏万卷,流连雒诵。济宁王元枢游苏、扬时,载书一船,酒一船,且饮且吟,传为佳话。海阳于钟块,监生,工琴,尝断桐自制,音韵绝伦。居海滨茅屋数椽,图书满架。以树根为几案。取海石之奇异者置其上。入其庐者皆有萧然世外之想。掖县颜尔宇,性谦逊,不喜名誉,自号“半嫩翁”。暮年构精舍于白云山,藏书数万卷,诵读其间,掖人言学者多宗之。夏津张彬建茅斋于宅西,置法帖、古画、奇书、怪石于其中,因题其斋曰“四爱斋”,自号“四多老人”。无棣张守叙,工绘事,名噪一时,花卉虫鱼,识者多以司马钟目之。晚岁伏处里闬,门庭洒扫无纤尘,老屋数椽,左图右史。院中广植花木,偶闻佳种,不惜远道致之。类似这样的高人雅士,他们的精神生活,一天也离不开图书。此其六。

有广积诗书、传诸子孙者。在封建时代,一般藏书家总是希望把他辛辛苦苦搜求得来的藏书,能传诸子孙,维护不坠,这本是人之常情。为了妥善地保管好这些藏书,还订立了严格的规条,不许将书出借。例如四明范氏天一阁,范钦在阁下悬禁牌:"擅将书借出者,罚不与祭三年。"钦没后,子孙议阁厨锁钥,分房掌之,禁以书下阁。山阴祁氏澹生堂《藏书约》规定:"子孙取读者,就室检阅,阅竟即入架,不得入私室。亲友借观者,有副本则以应,无副本则以辞,正本不得出密园外。"①山东藏书家最早禁书外借者为唐濮阳杜暹。暹尝聚书万卷,每卷后必题曰:"清俸买来手自校,子孙读之知圣教,鬻及借人为不孝。"②无独有偶,明濮州李瓒、李廷相父子,积书画于来鹤楼上,不吝数百金求宋元板刻及孙、刘、马、夏真笔,每卷轴钤曰:"濮阳李氏世藏。"但李瓒、李廷相父子双桧堂藏书,到廷相子孝元手里即烟消云散。孝元教戏楼下,诸戏子夜锤楼板盗去,多不成部,后为严竖子迫取之,楼上一空。李先芳《拾翠轩记》因杜暹之语复赘增三句:"濮阳李氏亦同调,家藏万卷投枢要,嗟嗟二君皆可笑。"这当然不是杜暹和李廷相所预料的。在私有制的社会里,藏书传诸子孙,本来是无可非议的。藏书家不肯借书与人,亦自有其客观原因。一是借书不还,占为已有。宋赵令畤在《侯鲭录》中即以此戒其儿曹。宋人甚至有"借书一痴,还书亦一痴"之说。元刘祁在《归潜志》中尝痛斥假而不归,非君子之道③。周永

①转引自来新夏《中国古代图书事业史》306 页。

②杜暹,《太平广记》作杜兼。《太平广记》引《大唐传载》,文字与此略异,见惠栋《松崖笔记》卷一引《大唐传载》。

③转引自陈登原《古今典籍聚散考》410—412 页。

年倡为《儒藏说》,创建借书园,主张把书广之于天下后世。可是就是他自己托邵晋涵从钱唐汪氏振绮堂抄来的张养浩的《归田类稿》底本,被人久假不还①。聊城杨氏收藏的明嘉靖三十一年芝城铜活字蓝印本《墨子》,被吴县潘祖荫借校,竟未物归原主②。这就无怪藏书家具有戒心。二是借书不加珍惜,有携取全帙而归还时缺损者,有阅读时漫不经心、任意涂抹、折角、点污者。即使藏书家"不敢私为一人所有",然而受借者不能兢兢爱护,则藏书家之执卷矜持,自亦未可厚非。康熙、乾隆间山东有个藏书家叫李莱的,藏书多而秘不示人,卢见曾戏谓之曰:"近有人向香城先生乞菊③,香城不与,而笑之以诗曰:'半载辛勤谁代得,果能吝惜亦风流。'君之于书可谓吝惜风流矣。"藏书秘不示人,居然还得到"吝惜风流"的雅号。说明藏书家不肯借书与人,绝不是个别现象。有一点我觉得很重要,山东藏书家有一种价值观,不在于他们以藏书贻子孙,而是他们认为以藏书贻子孙,远胜以金钱贻子孙。例如元戏曲家曹州李时中,指千金聚经史诸子数万卷,以遗诸子。明孙恪官福建布政司参议,致仕归载书二十车以贻子孙,且赠亲友。尤好金石文字。积书数千卷,皆手勘定。临终作书戒子孙,无坠所藏,留以待后之能读是书者。清历城杨大勋,性嗜书,得旧本必补缀抄写以为乐,积书数千卷,示其子嘉树曰:"三十年宦橐尽此矣,吾不能效陆贾贻汝囊中金也。"这样一些藏书家应该承认他们是有远见卓识的。此其七。

有父子祖孙、书香不绝者。上面我谈到山东不少藏书家宁肯以藏书贻子孙,不愿以金钱贻子孙,这自然是一种美德。但其中也

①周永年《重刻张文忠公归田类稿序》。

②见《楹书隅录续编》卷三杨保彝附记。

③按:德州田霡,自号香城居士。

有子孙不肖,不能守其父业,或因其他原因,不能保有其书者。如上面提到的明濮阳李廷相子孝元,因为教戏于来鹤楼下,李瓒、李廷相两代藏书竟被诸戏子锤楼板偷盗得七零八落,遭到李先芳的讥评。元曲阜孔文升藏书,平昔爱护维谨,虽子孙未尝轻易检阅。晚年因子弟分职,任于他所,藏书竟被婢辈褙鞋帮、覆酱瓿,而不能终有其书。这些情况,在山东藏书家中屡见不鲜。然亦有父子、祖孙、叔伯、弟兄,一门风雅,书香不绝者。远如五代须昌和凝的藏书,传至曾孙和停,犹完好无恙。清于涟藏书万卷,其孙式敷,披览无遗。王士禛之子启涑,张贞“尝入其燕憩之堂,插架栖几,唯经史图籍彝鼎罍洗”。张贞父子叔伯,力耕所入,悉以市书。昌乐阎愉、阎廷倩、阎循观祖孙三人均一脉相传,酷爱藏书。张克家家藏数千卷,子孙世守其业,每抽一帙,丹黄殆遍。德州田雯牙签充栋,藏书万卷,直到玄孙手里,仍妥善保存。卢见曾《里门感旧诗》云:“牙签充栋足高门,旧库于今几尚存。最爱遗堂仍赐额,藏书万卷到玄孙。”诸城李文驹“因其祖华之历显要,家多赐书。文驹益搜罗至十余万卷,颇多秘籍。定省之余,足不出门阀,唯丹黄书史,教子弟以为乐”。最难得的有两种人:一种是虽然穷得“数日不举火”,仍守其父业,不改初衷。如泰安赵国麟的季子道轩。另一种人如济宁郑与侨孙郑其谊,因为“先世藏书,兵火后散失大半。其谊搜求手泽,不惜质衣购之。老屋十余间,卷轴外无长物”。其他如章丘李开先的藏书,虽然在开先卒后即为周藩朱睦㮮购去万卷,但绝大部分一直保存到清初才为昆山徐氏传是楼所得。海虞毛氏汲古阁第二代主人毛扆(季斧),亦得二百余帙。聊城杨氏海源阁藏书,经过三代人的维护,始终赖以不坠。直到第四代主人杨敬夫手里才散失殆尽,其中也还有一定的客观因素。总起来看,许多藏书家为了维护先人的事业,其中有说不尽的辛酸。此其八。

从以上八个方面,我们可以清楚地看到山东藏书、爱书、读书之风,随着时代的发展而愈趋愈盛,而且遍及各个阶层。其中虽然难免有少数附庸风雅的人和不肖子孙,但绝大多数都是好学敏求之士。他们为国家文献的保存和传播,为山东文化、教育、学术的发展做出了不同程度的贡献,他们都不愧为齐鲁文化的精英。

以上所谈的是山东藏书家的第一个特色。

第二个特色是辗转借读,抄书成癖。我在上面曾经谈过在雕版印刷术发明之前,图书全靠手写抄录流传,即使在雕版印刷术盛行的时代,抄书仍然是获得或补充图书的重要手段。孙从添《藏书纪要》说:"古代书籍流传稀少,交通阻隔,无力购致;更有秘本宋刻,为世罕见,每每展转移录,借有其书。"这是抄本书流传的原因之一。抄本书流传的另一个原因:古人把抄书看成是读书的最好方法,所谓"手写一,敌口诵十。书籍凡经手抄,便字字入神"。可见抄本书之所以层见迭出,自有其主客观原因。叶德辉《书林清话》胪举了明以来抄本书为藏书家所秘宝者有十三家:

(1)吴抄,长洲吴匏庵(宽)丛书堂抄本;

(2)叶抄,昆山叶文庄(盛)赐书楼抄本;

(3)文抄,长洲文衡山(徵明)玉兰堂抄本;

(4)王抄,金坛王宇泰(肯堂)郁冈斋抄本;

(5)沈抄,吴县沈辨之(与文)野竹斋抄本;

(6)杨抄,常熟杨梦羽(仪)七桧山房抄本;

(7)姚抄,无锡姚舜咨(咨)茶梦斋抄本;

(8)秦抄,常熟秦西岩(四麟)致爽阁抄本;

(9)祁抄,山阴祁尔光(承㸁)澹生堂抄本;

(10)毛抄,常熟毛子晋(晋)汲古阁抄本;

(11)谢抄,长乐谢肇淛(在杭)小草斋抄本;

(12)冯抄,常熟冯巳苍(舒)、冯定远(班)、冯彦远(知十)兄弟一家抄本;

(13)钱抄,常熟钱牧斋(谦益)绛云楼抄本;谦益从子钱遵王(曾)述古堂抄本;谦益从弟履之(谦贞)竹深堂抄本。

在十三家外,尚有长沙叶氏(树廉)朴学斋抄本,秀水曹氏(溶)倦圃抄本,昆山徐氏(乾学)传是楼抄本,秀水朱氏(彝尊)潜采堂抄本,吴县惠氏(栋)红豆斋抄本,仁和赵氏(昱)小山堂抄本,钱塘吴氏(焯)绣谷亭抄本,海昌吴氏(吴骞、子寿旸)拜经楼抄本,歙县鲍氏(廷博)知不足斋抄本,钱塘汪氏(远孙)振绮堂抄本。叶德辉认为所有以上藏书家"皆竭一生之力,交换互借,手校眉批,不独其抄本可珍,其手迹尤足贵"。这类抄书家,十之八九是孙从添所说的展转移录为世罕见的秘本宋刻,已经超过一般收藏范围。孤本秘笈,往往赖是以传。叶氏所举,仅仅是最著的二十余家。实际远不止此,而且局限于南方。从藏书家的历史来考察,自明清以讫现代,很多著名藏书家的典藏,抄本书均占有很大比重。例如吴氏丛书堂、范氏天一阁,二家之书,半系抄本。赵氏小山堂、鲍氏知不足斋、汪氏振绮堂,多影抄宋元精本,笔墨精妙,远过明抄。① 直至现代刘氏嘉业堂,宋椠元刻而外,"主人搜书,平生措意所在,特重稿抄校本,故其所获至丰,至精且佳"②。在明抄中号称"不下宋本一等"的毛氏汲古阁影宋抄本(简称毛抄),孙从添《藏书纪要》就称为"古今绝作","近世无有能继其作者"。抄本书的足以珍贵,于此可见。山东藏书家抄书之风,向不后人。见于文献记录者,早在南北朝梁刘慧斐,通明释典,在山寺手写佛经二千卷。宋赵明诚因其父"居政府,亲旧或在馆阁,多有亡诗、逸史、鲁壁、汲冢所未见之书,遂力传写,浸觉有味,不能自已"。金日照张莘卿藏弆,均蝇头细字,手自抄写。明济宁郑耕家多典籍,悉自手录。益都王衮拥书千卷,尤喜抄医书。《夏日北园书事》诗所谓"园花种多能谙性,医

①丁丙《善本书室藏书志序》。

②胡道静《嘉业堂钞校本目录总序》。

卷抄多解古方”。值得一提的是:在山东藏书家中,大家知道李开先家里藏词曲最多,有“词山曲海”之目,想不到官至东阁大学士的东阿于慎行竟然也是一位藏曲大家,而且对戏曲很有研究。我们从赵琦美《脉望馆抄校本古今杂剧》中发现,赵琦美抄校的这一大批元明杂剧现存 242 种中,抄自于家称为“于小谷本”(于小谷名玮,为于慎行嗣子)的即达 81 种①。“于小谷本”全是抄本,很可能都是于慎行生前从内府传抄而来。现在于抄本已经失传,却由于赵琦美的转抄而流传于世。这在山东藏书家中可以称得上抄曲名手。他在保存、流传元明杂剧中所做的贡献,不亚于影宋影元抄本,或且驾而上之。至于清代,藏书家以抄书著称者为数更多。比如安丘刘宪德闭户抄书,载籍累累满几案。曲阜宋垤借泰山故相赵氏家藏书,手抄无虚日。张克勷家贫不能购书,每从亲友借观,撮其要旨,手录成册,不下数百部。宁阳宁栏龄家故多书,口吟手录,评骘殆遍。子裕煌年七十余神明弗衰。《五经》《左》《国》《庄》《列》,手抄百余纸,点画精审,见者叹异。莒州庄履中笃好读书,遇秘本不惜重资购之。尝手抄《五经》《左传》三次,辑诗文数百卷,丹黄装帙,至老不倦。齐东张振东经史子集皆有端楷缮本,以备观览。商河王依人博览群书,借友人书,有奇秘者抄录之,楷书端整,一笔不苟。乐安焦建中年未四十,绝意仕进,慨然有名山之志。衣食不给不为意。手抄之书以十数。邑前辈织斋、太拙以下诗文,凡无板本者,皆录有全帙。昌乐阎清澜好学出自天性,家藏书抄录殆遍。沾化吴守基每得奇书,必亲自手抄,每日不下二万余字。曹县韩世林嗜书成癖,遇心赏者,辄手录成册。齐东成龙泉工书法,善楷书,经传史集,抄录几遍。桓台张毓澄好古敏求,见异书必借抄之。以上这些藏书家大都展转传抄,增其邺架。在山东藏书家中,

①参考郑振铎《跋脉望馆抄校本古今杂剧》(《西谛书话》464—465 页)。

复有著名学者而以抄书见称于世者。一为清初德州卢世㴶。世㴶家藏万卷,尝自言:“余生而有书癖,见集善本,必斋戒以将之,危坐以进之,鼓歌以舞之,流略摩挲,不啻鼎彝。”而毕生精力所寄,尤在抄书,自谓抄书近百种。自幼至老,及中间服官各地,几无时不以抄书为课。今可考者有七十一种,事详王献唐先生《山东之抄书家——卢德水先生》①。

二为曲阜孔继涵。继涵藏书数十万卷,于群经、子史、天文、历算无不博综。每见罕传之本,必手自抄录。官京师七年,所抄尤多。朱彝尊尝称其“抄书之富,已过中麓”。翁方纲《送孔荭谷农部请养归曲阜》诗有云:“敏捷抄书手,优间奉母身。归当仍壮岁,行及小阳春。《日下》编初藏,章丘笥更新。牙签精点勘,勿笑北方人。”叶昌炽尝见汪鸣銮所得宋元人集如周紫芝《太仓稊米集》、陈基《夷白集》凡数十部,皆微波榭抄本。今微波榭抄本见于各家著录者,有《古文春秋左氏传贾服注》、叶隆礼《契丹国志》等四十余种,其中颇多仅赖抄本流传。继涵尝移录邵晋涵辑《旧五代史》稿本,长洲章钰曾据以录副,海盐张元济先生校勘《百衲本二十四史》时,以孔本校刘氏嘉业堂刻《大典》有注本,校出孔本有而刘本无者六十五条,刘本薛史,得以补阙。即此一端,可见微波榭抄本之有功文献者至巨。

三为益都李文藻。文藻性好聚书,每入肆见异书,辄典衣取债致之。又从朋友借抄,藏弆达数万卷。尝自述其十五六时,闻有《海岱会集》,遍访旧家,不可得。书贾刘雪友有写本而不肯假观,为买一裘,始许录副。适值深冬,呵冻手抄,自十一月十一日,至十二月十五日始毕。又某岁大暑,至王昶邸舍,借抄惠氏《易汉学》诸书,漫肤多汗,沾渍衣襟,不以为苦。钱大昕尝言:“南涧之性情与

①载《山东省立图书馆季刊》第一卷第一期,1931年(见本书附录)。

予略相似。予好聚书，而南涧抄书之多过于予。”文藻官恩平前居京师五月余，性不喜观剧，茶园酒肆，足迹未尝至，唯日借书抄之。暇则步入琉璃厂观书，自晨至暮，翻阅殆遍。惜其抄本，流传至罕。

四为历城周永年、曲阜桂馥。周永年与桂馥私交甚笃，且均以藏书名山左。永年早在青年时代，即聚书数千卷，以水西书屋名其藏弆，泺源书院山长业师沈起元为藏书目录序，盛赞其“百无嗜好，独嗜书。历下古书不易得，生故贫，见则脱衣典质，务必得，得则卒业乃已”。其后有贾客出入大姓故家，得书辄归其所有。凡积五万卷（章学诚《周书昌别传》称“积卷殆近十万”）。因见收藏家易散，有感曹石仓及释道藏，且欲使一家之藏，广之于天下，倡为《儒藏说》。约桂馥买田，筑借书园，祠汉经师伏生等，聚书其中，招致来学①。使学者于以习其业，传抄者于以流通其书。永年于乾隆三十六年(1771)成进士，翌二年(1773)，四库馆开，与戴震、邵晋涵、余集、杨昌霖同时被征为纂修官，号称五征君。时馆中书得以借抄，嘱桂馥为《四部考》，佣书工十人，日抄数十纸，盛夏烧镫校治，会禁借官书遂罢。永年尝由邵晋涵从钱塘汪氏振绮堂借抄乡先贤张养浩《归田类稿》两部，一以存四库馆，一以自留②。与李文藻交游三十年，凡相聚及尺简往来，无不言传抄书籍之事。而传抄书籍的目的，在于刊布流通，为学者无穷之利。这是周、李二人的共同愿望。在藏书家中，识见之高，无出其右。

五为诸城刘喜海。喜海精心博古，好搜奇书。有宋刻唐人集数十家，皆系精本。尤以《张悦之文集》三十卷本，为海内所称道。

①见桂馥《周先生传》。

②钱塘汪氏振绮堂所藏《归田类稿》系抄本，乾隆五十五年周永年厘订为二十卷刻印流传。

其所藏百衲《史记》,先归归安姚觐元,后归端方。其中十四行六十八卷,今藏日本内藤虎许。燕庭复喜抄书,多用蓝格本,版心下刻"东武刘氏味经书屋",或于左栏外刻"燕庭抄校"四字,或刻"嘉荫簃写书"五字。味经书屋及嘉荫簃抄本多罕见之书。见于著录者,有宋周淙《临安志》,宋方万里、罗濬《四明志》,宋王象之《舆地碑目》四卷,宋佚名《宝刻类编》八卷等八十二种。喜海尤独擅目录之学,每遇稀见书目,即行抄录。其见于各家著录之东武刘氏味经书屋或嘉荫簃抄本书目,有梁阮孝绪《七录》一卷,《元西湖书院重整书目》一卷,清徐松辑注《四库阙书》一卷,明张萱《内阁藏书目录》八卷,清于敏中等《天禄琳琅书目》十卷,清彭元瑞等《后编》二十卷,《懋勤殿书目》二卷,《御书楼书目》一卷,《国子监典籍厅存贮书目》一卷,《石刻目录》一卷。宋尤袤《遂初堂书目》一卷,明叶盛《菉竹堂书目》不分卷,明朱睦㮮《万卷堂艺文目录》二卷,《聚乐堂艺文目录》十七卷,明赵琦美《脉望馆藏书目》不分卷,明高儒《百川书志》二十卷,明徐𤊹《徐氏家藏书目》七卷。清人藏书目录,自钱谦益《绛云楼书目》以下,如钱曾《述古堂书目》,黄虞稷《千顷堂书目》,王士禛《池北书库目》,冯溥《佳山堂书目》,毕忠吉《慎贻堂书目》,宋荦《商丘宋氏西陂藏书目》,徐乾学《传是楼宋元版书目》《传是楼书目》,曹寅《曹氏楝亭书目》,周永年《借书园书目》等凡三十九种,一百五十五卷①。其中颇多未刊之本,仅赖抄本流传鲜为人知者,皆喜海精心搜求所得,洵可谓夥颐沉沉。山左抄书名家,唯孔继涵足以相伯仲。

此外,如福山王懿荣,日照丁逋(伯弢)、王献唐,诸城张鉴祥,均不愧为"敏捷抄书手",尤以献唐先生所抄为多,且均关系齐鲁文献。这里恕不缕举。

①东武刘氏味经书屋抄本中,有署名刘如海抄本多种,刘雯抄本一种。

第三个特色是丹黄满纸,亲自雠校。校雠之学,肇于孔子。这是从清代学者段玉裁、俞樾,到近代学者章炳麟一致公认了的①。孔子删《诗》《书》,订《礼》《乐》,修《春秋》,笔则笔,削则削,这是对先秦典籍的重大校理,使学者知其所归。而"多闻阙疑"的校勘方法,创自孔子,向为学者奉为圭臬。秦火而后,历代设校书之官,无不祖述夫子。私家校雠,乘时而兴。至东汉北海郑玄遍注群经,熔今古文学于一炉,校雠之学,于焉大盛。范晔称"郑玄括囊大典,网罗众家,删繁裁芜,刊改漏失"②,这是校雠学上引人瞩目的最大贡献。两汉而后,山东藏书家精通校雠者,首推南齐王俭、梁任昉和北齐颜之推。王俭、任昉均任职秘阁,手自雠校。之推博览群书,情词典丽,所撰《颜氏家训》二十篇,述立身治家之法,辨正时俗之谬,又兼论字书音训,考正典故,品第文艺,文辞茂密,而能饰以经训。其《书证篇》于考释经文,多以北本为正,然亦参以南本,定异文是非。故其考核旧文,匡谬正俗,辨析援引,咸有根据。降及李唐,颜师古承其祖业,尝受诏于秘书省正定五经文字,并为太子承乾注《汉书》,于一字之音义,必详究其根源,论者谓之班氏功臣。濮阳杜暹藏书万卷,亦亲自校雠。迄于赵宋,济阴邢昺于咸平三年(1000)受诏与杜镐、博平孙奭等校定三礼、三传、《孝经》、《论语》、《尔雅》等书义疏,今《十三经注疏》中《论语正义》《孝经正义》《尔雅注疏》均为邢氏所疏。《四库总目》称《论语正义》"翦皇氏(侃)之枝蔓,而稍传以义理,汉学宋学,兹其转关"。赵明诚、李清照每获一书,即共同勘校。晁公武获井度藏书五十箧,合其家藏,除其复重,得二万四千五百卷有奇。在守荣州时,"日夕躬以朱黄雠校舛误,终篇辄撮其大旨论之",成《郡斋读书志》。周密三世藏书,积

①见段玉裁《经义杂记序》、俞樾《札逡序》、章炳麟《国故论衡》。
②见《后汉书·郑玄传》。

至四万五千卷，金石一千五百余种，分置书种、志雅二堂，自谓“冥搜极讨，不惮劳费，同事校雠。至元代而有潍县萧𣂏，苏天爵在《萧贞敏公墓志铭》中谓其家多藏书，手自雠校，于经传音训之讹，皆字字正之。至明清两代，藏书家校雠之风更盛。明日照焦竑移居金陵，藏书之富，南中推为第一。祁承㸁在《澹生堂藏书训》中称“金陵焦太史弱侯藏书两楼，五楹俱满，余所目睹，而一一皆经校雠探讨，尤人所难”。历城张元英闭门谢客，日焚香点校，岁数百卷以为常。叶承宗称其三难：人多求田问舍，张独积书插架；人多充栋之封，张独岁校数百卷；人胸无片墨，辄肆雄谭，张独深藏若虚。益都钟羽正藏书百箧，丹黄殆遍。莒县卢纯绝意仕进，自闭一室，藏书万卷，目览手勘。滨州杜诗解组归田，手自校雠，不下邺侯万卷。李开先藏书之富，甲于齐东，入清后其书归昆山徐氏传是楼，朱彝尊尝往借观，称其“爱签帙必精，研朱点勘，北方学者，能得斯趣，殆无多人”①。清金乡李振都告归后仍以书自娱，自经史百家、金石图书，以至灵兰秘典，皆博采精校。滕县吕林钟发愤下帷，购书手校，牙签缥帙，多至万卷。滕县黄起元不屑求田问舍，稍有余赀，皆以营墨庄，蓄书数千卷，日操铅椠，以事雠校。滕县王廷飏插架三万轴，皆手自校雠。德州罗植异书满架，手自校勘。日照丁恺曾聚书数千卷，皆手自丹黄。文登于熙学所居东始山房，牙签万轴，手自校雠，终身不懈。齐河郝允哲与周永年一以诗名，一以经名。家中积书万卷，皆手自雠校。诸城李仁煜广罗古今图书，日枕藉于“万卷楼”中，每手一编，必亲雠校，朱墨丹黄盈卷帙。诸城李梃积书三万轴，皆手自校雠。平原朱世则积书万卷，饮食坐卧，披诵不辍，临终以未校定《宋史》为恨。济宁李联坛积书三万卷，手沥丹黄，午夜不倦。利津程余庆藏书数千帙，皆手自雠勘。无棣张镇家藏宋元

①见《明诗综》李开先小传。

孤本及清初乾嘉诸儒手校本百十种,日事丹黄,学益精博。清末民初之间,此风不替。其最著者如泰安夏廷爵藏书充栋,手自校雠,不遗一字。聊城杨毓春嗜书好古,得善本必亲加校雠。蒋三省家富藏书,悉心雠校。聊城邹道沂与徐坊友善,家多坟籍,尝为盛昱校史。潍县高鸿裁家世藏书,至鸿裁益多方购求,所藏多善本,丹铅校雠,日不暇给。以上粗举所知,已达二十余人。实际远不止此。张之洞《书目答问》附录二《国朝著述诸家姓名略》列卢见曾、李文藻、周永年为校勘学家,而将张尔岐、马骕、孔继涵、孔广森、孔广林、许鸿磐、桂馥、毕亨、郝懿行、马国翰十人列为经学家,又将刘淇、桂馥、郝懿行、王筠、许瀚列为小学家,孔广森列为算学家及骈体文家,刘喜海列为金石学家,王士禛、赵执信列为诗家,曹贞吉列为词家。张之洞之所以将卢见曾、李文藻、周永年列为校勘学家,主要是因为"诸家校刻(书),并是善本,是正文字,皆可依据",并以戴震、丁杰、顾广圻与卢见曾相比,以四家为最。实则以藏书家而兼擅校勘之学者,山东颇不乏人。学者考订经史,尤多通校勘。即以济阳张尔岐、邹平马骕而论,张、马虽不以藏书名家,然张尔岐精于《仪礼》,撰《仪礼郑注句读》及《仪礼误字》,始取《唐石经》以校明监本,多所是正。顾炎武撰《九经误字》,以《唐石经》正明监本之误①,实尔岐有以启之②。马骕《绎史》,号称精博,然其书对征引古籍每多去伪存真,要删补正,除重去复,改定分注,以后从前,"后此汉学家所为主要工作,如校勘、辨伪、辑佚,宛斯此书均已发其大例"③。张、马而后,当以王士禛、孔继涵、周永年、翟云升、刘喜海、

①见阮元《仪礼注疏校勘记序》。

②顾炎武自谓年过五十始知不学礼无以立之旨,自北游齐鲁,获读张尔岐《仪礼郑注句读》,始受其熏染。张尔岐以《唐石经》校明监本之误,当在顾炎武之前。

③钱穆《中国近三百年学术史》156 页。

王筠、许瀚、王献唐为大家。士禛校书,但从善本,以为“今人但贵宋椠本,顾宋板亦多讹舛”。并讥钱谦益所定《杜集·九日寄岑参诗》,明知宋本“两脚”系“雨脚”之误,而不敢改“两脚”为“雨脚”,开清代活校之先河,宜校勘者奉为圭臬。继涵微波榭抄本,向为学者所推重,上文已详为记叙。然微波榭抄本、刻本及藏弆之所以可贵,端在其勤于校勘。继涵官京师七年,所抄校者数千百帙。奉母归养阙里,遇藏家罕传之本,必校勘付梓。盖自李开先以来所仅见者。故翁方纲有“牙签精点勘,勿笑北方人”之句。叶昌炽尝见微波榭抄本宋元人集数十种,均有继涵“朱笔点校,间有跋语,知覃溪之言为不虚”。傅沅叔尝收藏清武英殿本《礼记注疏》六十三卷,为微波榭旧物,上有继涵据宋绍熙三年两浙东路茶盐司刊本朱笔校语,又用墨笔临戴震校,并录宋本黄唐跋八行,校正官衔十一行,惠栋跋十八行。卷端有继涵跋文二则,记叙黄唐本授受源流及校勘经过甚详①,益证继涵校勘之精审不苟。周永年在校勘学的成就,不在借书园的藏弆,而在四库馆的辛勤校书。有关史料表明,《四库全书》的纂修是从《永乐大典》辑佚开始的。永年被征入四库馆,他的职衔是“校勘永乐大典纂修兼分校官”。纂修官的任务,不仅是从《大典》中搜辑佚书,“亦有其书虽存,而篇章残缺,据《大典》辑而补之”者;“或其书虽全,而讹脱不可读,据《大典》雠而正之”者。② 周永年在四库馆所校之书,现在已无从考见。我们从章学诚《周书昌别传》中了解到:从《大典》辑佚时,馆臣大都避难就易,敷衍塞责,认为搜取已无遗佚,不愿继续搜辑。永年“固执以争,谓其中多可录,同列无如之何,则尽而委之书昌。书昌无间风雨寒暑,目尽九千巨册,计卷一万八千有余,丹铅标识,摘抉编摩,于是永新

①《藏园群书经眼录》55—56 页。

②梁启超《中国近三百年学术史》五《辑佚书》。

刘氏兄弟'公是''公非'诸家以下,又得十有余家,皆前人所未见书,咸著于录"①。周永年用他非凡的精力从事《大典》的辑佚校勘,如果不是章学诚据实记叙,后人将一无所知。掖县翟云升精通文字声韵及校勘之学,著有《隶篇》十五卷,《续》十五卷,《再续》十五卷,《五经岁遍斋许学三书》十四卷,附《古韵证》二十二卷,《五经岁遍斋校书》三种三十二卷。所校《穆天子传》《古今人表》《焦氏易林》均有其特识。诸城刘喜海固长于金石,然其味经书屋抄校本之精善,早已脍炙人口。吴县潘祖荫尝得喜海手批《竹汀日记抄》,因以小字套印喜海手批于书眉行间,其珍重若此②。安丘王筠为一代许学宗匠,继乾嘉南段(玉裁)、北桂(馥)而崛起的又一文字大家。一生治学谨严,著述宏富。仅就其校勘而言,有《仪礼郑注句读刊误》《钮氏说文新附考校正》《韵汇校》《史记校》《顾亭林年谱校》《马首农言校勘记》《列女传校》《十六国春秋校本》八种,及《经义述闻》手校残本一种③。可见其用力之勤。日照许瀚博综经史及金石文字,于训诂尤深。杨铎撰《许印林先生传》谓其"校勘宋元明本书籍,精审不减黄荛圃、顾涧蘋诸君"。一生心力所寄,尤在校桂馥《说文解字义证》。已刊者复有校《金石学录补》、校《湖北金石诗》、校《历代石经略》、校《晋义熙铜鼓考》《杨刻蔡中郎集校勘记》、校《顾亭林年谱》、校穆修《河南集》。未刊者尚有校《诗经韵读》、校《韩诗外传》、校《论语俟质》、校《尔雅注疏》、校《急就篇》、校《说文解字》、校影宋本《说文解字》、校《释名疏证》、校《积古斋钟鼎彝器款识》、校《东家杂记》、校《孔氏祖庭广记》、校《潜邱札记》等三十种。④ 日照王献唐

①"公是",指宋刘敞撰《公是集》,刘敞号公是;"公非"指刘攽撰《彭城集》,刘攽字公非。

②黄裳《前尘梦影新录》119 页。

③见郑时《王菉友先生著述考》(《清诒堂文集》附录二)。

④见袁行云《许瀚著述知见录》(《许瀚年谱》第 311—340 页)。

继刘喜海、许瀚之余绪,以董理发扬齐鲁文献为己任。数十年来,嗜书若命,每有所获,辄信笔题跋,或晨起临窗,或夜阑灯灺,兴之所至,妙语天成,于题跋中别具一格。凡所庋藏,大抵亲自雠校,眉批旁注,触处皆是。惜此类批校,迄未移录。其藏于山东省博物馆者严扃固鐍,尚待有心整理地方文献者发掘利用。

综上所述,山东自古以来,藏书之家,兼擅校雠,晨批夕校,丹黄满纸,代不乏人。朱彝尊以一代名家,竟误以为"北方学者,能得斯趣,殆无多人",翁方纲已悟其非。时至今日,征文考献,信而有据,尤当刮目相看。

第四个特色是书城坐拥,勤于述作。我在上面曾经谈过,绝大多数山东藏书家是好学之士,在学问上各有他们自己的成就。他们书城坐拥,濡染日深,腹笥自富。发为诗文,往往直抒胸臆。谈经诂史,亦多宏通之论。据光绪《山东通志·艺文志》著录山东先贤著作达10831部,其中半数以上仅存虚目,不但存佚不分,且多脱漏。近年我主编《山东文献书目》,著录自先秦以迄近代有版本流传的山东先贤著作,凡5208部,28012卷(内不分卷者987部)。从这个数字不难了解山东先贤著作的宏富。如果不是他们书城坐拥,要写出这么多著作,是很难想象的。两汉齐鲁的经学大师,姑不置论。这里我不妨随便举几个例子。如唐临淄段成式家多奇篇秘籍。成式博闻强记,无所不览,所以能写出内容广博、保存南北朝和唐代的遗闻轶事,旁及中西文化、物产交流的重要著作。不仅是唐以来"小说之翘楚",而且流播海外,受到科技史学者的重视。又如宋赵明诚,因为他有几案罗列、盈箱溢箧的归来堂所藏三代彝器及汉唐以来石刻,所以能写成他的不朽巨著《金石录》。又如明益都冯琦的《经济类编》,《四库全书总目》称其"采摭繁富,颇为赅洽",且"采自本书,究非明人类书辗转裨贩者比"。冯琦为什么能编纂这样高质量的《经济类编》呢?他在《寄示珂弟》诗中道出了个中奥秘。诗云:“昔我曾祖考,萧然在瓮牖。借书读未竟,其主已复取。及我诸祖父,一一称不朽。积书至于今,颇亦仿二酉。”因为家藏有二酉之富,当然均可“采自本书”,与明人类书辗转裨贩者显然不同。清代山东朴学大师见于江藩《汉学师承记》者有孔广森、孔继涵、李文藻、桂馥、郝懿行、牟庭、许鸿磐、王夏八人。其中除王夏外,七个都是藏书家。其实清代山东大师,何止孔广森等八人。徐世昌《清儒学案》列为专案者,有“蒿庵学案”(张尔岐)、“巽轩学案”(孔广森)、“公复学案”(韩梦周)、“未谷学案”(桂馥)、“贯三学案”(王筠)、“东甫学案”(郑杲)。附入蒿庵学案者有刘孔怀;入味经学案者有卢见曾;入东原学案者有孔继涵;入巽轩学案者有孔广廉;入渊如学案者有毕亨;入公复学案者有法坤宏、李观瀛;入贯三学案者有翟云升;入次仲学案者有许鸿磐;入理初学案者有成瓘;入四农学案者有孔继鑅;入东甫学案者有孙葆田、宋书升、柯劭忞;入诸儒学案者有王尔膂、马国翰,凡二十二人。江藩《国朝宋学渊源记》复有姜国霖、严循观、韩梦周。三者合计,去其重复,凡二十八人。其中如刘淇、牛运震、许瀚、王懿荣、法伟堂等一代学人尚付缺如。这些学者无不嗜书若命,多数均有藏书记录。即使无藏书记录,未必不庋藏典籍。尽管他们的著作多寡不一,但都学有专门,自成一家之言,或自成学术体系。虽百世而下,犹能光芒照人。以上所举,仅就学术界而言。至于历代政治家、军事家、艺术家、诗人、词人、戏曲家、小说家,他们的立身行事与不朽的巨著,都是从他们的典藏中含英咀华,吸取养料。这也是显而易见的事实。以《桃花扇》的作者孔尚任为例。他之所以能写出深刻反映明末清初社会现实、倾动朝野的这部优秀传奇,这跟他在戏曲创作上接受前人的创作经验是分不开的。用孔尚任自己的话说,“喜的是残书卷”。在这些“残书卷”里,少不了明代著名传奇作家梁辰鱼的《浣纱记》,与《浣纱记》同时出现的《鸣凤记》,李玉的《一捧雪》《清忠谱》,以及比孔尚任稍早的洪昇的《长生殿》。自然也少不了元杂剧、明传奇。山东的东平,是元杂剧的三大中心之一①。山东的戏曲有着优秀的传统。东平就产生过陈元妄、高文秀、张时起、顾仲清、张寿卿、赵良弼等剧作家。此外,曹州有李时中②,益都有王廷秀,济南有武汉臣、岳伯川,棣州有康进之。明代有贾仲明、冯惟敏、李开先。其中李时中就是一个著名的藏书家。自称"词山曲海"的李开先更不用说了。这对孔尚任的创作都起到借鉴的作用。又如明毕自严,他是"以经济而兼文章"的政治家。他在官天津巡抚、户部尚书任内,之所以能做出不寻常的业绩,这与他"架上富坟籍""蠹鱼侵几席"的高尚情操是分不开的。清潍县刘鸿翱官福建巡抚、浙闽总督,魏成梧《黄叶楼和诗》称其"插架缥缃万余卷,等身著作定千秋",可见其藏书与著作息息相关。据我所知,清代山东学者,勤于撰述,有二人最为典型。一为邹平成瓘,二为历城马国翰。二人均为老师宿儒,声名不显当世。成瓘以优廪生举于乡,九试礼部不售,终其身不过以训蒙糊口,预修过《济南府志》,然抗心古籍,向戚友借书,晨夕展读。以为"经史注疏,乃古今大业",乃"用蠹子法再四检校","略其苛细,第辨论其得失之大者","妄思抗衡儒先,专心考据"③。平生著作十余种,毕生精力悉在《篛园日札》一书。俞正燮为作序,称其读书"能为深沉之思,刺取经传沈逸,与王深宁例同而加详备"。"于《尚书》功最深。阎伯诗说古文,醇疵相半,厘而订之,证以古简,创获甚多。"④可见其评价之高。马国翰虽出身进士,官不过洛川知县、陇州知州。国翰家

①元杂剧三大中心,一是大都,二是真定,三是东平。见吴梅《元剧略说》(《中国文学研究》下册,商务印书馆《小说月报》第17卷号外)。

②见孙楷第《元曲家考略》22—23页。曹楝亭刊本《录鬼簿》,误作大都人。

③见成瓘《篛园日札·古稀迂叟广自叙》(商务印书馆1958年版)。

④《清儒学案》卷一三七《理初学案》附成瓘传;俞正燮《癸巳存稿》卷十二。

贫好学,自为秀才时,每见异书,手自抄录。及官县令,廉俸所入,悉以购书,所积至五万七千余卷。簿书之暇,殚心搜讨,不遗余力。尝以唐以前书今遗佚者十之八九,近世学者,每以不见古籍为憾。乃举周秦以来,以迄唐代诸儒撰述,其名氏篇第列于史志及他书可考者,广引博征,自群经注疏音义,旁及史传类书,片辞只字,罔弗搜辑。分经史诸子为三编,每书各作序录,冠于篇首,共得五百八十余种,为卷六百有奇,统名曰《玉函山房辑佚书》,刻以行世,津逮后学,裨益良多①。王重民撰《马国翰评传》,推马氏为清代辑佚第一大家。这是因为清代辑佚书事业,为汉学家重要工作,收获之丰,实足惊人。六朝以前散佚的古书,几于都返其魂。诸家中最称专门者,余萧客有《古经解钩沉》,任大椿有《小学钩沉》,严可均有《全上古秦汉三国六朝文》,王谟有《汉魏遗书抄》《汉魏地理遗书抄》,黄奭有《汉学堂丛书》。马国翰《玉函山房辑佚书》较为晚出。其搜罗的完备,卷帙的繁富,为任何人所不及。严氏全文虽有七百余卷,然其所从取的材料,如金石碑刻之属,易于凭借。其难度之大,非马书可比②。马氏之所以取得这样大的成绩,固然由于他锲而不舍的治学精神,同时不得不归功于他丰富的藏书。我们从《玉函山房藏书簿录》中可以得到证明。山东学者,类似成瓘、马国翰的颇不乏人,这里恕不缕举。

第五个特色是化私为公,便利来学。这是山东藏书家的优良传统。在山东藏书家中,有秘不示人的,甚至亲友借观,悬为例禁。我在上文曾经谈到唐代濮阳杜暹,把子孙鬻书、借人都视为不孝。还曾谈过卢见曾把李莱藏书的秘不示人,比之有人向香城先生乞

①参考民国《续历城县志》列传三《马国翰传》;《清儒学案》卷一九六《诸儒学案·马国翰传》。

②参考王重民《马国翰评传》(《中国目录学史论丛》299 页)。

菊不与,美之曰“吝惜风流”。在封建社会里,这种现象的发生,自有其客观原因。但是我们必须看到,山东曾经有过不少开明的藏书家,值得大书特书。根据我占有的资料,大致可分五种:一是假书与人,毫无吝色。早在南齐,崔慰祖聚书万卷,邻里少年好事者来从假借,日数十帙,慰祖亲自取与,未尝为辞。元恩县张汝卿好蓄经史,名其堂曰万卷,筑文会斋于堂右。四方贤士有来假阅其书者,则馆其家。清益都高橓于书无所不窥,插架至千卷。有假者,忻然予之,不少吝。长山袁承绂喜聚书,集邑中有志汲古者馆谷之,讲切磨镞,斐然有成。泰安赵国麟以相国归田,卜居泰山,藏书多善本而不自私,恒以秘本假人无吝色。东阿陈宗妫官京师度支部左丞,家富藏书。同邑刘炤瀛居京,苦无书,常诣借读,偶为所无,数日复晤,则曰:“欲观者今购得矣。”其宏奖风流,尤非常人所及。

二是聚书讲学,培植后生。最早见于记载的首推宋楚丘戚同文、曹诚。戚同文以藏书名家,邑人杨悫为筑室聚徒,请益者不远千里而至。同文殁后,府民曹诚即同文旧居旁造舍百余区,聚书数千卷,延生徒讲习,一时称盛①。元千奴仁宗时官光禄大夫平章政事,延祐五年(1318)致仕,退居濮上,筑先圣宴居祠于历山之下,聚书万卷,延名儒教其乡里子弟,出私田百亩以给养之。有司以闻,赐额历山书院②。元皇甫琰至元末知濮州,尝聚书八千卷,以教生徒。元塔塔儿台官东平达鲁花赤,尝出家藏二千卷于庙学,使生徒讲肄之。明日照厉芳家藏书充栋,设义学以引后进。清赵国麟尝于泰山之麓,设青岩书院,讲学其中。博山蒋天鈖官大理寺评事,

①楚丘在山东曹县东南,宋代属应天府,故王明清《挥麈录》及周密《齐东野语》均以戚同文为南都人。

②据孙星衍考证,历山在今菏泽东北六十里,即舜耕于历山所在地,非济南的历山。见《岱南阁文集》卷二《太甲陵考》。

供职有声。既赋归田,积书甚富,延名流讲授,芹香廪禄,家塾生色。宁阳曹伯贞以举人任安徽繁昌知县。于书靡所不读,尝分俸金,买书数千卷,置于家塾,延名师教子姓辈,勉以读书明理。清代另有两人不但聚书兴学,而且对邑中贫寒子弟,给予经济上的资助。一个是泰安的宋铚。我在上文曾经谈到他就故相赵氏家藏书借抄无虚日。就是这个宋垤,对邑中以贫废学的子弟,招至其家,延师课文艺而资以膏火之费。另一个是宁阳的宁联璯,乾隆中诸生,好览古书,丹黄精审。尝辟一小园,罗植松竹,构澹和轩为子孙诵习之所。寒畯就学,悉以膏火佐之。又尝于杏岭之东、溪山深处筑环云书舍数十楹,以待四方负笈之士。在封建时代,士大夫有这样的胸怀和远见卓识,实在难能可贵。

三是积书迎宾,与朋俦共享。如后晋临淄石昂,家有书数千卷,喜延四方之士。士无远近,多就昂学问。宋巨野张仲原即其居东南辟地种松竹,中为大堂,环壁架书,邀至俦好,论说终日。清历城张浚哲积书数万卷,设迎宾馆延接宏博之士。潍县郭坛素怀淡泊,不营仕进。尝辟地为园,阮元颜其堂曰“经治”,积书满架,庭前莳花种竹,以接四方名士。即墨郭延翼筑慕云楼,藏书数万卷,引接士类,不遗寒素。

四是慷慨赠书,不为己有。如元济南张炳购书八万卷,以万卷赠济南府学。清潍县韩瑜多蓄图书,遇寒士则遗之。寿光隋维烈家富藏书,爱其族隋克峻才,晚年以所藏书籍尽予之,曰:“吾隋氏传衣钵止此耳。”观城姜光宇家多藏书,虑其子、侄俱不克负荷。夫人魏氏曰:“中郎有女可托也。”遂举生平所藏书物赠其婿张旷。这样的豪情壮举,值得人们尊敬。

五是公之于众,便利寒畯。上文曾经谈到不少藏书家都能以各种形式为好学之士提供阅读便利,特别对贫寒子弟,资以膏火之费,使他们得以自学成才。这都是了不起的大事。但率先倡导化私为公,而且以身作则,从他自己做起,在理论上加以阐发,采取一系列措施,勾画出封建社会末期最早的公共图书馆的蓝图的,首推周永年。周永年倡为《儒藏说》,本来是根据明末曹学佺的"儒藏说"而加以发挥的。曹学佺虽然提出过这种见解,但直到周永年重新提出来才产生深远的影响。清乾隆间纂修《四库全书》,并于镇江、扬州、杭州建立南三阁(文宗、文汇、文澜),实际上是受到周永年的影响。周永年《儒藏说》的核心,就是要把古今载籍藏之天下、藏之万世。在周永年看来,"自汉以来,购书藏书,其说綦详,官私之藏,著录亦不为不多,然未有久而不散者"。其原因就是"藏之一地,不能藏之天下;藏之一时,不能藏于万世"。明曹学佺欲仿释道二氏为儒藏,其目的就是要像释藏、道藏那样传之久远,永无散失,以与天下万世共读。如何才能藏之天下、藏之万世呢?这里有"公"与"私"的问题。周永年总结历史上图书聚散的经验教训,断然认为"盖天下之物,未有私之而可以常据、公之而不能久存者"。周永年主张藏之于公,而且要分藏天下学宫、书院、名山古刹,又设有经久的管理办法,即使偶有残缺,亦可彼此互备。事实证明,周永年的见解是相当高明的。《四库全书》之所以分藏七阁,就是出于这种考虑。图书既然要藏之于公,因此他倡议"凡有志斯事者出其家藏,或损金购买,于中以待四方能读之人,终胜于一家之藏"。他还着眼于孤本秘笈的流通,主张"凡藏书之处,置活版一副,将秘本不甚流传者,彼此可以互补其所未备。如此则数十年之间,奇文秘笈,渐次流通。始也积少而为多,继由半以窥全。力不论其厚薄,书不拘于多寡,人人可办,处处可行。一县之长官,可劝一县共为之;一方之巨族,可率一方共为之"。他主张建义学、义田,每岁田租收入,共推三五人经理其事。凡四方来读者,如能自供给,即可不取于此。寒士则供其饮食,极寒者且量给束脩。有余仍储存之,以为置书增田之费。他认为:“天下都会所聚,簪缨之族,后生资禀,苟少出于众,闻见必不甚固陋,以犹有流传储藏之书故也。至于穷山僻壤,寒门窭士,往往负超群之资,抱好古之心,欲购书而无从,故虽矻矻穷年,而限于见闻,所学迄不能自广。果使千里之内,有儒藏数处,而异敏之士,或裹粮而至,或假馆以读,数年之间,可以略窥古人之大全,其才之成也,岂不事半而功倍哉!”周永年这种设想和愿望,反映了18世纪中期绝大多数中小知识分子迫切要求占领文化阵地的心情。可惜在封建社会里有这种识见的人,毕竟太少。唯一可行的是从他自己做起。这就是他自己创建的“借书园”。

我在上面曾经谈到周永年在青年时代就脱衣典质,搜罗古今载籍,并以“水西书屋”名其藏书室。据沈起元《水西书屋藏书目录序》,当时“所藏经、史、子、集、二氏百家之书,已数千卷”。但周永年并不以此为满足,在他成进士前(周永年于乾隆三十六年成进士),便建起借书园来,并得到桂馥的赞助。到底是否买过田,筑过借书园,借书园设在何处,缺乏文献记录。我见过山东大学图书馆收藏的桂馥题萧尺木画卷手稿(见本书书影),其中谈到过去周永年曾经邀他往青州辟借书园。当时桂馥正游蒙山桃花峪,发现该处环境清幽,风景绝佳,山上有道士庵,认为“此山可以贮书,惜道士不解事耳”。估计时间在周永年成进士前后①。桂馥这个意见,周永年如何反应不得而知。但可以肯定,青州和蒙山都未辟过借书园。我从章学诚《周书昌别传》中了解到:章学诚于乾隆四十年(1775),四库馆开的第三年(四库馆开于乾隆三十八年),由邵晋涵

①桂馥手稿书于乾隆四十四年(1779)七月十六日,文中称“昔登蒙山”,“时周书昌寄书,邀余往青州辟借书园”,估计时间不可能在四库开馆以后。周永年于乾隆三十六年(1771)成进士,因罢归铨部,出都回历城,至乾隆三十八年入四库馆。

陪同“往见书昌于借书之园”。那么可以借此判断,借书园就在京师周永年的寓所。桂馥《周先生传》里所说的“约余买田,筑借书园,祠汉经师伏生等,聚书其中,招致来学”,只是一种设想。“顾力屈不就”,一语说明了问题。不过借书园的确是存在的。章学诚在《周书昌别传》中写道:

藉书园者,书昌之志也。书昌故温饱,素馁于书,积卷殆近十万,不欲自私,故以藉书名园。藉者,借也。尝以其意,请余为藉书目录之序。余序之曰:书昌尝患学之不明,由于书之不备;书之不备,由于聚之无方。故竭数十年博采旁搜之力,弃产营书,久而始萃。今编目所录,自经部以下,凡若干万卷,而旧藏古椠,缮抄希觏之本,亦略具焉。然书昌之志,盖欲构室而藏,托之名山,又欲强有力者为之赡其经费,立为法守,而使学者于以习其业,传抄者于以流通其书,故以藉书名园。又感于古人柱下藏书之义,以为释老反藉藏以永久其书,而儒家乃失其法,因著儒藏之说一十八篇,冠于书首,以为永久法式。呜呼!书昌于斯,可谓勤矣。

从章学诚《藉书园书目序》中看出,直到周永年编成《借书园书目》①,尚未“构室而藏,托之名山”;也还没有“强有力者为之赡其经费,立为法守,而使学者于以习其业,传抄者于以流通其书”。然而周永年始终为此而奋斗不懈。以借书名园,充分体现了周永年的强烈愿望。章学诚接着在序文中指出:

士生三古而后,苟欲立志乎官守师传之业,非有所独得者,固不可以涉猎为功,而未能博稽载籍,遍览群书,亦未有所

①《借书园书目》不分卷,现存北京图书馆,一为东武刘氏味经书屋抄本,刘喜海跋;一为李氏爱吾鼎斋抄本。两本著录内容相同,知同出一源。据统计核实,凡著录2421部,40223卷,其中不分卷或未著录卷数者243部。

谓独得之学，而使之毫发无憾。此书昌之所以搜而聚，聚而藏，藏而藉录部次，以为永久之指也。近世著录，若天一阁、传是楼、述古堂诸家，纷纷著录，私门所辑，殆与前古艺文相伯仲矣。然或以炫博，或以稽数，其指不过存一时之籍，而不复计于永久；著一家之藏，而不复能推明所以然者，广之于天下，其智虑之深浅，用心之公私，利泽之普狭，与书昌相去当何如耶？

章学诚的这番话，进一步表明周永年创建“借书园”的指导思想，并以借书园与天一阁、传是楼、述古堂相对比，衡量他们之间“智虑之深浅，用心之公私，利泽之普狭”，可以说有天壤之别。章学诚的这一论断，是十分深刻的。尽管周永年并没有完全实现他的理想，但他倡导之功不可没。在漫长的封建社会里，虽然有过不少开明的藏书家，然而如此大力提倡，主张化私为公，撰为论著，不但奔走呼号，而且身体力行，在中国藏书史、图书馆事业史上是空前的。在周永年以后，山东无棣有个恩贡生王世恩，官不过州判，家无担石储，曾经纠合同志，置书千卷，庋贮一室，俾供众览。虽然他限于经济能力，藏书规模不大，但能公之于众，我们不能不佩服他的远见卓识。直到光绪二十六年(1900)，徐树兰在绍兴修建古越藏书楼，将其累世所藏七万余卷，一并捐献给绍兴府，正式向社会各界开放，揭开了我国近代公共图书馆新的一页，周永年的理想才得以完全实现。上面我谈到山东借书与人、毫无吝啬，或对寒畯资以膏火，或聚书讲学，培植后生，或积书迎宾，与朋友共，在历史上颇不乏人。其中有不少早于周永年的，有与周永年同时的，有继周永年而起的，说明周永年的思想在山东既有其历史渊源，亦有其深远影响。周永年思想的形成，有一个发生发展的过程。对全国来说，借书园的出现，向近代公共图书馆迈出了举足轻重的第一步。这是山东藏书家对我国图书馆事业卓越的贡献。

第六个特色是深娴流略，目录成家。在历史上，山东产生过不少杰出的目录学家。这些目录学家又多是藏书家。这是因为目录学家总是在他的藏书活动中逐渐得到培养与提高的①。在魏晋南北朝时期,四大目录学家王俭、任昉、刘孝标、刘杳都是山东人。刘孝标虽无藏书记录,但凭他注《世说新语》的广征博引,不可能不是藏书家。先就王俭来看,既依四部次序,撰《元徽书目》,又依《七略》之体,别撰《七志》,自成一家之言。当时王公缙绅之家,虽然已有簿录,但未见流传。据《隋书经籍志·总序》,称其书“不述作者之意,但于书名之下,每立一传”,实开纪传体目录的先例。再看任昉,根据《梁书·任昉传》“昉卒后,高祖使学士贺纵共沈约勘其书目,官所无者,就昉家取之”,这是私家藏书目录见于史传的最早记录。任昉的藏书目录,实为后来私家藏书目录的权舆。刘孝标在天监初,召入西省,与学士贺纵典校秘书,撰《文德殿四部目录》。迨阮孝绪撰为《七录》,实得刘杳之力为多。杳又自撰《古今四部书目》五卷行世。有梁一代,私撰之目有二,而王俭《七志》、刘杳《古今四部书目》各居其一。任昉的藏书簿录,尚不在此列。山东藏书家之娴于流略,可以想见②。宋代藏书家中两位著名的目录家,一是《广川藏书志》的作者东平董逌。董逌精于书画鉴别,所撰《广川书跋》十卷、《广川画跋》六卷,均收入《四库全书》。《四库总目》称其“赏鉴书画”“至今推之”。《广川藏书志》二十六卷,陈振孙《直斋书录解题》曾有著录,称其“以家藏书考其本末,而为之论说,及于诸子而止”。说明《藏书志》是一部有解题的系统目录。王应麟《困学纪闻》称其子部有阴阳家类,最为有见。《直斋书录解题·阴阳家类》小序谓“自司马氏论九流,其后刘歆《七略》、班固《艺文

---

①藏书活动,不一定限于私藏,包括担任管理国家藏书的官员如秘书郎、秘书监、秘书丞等在内。

②有关王俭、任昉、刘孝标、刘杳的目录学著作,均参余嘉锡《目录学发微》91—96页。

志》,皆著阴阳家。而‘天文’‘历谱’‘五行’‘卜筮’‘形法’之属,别为《数术略》。……隋唐以来子部,遂阙阴阳一家。至董逌《藏书志》,始以‘星占’‘五行’书为阴阳类。今稍增损之,以‘时日’‘禄命’‘遁甲’等备阴阳一家之阙”。可见《直斋书录解题》在类目设置上受到《藏书志》的影响,惜其书久已失传,我们已无法进一步加以考索。另一位目录大家就是《昭德先生郡斋读书志》的作者晁公武。《郡斋读书志》和《直斋书录解题》、尤袤的《遂初堂书目》,是宋代三十余家私家藏书目录流传到现在的三家藏书目录。其中晁《志》和陈《录》因为都是解题目录,所以称为解题目录的双璧。晁《志》的内容和形式,来源于《崇文总目》,偏重在考订方面,有很高的学术水平,在我国目录学史上起着承前启后的作用。陈振孙评论晁《志》,认为“其所发明,有足多者”。晁《志》的另一个作用,它跟《四库总目》评论陈《录》时所说的那样“古书之不传于今者,得借是以求其崖略,其传于今者,得借是以辨其真伪,核其异同,亦考证之所必资,不可废也”,是完全一致的。

宋代还有一位藏书万卷的东平朱轩的祖父。因名字失考,《藏书纪事诗》以东平朱氏称之。靖康之难,金人陷东平,朱轩以事在江南,国破家亡,不卜图书存亡,然犹独抱遗书总目。宣城周紫芝为撰《朱氏藏书目序》,称其家藏“自五经、诸子、百氏之书,皆手校善本。其余异书小说,皆所未尝知名。秦汉以来,至于有唐,文人才士,类书家集,犹数千卷”,因而有“可谓富矣”之叹。《朱氏藏书目》虽已失传,我们尚能在周紫芝的序文中睹其大略。

明代藏书家中有书目可考者:一为衡恭王朱祐楎孙朱载玺《衡府书目》一卷;二为刘元亮《玉轩新纂古今书目》①;三为李廷相《李蒲汀家藏书目》二卷;四为焦竑《焦氏藏书目》。《衡府书目》及《焦

①存山东省博物馆,从书名看,似非藏书目录。

氏藏书目》未见流传。焦氏所撰《国史经籍志》五卷,实为《明史·艺文志》创始之作。与《明志》所不同者,其体例不分存佚,通记古今。《四库总目》虽讥其"丛抄旧目,无所考核",然其书"每类皆有小序,分部虽准四部,而小类多依《通志·艺文略》,且仿《文渊阁书目》之意,增《制书》一部,复有《附录》一卷,专纠《汉志》至《文献通考》分类之误"。可见"其精神注重之点唯在分类,故于名数多所忽略"。"在目录学史中,唯此能继郑樵之志。"①有明一代山东藏书家能誉为目录学家者,唯焦竑一人而已。清代山东藏书家有藏书目录者,我在上文谈到东武刘氏味经书屋抄本时,曾经提到毕忠吉的《慎贻堂书目》一卷,冯溥的《佳山堂书目》一卷,王士禛的《池北书库目》一卷、《碑目》一卷,周永年的《借书园书目》五卷②。此外,有张彦士《张氏藏书目录》,张贞《宝墨楼书目》(收入《渠亭山人半部稿》),二张均自序其藏书原委。杨仕进曾将藏书分为四部,凡八千四百六十五卷,皆精善可观、世所罕睹者,别为书目品题之。李文藻有《所藏书目》《所见书目》《所闻书目》,皆详其序例、卷次,志其刊抄岁月,而《琉璃厂书肆记》,备述至恩平前在京师访书时之情景,尤为谈书林掌故者所乐闻。以上书目,除《借书园书目》、《宝墨楼书目》分别为周永年、张贞自编外,《张氏藏书目录》及李文藻书目三种,未见流传。《慎贻堂书目》,《佳山堂书目》,《池北书库目》、《碑目》,原分别题毕忠吉、冯溥、王士禛藏,是否为其自编,抑为后人所编,无从稽考。刘氏味经书屋抄本,必有所据。士禛复有《渔洋书籍跋尾》,清刘坚编,光绪四年仁和葛氏刻《啸园丛书》本,近人陈乃乾又有《重辑渔洋书跋》(1958 年中华书局排印本),足与《池北书库目》相表里。自道咸以迄民国,有书目题跋

①参见姚名达《中国目录学史》212—213 页。

②《借书园书目》另有清李氏爱吾鼎斋抄本,与味经书屋抄本同出一源。

可稽者,约有九家。一为刘喜海《刘燕庭藏书目》不分卷,近人胶海张鉴祥抄本。二为许瀚《攀古庐书目》、手稿本(现存北京图书馆),《丙申南行添带书目》手稿本(现存山东省博物馆)。三为马国翰《玉函山房藏书簿录》二十五卷,道光间家刻本。四为杨绍和《楹书隅录》五卷、《续编》四卷,光绪二十年聊城杨氏家刻本,民国元年武进董康补刻本。《宋存书室宋元秘本书目》四卷,聊城杨氏抄本(现存北京图书馆)。《海源阁藏书目》一卷,元和江氏灵鹣阁刻《江刻书目三种》本。五为杨保彝《海源阁宋元秘本书目》四卷,民国二十年山东省立图书馆排印本。《海源阁书目》六卷,聊城杨氏抄本(现存山东省图书馆)。六为济宁李毓恒《惜阴书屋书目》六卷,未见。七为吴重憙《石莲闇藏书目》不分卷,稿本,《海丰吴氏藏书目》不分卷,清抄本。八为高鸿裁《辨蟫居藏书目》一卷,未见。九为王献唐《双行精舍书跋辑存》《双行精舍书跋辑存续编》(前者为山东省博物馆编,后者为山东省图书馆编,齐鲁书社1983年、1986年排印本。其中著录之书,有王氏家藏,亦有为山东省立图书馆收购者①)。九家而外,就余所知者,尚有王士禛辑《选明代山左诗钞采访书目》一卷,卢见曾辑《续开六郡采访名人书目》一卷,清德州卢氏刻本。刘喜海校注《四库全书简明目录》,清抄本,《书目类编》二卷(内《朝鲜书目》一卷,《日本所刊书目》一卷),道光十一年刘氏味经书屋抄本(另一本不分卷)。《天一阁书目》十二卷,胶海张鉴祥抄本。牟房《雪泥书屋遗书目录》一卷、《补遗》一卷,道光二十三年自刻本。郑文焯《国朝著作未刊书目》一卷,苏州书局刻本。王守训、田智枚辑《清史艺文志》不分卷,光绪间国史馆稿本。孙葆田、宋书升等编《山东通志·艺文志》二十六卷,凡此之类,均非家藏书目,

①张亦轩先生辑有《双行精舍书跋辑存三编》,稿本,尚未付印。

然实为言目录者所当知。以言目录学之成就及影响之大,当推王士禛《渔洋书跋》,周永年《借书园书目》,马国翰《玉函山房藏书簿录》,杨绍和《楹书隅录》、《续编》,杨保彝《海源阁宋元秘本书目》,孙葆田、宋书升《山东通志·艺文志》,王献唐《双行精舍书跋辑存》、《续编》。而刘喜海嘉荫簃、味经书屋搜罗古今罕见书目,移录之勤,用力之劬,实为有清一代所未有。其中有喜海题跋者,如尤氏《遂初堂书目》,叶氏《菉竹堂书目》,朱氏《万卷堂书目》,赵氏《脉望馆书目》,高氏《百川书目》,徐氏《徐氏家藏书目》,钱氏《绛云楼书目》,黄氏《千顷堂书目》,王氏《池北书库目》,冯氏《佳山堂书目》,宋氏《西陂藏书目》,徐氏《传是楼书目》,曹氏《楝亭书目》,汪氏《裘杼楼藏书目》,某氏《养素堂藏书目》《阅清楼书目》,周氏《借书园书目》,尤为珍贵。喜海生平金石、书目,题跋颇多,惜尚未能汇辑成书。曲阜孔氏微波榭,虽无藏书目录传世,然继涵抄校之书,辄加题跋,搜而辑之,亦研求目录及留心齐鲁文献者之职责。

第七个特色是任己所好,各有专藏。郑振铎在《跋脉望馆抄校本古今杂剧》中说:"'物常聚于所好!'山东于氏、李氏和清代孔氏都是藏曲的大家。今所见的许多重要的曲本,殆多数源出于山东。"郑氏所云山东于氏,我在上文已经谈到。所说的李氏,系指明章丘李开先。李氏自称词山曲海,我在上面也已谈到。现在流传的《元刊杂剧三十种》,即李氏旧藏①。清雍正间藏书家何煌,曾用所得李氏旧藏抄本元剧及元椠本杂剧数十种,以朱笔密校《脉望馆抄校本古今杂剧》,校出了许多与元椠本不同之处,有的简直是等

①《元刊杂剧三十种》原为李开先旧藏,后归黄丕烈,又展转为上虞罗振玉所得,日本帝国大学曾借印出版(红印本),又有上海石印本,有王国维叙录。现已收入《古本戏曲丛刊》四集。

于补写了全剧。在《元刊杂剧三十种》里,便有未见收于臧懋循《元曲选》的元剧十七种。在未见到何煌校跋以前,世人都不知《元刊杂剧三十种》为李开先旧藏①。现在见到的李开先旧藏曲本,除《元刊杂剧三十种》外,还有明嘉靖刻本《改定元贤传奇》十六种十六卷(存六种六卷)。至于清代山东孔氏,据郑振铎说,“山东孔氏藏曲近来出现者不少,吴兴周氏所藏《宝剑记》等即出于其家”②。到底出于哪家孔氏,郑氏并未交代。因为曲阜孔氏爱好戏曲的前有孔尚任、孔广林,后有孔昭虔③,这三家都有可能。郑氏因山东明代于氏、李氏,清代孔氏都是藏曲大家,所以说“物常聚于所好”,这是很有道理的。自来藏书家,各有他们自己的爱好,因而在收藏时特别注意搜罗他们心爱的图书。郑振铎自己爱好收藏小说、戏曲,这句话也就成为他自己的切身体会。其实,山东藏书家不但多藏戏曲,可以说几乎无所不藏。《新唐书·颜师古传》说他“多藏图画、器物、书帖,亦性之所笃爱”。宋乐陵赵镕涉猎文史,美书翰,多蓄古书画。赵明诚、李清照夫妇,每“见古今名人书画,三代奇器,亦复脱衣市易”。明益都王若之服官南都,放情山水。南都不守,避乱姑孰,干戈崎岖,独载三代古鼎彝、法书、名画,兼两连舳,寝食与俱。清安丘马长春法书、名画、彝鼎之属,过眼辄辨时代,往往典衣易之。李文藻藏弆数万卷,于金石搜罗尤富。所过学宫寺观、岩洞崖壁,必停骖周览,有所得则尽拓之。泗水王家榕藏书万卷,收古法帖墨迹尤富。精鉴别,工书法,与曲阜桂馥、莱阳初彭龄邮筒往来无虚日。夏仪《铜鼓歌赠王容谷》诗尝云:“我闻司马言,还登

①见郑振铎《西谛书话》421、474—475页。

②见《西谛书话》465页注文。

③孔广林,广森兄,字丛伯,号幼髯,著有《璇玑锦杂剧》《女专诸杂剧》《松年长生引》《东城父老斗难忏传奇》。孔昭虔,广森子,字元敬,著有《荡妇秋思》《葬花》。

司马堂,满壁图书尽奇古,秦碑汉碣殊烺烺。”莱阳赵曾嗜诗书,通小学,工隶书,尤酷嗜金石,所得汉人碑板拓本甚夥,自署“百汉碑斋”。官嘉定时与钱大昕从侄献之交游甚密。献之故多吉金贞石,以归曾,故收藏金石独富。说到金石文字,山东学者有特殊嗜好,对金石学的贡献亦大。梁启超在《近代学风之地理的分布》中说:

> 山左金石最富。自顾亭林来游,力为提倡,厥后黄小松(易)宦斯土,搜剔日广。斯土学者亦笃嗜之,有以名其家者。海丰吴子苾(式芬),诸城刘燕庭(喜海),潍县陈簠斋(介祺),黄县丁彦臣(彦臣),福山王莲生(懿荣),皆收藏甚富,而考证亦日益精审。故咸同光间金石学度越前古,而山东学者为之魁。

值得注意的是:梁氏所举的这些金石学家,都是著名的藏书家。梁氏分析山左金石学之所以盛行,是由于顾炎武、黄易的倡导,这是对的,但忽略了一个重要事实,就是齐鲁为文物之邦,商周鼎彝,秦碑汉碣,乃至钱币、玺印、封泥、陶器等蕴藏至富,而地不爱宝,古物时有所出,这是山东学者爱好、研究金石学得天独厚的条件。金石文字的收藏、考订成风,绝不是仅仅一二人的倡导所能形成的。就余所知,除梁氏所指的诸家外,自清代以迄民国,在藏书家中酷嗜金石文字、藏弆独富者尚有滋阳牛运震,济宁李鲲,益都段松苓、孙文楷,鱼台马邦玉,平阴朱续经,庆云崔旭、崔鸿图,利津李佐贤,掖县翟云升,历城马国翰,日照许瀚、李学瑢、丁麟年、王献唐,曲阜孔昭薰、孔继埙、孔祥霖,诸城李璋煜、王锡棨、王绪祖、尹彭寿,潍县高庆龄、高鸿裁、郭祐之、王石经,黄县丁树桢,胶州法伟堂,安丘赵葵畦等人。其中有专门著作卓然成家者,如牛运震博涉群书,通经义,于金石考据为最深,著有《金石经眼录》《金石图》。又如段松苓有《山左碑目》《益都金石记》;翟云升有《隶篇》;孔昭薰有《至圣林庙碑目》;尹彭寿有《魏晋石存目》《石鼓文汇》《山左北朝石存目》;

王锡棨有《选青阁藏器目》《货泉汇考》《泉苑萃珍》;王绪祖有《句镏斋金石跋》《汉魏石刻今存录》《东武金石考》《古泉汇补缺订讹》①;法伟堂有《山左访碑目》;孔祥霖有《曲阜碑碣考》。号称海内大家在彝器款识学有突出贡献者,厥为诸城刘喜海。清人考订金石虽盛于乾嘉,然自阮元编为《积古斋钟鼎彝器款识》②,治金石文字者始有所凭依。阮书出后,道光十九年(1839),刘氏即以其家藏彝器墨本寿之于石,曰《清爱堂彝器款识法帖》(一卷),又选集所见彝器之精者图刻《长安获古编》二卷,论者以吴县曹奎的《怀米山房吉金图》相比拟,均为开一代风气之作。道光以后,收藏古器物最多者,当推潍县陈介祺、海丰吴式芬、诸城李璋煜、日照许瀚。陈氏所藏殷周彝器不下四百种,最有名的"毛公鼎",初亦为簠斋所有。陈氏鉴别彝器之精,在有清一代最为专门,摹拓之法尤所擅场。今所传《簠斋金石文考释》《传古别录》《陈簠斋丈笔记》《簠斋尺牍》《簠斋藏古目》诸书,陈氏之学,大体在斯。其后顺德邓氏(实),将所得簠斋藏器墨本,汇印《簠斋吉金录》,共三百八十九器,案诸陈氏所藏实不止此。然较之《灵鹣阁丛书》本《簠斋藏器目》,增多百二十又六器,不失为簠斋功臣。吴氏亦好收藏古器及金石墨本,所著《捃古录金文》,较之阮元《积古斋钟鼎彝器款识》、吴荣光《筠清馆金文》二书,尤为赅备。吴氏复有《捃古录》③、《金石汇目分编》《双虞壶斋藏器目》,均为其藏器目录。吴氏殁后,其遗书均由日照许瀚为之校理,许瀚另撰《陶嘉书屋钟鼎彝器款识目录》八卷④,载有青铜器拓本五百六十种(兼盖共六百二十六种),可见吴氏藏器之富,足与簠斋相媲美。说到许瀚,许氏本身就是一位金

①王绪祖金石著作,为其孙维朴收入《诸城王氏金石丛书》。

②此书刻于嘉庆九年(1804)。

③《捃古录》第1—2册为金文,第3册为碑刻砖瓦文合编。

④稿本存北京图书馆。

石大家。收藏之富,不亚于陈、吴。其跋《姜玉谿大令岱麓访碑图》云:“平生舟车南北,攀葛披榛,探幽扪险,以至约食典衣。所致唐以前片石只辞,穹崖巨刻,亦不下千种。”又跋《唐仁恺碑》云:“余蓄石刻文字,数逾欧、赵,妄欲为欧、赵之所为,学殖未深,饥驱少暇,舟车南北,衰病忽侵。奉檄方鹰,桂冠施退。归寻箧笥,鼠蠹纵横,或失其标识,欲定一目录而不能。”现在我们所能见到的许氏金石著作,除《攀古小庐杂著》(十二卷,光绪间海丰吴重憙刻本),另有两本:一为山东博物馆藏王献唐抄本,不分卷,可以补吴刻本之遗;二为北京图书馆藏稿本(三卷,与吴刻本名同实异),另有《攀古小庐金文考释》(不分卷,中国社会科学院考古研究所藏抄本,一册)、《攀古小庐砖瓦文字》(山东省博物馆藏手跋原拓本,四册)、《许印林先生题跋》(山东省博物馆藏王献唐抄本)等多种。至《许印林先生吉金考释》(一卷,北京图书馆藏抄本)、《攀古小庐古器款识释文并跋》(一卷,安丘赵智如抄潍县陈氏藏本)、《攀古小庐古器物铭》(不分卷,山东省博物馆藏王献唐抄本),其中金文考释,大都见于《攀古小庐杂著》及《捃古录金文》,偶有未收者,已无足轻重。李璋煜与许瀚同时,于金石文字藏获甚丰,且多精品,撰有《爱吾鼎斋藏器目》,当时称为大家。同光以来,山东以收藏、研究金石著称者,首推福山王懿荣。惜王氏未能享其天年,家藏金石彝器陆续散出。其一部拓片归北平图书馆。今天能见到的王氏金石著作,只有《天壤阁杂记》《汉石存目》《南北朝石存目》《寰宇访碑录补遗》《福山金石志》(残稿)、《古泉精选》《天壤阁瓦文》七种。民国期间,继之而起者有日照丁麟年、王献唐。二氏均先后长山东省立图书馆。丁氏曾为馆搜罗古物,如铜器、陶器、汉画像石,复购进珍本古籍286种。丁氏博学多闻,精于小学、金石之学,尤深研汉隶碑帖。著有《移林馆吉金图识》《三代名器文字拓片集录》《移林馆钟鼎款识浅释》《日照丁氏藏器目》《出土文物分类集录》。王氏博通坟典,遍诵仓雅,承其乡许印林之余绪,而复拓其区宇。其治古文字,每多取证于甲骨、金文、陶文、玺印、钱币,乃至封泥。对出土器物,无不广事搜罗,取精用宏。所著《那罗延室稽古文字》《黄县曩器》《邛伯罍考》《国史金石志稿》(一至十三卷存台湾,余存国家第二档案馆),皆为其精心杰作。凡所考辨,咸凿凿有据,怡然理当,卓然成章。山东收藏的古器物为世人所艳称者,尚有二事:一为古尺。清代著录古尺,始见于阮元积古斋,曰虎傂尺,作于汉建初六年(81),旧藏曲阜孔氏。其次为潍县陈氏所藏王莽铜尺,作于始建国元年(9)。二为镜鉴,潍县陈氏《簠斋镜录》,著录百零四面,与瞿中溶的百镜轩、梁廷枏的藤花亭所藏不相上下。

钱币之学,在金石学中以附庸蔚为大国。清人治钱币之学,远迈前代。著录者不下数十家,而以诸城刘喜海、利津李佐贤、诸城王锡棨为大家。刘氏《古钱苑》,为李佐贤、鲍康所亟称,惜其书不传。李氏《古泉汇》正续二集凡八十卷,集古今钱录之巨观,为治泉币学者所推重,而王锡棨的《泉币汇考》(十二卷)最称精审。王书对古币、古刀、圜法正品、伪品、外国品、厌胜、吉语、诗牌、马钱,各项略备,其特色尤在考核之精。凡古地理、古文字之解析,皆引据经传,不作模糊之谈。清代泉谱之精而传世者,当以戴(钱塘戴熙著《古泉丛话》)、李、王三家为最,而山左实居二家。至王献唐撰《古代货币通考》而集其大成。马国翰亦治斯学,所收集古钱币,后归山东省立图书馆。至通论钱币之书,刘喜海有《嘉荫簃钱说》,又仿论诗绝句之例,掇集古泉典故,辨订前人谬误,汲引后辈新说,为《嘉荫簃论钱绝句》一百七十六首。马国翰著有《红藕花轩泉品》八卷。稍后,李佐贤又为《续钱说》《古泉臆说》,皆为治泉币之学者必读之书。

山东藏书家于收藏金石彝器、钱币外,兼藏玺印、封泥、陶器,且均有所成就。以言玺印,则有吴式芬的《双虞壶斋印存》《陶嘉书屋藏印》,崔鸿图的《古印集存》,高庆龄的《齐鲁古印捃》,郭申堂的《续齐鲁古印捃》,高鸿裁的《古印偶存》,王献唐的《两汉印帚》《五镫精舍印谱》。而潍县陈氏万印楼,称为海内藏印大家。见诸流传者有《陈簠斋手拓古印集》《万印楼藏印》《印邮》《簠斋印集》等多种。其所编《十钟山房印举》,通行石印本仅十二册,北京图书馆所藏钤印本,一百九十四册,为最完备。以言封泥,与玺印有同等价值,足以考官制、考地理。古人玺印皆施于泥。道光初叶,古封泥始出于巴蜀,刘喜海尽得之。已而山东临淄稍稍出土,亦尽归嘉荫簃。顾当时所出虽盈数百,而每多重复,故《长安获古编》著录者仅三十种,其中出于巴蜀者十之一。同光间山左出土至多,殆十倍于蜀中,皆归之吴式芬、陈介祺。二氏即以成《封泥考略》十卷。陈氏复有《簠斋古封泥目》一卷。前人不识,有以为印范者,至是始定封泥之名。宣统初年,滕县纪王城又出封泥三百余,悉归上虞罗氏,合吴中书肆所得潘氏滂喜斋旧藏三百余种,汰其重复,成《齐鲁封泥集存》,海宁王国维为之序,极言齐鲁封泥在考证官制、地理上的重要作用。自此封泥之学,与玺印相得益彰,而山左学者,实启其端。以言陶器,近世考古之士,旁搜远绍,罗致甚勤。山左学者宋王辟之《渑水燕谈录》载元祐中宝鸡县民掘得羽阳千岁瓦,实为瓦当文字见于著录之始。瓦当以外,尚有砖类诸品及器范、明器二项。瓦当所以施之檐际,其文字或记宫观殿阙之名,或著言语,或图写物象,官私上下,得以通用。其时代始周秦而迄于唐代,大抵以云纹图案为多。清人著录金石,往往兼及瓦当。嘉道以后,收藏最多者有张廷济、王福田、吴式芬、陈介祺、潘祖荫、吴大澂、王懿荣、端方、刘鹗、高鸿裁诸家,而山左居其四,且均有拓本流传。以陈氏《簠斋藏匋》、高氏《上陶室砖瓦文捃》为最著。山左学者所藏器范见于著录者,陈介祺有《簠斋钱范目》一卷,王懿荣尝于齐鲁间得矢镞沙范帅比(带钩)沙范,余则无所考见。

山左金石学家专究石刻、碑志者,亦大有人在。宋赵明诚《金石录》实开其先河。《金石录》分古器物铭及碑为二,而以石刻为多。清人金石著作,每多以金石兼称,均以石为主。其实上面提到的益都李文藻、段松苓,鱼台马邦玉,莱阳赵曾,诸城刘喜海,日照许瀚,潍县陈介祺,海丰吴式芬,福山王懿荣等,都究心于石刻、碑志。李文藻的金石著作,弥留时嘱之翁方纲,未见流传。段松苓所至披榛棘,穷悬崖,得一碑为前人所未见者,必自携毡墨,手拓以归。毕沅、阮元的《山左金石志》,得松苓之助为多。马邦玉则究心于碑版文字,四方访求,辄手拓其文,三十年如一日。故家无长物,唯碑拓颇多,因名其斋曰"宝汉斋"。所著《汉碑录文》,据之与经传相推证。刘喜海尝著《金石苑》,有自刻本、贵池刘世珩刻本、石印本,原稿未尽刊行,原藏上海涵芬楼,现藏北京图书馆,凡六十三册,王国维跋。来凤阁刻本《三巴金石苑》(一名《三巴舂古志》)乃《金石苑》全书中之一种。吴兴刘承干希古楼刻本《海东金石苑》八卷、《补遗》六卷、《附录》二卷,喜海著录朝鲜金石,为我国四裔石刻目录之先导,刘承干尝为之续补。其后李文田、王国维、罗振玉、王树枏均有所述作。鲍康《题燕庭金石苑后即送入都》诗云:"卅载搜奇书满家,藏来宝刻遍天涯。斜阳古市无人迹,为读残碑剔鲜花。"可谓纪实之作。王懿荣所藏石刻,不亚于嘉荫簃,叶昌炽尝纵观其石刻拓片,称其"鉴别之精,近时收藏家无以过也"。至研究历代石经者,则有桂馥《历代石经略》。山左学者金石学之流别大体如此①。

以上所谈,因山东藏书家而兼及金石文字的收藏、研究。我们还

①上述山东学者治金石学概略,均引自刘节《中国金石学·绪言》,并参考范希曾《书目答问补正》、容媛《金石书录目》、袁行云《许瀚年谱》等资料。刘文原载《图书季刊》一卷二期(1934 年),并收入王国良、王秋桂编《中国图书·文献学论集》(台湾明文书局 1986 年增订本)。

必须看到有不少藏书家收藏名人书画、法帖的。例如宋代的董逌、赵明诚、李清照,明代的李开先,他们都收藏许多书画卷轴。清代藏书家见于记载的人数更多。如阳信韩景裔、安丘曹元珣、清平王青熙、宁阳周远调、齐河马星蟾、曲阜孔炽庭、庆云崔鸿图等,大抵上承广川,精于鉴别。此则藏书家而兼艺术鉴赏家,且本人对书法绘画造诣极深。类此风雅好古之士,于追求艺术享受、保存文献,其作用亦未可忽视。

山东藏书家除多藏戏曲、小说、金石、书画外,还有这样那样的专藏。例如明益都王衮,清泰安裴怀珠、潍县陈长贞、平阴胡纯修、东阿刘宗华、长清于泉清、福山王颖儒,近人济宁孙培升,多蓄古今医籍,其中不少人因精究岐黄,成为名医。有多聚道书的,如后唐梁文矩,官兖州判官,喜清静之教,聚道书数千卷。金栖霞太虚观亦多藏道书。清代山东很多寺庙的高僧,每多购藏释家经典。如释幻止,卓锡清平县慈云寺,购经藏甚多,皆元明善本。释天机,卓锡临清园觉寺,购藏全经,贮之寺内。释隆溁,安丘平等庵僧,尝手书《华严经》两周,晚年向嘉兴购经律论三藏二百二十八函,及诸禅师语录,构三楹庋藏。释元玉住泰山普照寺,息影禅庐,聚经典数千卷,澄思密林,透悟真宗,栖迟于岳色溪声之间,翛然自得。又如清潍县丁善宝,幼即工诗,以孝廉入秘阁,中年养疴里居,筑十笏园,架上多前人诗集。潍县陈介锡,搜罗乡贤手迹,殚心抉择,凡卷轴、屏幢、尺牍、便面、诗文稿,人与物确足以传者,续高南阜、郭根庵所辑《桑梓之遗》成百余册。潍县高鸿裁辨蟫居收藏山东地方志百十八种,于民国二十二年为美国国会图书馆购得,至今长流海外。以言收藏山东地方文献,则以王献唐为大家,其次为诸城张鉴祥。王氏搜存者,今藏山东省博物馆、山东省图书馆山东先贤稿本、抄本、批校本、宋元明精刻本、金石拓本近千种,大都来自新城王氏池北书库、德州田氏古欢堂、益都李氏大云山房、曲阜孔氏微波榭、聊城杨氏海源阁、历城马氏玉函山房、诸城刘氏嘉荫簃、日照许氏攀古小庐、潍县陈氏十钟山房、海丰吴氏双虞壶斋、潍县高氏辨蟫居。张氏所搜虽仅限于明清人著作及古今公私簿录,然自有其特色。前者今藏青岛市图书馆,后者藏山东大学图书馆,其裨益于地方文献及目录版本之研讨,亦功不可没。

第八个特色是善本流传,功垂百世。山东藏书家向有重视校勘的传统,所以早在南北朝时代如任昉、王僧孺等聚书万余卷,多蓄异本。颜之推也往往以南本校北本,定异文的是非。由于年祀久远,当时的写本,未见流传。有关资料表明,山东藏书家重视版本是从明代开始的,到清代而臻于极盛。这与版本学在清代从目录学分离出来成为独立的学科有关。我们从清代第一部公藏版本目录《天禄琳琅书目》到近现代公私藏书簿录来考察,其中著录山东藏书家收藏的善本书,包括宋元旧刻、旧抄本、影宋、影元抄本、批校本、精抄本、稿本在内,有少数几种为明代藏书家收藏之外,大都为清代藏书家所收藏。例如明德州王祖嫡藏宋刊本《监本纂图重意互注点校毛诗》二十卷,《图谱》一卷,钤有“王祖嫡印”“太子洗马”“辛未进士”“师竹山房藏书私印”等印章。临邑邢侗藏明抄本《苕溪渔隐丛话》,后归聊城杨氏海源阁。日照焦竑藏宋本《六经正误》六卷、宋本《演繁露》六卷、宋本《通鉴续编》二十四卷、宋本《南轩先生文集》四十卷、元刊本《乐书》二百卷、明抄本《呆斋藏稿》六卷。章丘李开先所藏,虽不见于《天禄琳琅书目》,但都极为珍秘。其最著者,如《谷梁》影宋抄单疏残本①,为国内罕传的单疏孤本。葛洪《西京杂记》二卷本,宋吴自牧《梦粱录》二十卷,均系毛扆得自章丘李氏后人,而为钱曾所转抄者②。《元刊杂剧三十种》,及李开先所抄

①见钱基博《版本通义》66 页。

②见钱曾《读书敏求记》卷二下。

元剧,何煌曾据以校勘《脉望馆抄校本古今杂剧》①。清代藏书家所藏善本见于著录者有二十余家。如益都孙承泽所藏善本见于《平津馆鉴藏书籍记》者,有宋刊本《周易象义》十二卷、《豫章先生遗文》十二卷,元刊本《春秋纂例》,明刊本《东莱先生音注唐鉴》。淄川毕际有藏明万历刊本《王明甫先生桂子园集》二十卷,现藏美国国会图书馆。安丘张贞宝墨楼藏宋刊本《增修互注礼部韵略》五卷,明写本《玉楮诗稿》八卷(此书为库本所从出)。文登于昌进于氏小谟觞馆所藏善本,有宋刊本《公羊传》,影写宋本《麟台故事》五卷,明万历刊本《华夷花木鸟兽珍玩考》十二卷,旧写本《归潜志》十四卷,旧抄本《愧郯录》十五卷,明写本《张说之文集》二十五卷,旧抄本《白莲集》十一卷。泰安赵国麟所藏善本见于《天禄琳琅书目》者,有明刊本《重刊许氏说文解字五音韵谱》二函,十二册。书中钤有"闽南开府所得之书""泰山赵氏藏书"二印②;见于李氏《木樨轩藏书题记及书录》者,有宋刊本《景德传灯录》三十卷,现藏北京大学图书馆。诸城李文驹所藏善本,有明嘉靖丁未陈垲粤东刊本《越绝书》十五卷,明万历刊本《墨子》六卷,新城王氏抄本《唐摭言》十五卷,明嘉靖刊本《丘隅集》十九卷,万历刊本《甑甀洞稿》五十四卷,旧抄本《贡礼部南湖诗集》上下集,旧抄本《北郭诗集》六卷。益都李文藻尝于京师琉璃厂获抄本宋元人集二十余种,现存者仅有《段氏二妙集》八卷③。曲阜孔继涵收藏善本颇多,最著者为宋绍熙三年两浙东路茶

①见郑振铎《跋脉望馆抄校本古今杂剧》(《西谛书话》464—465页)。

②按:《天禄琳琅书目》于《重刊许氏说文解字五音韵补》条加具按语"泰山赵氏收藏未详其人",竟不知开府闽南者,即福建巡抚、文渊阁大学士赵国麟。叶昌炽《藏书纪事诗》亦即以"泰山赵氏"为称,而不详其字号爵里。王欣夫亦未及补正。

③见《琉璃厂书肆记》。《段氏二妙集》李文藻跋,见黄裳《前尘梦影新录》32—33页。

盐司刊本《礼记注疏》六十三卷，即世称为三山黄唐本者。此书为季沧苇故物，有惠栋长跋。后归璜川吴氏，吴以质三百金于朱文游家，戴震曾借阅补今本缺文。后有人挟之入都，索价五百金，无售者，东原欲借重校而不得。乾隆四十一年九月朔日持质百金于继涵，遂为微波榭所有。后转归长白盛氏郁华阁，又归南海潘氏，潘氏视为镇库之宝，因以宝礼名其堂。继涵复有明嘉靖刊本《东莱吕氏东汉精华》十四卷，后归孔子七十一代孙、衍圣公孔昭焕。昭焕有明正德刊本《鲁斋研几图》一卷，附《圣门事业图》一卷，《性命心说》一卷，明正德刊本《怀麓堂后稿》二十卷，今均藏北京图书馆。寿光李铎有明写本《燕石集》十五卷，《东维子集》十六卷，明嘉靖刊本《古直先生文集》十六卷，清康熙刻本《嘉定四先生集》八十七卷。曲阜桂馥有宋种德堂刊本《说文解字韵谱》，影元抄本《紫云增修礼部韵略释疑》五卷，毛氏汲古阁藏旧抄本《雁门集》八卷。曲阜孔昭虔有残宋本《金石录》十卷，即钱曾《读书敏求记》所称冯砚祥(文昌)家本，冯氏因自号"金石录十卷人家"。后归吴县潘氏滂喜斋。莱阳初彭龄有元刊明初印本《监本附释音春秋谷梁传注疏》二十卷。为朱卧庵旧物，后归初氏遂初堂，又由王北堂而转归傅沅叔①，邹平成瓘有影宋抄本《附释文互注礼部韵略》。文登于昌遂有宋刻明配本《补注释文黄帝内经素问灵枢》二十四卷。曲阜孔昭薰有明刊本《尔雅注》三卷、《音释》二卷，明弘治十年，李举刊本《萨天锡诗集》不分卷。历城马国翰有旧写本《春秋五礼例宗》、明弘治十年涂桢刻本《盐铁论》，明弘治四年吴郡张习刊、明天顺刊《静居集》。莱阳张桐生有宋刊本《河南程氏遗书附录》一卷，抄本《拙斋文集》二十卷，《拾遗》一卷，明万历刻本《睡庵稿》二十五卷，宋刊《河南

①此书朱氏、初氏、王氏均定为宋本，王氏且以此为北堂藏书之冠。经傅沅叔鉴定为元刊明修本。

程氏遗书》残本。平原宋仕有麻沙、臼陵二本，桐生所藏未见著录，字体小而精整，且板刻气息朴厚，决非闽中刻手所能为。安丘王筠有原稿本《随园诗话》一卷，手抄本《石破天惊》不分卷，明黄嘉惠刻本《董解元西厢记》。诸城李璋煜有抄本朱文藻《说文解字系传考异》二十八卷，《附录》二卷，抄本桂馥《说文解字义证》五十卷，《检难字法》，旧抄本《南牖日笺》七卷，旧写本《吴郡东圃先生馀稿》十卷，旧写本《乐圃馀稿》十卷。济宁李毓恒有宋本《方言》，明万历刊本《重订百音篇》七卷。宋本《方言》为海内孤本，后为临清徐氏所得。徐书散出时，傅沅叔曾见有抄本数十种，均钤“冬涵阅过”藏印，傅氏收得《皇宋策要》二册。福山王氏天壤阁有宋刊残本《后汉书》，元刊本《资治通鉴释文》三十卷（黄氏士礼居旧藏），元刊本《资治通鉴释文辨误》十二卷，元刊本《吏学指南》八卷，元刊本《示禅人语》一卷，抄本《礼经类编》三十卷，旧抄本《渑水燕谈录》十卷，抄本《隋书经籍志考证》四册，清抄本《荀子》二十卷（张允良校），旧抄本《孙子》二卷（有王懿荣跋），明嘉靖刻本《初学记》三十卷，明会通馆活字印本《锦绣万花谷前集》四十卷、《后集》四十卷、《续集》四十卷，清康熙己丑精刻本《竹斋先生诗集》四卷，明末刊本《松雪斋文集》十卷，明洪武刊本《光岳英华诗集》十五卷，明活字印本《王状元标目唐文类》二十卷。海丰吴氏石莲庵有宋刊巾箱本《增入名儒集议资治通鉴详节》□□卷，元刊本《图绘宝鉴》五卷，影写宋本（元丰）《新定九域志》十卷，影元抄本《契丹国志》二十七卷，明嘉靖二年安正书堂刊本《诗经义疏会通》二十卷，明嘉靖十二年顾春世德堂刊本《中论注》十卷，明嘉靖间刊本《荆溪外纪》二十五卷，明棉纸蓝格写本《新刊古杭杂记诗集》四卷，明写本《徐孝穆文集》七卷，毛氏汲古阁写本《宝晋英光集》六卷，旧写本《春秋传注》三十六卷，旧写本《酌中志》二十四卷，旧写本《高士传》三卷，旧写本《砚山斋珍赏历代名贤墨迹集览》一卷，旧写本《珩璜新论》一卷，旧写本《齐东野语》二十卷,旧写本《震泽长语》二卷,旧写本《说原》十六卷,旧写本《中山集》三十卷,旧写本《河东先生集》十五卷,旧写本《南轩先生诗集》七卷,旧写本《碧山乐府》一卷,清石门吕氏旧藏写本《广陵先生文集》三十卷,石门吕氏写本《诚斋集》四十二卷。清写本淳熙《三山志》四十二卷,乾隆四十年沈仲梅写本《诚书》十六卷,清写本《河南集》五卷。可见,海丰吴氏庋藏善本较其他藏书家为多。此外,高鸿裁辨蟫居藏有元大字本《仪礼集释》,刊印极精,上虞罗氏以未得一见为憾。近人日照马官伟旧椠名抄,收藏甚富,鉴别亦精,其藏弆因亏空公款,以十二万元抵押入山东省立图书馆。济南张亦轩先生曾收得其元刊本《古今韵会举要》,元刊本《庐山正宗宝鉴》及宋刊《通鉴总类》残本。曹县徐继孺,藏书多善本,民国八年藏书散出,其精品多为傅沅叔所得。见于著录者,有旧抄本,《太平寰宇记》二百卷,旧抄本《定和奉使高丽图经》十四卷,旧抄本《困学纪闻》二十卷,旧抄本《唐摭言》十五卷,明刊本《白醉琐言》一卷,明会稽钮氏世学楼写本《云笈七签》一百二十卷,明抄本《苕溪渔隐丛话》六十卷,《后集》四十卷。以上诸家所藏宋元明刊本,影宋影元抄本,明写本、名家精抄本,旧抄本,从群经子史到诗词小说,无所不备,且其中不乏孤本秘笈,诚令人有夥颐沉沉之叹。这批宋元明版、精校名抄,大都分藏国内各图书馆,间有流失至海外者。即以潍县高氏上陶室砖瓦拓片及济南王贡忱(宷廷)止适斋所藏的明万历刻本篆书三十二体《金刚经》而言,今均藏美国国会图书馆①。神州珍品,沦于异域,令人感慨万千。山左藏书家的珍本秘笈,见于公私簿录为我们所漏收者,恐为数尚多,其不见于著录者,更无法毛举。我见过周永年《借书园书目》、刘喜海《刘燕庭藏书目》,因前人书目,大都不记注版本,故孰为刻本,孰为精刻,孰为写本、抄本,孰为宋元旧刻,无从鉴别。

①见王重民《中国善本书提要》406页。

以纂修《四库全书》时各省巡抚、私人在京进呈书籍及《四库总目》著录、存目考之,统计如下表:

(一)山东巡抚:

进呈 367 种(第一、二次合计)

著录 51 种

存目 160 种(著录、存目合计 211 种)

(二)李文藻:

进呈 18 种

著录 5 种

存目 2 种(著录、存目合计 7 种)

(三)周永年:

进呈(无数字)

著录 4 种

存目 29 种(著录、存目合计 33 种)

(四)孔昭焕:

进呈 40 种

著录 9 种

存目 18 种(著录、存目合计 27 种)

山东巡抚进呈者,大都来自山东各地藏书家,其数字仅次于江浙皖三省,远较直隶、河南、福建、湖北、陕西、山西、湖南、奉天、两广、云南为高。李、周、孔三家在京进呈者,亦仅次于黄登贤、励守谦、汪如藻。孔昭焕所呈,远较纪昀、朱筠、于敏中为多。从这里还可以看到,《四库全书》中以山东藏书家所藏之书为底本者,共计 69 种,入存目者 209 种①。这是山东藏书家对《四库全书》所做的贡献。然而以言山东藏书家的精华,不能不首推聊城杨氏海源阁及临清徐氏归朴堂。

①见杨家骆《四库全书概述 · 四库全书依据书本来源表》。

两家藏书原委,已详《史略》,这里我简略地谈一下两家的珍本秘笈。

海源阁藏书早期大都来自长洲汪氏艺芸书舍。时杨以增官江南河道总督,值汪书散出,凡汪氏得之元和顾氏(之逵)"小读书堆"、吴县袁氏(廷梼)"五研楼"、周氏(锡瓒)"水月亭"、长洲黄氏(丕烈)"百宋一廛"旧藏,先后归杨氏海源阁、常熟瞿氏铁琴铜剑楼、上海郁氏宜稼堂,而杨氏所获独多。其后以增子绍和官京师,适怡府明善堂百年旧藏,散落市肆,绍和与常熟翁同龢、吴县潘祖荫、钱塘朱学勤各有所得。然绍和所得见于《楹书隅录》者,仅有宋本《证类本草》、金本《道德宝章》、元本《梅花字字香》、"明刊宋元人集及子书善本百余种",宋元珍本秘笈,大都来自江南,亦有非艺芸书舍故物,而得之吴中及其他地方者。故江标跋《海源阁藏书目》时,谓其于光绪癸未(光绪九年)秋游山左,曾随汪郎亭(鸣銮,时任山东学政)观书于海源阁,"举凡艺芸书目之所收,《楹书隅录》之所记,千牌万组,悉得寓目。大约吾吴旧籍十居八九,荛翁之所藏则又八九中居其七"。又谓"吴中藏书,庚申(1860)之后,几无全帙,百宋一廛中之物,更稀如星凤,岂知琅嬛福地,别在陶南,江夏签滕,自存天壤"。海源阁藏弆之富,不难于江跋中窥其梗概。现存海源阁书目五种,其中《楹书隅录初编》五卷,《续编》四卷,为善本提要目录。凡收宋本八十五,金元本三十九,明本十三,校本百有七,抄本二十四,共计二百六十有八部①。《宋存书室宋元秘本书目》四卷,《海源阁藏书目》(简称江目)一卷,均出杨绍和之手,但江目依据的是汪鸣銮那里见到的抄本,同时传抄的有孙传凤抄本②,封面亦题"海源阁藏书目",著录内容基本与江目相同,唯溢

①见《楹书隅录》杨保彝跋,王献唐《海源阁宋元秘本书目序》作269种。

②存北京图书馆,书眉有江标朱笔批校,各书下有梦庄氏(王文进)墨笔批校。

出江目三种,所略异者,著录各书书名上均冠宋元等版本名称。孙抄本正文首行虽另题“宋存书室目录”,实际与江目同出一源。今即以《宋存书室宋元秘本书目》与江目相比较,江目收宋本96种,元本79种,校本126种,抄本62种,共计363种①。《宋存书室宋元秘本书目》收宋本103种,元本95种,校本133种,抄本66种,共计397种。《宋存书室宋元秘本书目》较江目多宋本7种,元本16种,校本7种,抄本4种。共计多34种②。倘与《隅录》《续编》相较,则《宋存书室宋元秘本书目》宋本、元明本、校本、抄本,共计增加129种。可见《宋存书室宋元秘本书目》编在《隅录》及《续编》之后。然此数仍非宋存书室宋元秘本之全豹。迨杨保彝晚年就其父绍和手订《宋存书室宋元秘本书目》,拾遗补缺,撰为《海源阁宋元秘本书目》四卷,共收书455种,缮定后又增入13种,溢出1种,合得469种,较保彝呈由县府转详山东提学使咨部备案之本,增多5种。王献唐先生尝在市肆获此目清抄底本,每卷首行题“海源阁书目”,次行题“宋存书室藏宋元秘本目录”,乃依面叶署签统改为“海源阁宋元秘本书目”,并于民国二十年三月作为《山东省立图书馆丛刊》第二种排印问世。其实,保彝次行所题犹其父绍和手定书目之旧称,唯将“书目”改为“目录”,献唐先生固未见绍和手订之书目。杨保彝在此目跋文中有这样一段话:

按兹编著录宋金元各本,皆官私精椠,首尾完具善本也。明椠唐五代宋元各家专集,则皆当时初刻初印,校抄各本均系元明以来洎国初各家所藏,或校勘详审,或影写精良,多属四

①王献唐《海源阁宋元秘本书目序》作360种,经我重新核实应为363种。我在《海源阁藏书的几个问题》(《山东图书馆季刊》1990年第2期)中作362种,少列宋本1种。

②江目及《宋存书室宋元秘本书目》中的元本中,均附有少数明初刻初印精本。

库所未收、采遗所未见者，编次不同，卷目各异，所谓海内孤行之本也。至如版刻校近，抄胥弗精，为世间经见之书，则辑入《海源阁总目》，此编概不登录焉。

杨保彝对海源阁宋元秘本的评价，是符合实际情况的。较杨绍和编《宋存书室宋元秘本书目》增补72种。海源阁宋元秘本最为世人所称道者，即杨氏所谓"四经四史"，杨氏特辟"四经四史之斋"，以视珍重。所谓"四经"者，即宋刻《毛诗》《周礼》《仪礼》《礼记》，以其皆郑氏笺注，足证以增服膺"北海"之深。所谓"四史"，有宋刻《史记》三种，《汉书》二种，《后汉书》一种，《三国志》一种。其中最著者，为宋本《毛诗》二十卷，宋本《监本纂图重言重意互注点校毛诗》二十卷《图谱》一卷①，宋婺州市门巷唐宅刻《周礼注》十二卷②，宋淳熙四年抚州公使库刻本《礼记注》二十卷，宋乾道七年蔡梦弼东塾刻本、宋淳熙三年张杅桐川郡斋刻淳熙八年耿秉补刻本《史记集解索隐》一百三十卷各一部，宋建本《史记集解》一百三十卷，宋蔡琪家塾刻本《汉书》一百二十卷，宋建本《后汉书》一百二十卷，宋建本《三国志》六十卷。除前二、三两种原归至德周氏自庄严堪，转归北京图书馆《史记集解》由德化李氏转归北大图书馆外，余均为北京图书馆所收藏。古往今来藏书未有聚而不散者，海源阁亦未能例外。自清咸丰十一年(1861)至民国十九年(1930)，海源阁经过三次浩劫，陶南珍本秘笈大量散失。第一次浩劫为咸丰十一年，烽火所及，悉成焦土，事后收拾烬余，华跗庄陶南山馆珍藏，幸存者仅十之五六，而宋元旧椠，所焚独多。第二次浩劫为1929年，土匪王金发陷县城，其司

①宋本《毛诗》、宋本《监本纂图重言重意互注点校毛诗》两书于咸丰十一年兵燹中遭受损失，前者仅存最后三卷，后者存卷一至卷十一及《图谱》一卷。

②宋本《仪礼注》已不存，《楹书隅录》著录宋严州本，实为明刻。估计宋本已毁于咸丰十一年。

令部即设在杨宅院内,宋元秘笈及金石书画,损失严重。第三次为1930年,晋军王冠军部进驻聊城。王冠军素稔杨氏藏弆之富,从天津物色号称九爷者来聊,尽掠古籍善本及碑帖字画捆载而北,运至保定家中。从此海源阁之牙签玉轴,四散人间。而大宗精善之本,则于1928年冬先已由杨敬夫捆载十余大箱,运抵天津寓所,1931年以九十二种1207册,抵押天津盐业银行,免遭波及。这就是1945年抗战胜利后由国家收购交北平图书馆收藏的海源阁故物。傅沅叔于1931年曾税驾津沽,观书于盐业银行仓库,将获睹宋元本三十种,撰为《海源阁藏书记略》,叹为旷世鸿宝,遂益为海内外所瞩目。其实杨敬夫运抵天津之书,不始于1928年冬。1927年11月18日,王君九(季烈)即已致函张元济,谓海源阁有宋元本二十六种,捆载到津出售,并抄附清单一纸①。此二十六种,除《韦苏州集》实系明本外,其余均系宋本②,且在抵押盐业银行九十二种之外者。周叔弢曾于1927年10月观海源阁宋本书于天津③。可见杨敬夫1927年即已将海源阁中精品运抵天津,准备出售。其中有案可稽者,宋本《淮南鸿烈解》、宋本《荀子》、宋本《管子》、宋本《说苑》、宋本《康节先生击壤集》、宋本《三谢诗》为大连图书馆所得,宋本《新序》、宋本《陶诗》为周叔弢所得,宋本《王摩诘诗》、宋本《孟东野诗集》为李盛铎所得,宋本《孟浩然诗》为潘明训所得④。直到1929年2月叶恭绰到上海与张元济磋商准备集资四万元洽购二十六种中尚未售出的十五种,其中

①见1927年张元济致傅增湘书(《张元济傅增湘论书尺牍》131页)。时王君九在北平。

②见傅增湘致张元济书(《张元济傅增湘论书尺牍》183页)。

③《弢翁藏书题识·荀子注》(《自庄严堪善本书目》)。

④傅增湘致张元济书(《尺牍》183页)谓二孟一黄为李木老所得,似系传闻之误。

有《管子》《淮南鸿烈解》《新序》《说苑》《康节先生击壤集》,证明这五种宋本是在1929年2月以后才脱手的。叶恭绰在1927年本来就想集资三万二千元,收购其中15种,未成①。这次集资计划,仍因杨敬夫索价过高,兼以集资者人心不齐,终成泡影。现在山东大学图书馆藏有敌伪时期济南聚文斋书店油印本《海源阁现存书目》一册,其中收录宋本34种,元本25种,校本19种,抄本21种,共计99种②。在出售办法中规定,这些书价格为"中国联合储备银行"伪钞二百万元。买主需驾临北方物主处观看,整卖不零售。我将北平图书馆收购海源阁书目核对,书种基本相同,但较收购目多出6种,缺少1种。不过所可异者,抵押盐业银行之书,1936年前,即已归存海学社所有,何以在敌伪时期仍在寻求买主?大抵海源阁书转归各家收藏者,不外两个渠道:一为直接得自杨氏,二为得自市肆。直接得自杨氏者,以至德周氏(叔弢)为多。我们从《自庄严堪善本书目》中了解,周氏所得海源阁孤本秘籍,共计46种,仅次于北图购自天津盐业银行的92种。其中宋刻19种,金刻1种,元刻9种,明本1种,影宋、影元抄各1种,明校本5种,抄本12种。在19种宋本中,海源阁镇库之宝、"四经"中的宋监本《毛诗》、宋婺州市门巷唐宅刻本《周礼注》,赫然具在。据《弢翁藏书题识》③,周氏所得元至正六年吴志淳好古斋刻本《复古编》二卷,为海源阁劫后流入天津某茶叶铺者,以重价购自藻玉堂书估王子霖。可见至德周氏所得,亦非尽出杨氏。海源阁历劫之余,散诸京津、保定、济南等地者,书估奔走四出,穷搜冥索,待价而沽。展转归傅沅叔者9种,归完颜景贤者1种,归谢国桢者1种,归邢赞庭者3种(以上据

①见《张元济傅增湘论书尺牍》183页。

②书目将元刻《纂图互注五子》作为五种,实际只是一种,应为95种。

③附《自庄严堪善本书目》。

傅增湘《藏园群书经眼录》统计),归刘占洪(字少山)者 26 种,归凌志斌者 2 种,归潘明训者 4 种,归陈清华(澄中)者 1 种①。所有以上周、刘、凌、潘诸家藏书,50 年代初先后向国家捐献,均为北京图书馆所典藏。而刘占洪为山东掖县人,保存乡邦文献,不敢后人,尤为难能可贵。其为李盛铎所得者,尚有宋乾道麻沙镇刘仲吉宅刻本《类编增广黄先生大全文集》一种,现存北京大学图书馆。在 1945 年北平图书馆收购 92 种之前,海源阁善本书零星归于北图,见于赵万里《海源阁遗书经眼录》者凡 10 种②,其中有旧抄本 5 种,抄本 1 种,明刻本 1 种,黄丕烈跋旧抄本 1 种,黄丕烈跋明抄本 1 种,黄丕烈跋清乾隆刻本 1 种。可惜赵氏的《经眼录》仅发表了一部分。这 10 种书见于 1933 年赵万里编《国立北平图书馆善本书目》者,仅有旧抄本《珊瑚木难》、黄丕烈校本《武林旧事》、明抄本《毗陵集》、旧抄本《燕喜词》4 种,其余 6 种,谅必为 1933 年以后所收。记录较多者为王重民《中国善本书提要》及《补编》凡 34 种,其中除明万历刻本《艺文类聚》为美国国会图书馆入藏外,余均在北图所见。计宋、元本各 1 种,抄本 13 种(内朱彝尊抄本 1 种、黄丕烈校本 4 种,吴翌凤抄本、校本各 1 种,影写传是楼藏本 1 种,马氏丛书楼旧抄 1 种,退思庐抄本 1 种),明刻本 7 种(内叶石君、黄丕烈校本 1 种),明抄本 9 种(内冯彦渊家抄本 2 种,何焯、黄丕烈校 1 种,黄丕烈校 2 种),黄丕烈校清刻本 1 种。王氏《提要》著录的 29 种,系据 1933 年赵万里编《国立北平图书馆善本书目》,

①潘明训原得宋滁州本《汉隽》,宋刻残本《咸淳临安志》,宋刻元明递修本《丽泽论说集录》,宋蜀刻本《孟浩然诗集》、宋廖莹中世彩堂本《河东先生集》共四种,据《宝礼堂本书录》,海源阁曾得宋廖莹中世彩堂本《昌黎先生集》,为丁氏持静斋故物,散出后为陈澄中所得。陈书 50 年代初由香港归北图收藏,但此书未见北图善本书目著录。

②载《国立北平图书馆馆刊》五卷五号。

与赵万里《经眼录》互见者，仅黄校本《武林旧事》、旧抄本《珊瑚木难》2 种。赵氏《经眼录》的 10 种，见于 1987 年新编《北京图书馆善本书目》者，仅有明抄本《毗陵集》、旧抄本《玉楮诗稿》、旧抄本《燕喜词》3 种，王氏《提要》的 29 种，见于新编《北图善本书目》者，仅有明刻本《管子》、明正德间刻本《道乡先生邹忠公文选》2 种，其余所有宋元刻本、抄本、校本，均于抗日战争时移存美国国会图书馆，后来又转存台湾"中央图书馆"，北图则存有胶卷。至今仍能为海峡两岸所利用。值得一提的是：移存台湾的宋绍定刻本《童蒙训》三卷，为 1930 年海源阁劫余之物，当时流入山东德县打尖书摊，若不是北京琉璃厂书业崇文斋主人孙瑞卿携归北平，售与北图，则此书很可能作为褙鞋帮、覆酱瓿之用，从此湮灭于天壤之间①。而元刻《中庵先生刘文简公文集》二十五卷本，为明清两代一线之传，尤为人间秘籍②。从《童蒙训》一书遭遇来看，海源阁珍本秘笈的流散人间，实在无法毛举。据傅增湘在《海源阁藏书记略》中回忆，1914 年冬，傅氏即在厂肆购得宋蜀刻本《孟东野诗集》一册，可知在杨保彝去世不久（杨保彝 1910 年去世），阁中管钥已疏。迨 1929 至 1930 年经过两次浩劫，杨敬夫又捆载天津出售，海源阁的宋元校抄从此散失殆尽。海内藏书家、版本目录学家经眼海源阁陶南珍藏者以傅增湘为第一。据《藏园群书经眼录》著录者，除在天津盐业银行仓库所见，在《经眼录》中撰有提要 19 种外，从 1927 至 1934 年间陆续获睹者凡 74 种。其中有在天津所见者，有文禄堂、藻玉堂、文友堂送阅者，有董廉之送阅者，有在李盛铎家所见者，有为邢赞庭、谢国桢收藏者，有统称海源阁遗书或杨敬夫

①见雷梦水《书林琐记》26—27 页。

②元刻本《中庵集》二十五卷，较库本辑自《大典》者增出五卷，为海内外唯一孤本。

书,未言见自何所者。计宋刻本23种,元刻本6种,蒙古刻本1种,明刻本11种,影宋写本1种,明写本1种,明传写道藏本1种,清影写洪武本1种,清初写本1种,精抄本1种,旧写本19种,清写本4种,旧抄本1种①。在74种中,为藏园收藏者有宋刻本《会稽三赋注》等7种,归邢赞庭者,有宋刻本《扬子法言注》等3种,归李盛铎者,有宋刻本《孟浩然诗集》、宋乾道麻沙镇刘仲吉宅刻本《类编增广黄先生大全文集》2种。归大连图书馆者,有宋刻本《荀子注》、宋刻本《说苑》、宋刻本《管子注》、宋刻本《淮南鸿烈解》4种。当时虽然傅氏经眼但不知去向,现据1959年、1987年两种《北京图书馆善本书目》有案可稽入藏北图者有40余种,傅氏自藏的明抄道藏本《刘子注》、宋建安虞平斋务本书堂刻本《增刊校正王状元集分类东坡先生诗》(此书先归周叔弢,后归傅氏)亦均入藏北图。邢赞庭所得明刻本《新序》、宋刻本《扬子法言》,明嘉靖刻本《昭明太子集》,1959年《北图善本书目》,均有邢捐字样。又如宋刻本《莆阳居士蔡公文集》,当时傅氏因谐价未成,以为寻被有力者携去,现在从北图目录中,此书有刘捐字样,可见为刘占洪所得后转归北图。又如宋刻本《新序》、宋刻本《兰亭续考》,宋刻本《南华真经注》、宋刻本《王摩诘文集》在北图目录中均有周捐字样,可见这些书都在周叔弢捐献的四十六种之中。为李盛铎所得的宋刻本《孟东野诗集》、宋乾道本《黄先生大全文集》则均存北京大学图书馆。李氏木樨轩藏书中,尚有宋建阳本《史记集解》一种,字仿瘦金体,据称此书系海源阁旧藏四史中的三个宋本之一②,不知何时所得。海源阁藏书流散授受原委,大抵尚有蛛丝马迹可寻。至海源阁藏书流散

①以上所举版本称谓,悉按《藏园群书经眼录》原称,实际上所有写本亦即抄本。

②见向达《北京大学图书馆藏李氏书目引言》及北大图书馆所撰《前言》。

于济南市肆为王献唐所得者,有黄丕烈校跋明程荣刻《穆天子传》、顾广圻校本《说文解字系传》。朱邦衡、何焯、何小山、黄丕烈批校雅雨堂刻《封氏闻见记》,吴翌凤抄、黄丕烈校《江淮异人传》,明本《武夷新集》,明本《许白云集》,黄丕烈校《林和靖集》,黄丕烈校抄本《绍兴十八年同年小录》,黄丕烈校抄本《吕衡州文集》等9种。除黄校《穆天子传》、顾校《说文解字系传》为王氏自购外,余均归山东省立图书馆,黄校《穆天子传》并已影印问世①。其中《封氏闻见记》《江淮异人传》,则已转归山东省博物馆。山东省博物馆入藏者,尚有宋临安陈氏书棚本《韦苏州集》②,元大德九年太平路儒学刻明修本《汉书》,元至正江浙行中书省刻明修本《宋史》,元至正嘉兴路儒学刻本《吕氏春秋》,元大德九年刻明修本《白虎通德论》,元至元六年益友书堂刻本《范德机诗集》,明嘉靖刻《事类赋》,明初刻《晏子春秋》,明嘉靖三年马氏刻《齐民要术》,以及明抄、清抄等22种。山东所见者,大体如此。

然以上所言,均以海源阁宋元刻本及抄校本为多。杨保彝晚年尚编有《海源阁书目》六册③。即杨氏所谓普通书目,以别于《宋元秘本书目》者。计经部504种,史部731种,子部680种,集部1301种,共计3216种。其中清刻本四分之三,明刻本四分之一,外有宋元明本韩、柳、欧、苏诗文一匣。王献唐认为“其明清刻本类皆精刊精印,彼之所谓普通版本,今多视为善本”④。这批以明清本为

①山东省立图书馆1934年影印本。

②经傅增湘在天津鉴定,此书实为明本。见《张元济傅增湘论书尺牍》188页。

③抄本,1957年6月由海源阁第四代主人杨承训捐献给山东省,现存山东省图书馆。

④见王献唐《聊城杨氏海源阁藏书之过去现在》(《山东省立图书馆丛刊》第一种,1930年4月出版)。

主的藏书,本贮杨氏后宅,于1930年劫后,分装七大箱,运至济南经二路纬一路东兴里寓所存贮,1942年济南东兴里房屋出售,又运往北京宣武门内亲戚家中。旋由苗兰亭、张蔚斋等集资,由辛铸九与杨敬夫岳父劳之常达成协议,购藏济南道德总会,抗战胜利后捐赠山东省立图书馆,由省馆专室庋藏。近据山东省图书馆整理,计经部268种,史部556种,子部372种,集部973种,丛书148种,共计2272种。核以杨保彝《海源阁书目》,大体吻合,唯尚少964种。尽管这批书比不上宋元抄校,但牙签玉轴,均属原装,陶南一鳞片爪,即当视为拱璧,何况此洋洋十余万卷精刊精印之书,皆杨氏三代人毕生精力所聚,其有功文献及沾溉后生,未可等闲视之。

现在再谈临清徐氏归朴堂。徐氏藏弆之富,在晚清已享有盛名,缪荃孙、傅增湘均极口称道。缪荃孙比之以吴县潘祖荫、常熟翁同龢、钱塘汪鸣銮诸大家,傅增湘则以盛昱与端方相况,谓其"骎骎与南瞿北杨齐驱方驾"。但《归朴堂书目》未见流传。究竟藏有若干万卷,其中宋元校抄若干,无从悬猜。徐书自1926年开始散出,引起傅增湘、张元济的重视。为防止流失海外,张氏倡议组织古书保存会,集体筹资收购,惜未能实现。其时徐氏存定兴藏书,即由徐坊弟徐植以八万元售与文友堂、文奎堂、保文堂、晋华书局,而京寓之书,则尚未尽散。1926年元月,傅增湘到徐宅观书,获见宋本《周易单疏》(作者案:即《周易正义》。大字版,十五行)、《唐文粹》(大版,十五行)、《楼攻愧集》(一百二十卷)、《三苏文粹》(小版细字,极精,瞿氏有七十卷,十九行,行廿六字)、《荀子》(袖珍本)、百衲《史记》(宋元合)、中统《史记》、宋本(残)《左传》、《通鉴纲目》(大字)等多种,因尚未开价,未能洽购。尚有宋本《文选》、《仪礼》、《韩文举要》(孤本),未及过眼①。张元济得到傅增

①见《张元济傅增湘论书尺牍》126页。

湘的信息,曾几次与傅氏通信,认为“徐氏之书,诚为珍秘”。《楼攻愧集》恐是孤本,足以补库本之缺。并一再提及《周易单疏》,愿出重价收购,印入《续古逸丛书》。1927 年 7 月 23 日傅氏又将《徐司业遗书目》寄与张氏。所列凡 54 种。其中有宋本《通鉴纲目》(残存十二册)、元本《博古图》(二函)。余均为黑口本、明本、抄本,间有东洋本①。1930 年徐夫人鹿氏谢世,京寓藏书分别归其子徐钟葳及长婿史吉甫,多半为翰文斋所得。傅氏出入于书贾坊肆之间,先后归于藏园者,为数不少。而《周易单疏》竟以五千元之重价,为其所得。并以孤本难得,在日本影印一百部,以广流传。据可靠资料表明:徐氏藏书,至 1940 年已陆续散尽。徐氏藏书见于各家著录者,凡宋本 16 种,元本 9 种,宋刻元修 2 种,三朝本 1 种,日本活字印本 2 种,明清精刻本 31 种,名家抄校本 97 种,稿本 2 种。徐氏藏书中的精品,除《周易单疏》外,有宋绍兴九年临安府刻本《文粹》一百卷,宋刻本《六臣注文选》六十卷(以上两种均收入《中国版刻图录》),宋刻本《韩集举正》十卷,宋刻蜀大字本《文章正宗》二十四卷,宋刻元修《魏书》一百十四卷。大兴朱氏椒花吟舫据家藏宋本传录《张说之文集》三十卷,明抄本《孔毅夫文集》,旧抄本《宋真宗御制玉京集》六卷,明棉纸红格写本《苕溪渔隐丛话》,《前集》六十卷,《后集》四十卷。徐氏于山左先贤手稿,尤加意搜求。如孔继涵《红榈书屋文集》、宋书升《夏小正笺疏》,均系孔、宋两氏稿本。明刻本《大戴礼记》为许瀚批校本,旧写本《洛阳九老祖龙学文集》,有李文藻校跋,均极珍贵②。所藏李毓恒《礳墨

①见《张元济博增湘论书尺牍》128、166—167 页。

②李文藻手校《洛阳九老祖龙学文集》,张亦轩先生得自友竹山房书铺吕小舟,今藏张宅。

亭丛书》二百二十二卷，为李氏抄本。李氏为清同光间济宁藏书家，其事迹罕为人知。傅增湘在《双鉴楼藏书续记》卷下《礶墨亭丛书》题记中称“乾嘉以后，刻书之风盛行，如孙氏、毕氏、鲍氏、黄氏、卢氏，皆在大江以南，唯北地则声闻寂寞，李氏僻居东鲁而奋然有志于此，搜采数百卷之多。……其事迹别无可考，使人把卷流连，有名字翳如之叹”。《礶墨亭丛书》收书65种，所录之书，当时多无刊本，故拟汇为丛刻。今日所见刊本，固已十居八九。然李氏的雄心壮志及辛勤搜采，功不可没。设非临清徐氏雅意庋藏，则此书能否长留人间，诚难逆料。徐氏的有功文献，不仅泽及齐鲁而已。

第九个特色是刊刻群书，嘉惠来学。我国藏书家素有刻书之风，将孤本秘笈公之天下后世，诚如吴晗所云，“数百年来踵接武继，化秘笈为亿万千身，其嘉惠来学者至多”。山东藏书家刊刻群书，向不后人。不过人们往往有一种错觉，即使饱学如傅增湘先生，在《礶墨亭丛书》(稿本)题记中，深感乾嘉以后，南方刻书之风盛，而“北地则声闻寂寞，李氏僻居东鲁而奋然有志于此，搜采数百卷之多”。其实山东刻书之风，虽不如南方之盛，然绝非“声闻寂寞”。与傅氏抱同一观点的，有已故史学家谢国桢先生。他在《丛书刊刻源流考》中说：“冀北鲁东，文物之邦，犹未有刻书之风。”认为“临清某氏之编《礶墨亭丛书》，文艺著述，搜辑亦广，其书仅有稿本，未见刊行，鲁殿灵光，固足为邹鲁生色者也”①。我在《〈山东文献书目〉编纂始末》一文中，已胪举事实，力辨其非②。所云“临清某氏之编”，实系临清徐氏所藏，济宁李氏(毓恒)所编。根据史料

①见谢著《明清笔记谈丛》217页。

②收入山东大学古籍研究所编《古籍整理研究论丛》(山东大学出版社1991年版)。

记载,山东刻书,始于五代之初。王师范镇守青州时,执法不渝,当地印卖《王公判事》,是为我国判案的最早印本(王师范卒于907年)①。其次为号称曲子相公的和凝(898—955),须昌人(今山东东平县)。擅长短歌艳曲,有集百卷,自己著作,自己写在板上,摹印几百部,分送于人。这是我国历史上文学家出版自己作品的第一人。他还刻过《颜氏家训》。明罗颀《物原》云:"五代和凝始以梨板刊书。"②以梨板刊书,当然不始于和凝,但和凝刻印自己的集子,的确早于别人。在版刻史上,宋元刻本明确记载刻于山东地区者,为数不多。从北宋政和五年(1115)起,山东已陷于金人之手,金刻本中大抵以道书为多。其时咸阳王嚞(重阳子)创立全真教,于大定七年(1167,相当于南宋乾道三年)至山东传教,山东人从其教者甚众。门徒有栖霞丘处机(长春子)、掖县刘处玄(长生子)、宁海(今牟平)谭处端(长真子)、登州马钰(丹阳子)③,号称林下四友。又与东牟王处一(玉阳子)、宁海郝邻(广宁子,即郝大通),加上重阳子,合称七真人,而丘长春尤有名。大定二十八年(1188)被世宗召见,赐冠服,受到统治者的重视,由是全真教风靡一时。七真人著有《七真要训》,实际上是一部道教丛书。其中有王重阳《全真集》,丘长春《磻溪集》《鸣道集》,谭长真《水云集》,马丹阳《微语集》,王玉阳《灵光集》,郝广宁《太古集》④,均有金刻本。其中有的书一再为道士们刊传。《七真要训》外,亦刻其他道书。大定至正大间,山东刊刻道书成风。如大定二十三年(1183),马丹阳门人宁海灵真子朱抱一募工刻《教化下手迟》《分梨十化》《好离

①张秀民《中国印刷史》42 页引南唐刘崇远《金华子杂编》。

②《中国印刷史》42—43 页。

③马钰原籍扶风,徙居登州,金贞元进士。

④张秀民《中国印刷史》261、263 页引元俞琰《席上腐谈》卷下。

乡》。二十七年(1187),掖县刘长生于东莱全真堂重刻谭长真《水云集》①。二十八年(1188)又重刻王重阳《重阳全真集》。刻于大定间的尚有郝广宁的《昆岭文集》。明昌二年(1191)济南毕守真刻刘长生《黄帝阴符经注》。泰和八年(1208)栖霞太虚观丘氏门徒为丘长春刊《磻溪集》。滨都道人王一兴所刻者,题《栖霞长春子丘神仙蟠溪集》三卷,今尚有金本流传。正大六年(1229)莹然子周至明刻唐淳《黄帝阴符经注》。就山东所刻的道书而言,规模都不算小,证明当时山东地区(特别是胶东)不但具有一大批成熟的刻工,而且有着丰富的供印书用的纸墨。说到造纸,山东源远流长,后汉就有东莱左伯,得造纸之妙,与毛弘齐名。根据《金史·百官志》,贞祐二年(1214)设抄纸坊使,在全国各地设抄纸坊(造纸工场)。其中属于山东者有东平、益都两府及青州三处②,说明山东的造纸工场,在全国也是数得着的。明昌二年(1191)《大金玄都宝藏》在中都刊补完成,全藏六千四百五十五卷,六百有二帙。泰和七年(1207)章宗元妃施道经二藏,一送栖霞太虚观,一送圣水玉虚观。可见栖霞太虚观已成为金代的道教中心,在中国藏书史、道教史上有其重要地位。山东所刻的道书原本,虽然大都未见流传,但滨都道人王一兴所刻的《栖霞长春子丘神仙磻溪集》三卷,在金刻本中,真可谓鲁殿灵光了。

山东金刻本中,正大四年(1227,相当于宋宝庆三年)阙里孔氏曾刻过孔元措《孔氏祖庭广记》十二卷,可惜原本早佚。蒙古乃马真后元年(1242,相当于宋淳祐二年),阙里孔氏又据以重雕。《续古逸丛书》《四部丛刊》即据此帙影印。其中有图像十二幅,《中国

①《水云集》为大定二十六年潍州所刊,因大水漂没,书版散亡,故刘长生命工重刊。

②《中国印刷史》270—271 页。

版刻图录》称其"凝重苍劲"。足证金元之际,山东的雕版技术具有极高的水平。蒙古太宗九年(1237)丘氏门徒莱州掖城道士披云真人宋德方与其门人陵川通真子秦志安,得到丞相胡公白金千两的资助,立局二十七,用五百多名工人,校刻《玄都宝藏》(一名《宋德方藏》)①。凡七千八百卷,历时八载,始观厥成。但是这部蒙古的《玄都宝藏》刻于平阳,并非刻于山东。不过我相信必然有不少山东刻工去参加这个浩大的工程。这部宋德方校刻的道藏,后来经过元世祖下令烧毁所有的道藏经文和印版,大都化为灰烬。现在保存下来的,只有《大清风露经》一卷,六行十七字。十多年前张秀民同志在北京琉璃厂新年旧书展览会上见到一页折本《云笈七签》,据说是蒙古《玄都宝藏》的烬余,已成为罕见的标本②。

值得一提的是:元东平丁思敬于大德八年(1304)在南丰州刻过宋曾巩《元丰类稿》为明清刻本所从出,版式宽大,字画精整,为元刻中代表作③。元代济宁李璋刻过《九经》《四书》。据文献记载:其"《四书》版加厚,字加大,犹虑北方风高,木善裂,取生漆加布其四端,归诸孔庙之下,俾久于模印而无坏"。这种用布包裹书版的四端,再涂以生漆的保存方法,为李氏所独创,惜未见后人仿效。唯朝鲜海印寺所存《高丽藏》版,均髹之以漆,铜饰左右,略似李璋保存《四书》刊板方法,故至今完好无恙④。在印刷史上更为重要的是,元代东平王祯不仅成功地用木活字印过大德《旌德县志》,而且还在其名著《农书》中总结了制作木活字印书的经验,为后来大

①《玄都宝藏》一名《宋德方藏》,见魏隐儒《中国古籍印刷史》85—86页。

②以上有关金元山东地区刻印道书的资料,都采自《中国印刷史》。

③《中国版刻图录》图版309。

④《中国印刷史》294—295页。

量利用木活字印书开辟了道路①。

明清两代,山东刻书成风。明代所刻,见于周弘祖《古今书刻》者有 51 种(有 3 种为辽东所刻。辽东,明代建制,属山东管辖)。其中山东布政司 20 种、山东按察司 6 种、济南府 1 种、东昌府 6 种、兖州府 4 种、登州府 2 种、青州府 3 种、辽东 3 种、德府 6 种、鲁府 4 种。这 51 种,经史子集无所不包。如经部有《五经白文》《四书白文》《韩诗外传》;史部有《条例便览》《阙里志》《孔孟通纪》《陋楚志》《三事忠告》《海道经》《蓬莱图》;子部有《小学》②、《儒门事规》《张文忠公家训》《行军须知》《医方集成》《证类本草》《王氏易林》《王氏农书》《西游记》③、《东游记》;集部有《淮海集》《张养浩文集》《归田类稿》《萨天锡诗》《殷石川文集》(明殷云霄)、《边华泉集》等。不过《古今书刻》所云的济南府、东昌府等,是否包括所在地家刻坊刻在内,不得而知。其实山东明代刻书,见于清代及近人公私簿录著录者,除少数官刻本(山东布政司、山东按察司)与《古今书刻》重见外,尚有 60 余种为《古今书刻》所漏收。如正统四年(1439)乐安袁旭刻宋梅尧臣《宛陵先生文集》六十卷,《附录》一卷,《拾遗》一卷;成化七年(1471)长清张纲刻明曾棨《巢睫集》五卷;弘治二年(1489)即墨蓝章刻元胡炳文《云峰胡先生集》十卷,《附录》一卷;弘治十年(1497)历城张鼒刻宋蔡正孙辑《精选古今名贤诗广记》十卷,《后集》十卷;弘治十五年莱阳于凤阶刻《唐陆宣

---

①沈括《梦溪笔谈》卷十八《技艺》谈到活字"不以木为之者,文理有疏密,沾水则高下不平,兼与药相粘,不可取"。可见早在北宋时期,即已尝试用木活字印书,但并未成功。

②昌彼得《明藩刻书考》认为《小学》为朱熹所著,在明代极为流行,《宋史·艺文志》著录子部儒家类。

③《明藩刻书考》以为《西游记》即李志常著《长春真人西游记》,恐误。《西游记》早有明嘉靖刻本,与《长春真人西游记》无涉。

公集》二十二卷;正德八年(1513)安丘张文锦刻元余阙《青阳先生文集》六卷;正德十六年(1521)临朐冯惟讷刻《楚辞》八卷、汉司马迁《屈原传》一卷;嘉靖元年(1522)历城张齐刻明王祎《王忠文公全集》二十四卷,《附录》一卷;嘉靖三年(1524)寿光刘銃刻明刘翊《古直先生文集》十六卷,《附录》一卷;嘉靖四年(1525)郯城张景华刻晋郭璞《尔雅注》三卷;嘉靖十三年(1534)濮州苏祐刻明韩邦奇图解《易学启蒙意见》四卷,嘉靖十七年(1538)又刻《边华泉诗集》八卷;同年历城刘天民亦刻《边华泉集》八卷;嘉靖十八年(1539)平原张一壂刻元朱震亨《重订丹溪心法》三卷;嘉靖二十一年(1542)濮州苏祐又刻元祝尧《古赋辩体》十卷;嘉靖二十二年(1543)黄县张子立刻宋张杲《医说》十卷,嘉靖二十四年(1545)又刻宋计有功《唐诗纪事》八十卷;嘉靖三十年(1551)曹县刻明王崇文《兼山遗稿》二卷,《行实》一卷;嘉靖三十八年(1559)临朐冯惟讷又刻自撰《汉魏诗纪》二十卷;嘉靖四十五年(1566)历城陈士元刻自撰《荒史》六卷,嘉靖间德州丁永成刻宋周敦颐《濂溪集》六卷;隆庆四年(1570)又刻自撰《广禹贡楚绝书》二卷;嘉靖间所刻书,尚有章丘李开先。刻于嘉靖八年(1529)者,有明赵时春《赵浚谷诗文集》十五卷,自撰《新编林冲宝剑记》二卷;刻于嘉靖四十五年(1566)者,有自撰《闲居集》十二卷,附刻《张小山小令》二卷,自编《改定元贤传奇》十六种十六卷;刻于嘉靖间者,有自撰《词谑》一卷,《中麓山人拙对》二卷,《续对》一卷。万历崇祯间所刻书,万历二年(1574)济南府章丘县刻元王祯《农书》三十七卷;万历六年(1578)东莱刘师曾刻元宋讷《西隐文稿》十卷,《附录》一卷;万历八年(1580)滕县张中鸿刻明何塘《何文定公文集》八卷;万历十二年(1584)聊城傅光昰刻明徐祯卿《徐迪功集》六卷,《谈艺录》一卷;万历十五年(1587)即墨蓝思继刻明蓝田《蓝侍御集》十卷;万历十六年

(1588)益都蒋如苹刻元刘因《静修先生集》十卷;万历二十八年(1600)博平刘大文刻明顾大猷辑《选诗》三卷,《选诗补》一卷;登州府刻明徐元太《全史吏鉴》四卷;万历三十七年(1609)东阿于纬刻于慎行《读史漫录》十四卷;万历三十八年(1610)新城王象乾刻明郭造卿《卢龙塞略》二十卷;万历三十九年(1611)历城徐养量刻明徐阶《日涉编》十二卷;历城陈以闻刻明祝允明《怀星堂全集》三十卷;万历四十年(1612)刻明梅国桢《梅司马燕台遗稿》二卷;万历四十二年(1614)文登刘必绍刻明刘畿《诸史将略》十六卷;刻于万历间者,尚有东阿于慎行刻明郭造卿《海岳山房存稿》诗五卷,文十五卷,《别稿》五卷,《附录》一卷,自撰《谷城山馆诗集》二十卷;历城张之厚刻明陈禹谟《汉诂纂》十九卷,《续经菀》三十九卷,《人物概》十五卷,《四书名物考》二十卷;聊城丁懋儒刻明许成名《龙石先生诗抄》一卷,《文钞》一卷;新城王象乾刻《皇明典故纪闻》十八卷;德平杨于起刻《杨道行集》三十卷;天启五年(1625)平度贾毓祥刻明梅士享《诠叙管子成书》十五卷,《附录》一卷;天启间淄川毕自严刻自撰《恩纶录》不分卷,崇祯间刻自撰《四代恩纶录》不分卷;崇祯二年(1629)新城王象晋刻自撰《内科正宗》五十卷,崇祯八年(1635)刻明张綖《诗馀图谱》三卷,《南湖诗馀》一卷,宋秦观《少游诗馀》一卷;崇祯六年(1633)曲阜孔胤植刻《孔丛子》三卷;崇祯七年(1634)长山刘孔中刻明刘鸿训《四素山房集》十九卷;崇祯九年(1636)平原张尔忠刻《知漳罪略》九卷①;崇祯十三年(1640)邹平张延登刻唐颜元孙《干禄字书》一卷;崇祯十五年(1642)刻自编《晏海编》二卷。所有以上这些著作,除个别刻于仕宦所在地(如张尔忠的《知漳罪略》刻于

①张尔忠,《明代版刻综录》作潍县人,光绪《山东通志·选举志》作平原人。

临漳县署)外,多数刻于山东。这仅仅是见于著录的一部分,自然是不全面的。例如濮州叶廷秀在崇祯间刻过《叶润山辑著全书》,《明代版刻综录》就未见著录。根据我主编的《山东文献书目》所载①,明代山东先贤著作有明刻本的,多数为山东所刊。这里不再缕举。说明山东刻书之风,明代即已盛行。有些书确实刻于山东,但著者、刊刻者并非山东人。如《岱史》十八卷,明海宁查志隆官山东布政司左参政时所撰,万历十五年荆门戴相尧所刻。有著者为山东人,而刻印者非山东人,如汉徐干撰《中论》二卷,嘉靖四十四年青州知府四明杜思重刻弘治本。类似这种情况很多。明代山东方志,见于《中国地方志联合目录》至今尚存有明刻本者,初步统计有50余种。其中如于慎行编纂的万历《兖州府志》五十二卷,就是山东省图书馆保存的一个孤本②。其他保存在北京图书馆、宁波范氏天一阁的孤本,有的已影印问世,有的已摄有胶卷。值得注意的是,明代刻书家中很多是藏书家,例如临朐的冯惟讷,寿光的刘銶,章丘的李开先,东阿的于慎行、于纬父子,淄川的毕自严等。他们都为保存和传播文献做出了贡献。

山东明代藏书家中刻书最具特色的要算藩刻本。上面我曾经提到周弘祖《古今书刻》著录过德府刻书6种,鲁府刻书4种。实际上德府和鲁府不止刻这么多。明代山东的藩府,除德府(封地德州,后徙济南)、鲁府(封地兖州)外,还有汉王府(封地乐安州,今山东惠民县)、衡王府(封地青州)、高唐王府(衡恭王祐楎庶四子朱厚煐)、新乐王府(衡恭王祐楎孙、厚煐侄,以上两王府均在青州)。这些王府有着得天独厚的条件,封王时例有赐书,每多宋元善本,我们从1970年山东邹县鲁王朱檀墓出土的六种元刻本,就可以得到

①《山东文献书目》,齐鲁书社1992年版。
②万历《兖州府志》,1985年齐鲁书社有影印本。

证实①。他们有着雄厚的财力,既有善本可资翻雕,府内又设有长史、纪善、伴读、教授等官职,其中颇多明经通儒,刻书时由属官悉心校勘。因此藩刻本既多且精,向为藏书家、校勘家所重视。山东藩刻本见于各家著录者,鲁府有宋杨万里《诚斋易传》及《抱朴子》《鲁府秘方》等14种,汉王府刻汉王高煦《拟古感兴诗》1种,德府有《汉书》(白文)、《昭明太子文集》等9种,衡府(包括高唐王府)有《五经白文》《洪武正韵》等8种,新乐王府有《绮合绣扬集》等3种。共计35种②。这35种当然并不等于山东藩刻本的全部。新乐王府刻的《绮合绣扬集》,很可能是一部综合性丛书,也可能是一部卷帙浩繁的诗文汇刻本,网罗了宗藩著作数十种,足见其刻书规模之大。在这些藩王中有好学不倦、手不释卷、精于书法,旁及丹青、积古今书籍千卷的衡王朱祐楎;有乐善好施、能读父书的衡王朱厚烁;有博通经术,年七十犹纵谈名理,娓娓不倦的鲁府巨野王阳鍌孙奉国将军朱健根;有博雅好古、多录秘本、工篆书的高唐王朱厚煐;有博雅善文辞、走书天下,索宗藩著作,编有《衡府书目》的新乐王朱载玺。就藩府所刻书而言,有翻刻古籍或当代著作者,如《四书集注》《五经白文》《洪武正韵》《胥台先生集》有衡府刻本;《诚斋易传》《杨宝学易传》《西游记》《抱朴子》《萨天锡诗》《文心雕龙》有鲁府刻本;朱熹《小学》、《汉书》(白文)、《儒门亲事》《张文忠公家训》《昭明太子文集》《张文忠公诗集》《云庄乐府》有德府刻本。有自刊或子孙、臣僚刊印藩王著作者,如朱观熰的《海岳灵秀集》、朱健根的《鲁藩望洋诗稿》,有鲁府刻本;朱高煦的《拟古感兴诗》有汉王府刻本;朱祐楎的《篆字便于搜检》有衡府刻本;朱厚煐手书篆文的宋赵闻礼辑《阳春白雪》(书名《篆文阳春白雪》)有高

①鲁王朱檀墓出土的六种元刻本,均藏山东省博物馆。

②目录见《中国印刷史》423—424、438、440—441、443—444页。

唐王府刻本;朱厚煐的《琴谱、瑟谱》、朱载玺的《鹔鹴雅唱》、《绮合绣扬集》(辑)有新乐王府刻本。有编刻医书良方、济世利民者,如鲁府医正刘应泰奉命编《鲁府秘方》,因龚廷贤为鲁王妃治病,鲁府为刻《龚廷贤禁方》;张时彻《摄生众妙方》《急救良方》,嘉靖、隆庆刊印两次。隆庆本由良医马崇儒重加校正,可见其认真不苟。值得注意的是:不但藩王刻书,王妃亦刻。如德王妃张氏与五公主梓行的《药师本愿功德宝卷》,首有彩绘图,为现存最早的宝卷之一。在刻印的古籍中,有四种书尤为藏书家所推重。一为《张先生校正杨宝学易传》二十卷(宋杨万里撰,宋张敬之校正),嘉靖二十三年鲁藩敏学书院刻本,前有嘉靖甲辰秋八月既望鲁国望洋子当漍序。盖即朱当漍所刻。江阴缪氏《艺风藏书记》、江安傅氏《藏园群书经眼录》均有著录。缪氏称此本"较嘉靖间尹氏疗鹤亭本为佳"。傅氏则称其"刊印极精"。盖此书实为翻宋本。二为晋葛洪《抱朴子》七十卷,嘉靖四十四年鲁府承训书院刻本。此本钱塘丁氏《善本书室藏书志》,独山莫氏《宋元旧本书经眼录》,吴县潘氏、顾氏《明代版刻图录》,台湾《"中央图书馆"善本书目》,江安傅氏《藏园群书经眼录》均有著录。九行二十字,版式阴阳叶各为方框,四周双边,版心刻"抱朴子内篇卷一",以墨匡界之,下方亦一小墨匡,记字数及刻工名,在明版中版式极为罕见。前有嘉靖乙丑岁仲秋朔大明六代孙鲁藩务本健根序,称"是编之脍炙者众矣,顾所传钞舛讹,乃与儿辈手校寿梓,以与同志者共之"。盖即奉国将军朱健根手自校刊之书。阳湖孙氏平津馆曾据以翻刻,《四部丛刊》据以影印。三为《汉书》(白文)一百卷,嘉靖间德藩最乐轩刻本。此本长沙叶氏《郎园藏书志》、独山莫氏《宋元旧本书经眼录》、台湾《"中央图书馆"善本书目》均有著录。刻工中有李泽、李受、张敖等均为苏州地区良工,曾为徐焴刻《唐文粹》,为王延哲刻《史记》。所用纸墨多选上料,印刷装褙极为考究,大字宽本,蓝绫包褙装,近似内府本。人称明刻之最精者。四为篆文《阳春白雪》嘉靖间高唐王府刻本。此书为高唐王朱厚煐(岱翁)手书篆文上版。未见各家著录,郑振铎在杭州石渠阁得残本二册,诧为罕见。西谛在《嘉靖本篆文阳春白雪跋》中云:“按明刻词集最少,《阳春白雪》在朱彝尊编《词综》时已不可得,以篆文写之诗余,尤为绝无仅有,虽残本亦足珍也。”①盖岱翁素工篆书,《阳春白雪》当即岱翁手书。张杞园曾见岱翁篆书《入药镜》一篇,称其淳整茂密②,可以互证。济南张亦轩先生尝藏有高唐王篆书六屏幅,于“文革”中失其三。岱翁希世墨宝,当较手书上版之《阳春白雪》尤为可贵。厚煐藏书,多录秘本,易代后散落市肆,纸墨精好,装潢工致,王士禛曾先后得岳珂《玉楮集》、吕东莱《左氏传说》,皆衡府高唐王家抄本。康熙乙巳(1665)归自扬州,至青州,与张杞园观书市中,又得刘贡父《春秋权衡》《意林》二书,皆高唐王府中物。然则高唐王府不仅版刻精雅,抄本亦纸墨俱佳,流传绝少,极为珍秘。综观山东明代藩刻,大抵盛于嘉靖、隆庆,至万历犹相沿不替,其刻书规模虽不如蜀府、宁府、弋阳王府,亦足与辽府、郑府、徽府相颉颃,在中国雕版印刷史、藏书史上增添光辉的一页。

清代是山东藏书家刻书的鼎盛时期,且多精校精刻。这需要一定条件。首先要社会安定,经济繁荣。同时要有一批风雅好古之士和认真校勘的风气。孙从添在《藏书纪要》中说:“校正刊刻,非博雅君子有力而好古者不能也。书籍上版,必名手校正,方可刊刻。不然枉费刻资,草率刻成,不但贻误后学,反为有识所笑。”孙从添的看法,代表清初藏书家对刻书的要求。由于校勘之学至乾

---

①按郑跋《西谛书话》《西谛题跋》失收,见王欣夫《藏书纪事诗补正》引(《藏书纪事诗附补正》103 页)。西谛以《篆文阳春白雪》为懿王祐榕庶八子厚爝所书刻,误。说详本书朱厚煐条。

②王士禛《居易录》吕东莱《左氏传说》引张杞园语。

嘉而极精,精校精刻之书,尤为艺林所珍重。清初刻书,大都用软体字手写上板,一时形成风尚。山东藏书家刻书屈指可数、号称精善者首推新城王士禛。士禛池北书库藏书之盛,开北方风气之先。然士禛虽贵宋椠,以宋版亦多舛误,宁从善本。故其自刻书每多纸墨精善,校勘审慎。如《秦淮杂诗》《阮亭甲辰诗》《入吴集》等,均当时随时付刻,精整可爱①。《渔洋精华录》《古夫于亭杂录》为名书法家侯官林佶手书上版,被誉为"林氏四写"中的两种②。《渔洋精华录》出良工鲍文野之手,《古夫于亭杂录》则为良工成文昭所刻。写刻之佳,叹为双绝。稍后曲阜孔尚任刻《桃花扇》《长留集》,均为康熙间写刻本之最精者③。此风沿至道光,曲阜孔继鑅《心向往斋诗集》,由吴熙载手书上版,亦以精妙见称④。此外,清初济南谢世箕刻《金石录》三十卷,为雅雨堂本所从出。顾炎武《日知录》曾谓国初山东人不识《尔雅》"壮月",改为"牡丹",至今校勘家传为笑柄。其实日照许印林于吴山寓赏楼得谢刻,"检易安序,殊不如顾所云。意刻甫竣而书贾遽以未经校勘之本印行,故有是误。顾氏以工人之误,讥及刻书人过矣"⑤。百年沉冤,赖印林为之澄清,足资庆幸。康熙间衍圣公孔毓圻亦尝刻顾彩《往深斋诗集》八卷,为士林所称许。有清一代山东藏书家刊刻丛书,不下数十种,其中最著者如康熙刻本《王渔洋遗书》三十八种,二百七十三卷;康熙、乾隆间刻本《德州田氏丛书》十三种,一百零八卷。前者为自著

①黄裳《清代版刻一隅》30—31 页。

②林佶尚写刻汪琬《尧峰文钞》、陈廷敬《午亭文编》,合称"林氏四写"。林佶字吉人,号鹿原,康熙进士,官内阁中书,擅书法,富藏书,著有《朴学斋集》。

③《中国版刻图录》图版 488、494。

④参考黄裳《清代版刻一隅》358—359 页。

⑤《许瀚年谱》49 页引许瀚《匏尊书堂金石录校本后记》。

丛书,后者为氏族丛书,刻印俱精。康熙间尚有水明楼刻本《阙里颜氏丛书》(佚名辑)五种十四卷,极为罕见。乾隆间刻印丛书,精本佳刻,层出不穷。德州卢见曾刻《雅雨堂藏书》十三种,一百三十八卷,主其事者为吴县惠栋。其时惠氏倡为汉学,说经宗高密。《雅雨堂藏书》中收录唐李鼎祚《李氏易传》,附《郑氏周易》三卷(宋王应麟辑,清惠栋补辑),惠栋《周易爻辰图》一卷,郑玄《郑司农集》一卷、《周易乾凿度》二卷,伏胜《尚书大传》四卷(郑玄注,卢文弨补遗、续补遗),实为乾隆初年倡汉学之先河。《雅雨堂藏书》中卢辩注《大戴礼记》十三卷,卢文弨、戴震参互考订,复经见曾亲自校读,与抱经等再四商讨而后定。卢注《大戴礼记》向无完本,讹舛几不可读,自雅雨堂本出,千载遗经,始粲然复彰。见曾于乡先贤著作,多所留意,如颜师古《匡谬正俗》八卷,王定保《唐摭言》十五卷,庞元英《文昌杂录》六卷、《补遗》一卷,均收入《雅雨堂藏书》。又以《金石录》素无善本,以影抄济南谢世箕本,校以何义门手校叶氏菉竹堂本,刻印行世,向为校勘家所矜重。桐城方扶南《韩昌黎诗集编年笺注》,见曾订正复舛,为之刊刻。章学诚誉为"攻韩集者不可不备之书"①。见曾因朱彝尊《经义考》生前仅刻及其半,自《春秋》以下,阙焉未睹,引以为憾。爰求得未刻之本于竹垞文孙稻孙,率先捐廉为倡,付诸剞劂,计一百三十卷,合前所刻一百六十七卷,卒成完书。见曾雅好金石义例,以元潘昂霄《金石例》十卷,合明王行《墓铭举例》四卷、黄宗羲《金石要例》一卷,刻为《金石三例》,学者称便。见曾又以清初诗学之盛,山左为最,既刻《渔洋感旧集》,深感乡邦文献缺略未备,因嘱同里宋弼、平原董元度遍搜乾隆以前山左人诗,手辑《国朝山左诗抄》六十卷,上自名公巨卿,下及隐逸方外,莫不毕载,每人各附小传,具列乡里出处,间

①见《校雠通义》外篇《韩诗编年笺注书后》。

缀名流评骘,山左一代诗史,得以考览。见曾笃于友情,若虞山汪应铨、桐城马朴臣、怀宁李葂、全椒郭肇镄诸家诗文集,皆序而梓之。全椒兰皋生(金兆燕)尝撰《旗亭记》传奇二卷,见曾爱其词之清隽,而病其头绪之纷繁,按以宫商,亦有未协者,乃款之于西园,共与商略,又引梨园教师,为点缀排场,既稍易其机轴,又间出以醉笔。虽自谓不谙工尺,而意到笔随,自然合拍,有不自知其故者。幕客归安朱荑稗(名齐,字公放),著《玉尺楼传奇》二卷四十出,见曾亦尝为其点窜,与《旗亭记》共付梨枣。王昶谓其爱才好事,百余年来所罕见。自撰诗文,唯《塞外集》有自刊本。归田家居,渐次编定诗八集、文十余卷,籍没后其子谦掇拾者,唯古文七十篇、诗二百七十首,其曾孙枢辑刊为《雅雨堂诗文遗集》六卷(诗二卷、文四卷)。见曾一生为人刻书,未恐不及,而自刊所著竟寥若晨星,其忠于谋人,拙于谋己,高风亮节,虽千百年后犹当为后人所矜式。

继见曾而起者为曲阜孔继涵。继涵雅志稽古,于天文、地理、经学、字义、算数之书,无不博综,而尤精校雠。遇藏书家罕传之本,必校勘付锓,以广其传。所刻《微波榭丛书》三十八种,一百四十五卷。其中汉赵岐注《孟子》十四卷,附宋孙奭《音义》二卷、宋宋庠《国语补音》三卷,均以宋本为底本,为戴震所授梓。宋本赵注《孟子》,戴震假自真定梁氏,继涵又重加校勘。阮元《重刊宋本十三经注疏》中之《孟子注疏》,即以章丘李氏所藏蜀大字本何焯校本校以孔本。戴震同时授梓者,尚有安丘韩岱云。孔本刻于乾隆壬辰(1772),韩本刻于乾隆辛丑(1781),相隔九年,时戴震已下世三年。韩本、孔本均属经注本,似底本有所不同。阮元在《孟子注疏校勘记序》中云:"自明以来,学官所贮,注疏本而已。疏之悠谬不待言,而经注之讹舛阙逸,莫能谛正。吴中旧有北宋蜀大字本、宋刘氏丹桂堂巾箱本、相州岳氏本、盱郡重刊廖莹中世彩堂本,皆经注善本也。赖吴宽、毛扆、何焯、何煌、朱奂、余萧客先后传校，迄休宁戴震授曲阜孔继涵、安丘韩岱云锓版，于是经注讹可正，阙可补。”足见孔本、韩本的重要价值①。《微波榭丛书》中以《戴氏遗书》(戴震撰)、《算经十书》为最有名。休宁戴氏与吴县惠氏，同倡汉学。然惠以信古为标帜，戴以求是为宗尚，故有吴派、皖派之分。而吴学、皖学，均倡自齐鲁学者，当非偶然。自《戴氏遗书》问世，吴学遂以浸盛。而《周髀算经》等十种古算经，亦为戴氏所辑校，因沉埋已久，学者几不知我国有古算经，有志于历算者，除译书外无所凭借。自戴校诸书既成，官局以聚珍版印行，而曲阜孔氏复汇刻为《算经十书》，其移易国人观听者甚大。乾嘉以降，历算遂成经生副业，而专门算家，亦随之而出，其影响之巨，功不在戴氏下②。

与继涵同时，恒以孤本秘笈付诸剞劂者，则为益都李文藻、历城周永年。李、周学问文章俱有同好，又兼精校雠。两人相交三十年，凡相聚及简尺往来，无不言传抄书籍之事。文藻尝言“藏书不借，与藏书之意背矣；刻书不印，其与不刻奚异”。永年太息以为名言。及文藻官恩平、潮阳，先后刻惠栋《九经古义》《易例》《春秋左传补注》，江永《古韵标准》《诗韵举例》《四声切韵表》，戴震《声韵考》，钱大昕《凤墅残帖释文》，元张养浩《三事忠告》，张尔岐《蒿庵闲话》，赵执信《谈龙录》，宋曾宏父《石刻铺叙》等十二种四十五卷，其原本皆得之于永年。文藻殁后之十一年，永年至益都取其书版归历城，编为《贷园丛书初集》，于乾隆五十四年(1789)印行问世。现在所能见到的李氏原刻单本，已稀如星凤。周永年在《贷园

①阮序见中华书局影印本《十三经注疏》(附校勘记)2664页。韩本现藏湖南省图书馆。

②参考梁启超《中国近三百年学术史》341—343页。

丛书初集》自序中说:其所以不称“大云山房丛书”①,而名曰“贷园丛书”者,因“尚思续刻以益之”“不必限以一家”。乾隆五十五年(1790)以元张养浩《归田类稿》辑自《大典》,已非原貌,因据得自钱塘汪氏振绮堂抄本,重行厘订为二十卷而付诸剞劂。又尝刻元程端礼《程氏家塾读书分年日程》三卷,与其自著《先正读书诀》并行于世,作为劝学之资。在此期间,周永年实际上已贫病交迫,仍在到处告贷刻印乡先贤遗著。乾隆五十六年(1791)便不幸与世长逝。《贷园丛书》并未能做到“续刻以益之”。我们从《贷园丛书》中所收录的著作来看,其中有八种出自乾嘉诸老,集吴学、皖学之大成。继卢见曾、孔继涵之后对汉学起推波助澜之作用者,当推李、周。我们寻究《雅雨堂藏书》《微波榭丛书》《贷园丛书初集》三书的主要内容,不难了然其一脉相承、扩而广之的内在联系,齐鲁学者的师承,亦可窥见其渊源所自。

乾嘉而后,崛起者为诸城刘喜海。刘氏三代书香,一门清正,而独精金石、目录之学。平生博古搜奇,手拓金石文字尤富。尝刻元舒天民《六艺纲目》二卷,宋佚名《宝刻类编》八卷。自辑《金石苑》原稿六十余册,原藏上海涵芬楼,后归北京图书馆。其中已刻者仅《三巴汉石纪存》(一名《三巴金石苑》,又名《三巴舂古志》),摹刻工致,可与阮刻宋王厚之《复斋钟鼎款识》媲美②。上元朱绪曾送燕庭于嘉禾(今浙江嘉兴)舟次,燕庭尝谓绪曾曰:《六艺纲目》未得卢抱经校本,《宝刻类编》未补其阙卷,《助字辨略》未刊,三憾事也。其精勤若是。喜海所刻,尚有自撰《清爱堂家藏钟鼎彝器款识法帖》一卷,《长安获古编》二卷,《海东金石苑》八卷、《补遗》六卷、《附录》二卷。道光以后,海丰吴式芬、潍县陈介祺均先后刻印

①大云山房为李文藻斋名。

②《中国版刻图录》图版535。

其所辑金石墨本,继继承承,蔚成一代巨观。式芬所刻宋陈思《宝刻丛编》二十卷,与刘刻《宝刻类编》相辉映。而吴县吴大澂《恒轩所见吉金录》四卷,其体例亦仿自《长安获古编》。咸丰间,聊城杨以增辑刻《海源阁丛书》六种三十七卷,其后杨氏绍和、保彝父子,又有所续刻。惜未见全目。现存《聊城杨氏三代诗文集》:杨以增《退思庐文存》一卷,杨绍和《仪晋观堂诗抄》三卷,杨保彝《归瓻斋诗词抄》一卷,杨承训刻于民国九年并未汇入《海源阁丛书》。同光之际,福山王懿荣辑刻《天壤阁丛书》三十二种,七十四卷,齐鲁先贤著述,颇多赖之以传。式芬子重憙博雅好事,不亚于喜海。光绪二十一年(1895),先刻其父《捃古录金文》三卷(九分册)。光绪二十七年(1901),又辑刻《吴氏石莲庵刻山左人词》十七种四十九卷,附一种一卷。自光绪十二年至三十年(1886—1904),先后辑刻《石莲盦汇刻九金人集》一百六十一卷,附三种三卷。其中《山左人词》及《九金人集》刻于金陵者,均委诸江阴缪艺风①,故校刊独精,版式字体,不在《云自在龛丛书》下。山东藏书家辑刻丛书号称精善者,尚有顺治至乾隆间刻宋琬《安雅堂全集》七种二十卷;康熙间煮茗堂刻丁耀亢《丁野鹤先生诗词稿》十种二十卷;康熙五十三年(1714)刻王钺《世德堂遗书》七种二十三卷;乾隆间刻赵执信《赵饴山全集》五种三十七卷;乾隆十二年(1747)安丘张氏刻张在辛《琐言》十种十卷;嘉庆二十二年(1817)曲阜孔氏仪郑堂刻孔广森《巽轩孔氏所著书》七种六十卷;嘉庆间栖霞郝氏刻郝懿行《郝氏遗书》三十一种二百零七卷;道光十七年(1837)东莱翟氏刻《翟云升所著书》三种四十五卷,道光间又刻《五经岁遍斋校书》三种三十二卷;自道光二十六年至二十九年(1846—1849)历城马国翰先后刻印其《玉函山房辑佚书》七百零八卷,《目耕帖》三十卷,《玉函山房

①见《艺风堂友朋书札》下册《吴重憙致缪荃孙书》。

藏书簿录》二十五卷,《诗集》八卷,《文集》五卷,《续集》五卷①;咸丰至光绪间利津李氏刻李佐贤《石泉书屋全集》十五种一百六十五卷。其他非藏书家所刻者,为数尚多。至丛书以外其他单行之书,更无法缕指。当然有些书并非刻于山东,例如德州卢氏的《雅雨堂藏书》刻于扬州盐运使署;益都李氏大云山房所刻惠栋《九经古义》等十二种(后来由周永年辑印为《贷园丛书初集》),刻于恩平、潮阳县署;历城马氏的《玉函山房辑佚书》,刻于陇州知州任内;海丰吴氏刻的《石莲盦汇刻九金人集》,分别为信阳、湖北、陈州、开封、江宁所刻。又如宋琬的《秬园倡和诗》系宋琬客嘉定侯氏与余怀、陆元辅、叶奕苞等唱和之作,刻于南中②。王士禛的《带经堂集》为歙县程哲七略书堂刻本,渔洋的许多单刻小集,亦未必刻于山东。这种例子举不胜举。但可以肯定绝大多数山东人的著作都是就地镌刻。相反的,不少客籍人士游宦山东,随写随校随刻者,亦颇不乏人。孙星衍的《岱南阁丛书》颇多为驻节兖州时开雕,孙氏将丛书取名"岱南",即可知其意趣所在。乾隆间怀宁余鹏年撰《曹州牡丹谱》就是地地道道的山东刻本③。清末山东官书局刻印过不少书④,其中较为重要的有明徐光启《农政全书》六十卷,丁宝桢校刊《十三经读本》一百三十九卷(附校勘记),孔广林辑《通德遗书所见录》七十二卷,孔广林《孔丛伯说经五稿》《孔丛伯遗书八种》(《书目答问补正》作光绪庚寅济南局刻本),还曾以皇华馆书局名

①《玉函山房辑佚书》续补十四卷、《目耕帖》续刻二卷,均系光绪间章丘李氏据马氏刊板重印时所增刊。

②黄裳《清代版刻一隅》40—41 页。

③参考黄裳《清代版刻一隅》276—277 页。

④见《济南出版志·晚清刊刻图书简目》。朱士嘉《官书局书目汇编》中所收山东书局、尚志堂所刻书籍目录,自刻与代售各省官书局图书混淆不清,所谓尚志堂刻书,实际是山东书局刊刻尚志堂藏版。

义刻过《玉函山房辑佚书》。这里需要特别提到的是:康熙五十八年(1719)泰山徐志定用磁活字印过张尔岐的《周易说略》《蒿庵闲话》,这是山东学者在印刷史上的一大创造。民国期间张宗昌砺忍堂刻过一部《开成石经》,出著名版本目录家陶湘之手。这是张宗昌在山东做过的唯一的一件好事。三十年代,王献唐先生曾经准备辑印《山左先哲遗书》,并将选目撰为提要①。计分甲、乙、丙、丁四编②。属于甲编者有:牟庭《同文尚书》三十一卷,许瀚《古今字诂疏证》,牟房《雪泥书屋遗书目录》一卷,李文藻口授、蒋器笔述《南涧先生易箦记》一卷。属于乙编者有:牟庭《诗切》五十卷,许瀚《经韵》一卷,成瓘《篛园日札》八卷,马邦玉《金石寓目记》一卷。属于丙编者有:成琅《钼经摭记》十四卷,宋书升《古韵微》二卷,孙文楷《木庵古陶文释》二卷,孔继涵《红榈书屋未刻稿》二卷。属于丁编者有:周悦让《倦游庵槧记》四十五卷,郭麐《潍县方言》十卷,王廷赞《泗志钩沉》二卷,王筠《清诒堂文集》二卷。因不久抗战爆发,除《古今字诂疏证》等四种付印外,其余均成泡影。1931年献唐先生曾将在市肆中所获杨保彝手定《海源阁宋元秘本书目》排印出版;1934年将获诸市肆的海源阁旧藏黄丕烈校跋《穆天子传》六卷,用朱墨套印本影印问世。从1933年至1936年,先后出版其自著《两汉印帚》《齐鲁陶文》③、《邹滕古陶文叙》《文字目》《临淄封泥文字》。复以山东省立图书馆海岳楼名义出版《海岳楼金石丛拓》,均为学术界所珍重。

综上所举,仅仅是山东藏书家刻印过的一部分图书,他们都重视校勘,不敢轻易灾及梨枣,千百年来,踵接武继,此风不替。他们

①《山左先哲遗书提要》,原题瑞安陈准记,实出献唐先生之手。

②《山左先哲遗书》原拟分为十编,因限于经费,先出甲、乙、丙、丁四编。

③《齐鲁陶文》共120册,均系潍县陈氏原拓。出版者仅一册,系另一种。

不独爱书、求书、惜书、敬书、读书、校书,而且使孤本秘笈化身千亿。我国优秀的传统文化之所以绵延不断、发扬光大,其中自然有山东藏书家的一份辛劳。

四

从上述九大特色来全面考察,首先,我们发现山东藏书家人数之多,超过人们意料。从先秦至隋唐五代,山东藏书家尤居全国之冠。宋、元、明、清亦不亚于江浙。他们中不少人具有共同的美德:把藏书、读书看成是人生最大的乐趣,把爱护藏书看成比自己的生命还重要。

其次,山东藏书家从南北朝时代起,就有勤于传抄的优良传统,即使在版刻盛行的明清时代,抄书之风,仍相沿不替。自从孔子整理六经、开校书之风以来,山东藏书家丹黄朱墨以校勘名家者代不乏人,至清而极盛。大量文献证明,朱彝尊所谓"爱签帙必精,研朱点勘,北方学者,能得斯趣,殆无多人"。与实际情况大相径庭。

其三,山东著名学者,大都各有自己的藏弆,他们埋首著作,锲而不舍,终于在学术上取得卓越的成就。但其中不少人声名不显于当世,如济阳张尔岐,邹平马骕、成瓘,历城马国翰,都是朴学大师中的佼佼者。他们不失为北方学者朴实无华的风范。

其四,山东藏书家有一个明显的特点,他们聚书的目的,大都重在实用,即便如大藏书家王士禛的池北书库,只重善本,并不刻意搜求宋元旧椠。乾嘉之际,如卢氏雅雨堂、孔氏微波榭、李氏大石山房、周氏借书园,也还没有专门收藏宋元秘笈的风气。但到了道咸之际,受到南中的影响,便出现了诸城刘氏味经书屋、聊城杨氏海源阁、文登于氏小谟觞馆等重视收藏宋元善本的藏书家。其中特别是聊城杨氏海源阁,将黄氏士礼居、汪氏艺芸书舍的珍本秘笈，连车而北，形成了南瞿北杨的并峙局面。光宣之间，继之而起者，如福山王氏天壤阁、海丰吴氏石莲庵、临清徐氏归朴堂。直到民国时期，如潍县高鸿裁、日照马官伟、曹县徐继孺、济南王贡忱、掖县刘占洪（少山）、日照王献唐，他们都一脉相承重视孤本秘笈的收藏，对妥善维护保存祖国文献做出了不同程度的贡献。

其五，山东藏书家中最可宝贵的品质，是将自己的私藏公之于众。或聚书讲学，培植后生；或假书与人，从无吝色；或广延四方之士，相与切磨；或慷慨赠书，不为己有。从南齐崔慰祖，宋戚同文、曹诚，元千奴、皇甫琰、张炳，明厉芳到清赵国麟、蒋天鈖、宋垤、宁联瑨，他们都有开明的思想，为广大寒畯之士提供阅读的便利，有的甚之还佐以膏火。而形成理论，倡为《儒藏说》，亲自创办借书园，在中国图书馆史上揭开第一个公共图书馆的序幕的就是周永年。

其六，山东藏书家有很多人编有藏书目录，有的就是著名的目录学家。从南北朝的王俭、任昉、刘孝标、刘杳，宋代的董逌、晁公武，明代的焦竑，清代的王士禛、李文藻、周永年、刘喜海、马国翰、杨绍和、杨保彝，到近人王献唐，他们都是当之无愧的目录学家。我国第一部私藏目录和私藏提要目录，都出自山东藏书家之手。周永年的《儒藏说》，导致了《四库全书》的纂修，他与马国翰还是一代辑佚大家。其他如刘喜海、杨绍和、杨保彝、徐坊、王献唐，他们辨其版刻，校其异同，论其得失，应该是名副其实的版本目录学家，为考订古文献的流传原委和版本源流，给后人留下丰富的遗产。

其七，山东藏书家中，不少是著名的专家学者，他们的藏弆不仅包罗富有，而且各有专藏。例如章丘李开先以词山曲海著称，东阿于慎行、于小谷父子，以及清代的曲阜孔氏都是藏曲大家。唐代的颜师古“多藏图画、器物、书帖”，宋代的董逌多藏书画。从宋代赵明诚、李清照夫妇搜罗“古今名人书画，三代奇器”以后，至清代收藏金石、研讨金石之风达于鼎盛。其中如诸城刘喜海，日照许瀚，海丰吴式芬，潍县陈介祺，福山王懿荣，利津李佐贤，潍县高庆龄、高鸿裁，都是一代大家。希世珍宝“毛公鼎”，初即为陈介祺所收藏。第一个发现和收藏殷墟书契的就是王懿荣。其他有多蓄古今医籍的，有广罗释道经典的，有搜求古今诗文集的，有珍藏地方文献的。大都各随自己的爱好，独出心裁，蔚为奇观。

其八,从山东私家藏书的发展来看,是与历代山东的经济、教育、文化的发展相适应的。经济繁荣,社会安定,教育、文化上升,私家藏书就蓬勃发展。私家藏书的发展,反过来又促进经济、教育、文化的发展。藏书家刻书之风,同样反映一定时期经济、教育、文化的水平,反过来又促使经济、教育、文化的繁荣昌盛。在人类文明史上,提高人类的物质生活水平和文化生活水平,乃至社会的进步,从来都离不开图书。从这个观点出发,山东藏书家在山东乃至整个国家的文明史、文化史、教育史、学术史、图书馆史上都不能埋没他们的贡献。

当然，山东私家藏书，跟历史上所有的藏书家一样，从来没有聚而不散的。宋周煇在《清波杂志》中说:“聚而必散，物理之常。”过去藏书家往往把这句话看成是至理名言，并聊以自慰。偶然得到保存的孤本秘笈，总以为冥冥中有神物呵护。其实这种观点，只是战乱频仍的封建社会无可奈何的自供状。现代文明国家，都有特定的建筑，周密的典藏、流通制度，只要归国家收藏，便永远不会出现聚散无常的现象。我国史无前例的“十年动乱”，国家图书馆的藏书岿然无恙，也证明这一点。但私人收藏，由于政治的、人事的种种因素，仍然摆脱不了“聚而必散”的历史命运，黄裳同志的《前尘梦影新录》①，为我们提供了新的见证。

从山东私家藏书的聚散情况来考察，十之八九，毁于兵燹。例如赵明诚、李清照归来堂的藏书，南渡时尚存二万卷，金石刻两千卷，金寇陷洪州，尽行委弃。聊城杨氏海源阁，连遭三次浩劫。尽管海源阁的大部分精品，至今仍保存在北京图书馆，但劫掠之余，流散在市肆中的，化为灰烬的，流失在海外的，损失相当严重。再以许瀚为例，咸丰十一年(1861)避兵入东莱山中，家中藏书及桂馥《说文解字义证》版片尽毁。同治元年(1862)回日照旧居，家徒四壁，不胜唏嘘。类似许瀚者大有人在。兵燹之外，不外两端：一是人谋不臧，毁于水火，或为人盗窃及发生其他意外事故。如明边贡蓄书数万卷，一夕之间，尽遭回禄。齐河马淳，藏弆二万余卷，嘉庆初不戒于火，付之一炬。莱阳赵曾“百汉碑斋”身后金石书帖，俱付灰烬。周永年藏书在四库馆征书进呈御览时，达一千余部，发还时为某堂官截留借阅，因其家籍没，书归大内。有一次寄存在德州朋友家中的书，被窃一空。嘱咐其子震甲耗二千金从江南买了一批书，运回济南，为亲戚所盗卖。抵押给四川李雨春的三十种抄本，在李氏万卷楼的大火中化为灰烬。又如元阙里孔文昇多蓄书卷，平昔爱护尤谨，虽子孙未尝轻易检阅。晚年子弟分职，任于他所，唯婢辈几人在侍。一日其子克齐自外家归省，见一婢执《选诗演》半卷，又国初名公柬牍数幅，皆已为剪裁之余。急叩其故，但云，某婢已将几卷褙鞋帮，某婢已将几卷覆酱瓿。类似这样意想不到的事故，在藏书家中时有发生。

二是子孙不能世守其业。往往先人坟土未干，即为其子孙所出售，有的甚至远流域外。例如章丘李开先的藏书，先为明周藩朱

①齐鲁书社1989年版。

睦樨购得万卷,入清后尽归昆山徐氏传是楼。濮州李廷相的藏书,至子孝元手里,被盗之余,尽为严竖子所得。诸城刘喜海的藏书,身后四散,其所藏百衲《史记》,先为归安姚觐元所得,后展转归端方、袁克定,其中北宋本六十八卷,现存日本内藤虎氏。其中所藏金石拓本,缪艺风尝于光绪二十二年(1896)在苏州购得三千六百种,今不知为谁所有。又如荣成孙葆田的藏书,葆田卒后,尽售于北京书贾。潍县高鸿裁收藏的山东地方志,现均归美国国会图书馆。济南王贡忱收藏的明万历摹刻本《金刚般若波罗蜜多经》及潍县高氏上陶室砖瓦拓片若干种,亦入藏美国国会图书馆。蓬莱慕学勋藏书四万余册,其中不乏罕见之本。学勋卒后,其子于1933年以一万零五百元售与加拿大多伦多大学东亚图书馆。如此种种,言之令人心酸。然而天下的事物是不以人们的意志为转移的。庄子所谓"物之不齐,物之情也"。要求每一个藏书家的子孙都要世守其业,也是不现实的。唯一可行的是周永年倡导的归之于公。周永年认为,"盖天下之物,未有私之而可以常据、公之而不能久存者"。从理论上说,这是对的。但在漫长的中国的封建社会里,馆阁藏书大都毁于兵燹。牛弘所说的书有五厄,这是最明显的历史事实。在封建皇朝中典守的大小官员内外勾结,巧取豪夺,饱入私囊者亦大有人在。以明修《永乐大典》为例,原有正、副两本,正本贮乾清宫,副本存皇史宬。副本后移贮翰林院。会纂修《三礼》,全谢山欲抄《三礼》之不传者,而副本已缺失二千四百二十二卷。嘉庆间乾清宫付之一炬,正本遂毁。咸丰十年(1860)与英法议和,使馆林立,与翰林院密迩,副本遂渐渐遗失。光绪元年(1875)重修翰林院衙门,庋置此书已不及五千册。光绪二年(1876)缪艺风入翰林,询及此书,已仅有三千余册。迨光绪十九年(1893)艺风丁内艰复起,询之则尚剩六百余册,庚子之役(1900),翰林院一段,均划入使馆,所存《大典》只存三百余册而已①。官书如此,遑论私藏。再以宁波范氏天一阁为例,天一阁号称海内藏书之最久者。然光绪十五年(1889)薛福成编《见存书目》时,已不及旧目十之四。可见在封建社会,即使归之于公,或者像天一阁那样管钥綦严,仍旧无法摆脱"聚而必散"的命运。建国以来,大量私人藏书,向国家捐献,或以廉值归公。孤本秘笈,有如百川汇海,其中不乏山东藏书家的旧藏,尤以聊城杨氏海源阁为大宗。其分散在全国公共图书馆、博物馆、高等院校图书馆者,亦复不少。古人所谓"聚而必散",已非"物理之常",值得额手称庆。然地方各馆大都各自为政,国家尚未制订统一管理办法及合理收费标准。其间垄断居奇,秘不示人,或百般刁难,索取高额代价者,屡见不鲜,不免令人裹足②。此种一味向钱看的歪风,已严重影响图书的利用和古籍整理。其中更为重要的是地方文献的整理。因为此类先贤著作,大抵从未刊印的稿本、抄本,如由于人为的原因,设置障碍,长期束诸高阁,不能整理出版流通,自与藏书家呕心沥血勤搜博访、爱护唯恐不周的原意背道而驰。当我写完这篇《概述》的时候,我是感慨万千。我渴望大家重温18世纪山东先贤李文藻所说的"藏书不借,与藏书之意背矣"的一句名言,不要光看到鼻子面前的微不足道的一点点利益,要从远处大处着眼,满腔热情地为读者服务,使先贤的遗著和他们留下的藏书,能得到广泛的流通和传播。否则我们将对不

---

①见缪荃孙《永乐大典考》(《艺风堂文续集》卷四)。

②我前年曾托浙江图书馆何槐昌先生向某馆复印或移录刘喜海编《天一阁书目》,索取底本费之高,令人咋舌,只得作罢。又曾由古籍研究所函请某高校图书馆抄写许鸿磐《六观楼北曲》中的一种(一卷),竟提出种种不合理的苛刻交换条件,反复函商竟置之不复。出于无奈,只得请上海图书馆古籍部拍摄胶卷,仅收底本费每页人民币一元。我先后几次在北京图书馆善本部拍摄胶卷,都是合情合理地收费,相形之下,与某些馆的恶劣作风不可同日而语。

起这些先贤,甚至不自觉地成为民族文化的罪人。我要向历史上山东大大小小的为图书馆事业,为目录版本校勘学,为保存、整理、传播古代文献,发展教育文化事业做出贡献的藏书家致敬!

由于健康的原因,这篇《概述》我是断断续续,随想随写,几乎用半年时间始行完稿。未经笔削,亦未另行清稿。前前后后,不免疵漏百出,考虑不周。我的意图是想把《史略》中的大量文献资料,取精用宏,加以条理化,使读者不但充分了解每个藏书家的生平事迹,藏书聚散的源流本末,并且对山东私家藏书的发展进程及其在特定历史条件下所做的贡献,全面系统地有所认识。令人遗憾的是,未必能做到这一点。希望能得到读者的批评指正。

《史略》中民国部分中某些藏书家,承济南张亦轩先生为我们提供史实,并承亦轩先生在病榻撰赐序文,为《概述》校读一遍,提出许多宝贵的意见。顾起潜先生一直关注《史略》的编写,并为《史略》题签,这都给我们莫大的鼓舞。《史略》的编辑出版,承山东省古籍整理规划小组、山东大学出版基金会给予资助,山东大学出版社给予大力支持,谨在此一并致以衷心的感谢。

1992 年 6 月 12 日于山东大学古籍整理研究所,
时年八十有二。

编　例

一、我国历史上私家藏书源远流长,对保存文献及发展文化教育、昌明学术,关系至巨。唯山东藏书家向无系统记述,清末叶昌炽《藏书纪事诗》仅收山东藏书家29人,且五代以前,缺而不载。汪訚《明清蟫林辑传》,亦仅收山东藏书家31人。绝大多数藏书家事迹,暗然无闻,学者引以为憾。本书略师吴晗《江浙藏书家史略》(吴著按藏书家姓氏笔画排列)之意,而变更其体例,搜罗自先秦至民国间山东藏书家故实,编为传记,为研究山东文化教育史、学术史、图书馆史提供重要依据。

二、本书所有资料,均来自史传、稗乘、笔记、诗文集、山东地方志及各家书目题跋,资料来源均逐一注明,以资征信。唯每一藏书家资料来源过多,不便于文内分别加注,统于文后注明。山东学者颇多无藏书记录,只能从缺。

三、本书采史传形式,每人一传,按时代先后排比,以见山东藏书史发展脉络。如父子、祖孙均系藏书家,则以子或孙附见,使藏书原委,一览了然。凡有生卒年可考者,均于姓名下加注公元生卒年。父子祖孙有跨越朝代者,如杨兆煜、杨以增、杨绍和、杨保彝为清人,杨敬夫为近人,均附见杨兆煜下。又如王懿荣为清人,王崇焕为近人,王崇焕亦附于王懿荣下。

四、山东藏书家中颇多杰出人物,其中有思想家、政治家、军事家、经学家、史学家、理学家、科学家、语言文字学家、目录版本校勘学家、金石舆地学家、古文家、诗人、词人、戏曲家、小说家,虽然各人经历、学问事功有所不同,但与其毕生爱书、收书、读书、校书均息息相关。为全面反映藏书家人品学养,除记叙其藏书原委外,有关藏书家生平事迹及学术成就,均酌予采摭,庶几知人论世,足资考览。凡史传中有关宣扬封建道德、诬蔑农民起义字句,则悉加删落。

五、本书所引资料,凡前人记录舛误或互相牴牾者,均一一加以考辨。

六、本书吸取《藏书纪事诗》优点,凡与藏书有关收书、读书、抄书、刻书、校书、著书涉及古籍目录、版本、校勘、印刷等史料及其他书林掌故,均网罗无遗。藏书家收藏善本书及印章之见于各家书目题跋者,亦均广为搜采,详加记叙。

七、有关山东藏书家重要资料,如李清照《金石录后序》、晁公武《郡斋读书志序》、周永年《儒藏说》、章学诚《周书昌别传》、梅曾亮《海源阁记》、傅增湘《海源阁藏书记略》、王献唐《藏书十咏》、《孙宝琦奏保护海源阁藏书折》、《冀鲁豫八路军解放聊城前为保护聊城固有文化的三项命令》等史传中无法兼载者,均作为本书附录(见目录后附录细目)。

八、为使山东藏书家一代文献不致湮灭,本书于卷首冠以著名藏书家遗像、手迹、书目书影、藏书印章及所藏善本书影多帧。

九、为便于检索,书后附藏书家姓名四角号码索引。卷首另附征引书目。藏书家有斋室名可考者,均于目录内姓名下分别注明。

附注:部分藏书家生卒年原无可考,定稿后续有所得,又加补录。故排列先后次序,间有出入,不再变动。

征引书目

尚书注疏二十卷　(汉)孔安国传(唐)陆德明音义(唐)孔颖达疏　中华书局1980年影阮刻十三经注疏本
古文尚书疏证九卷(原缺卷三)　(清)阎若璩撰　四库全书本　《皇清经解续编》本
经典释文三十卷　(唐)陆德明撰　上海古籍出版社1985年据宋本影印
宋本十三经注疏附校勘记二百三十四卷　(清)阮元撰　清嘉庆二十年南昌府学刻《重刊宋本十三经注疏》本　中华书局1980年影印本
说文解字义证五十卷　(清)桂馥撰　清咸丰元年灵石杨氏刻连筠簃丛书本　清同治四年湖北同文书局重刻本
说文解字韵隶　(清)丁棶五撰　稿本
经今古文字考　金德建撰　齐鲁书社1986年排印本
那罗延室稽古文字　王献唐撰　齐鲁书社1985年排印本
二十四史　(汉)司马迁等撰　中华书局点校本
史记探源　崔适撰　张烈点校　中华书局1986年排印本
元史新编九十五卷　(清)魏源撰　清光绪三十一年邵阳魏氏刻本
新元史二百五十七卷　柯劭忞撰　民国十一年徐氏退耕堂刻本

明史稿三百十卷　(清)王鸿绪撰　清乾隆间刻本
清史稿五百三十六卷　赵尔巽等撰　中华书局1977年标点本
清史列传八十卷　王钟翰点校　中华书局1987年排印本
建炎以来系年要录二百卷　(宋)李心传撰　丛书集成初编本
中国古代史史料学　陈高华、陈智超等撰　北京出版社1983年排印本
本朝分省人物考　(明)过庭训辑　明刻本
皇明词林人物考　(明)王兆云撰　明万历刻本
国朝献征录一百二十卷　(明)焦竑撰　1956年中国史学丛书本
明人小传　(清)曹溶撰　抄本
明名臣言行录四十五卷　(清)徐开任撰　清康熙二十年刻本
清碑传合集　(清)钱仪吉等纂录　上海书店1988年影印本
国朝耆献类征初编　(清)李桓辑　清光绪十年湘阴李氏刻本
国朝汉学师承记八卷　(清)江藩撰　四部备要本
国朝宋学渊源记二卷　(清)江藩撰　四部备要本
清儒学案小识十五卷　(清)唐鉴撰　世界书局1936年排印本
清儒学案二百八卷　徐世昌撰　古籍出版社1938年刻本　中国书店1956年重印本
清代学者象传合集　叶衍兰、叶恭绰编　上海古籍出版社1989年影印本
中国文化界人物总鉴　(日)桥川时雄编　民国二十九年中华法令编印馆排印本
山东历史人物辞典　丁文方等主编　山东人民出版社1990年排印本
中国科学技术史　(英)李约瑟撰　科学出版社1975年至1978年排印本
中国印刷史　张秀民著　上海人民出版社1989年排印本

藏书纪事诗七卷附补正　(清)叶昌炽撰　补正王欣夫撰　上海古籍出版社 1989 年排印本
续补藏书纪事诗　王謇撰　李希泌点校　书目文献出版社 1987 年排印本
辛亥以来藏书纪事诗　伦明撰　1929 年正风杂志本
明清蟫林辑传　汪訚编　中华图书馆协会出版图书馆季刊抽印本
中国藏书家考略　杨立诚、金步瀛合编　俞运之校补　上海古籍出版社 1987 年排印本
金石著述名家考略　田士懿辑　1928 年刻本
续金石著述名家考略一卷再续一卷拾遗一卷　田士懿辑　1929 年刻本
元曲家考略　孙楷第撰　上海古籍出版社 1987 年排印本
近三百年散曲家传略及书目　谢伯阳撰　《南京大学学报》编辑部 1982 年排印本
阙里文献考一百卷　(清)孔继汾撰　清乾隆二十七年刻朱墨套印本
历代人物年里碑传综表　姜亮夫纂定　陶秋英校　中华书局 1959 年排印本
孔子评传　匡亚明撰　齐鲁书社 1985 年排印本
段成式年谱　(唐)段成式撰　方南生点校　中华书局 1981 年点校本《酉阳杂俎》附录
易安居士事辑　(清)俞正燮撰　原载《癸巳存稿》转引自中华书局《李清照集校注》(王学初校注)附录　1979 年排印本
李清照　徐培均撰　上海古籍出版社 1981 年排印本
辛稼轩年谱　邓广铭撰　上海古籍出版社 1979 年排印本
顾亭林先生年谱一卷　(清)张穆编　清道光刻本

蒲松龄年谱　路大荒撰　齐鲁书社1980年排印本
蒲松龄事迹著述新考　袁世硕撰　齐鲁书社1988年排印本
孔尚任年谱　袁世硕撰　齐鲁书社1986年排印本
高邮王氏父子年谱　刘盼遂编　段王学五种本
新订顾千里年谱　李庆撰　上海古籍出版社1989年排印顾千里研究本
淄川毕氏家谱　抄本
(曹县)武氏家谱　抄本
郝兰皋夫妇年谱附著述考　许维遹编　《清华学报》第十卷第一期(1935年1月)
许瀚年谱　袁行云撰　齐鲁书社1983年排印本
艺风老人年谱一卷附行状　缪荃孙自编　北平文禄堂1926年刻本
刚毅木讷的学者革命家——丁惟汾　杨仲揆撰　台湾近代中国出版社1982年排印本
我的前半生　爱新觉罗·溥仪撰　群众出版社1964年排印本
箬园日札　(清)成瓘撰　商务印书馆1957年排印本
越缦堂日记　(清)李慈铭撰　上海商务印书馆1937年影印本
五代会要三十卷　(宋)王溥撰　丛书集成初编本
清代职官年表　钱实甫编　中华书局1980年排印本
中国伊朗编　(美)劳费尔撰　商务印书馆1964年排印本
(光绪)山东通志二百卷首九卷附录一卷补遗一卷　(清)杨士骧等修、孙葆田等纂　民国二十三年上海商务印书馆影印本
(道光)济南府志七十二卷首一卷　(清)王赠芳、王镇修　成瓘、冷烜纂　清道光二十年刻本
(崇祯)历城县志十六卷　(明)宋祖法修　叶承宗纂　明崇祯十三年刻本

(乾隆)历城县志五十卷首一卷　(清)胡德琳修　李文藻　周永年等纂　清乾隆三十八年刻本

(民国)续修历城县志五十四卷　毛承霖纂修　民国十五年历城县志局排印本

(乾隆)淄川县志八卷首一卷　(清)张鸣铎修　张廷寀等纂　清乾隆四十一年刻本

(宣统)三续淄川县志二卷　(清)方作霖修　王敬铸纂　清宣统三年修　民国九年石印本

(乾隆)博山县志十卷首一卷　(清)富申修　田士麟纂　清乾隆十八年刻本

(民国)续修博山县志十五卷首一卷　王荫桂修　张新曾纂　民国二十六年排印本

博山县乡土志　谭景文编　民国十八年石印本

(康熙)临淄县志十六卷　(清)邓性修　李焕章纂　清康熙十一年刻本

(民国)临淄县志三十五卷首一卷　舒孝先修　崔象榖纂　民国九年石印本

(乾隆)峄县志十卷首一卷　(清)忠琏纂修　清乾隆二十六年刻本

(光绪)峄县志二十五卷首一卷　(清)王振录　周凤鸣修　王宝田纂　清光绪三十年刻本

(乾隆)德州志十二卷首一卷　(清)王道亨修　张庆源纂　清乾隆五十三年刻本

德州乡土志不分卷　(清)冯翥编　清光绪间修　抄本

(光绪)陵县志二十二卷首一卷　(清)沈淮修　李图纂　戴杰续纂　清光绪元年增刻本　民国二十五年排印本

(民国)陵县续志四卷首一卷　苗恩波修　刘荫岐纂　民国二十

五年排印本

(民国)德县志十六卷　李树德修　董瑶林纂　民国二十四年排印本

(嘉庆)德平县志十卷首一卷　(清)钟大受纂修　清嘉庆元年刻本

(光绪)德平县志十二卷首一卷　(清)凌锡祺修　李敬熙纂　清光绪十九年刻本　民国二十五年排印本

(民国)德平县续志十二卷首一卷　吕学元修　严绥之纂　民国二十五年排印本

(雍正)齐河县志十卷首一卷　(清)上官有仪修　许琰纂　清雍正十二年修　乾隆二年刻本　清同治五年补刻本

(乾隆)齐河县志四十卷首一卷　(清)万绵前　马人龙修　吴徵士纂　清乾隆三十九年刻本

(民国)齐河县志三十四卷首一卷　杨豫修等修　郝金章　孙秀堃纂　民国二十二年排印本

(乾隆)济阳县志十四卷首一卷　(清)胡德琳修　何明礼　章承茂纂　清乾隆三十年刻本

(民国)济阳县志二十卷首一卷　卢永祥等修　王嗣鋆纂　民国二十三年排印本

(嘉庆)禹城县志十二卷　(清)董鹏翱修　牟应震纂　清嘉庆十三年刻本

(道光)临邑县志十六卷首一卷末一卷　(清)沈淮纂修　清道光十七年刻本

(同治)临邑县志十六卷首一卷末一卷　(清)沈淮原本　陈鸿翩续修　翟振庆续纂　清同治十三年续补刻本

(民国)续修临邑县志四卷首一卷　崔公甫修　王树枬　王孟戌纂　民国二十五年排印本

(乾隆)平原县志十卷首一卷　(清)黄怀祖修　黄兆熊纂　清乾隆十四年刻本　民国二十五年排印本

(民国)续修平原县志十二卷首一卷　曹梦九修　赵祥俊　张元钧纂　民国二十五年排印本

(乾隆)乐陵县志八卷首一卷末一卷　(清)王谦益修　郑成中纂　清乾隆二十七年刻本

(道光)商河县志八卷首一卷　(清)龚廷煌等纂修　清道光十二年修　十六年刻本

(民国)商河县志十五卷首一卷　石毓嵩修　马忠藩　路程诲纂　民国二十五年排印本

(道光)武城县志续编十四卷首一卷　(清)厉秀芳纂修　清道光二十一年刻本

(民国)增订武城县志续编十五卷首一卷　王延纶修　王龢铭纂　民国元年刻本

(乾隆)夏津县志十卷首一卷　(清)方学成修　梁大鲲纂　清乾隆六年刻本　民国二十三年排印本

(民国)夏津县志续编十卷首一卷　谢锡文　许宗海纂　民国二十三年排印本

(万历)恩县志六卷　(明)孙居相修　雷金声纂　明万历二十六年刻本

(雍正)恩县续志五卷　(清)陈学海修　韩天笃纂　清雍正元年刻本

(宣统)重修恩县志十卷首一卷　(清)汪鸿孙修　刘儒臣　王金阶纂　清宣统元年刻本

(民国)重修恩县志十四卷首一卷　张遵孟修　曹明祥纂　民国二十四年修　三十一年排印本

(咸丰)武定府志三十八卷首一卷　(清)李熙龄修　邹恒纂　清

咸丰九年刻本

(光绪)惠民县志三十卷首一卷末一卷　(清)沈世铨修　李勖纂　清光绪十二年刻本

(乾隆)阳信县志八卷首一卷　(清)王允深修　沈佐清等纂　清乾隆二十四年刻本

(民国)阳信县志八卷附补遗一卷　朱兰修　劳乃宣纂　民国十五年排印本

(康熙)海丰县志十二卷首一卷　(清)胡公著修　张克家纂　清康熙九年刻本

(民国)无棣县志二十四卷首一卷末一卷　侯荫昌修　张方墀纂　民国十四年排印本

(康熙)滨州志八卷首一卷　(清)杨容盛修　杜嶧等纂　清康熙四十四年刻本

(咸丰)滨州志十二卷首一卷　(清)李熙龄纂修　清咸丰十年刻本

(康熙)利津县新志十卷　(清)韩文焜纂修　清康熙十二年刻本　清乾隆二十三年刻本

(乾隆)利津县志续编十卷　(清)刘文确修　刘永祚　李伿纂　清乾隆二十三年刻本

(乾隆)利津县志补六卷　(清)程士范纂修　清乾隆三十五年刻本

(光绪)利津县志十卷　(清)盛赞熙修　余朝棻等纂　清光绪九年刻本

(民国)利津县续志九卷　王廷彦修　盖尔佶纂　民国二十五年排印本

(光绪)沾化县志十六卷首一卷　(清)联印修　张会一　耿翔仪纂　清光绪十七年刻本

(民国)沾化县志八卷首一卷　　梁建章修　于清泮纂　民国二十五年排印本

(康熙)邹平县志八卷　　(清)程素期修　程之芳等纂　清康熙三十四年刻本

(道光)邹平县志十八卷首一卷　　(清)罗宗瀛修　成瓘纂　清道光十六年刻本

(民国)邹平县志十八卷　　栾钟垚　赵咸庆修　赵仁山纂　民国三年刻本　民国二十四年重印本

(嘉庆)长山县志十六卷首一卷　　(清)倪企望修　钟廷瑛　徐果行纂　清嘉庆六年刻本

(道光)重修博兴县志十三卷　　(清)周壬福修　李同纂　清道光二十年刻本

(民国)重修博兴县志十七卷首一卷　　张其丙修　张元钧纂　民国二十五年排印本

(乾隆)蒲台县志四卷首一卷　　(清)严文典修　任相纂　清乾隆二十八年刻本　清光绪七年增补本

(民国)青城续修县志四卷　　杨启东修　赵梓湘纂　民国二十四年排印本

(乾隆)高苑县志十卷　　(清)张耀璧纂修　清乾隆二十三年刻本

(雍正)乐安县志二十卷　　(清)李方膺纂修　清雍正十一年刻本

(民国)乐安县志十三卷首一卷　　李传煦　陈同善修　王永贞纂　民国七年石印本

(民国)续修广饶县志二十八卷首一卷　　潘莱峰等修　王寅山纂　民国二十四年排印本

(康熙)新城县志十四卷首一卷　　(清)崔懋修　严濂曾纂　清康熙三十二年刻本

(民国)重修新城县志二十六卷首一卷　　袁励杰　张儒玉修　王

宷廷纂　民国二十二年排印本
(民国)恒台志略三卷　　袁励杰等修　王宷廷等纂　民国二十二年排印本
(民国)桓台县志三卷　　王元一纂修　民国二十三年排印本
(康熙)新修齐东县志八卷　　(清)余为霖修　郭国琦等纂　清康熙二十四年刻本
(民国)齐东县志六卷　　梁中权修　于清泮纂　民国二十四年排印本
(嘉靖)青州府志十八卷　　(明)杜思修　冯惟讷纂　明嘉靖四十四年刻本
(咸丰)青州府志六十四卷　　(清)毛永柏修　李图　刘耀椿纂　清咸丰九年刻本
(康熙)益都县志十四卷首一卷　　(清)陈食花修　钟谔等纂　清康熙十一年刻本
(光绪)益都县图志五十四卷首一卷　　(清)张承燮修　法伟堂等纂　清光绪三十三年刻本
(嘉庆)寿光县志二十卷　　(清)刘翰周纂修　清嘉庆五年刻本
(民国)寿光县志十六卷首一卷　　宋宪章修　邹允中　崔亦文纂　民国二十四年稿本　民国二十五年排印本
(嘉庆)昌乐县志三十二卷首一卷　　(清)魏礼焯　时铭修　阎学夏　黄方远纂　清嘉庆十四年刻本
(民国)昌乐县续志三十八卷　　王金岳修　赵文琴　王景韩纂　民国二十三年排印本
(光绪)临朐县志十六卷首一卷　　(清)姚延福修　邓嘉缉　蒋师辙纂　清光绪十年刻本
(民国)临朐续志二十二卷　　周钧英修　刘仞千纂　民国二十四年排印本

(万历)安丘县志二十八卷　(明)熊元修　马文炜纂　明万历十七年刻本　民国三年石印本

(康熙)续安丘县志二十八卷　(清)任周鼎修　王训纂　清康熙元年刻本　民国三年石印本

(道光)安丘新志二十八卷　(清)马世珍纂修　张柏恒增订　清道光二十二年稿本　民国九年石印《安丘县新志》本

(民国)续安丘新志二十五卷　孙维均　章光铭修　马步元纂　民国九年石印《安丘县新志》本

(乾隆)诸城县志四十六卷　(清)宫懋让修　李文藻等纂　清乾隆二十九年刻本

(道光)诸城县续志二十三卷　(清)刘光斗修　朱学海纂　清道光十四年刻本

(光绪)增修诸城县续志二十二卷　(清)刘嘉树修　苑棻池　邱浚恪纂　清光绪十八年刻本

(光绪)诸城乡土志二卷　陈观圻修　王熙昭　王炜辰纂　民国九年石印本

(乾隆)昌邑县志八卷　(清)周来邰纂修　清乾隆七年刻本

(光绪)昌邑县续志八卷　(清)陈嘉楷修　韩天衢纂　清光绪三十三年刻本

(乾隆)潍县志六卷首一卷末一卷　(清)张耀璧修　王诵芬纂　清乾隆二十五年刻本

(民国)潍县志稿四十二卷图一卷　常之英修　刘祖干纂　民国三十年排印本

(道光)重修胶州志四十卷　(清)张同声修　李图等纂　清道光二十五年刻本

(民国)胶澳志十二卷附录一卷　赵琪修　袁荣叟纂　民国十七年排印本

(民国)增修胶志五十五卷首一卷　叶钟英修　匡超纂　民国二十年排印本

(康熙)高密县志十卷　(清)张浩修　张寅威　李世滪纂　清康熙四十九年刻本

(乾隆)高密县志十卷首一卷末一卷　(清)张乃史修　钱廷熊纂　清乾隆十九年刻本

(光绪)高密县志十卷首一卷末一卷　(清)罗邦彦　傅赉子修　李勷运纂　清光绪二十二年刻本

(民国)高密县志十六卷首一卷　余有林　曹梦九修　王照青纂　民国二十四年排印本

(道光)重修平度州志二十七卷　(清)保忠　吴慈修　李图　王大钥纂　清道光二十九年刻本

(民国)平度县续志十二卷首一卷末一卷　丁世平　刁承襄修　尚庆翰纂　民国二十五年排印本

(乾隆)莱州府志十六卷首一卷　(清)严有禧纂修　清乾隆五年刻本

(乾隆)掖县志八卷首一卷　(清)张思勉修　于始瞻纂　清乾隆二十三年刻本　清乾隆二十六年增刻本　清嘉庆十二年刻本　清光绪十九年刻《掖县全志》本

(嘉庆)续掖县志四卷　(清)张彤修　张诩纂　清嘉庆十二年刻本　清光绪十九年刻《掖县全志》本

(道光)再续掖县志二卷　(清)杨祖宪修　侯登岸纂　清道光二十三年刻本　清光绪十九年刻《掖县全志》本

(光绪)三续掖县志四卷首一卷　(清)魏起鹏修　王续藩纂　清光绪十九年刻《掖县全志》本

(民国)四续掖县志六卷首一卷　刘国斌修　刘锦堂纂　民国二十四年排印本

(乾隆)即墨县志十二卷首一卷　(清)尤淑孝修　李元正纂　清乾隆二十九年刻本

(同治)即墨县志十二卷首一卷　(清)林溥修　周翕镄纂　清同治十二年刻本

(乾隆)续登州府志十二卷　(清)永泰纂修　清乾隆七年刻本

(光绪)增修登州府志六十九卷首一卷　(清)方汝翼　贾瑚修　周悦让　慕荣干纂　清光绪七年刻本

(道光)重修蓬莱县志十四卷　(清)王文焘修　张本　葛元昶纂　清道光十九年刻本

(光绪)蓬莱县续志十四卷　(清)郑锡鸿　江瑞采修　王尔植等纂　清光绪八年刻本

(乾隆)黄县志十二卷首一卷　(清)袁中立修　毛贽纂　清乾隆二十一年刻本

(同治)黄县志十四卷首一卷末一卷　(清)尹继美纂修　清同治十年刻本

(乾隆)福山县志十二卷　(清)何乐善修　肖劼　王积熙纂　清乾隆二十八年刻本

(民国)福山县志稿十卷　王陵基修　于宗潼纂　民国九年修二十年排印本

(光绪)栖霞县续志十卷首一卷　(清)黄丽中修　于如川纂　清光绪五年刻本

(顺治)招远县志十二卷　(清)张作砺修　张凤羽纂　清顺治十七年刻本　清道光二十六年刻本

(道光)招远县续志四卷　(清)陈国器　边象曾修　李荫　路藻纂　清道光二十六年刻本

(康熙)莱阳县志十卷首一卷　(清)万邦维修　卫元爵　张重润纂　清康熙十二年修　十七年刻本

(民国)莱阳县志三卷首一卷末一卷　梁秉锟修　王丕煦纂　民国二十四年排印本

(同治)重修宁海州志二十六卷　(清)舒孔安修　王厚阶纂　清同治三年刻本

(民国)牟平县志十卷首一卷　宋宪章修　于清泮纂　民国二十五年石印本

(道光)文登县志十卷　(清)蔡培　欧文修　林汝谟纂　清道光十九年刻本

(光绪)文登县志十四卷首一卷　(清)李祖年修　于霖逢纂　清光绪二十三年修　民国十一年排印本

(乾隆)威海卫志十卷首一卷　(清)毕懋第修　郭文大续修　王兆鹏增订　清康熙十一年修　乾隆七年续修　民国十八年排印本

(乾隆)海阳县志八卷　(清)包桂纂修　清乾隆七年刻本

(光绪)海阳县续志十卷首一卷　(清)王敬勋修　李尔梅　王兆腾纂　清光绪六年刻本

(道光)荣成县志十卷　(清)李天骘修　岳赓廷纂　清道光二十年刻本

(康熙)沂州志八卷　(清)邵士修　王壖　尚天成纂　清康熙十三年刻本

(乾隆)沂州府志三十六卷首一卷　(清)李希贤修　潘遇莘　丁恺曾纂　清乾隆二十二年修　二十五年刻本

(民国)临沂县志十四卷首一卷　陈景星　沈兆祎修　王景祜纂　民国六年刻本

(民国)续修临沂县志十七卷首一卷　范筑先修　李宗仁纂　民国二十五年排印本

(乾隆)郯城县志十二卷首一卷　(清)王植纂修　张金城续修

王恒续纂　清乾隆十四年修　二十八年续修刻本

(嘉庆)续修郯城县志十卷　(清)吴阶修　陆继辂纂　清嘉庆十五年刻本　民国十七年排印本

(康熙)费县志十卷　(清)黄学懃纂修　清康熙二十八年刻本

(光绪)费县志十六卷首一卷　(清)李敬修纂修　清光绪二十二年刻本

(嘉庆)莒州志十六卷首一卷　(清)许绍锦纂修　清嘉庆元年刻本

(民国)重修莒志七十七卷首一卷　卢少泉等修　庄陔兰等纂　民国二十五年排印本

(道光)沂水县志十卷　(清)张燮修　刘承谦等纂　清道光七年刻本

(康熙)日照县志十二卷　(清)杨士雄修　丁峕纂　清康熙十二年刻本　清康熙五十四年成永健增刻本

(光绪)日照县志十二卷首一卷　(清)陈懋修　张庭诗　李堉纂　清光绪九年修　十二年刻本

(乾隆)泰安府志三十卷前一卷首二卷　(清)颜希深修　成城等纂　清乾隆二十五年刻本

(乾隆)泰安县志十二卷首一卷末一卷　(清)黄钤修　萧儒林　宋圻纂　清乾隆四十七年刻本

(道光)泰安县志十二卷首一卷末一卷　(清)徐宗干修　蒋大庆纂　清道光八年刻本　同治六年修锓本

(民国)重修泰安县志十四卷　葛延瑛　吴元禄修　孟昭章等纂　民国十五年修　十八年泰安县志局排印本

(光绪)肥城县志十卷首一卷　(清)凌绂曾修　邵承照纂　清光绪十七年刻本

肥城县乡土志九卷　(清)李传煦纂修　钟树森续修　清光绪三

十四年石印本

(道光)长清县志十六卷首四卷末二卷　(清)舒化民等修　徐德城等纂　清道光十五年刻本

(民国)长清县志十六卷首一卷末一卷　李起元修　王连儒纂　民国二十四年排印本

(乾隆)新泰县志二十卷首一卷　(清)江乾达修　牛士瞻等纂　清乾隆四十九年刻本　清光绪十七年徐致愉增刻本

新泰县乡土志一卷　(清)汤宗干编　清光绪三十四年石印本

(康熙)新修莱芜县志十卷　(清)钟国义等纂修　清康熙十二年刻本

(民国)莱芜县志二十二卷首一卷　张梅亭　王希曾纂修　民国七年修　十一年排印本

(民国)续修莱芜县志三十八卷首一卷　李钟豫修　亓因培等纂　民国二十四年排印本

(道光)章丘县志十六卷首一卷末一卷　(清)吴璋修　曹楙坚纂　清道光十三年刻本

章丘县乡土志二卷　(清)杨学渊修　李洪钰等纂　清光绪三十三年石印本

(光绪)宁阳县志二十四卷　(清)高升荣修　黄恩彤纂　清光绪五年刻本　清光绪十三年陈文显、黄师訚增刻本　民国二十年补刻本

(道光)东平州志三十卷首二卷　(清)周云凤修　唐鉴　周兆棠纂　清道光五年刻本

(光绪)东平州志二十七卷图一卷首编四卷　(清)左宜似等修　卢崟等纂　清光绪七年刻本

(民国)东平县志十七卷　张志熙修　刘靖宇纂　民国二十五年排印本

(嘉庆)平阴县志四卷　(清)喻春林修　朱续孜纂　清嘉庆十三年刻本
(光绪)平阴县志八卷首一卷　(清)李敬修纂修　清光绪二十一年刻本
(万历)兖州府志五十二卷　(明)于慎行纂修　明万历二十四年刻本　齐鲁书社1985年影印本
(乾隆)兖州府志三十二卷首一卷图考一卷　(清)觉罗普尔泰修　陈顾㴻纂　清乾隆三十五年刻本
(康熙)滋阳县志四卷　(清)李潆修　仲宏道等纂　清康熙十一年刻本
(光绪)滋阳县志十四卷　(清)莫炽修　黄恩彤纂　李兆霖等续修　黄师誾等续纂　清咸丰九年修　光绪十四年续修刻本
(乾隆)曲阜县志一百卷　(清)潘相等纂修　清乾隆三十九年刻本
(民国)续修曲阜县志八卷附补遗一卷　孙永汉修　李经野　孔昭曾纂　民国二十三年排印本
(康熙)邹县志三卷　(清)娄一均修　周翼纂　清康熙五十四年刻本
(光绪)邹县续志十二卷首一卷　(清)吴若灏修　钱柗纂　清光绪十八年刻本
(光绪)泗水县志十五卷首一卷　(清)赵英祚修　黄承艧纂　清光绪十八年刻本
泗水县乡土志　清光绪二十八年石印本
(道光)滕县志十四卷首一卷　(清)王政修　王庸立　黄来麟纂　清道光二十六年刻本
(宣统)滕县续志稿四卷　生克中纂　清宣统三年排印本
(民国)续滕县志五卷　崔公甫等修　民国二十三年修　三十年

刻本

(乾隆)济宁直隶州志三十四卷首一卷　(清)胡德琳　蓝应桂修　周永年　盛百二纂　清乾隆四十三年刻本　清乾隆五十年王道亨、盛百二增刻本

(道光)济宁直隶州志十卷首一卷末一卷图一卷　(清)徐宗干修　许瀚纂　清道光二十一年刻本　清咸丰九年卢朝安刻本

(咸丰)济宁直隶州续志四卷　(清)卢朝安修纂　清咸丰九年刻本

(民国)济宁直隶州续志二十四卷首一卷末一卷　潘守廉修　袁绍昂　唐烜纂　民国十六年排印本

(民国)济宁县志四卷首一卷　潘守廉修　袁绍昂纂　民国十六年排印本

(乾隆)金乡县志二十卷　(清)王天秀修　孙巽纂　清乾隆三十三年刻本

(咸丰)金乡县志略十二卷首一卷　(清)李垒纂修　清咸丰十年修　同治元年刻本

(光绪)嘉祥县志四卷首一卷　(清)章文华　官擢午纂修　清光绪三十四年刻本

(光绪)鱼台县志四卷首一卷末一卷　(清)赵英祚纂修　清宣统元年刻本

(万历)汶上县志八卷　(明)栗可仕修　王命新纂　明万历三十六年刻本

(康熙)续修汶上县志六卷　(清)闻元炅纂修　清康熙五十六年刻本

(乾隆)曹州府志二十二卷　(清)周尚质　李登明　谢冠纂　清乾隆二十一年刻本

(光绪)新修菏泽县志十八卷首一卷　(清)凌寿柏修　叶道源纂　清光绪十一年刻本

(乾隆)单县志十三卷图一卷　(清)觉罗普尔泰修　傅尔德纂　清乾隆二十五年刻本
(民国)单县志二十四卷首一卷　项葆桢修　李经野纂　民国十八年石印本
(道光)城武县志十四卷首一卷　(清)袁章华修　刘士瀛纂　清道光十年刻本
(道光)巨野县志二十四卷首一卷　(清)黄维翰纂修　袁传裘续纂修　清道光二十年修　二十六年续修刻本
(民国)续修巨野县志八卷首一卷　郁浚生修　毕鸿宾纂　民国十年刻本
(光绪)郓城县志十六卷首一卷　(清)毕炳炎　胡建枢修　赵翰銮　李承光纂　清光绪十九年刻本
(康熙)兖州府曹县志十八卷　(清)朱琦修　蓝庚生纂　清康熙二十四年刻本　清康熙五十五年郭道生增补刻本
(光绪)曹县志十八卷首一卷　(清)陈嗣良修　孟广来　贾乃延纂　清光绪十年刻本　民国间排印本
(乾隆)定陶县志十卷首一卷　(清)雷宏宇修　刘珠等纂　清乾隆十八年刻本　清光绪二年周忠补修刻本
(乾隆)东明县志八卷　(清)储元升纂修　清乾隆二十一年刻本　道光十四年续增刻本　民国十三年排印本
(宣统)东明县续志四卷　(清)周保琛修　李曾裕纂　清宣统六年修　民国十三年排印本
(嘉庆)东昌府志五十卷首三卷　(清)嵩山修　谢香开　张熙先纂　清嘉庆十三年刻本
(康熙)聊城县志四卷　(清)何一杰纂修　清康熙二年刻本
(宣统)聊城县志十二卷首一卷　陈庆蕃修　叶锡麟　靳维熙纂　清宣统二年刻本

(康熙)堂邑县志二十卷　(清)卢承琰修　刘琪纂　清康熙四十九年刻本　清光绪十八年刻本

(道光)博平县志六卷　(清)杨祖宪修　乌竹芳纂　清道光十一年刻本

(康熙)茌平县志五卷　(清)王世臣修　孙克绪纂　清康熙四十九年刻本

(民国)茌平县志十二卷　牛占诚修　周之桢纂　民国二十四年排印本

(嘉庆)清平县志十七卷　(清)万承绍修　周以勋纂　清嘉庆三年刻本

(民国)清平县志不分卷　梁钟亭　路大遵修　张树梅纂　民国二十五年排印本

(光绪)莘县志十卷　(清)张朝玮修　孔广海纂　清光绪十三年刻本

莘县乡土志不分卷　(清)孔广文编　清宣统元年石印本

(道光)观城县志十卷首一卷　(清)孙观纂修　清道光十八年刻本　民国二十二年排印本

(康熙)朝城县志十卷　(清)祖植桐修　赵昶纂　清康熙十二年刻本　民国九年刻本

(道光)冠县志十卷　(清)梁永康修　赵锡书纂　清道光十一年刻本　民国二十二年排印本

(嘉靖)高唐州志七卷　(明)金江纂修　明嘉靖三十二年刻本

(乾隆)高唐州续志二卷首一卷　(清)毕一谦修　耿举贤纂　清乾隆七年刻本

(道光)高唐州志八卷首一卷末一卷　(清)徐宗干修　陈仉　杜阡纂　清道光十五年刻本

(光绪)高唐州志八卷首一卷末一卷　(清)周家齐修　鞠建章纂

清光绪三十三年刻本
高唐州乡土志不分卷　(清)周家齐编　清光绪三十二年刻本
(康熙)东阿县志十二卷　(清)刘沛先原修　郑廷瑾　苏日增增修　清康熙五十四年增刻本
(道光)东阿县志二十四卷首一卷　(清)李贤书修　吴怡等纂　清道光九年刻本　民国二十三年排印本
(民国)续修东阿县志十六卷首一卷　周竹生修　靳维熙纂　民国二十三年排印本
(民国)东阿县志十八卷首一卷　周竹生修　靳维熙纂　民国二十三年排印本
(康熙)阳谷县志八卷首一卷　(清)王时来修　杭云龙纂　清康熙五十五年刻本　民国九年石印本　民国二十二年石印本
(光绪)阳谷县志十六卷　(清)董政华修　孔广海纂　清光绪二十六年修　民国三十一年排印本
(民国)阳谷县志八卷　朱兰修　劳乃宣纂　民国十五年排印本
(康熙)寿张县志八卷　(清)滕永祯修　马珩纂　清康熙五十六年刻本
(光绪)寿张县志十卷首一卷　(清)刘文煃修　王守谦纂　清光绪二十六年刻本
(乾隆)临清直隶州志十一卷首一卷　(清)张度　邓希曾修　朱钟纂　清乾隆五十年刻本
(民国)临清县志十六卷首一卷　张自清修　张树梅　王贵笙纂　民国二十三年排印本
(万历)濮州志六卷　(明)李先芳纂修　明万历九年刻本
(宣统)濮州志八卷　(清)高士英修　荣相鼎纂　清宣统元年刻本
山东省志资料第三期　山东省志办编　山东人民出版社 1959

年排印本

山东文献(季刊1卷1期至11卷4期)　台湾山东文献社编　台湾山东文献社1975—1985年排印本

山东文史资料选辑第二十九辑　山东省政协文史资料委员会编　山东人民出版社1990年排印本

文史资料第2期　山东省人民政府参事室等编　1990年排印本

济南文史资料选辑第五辑　济南市政协文史资料委员会编　1984年12月排印本

潍县文献丛刊　丁锡田辑　民国间潍县丁氏排印本

日照古今　日照县志办公室编　1985年排印本

泰山道里记一卷　(清)聂钦撰　丛书集成初编本

经籍会通四卷　(宋)胡应麟撰　广雅书局丛书本

目录学发微　余嘉锡撰　中华书局1963年排印本

版本目录学论丛　昌彼得撰　台湾学海出版社1977年排印本

中国目录学史论丛　王重民撰　中华书局1984年排印本

中国图书文献学论集(增订本)　王国良、王秋桂编　台湾明文书局1986年排印本

四库全书纂修考　郭伯恭撰　上海商务印书馆1937年排印本

校雠学史　蒋元卿撰　黄山书社1985年排印本

古今伪书考补证　黄云眉撰　齐鲁书社1980年排印本

琉璃厂书肆记一卷　(清)李文藻撰　京津风土丛书本

西谛书话　郑振铎撰　生活·读书·新知三联书店1983年排印本

汉书艺文志讲疏　顾实撰　上海古籍出版社1987年排印本

清史稿艺文志及补编　章钰等撰　武作成补编　中华书局1982年排印本

澹生堂藏书约　(明)祁承㸁撰　古典文学出版社1957年排

印本
儒藏说一卷　(清)周永年撰　松邻丛书本
天禄琳琅书目　清乾隆九年奉敕编　清光绪十年长沙王氏刻本
四库全书总目　(清)纪昀等撰　中华书局1965年据浙江刻本影印
四库提要辨证　余嘉锡撰　科学出版社1958年排印本
四库未收书目提要　(清)阮元撰　(清)傅以礼重编　商务印书馆1955年排印本
续修四库全书提要　东方文化事业委员会编　台湾商务印书馆1972年排印本
书目答问补正　范希曾撰　上海古籍出版社1983年瞿凤起点校本
贩书偶记二十卷　孙殿起编　中华书局1959年排印本
贩书偶记续编　孙殿起编　上海古籍书店1980年排印本
翰文斋售书书目　北京翰文斋书店编　抄本
国立北平图书馆善本书目四卷　赵万里编　1933年刊印本
北京图书馆善本书目八卷　北京图书馆编　中华书局1959年排印本
北京图书馆古籍善本书目　北京图书馆编　书目文献出版社1987年排印本
中国古籍善本书目(征求意见稿)　本书编委会顾廷龙、冀淑英等编　油印本
北京大学图书馆藏善本书录　王重民等编　民国三十七年(1948)排印本
四川省图书馆馆藏古籍目录　四川省图书馆　1958年9月编印
陕西师范大学图书馆善本书目　陕西师大图书馆　1979年7月编印

山东省博物馆藏山东人著作目录　崔巍编　稿本
山左先哲遗书提要　题陈准编撰　民国瑞安仿古书局排印本
齐鲁书社图书目录(1979—1985)　齐鲁书社1985年排印本
中国丛书综录　上海图书馆编　上海古籍出版社1982年排印本
中国丛书目录及子目索引汇编　南京大学图书馆等编　南京大学图书馆等1982年排印本
经义考三百卷　(清)朱彝尊撰　清乾隆二十年德州卢氏续刻本
史略六卷　(宋)高似孙辑　丛书集成初编本
楚辞书目五种　姜亮夫撰　中华书局1961年排印本
昭德先生郡斋读书志四卷附志一卷后志二卷二本四卷考异一卷　(宋)晁公武撰　四部丛刊影印宋袁州本
直斋书录解题二十二卷　(宋)陈振孙撰　徐小蛮、顾美华点校　上海古籍出版社1987年排印本
玉轩新纂古今书目　(明)刘元亮藏　民国彭辑五抄本
千顷堂书目三十二卷　(清)黄虞稷撰　1912年据适园丛书本缩印
读书敏求记四卷　(清)钱曾撰　丁瑜点校　书目文献出版社1984年排印本
玉函山房藏书簿录二十五卷　(清)马国翰撰　清道光二十九年刻本
善本书室藏书志四十卷附录一卷　(清)丁丙撰　清光绪二十七年钱塘丁氏刻本
铁琴铜剑楼藏书目录二十四卷　(清)瞿镛编　清咸丰七年常熟瞿氏罟里家塾刻本
楹书隅录五卷　(清)杨绍和撰　清光绪二十年聊城杨氏刻本
海源阁藏书目　(清)杨绍和撰　清光绪十四年江刻书目三种本

宋存书室宋元秘本书目　(清)杨绍和撰　清聊城杨氏抄本
海源阁宋元秘本书目　(清)杨保彝撰　山东省立图书馆1934年排印本
海源阁书目五册　(清)杨保彝编　清聊城杨氏抄本
滂喜斋藏书记三卷　(清)潘祖荫撰　陈氏慎初堂1924年刻本
艺风藏书记八卷续八卷　(清)缪荃孙撰　清光绪二十六年刻本
艺风藏书再续记　(清)缪荃孙撰　燕京大学图书馆1940年排印本
艺风堂再续藏书记二卷　(清)缪荃孙撰　中华书局1962年排印本
五十万卷楼藏书目录初编　莫伯骥撰　上海商务印书馆1936年排印本
寒瘦山房鬻存善本书目七卷　邓邦述撰　群碧楼善本书录本
重辑渔洋书跋二卷　(清)王士禛撰　陈乃乾校辑　中华书局1958年排印本
经籍跋文一卷　(清)陈鳣撰　别下斋丛书本
平津馆鉴藏记书籍三卷补遗一卷续编一卷　(清)孙星衍撰　丛书集成初编本
开有益斋读书志六卷续一卷　(清)朱绪曾撰　清光绪六年金陵翁氏茹古阁刻本
刘燕庭藏书目不分卷　(清)刘喜海藏　胶州张鉴祥抄本
诒庄楼书目八卷　王修辑　1930年排印本
(章氏)四当斋书目　章钰编　燕京大学图书馆1938年排印本
渠丘赵氏模䆁阁所藏善本书目　赵录绩藏　民国抄本
宝礼堂宋本书录　潘宗周藏　张元济撰　广东南海潘氏1936年排印本　江苏广陵古籍刻印社1984年重印本
文禄堂访书记五卷　王文进撰　民国三十一年(1942)排印本

双鉴楼善本书目　傅增湘撰　1929 年藏园排印本
藏园群书题记初集八卷　傅增湘撰　1943 年排印本
藏园群书题记续集六卷　傅增湘撰　1938 年排印本
藏园群书题记(初集续集合编)十卷　傅增湘撰　上海古籍出版社 1989 年排印本
藏园群书经眼录　傅增湘撰　中华书局 1983 年排印本
涵芬楼烬余书录　张元济撰　上海商务印书馆 1951 年排印本
涉园序跋集录　张元济撰　顾廷龙编　古典文学出版社 1957 年排印本
木樨轩藏书题记及书录　李盛铎撰　张玉范整理　北京大学出版社 1985 年排印本
善本书所见录　罗振常遗著　周子美编订　商务印书馆 1958 年排印本
中国善本书提要　王重民撰　上海古籍出版社 1983 年排印本
中国善本书提要补编　王重民撰　书目文献出版社 1991 年排印本
双行精舍书跋辑存　王献唐撰　山东省博物馆编　齐鲁书社 1983 年排印本
双行精舍书跋辑存续编　王献唐撰　山东省图书馆编　齐鲁书社 1986 年排印本
古书经眼录　雷梦水撰　齐鲁书社 1984 年排印本
书林琐记　雷梦水撰　人民日报出版社 1988 年排印本
前尘梦影新录　黄裳撰　齐鲁书社 1989 年排印本
近三百年人物年谱知见录　来新夏撰　上海人民出版社 1983 年排印本
中国地方志联合目录　中国科学院北京天文台主编　中华书局 1986 年排印本

美国国会图书馆藏中国方志目录　朱士嘉编　中华书局1989年影印本
中医图书联合目录　中医研究院、北京图书馆合编　北京图书馆1961年排印本
古典戏曲存目汇考　庄一拂编著　上海古籍出版社1982年排印本
清代杂剧全目　傅惜华撰　人民文学出版社1981年排印本
中国版刻图录　北京图书馆编　文物出版社1960年影印本
古书版本常谈　毛春翔撰　上海人民出版社1977年排印本
山东出版志资料第一辑　山东省出版总社出版志编辑部编　山东人民出版社1984年排印本
济南出版志　山东省出版总社济南分社本书编委会编　济南出版社1988年排印本
金石学录续补　褚德彝撰　1919年褚氏石画楼排印本
山左金石志二十四卷　(清)毕沅、阮元合撰　清嘉庆二年刻本
诸城王氏金石丛书提要　王维朴撰　1930年诸城王氏排印本
金石录后序　(宋)李清照撰　绿窗女史本　中华书局1979年排印王学初《李清照集校注》附录
中国印学年表　韩天衡编　中国书画出版社1987年排印本
十钟山房印举　(清)陈介祺编　北京市中国书店1985年据1922年涵芬楼本影印
殷契卜辞　容庚、瞿润缗编　哈佛燕京学社1933年刻本
中国近三百年学术史　梁启超撰　中华书局1936年排印本
墨子间诂十五卷附录一卷后语二卷　孙诒让撰　诸子集成本
困勉斋私记四卷　(清)阎廷倩撰　西涧草堂集本
颜氏家训集解　王利器撰　上海古籍出版社1980年排印本
广川书跋十卷　(宋)董逌撰　丛书集成初编本

曲阜古今书画选　曲阜县政协文史资料研究委员会、山东友谊书社编　山东人民出版社1985年影印本
扬州画舫录十八卷　(清)李斗撰　申报馆丛书本
焦氏笔乘六卷续集八卷　(明)焦竑撰　丛书集成初编本
香祖笔记十二卷　(清)王士禛撰　清康熙四十四年刻本
困学纪闻二十卷　(宋)王应麟撰　民国间傅增湘影印元刻本
癸巳存稿十五卷　(清)俞正燮撰　丛书集成初编本
乡园忆旧录六卷　(清)王培荀撰　清道光二十五年刻本
听雨楼随笔十卷　(清)王培荀撰　巴蜀书社1987年标点本
荀学斋日记　(清)李慈铭撰　北京燕山出版社1988年据手稿影印
叶景葵杂著　叶景葵撰　顾廷龙编　上海古籍出版社1986年排印本
顾黄书寮杂录　王献唐辑录　齐鲁书社1984年排印本
酉阳杂俎二十卷续集十卷　(唐)段成式撰　方南生点校　中华书局1981年排印本
至正直记四卷　(元)孔齐撰　粤雅堂丛书本
拾遗记十卷　(前秦)王嘉撰　(梁)萧绮录　四库全书本
梦溪笔谈二十六卷补笔谈一卷续笔谈一卷　(宋)沈括撰　丛书集成初编本
齐东野语二十卷　(宋)周密撰　丛书集成初编本
广弘明集三十卷　(唐)释道宣撰　四部丛刊本
清稗类抄四十八卷　徐珂撰　民国六年商务印书馆排印本
郑司农集一卷　(汉)郑玄撰　清乾隆二十一年德州卢氏刻雅雨堂藏书本
徂徕石先生文集二十卷　(宋)石介撰　中华书局1984年排印本

鸡肋集七十卷　(宋)晁补之撰　四库全书本
乐静集三十卷　(宋)李昭玘撰　四库全书本
太仓稊米集七十卷　(宋)周紫芝撰　四库全书本
剑南诗稿八十五卷　(宋)陆游撰　四部备要本
李清照集　(宋)李清照撰　中华书局上海编辑所编　中华书局1962年排印本
李清照集校注　(宋)李清照撰　王学初校注　人民文学出版社1979年排印本
黄文献集十卷　(元)黄溍撰　四库全书本
金华黄先生文集四十三卷　(元)黄溍撰　四部丛刊影印元本
滋溪文稿三十卷　(元)苏天爵撰　四库全书本　适园丛书本
翠屏集四卷　(明)张以宁撰　四库全书本
薛文清文集二十四卷　(明)薛瑄撰　清雍正十二年刻本
华泉先生集选　(明)边贡撰　渔洋遗书本
崔后渠集一卷　(明)崔铣撰　广理学备考本
李中麓闲居集十二卷　(明)李开先撰　明嘉靖刻本
李开先集　(明)李开先撰　路工辑　1959年中华书局排印本
(重刊)荆川先生文集十七卷新刊外集三卷　(明)唐顺之撰　四部丛刊据明本影印
荆川集十二卷　(明)唐顺之撰　四库全书本
来禽馆集二十八卷　(明)邢侗撰　(明)范景文等校　明崇祯十年版筑居刻本
蒿庵文集三卷　清张尔岐撰　清乾隆三十八年胡德琳刻本　清光绪十五年山东书局刻本
佳山堂诗集十卷二集九卷　(清)冯溥撰　清康熙十九年古吴朱士儒刻本
南雷文约四卷　(清)黄宗羲撰　梨洲遗著汇刻本

栖云阁文集十五卷诗十六卷诗拾遗三卷　(清)高珩撰　文集(清)陆燿编　诗(清)赵执信编　诗拾遗(清)宋弼编　清乾隆四十一年畏天斋刻本
曝书亭集八十卷附录一卷笛渔小稿十卷　(清)朱彝尊撰　清会稽陶闾复刻张星来写刻本
池北偶谈二十三卷　(清)王士禛撰　中华书局1982年排印本
居易录三十四卷　(清)王士禛撰　王渔洋遗书本
渔洋山人文略十四卷　(清)王士禛撰　清康熙三十四年家刻本
渠亭山人半部稿一卷潜州集一卷或语集一卷娱老集一卷　(清)张贞撰　清康熙三十二年至四十七年刻本
王太常集二卷　(清)王漪撰　天壤阁丛书本
南阜山人斅文存稿不分卷　(清)高凤翰撰　上海古籍出版社1983年据旧抄本影印
望奎楼遗稿　(清)丁恺曾撰　民国二十四年(1935)青岛赵永厚堂排印本
雅雨堂诗文遗集六卷　(清)卢见曾撰　清道光二十年雅雨堂刻本
南涧文集二卷　(清)李文藻撰　丛书集成初编本
李文藻四种　(清)李文藻撰　上海古籍书店据抄本影印
抱经堂文集三十四卷　(清)卢文弨撰　四部丛刊本
潜研堂文集五十卷诗集十卷续集十卷　(清)钱大昕撰　四部丛刊本
晚学集八卷　(清)桂馥撰　清乾隆五十九年刻本
复初斋文集三十五卷诗集六十六卷　(清)翁方纲撰　清嘉庆间刊本
揅经室三集五卷　(清)阮元撰　四部丛刊本
清诒堂文集不分卷　(清)王筠撰　齐鲁书社1987年排印本

绿野斋文集四卷　(清)刘鸿翱撰　清道光七年同环堂刻本

衎石斋记事稿十卷续稿十卷刻楮集四卷旅逸小稿二卷　(清)钱仪吉撰　清光绪六年重刊本

柏枧山房文集十六卷文续集一卷诗集一卷诗续集二卷骈体文二卷　(清)梅曾亮撰　清咸丰六年聊城杨氏刊同治三年补刻本

攀古小庐杂著十二卷　(清)许瀚撰　光绪间海丰吴重憙刻本

攀古小庐文补遗一卷　(清)许瀚撰　齐鲁书社1987年排印本

攀古小庐全集(上)　(清)许瀚撰　袁行云编校　齐鲁书社1985年排印本

惜阴书屋诗集不分卷　(清)李毓恒撰　清末抄本

校经室文集六卷补遗一卷　(清)孙葆田撰　求恕斋丛书本

观堂集林二十四卷　王国维撰　中华书局1961年影印本

屈万里先生文存　屈万里撰　联经出版事业公司1985年排印本

汉魏六朝百三家集　(明)张溥辑　民国湖南古书流通处据善化蓝田章氏刻本重印

明诗综一百卷　(清)朱彝尊撰　清康熙刻本

山左明诗抄三十五卷　(清)宋弼编　清乾隆三十六年恩平县衙刻本

国朝山左诗抄六十卷　(清)卢见曾编　清乾隆二十三年德州卢氏雅雨堂刻本

青州明诗抄四卷续编一卷　(清)赵愚轩辑　清光绪二十六年寿光赵氏排印本

益都先正诗丛抄八卷补编一卷附编一卷　(清)段松苓辑　清光绪十年段氏古穆如堂刻本

艺风堂友朋书札　顾廷龙校阅　上海古籍出版社1980年排印本

张元济傅增湘论书尺牍　张元济、傅增湘撰　商务印书馆1983年排印本

列朝诗集小传　(清)钱谦益撰　上海古籍出版社1983年排印本
清诗纪事初编　邓之诚撰　上海古籍出版社1984年排印本
静志居诗话二十四卷　(清)朱彝尊撰　清嘉庆二十四年钱塘姚氏刻本
插图本中国文学史　郑振铎撰　作家出版社1957年排印本
宋词选　胡云翼撰　上海古籍出版社1962年排印本
宋词三百首笺注　(清)朱孝臧辑　唐圭璋笺注　中华书局1958年排印本
明词综十二卷　(清)王昶辑　四部备要本
清人杂剧初集四十种四十卷　郑振铎辑　民国二十年(1931)长乐郑氏影印本
续表忠记八卷　(清)赵吉士纂　卢宜辑　康熙间赵氏寄园刻本
董解元西厢记　(金)董解元撰　杨慎点定　黄嘉惠校阅　齐鲁书社1984年影印本
桃花扇　(清)孔尚任撰　清康熙四十七年刻本
全元散曲　隋树森编　中华书局1964年排印本
元明清戏曲论集　严敦易撰　中州书画社1982年排印本
贷园丛书初集　(清)周永年辑　民国二十九年(1940)成都薛氏崇礼堂补刻本
灵鹣阁丛书　(清)江标编　清光绪中元和江氏湖南使院刻本
玉函山房辑佚书　(清)马国翰辑　光绪九年长沙嫏嬛馆刻本
章氏遗书　(清)章学诚撰　文物出版社1982年影印本
蓬莱吴灌先著述三种　(清)吴脉鬯撰　民国十二年(1923)排印本
本馆(国立北平图书馆)收购海源阁遗书始末记(《图书季刊》新七卷1—2期合刊)
其他征引报刊从略

藏书家目次

先　秦

两汉三国

两晋南北朝

隋唐五代

宋

金 元

清

民　国

现　代

山东藏书家

先 秦

孔子(前551—前479),名丘,字仲尼,鲁国陬邑(今山东曲阜东南)人。先世为宋人。七世祖正考父,曾校商之名颂十二篇于周太师。正考父子孔父嘉为华督所杀,子木金父避难奔鲁,是为居陬邑之始。父叔梁纥,以勇力闻于诸侯。母颜征在祷于尼丘而得孔子。

孔子少孤,贫且贱。及长,为委吏、乘田,故多能鄙事。孔子十五而志于学,少年好礼,入太庙,每事问。年十七,鲁大夫孟僖子病且死,诫其嗣懿子曰:“孔丘,圣人之后……年少好礼,其达者欤?吾即没,若必师之。”及僖子卒,懿子与鲁人南宫敬叔往学礼焉。鲁昭公十七年,郯子来朝,鲁大夫昭子问少皞(昊)氏以鸟名官之故,郯子以告。孔子闻之,见郯子而学之,其好学如是。南宫敬叔既学于孔子,言于鲁君,请与孔子适周。鲁君与之一乘车、两马、一竖子,俱适周,尽观柱下之书。即史所谓“问礼于老聃”者也。孔子缘是学益博。季桓子穿井,得土缶,中若羊,吴伐越,堕会稽,得骨节专车;有隼集于陈廷而死,楛矢贯之石砮,矢长尺有咫,咸不得其实,以问孔子。孔子数之如家珍,吴使且有“善哉,圣人”之叹。孔子学无常师,尝学乐于苌弘,学琴于师襄。

年五十一(鲁定公九年)为中都宰,明年(前500)由大司寇摄行相事。郏谷之会,孔子为相,以礼却莱兵而返汶阳之田。无何,孔子欲堕三都未成。三桓且意在弱公室。孔子知道之不行,于是周游列国,历卫、陈、曹、宋、郑、蔡。每至一地,即征文考献,虽在陈绝粮,从者病莫能兴,而孔子与弟子讲诵,弦歌不辍。如是者十四岁。哀公十一年(前484),季康子以币迎孔子,孔子归鲁。盖年已六十八矣。

孔子以周室衰微,而礼乐废,诗书缺,于是追迹三代之礼,序《书·传》,上纪唐虞之际,下至秦穆,编次其事。故《书·传》《礼记》自孔氏。盖春秋之世,殷礼、夏礼,孔子已深感文献不足,其残篇断简必有为孔子所收藏者。孔子自卫返鲁,然后《乐》正,雅颂各得所。古者《诗》三千余篇,孔子去其重。三百五篇孔子皆弦歌之,以求合《韶》《武》《雅》《颂》之音。《礼》《乐》自此可得而述,以备王道,成六艺。孔子晚而喜《易》,读《易》韦编三绝。曰:"假我数年,若是,我于《易》则彬彬矣。"哀公十四年(前481)又尝修《春秋》,笔则笔,削则削,子夏之徒,不能赞一辞。弟子受《春秋》,孔子曰:"后世知丘者以《春秋》,而罪丘者亦以《春秋》。"孔子以《诗》《书》《礼》《乐》教弟子,盖三千焉。身通六艺者七十又二人。哀公十六年(前479)四月己丑孔子卒,弟子就其所居堂藏孔子衣冠、琴、车、书。

《史记·孔子世家》;《左传》有关记载;崔适《史记探源》;匡亚明《孔子评传》。

墨子(前468—前376),名翟,姓墨氏,山东滕州人。墨家学派创始人。其学盖出于史佚(一名尹佚)、史角。倡为"兼爱""非攻""非命""非乐""尚贤""尚用""节用""节葬"之说,徒属弟子满天下,与儒家并称显学。时称"为孔子服役者七十人"(《韩非子·五蠹》篇),"为墨子服役者百八十人"(《淮南子·泰族训》),可见其遗烈之盛。墨子长于《诗》《书》《春秋》,又自言"吾尝见百国春秋”,于礼则法夏绌周。公输般为楚造云梯之械将成,以攻宋,墨子闻之起于鲁,行十日十夜而至于郢,见公输般。墨子解带为城,以褋为械。公输般九设攻城之机变,墨子九距之。公输般之攻械尽,墨子之守圉有余,楚王因止攻宋。楚惠王五十年(前439),墨子至郢献书,惠王以老辞。宋昭公时尝为宋大夫。南游使于卫,关中载书甚多(毕沅注:“关中”犹云“扃中”,“关”“扃”音相近)。弦唐子见而怪之,曰:“吾夫子教公尚过曰:揣曲直而已。今夫子藏书甚多,何有也?”墨子曰:“昔者周公旦朝读书百篇,夕见漆十士(毕沅注:“漆”,七字假音),故周公旦佐相六子,其修至于今。翟上无君上之事,下无耕农之难,吾安敢废此。翟闻之,同归之物,信有误者,然而民听不钧,是以书多也。”又尝谓:“古之圣王,欲传其道于后世,是故书之竹帛,镂之金石,传遗后世子孙,欲后世子孙法之也。今闻先王之道而不为,是废先王之传也。”其重视藏书若此。墨子卒,门弟子述其师说成《墨子》,刘向校录七十一篇,今存五十三篇。

《韩非子·五蠹》;《淮南子·泰族训》;《墨子间诂·贵义》;孙诒让《墨子后语》卷上《墨子传略》《墨子年表》;《墨子后语》卷下《墨子绪闻》《墨子通论》;顾实《汉书艺文志讲疏》150页。

孔鲋,字子鱼,亦子甲。祖穿,父子慎,孔子世孙。博通经史。秦始皇并天下,召为鲁国文通君,迁少傅。李斯始议焚书,鲋闻之,收其家《尚书》《论语》《孝经》等书,藏于旧宅壁中,即武帝初鲁恭王坏孔子宅所得壁中书也。后鲋隐居嵩山,教弟子百余人。及陈涉为楚王,聘为博士,寻托疾而退,卒于陈下。著书十二篇,名曰《孔丛子》(按:《孔丛子》不载于《汉志》《隋志》《唐志》,宋《中兴书目》始有,前人考订为伪书)。一说藏《尚书》《孝经》《论语》于孔壁者为鲋弟腾。《汉书·艺文志》颜师古注:“《家语》云:‘孔腾,字子襄。思秦法峻急,藏《尚书》《孝经》《论语》于夫子旧堂壁中。'而《汉纪·尹敏传》云'孔鲋所藏'。二说不同,未知孰是。"陆德明《经典释文序录》则云:"孔子末孙惠壁藏"(据顾实考证,孔惠当即《孔子世家》之孔忠,忠、惠形近而误。孔忠,孔腾子)。实则鲋与腾为昆季,家学世传,无分彼此。兄弟合藏祖遗《尚书》《孝经》《论语》,固情理中事,不必分孰是孰非也。孔腾入仕在汉初,时高祖过鲁,以太牢礼孔子,封腾为奉祀君,惠帝朝为博士,迁长沙太守。至腾子忠,则已非壁藏之时矣。陆氏所云,不免失考。近人杨立诚、金步瀛《中国藏书家考略》因《伪古文尚书·孔安国序》有"我先人用藏其家书于屋壁"语,误以"先人"为安国父孔武,不知藏书于屋壁者为安国曾伯祖孔鲋、曾祖孔腾。孔武为孔腾孙、孔忠子。孔武为武帝博士,临淮太守,又安取藏其家书于屋壁乎?

《史记·孔子世家》;《史记·儒林传》;《汉书·艺文志》;《汉书·儒林传》;唐陆德明《经典释文序录》;顾实《汉书艺文志讲疏》;黄云眉《古今伪书考补正》;金德建《经今古文字考》。

两 汉 三 国

伏生(前260—前161),一作伏胜,字子贱,济南人。故为秦博士,世称伏生。秦燔书禁学,伏生独壁藏之。其后大兵起,流亡。汉定,至惠帝四年(前191),除挟书之律。伏生求其《书》,亡数十篇,独得二十九篇,即以教于齐、鲁之间。济南张生、欧阳生从其学而授之。声音犹有讹误,先后犹有差舛。重以篆隶之殊,不能无失。文帝时,求能治《尚书》者,天下无有,闻伏生治之,欲召。时伏生年九十余(郑玄《尚书大传叙》谓"年且百岁"),老不能行。于是诏太常,使掌故晁错往受之。由伏生女伏姬通传口授,即《今文尚书》也。伏生卒后,张生、欧阳生各论所闻,别作章句(《汉书·艺文志》著录《欧阳章句》三十一卷),又特撰大义,因经属旨,名之曰《传》(按:即《尚书大传》。《汉书·艺文志》著录四十一篇)。学者由此颇能言《尚书》,山东大师无不涉《尚书》以教。

《史记·儒林传》;《汉书·惠帝纪》;《汉书·晁错传》;《汉书·艺文志·六艺略·书序》;《汉书·儒林传》;汉郑玄《尚书大传叙》(《郑司农集》);汉卫宏《古文尚书序》;唐陆德明《经典释文序录》;金德建《经今古文字考》。

孔安国,字子国,武子。尝受《诗》于申公,受《尚书》于伏生。元朔末,为武帝博士,仕至临淮太守。早卒。当武帝初(《汉书·艺文志》误作武帝末,今据顾实《汉书艺文志讲疏》改正),鲁恭王坏孔子宅,欲以广其宫,于壁中得《古文尚书》《礼记》《春秋》《论语》《孝经》,凡数十篇,皆古字也。恭王往入其宅,闻鼓琴瑟钟磬之音,于是惧,乃止不坏。安国为孔子后,悉得其书。时无能知古文者。《古文尚书》安国以今文读之,以考二十九篇,得多十六篇。因以起其家,于是有《古文尚书》之学。天汉之后,安国家献之,遭巫蛊事,未列于学官(《汉书·艺文志》"安国家献之"脱"家"字。今据阎若璩《古文尚书疏证》卷二引荀悦《汉纪·成帝纪》"安国"下有"家"字增补)。安国为谏大夫,授都尉朝,而司马迁亦从安国问故。故迁书载《尧典》《禹贡》《洪范》《微子》《金縢》诸篇多古文说。都尉朝授胶东庸生,庸生授清河胡常,常授虢徐敖,敖授王璜、平陵涂恽子真,子真授河南桑钦、扶风贾徽,徽授其子逵。同郡杜林亦传《古文尚书》,贾逵为之作训,马融作传,郑玄注解,由是《古文尚书》遂显于世。然十六篇既无今文,卒无师说,遂逸,而郑玄《古文尚书》亦亡。今所传孔安国《古文尚书》,为东晋梅赜所献者,实出王肃或梅赜伪造,非安国之旧也。

《史记·儒林传》;《汉书艺文志·六艺略·书序》;《汉书·刘歆传》

引刘歆《移太常博士书》;《汉书·儒林传》;《后汉书·贾逵传》;《后汉书·儒林传》;阎若璩《古文尚书疏证》;顾实《汉书艺文志讲疏》。

曹曾,字伯山,后汉济阴(今定陶西北)人。本名平,慕曾参之行,改名为曾。家财巨亿,事亲尽礼。光武时,从乐安欧阳歙受《尚书》,门徒三千人,学徒有贫者皆给食。天下名书,上古以来文篆讹落者,曾皆刊正,垂万余卷。家多书,及世乱,家家焚庐。曾虑先文湮没,乃积石为仓以藏书,号"曹氏书仓"。位至谏议大夫。子祗,河南尹,传父业。

晋王嘉《拾遗记》;《后汉书·儒林传上》;光绪《曹县志》卷十二;明祁承爜《澹生堂藏书约·聚书训》。

王粲(177—217),字仲宣,山阳高平(今山东金乡以西)人。曾祖龚,祖畅,皆为汉三公。父谦,为大将军何进长史。献帝西迁,粲从至长安,左中郎将蔡邕见而奇之。时邕才学显著,贵重朝廷,常车骑填巷,宾客盈坐。闻粲在门,倒屣迎之。粲至,年既幼弱,容状短小,一坐尽惊。邕曰:"此王公孙也,有异才,吾不如也。吾家书籍文章,尽当与之。"年十七,司徒辟,诏除黄门侍郎,以西京扰乱,皆不就。乃偕族兄凯之荆州依刘表。表以女妻凯,凯生业。表卒,粲劝表子琮,令归太祖曹操。操辟为右丞相掾,赐爵关内侯,后迁军谋祭酒。魏国建,拜侍中。博物多识,问无不对。时旧仪废弛,兴造制度,粲恒典之。粲强记默识,性善算,作算术略尽其理。善属文,举笔便成,无所改定,时人常以为宿构,然正复精意覃思亦不能加。著《去伐论集》三卷,《汉末英雄记》十卷(原书佚,清黄爽辑《英雄记》一卷),文集十一卷(现存《王侍中集》一卷,《汉魏六朝百三名家集》本;《王仲宣集》四卷,明崇祯《汇刻建安七子集》本;《王仲宣集》三卷,《汉魏六朝名家集初刻》本)。建安二十一年(216),

从征吴。二十二年春,道病卒,时年四十一。初,蔡邕有书近万卷,末年载数车与粲。粲亡后,相国掾魏讽谋反,粲二子与焉。既被诛,文帝以业嗣粲,邕所与书悉入业。业,字长绪,位至谒者仆射。业子宏、弼。宏字正宗,司隶校尉。弼字辅嗣,好论儒道,辞才逸辨,注《易》及《老子》,为尚书郎,年二十余卒。藏书近万卷。

《三国志·魏书·王粲传》;《三国志·魏书·钟会传》、《王弼传》。

两晋南北朝

华恒(290前—326后),字敬则,西晋平原高唐人。廙三子,表孙。博学以清素为称。尚武帝女荥阳长公主,拜驸马都尉。元康中累迁散骑常侍。咸和初以讨王敦功封苑陵县侯。苏峻之乱,恒侍帝左右,从至石头,备履艰危。平生清恪俭素,虽居显列,常布衣蔬食,年老弥笃。死之日,家无余财,唯有书数百卷,时人以此贵之。

《晋书》卷四十四《华恒传》。

王昙首(394—430),名不详,琅邪临沂人。幼有业尚,除著作郎,不就。兄弟分财,昙首唯取图书。文帝为徐州刺史,留镇彭城,以昙首为府功曹。文帝镇江陵,自功曹为长史,随府转镇西长史。及帝即位,以昙首为侍中,迁太子詹事。著有文集二卷。

《宋书》卷六十三《王昙首传》。

王泰(南朝梁),字仲通,小字养。琅邪临沂人。祖昙首。父慈。叔王俭,为南朝齐著名目录学家。泰自幼敏悟好学,亲自抄书二千余卷。起家为著作郎,不拜,改除秘书郎。梁天监元年(502)任秘书丞。齐永元末年(501),后宫失火,延烧秘阁,图书遗散殆尽。泰上表武帝,校定缮写。帝从之。天监二年(503),任昉任秘书监、殷均任秘书丞,与泰同编纂《天监四年文德殿正御四部及术数书目录》。术数之书,更为一部,故梁有五部目录。寻转任中书侍郎,掌吏部,转黄门侍郎、吏部尚书,改散骑常侍、左骁骑将军,未拜卒,年四十五,谥夷子。

《梁书》卷二十一;《南史》卷二十二;《隋书·经籍志》;《广弘明集》卷三《七录序》后附《古今书最》。

王微(415—443),字景玄,琅邪临沂人。少好学,无不通览。善属文,能书画,兼解音律、医方、阴阳、术数。年十六,州举秀才。起家司徒祭酒,转主簿,除南平王铄右军谘议参军。微素无宦情,称疾不就。仍除中书侍郎,又拟南琅邪、义兴太守,并固辞。江湛举其为吏部郎,微不可,与何偃书,甚言尘外之适。常住门屋一间,寻书玩古,终日端坐,席皆生尘埃,惟坐处,独净。著有文集十卷行于世。

《宋书》卷六十二《王微传》。

刘善明(432—480),平原人。父怀人仕宋,为齐、北海二郡太守。元嘉末,青州饥,人相食。善明家有积粟,躬食饘粥,开仓以救,乡里多获全济,百姓呼其家田为续命田。静处读书,刺史刘道隆辟为治中从事,仍举秀才。宋孝武帝见其对策强直,甚异之。泰始初,沈文秀兵起,善明收集门宗部曲,奔从伯怀恭于北海。文秀降,除海陵太守。郡境边海无树木,善明课民种榆槚杂果,遂获其利。魏克青州,善明母陷焉。乃布衣蔬食,哀戚如持丧。元徽初,赎母还。后事齐高帝,历淮南、宣城太守。上表陈事十一条。又撰《贤圣杂语》奏之,托以讽谏。高帝深嘉其忠谠。封新涂伯。建元二年卒。赠左将军、豫州刺史,谥烈伯。家无遗储,唯有书八千卷。

著有文集十卷行于世,唐初已佚。

《南史》卷四十九《刘怀珍传》附《刘善明传》。

王俭(452—489),字仲宝,琅邪临沂(今属山东临沂)人。俭生时,父僧绰遇害,为叔父僧虔所养。数岁,袭爵豫宁侯。幼有神采,专心为学,手不释卷。尚宋明帝阳羡公主,拜驸马都尉,解褐秘书郎、太子舍人,迁秘书丞。典校坟籍,遵秘阁之制,依四部次序,撰为《元徽元年四部书目录》四卷,收书二千二十帙,一万五千七十四卷,上表献之。又依《别录》之体更撰《七志》四十卷(《隋书·经籍志》著录《今书七志》七十卷)成一家之言,其中朝遗书收集稍广。然亦不述作者之意,但于书名之下,每立一传,而又作九篇条例,编乎首卷之中。盖俭出言谋事,好深远典据,故变叙之名,从传之实。时萧道成为太尉,引俭为右长史,又转左长史、右仆射。及萧齐立,俭迁尚书右仆射,领吏部,二年(480)转左仆射,四年(482)拜尚书令。时朝廷初基,制度草创。俭识旧事,问无不答。道成叹曰:"维岳降神,生甫及申,今天亦为我生俭也。"武帝永明元年(483)加封卫将军;三年(485)领国子祭酒,加太子少傅;五年(487)又加开府仪同三司,尚书令如故;七年(489)五月卒,谥文宪。俭寡欲,恒以经国为务。车服尘素,家无余财。唯博览公私藏书,专精校雠。后开博士馆,尽以四库书充俭家。俭著有《尚书音义》四卷、《古今丧服集记》若干卷(马国翰有辑本一卷)、《丧服图书》一卷、《礼论要抄》八十卷、《礼答问》三卷、《礼义问答》八卷(马国翰有辑本一卷)、《春秋公羊音义》二卷、《孝经义疏》一卷、《皇宝书仪》七卷、《吊答仪》十卷、文集若干卷(现存《王文宪集》一卷,《汉魏六朝百三名家集》本)。

《南齐书·王俭传》;阮孝绪《七录序》;《隋书经籍志序》;《旧唐书·经籍志》;《新唐书·艺文志》;余嘉锡《目录学发微》;乔好勤《王俭论》

(《武汉大学学报》1985年第3期)。

崔慰祖(465—499),字悦宗,清河东武城(今山东武城县西)人。父庆绪,永明中为梁州刺史。慰祖解褐奉朝请。父丧,不食盐。父梁州之资,家财千万,散与宗族,假贳文疏悉焚之。好学,聚书至万卷。邻里年少好事者来从假借,日数十帙。慰祖亲自取与,未尝为辞。著有《海岱志》四十卷,半成。临卒,与从弟纬书云:"常欲更注迁、固二史,采《史》《汉》所漏二百余事,在厨簏,可检写之,以存大意。《海岱志》良未周悉,可写数本,付护军诸从事人一通,及友人任昉、徐寅、刘洋、裴揆,令后世知吾微有素业也。"时年三十五。

《南齐书》卷五十二《崔慰祖传》。

任昉(460—508),字彦升,小字阿堆,乐安博昌(今山东寿光)人。父遥,齐中散大夫。昉幼聪敏,八岁能属文。永明初,王俭领丹阳尹,昉为主簿。俭尝出,自作文令,昉点正。后为竟陵王记室参军。以父丧,去官。齐明帝除太子步兵校尉,掌东宫书记。齐明帝废郁林王,始为侍中、中书监、骠骑大将军、开府仪同三司、扬州刺史、录尚书事,封宣城郡公。昉为文起草即成,不加点窜,以表、奏、启诸体散文擅名,而沈约以诗著称,时人号曰"任笔沈诗"。萧衍开府雍州,以为骠骑记室参军,专主文翰。初,衍与昉遇竟陵王西邸,从容谓昉曰:"我登三府,当以卿为记室。"昉亦戏衍曰:"我若登三事,当以卿为骑兵。"以衍善骑也。高祖践祚,拜黄门侍郎,寻转御史中丞秘书监。出为新安太守,在郡不事边幅,率然曳杖,徒行邑郭。人通辞讼者,就路决焉。为政清省,吏人便之。卒于官,唯有桃花米二十石,无以为敛。追赠太常,谥曰敬子。

昉博学,于书无所不窥。家虽贫,聚书至万余卷(晁公武《郡斋读书志》云:昉家藏书三万卷),率多异本。昉卒后,高祖使学士贺纵共沈约勘其书目,官所无者,就昉家取之。宋齐以来,王公缙绅之家,咸有名簿,观阮孝绪《七录序》可知,然见于史者莫早于昉,是为私家藏目之权舆。

自齐永元以来,秘阁四部,篇卷纷杂,有梁之初,亡缺甚众,爰命昉躬加部集,手自雠校,定其篇目,与殷钧同撰《四部目录》。其后阮孝绪撰为《七录》,秘书所藏或因昉之旧。而昉自藏之书,当亦入录焉。

昉所著《杂传》二百四十七卷,《地记》二百五十二卷,《地理书抄》九卷(王谟有辑本一卷),《文章缘起》一卷(有《四库全书》本、《学海类编》本),《文章姓》一卷(有任兆麟校心斋十种本),《述异记》二十卷(有《汉魏丛书》本、《四库全书》本),《文集》三十四卷(现存《任彦升集》六卷,《汉魏诸名家集》本;《任彦升集》一卷,《汉魏六朝百三名家集》本;《任彦升集》五卷,《汉魏六朝名家集初刻》本)。《书目》不知卷数,共十万言,盛行于时。东海王僧孺尝谓昉才学"过于董生、扬子。昉乐人之乐,忧人之忧,虚往实归,忘贫去吝,行可以厉风俗,义可以厚人伦,能使贫夫不取,懦夫有立"。其见重如此。

《梁书》卷十四《任昉传》;《南史》卷五十九《任昉传》;阮孝绪《七录序》;《隋书经籍志序》;胡应麟《经籍会通》卷一;道光《博兴县志》卷十三;余嘉锡《目录学发微》。

刘峻(462—521),本名法武,后改名峻,字孝标,平原人。父珽(《南史》作璇之),末始兴内史。峻生期月,母还携乡里。宋泰始初,青州陷魏,峻年八岁,为人所略至中山为奴。中山富人刘实愍峻,以束帛赎之,教以书学。魏人闻江南有戚属,更徙之桑干,峻好学家贫,寄人篱下,自课读书,常燎麻炬,从夕达旦,时或昏睡,爇其须发,既觉复读,终夜不寐,其精力如此。齐永明中,从桑干还,自谓所见不博,更求异书,闻京师有者,必往祈借。清河崔慰祖称为"书淫",于是博极群书。齐明帝时,官豫州刑狱。梁天监初,召入西省,与学士贺纵典校秘书。以私载禁物为有司所奏,免官。安成王秀好峻学,及迁荆州,引为户曹参军,给其书籍,使抄录事类,名曰《类苑》。未及成,复以疾去。因游东阳紫岩山,筑室居焉,为《山栖志》,其文甚美。初,梁武帝招文学之士,有高才者多被引进,擢以不次。峻率性而动,不能随众沉浮。武帝每集文士,策经史事。时范云、沈约之徒皆引短推长,帝乃悦,加其赏赉。曾策锦被事,咸言已罄,帝试呼问峻。峻时贫悴冗散,忽请纸笔,疏十余事,坐客皆惊,帝不觉失色,自是恶之,不复引见。及峻《类苑》成,凡一百二十卷。帝即命诸学士撰《华林遍略》以高之,竟不见用。乃著《辨命论》,以寄其怀。齐末战乱,秘阁藏书多有散失。梁初,秘书监任昉亲加校点,使孝标等重加校勘,分术数之文,更为一部,延敬暅撰写名录,又于文德殿内,编撰《梁文德殿正御四部目录》四卷,著录二千九百六十八帙,二万三千一百零六卷,今佚,孝标与任昉友善,有感于昉生前功绩显赫,助人为乐,卒后家贫无人赡恤,遂愤然而作《广绝交论》,剖析势利之徒。又注释《世说新语》,引证书籍四百余种,为世所推重。原有集已散佚,明人辑有《刘户曹集》。卒,私谥玄靖。

《梁书》卷五十《刘峻传》;《南史》卷四十九《刘怀珍传》附《刘峻传》;《隋书·经籍志》卷二;余嘉锡《目录学发微》。

王僧孺(465—522),字僧孺,东海郯(今山东郯城县北)人。魏卫将军肃八世孙。曾祖雅,晋左光禄大夫、仪同三司。祖准之,宋司徒左氏史。父延年,员外常侍,未拜卒。

僧孺幼聪慧,六岁能属文。既长好学,于书无所不睹。家贫,常膺书以养母,所写既毕,讽诵亦通。

仕齐为太学博士、尚书仆射,王晏深相赏好。晏为丹阳尹,召补郡功曹,使撰《东宫新记》。司徒竟陵王子良开西邸,招文学,僧孺与太学生虞羲、丘国宾、萧文琰、丘令楷、江洪、刘孝孙并以善辞藻游焉。而僧孺与高平徐夤俱为学林。文惠太子欲以为宫僚,乃召入直崇明殿。会薨,出为晋安郡丞,仍除侯官令。建武初举士,为始安王遥光所荐,除仪曹郎,迁中书侍御史,出为钱唐令。迁太司马豫章王行参军,兼太学博士。梁天监初,除临川王后军记室,待诏文德省。寻出为南海太守。郡常有高生涼口及海舶,每岁数至,外国贾人以通货易。旧时州郡以半价就市,又买即卖,其利数倍,历政以为常。僧孺乃叹曰:"昔人为蜀部长史,终身无蜀物。吾欲遗子孙者,不在越装。"并无所取。视事二岁,声绩有闻。诏征将还,郡中道俗六百人诣阙请留,不许。既至,拜中书侍郎,领著作,复直文德省。撰起居注、《中表簿》,迁尚书左丞,俄兼御史中丞。僧孺初贫,其母鬻纱布以自业。尝携僧孺至市,道遇中丞卤簿,驱迫坠沟中。及是拜日,引驺清道,悲感不自胜。寻以公事降职,出监吴郡。还除尚书吏部郎,参大选,请谒不行,论者称其节概。时武帝纳沈约言,留意谱籍,因召僧孺改定《百家谱》。普通二年(522)卒,年五十八。

僧孺尝聚书至万余卷,率多异本,与沈约、任昉家书埒。其文丽逸,多用新事,人所未见者,时重其富博。

初,僧孺与乐安任昉遇于竟陵王西邸,以文学会友。及将之县,昉赠诗曰:"唯子见知,唯余知子。观行视言,要终犹始。敬之重之,如兰如芷。形应影随,曩行今止。百行之首,立人斯著。子之有之,谁毁谁誉。修名既立,老至何遽。谁其执鞭,吾为子御。刘《略》班《艺》,虞《志》荀《录》。伊昔有怀,交相欣勖。下帷无倦,升高有属。嘉尔晨登,惜余夜独。"昉与僧孺不独意气相投,两人且以步武刘(向、歆)、班(固),绍述虞(挚虞)、荀(勖)相勖勉,可以觇其旨趣焉。

著有《十八州谱》七百一十卷,《百家谱集抄》十五卷(王仁俊辑有《百家谱》一卷),《东南谱集抄》十卷,《文集》三十卷(现存《王左丞集》一卷,《汉魏六朝百三名家集》本),《两台弹事》五卷,《东宫新纪》若干卷并行于世。

《南史》卷五十九《王僧孺传》;《梁书》卷三十三《王僧孺传》;《汉魏六朝百三名家集》。

徐僧权(南朝梁),东海(今郯城)人。官至东宫通事舍人,领秘书,以善书法而知名。梁武帝时,僧权在皇家藏书楼装裱整理图书、名画,内府所藏名迹,多由其装裱。又善藏书。子伯阳,字隐忍,能守父书,犹藏三千余卷。

《书史会要》卷四。

刘杳,字士深,梁平原人。十三丁父忧,哀感行路。少好学,博综群书,明僧绍叹为千里之驹。沈约、任昉以下,每有遗忘皆访问焉。初知余姚,累迁步兵校尉、著作郎,官终尚书左丞。杳治身清俭,无所嗜好。自少至长,多所著述,撰《古今四部书目》五卷行于世。惜其书早亡。阮孝绪撰《七录》得杳之力为多。阮孝绪《七录序》云:“通人平原刘杳从余游,因说其事。杳有志积久,未获操笔,闻余先已着鞭,欣然会意。凡所抄集,尽以相与,广其闻见,实有力焉。斯亦康成之于传释,尽归子慎之书也。”阮孝绪《七录》及杳自撰《古今四部书目》,均属私家撰述。孝绪以杳之相助,比之康成所注《春秋》,尽归服虔,诚为笃论。然则杳“凡所抄集”,其闻见博采藏弆之广,当不在孝绪下也。杳复著有《要雅》五卷,《楚辞草木疏》一卷,《高士传》二卷,《东宫新旧记》三十卷,《文集》十五卷,均佚,唯《要雅》马国翰有辑本。

《梁书》卷五十一《刘杳传》;《南史》卷四十九《刘杳传》;阮孝绪《七录序》(《广弘明集》卷三);马国翰《王函山房辑佚书》;余嘉锡《目录学发微》96 页。

刘歊,字士光,平原人。杳弟。幼有识慧,四岁丧父,与群儿同处,独不喜弄。六岁诵《论语》《毛诗》,意所不解,便能问难。十二读《庄子·逍遥》篇曰:"此可解耳。"客问之,随问而答,皆有情理。家人每异之,谓之神童。及长,博学有文才,不娶不仕,唯与族弟訏并隐居求志,遨游林泽,以山水书籍相娱。常欲避人世,以母老不忍违。著《革终论》,年三十二卒。亲故诔其行迹,谥贞节处士。

《梁书》卷五十一《刘歊传》;《南史》卷四十九《刘怀珍传》附《刘歊传》;乾隆《平原县志》卷八。

刘訏,字彦度,杳、歊族弟,怀珍从孙也。幼孤,事伯母及昆弟孝友笃至。兄絜为之聘妻,訏闻而逃匿。辟本州主簿,不就。好释典,与族兄歊听讲于钟山诸寺,因共卜筑宋熙寺东涧,以山水书籍相娱。尝着鹿皮冠,被衲衣,游山泽,风神颖峻,意气弥远,遇者以为神仙。年三十一卒。友人谥曰玄贞处士。

《南史》卷四十九《刘怀珍传》附《刘訏传》。

刘慧斐(478—536),字文宣(《南史》字宣文,此从《梁书》),彭城(今山东微山县)人。少博学,能属文。起家安成王法曹行参军。尝游匡山,遇处士张孝秀,相得甚欢,遂有终焉之志,因不仕。居东林寺,于山北构园一所,号曰离垢园,时人谓为离垢先生。慧斐尤明释典,工篆隶,在山手写佛经二千余卷,常所诵者百余卷。简文临江州,遗以几杖。论者云:自远法师没后将二百年始有张、刘之盛矣。元帝及武陵王等书问不绝。大同三年(537)卒。

《梁书》卷五十一《刘慧斐传》;《南史》卷七十六《刘慧斐传》。

颜之推(531—约595),字介,北齐琅邪临沂(今临沂市)人。师古之祖。世善《周礼》及左氏学。梁元帝时官吏部尚书、左仆射。后奔齐,见礼于文皇帝,官至黄门侍郎、平原太守。齐亡,入周为御史上士。隋开皇中,太子召为学士,深见礼重。以疾卒。之推博览群书,情词典丽。所著《颜氏家训》凡二十篇,述立身治家之法,辩正时俗之谬;又兼论字书音训,考正典故,品第文艺。文辞茂密,而能饰以经训,故向为学者所推重。王钺《读书丛残》称其书“篇篇药石,言言龟鉴,凡为人子弟者,可家置一册,奉为明训”。此书之所以“由近及远,争相矜式”,由来已久。其中《书证》一篇,校释经文,多以北本为正,然亦参以南本,定异文是非。可见之推家中藏弆,每多异本。是以考核旧文,匡谬正俗,辨析援引,咸有根据。《颜氏家训》流传于世者主要有宋淳熙刻本,明嘉靖甲申傅太平刻本,明万历甲戌颜嗣慎刻本,明程荣《汉魏丛书》本,清康熙五十八年朱轼评点本,清雍正二年黄叔琳节抄本,清乾隆五十四年卢文弨校刻《抱经堂丛书》本,《四部丛刊》影印明刻本,上海古籍出版社排印王利器集解本。

《北齐书》卷四十五《颜之推传》;蒋元卿《校雠学史》53—54页;王利器《颜氏家训集解》余录及附录一。

萧绎(508—554),字世诚,小字七符,自号金楼子。祖籍兰陵,侨居南兰陵(今江苏常州西北),生于建康(今南京市)。天监十三年(514)封湘东郡王。初为宁远将军、会稽太守,入为侍中、宣威将军、丹阳尹。普通七年(526)出为使持节都督,荆、湘、郢、益、宁、南梁六州诸军事西中郎将,荆州刺史。中大通四年(532)进号平西将军。五年(533)入为安右将军、护军将军,领石头戍军事。六年

(534)出为使持节都督江州诸军事、镇南将军、江州刺史。太清元年(547)徙镇西将军、荆州刺史。大宝三年(552),击败侯景,称帝于江陵(今湖北荆州),史称梁元帝。性好书,在江陵时,借抄私家藏书最夥。平定侯景之乱,复收文德殿藏书及其他公私典籍,重本七万余卷,悉送荆州,故江表图书,因斯尽萃于绎矣。绎所著《金楼子·聚书》篇记其聚书之事綦详。自谓:"吾今年四十六岁,自聚书来四十年,得书八万卷。河间之侔汉室,颇谓过之矣。"西魏代梁,围困江陵,绎知事不济,乃戎服开讲《老子》于龙光殿,百官戎服静听,魏兵破城,仍马上口占为诗。迨城陷,毁太王、浑天仪,复命舍人高善宝取古画、法帖、图书十四万卷焚之。人问故,曰:"读书万卷,尚有今日!是以焚之。"欲自投火,与之俱灭。宫人引衣,遂及火灭尽。并以宝剑砍柱令折,叹曰:"文武之道,今夜穷矣。"寻为魏军所杀。周师入郢,收烬余之书十才一二,史称书之一厄。绎著述宏富,堪称一代学人。有《孝德传》三十卷、《忠臣传》三十卷、《丹阳尹传》十卷、《注汉书》一百十五卷、《玉韬》十卷、《补阙子》十卷、《湘东鸿烈》十卷、《全德志》一卷、《怀旧志》九卷、《显忠录》二十卷、《古今同姓名录》一卷、《金楼子》十卷、《洞林》三卷、《连山》三十卷等数百卷,多散佚。明阎光世辑有《梁元帝集》六卷。

《梁书》卷五《元帝本纪》;《金楼子》卷二、卷五;《隋书·经籍志》;《太平御览》卷六百十九;王仁俊辑《金楼子藏书考》(《玉函山房辑佚书续编》本);《金楼子著书考》(《玉函山房辑佚书续编》本)。

唐瑾,字附璘。父偭,字整之。其先本居晋昌之宜安县,晋乱徙丹阳。至父揣始还魏,仕至北海太守。因家焉,为北海平寿(今山东平度西南)人。年十七,周文帝召拜尚书员外郎,累迁尚书左丞、吏部郎中。时魏室播迁,庶务草创,朝章国典,瑾并参之。迁吏部尚书,进位骠骑大将军,开府仪同三司。于瑾南伐,以为元帅府长史,多所谋略。江陵平,衣冠仕伍,沦为仆隶。瑾察其才行有片善者,辄议免之。赖瑾获济者甚众,时论多焉。及军还,诸将多因虏掠,大获财物。瑾一无所取,唯得书两车载之以归。或白文帝曰:"唐瑾大有辎重,悉是梁朝珍玩。"文帝初不信之,然欲明其虚实,密遣使检阅之,唯见坟籍而已。进爵为公。屡进司宗中大夫。卒,谥方。撰《新仪》十篇,所著赋、颂、碑、诔二十余万言,传于世。

《周书》卷三十二《唐瑾传》;《北史》卷六十七《唐瑾传》。

隋 唐 五 代

杨成云,字德仙,其先关中人。素琴一张,老、庄万卷,池亭之下逍遥自娱。子弘立,仕为青丘兵马使,因家焉。

嘉靖《青州府志》卷十五《侨寓》。

颜师古(581—645),字籀,其先琅邪临沂人。世善《周官》《左氏》学。祖之推,梁散骑侍郎,入齐为黄门侍郎。齐亡,入周为御史上士。隋开皇中,召为德教殿学士,遂居关中,为京兆万年人。梁元帝据有江陵,平侯景,司徒王僧辩表送秘阁图籍八万卷,诏比校部分,为正御、副御、重杂三本。经、史、子、集,各有所司。校书诸臣有尚书周弘正、黄门侍郎彭僧郎、左仆射王褒、右卫将军庾信等十六人,而之推与焉。所著《颜氏家训》七卷述立身治家之法,辨正时俗之谬。又兼论字书音训,考正典故,品第文艺。文辞茂密,复能饰以经训,故颇为学者所重。父思鲁,以学艺称。叔父游秦,撰《汉书决疑》十二卷,为学者所称。以游秦与师古均注《汉书》,人称大颜、小颜。师古少博览,精故训,善属文。仁寿中,为安养尉。唐高祖时,授朝散大夫,累迁中书舍人,专典机密。师古性敏给,明练治体,诏令一出其手;册奏之工,当时未有及者。太宗即位,拜中书侍郎,封琅邪县男。尝受诏于秘书省考定《五经》文字,多所谍正。书既成,悉诏诸儒议。于是各执所习,共非诘师古,师古辄引晋宋旧文,随方晓答,谊据该明,出其悟表,人人叹服。因颁所定书于天下,学者赖之。俄拜秘书少监,专刊正事。古篇奇字,世所惑者,讨析申熟,必畅本源。且多引后生与校雠,抑素流,先贵势,虽商贾富室子,亦窜选中,由是素议薄之,斥为郴州刺史。未行,太宗惜其才,让之而留故官。师古乃杜门谢客,为林墟之适。施与撰《五礼》,进爵为子。又为太子承乾注班固《汉书》,时人谓为班氏功臣。贞观十一年(637)迁秘书监,弘文馆学士。十九年(645)从征辽,道病卒,年六十五。

师古多藏古图画、器物、书帖,亦性所笃爱。复著有《毛诗国风定本》一卷(佚名辑本)、《字样》一卷(民国汪黎庆辑本)、《急就篇注》一卷(明写本)、《匡谬正俗》八篇(影写宋本)等。其中以《汉书集注》(北宋景祐刻本、宋绍兴湖北提举茶盐司刻本、宋蔡琪纯父一经堂刻本等)、《匡谬正俗》为最著。观其所撰《汉书注叙例》,知其曲核古本,审订文字,有功于校雠者至钜。李唐一代,堪与并称者唯陆德明耳。《匡谬正俗》八卷,前四卷凡五十四条,论诸经训诂音释;后四卷,凡百二十条,论诸书字音及俗语相习之异。于一字音义,必详究根源,旁征博引,务使后学厘然而后已。盖其所得于之推者为多也。

《北齐书》卷四十五《颜之推传》及颜之推《观我生赋自注》;《隋书》卷四十九《牛弘传》;《新唐书》卷一九八《颜师古传》;王利器《颜氏家训集解·叙录》;蒋元卿《校雠学史》86—88页。

杜暹(《太平广记》作杜兼),唐初濮阳(山东鄄城县北)人。自高祖至暹五世同房,暹尤恭谨。事继母孝。擢明经第,补婺州参军,历郑尉,俱以清节显。开元中以监察御史覆屯碛四,拜安西副都护。守边四年,为夷夏所服。召拜同中书门下平章事,终礼部尚书。卒谥贞孝。暹聚书万卷。藏书跋尾皆自题诗以戒子孙,曰:“清俸买来手自校,子孙读之知圣教,鬻及借人为不孝。”《太平广记》引《大唐传载》:“杜兼尝聚书万卷,每卷后必自题曰:清俸买来手自校,汝曹读之知圣道,鬻与借人为不孝。”文字略异。其书至宋时入苏维岳家,所题皆完好。

《新唐书》卷一百二十六《杜暹传》;李先芳《拾翠轩记》(见《北山集》);清惠栋《松崖笔记》;《中国藏书家考略》第94页。

段成式(约803—863),字柯古,临淄邹平人。父文昌(773—835),宪宗时官翰林学士。工诗,有文名。成式以荫补校书郎。博学强记,无所不览,词多奥博,为世所珍,尤深佛理。侍父于蜀,以畋猎自放。累擢尚书郎,为吉州刺史,大中中归京,仕至太常少卿。成式家多奇篇秘籍。所撰《酉阳杂俎》二十卷《续集》十卷(有明脉望馆本、《津逮秘书》本、《学津讨原》本、四部丛刊本、中华书局方南生点校本),大抵采自秘府珍籍,或出于耳闻目见。举凡南北朝交聘使者应对仪礼、民间风土及唐代秘闻轶事,多所记述。旁及中西文化,物产交流。其中有关波斯与拂林植物,波斯船舶之训练信鸽,能消草木金铁,人手入则消烂之畔荼佉水(按即无机酸),为中西学者所重视。至其诡怪不经之谈,不仅为唐以来小说之翘楚,晚唐传奇文学之兴起亦与有功焉。

所谓《酉阳杂俎》者,盖取梁元帝赋“访酉阳之逸典”语也。酉阳即小酉山。《元和郡县志》:“小酉山下有穴,中有书千卷,旧云秦人避地隐学于此。”成式复著有《庐陵官下记》,久佚,唯南宋曾中选《类说》及宛委山堂本《说郛》曾录其若干则。成式能诗善文,与温庭筠、李商隐齐名。其诗文集未传,仅《全唐诗》中存诗词三十余首,《全唐文》中存文十一篇。

《旧唐书》卷一百六十七《段文昌传》;《新唐书》卷八十九《段志玄

传》;《四库全书总目》1214 页;郑振铎《插图本中国文学史》第 29 章《传奇文的兴起》;方南生《段成式年谱》;中华书局点校本《酉阳杂俎》及点校本《酉阳杂俎·前言》;(美)劳费尔《中国伊朗编》(商务印书馆 1964 年版)72 页;(英)李约瑟《中国科学技术史》467—470 页。

何鲁,字素臣,益都(今山东青州)人。家蓄书数千卷,以探讨自娱。尤好老、庄。五代青州为异族割据之地,贡赋不恒,巨盗充斥。鲁曰:"老氏垂戒,名与身孰亲?养生之理,深根固蒂,遂性全真而已。生逢多难,苟能去危就安,全身远害,□足无愧可也。"遂隐居不仕。

嘉靖《青州府志》卷五《隐逸》。

王师范(?—907),青州人。父敬武,平卢节度使、检校太尉。敬武卒,师范年十六,代父主平卢军。时朱全忠已并郓州。遣兵攻师范。师范乃与杨慎行密连盟,杀全忠守将娄敬思。全忠使从子友宁来攻,击败之,杀友宁。全忠怒,悉军来。获师范弟师克。师范请降,后为友宁妻所诉,族诛。

师范颇好儒学,聚书数千卷,使杨彦询掌之。杨彦询,字成章,河中宝鼎人,少事青州王师范。此叶昌炽所谓"羡煞故乡杨从事,但司藏室不论兵"者是也。南唐刘崇远《金华子杂编》云:"王师范镇守青州时,执法不渝,至今青州犹印卖《王公判事》。"是青州在五代初即已有版刻,而《王公判事》尤为我国判牍之最早印本也。

《新五代史》卷四十七《杂传》;张秀民《中国印刷史》第 42、49 页;《藏书纪事诗》卷一。

梁文矩(888—936),字德仪,郓州(今山东郓城县东)人。父景,秘书少监。梁福王友璋好接客,文矩少游其门。初试太子校书,转秘书郎。友璋领郓州,奏为项城令。友璋卒,改兖州观察判官。仕后唐,累官太常卿。高祖即位,拜太子少师。

文矩喜清静之教,聚道书数千卷,企慕赤松、留侯之事,而服食尤尽其善。后因风痹,上章请退,以太子太保致仕,居洛阳久之。天福八年(936),以疾卒,时年五十九。赠太子太傅。

《旧五代史》卷九十二《梁文矩传》。

石昂(?—943 年后),青州临淄人。昂父好学,平生不喜佛说。家有书数千卷,喜延四方之士,士无远近,多就昂学问。食其门下者或累岁,昂未尝有怠色。而昂不求仕进。节度使符习高其行,召为临淄令。后晋高祖时,诏天下求孝悌之士,昂应诏至京师,以为宗正丞,迁少卿。出帝即位,晋政日坏,昂数上疏极谏,不听,乃称疾东归,以寿终于家。

《新五代史》卷三十四《石昂传》。

翟光邺(907—952),字化基,濮州鄄城人。初事唐,官至耀州团练使。历晋汉至右领军卫大将军。周太祖入立,拜宣徽使、枢密副使。出知永兴军,广顺二年(952)卒于官,年四十六。

光邺为人沉默多谋,虽贵,不营财产,常假官舍以居,萧然仅蔽风雨。唯独好聚书,重儒者。虚斋论义,唯求理道。

《旧五代史》卷一百二十九《翟光邺传》;《新五代史》卷四十九《翟光邺传》。

和凝(898—955),字成绩,汶阳须昌(今山东东平县西北)人。梁贞明二年(916)登进士第。后唐时,累迁中书舍人、工部侍郎、翰林学士。晋初拜端明殿学士,兼判度支,转户部侍郎。天福五年(940),拜中书侍郎、同中书门下平章事。入汉拜太子太傅,封鲁国公,终于周世宗显德二年(955),时年五十八。赠侍中。

凝文章以多为富,长于短歌艳曲,故号为“曲子相公”。有集百余卷,自篆于版,模印数百帙,分惠于人。论者谓其“自著、自刻、自篆,可谓三绝。自篆者,自己誊写上版也”。沈括《梦溪笔谈》云:“和鲁公有艳词一编,名《香奁集》,凝后贵,乃嫁其名为韩偓。今世传韩偓《香奁集》乃凝所为也。凝生平著述分为《演纶》《游艺》《孝悌》《疑狱》《香奁》《籯金》六集。自为《游艺集序》云:‘余有《香奁》《籯金》二集不行于世。’凝在政府,避议论,讳其名,又欲后人知,故于《游艺集序》述之,此凝之意也。予在秀州,其曾孙和惇家藏诸书,皆鲁公旧物,未有印记甚完。”凝曾采两汉以来有关争讼难究而精察得情之案例,著成两卷,名曰《疑狱集》,其子㠖曾任将仕郎守太子中允,又继遗篇续成两卷,合为四卷,约于广顺元年(951)刊行。此为我国现存较早的有关刑法折狱著作。至明嘉靖间,张杲得此传本后,又博采典籍中记载精详之案例,编成六卷,合为十卷,续刊其后。今存咸丰元年(1851)桐乡金凤清校刊本。凝所刻书,尚有《颜氏家训》(见宋刻沈揆序)。五代私人刻书著称于世者,除毋昭裔外,唯和凝而已。明罗颐《物原》云:“五代和凝,始以梨板刊书。”然则五代和凝刻书,又早于毋昭裔刻印《九经》《文选》《初学记》《白氏六帖》矣。

《五代会要》;沈括《梦溪笔谈》;毛春翔《古书版本常谈》;《中华古文献大辞典·医药卷》;《中国印刷史》42—43页。

朱遵度,南唐青州人。宋郑文宝《江表志》卷三载:“朱遵度,本青州书生,好藏书,高尚不仕,闲居金陵。”焦竑《焦氏笔乘·金陵旧事》亦称遵度本“青州书生”。家多藏书,周览略遍,当时推为博学,人号之为“朱万卷”。避耶律德光之召,挈妻孥,携书,杂商贾奔楚,依楚文昭王马希范,希范待之甚薄,遵度杜门却扫。诸学士每为文章先问古今首末于遵度,国人号为“幕府书厨”。保大中,徙居金陵,高尚不仕。著有《鸿渐学记》一千卷、《群书丽藻》一千卷、《漆经》数卷,皆行于世。叶昌炽《藏书纪事诗》有云:“青州万卷一书生,灯炧篝香秣下城。”首句盖咏朱万卷遵度,次句咏小万卷朱昂也。

按:《直斋书录解题》著录《群书丽藻》六十五卷。《解题》云:“按:《三朝艺文志》一千卷,崔遵度编。《中兴馆阁书目》但有《目录》五十卷,云南唐司门员外郎崔遵度撰。”又云:“按《江南馀载》:‘遵度,青州人,居金陵,高尚不仕。《中兴书目》云司门郎,未知何据也。’”王辟之《渑水燕谈录》云:“遵度清节纯德,琴德尤高。”《宋史·艺文志》著录《群书丽藻》一千卷,宋遵度撰,当系朱遵度之误。《宋史·崔遵度传》,称遵度字坚白,本江陵人,后徙淄州淄川。生于周世宗显德元年(954),卒于宋真宗天禧四年(1020),年六十七。太平兴国八年(983)进士,官和州主簿、转运副使,擢著作佐郎。累迁吏部员外郎,兼左谕德。后命使契丹,判司农寺,卒。著有《琴笺》及文集二十卷,传于世。其生平事迹与《直斋书录解题》引《三朝艺文志》《中兴书目》所云崔遵度并非一人。唯《渑水燕谈录》所云“琴德尤高”,似与崔遵度著《琴笺》有关。考王士禛《香祖笔记》引僧文莹《玉壶清话》云:“开宝塔成,太宗特诏朱昂撰记。文成,敦崇严重,上深加叹奖,与宗人朱遵度号大小‘朱万卷’。”是崔遵度外,当另有朱遵度其人。所谓“朱万卷”者,当系青州书生朱遵度。宋陈振孙《直斋书录解题》以《群书丽藻》误为崔遵度,崔、朱相混,由来已久,遂致不可究诘。

陈振孙《直斋书录解题》卷十五;焦竑《焦氏笔乘》续集卷七;《藏书纪事诗》卷一;杨锦先《五代青州大藏书家朱尊度》(见《山东图书馆季刊》)。

宋

田敏(879—971),淄川邹平人。少通春秋之学,梁贞明中举进士。仕后唐国子司业,晋天福四年(939)授祭酒,检校工部侍郎。开运初迁兵部侍郎,充宏文馆学士,改检校右仆射。乾祐中拜尚书右丞。周显德初拜太常卿,检校右仆射,加司空。宋乾德中,官工部尚书,改太子少保致仕。开宝四年(971)卒,年九十二。敏笃于经学,后唐天成初,奉诏删定《书仪》,又与马镐等同校《九经》。周世宗称敏:"详明礼乐,博涉坟典,为儒学之宗师。"《册府元龟》亦记:"今朝廷富有鸿硕,如兵部尚书张昭、太常卿田敏为文儒领袖也,或家藏万卷,或手校'六经',实后学之宗师,为当今之雄。"然所校经书,好似独见自任。如将《尚书·盘庚》中"若网在纲"改为"若纲在纲",重言"纲"字,舛误甚多。撰有《删定书仪》。

《全唐文》卷八六五;《册府元龟》卷六〇一、卷七三〇;《新五代史》卷四、卷四十一、卷四十三、卷七十八、卷八十至卷八十四、卷八十九;民国《邹平县志》卷十五、卷十七。

张平(924—986),青州临朐人。宋太宗时官右班殿直,迁供奉官,监阳平都木务兼造船场。旧官造舟成,以河流湍悍,备其漂失,凡一舟调三户守之,岁役户数千。平遂穿池引水,系舟其中,不复调民。累官盐铁使。

平好史传,微时遇异书,尽目耽玩,或解衣易之。及贵,聚书数千卷。

《宋史》卷二百七十六《张平传》。

赵熔(944—998),字化钧,沧州乐陵(今山东乐陵市)人。以刀笔事太宗于藩邸。及即位,补东头供奉官,以告秦王廷美阴事,迁六宅使。累官同知枢密院事。真宗立,出为寿州观察使。咸平元年(998)三月卒,年五十五。赠忠正军节度。

熔少涉猎文史,美书翰,委质晋邸,以勤谨被眷。本名容,太宗改为熔,曰:“陶熔所以成器也。”熔性好佛,多蓄古书画。

《宋史》卷二百六十八《赵熔传》。

戚同文　曹诚

戚同文,字文约,楚丘人(今山东曹县东南)。世为儒,幼孤,祖母携育于外氏,奉养以孝闻。祖母卒,昼夜哀号,不食数日,乡里为之感动。始,闻邑人杨悫教授生徒,日过其学舍,因授《礼记》,随即成诵,日讽一卷,悫异而留之。不终岁,毕诵五经。悫即妻以女弟。自是弥益勤励读书,累年不解带。时晋末丧乱,绝意禄仕,且思见混一,遂以同文为名。悫依将军赵直家,遇疾不起,以家事托同文,即为葬三世数丧。直复厚加礼待,为筑室聚徒,请益之人不远千里而至。登第者五六十人,宗度、许骧、陈象舆、高象先、郭成范、王砺、滕涉皆践台阁。同文纯质,尚信义,所与游者皆一时名士。乐闻人善,未尝言人短。与宗翼、张昉、滕知白为友。生平不至京师。长子维,任随州书记,迎同文就养,卒于汉东,年七十三。好为诗,有《孟诸集》二十卷。杨徽之尝因使至郡,一见相善,多与酬唱。徽之尝云:陶隐居号坚白先生,先生纯粹质直,以道义自富,遂与其门人追号坚素先生。北宋承平时,士大夫家如历阳沈氏(立)、庐山李氏(常)、九江陈氏(景元)、鄱阳吴氏,以及王曙(谥文康)、李昉(谥文正)、宋绶(谥宣献)、晁说之(字以道)、刘羲仲(字壮舆)等皆号藏书之富,而戚氏预焉。同文既殁,大中祥符二年(1009),府民曹诚,即同文旧居旁造舍百余区,聚书数千卷,延生徒讲习甚盛,诏赐额为本府书院,命其孙奉礼郎舜宾主之(舜宾为同文次子纶所生)。

按:王明清《挥麈录》、周密《齐东野语》均称南都戚氏,而《宋史·戚同文传》称楚丘人。《宋史》戚同文子《戚纶传》称应天楚丘人。考应天府置于北宋景德三年(1006),治所在宋城县(今河南商丘市),大中祥符七年(1014),建为南京。与王明清、周密所称南都戚氏相合。又考历史上有两楚丘,一在今山东曹县东南,一在今河南滑县东北。宋代曹县东南之楚丘即属应天府,则戚氏、曹诚应为山东人无疑。《宋史·戚同文传》作"字同文",《戚纶传》作"字文约",此从《戚纶传》。关于戚同文的史实,各家记载不一。宋徐度《却扫编》谓:"五代之乱,天下无复学校。富人曹诚首建书院,邀楚丘戚先生主之。先生名同文,生唐天祐中。历五代,入本朝,皆不仕。以文学行义为学者师,士争趋之。曹氏益复买田市书,以待来者。事闻京师,有诏赐名应天府书院。"据《宋史·戚同文传》,为同文筑室聚徒者乃邑人杨悫,而非曹诚。曹诚建书院,买田市书,以待来者,事在同文殁后,主讲者为同文之孙,且有明确时间记载。《却扫编》似出传闻之误。

《宋史》卷四百五十七《戚同文传》;《宋史》卷三百零六《戚纶传》;《藏书纪事诗》转引王明清《挥麈录》、周密《齐东野语》、徐度《却扫编》。

周起(宋真宗时人),字万卿,淄州邹平(今邹平北)人。父意,知卫州,坐事削官。起才十三,诣京师讼父冤,父乃得复故官。举进士,通判齐州。知开封河中府,所至有风烈。累官枢密副使。卒,赠礼部尚书,谥安惠。

起性周密,凡奏事及答禁中语,随辄焚草,故其言外人无知者。家藏书至万余卷,与弟超俱能书。超尝集古今人书为《书苑》十卷。

《宋史》卷二百八十八《周起传》。

王继恩(? —1011 后),棣州(今惠民县)人。辽睿智皇后南征,被俘为阉竖。性聪慧,通书及辽语。圣宗时累官内库都提点。继恩好清谈,不喜权利,每得赐赍,市书至万卷,载以自随,诵读不倦。宋使来聘,多充宣赐使,后不知所终。

《辽史》卷一百零九《王继恩传》。

姜潜(1002后—1069后),字至之,奉符太平镇(今泰安市东南,宁阳县东北)人。初与李缊同师石介读《易》徂徕山中。后缊为奉符尉,六月暴雨,山潦涨发,镇被水,潜宅尤甚。潜扶持老母及妻子弟妹出没水中,走四里余,就阜以避。缊闻乃囊面馈之,并借弓手营救。潜及家人得免于厄。缊因以私役人得罪。石介为作《朋友解》。后中进士,以田况荐,召试学士院,为明州录事参军。母病思乡,求致仕。吴奎、韩绛芝荐,乃徙兖州,又荐为国子监直讲。神宗闻其贤,召访以治道。知陈留数月,青苗令下,移疾竟去。卒年六十六。家有藏书数千卷,尽为水害。

同治《泰安县志》卷十二;光绪《宁阳县志》卷十三;石介《徂徕石先生文集》卷八《朋友解并序》(中华书局1984年版)。

黄京(1025—1082),济州金乡人。幼颇有意于读书,顾父老,劳于家事,以其身衣食百口,而买书数千卷藏之家,曰:"吾以畀吾儿。"

晁补之《鸡肋集》卷六十六《黄君墓志铭》。

张循(1048—1096),字达道,莱州莱阳人。其先出于清河,历五季遂徙焉,谱系不传。曾祖鲁故不仕。祖从谏,故赠通议大夫。父皞故不仕。循自少好学,吐辞清劲,有古人风。甫冠怙恃继亡。洒扫一室,购集群书,未尝一日释卷。绍圣三年(1096)七月病故,享年四十有九。

民国《莱阳县志》卷三之三下。

刘挚(1030—1097),字莘老,永静东光(今属河北省)人,十岁而孤,鞠于外氏,就学东平,因家焉。嘉祐中擢甲科。历冀州南宫令,以治行闻。徙江陵观察推官,用韩琦荐,得馆阁校勘。王安石一见器异之,擢检正中书礼房,月余为监察御史里行。然挚不附安石,上疏极论新法之弊。神宗不听,谪监衡州盐仓。哲宗朝擢侍御史。论罢蔡确、章惇,累迁尚书右仆射。后为谗所中,连贬鼎州团练副使、新州安置,至数月,抱疾卒。年六十八。绍兴初,赠少师,谥曰忠肃。

挚嗜书,自幼至老未尝释卷。邃于三礼、《春秋》,教其子孙。家藏书多自雠校,得善本或手抄录,孜孜无倦。有文集四十卷,久无传本,四库馆从《永乐大典》辑得《忠肃集》二十卷。有武英殿聚珍版书本、《丛书集成初编》本增清孙星衍《拾遗》一卷。

《宋史》卷三百四十《刘挚传》、《宋史·艺文志》;《四库全书总目》第1320页。

张仲原(1051—1100),字纯臣,济州巨野人。试吏部不中,父亡,尽舍举业。平生好聚书,不计所偿,掇拾数千卷。指以示诸子曰:“吾为汝曹得良产。”即其居东南辟地种松竹,中为大堂,环壁架书,邀至俦好,论说终日,诗酒相娱以终。

李昭玘《乐静集》卷二十九《张纯臣墓志铭》。

赵明诚(1081—1129),**李清照**(1084—1155)。明诚字德父,亦作德甫,宋密州诸城(今诸城市)人。父赵挺之,官至尚书右仆射,兼中书侍郎,力排元祐党人。尝与修国史,编修《国朝会要》。李清照,自号易安居士,又署易安室,济南章丘明水人。自幼有才藻,善属文,工诗词,有名于时。父李格非,有文名。母汉国公王准孙女(《宋史·李格非传》作王拱辰孙女,此从宋庄绰《鸡肋编》),善属文。格非曾出东坡门,与苏门四学士中晁补之、张耒等有通家之谊。官礼部员外郎,与挺之同居京师,而政见各异。复因不肯与编元祐章奏,入党籍。著有《洛阳名园记》传于世。明诚为挺之幼子,颇好文义。年二十一为太学生,娶清照为妻。每遇苏黄诗文,虽半简数字必录藏,以此失好于父。然明诚后二年,以荫入仕。会挺之卒,夫妇屏居青州者十年。政和二年(1112)明诚以秘书少监上书言事。宣和三年(1121),出守莱州。靖康元年(1126)迁淄川。建炎春奔母丧南下,时金人已破东京,明诚以朝散大夫、秘阁修撰复知江宁,仍兼江南东路经制使。建炎三年(1129)春二月罢守江宁。五月至池阴,被旨知湖州。六月从高宗移驾江宁,明诚独赴行在。旋疡,八月十八日卒于建康,年四十九。明诚与清照同好金石图书。赵、李族寒,素贫俭。时居京师,每朔望谒告,出,质衣,取半千钱,步入相国寺,市碑文果实。归,相对展玩,自谓"葛天氏之民"。逌出仕宦,便有饭蔬衣练,穷遐方绝域,尽天下古文奇字之志。日就月将,渐益堆积。明诚父居政府,亲旧或在馆阁,多有亡诗、逸史、鲁壁、汲冢未见之书,遂力传写,浸觉有味,不能自已。后或见古今名人书画,三代奇器,亦复脱衣市易。崇宁间,有人持徐熙《牡丹图》,求钱二十万。当时以钱非易得,留信宿,计无所出而还之,夫妇相向惋怅者数日。及连知莱、淄二州,竭俸入以事铅椠。每获一书,即共同校勘,整集签题。得书、画、彝、鼎,亦摩玩舒卷,指摘疵病,夜尽一烛为率。清照性偶强记,每饭罢,坐归来堂烹茶,指堆积书史,言某事在某书某卷第几叶第几行,以中否与明诚角胜负,为饮茶先后。中即举杯大笑,至茶倾复怀中,反不得饮而起。夫妇储书、读书之乐有如此者。收书既成,归来堂起书库,大橱簿甲乙,置书册。如要讲读,即请钥上簿,关出卷帙。或少损污,必惩责揩完涂改。清照以好书,复谋食去重肉,衣去重采。宁肯首无明珠、翠羽之饰,室无涂金、刺绣之具。遇书史百家,字不刓阙、本不讹谬者,辄市之,储作副本。自来家传《周易》《左氏传》,故两家者流,文字最备。于是几案罗列,枕席枕藉。自谓:"意会心谋,目往神授,乐在声色狗马之上。"齐鲁自有藏书以来,盖未之见也。

靖康之变,明诚、清照四顾茫然。建炎元年(1127),清照随明诚南下,既长物不能尽载,乃先去书之重大印本者,又去画之多幅者,又去古器物之无款识者,后又去书之监本者、画之平常者、器之重大者。凡载书十五车,至东海,连舻渡淮,又渡江,至建康。是年十二月,金人陷青州,青州故第所锁书册什物十余间屋尽为煨烬矣。迨建炎三年(1129)明诚殁,清照辗转洪州(今江西南昌)妹婿处。时尚有书二万卷,金石刻二千卷,是年十一月金人破洪州,书卷长物,由是尽失。而清照自携古铜器物欲赴外廷投进,至越,已移幸四明,不敢留家中,并写本书寄剡。后官军收叛卒取去,尽入故李将军家。至此,所谓岿然独存者,无虑十去五六矣。然清照尚有书画砚墨,可五七簏,不忍置他所,常在卧榻下,手自开阖。在会稽(今绍兴),卜居土民钟氏舍。忽一夕,穴壁负五簏去。清照悲恸不已,万计求之,遂不可出。闻尽为福建路转运判官吴说所得。清照所存者仅有一二残零不成部帙书册三数种而已。然即此平平书帙,犹复爱惜如护头目,岂真如易安自谓:“人性之所著,死生不能忘之欤?”叶昌炽《藏书纪事诗》云:“不成部帙但平平,漆室灯昏百感生。安得归来堂上坐,放怀一笑茗瓯倾。”可谓善知明诚、清照者矣。时东南兵火,典籍沦亡,蔡京所修《哲宗皇帝实录》一百卷、《后实录》九十四卷,馆阁中遍求无着,绍兴五年(1135),始于婺州得之于赵氏,盖清照时正避地金华也。(《宋会要辑稿》据《永乐大典》引《中兴会要》有两说:一说,绍兴二年十一月二十三日秘书少监洪炎言,国史实录善本,得之于泉州故相赵挺之家;另一说,绍兴五年五月三日诏令婺州取索故直龙图阁赵明诚家藏《哲宗皇帝实录》缴进。此从王学初《李清照事迹编年》,系于绍兴五年,得之于婺州赵氏。)

初明诚在东莱静治堂,以所获上自三代,下迄五季,钟、鼎、甗、鬲、盘、彝、尊、敦之款识,丰碑、大碣,显人、晦士之事迹,凡见于金石刻者二千卷,每晚皆亲自校勘,是正讹谬,撰有题跋者五百二卷。按欧阳修《集古录》例,成《金石录》三十卷。绍兴四年(1134)秋八月,清照作《金石录后序》,绍兴中表上于朝。自此《金石录》板行于世(现存最早者为宋淳熙龙舒郡斋刻本,有《古逸丛书三编》影印本),为考古订史者所取资焉。清照有《李易安集》十二卷,晁公武《郡斋读书志》、连江陈氏《世善堂藏书目录》均有著录,唯《宋史·艺文志》作七卷。《四库全书》著录《漱玉词》一卷,乃采自毛氏汲古阁本,为词仅十七首,附以《金石录后序》节文。光绪间,半塘老人四印斋本,增辑至五十首,与朱淑真《断肠词》合刊。然《漱玉集》一卷本,陈振孙《直斋书录解题》即已有之,而《宋史·艺文志》著录《易安词》六卷,则宋以来全集、词集,已非一本矣。近人王学初有《李清照集校注》(人民文学出版社 1979 年版),前人误题清照词,均已删除。清照另有《打马图经》一卷(《直斋书录解题》作《打马赋》),通行者有《粤雅堂丛书》本、叶德辉刻《丽廔丛书》本。

李清照《金石录后序》;《宋史》卷三百五十一《赵挺之传》、卷四百四十四《李格非传》;俞正燮《易安居士事辑》;黄盛璋《赵明诚李清照夫妇年谱》(附《李清照集》后);王学初《李清照事迹编年》、《李清照著作考》(见《李清照集校注》,人民文学出版社 1979 年版);于中航《〈廉先生序碑〉与李清照里籍问题》(见《光明日报》1981 年 6 月 15 日);徐培均《李清照》(上海古籍出版社 1981 年版)。

晁说之(1059—1129),字以道,少慕司马光之为人,光晚号迂叟,因自号景迂。宋巨野(今山东巨野)人。父端彦,为宗悫孙。说之与弟冲之(字叔用,公武父)俱有名于时。说之元丰五年(1082)进士,苏轼以著述科荐之。元祐中以党籍放斥。靖康初,召为著作郎、中书舍人,兼太子詹事。建炎初,擢徽猷阁待制。高宗恶其作书非孟子,勒令致仕。年七十一卒。说之博极群书,善画山水,工诗、通六经,尤精《易经》。高似孙《史略》谓“说之与贺铸均富收藏,精校雠。说之五世藏书,虽不及宋宣献,而校雠最为精确”。著书数十种,靖康中经乱散失,仅存《儒言》一卷(有《晁氏三先生集》本、《学海类编》本)、《晁氏客语》一卷(有《百川学海》本、《学海类编》本、《晁氏三先生集》本、《晁氏丛书》本)。其孙子健搜访遗文,尝辑为《景迂生集》十二卷。其后续有所得,重编为二十卷(其中十三卷即《儒言》),陈氏《直斋书录解题》曾有著录。盖即《四部丛刊续编》影印之《嵩山文集》。其不题“景迂”而称“嵩山”者,因卷首次行题名,首冠“嵩山景迂生”数字,传录者即据首二字以定名也(商务影印传抄本《嵩山文集》二十卷,尚留宋本原貌。附张元济《卷三负薪对校勘表》一卷,可以发四库馆臣窜改之覆)。

高似孙《史略》卷五;《四库全书总目》779 页、1037 页、1334 页;《涉园序跋集录·嵩山文集》。

董逌,字彦远,宋东平人(一说益都人)。靖康间,官司业,监起书籍。建炎三年(1129),从驾南渡,由中书舍人充徽猷阁待制。王明清《挥麈前录》尝记:“蔡居安食瓜,令坐上征瓜事,坐客不敢尽言,居安所征为优。校书郎董彦远连征数事,皆所未闻。识者谓彦远必不能久于内,后数月果补外。”王应麟尝见其《除正字谢启》,叙字学涉猎该洽。逌博古嗜奇,广蓄异书。宣和中,与黄伯思均以考据赏鉴擅名。著有《广川书跋》十卷(有《王氏书画苑》本、《津逮秘书》本、《四库全书》本、《适园丛书》本、《丛书集成初编》本),《广川画跋》六卷(有《王氏书画苑》本、《四库全书》本、《十万卷楼丛书》本、《丛书集成初编》本、《藏修堂丛书》本附有清刘晚荣撰《校书记》六卷),《广川藏书志》二十六卷,《广川诗故》四十卷。其书名均题曰“广川”者,从郡望也。

逌精于鉴别书画,《广川书跋》《广川画跋》即为其品评书画之作,论断考证,皆极精当,至今尤为人称道。《四库全书总目》以丁特起《孤臣泣血录》记其受张邦昌伪命,为之抚慰太学诸生事,谓"其人盖不足道,然其鉴赏书画,至今推之"。书跋虽多疏舛,"要不害其鉴别之精",可谓笃论。《广川诗故》,其说兼取三家。谓《齐诗》尚存,《韩诗》虽缺,犹可参考。《广川藏书志》早已亡佚,陈氏《直斋书录解题》谓"以其家藏书,考其本末而为之论,说及于诸子而止",则尚可考见崖略。王应麟《困学纪闻》称"班固《艺文志》,论阴阳家者流,出于羲和之官,所载二十一家之书皆不存,隋唐以来,子部遂阙阴阳一家。至董逌《藏书志》,始以星占、五行书为阴阳类"。《直斋书录解题》稍增损之,以"时日""禄命""遁甲"等备阴阳一家之阙。是《广川藏书志》在书目中犹有创见也。

子董棻,字令升,绍兴间知严州,官中书舍人。述其父逌之学,撰《广川家训》三十卷。《广川书跋》《广川画跋》,皆为棻所搜辑。其所撰《广川书跋序》云:

> 棻家自上世以来,广蓄异书,多有前人真迹。先君生而颖悟,刻苦务学,博极群书,讨究详阅,必探本原。三代而上,钟、磬、鼎、彝既多有之。其款识在秘府,若好事之家,必宛转求访得之而后已。前代石刻在远方,若深山穷谷、河心水滨者,亦托人传杭墨本。知识之家与先君相遇,必悉示所藏,祈别真赝,订证源流。若书画题跋,若事干治道,必反覆详尽,冀助教化。其本礼法可为世范者,必加显异,以垂模楷。或涉同异,事出疑似者,必旁证他书,使昭然易见。探古人用意之精巧,伪不能惑;察良工之所能,临摹不能乱。爰自南渡,乡关隔绝,先世所藏,莫知在亡,或已散逸。过江随行所携,败于兵火,今所存得于煨烬之余。年来为裒集在者,得《书跋》,厘为十卷。《画跋》六卷,缮写藏诸家庙,别录以亦子孙,俾知先君博物洽闻,古今鲜俪,无坠家训,庶或师范其万一焉尔。

斯可以觇董氏庋藏及考订品评书画之渊源焉。叶昌炽《藏书纪事诗》云:"辕固口授无章句,人间安得《齐诗故》。但看坐上快征瓜,便识广川九经库。"不失为纪实之作。

影印文渊阁本《广川书跋》;《直斋书录解题》卷十二;民国《东平县志》卷十一;《四库全书总目》959页;《三朝北盟会编》卷七十八;王应麟《困学纪闻》卷八;《藏书纪事诗·附补正》第42页;余嘉锡《四库提要辨证》;《中国丛书综录》第2册913页。

朱轩,原籍大梁,其祖官东平,遂家焉。家蓄书万卷,皆其祖所藏。金人南下,轩方以事在江南,与其家不相闻者十年,然未尝一日不念其藏书。一日与宣城周紫芝言及,并出示其所存书目,紫芝为撰《朱氏藏书目序》。紫芝,字少隐,自号竹坡居士,绍兴中登第,历官枢密院编修官,出知兴国军。著有《太仓稊米集》七十卷、《竹坡词》三卷、《竹坡诗话》一卷。其序云:

自古学士大夫之家,未有不以家藏图书为美。盖高赀者,积货以遗子孙酒肉费耳。此蓄书之富,所以独为后世之美谈也。昔人有画鸟者,必蓄活鹰以规其形似。后子孙废画而捕鹰,养鹰必饲以鼠。后之子孙废鹰而捕鼠。故蓄蒲博之具者,其后必好博,而蓄书者其子孙必读书,势不得不然也。文林郎朱君轩,世居大梁,其祖官东平,因徙居焉。金人南下,东平陷没,君方以事在江南,遂与其家不相闻,今既十年矣。一日与仆言,为之出涕,且曰:吾家藏书万卷皆在东平,今所存唯书目。因出以示仆,皆其祖朝议君所藏。自五经诸子百氏之书,皆手校善本。其余异书小说,皆所未尝知名者。秦汉以来,至于有唐,文人才士,类书家集,犹数千卷。呜呼,可谓富矣哉!君因俾余序其目而藏之。余诘其所以序之之意,君曰:吾祖以善人称于乡里,子孙决不至于中绝,吾有季弟,离东平时年十五,今二十有五六岁矣。有幼子未能胜衣,而眉目伟秀,嶷嶷如成人。使其不死,今亦可年二十余。万有一吾书不为煨烬,犹可幸其复存,他日可为吾家旧物。子其为我记之。余闻其言,为之怆然而告之曰:事有兴衰,物有成坏,此理之常,所不可逃者。古之有天下国家者,群玉之山,图书之府,秘而藏之,不可胜记。往往至于盗贼兵火,扫灭无余。隋牛弘之论书有五厄,非虚语也。国家遭罹兵祸,三阁图书犹不免厄,况其余哉?今子家虽堕虏,而身犹能抱遗书之总目,念家世之勤劳,以幸朝廷克复境土,再有中原,尚能保其所藏,以不失为中朝贤士大夫之家,则其志固亦可嘉矣。昔韩偓著《香奁》,昭宗之乱,散失不全。而苏玮得其第一篇,偓犹自述以为可喜。他时使君得其全书,则其为喜何如哉!子姑俟之毋躁。

朱轩处乱离之际,虽其家藏书存亡未卜,犹独抱其藏书目录,护之如头目。然则轩非徒好博而蓄书者,抑亦晁、陈之流亚也。惜书目早佚,仅于竹坡序得以窥其崖略。叶昌炽谓"朱轩之祖名字无考,据轩所述,在靖康兵火以前,故与方渐同次南渡之前,汴京之末"。《藏书纪事诗》云:"袖里零丁已十年,家山回首黍离边。异时倘遂冬郎愿,喜见《香奁》第一篇。"所谓"冬郎"者,盖即竹坡所引韩偓故事。偓十岁能诗,李商隐集中称韩冬郎即席得句者也。

周紫芝《太仓稊米集》卷五十二(影印文渊阁《四库全书》本);《藏书纪事诗》卷一。

晁公武(1105—1180),字子止,宋巨野人。五世祖迥,谥文元。高祖宗悫,谥文庄。父子均以文章德业,被遇真宗、仁宗两朝,继掌内外制,赐第京师昭德坊,一时门第之盛,得未曾有,富贵亦莫与伦比。晁氏一门,人才辈出。祖端彦字美叔,又与章惇同生、同榜及第,又同为馆职,常以三同相呼。绍圣初,惇入相,端彦见其所为,力谏,黜为陕守,历秘书少监开府仪同三司。文章书法,朝野宗尚。伯祖端禀,字大受,号寂默居士,第进士,历知尧山县,然不乐仕进。晚尤自放于酒,著杂文数千言。与祖父同辈者,尚有端友(字君成)、端礼(字次膺)。端友长于诗,端礼工于词。父冲之,字叔用,有《具茨集》。说之(字以道)、补之(字无咎)、贯之(字孝一)、咏之(字文道)与冲之为兄弟行,俱以诗文名于时。说之与冲之同出端彦。唯冲之志栖林涧,不肯陪伊优之列,甘随于芳之后,论者贤之。

公武于靖康末避乱入蜀,绍兴二年(1132)举进士。初为四川转运使井度属官。井度,字宪孟,南阳人,嗜书善藏,以刊印《眉山七史》著称于世。著有《会解楞严经》《分灯集》《禅苑瑶林》等书。公武既而为四川宣抚总领官赵不弃钱粮所主管文字。十七年(1147)以左朝奉郎通判潼川府,二十一年(1151)前复以赵不弃荐知恭州,移知荣州,又知合州,转潼川路转运使判官。二十七年(1157)为王珪劾罢。旋金安节荐为台谏。三十一年(1161)入为监察御史。隆兴二年(1164),汤思退罢相,洪适草制作平语,时公武为殿中侍御史,击之。乾道元年(1165)徙户部侍郎。三年(1167)为利州路安抚使,继兼知成都府。四年(1168)以敷文阁待制为四川安抚制置使。时米价腾贵,人民告饿。公武以钱三百万贯、籴米六万石,专充赈粜,以备久远,民甚赖之。五年(1169)知兴化府,请以屯田三年所收最高一年为额等第,均数召佃,放兵及保甲以护边,从之。复为四川制置使。六年(1170)三月乙丑,以与王炎不协,罢四川制置使,归宣抚司。七年(1171)五月十五日,以敷文阁直学士左朝议大夫除临安少尹。七月三日以与判官不合而罢(一说乾道六年移知扬州,七年又知潭州。五月除临安少尹),累官吏部侍郎。公武尝过嘉定府之符文镇,谓山川风物似洛中,因家焉。卒葬符文乡。李焘为撰《墓志铭》,唯李焘集早亡,今仅于《系年要录》绍兴十七年二月注中略见引文而已。

公武家自文元公来,以翰墨为业者七世(按公武家自五世祖迥,四传即至公武,应为五世,此从公武《郡斋读书志自序》)。故家多书,而是正之功,世无与让焉。然自中原无事时已有火厄,及兵戈之后,尺素无存,每以无书可读为恨。会井度自知兴元府至领四川转运使,常以俸之半,传录异书。时巴蜀独不被兵,人间多有异本,井度闻之,未尝不力求,必得而后已。历二十余年,所有甚富。既罢,载以舟,居于庐山之下。宿与公武厚,一日贻书曰:"度老且死,有平生所藏书,甚秘惜之。顾子孙稚弱,不自树立。若其心爱名,则为贵者所夺;若其心好利,则为富者所售,恐不能保也。今举以付子,他日其间有好学者而后归焉。不然,则子自取之。"公武惕然从命,凡得书五十箧(袁本作计若干部若干卷)。合其家旧藏,除其重复,得二万四千五百卷有奇。时公武知荣州,以三荣僻左少事,日夕躬以朱黄雠校舛误,每终篇撮其大旨论之,撰为《郡斋读书志》四卷,并自序其得书及雠校始末。末署"绍兴二十一年(1151)元日昭德晁公武序"。其后公武续有所得,辄加增补,故四卷本《读书志》中往往有绍兴二十一年(1151)以后所得之书。其最后成书当在乾道七年(1171)罢返之后。四卷本首先刊于蜀中者,为公武门人承议郎通判茂州军州事杜鹏举。其所为《昭德先生郡斋读书志序》云:

> 先生姓晁氏,名公武,校井氏书为《读书志》凡四卷。鹏举作邑峨下,望先生沧州之居,鸡犬相闻,暇即问奇字于古松流水之间。一日叩以此书,忻然相付。先生博物洽闻,雅称海内。孰知万籍楼中,先生所得盖已超出文字,而此筌蹄尚足为贫子之光,因广其传。庶吾侪晚学,于未见书略知其概,尚先生刮蒙发蔀之意云。

时公武优游于峨下古松流水之间,距日夕丹黄雠校于荣州郡斋已二十余年矣。其后公武门人姚应绩编为二十卷,凡所增益,往往皆晁氏之书。淳祐己酉(1249)南充游钧刻于信安郡,是为衢本。番阳黎安朝于原志四卷之后,录赵希弁家藏书为《附志》,合为五卷,希弁又录衢本姚氏所增四百三十五部八千二百四十五卷为《后志》二卷。复以衢本与原志同书异名,或入类不同,以及原志有而为衢本遗者,撰为《考异》,淳祐庚戌(1250)合刊于宜春郡,是为袁本。袁本原刊久佚,赖康熙六十一年(1722)海宁陈师曾据旧抄本传刊,始行于今世。嘉庆二十四年(1819)吴门汪氏艺芸书舍得瞿中溶所藏衢本旧抄,倩吴县黄丕烈、嘉兴李富孙雠校付梓。两本已均非袁、衢之旧。迨1925年清室善后委员会清点故宫图书,则袁州真本在焉。1936年上海商务印书馆照原式影印,收入《续古逸丛书》。1937年复收入《四部丛刊三编》,于是世人始知袁州本尚在人间,盖沉埋已六百余年矣。

井度子晦之,周紫芝曾得其家藏《谯郡先生集》一百卷,并泣为紫芝言:"百卷之书,皆先君无恙时,贻书交旧而得之,手自校雠,为之是正,凡一千八百三首,历数年而后成。君能裒其所未得者以补其遗,是先君之志也。"(见《太仓稊米集·书谯郡先生文集后》)公武《郡斋读书志序》曾谓倘遇井氏子孙之贤者,当如约还瓻。然终公武之世未闻将井氏书归晦之。叶昌炽《藏书纪事诗》深叹"甚矣践言之难",并系以诗云:"第四坊迷养素园,沧州鸡犬亦仙源。井公未必无贤裔,息壤何缘竟食言。"第三四句,即指此而言。然窃以为《读书志》四卷本,皆井公书,公武日夕朱黄雠校,正其舛误,撮其指要,其有功于流略者大矣。数百年来,言目录者,无不以晁志、陈录视同双璧。《四库全书总目》论《直斋书录解题》曰:"古书之不传于今者藉是以求其崖略;其传于今者亦藉是以辨其真伪,核其异同。"《读书志》亦何独不然。是井公以其书授公武,可谓得其人矣。叶氏责公武未能践约,掇其小者而遗其大者,似未为知人之论也。

公武尚著有《易诂训传》十八卷、《尚书诂训传》四十六卷、《毛诗诂训传》二十卷、《中庸大传》一卷、《春秋诂训传》三十卷、《稽古后录》三十五卷、《昭德堂稿》六十卷、《嵩高樵唱》二卷、《老子通述》二卷。

《建炎以来系年要录》卷一百五十六;《宋史》卷三百五《晁迥传》、卷四百四十四《晁补之传》;《宋史·艺文志》;袁本《昭德先生郡斋读书志》;《直斋书录解题》19、235、305页(上海古籍出版社1987年版);《四库全书总目》729页;黄丕烈《衢本郡斋读书志序》及李富孙跋长洲汪氏艺云书舍抄本《衢本郡斋读书志》;清陈祺寿《宋目录学家晁公武、陈振孙传》(《国粹学报》第68期);《藏书纪事诗》37—39页;张元济《郡斋读书志跋》(《涉园序跋集录》145—148页);孙猛《郡斋读书志衢袁二本的比较研究》(《文史》第二十期,中华书局1983年9月版)。

辛弃疾(1140—1207),原字坦夫,后字幼安。宋济南历城(今山东济南)人。少师蔡伯坚,与党怀英同学,号辛、党。会金主亮死,中原豪杰并起,耿京聚兵山东,称天平节度使,节制山东、河北忠义军马。绍兴三十一年(1161),弃疾聚众二千隶耿京,共图恢复,为掌书记。三十二年(1162),京令弃疾奉表归宋。高宗劳师建康,召见嘉纳之,授承务郎、天平节度掌书记,并以节度使印告召京。嗣以张安国杀京降金,弃疾还至海州,闻讯,乃约统制王世隆及忠义人马全福等率轻骑袭金营。安国方与金将酣饮,即众中缚之以归,献俘行在,斩安国于市。仍授前官,改差江阴佥判。时年二十三。乾道四年(1168)通判建康府。六年(1170)孝宗召对延和殿。时虞允文当国,孝宗锐意恢复,弃疾因论南北形势及三国、晋、汉人才,持论劲直,不为迎合。作《九议》并《应问》三篇、《美芹十论》献于朝,言逆顺之理,消长之势,技之长短,地之要害甚备。以讲和方定,议不行,迁司农寺主簿。八年(1172)出知滁州。州罹兵烬,井邑凋残。弃疾宽政薄赋,招流散,教民兵,议屯田。乃创奠枕楼、繁雄馆。淳熙元年(1174)辟江东安抚司参议官。二年(1175),

提点江西刑狱。六年(1179)自湖北转运副使调湖南转运副使。寻改知潭州,兼湖南安抚使。盗连起湖湘,弃疾上疏痛陈致盗之由,略谓良以田野之民,郡以聚敛害之,县以科率害之,吏以乞取害之,豪民以兼并害之,盗贼以剽夺害之,民不为盗,去将安之。望陛下深思致盗之由,讲求弭盗之术,无徒恃平盗之兵,申斥州县,以惠养元之为急。其洞烛民隐及治乱之理类若此。八年(1181)调江西安抚使,改提点两浙西路刑狱,旋为谏官论劾落职,寓居江西信州(今上饶市)带湖十年。于博山寺旁筑"稼轩书屋",以人生在勤,当以力田为先,故以稼名轩,自号稼轩居士。绍熙二年(1191),起福建提点刑狱。召见,迁大理少卿,加集英殿修撰。出知福州,兼福建安抚使。庆元元年(1195)为台臣王兰诬劾降职。四年(1198)主管武夷山冲佑观,居铅山久之。嘉泰三年(1203)起知绍兴府兼浙东安抚使,加龙图阁待制,进枢密院承旨。后复历知镇江、隆兴府。开禧三年(1207)九月初十日卒,年六十八。德祐初,以谢枋得请,赠少师,谥忠敏。

弃疾豪爽,尚气节,识拔英俊,所交多海内知名士。尝同朱熹游武夷山,赋《九曲櫂歌》。熹书"克己复礼""夙兴夜寐",题其二斋室。熹殁,伪学禁方严,门生故旧,至无送葬者。弃疾为文往哭之,曰:"所不休者垂万世名,孰谓公死,凛凛犹生。"弃疾雅擅长短句,悲壮激烈,与苏轼并称苏辛。然辛词多爱国忧民、抚时感事之作,内容广阔,风格多样,早已冲破"诗馀""艳科"樊篱。王士禛论词,谓"婉约以易安为宗,豪放唯幼安称首"。《四库全书总目》称辛词:"慷慨纵横,有不可一世之概。于倚声家为变调,而异军特起,能于翦红刻翠之外,屹然别立一宗,迄今不废。"然则辛词又驾苏词而上之矣。清徐釚《词苑丛谈》卷四引黄梨庄语:"辛稼轩当弱宋末造,负管乐之才,不能尽展其用,一腔忠愤,无处发泄。观其与陈同父抵掌谈论,是何等人物!故其悲歌慷慨,抑郁无聊之气,一寄之于词。"可谓笃论。著有《稼轩词》(一名《稼轩长短句》)十二卷。别有《美芹十论》一卷,系论恢复之计。《四库全书总目》以"史不言弃疾有此书",疑为临川黄兑(悦道)所作,后人误题弃疾。然《宋史》本传明言有《美芹十论》献于朝,是未必为后人误题。《南渡录》二卷、《窃愤录》一卷、《蕉窗杂录》一卷、《蕊阁集》一卷,均系伪托,非出弃疾之手。弃疾闲居信州、铅山时,插架书籍甚多,出则搜罗万象,入则驰骋百家。陆游《送辛幼安殿撰造朝》诗所谓"千篇昌谷诗满囊,万卷邺侯书插架"者也。有印曰"六十一上人",盖破其姓文而名之。

《宋史》卷四百一《辛弃疾传》;陆游《剑南诗稿》卷五十七;光绪《山东通志》卷百七十五;乾隆《历城县志》卷三十五;《四库全书总目》471、842、1093、1540、1816页;邓广铭《辛稼轩年谱》(上海古籍出版社1979年9月版);胡云翼《宋词选·前言》(上海古籍出版社1962年版)。

李德茂(南宋),濮州鄄城人。李迪子。淳祐辛丑(1241)官画院待诏,善画花禽鹰鹘,风物野景亦有名,然不逮其父。家中藏书富于一时,大屋四周,皆环坟籍,名人士大夫称其为"书城"。

《图绘宝鉴》卷四;《画史绘要》;《南宋院画录》卷八(于安澜编《画史丛书》本,上海人民美术出版社1963年版)。

周密(1232—1298),字公谨,号草窗,宋济南(今济南市)人。密曾祖随高宗南渡,因家湖州(今浙江吴兴)之弁山。密自号弁阳啸翁、弁阳老人,又号萧斋,然其志终不忘中原。戴表元在密所著《齐东野语》中尝序述其父之言,谓身虽居吴,心未尝一饭不在齐。而密亦自署历山,书中又自署华不注山人,盖本其父志也。

初为临安府幕属,后监和济药局、丰储仓。淳祐中为义乌令。宋亡隐居不仕,自号四水潜夫。密虽居弁山,实流寓钱塘之癸辛街,尝与谢翱、邓牧相往还,又与王沂孙、王易简、李彭老、张炎、仇远等共结词社。著作颇富,有《草窗词》二卷、《补遗》二卷,又《集外词》一卷。《草窗词》一名《苹州渔笛谱》,然《草窗词》较《笛谱》增多数阕。则知《笛谱》为当日原定,《草窗词》或后人掇拾所成。又有《武林旧事》十卷,《齐东野语》二十卷,《癸辛杂识前集》一卷、《后集》一卷、《续集》二卷、《别集》二卷,《云烟过眼录》四卷,《志雅堂杂抄》一卷,《澄怀录》二卷,《浩然斋雅谈》三卷。又选南宋词为《绝妙好词》七卷。密于南宋旧事,目睹耳闻,最为真确,其所撰《武林旧事》《癸辛杂识》《齐东野语》,或记都城杂事,或记朝廷大政,或记逸闻轶事,皆足以补史传之阙失。《云烟过眼录》则皆记所见书画古器,品其甲乙。《绝妙好词》始于张孝祥,终于仇远,凡一百三十二家。《四库全书总目》谓其"去取谨严,犹在曾慥《乐府雅词》、黄升《花庵词选》之上。又宋人词集,今多不传,并作者姓名亦不尽见于世。零玑碎玉,皆赖此以存,于词选中最为善本"。

密当时盛负词名,向以二窗并称(吴文英,字君特,号梦窗)。戈载论词,谓:"其词尽洗靡曼,独标清丽,有韶倩之色,有绵渺之思,与梦窗旨趣相侔;二窗并称,允矣无忝。"(见《七家词选》)李慈铭云:"南宋之末,终推草窗、梦窗两家,为此事眉目,非碧山、竹屋辈所可颉颃。"(见《孟学斋日记》)可谓推许备至。然"草窗镂冰刻楮,精妙绝伦,但立意不高"(周济《宋四家词选·序论》),其所选《绝妙好词》刻意追求形式,不惜摒弃满腔忠愤、洋溢爱国热情之优秀作品,则亦无足怪矣。

密家三世藏书,积累至四万二千余卷,金石一千五百余种,分置书种、志雅二堂,日事校雠。《齐东野语》卷十二中曾记其始末。其词云:

世间凡物,未有聚而不散者,而书为甚。……吾乡故家如石林叶氏、贺氏,皆号藏书之多,至十万卷。其后齐斋倪氏、月河莫氏、竹斋沈氏、程氏、贺氏,皆号藏书之富,各不下数万余卷,亦皆散失无遗。……至如秀岩、东窗、凤山三李、高氏、牟氏皆蜀人,号为史家,所藏僻书尤多,今亦无余矣。吾家三世积累,先君子尤酷嗜,至鬻负郭之田以供笔札之用。冥搜极讨,不惮劳费,凡有书四万二千余卷,及三代以来金石之刻一千五百余种,庋置书种、志雅二堂,日事校雠,居然籯金之富。余小子遭时多故,不善保藏,善和之书,一旦扫地。因考今昔,有感斯文,为之流涕。

卷二十又云:

山谷云:"四民皆坐世业,士大夫子弟能知忠信孝友,斯可矣,然不可令读书种子断绝。有才气者出,便当名世矣。"似祖裴语,特易文种为书种耳。练兼善尝对书太息曰:"吾老矣,非求闻者,姑下后世种子耳。"余家有书种堂,盖兼取二公之说云。

密于《齐东野语》所记南宋旧事,皆以其家藏书为本,自序中称其父尝出其曾祖及祖手泽数十大帙,又出其外祖日录及诸老杂书示之曰:"世俗之言殊,传讹也;国史之论异,私意也。……定、哀多微词,有所辟也;牛、李有异议,有所党也。爱憎一衰,议论乃公。国史凡几修,是非凡几易,而吾家乘不可删也。"密之得以考证旧闻,信而有据,实其家三代典藏之富,有以致之。《藏书纪事诗》云:"高氏牟氏三李氏,乡里齐斋与月河。同为书田留种子,不教稊稗害嘉禾。"盖就其家书种堂而言之也。

《齐东野语》自序、卷十二、卷二十;《藏书纪事诗》卷一;《四库全书总目》626、1048、1058、1064、1117、1201、1790、1824、1850 页;阮元《四库未收书目提要》;胡云翼《宋词选》435 页;唐圭璋《宋词三百首笺注》320 页。

金　　元

张莘卿(1111—1179),字商老,日照城阳(今莒县)人。金天德三年(1151)进士,仕至朝散大夫、勋骑都尉、镇西军节度副使。老犹笃学,手不释卷,家多藏书,册帙完洁,蝇头细字,往往手自抄写。观者多倦而莘卿终日伏纸挥翰不已,或谓之曰:"人生当行乐,何至自苦如此?"笑且答曰:"人各有所乐,吾乐在是耳,是它乐不能易也。"大定十九年(1179)九月卒于京师,年六十九。有文集十卷。长子晔,能守父书。

康熙《日照县志》卷十一黄久约《金张莘卿墓碑》;光绪《日照县志》卷七、卷十。

张炤(1225—1288),字彦明,济南济阳(今山东济阳县)人。父信以商贾起家,赀雄于乡。炳幼颖悟力学。中统元年(1260)辟为中书省掾,俄迁右司提控案牍。累官扬州、镇江诸路总管。谢病归,购书八万卷,藏于万卷堂,以万卷赠济南府学。至元二十一年(1284)起为东昌府总管。二十五年(1288)卒,年六十四。

《元史》卷一百七十《张炤传》;《新元史》卷一百七十三《张炤传》;民国《济阳县志》卷十一、卷十七;乾隆《历城县志》卷三十六;光绪《山东通志》卷百五十八。

商挺(1209—1288),字孟卿,又字时萃,号左山。曹州济阴(今山东齐河)人。其先姓殷氏,避宋讳改。父衡事金,元兵入汴,死于国难。时挺年二十四,北走依冠氏赵天锡,与元好问、杨奂游。博闻强记,勇而有谋。元初为行台幕官,累官至中书参知政事。从世祖征伐,屡建大议,帝称为古良将。后为安西王相。官枢密副使时,以疾辞归。卒,谥文定,追封上柱国鲁国公。挺工诗文,善隶书。所著有诗千余篇,散曲有《步步娇》十九首最著名,今存《全元散曲》。其家食不足,而俸钱常以聚书,至老读书未尝一日废也。诸子皆自教而贤,天下以为盛。

民国《齐河县志》卷三十二引《元参知政事追封鲁国文定商公神道家传》;《全元散曲》第61—66页。

赵受益(1235—1293),字谦甫,元济南人。祖友,父成,世居青州西流河之南蔡家里。金贞祐中,咸避难来济南,遂家焉。受益自弱冠习文法书数,任事不避繁剧,当官者以为能吏。省部八举居会计之职,未尝不课最。尔后游宦江左数年,视他人所好子女玉帛,弃若涕唾,唯收书数千卷而已。至元三十年(1293),以疾卒于家,年五十有九。赵孟頫为撰墓碣。墓在十里河,有赵题墓碣。

乾隆《历城县志》卷十七;道光《济南府志》卷四十八;光绪《山东通志》卷三十四。

皇甫琰,字邦瑞,元东昌人。至元末知濮州(今山东省鄄城县),守法度,重教化,尝聚书八千卷以教生徒。

万历《濮州志》卷三;宣统《濮州志》卷三、卷四、卷八。

赵文昌,字明叔,原为宿州人,后迁长清,因家焉。至元十年(1273)选为本县尹。甫期月,治声藉甚。尝建三皇庙,聚历代医书于中,会邑人习之,以袪民病。擢行台侍御史,累官国子监祭酒。卒谥献肃。

道光《长清县志》卷三。

王士点(?—1274后),字继志,东平人。父构,少以词赋入乡学行台从事,贾居贞一见器之。至元十一年(1274)授翰林国史院编修官。宋亡,诏构与翰林学士李槃访贤才,构至临安,言于董文炳,宋三馆图书及太常礼器卤簿,宜輦于京师,从之。《宋实录》《国史》得不亡。武宗时,以纂修国史拜翰林学士承旨,卒年六十六。赠中书平章政事,追封赵国公。士点幼承家学,善篆书,以文学见称。官著作郎,与著作佐郎商企翁合撰《秘书监志》十一卷,载至元以来秘书监"建置迁除、典章故实"。其中有书目二卷,按在库书、先次送库书、后次发下书、续发下书等入库次序登录,各有若干部、若干册书而已。在库书分经、史、子、集和道书、医书、方书、类书、小学、志书、阴阳书、农书、兵书、释书、法帖等类,曾记录至元十年(1273)收藏阿拉伯文数学书籍三十八部。另著有《禁匾》,详考历代宫殿门观,均有裨于史学研究。

《新元史》卷一百九十一;《秘书监志》。

塔塔儿台,元孔温窟哇第三子,带孙郡王之后。宪宗崩,命护灵驾赴北,为阿里不哥所拘留。至元初,从阿速台来归,世祖嘉之,授怀远大将军,世袭东平达鲁花赤。莅官数年,镇静不扰,郓人赖之以安。子只必嗣亦多善政,以清白称。尝出家藏书二千卷置庙学,使学徒讲肄之。寻授嘉议大夫、江南湖北道提刑按察使,改浙西。大德五年(1301)卒,年五十一。

《元史》卷一一九《塔塔儿台传》。

申屠致远(? —1298),字大用,别号忍斋。元东平寿张(今山东阳谷)人。其先汴人,金末从其父义徙东平之寿张。致远肄业府学,与李谦、孟祺等齐名。世祖南征,驻兵小濮,荆湖经略使乞实力台,荐为经略司知事。军中机务,多所谋画。师还,至随州,所俘男女,致远悉纵遣之。至元七年(1270)崔斌守东平,聘为学官。十年(1273)御史台辟为掾,不就,授太常太祝兼奉礼郎。世祖遣太常卿孛罗问毛血之荐,致远对曰:“毛以告纯,血以告新,礼也。”宋平,焦友直、杨居宽宣慰两浙,举为都事。首言:“宋图籍宜上之朝,江南学田,当仍以赡学。”行省从之。转临安府安抚司经历。临安改为杭州,迁总管府推官。凡因诬反罪人狱者,致远廉得其情,均获释。西僧杨琏真加,作浮屠于宋宫,欲取高宗所书《九经》石刻以筑基,致远力拒之,乃止。改寿昌府判官。时盗寇窃发,加之造征日本战船,远近骚然,致远设施有方,众赖以安。二十年(1283)拜江南行台监察御史。二十八年(1291)丁父忧,起复江南行台都事,以终制辞。二十九年(1292)佥江东建康道肃政廉访司事,未至,移疾还。元贞元年(1295)纂修《世祖实录》,召为翰林待制,不赴。大德二年(1298)佥淮西江北道肃政廉访司事,行部至和州,得疾,卒。著有《忍斋行稿》四十卷、《释奠通礼》三卷、《杜诗纂例》十卷、《集验方》十二卷、《集古印章》三卷。今无一存者,惜哉!

致远清修苦节,耻事权贵。平居无他好,唯聚书万卷。每见以古彝器、书法、名画求售者,辄援厚值取之。所蓄既富,缄縢庋置,乃筑楼以储之,名曰墨庄,而颜其堂曰博古。翰林承旨欧阳玄尝为撰《墨庄楼铭》,勒石其上。“墨庄”一词,滥觞于宋初刘式之妻陈夫人,以式遗书数千卷教诸子,号为墨庄,世称墨庄夫人。其后世子孙徙居扬州及临江新喻(今江西新余)者,均以墨庄二字传世。朱熹尝有《墨庄五咏》,罗愿《鄂州小集》尝记其事。公是先生敞,公非先生攽,亦皆式之孙。事详阮元《扬州文楼巷墨庄考》。《藏书纪事诗》云:“墨庄两字滥觞谁?最录遗文一考之。公是公非家集外,鄂州诗与考亭诗。”盖就墨庄二字考其渊源。南宋初张邦基《墨庄漫录序》,自谓“性喜藏书,随所寓榜曰墨庄”。致远之以“墨庄”名其楼,当师墨庄夫人及邦基之意。卢陵刘将孙、义乌黄溍各为《博古堂记》。刘记云:

东平申屠公,往以御史出使江西,一日而斯文生气,吾先君须溪先生,尤为吾道吾世有斯人喜。山窗袁君自金陵归,言一家父子,讲贯琢磨,古书积垒,它无嗜好,名堂博古。客来终日,煮茗谈坐,前桥后梓,交发辉映。盖欣然未见如既见也。公名致远,字大用,以忍名斋,人皆称忍斋先生。其子名伯骐,字子夔。

黄记云:

故翰林待制佥淮西江北道廉访司事申屠公,至元间名御史也。公平居无他好玩,唯见以古彝器、法书、名画求售者,辄援厚直取之。所蓄既富,缄縢庋置,覆以杰屋,名曰博古之堂。公殁逮今□十有□年。嗣子耀州史官传藏护视惟谨,升其堂如见其亲之存焉。间尝谂于某曰:"我先君燕休之所,曰九思堂,吴文正公实为之记。别号忍斋,则翰林侍讲学士揭公记之。武昌别业有箸谷,则翰林待制柳公记之。作楼以储书,曰墨庄,则翰林学士承旨欧阳公勒铭其上。独博古堂仅存治书侍御史李公、魏国赵文敏公所书扁榜,而未有为之记者。幸畀以一言,俾我后人永保而勿坠,不亦可乎?"某生也后,不及从先生长者,登公之堂,而区区陋微于诸大老,无能为役。然把雅故于耀州非一日,安敢以不敏辞。昔者孔子言夏殷之礼,而谓杞宋之文献为不足征。当孔子时,杞用夷宋图霸已久,典籍散亡,而贤人之存者无几,其不足征尚何怪乎?秦人焚诗书,而博士所掌故无恙。萧何从沛公入咸阳,第能收其丞相府图籍,以知天下阨塞户口多少强弱之处。至于先王之旧典仪物,则一切委弃弗顾而堕于楚人之手,以同归于煨烬。有识之士所为追恨痛惜而不已也。国兵南伐,赵氏纳土,既封其府库以入于有司,而一代之仪章物器皆公为江浙宣阃都司时亲受其主者以上于朝廷。武夫俗吏莫敢坏伤,断简残编,亦靡亡失,其有功于斯文甚大。中原文献流落东南者固不得比隆夏殷,公之贤于萧何则已远矣。而又能以余力穷搜极访,因山岩丘陇屋壁之遗,而窥见皆人制度法象之所寓,精义之所存。公之有志于古,岂徒资耳目玩好而已哉。矧以耀州为之子,克谨其承,久且弗忘。不待当祭而斋,然后思其居处,思其所乐,思其所嗜也。来者讵可忽诸。公讳致远,字大用,东平寿良人,其历官行事,有永国文康阎公所为碑铭,此不著。耀州名驷,以清方直谅世其家云。

史称"至元十三年十月,两浙宣抚使焦友直以临安经籍图书阴阳秘书来上"。读黄溍《博古堂记》,始知元兵入临安,南宋百余年藏书精华幸免兵燹之祸,实致远之力。其后诏访遗书,亦出致远之议。元代州县皆有学田,以所入学租供师生廪饩,余则刻书。致远言"江南学田,当仍以赡学",实开一代聚书、刻书风气之先。其有功文献岂浅鲜哉!

《元史》卷九《世祖纪》、卷百七十《申屠致远传》;《文献集》卷七上(景印文渊阁《四库全书》1209册);《金华黄先生文集》卷十四(《四部丛刊》影印元刊本);《藏书纪事诗》卷一。

萧㪺(1230—1307),字惟斗,其先北海(今山东潍坊市,苏天爵《萧贞敏公墓志铭》作益都)人。父仕秦中,遂为奉元人。出为府吏,上官语不合,即引退。隐于终南山下,凿土室以居之,尽得圣贤遗经,以及伊洛诸儒之训传,陈列左右,昼夜不寐。始则诵读其文,入则思索其义,如是者三十年,义理融会,表里洞彻,动容周旋,咸中礼节,由是声名大振。前后累征,皆辞不赴。大德中拜太子右谕德,扶病至京师,俄除集贤学士、国子祭酒,疾作辞归。卒谥贞敏。苏天爵《萧贞敏公墓志铭》称其"家多藏书,手自校雠,或经传音训之讹,皆字字而正之"。卒后遗落无几。著有《三礼说》《小学标题驳论》《九州志》《勤斋集》。

元苏天爵《滋溪文稿》卷八《萧贞敏公墓志铭》;民国《潍县志稿》卷三十二。

张汝卿,号澹斋,元恩州(今属山东)人。家饶富不仕,好蓄经史,扁其堂曰万卷。筑文会斋于堂右,四方贤士有来假阅其书者,则馆其家。

万历《恩县志》卷四。

孔文升,字退之,元阙里人,孔子五十四世孙。父宗善为建康路教授,遂为建康书掾,因家溧阳。多蓄书卷,爱护维谨。尝以十六字作座右铭,云:"宁人负我,毋我负人。宁存书种,无苟富贵。"子齐(朱绪曾《开有益斋读书记》及《藏书纪事诗》均作克齐),字行素,一字静斋。著有《至正直记》(一曰《静斋类稿》,曹溶《学海类编》窜改为《静斋直记》,分四卷为五卷)四卷。齐赘于溧阳沈氏,宪司荐为黄冈书院山长,召为国史编修。元末避兵四明。尝于《至正直记》中述其家藏始末云:

> 吾家自先人寓溧阳,分沈氏居之,半以为别业,多蓄书卷,平昔爱护尤谨,虽子孙未尝轻易检阅,必告于先人,得所请,乃可置于外馆。晚年子弟分职,任于他所,唯婢辈几人在侍。予一日自外家归省,见一婢执《选诗演》半卷,又国初名公柬牍数幅,皆剪裁之余者,急叩其故,但云:"某婢已将几卷褙鞋帮,某婢已将几卷覆酱瓿。"予奔告先人,先人曰:"吾老矣,不暇及此,尔等居外,幼者又不晓事,婢妮无知,宜有此哉!"不觉叹恨,亦无如之何矣。

文升以"读书种子"自居,爱书无微不至,其书不毁于兵火虫鱼,而毁于婢妮之手,良可叹恨。齐又于《至正直记》中极言老年多畜婢妾之害,谓其父晚年亦坐此患。然则其实为有感而发,而《四库全书总目》反诋其并播家丑,实未尝究其底蕴,卫道之论,未见其可。《藏书纪事诗》云:“读书种子鲁东家,油幕深严护碧纱。纸褙鞋帮糊酱瓿,可怜片片女郎花。”为文升父子惋惜之情,可谓溢于言表。

朱绪曾《开有益斋读书记》卷四;《至正直记》卷三;《四库全书总目》1218页;《藏书纪事诗》卷二。

千奴(1255—1325),玉耳别里伯牙吾台氏。父忽都思,膂力过人,从睿宗破金大将合达军于钧州三峰山,以功赐号拔都鲁,授管军百户。元兵南下,屡立战功。父尚官至江南浙西道提刑按察使。千奴以御史大夫月鲁那延荐召见大安阁。世祖以其父官授之,拜武德将军、江南浙江道提刑按察使。至元二十六年(1289)累迁淮西江北道提刑按察使。二十八年(1291)改立肃政廉访司,授江北淮东道肃政廉访使,进阶广威将军。三十一年(1294)改江东建康道。丁祖母忧,归。大德二年(1298)授太中大夫、建康路总管,未行。奉召使淮东、西察官吏能否,还奏军民便宜三十事,多见采用。历江西湖东、江南湖北两道。七年(1303)授嘉议大夫、大都路总管兼大兴府尹,俄进通议大夫、同佥枢密院事。未几,迁参议中书省事。武宗即位,拜荣禄大夫、平章政事、商议枢密院事、左翼万户府达鲁花赤,提调屯田事。延祐五年(1318),乞致仕,仁宗悯其衰老,从之,仍给半俸终身。千奴退居濮上,筑先圣宴居祠于历山之下,聚书万卷,延名儒教其乡里子弟,出私田百亩以给养之。有司以闻,赐额历山书院。家居七年卒,年七十一。(按历山在今菏泽东北六十里,即舜耕所在地。见孙星衍《太甲陵考》,载《岱南阁文集》卷二。千奴既退居濮上,教其乡里子弟,则历山书院非济南之历山也。)《藏书纪事诗》“濮上祠堂”对鹊华,似亦以济南之历山与鹊华相对,叶氏不免失考。

《藏书纪事诗》云:“濠梁水阁知鱼乐,濮上祠堂对鹊华。同是投簪归去也,随身皆有惠施车。”此诗合咏宋郭延绢,因延绢致仕濠州城南,有小阁自娱,聚图书万余卷,手自校刊,与“千奴退居濮上,筑先圣宴居祠于历山之下,聚书万卷”有相似之处也。

《元史》卷百三十四《千奴传》;《新元史》卷百五十四《千奴传》附《忽都斯传》;《藏书纪事诗》卷一。

李时中,元曹州人。家于扬州,藏书甚富,为翰林学士、经筵讲官吴澄再传弟子,并亲事吴澄。以戏曲名家。《录鬼簿》(曹楝亭刊本)上《前辈才人》篇,曾著其姓名,但误作大都人。天一阁本载贾仲明吊词云:“元贞书会李时中、马致远、花李郎、红十公四高贤合捻《黄粱梦》。”可见时中与马致远同为英宗时人。元张以宁(《四库全书总目》作明人)《送李逊学献书史馆序》云:

曹南李时中教授,有志士。尝两辟省台掾,辄弃去。慕汉朱云,尚友古时豪杰人,著《江居集》自见。每酒酣,慷慨泣数行下,幕贾谊、唐衢。既沉郁不克施,则指千金,聚经若史诸书数万卷以遗诸子,慕丁度、刘式。曩予闻尝奇之,来淮南,读张仲举氏所为文,信然。今朝廷有诏修《宋》《辽》《金》三史,遣使购前代异书江淮间。其子敏出父所藏宋逸史为若干卷,献之馆。有司韪其志,驿送以闻。

元苏天爵《曹南李时中文稿序》称其文“辨博宏衍,若无涯涘”,“本诸经以为辞,非空言以自诡者也”。又云:“时中为人沉潜缜密,读书刻苦,不急一时之誉,而誉日彰。久之,大臣有知其贤者,荐之于朝。得为校官,又辟掾行省,不乐俯仰,辄弃去。盖昂然独立之士也。延祐、至治间,吴先生(按:指吴澄)两被召命入朝,道出真扬,馆于时中之家,时中授教益多,惜乎蕴其才能,弗克表见于世。”然则时中固理学中人而兼擅音律,观其不惜千金聚书数万卷以遗诸子,洵为独立特行之士矣。

元苏天爵《滋溪文稿》卷五;元张以宁《翠屏集》卷三;孙楷第《元曲家考略》22—23 页。

张泽(元至治间),章丘人。好聚书,每对书焫萧曰:“圣贤在是,敢不敬与?”子斯和生有至性,以弟斯立颖敏,遂以家事自任,使得肆力于学。

道光《济南府志》卷四十八。

明

朱檀(1370—1389),太祖第十子。洪武三年(1370)生,两月封为鲁王,十八年(1385)就藩兖州。好文礼士,善诗歌。饵金石药,毒发伤目,太祖恶之。二十二年(1389)卒,谥曰荒。明制藩王之国,每多赐书,且多宋元善本,便于翻雕。又以藩王不许预闻政治,藩邸王孙养尊处优,无所用心,往往以声色狗走自娱,然亦不乏好学之士,且以王府官属中设有长史、纪善、伴读、教授等职,其中颇多明经通儒,故藩邸刻书,每多精校精雕,向为藏书家所珍重。朱檀有无刻书,史无记录。1970 年邹县出土鲁王朱檀墓随葬图书六种,有宋朱熹《四书集注》十八卷,元至正二十二年武林沈氏尚德堂刻本;宋江贽《少微家塾点校附音通鉴节要》五十六卷《外纪》四卷,元至治元年赵氏钟秀家塾刻小字巾箱本;宋蔡沈撰、董鼎辑注《朱子订定蔡氏集传》六卷(蝴蝶装),元刻佚名批校本(内一至四卷残);唐杜甫撰,宋黄希、黄鹤补注《黄氏补千家注纪年杜工部诗史》三十六卷,元至元二十四年詹光祖月崖书堂刻本;唐韩愈撰、宋朱熹考异《朱文公校昌黎先生文集》四十卷《外集》十卷,元至正六年新书堂刻本;宋胡安国撰、林尧叟标注《增入音注括例始末胡文定公春秋传》三十卷,元初刻巾箱本。可见朱檀生前藏书极富。自嘉靖以迄万历,鲁王府先后刻书,有题敏学书院,或称承训书院,或称三畏堂,其见于著录者凡十三种:(一)《张先生校正杨宝学易传》(一名《诚斋易传》)二十卷,宋杨万里撰,张敬之校正,明嘉靖二十三年鲁府朱当沔敏学书院翻宋刻本①,前有鲁国望洋子朱当沔序,缪氏艺风堂尝藏有此本,缪氏称"较嘉靖间尹氏疗鹤亭本为佳",刊印极精。今北京大学有藏本,此书目录题《诚斋易传》。(二)《翰林古文抄》八卷,明任瀛撰,明嘉靖四十一年刻本。(三)《抱朴子》七十卷,晋葛洪撰,内篇二十卷,外篇五十卷,明嘉靖四十四年鲁府承训书院刻本,前有大明六代孙鲁藩王朱健根序,平津馆曾据以翻刻,《四部丛刊》有影印本。原书全十册,现存台北"中央图书馆"。朱健根,鲁藩巨野王阳鑋诸孙,封奉国将军。博通经术,年七十,犹纵谈名理,亹亹不倦。嘉靖中,诏褒其贤孝。子镇国中尉观熰,字中立,尝绘《太平图》上献。世宗嘉奖之,赐承训书院名额并《五经》诸书。弟观镁以诗画著名。健根父子均喜刻书。(四)《西游记》②。(五)《蓬莱图》。(六)《群书钩玄》十二卷,元高耻传辑,浙江省图书馆藏明刻本(存六卷),其他各家不见著录。(七)《金精直指》一卷,明嘉靖三十八年朱观熰刻本,而不言承训书院刻本,盖是时尚无承训书院之名。(八)《萨天锡诗》五卷,元萨都刺撰。(九)《文心雕龙》十卷,梁刘勰撰,明隆庆三年三畏堂刻本。(十)《海岳灵秀集》二十二卷,明朱观熰编,明隆庆、万历间刻本,现存日本帝室图书寮。(十一)《鲁藩望洋诗稿》,明朱当沔撰,当沔为明宗室,而《明史》不载。(十二)《鲁府秘方》四卷,明刘应泰撰,日本《医藏书目》著录存,可见日本仍有流传。今北京图书馆藏有明红

①《中国印刷史》将《诚斋易传》《张先生校正杨宝学易传》列为两书,均系嘉靖二十三年鲁府敏学书院刻本,恐一书误为两书。

②昌彼得《明藩刻书考》以即李志常《长春真人西游记》,恐不确。

格抄本,全四册,名曰《新刊鲁府秘方》。此书为明鲁府良医正刘应泰奉命编,有明万历二十二年鲁王寿镨刻本。寿镨为恭王颐坦庶六子,初封富平王。万历二十四年(1596)袭封,二十八年(1600)卒,赐谥曰敬,无子。(十三)《龚廷贤禁方》,明龚廷贤撰。龚氏医鲁王妃疾,王为刻其禁方。《中国医籍考》著录龚氏医书五种,而无是书。其中有《种杏仙方》,自序于万历九年,疑是书亦刻于万历年间。

《明史》卷一百一、卷一百四、卷一百十六;明周弘祖《古今书刻》;《书林清话》第120页;《艺风藏书记》;《藏园群书经眼录》第15、907页;昌彼得《明藩刻书考》;《中国医籍考》第1017、1018页;《北京图书馆古籍善本书目》第1262页(1987年编);张秀民《中国印刷史》第423页;《文物》1983年第12期。

孙恪,明初邹平人。洪武末官怀柔县主簿,旋补知县,以清廉擢福建布政司参议。律身严谨,家无蓄积。致仕归,唯多收书,载二十车以贻子孙,且赠亲友。

光绪《山东通志》卷百六十一;道光《济南府志》卷五十;民国《邹平县志》卷十五。

朱高煦(1395前—1426后),成祖嫡二子,性凶悍。洪武二十八年(1395)封高阳王,永乐二年(1404)进封汉王,国云南,不肯行。十三年(1415)改封青州,又不欲行。十五年(1417)徙封,就藩乐安州(今山东惠民)。高煦至乐安,怨望,异谋益急。仁宗数以书戒,不悛。未几,仁宗卒。宣德元年(1426)八月反,宣宗亲征,就擒。削爵为庶人,筑室西安门内锢之,焚死。世子瞻坦先卒,韦妃及九子俱从死,除,乐安遂改为武定州。高煦家多藏书,撰有《拟古感兴诗》一卷(明宣德元年前,臣僚为其镂板)。

《明史》卷一百三、卷一百十八;《中国印刷史》第438页。

杜纯熙、**杜雍熙**,明宣德时掖县人。恩荣子。父子皆喜临池,好收藏古籍,见重士林。

民国《四续掖县志》卷六。

刘元亮,字怀远,明景泰间德州人,自署"乌江玉轩怀远将军",生平事迹不详。家富藏书,撰有《玉轩新纂古今书目》二卷。有山东省博物馆藏明景泰三年抄本、山东省图书馆藏民国二十二年冀南彭辑五抄本、北京师范大学图书馆藏民国二十五年文安邢蓝田(原著录误为济南邢南田)抄本。彭抄本书前有景泰三年刘元亮序,自署"乌江玉轩怀远将军"。彭辑五题记云:

明初刘怀远先生藏书极富,辑有《玉轩书目》二卷,都一千五百余种,其名目多罕见,十有六七皆吾人所不知者,即各家书目亦未列举者甚多。至于每种之版本,最晚者亦明初刊,此不必待言也。刘氏,山东德州人,书藏州城某寺内,其收藏之富为历代藏书家之冠,胜于天一阁、海源阁等,不过世无知者。民国纪年,不幸遭于火,其焚余之残篇断简,尚有卅余种,经友人雪蓬君检出藏之,亦不幸之幸也。仅将始末略志数语于端。时民国二十二年,冀南彭辑五识于济南聚文斋。

彭辑五,河北冀县人,济南聚文斋书店主人。王献唐称其鉴别板刻,冠出群伦,尝以"今之匋五柳"目之。然题记所云,"收藏之富为历代藏书家之冠,胜于天一阁、海源阁等",殆不可信。且以书名视之,名为"新纂古今书目",似与藏书目录不类。姑存此待考。

山东省图书馆藏彭辑五抄本《玉轩新纂古今书目》;王献唐《双行精舍书跋辑存》235页。

周溥,字宗大,明历城人。景泰七年(1456)举乡试第一,由教谕迁元氏知县。平生无他嗜好,唯积书至数千卷,遂自号"书樵"。其为诗文,刻苦精融,一时咸宗师之。年五十有九卒,卒之日犹谈诗不已。溥尝讲学于寿阳,有张蕙者从之游,每相与商榷道术,俯仰古今,他人辄莫测所谓。一日冒雪访蕙于系舟山居,山之东有碑曰:"诗人元遗山墓",溥慨叹久之,顾谓蕙曰:"足下他日倘官吾土,亦为吾树三尺石,题曰'书樵先生墓'足矣。"后蕙果巡按山东,立碑以志其事。

乾隆《历城县志》卷四十;汪闿《明清蟫林辑传》。

孔彦缙(1401—1455),字朝绅,曲阜人。纳孙,孔子五十九代孙。永乐八年(1410)年十岁,袭封衍圣公,命肄业国学,久之遣归。景泰元年(1450)代宗视学,彦缙应召率三氏子孙赴京观礼,赐坐彝伦堂听讲。幸学必先期召衍圣公自此始。景泰六年(1455)卒,年五十五。彦缙尝作存化书堂,盛积古今书。理学大师薛文清(瑄)于正统六年(1441)春至阙里谒孔子庙,遂登其堂,并为撰《存化书堂记》,谓取名"存化书堂"者,"盖取过化存神之语,以景慕先圣之至德,且以自励云尔"。

孔昭焕《阙里文献考》卷九《世系》;《薛文清文集》卷十九;乾隆《兖州府志》卷六。

刘魁(?—1488),字士元,明高唐州人。天顺三年(1459)举人,成化二年(1466)进士。尹赣榆,多善政,擢御史。弘治改元初,当道□为不赴,卒于家。好书画,积至□□卷。所著有《强勉稿》存焉。

嘉靖《高唐州志》卷五。

苏则曾,字宗鲁,明东阿人,运使肄之孙。弘治间以贡为武安训导。博物洽闻,于百家之言,无不贯穿。考核理数,剖析名物,细入芒忽,而不多著述,间为诗歌,颇近宋体。则曾积书甚富,后为里人所窃。

乾隆《泰安府志》卷十三、卷十七;汪訚《明清蟫林辑传》。

尹邦麟,字廷瑞,明曹县人。正德癸酉(1513)乡举,选授巩昌府成化知县。负才气,为文雄迈异常。善草书,笔法遒劲,为曹人字学之宗。任成化甫十七日,属上官以势挟之,议论不少屈。度不可,大书《归去来辞》,掷笔归。刺史、监司俱留之,弗得。成民及平山张路氏为绘《枞冈颐寿图》为之序。杨维聪复为《枞冈颐寿图诗序》。所谓"枞冈"者,邦麟喜枞,于冈上树之以枞,朝夕"抚焉、瞩焉、盘桓焉",固自号"枞冈子"。杨维聪《诗序》谓其"性爱图书,邺侯之富也。工草书,张旭之法也。喜延宾客,北海之兴也。筑室于郊,左图右书"。扈永通《赠枞冈尹先生》诗亦云:"青枞掩映青水渺,别墅风流真是好。一榻春风万卷书,圣贤真趣日论讨。"可谓真知邦麟者矣。

光绪《曹县志》卷十六。

顾铎,字孔振,明博兴人。正德十二年(1517)进士,授山阴知县。严明威断,吏不为奸。内征刑部郎。会大礼议起,铎与同官抗疏,被廷杖,出为汝宁府知府。以积谷三十万石得上考,调开封府。河决,铎昼夜行数百里,度地形。疏赵皮寨以杀之,郡赖以安。迁信阳兵备副使,寻迁太仆寺卿。既老,聚书万卷,构一楼居其中,每夜得句,辄呼灯录之,至再三起不倦。有《南田集》若干卷。子龙山,字云谷,例贡生,博学嗜古,能读父书。著《云谷诗稿》十二卷,他不传。遗诗中有"架签且喜藏千卷,瓶粟无劳问石储"之句,可以见其志趣焉。

道光《博兴县志》卷十一、卷十三;咸丰《青州府志》卷四十四;光绪《山东通志》卷百四十二、百六十一;民国《博兴县志》卷十六;《明清蟫林辑传》。

殷云霄(1480—1516),字近夫,号石川。先世为凤阳大族,所居七十余灶,人号黑门殷氏。元末有讳仲者避乱东平,遂家寿张。故云霄为寿张人。年二十六,弘治十八年(1505)进士。明年以疾归,卜居石川,作蓄艾堂,聚书数千卷,旦夕诵思,欲以作者自命。正德六年(1511),病愈还京,授靖江知县,八年(1513)调青田。十年(1515)考绩京师,吏部以最闻授南京工科给事中。云霄政事务清节,民甚德之。武宗纳有娠女子马姬宫中,云霄偕同官疏谏,引李园、吕不韦事为讽,不报。十一年(1516)卒,年三十有七。乡人穆孔晖畏云霄峭直,曰:"殷子耻不善,不啻负秽然。"云霄平生雅志诗文,才情富赡,为当时"十才子"(按:《明史·李梦阳传》载十才子中有何景明、徐祯卿、边贡、朱应登、顾璘、陈沂、郑善夫、康海、王九思,无殷云霄)之一。时李梦阳"倡言文必秦汉,诗必盛唐,非是者弗道",天下翕然宗之。云霄与郑善夫、孙元一相友善,多与孙元一唱和,诗派亦与相近。《四库全书总目》称其诗"大抵才情富赡,而骨格未坚"。有《石川集》四卷《附录》一卷。是集分二种,又各分诗文为二卷。曰《瀛州集》者官靖江知县时作;曰《芝田集》者,官青田知县时作;附一卷曰《金陵稿》者,则官南京时作也。其著作见于著录者有:《石川瀛洲遗集》一卷、《文稿》一卷、《芝田遗集》一卷、《芝田稿文》一卷,附《金陵稿》一卷,明嘉靖十年胡用佳刻本;《石川集》五卷、《遗稿》一卷《奏疏》一卷、《明道录》二卷、《附录》一卷,明嘉靖刻本;《殷给事集选》二卷附一卷,明抄本。《石川集》四库入存目,《盛明百家诗前集》有《殷石川集》一卷。复有《古乐府四百篇》《金仆姑》等。安阳崔铣为撰《石川殷近夫墓志铭》。

《明史》卷二百八十六《郑善夫传》附殷云霄;光绪《山东通志》卷百六十三;乾隆《兖州府志》卷二十三;《四库全书总目》1569 页;崔铣《崔后渠集》(《广理学备考》第 2 函);光绪《寿张县志》卷二;《明清蟫林辑传》;万历《兖州府志》;《中国古籍善本书目》;《传书堂书目》。

朱见潾(1448—1517),英宗庶二子。初封荣王。天顺元年(1457)三月同日封德、秀、崇、吉四王。初国德州,成化三年(1467)就藩济南,而德府名称未改。正德十二年(1517)卒。家多赐书。德府所藏永乐刻本《吴草庐集》,至今尚有流传。复有万历《兖州府志》十二卷、《府境州县图》一卷,钤"德府藏书"白文方印,今流落东瀛。德府刻书见于著录者,有《药师本愿功德宝卷》(此书由德王妃张氏同五公主于嘉靖二十二年梓行,首有彩绘图,为现存早期宝卷之一)、《汉书》一百卷(嘉靖间德藩最乐轩刻本)、《昭明太子文集》、《舜泉歌》、《儒门事亲》十五卷(金张从正撰)、《云庄乐府》(元张养浩撰)、《张文忠(养浩)家训》、《张文忠诗集》、《小学》(宋朱熹撰)等。明藩刻书,多沿宋郡斋漕司书刻故事,率取当地先贤著作传刻,德藩国济南,故刻张养浩著作为多。《汉书》白文无注,半页十行,行二十一字,版心上有"德藩最乐轩"五字,版心下记李泽、李受、张敖等刻工姓名,盖为苏州良工所开雕。所用纸墨多选上料,印刷装褙,极为考究,大字宽本,蓝绫包背装,近似内府本,近人或称明刻之最精者。现存台北"中央图书馆"。德王共传七世,至明崇祯十二年(1639)清兵入关,陷济南,第七代德王朱由枢被清兵俘虏,连续 186 年的德王世系告终。

《明史》卷百四;《古今书刻》;《书林清话》第 120 页;《郎园读书志》;《明藩刻书考》;《中国印刷史》第 415、440 页;《朱见潾圹志铭》(见《济南历代墓志铭》)。

张子立(? —1526后),字元礼,明黄县人。嘉靖五年(1526)弱冠登进士,授行人,擢监察御史,按两浙。郡守惮其风裁。巡抚延缓修城堡,开红石峡以通水利,军民利赖。嗣以用兵西夏失利被逮,士民号泣遮道中,使亦泣下,延人为立碑于学宫。子立自奉清约,好古文,戍居固原,杜门谢客,以疾卒。生平耽好诗画书史,搜索购求,集满邺架,诸凡石室秘书,古今文辞,以至兵法、医卜之类,不啻万轴。悉钤识以“东黄张氏书籍之印”。家藏《唐诗纪事》,锲版二十卷,为世所珍惜,经兵火尽毁焉。

乾隆《黄县志》卷八;同治《黄县志》卷八。

李冕(明嘉靖),字端甫,居章丘百脉泉明水镇。性敏颖,清修简朴,体不胜衣,而志坚如石。最爱书册,口所熟读、手所不释者,略无点污损坏。有书舍三楹,忽水涨突发,二楹已随水去。独藏书一楹如故。水落,移书甫出,而舍全倾矣,见者以为爱书之验云。正德丙子(1516)举于乡,嘉靖丙戌(1526)第进士,终右布政。

道光《章丘县志》卷十五。

毛思义(1466—1532),字继贤,阳信人。弘治十五年(1502)联举进士,授户部主事,转工部都水郎中,凿月河以杀水势,公私便之。正德九年(1514)为永平守。武宗东巡,阉人矫旨作孽,假选妇女,阖邑惊逃。公出晓喻,谓主上方在谅阴中,岂肯自坏纲常,以迩此不令之色乎?大抵阉官虚张声势从媒利之阶耳。由是阉官愧恨,诬奏逮狱,言官交章救之,谪知安宁州。嘉靖改元,升陕西抚使,民怀其德,为立生祠。八年(1529)擢越藩伯,转台副总漕运,再督南储,皆著伟绩。十一年(1532)以老病乞骸归里,囊无余赀,唯积书数万卷。因旧居敝坏,风雨不蔽,久之始于城西南隅构屋数椽,名曰万卷楼。卒年六十七。有《海隅集》《永平录》传于世。

《明史》卷百八十八;乾隆《阳信县志》卷七;民国《阳信县志》卷一、卷五、卷八;李廷相《都察院右副都御使海隅毛公神道碑铭》。

毛效直,字子温,思义季子。思义积书万卷,尽以相付。淹雅博洽,饶有史才。嘉靖初,邑无志乘,邑侯徐九皋延效直创修,摭古今,稽风俗,阐发幽隐,宏奖名德,成若干卷。惜旧稿无存,以致后之修志者无由载其姓氏。

乾隆《阳信县志》卷七;民国《阳信县志》卷五。

毛如瑜,字贵甫,思义曾孙,郡司马焯子。先世遗书万卷,披读殆尽。补诸生,食饩。明季避乱,奉母入青州山中。既而母卒,遂担簦杖笈,遍游五岳名山,履迹半天下。年七十四归,终于里。李象元为作《毛异人墓志》。

民国《阳信县志》卷五、卷八。

张玥(?—1535后),字叔玉,号甘泉,明高苑人。早精经术,期于用世,会逆瑾流毒,正直见斥。自分不得行其志,恬然以林壑寄兴。天性纯笃,孝友一出自然。与物无竞,孤寒尤加周恤。构甘泉书塾以教子。意在立德为上,立功次之。择端方之士与诸子游。嘉靖十四年(1535)春,于墅中建堂五楹,购古今书。史万卷庋于左右,屏幽阶邃,颇远尘嚣,颜其门曰“甘泉书塾”。自为之记。

乾隆《高苑县志》卷六、卷八。

张录(?—1537后),字宗制,号虚庵,明城武人。正德庚午(1510)科举人,联登辛未(1511)科进士。授太常博士,擢贵州道监察御史。清介敢言,以极谏,两被廷杖,处之坦如。寻出按山西,宪度修明,污吏敛迹。虽权贵有犯者亦不少贷,然终以事罢。喜藏书,家居二十年,日以诗书花鸟为乐。副使钱宏《晚留张侍御东台》诗所谓:“百尺层台景色新,堂间柱史绝嚣尘。四时花鸟堪为乐,万卷诗书未是贫。”东台,即录之故里也。

道光《城武县志》卷九、卷十一。

边贡(1476—1532),字庭实,号华泉,其先淮阴人,六世祖避至正兵乱,迁居历城华不注之阳,遂成历城人。幼有异质,襁褓中从祖母王氏受章句,辄成诵。弘治八年(1495)以贡生举乡试第四。明年(1496)成进士,授太常博士。时孝宗重祠事,贡骏奔惟谨,偶以告,不与上私语,左右曰:“何不见年少官人耶?”十八年(1505)擢兵科给事中。会孝宗崩,上疏劾太监张谕与太医刘泰、高廷和用药之误。又劾太监苗远与保国公朱晖、都御史史琳用兵之失。辞义剀切,闻者凛然。迁太常寺丞。以不善事刘瑾,出为卫辉知府。正德五年(1510)改荆州,六年(1511)擢山西提学副使。父忧,服除,起河南提学,申条教,勤考校,士风大振。十二年(1517)以母忧归。十五年(1520)熊相借边贡所藏《岑嘉州集》七卷本刻于济南,是今存《岑嘉州集》最早刻本。世宗即位,即家起为南京太常寺少卿。嘉靖二年(1523)晋南京太仆寺卿。贡征求故译,是正诸文,以成一家之学。七年(1528)转刑部右侍郎,拜户部尚书,皆在南京。贡早负才名,美风姿,所交悉海内名士。久官留都,优闲无事,游览江山,挥毫浮白,夜以继日。十年(1531),右都御史中某劾其纵酒废职,遂致仕归。筑万卷楼于湖上,蓄书籍金石古文甚富。十一年(1532)火几尽。贡仰天大哭曰:“甚于丧我也。”遂发病卒,年五十七。叶昌炽《藏书纪事诗》云:“突如焚如涕涟如,何事斯文竟祝予。华不注阳一凭吊,旧时月色上庵蔄。”盖即为此而发。庵蔄者,因贡《雨后读三国志》诗有云“庵蔄架底黄昏日,且抱青刍学饭牛”而来。

明自永乐后,辞尚纤弱,贡与李梦阳、何景明、徐祯卿起而振之,号"弘治四杰",又益以康海、王九思、王廷相为七子。去廷相,以朱应登、顾璘、陈沂、郑善夫为十才子。事迹具《明史·文苑传》。著有《华泉集》十四卷,凡诗八卷,为里人刘天民所编;文六卷,为大名魏允孚所续刊。鲁中立《海岳灵秀集》谓:"华泉之作,虽不逮何、李,然平淡和粹,孝庙以前,海岱之才,无其伦比。"胡应麟《诗薮》云:"世人独推李、何为当代第一。余以为空同关中人,气稍过劲,未免失之怒;张大复之亮节俊语,出于天性,亦自难到,但工于文句而乏意外之趣。独边华泉兴象飘逸,而语又清圆,故当共推此人。"王士禛删定贡诗,序《华泉先生集选》谓:"济南诗派,大昌于华泉、沧溟二氏,而荜路蓝缕之功,又以边氏为首庸",甚至以华泉"比之曹植、谢灵运"。《四库全书总目》以为士禛此论,"虽不免夸饰,然于李攀龙集终置不论,而独加意于贡集,其去取之间,亦有微意"。可谓持平之论。士禛又谓,"先生自给事中,一麾出守,两视学政,于晋、于梁,内陟卿寺,官南京户部尚书。所至登山临水,购古书金石文字累数万卷,而家无中人之产,身后至无以庇其子姓"。是贡之爱书甚于爱财,尤非常人所可及矣。

乾隆《历城县志·文苑传》;道光《济南府志》卷四十九;光绪《山东通志》卷百六十三;王士禛《华泉先生集选序》;《四库全书总目》1498、1566页;《藏书纪事诗》卷二;《明清蟫林辑传》;《中国藏书家考略》。

济宁张氏(?—1535后),(佚其名)为邑巨室,家故饶裕,多藏书。时临朐马珩主其家,由是博观群籍,学以大进。嘉靖十四年(1535)成选贡。

光绪《临朐县志》卷十四上。

冯裕(?—1539后),字伯顺,号闾山,临朐人。明正德三年(1508)进士。历知晋州,迁户部郎,出守贵州,迁按察司副使,先后七年,解官归。与石存礼、刘澄甫、陈经、黄卿、刘渊甫、杨应奎等结诗社于北郭禅林。曾孙琦辑所作为《海岱会集》十二卷(《四库全书总目》著录纪昀家藏抄本)。卒年六十有七。裕有《方伯集》一卷(有明万历冯琦刻《冯氏五先生集》本)。子四:惟健、惟重、惟敏、惟讷,皆知名,所作合称为《冯氏五先生集》行于世。尝作《山泉精舍诗》,自道其藏书之富。诗云:"两山重重泉曲曲,高人傍此结茅屋。蓬窗引入清风来,白云常在檐阿宿。阶前紫竹几千竿,架上牙签三万轴。渊明黍熟多酿酒,陶然一醉东篱菊。闾山老翁日相过,击节酣歌振崖谷。"

《明史》卷二百一十六;《益都先正诗丛抄》卷一;光绪《临朐县志》卷九上、卷十四上。

冯惟敏(约1511—约1580),字汝行,号海浮,临朐人。裕子。嘉靖十六年(1537)进士,官涞水知县。隆庆五年(1571)任保定府通判、润州教授。为官清廉耿直,不畏权贵,而困厄仕途,屡遭贬黜。六年(1572)弃官归田,隐居乡野,卒于海浮山麓。家有藏书,喜为散曲,著有《海浮山堂词稿》四卷,有明嘉靖四十五年刻本,1981年上海古籍出版社凌景埏、谢伯阳点校本。复有杂剧《梁状元不伏老》,盛明杂剧本;《僧尼共犯》,《脉望馆抄校本古今杂剧》本,孤本元明杂剧本;钱谦益以为《不伏老》在王九思《杜甫春游》之上。兄惟健、弟惟讷均有诗名。惟敏诗文亦雅,独攻近体、乐府,盛传东都。

王兆云《皇明词林人物考》卷九(明万历刻本);曹溶《明人小传》卷三(抄本);朱彝尊《明诗综》卷四十五(清康熙刻本);陈田《明诗纪事》戊卷八(光绪己亥陈氏刻本);钱谦益《列朝诗集小传》丁上卷(清康熙刻本);朱彝尊《静志居诗话》卷十三(扶荔山房刻本);光绪《山东通志》卷百六十三;光绪《临朐县志》卷九上、卷十四上。

冯琦(1559—1604),字用韫,号琢庵,明临朐人。自曾祖裕以下,累世皆进士。裕,字伯顺,师事贺钦,有学行,终云南副使。祖惟重,行人。父子履,河南参政。从祖惟健,举人。惟敏,字汝行,号海浮,镇江府学教授、保定府通判。惟讷,字汝言,江西左布政使。惟健、惟重、惟敏、惟讷,皆有文名,惟敏、惟讷最著。琦幼颖敏绝人,年十九举万历五年(1577)进士,改庶吉士,授编修。预修《会典》成,进侍讲,充日讲官。旋进少詹事,掌翰林院事,迁礼部右侍郎,改吏部。莅政勤敏,力抑营竞,尚书李戴倚重之。会狄道山崩,地涌大小山五,琦偕李戴上言,痛陈时政之弊及民间疾苦。不报,寻迁左侍郎,拜礼部尚书。琦明习典故,学有根柢,数陈谠论,中外想望丰采,神宗亦深眷琦。及疡笃,十六疏乞休,不允,卒于官。年仅四十六。赠太子太保。天启初,谥文敏。著有《宗伯集》八十一卷(有明万历三十五年刻本、明万历三十五年青箱刻本、明万历三十九年书林余泗泉萃庆堂刻本)、《冯琢庵先生北海集》五十八卷(明万历三十七年刻本)、《冯用韫先生北海集》四十六卷(万历林有麟刻本)、《文敏冯先生诗集》六卷(明末刻本)、《宗伯冯先生尺牍》四卷(明末刻本)、《冯用韫先生书牍》四卷(清乾隆三年程崟刻本)、《经济类编》一百卷(明万历三十二年周家栋等刻本、明抄本,复有明吴氏丛书堂抄本,不著卷数与辑者姓名,疑即此书)。《经济类编》乃琦殁后其弟瑗及门人周家栋、吴光仪删其重复,排纂而成,定为帝王、政治、储宫、宫掖、臣、谏诤、诠衡、财赋、礼仪、乐、文学、武功、边塞、刑罚、工虞、天、地、人伦、人品、人事、道术、物、杂言二十三类,大致与《册府元龟》互相出入。但《册府元龟》唯录事迹,此则兼录文章;《册府元龟》唯以史传为据,此则诸子百家靡不捃拾,体例少异耳。《四库全书总目》称其书"采摭繁富,颇为赅洽"。"唯此书既非琦所手校,其间所录诸条,瑗等有所损而弗能益。故或详或略,不尽均齐。又离析合并,未必一一得琦本意。故分隶亦间有参错。然网罗繁富,大抵采自本书,究非明人类书辗转裨贩者比。"其推重如此。琦《寄示珂弟》诗尝自述其藏书渊源云:"昔我曾祖考,萧然在甕牖。借书读未竟,其主已复取。及我诸祖父,一一称不朽。积书至于今,颇亦仿二酉。"然则《经济类编》之所以网罗繁富,旁及诸子百家,又多采自本书,实其家四代积书有以致之。琦刻有《冯氏五先生集》(明万历中刻本)五卷,所谓"五先生集"者,裕《方伯集》,惟健《陂门集》,惟重《大行集》,惟敏《石门集》,惟讷《光禄集》也。琦复辑有《海岱会集》十二卷(库本、道光间阎湘莱抄本、清抄本),盖为石存礼、蓝田、刘澄甫、陈经、黄卿、刘渊甫、杨应奎与琦曾祖冯裕八人唱和之作。王士禛《古夫于亭杂录》谓"八人皆不以诗名,而其诗皆清雅可观,无三杨台阁之习,亦无七子摹拟之弊",当非阿其所好。

《明史》卷二百十六《冯琦传》;《益都先正诗丛抄》卷三;《四库全书总目》1154—1155 页、1715—1716 页;《贩书偶记续编》卷十三;《中国丛书综录》第 1 册 895 页。

刘鈗(1476—1541),字汝中,别号西桥,明寿光人。父珝,号古直,正统进士,授编修,成化中,官至吏部尚书、谨身殿大学士。宪宗每呼东刘先生。卒后谥文和。有《古直先生文集》十六卷《附录》一卷,明嘉靖三年刘鈗刻本。鈗七岁能默诵诗书,兼喻大旨。见舍壁所悬文辞,一览辄不忘。善识奇古字,与客相难无上之者,客咸以神童呼之,名闻遐迩。八岁宪宗召至文华殿,问及古今事,朗朗陈说大意。又善属对作诗,爱其聪敏,即命为中书舍人。盖珝时以翰林院侍讲为宪宗讲读也。鈗历官五十余年,嘉靖中至太常卿,兼翰林院五经博士,仍供事内阁诰敕房。弘治以来,办事两房,以博封旧典著称者,鈗为首,长洲刘棨贰焉,时谓之"二刘"。家本多书,至鈗则又倍力聚之。凡圣作贤述,山经海志,稗官小说,石室灵文,无不藏焉。有时曝于晴日,非三五识字健仆,兼浃旬之久,盘播不能尽也。与鈗同姓者古今文集,别置一所,共五十余家,藏弆之富,可以想见。嘉靖己丑(1529),章丘李中麓举进士,求乡先达一人以自托。时山东宦游京师者三十余人,中麓独造鈗庐,倾心交谈,相见恨晚。中麓曰:"余好购书",鈗曰:"四十年前,亦有此病。"中麓曰:"余好辞章",鈗曰:"三十年前,亦有此病。"两人叹为同病相怜。事详中麓《西桥刘公墓志铭》。著有《西桥诗文集》四卷、《望洋遗稿》、《承恩应制》等编。后二种《明史艺文志补编》《山东通志·艺文志》均无著录,殆早已亡佚。卒于嘉靖二十年(1541),年六十有六。

《明史》卷一六八《刘珝传》;民国《寿光县志》卷三;李开先《西桥刘公墓志铭》(《闲居集》卷六)。

李用敬(?—1541后),字仲学,明益都人。嘉靖辛丑(1541)进士,历官给事中。时相严嵩忌言事者,用敬独侃侃论劾,无所回避。边将仇鸾恃恩骄纵,又疏劾之,直声振朝宇。倭寇大掠江南,势张甚,朝以尚书张经督征之。经选将练兵为捣巢计。嵩党赵文华劾经持兵观望,诏槛车征诣廷尉,论死,用敬上疏救之。世宗怒,遂廷杖落职。穆宗起言事者,复补用。以母丧归,遂绝意仕进,以诗文自娱。安箕《青社先贤咏·李用敬》诗谓其"归田事坟籍,万卷堆铅墨。好古虫鱼癖,诵书期颐逼"。然则用敬所自娱者,在于雌黄万卷,不独诗文而已也。

光绪《山东通志》卷百六十;卢见曾《国朝山左诗抄》卷五十四。

李廷相(1481—1544),字梦弼,濮州(今山东鄄城)人。父瓒,字宗器,世传李文定公之后。弘治进士,授刑部主事,升通政司参议,擢江西佥事,累官都御史,进户部尚书,疏致仕卒,赠太子太保。

撰有《珠树馆集》十卷,明刻本,国家图书馆藏,光绪《山东通志·艺文志》著录。廷相于弘治十五年(1502)中进士第三名。初授编修,后改兵部主事,佥本部员外郎中,复任春坊中允经筵讲官。武宗初年历官南京吏部侍郎,父子同朝,人皆荣之,官亦至户部尚书。六十四岁卒,谥文敏。著有《南铨稿》二卷、《联句》一卷。子孝元,任宗人府经历,后无嗣。家有双桧堂、来鹤楼,积古书万卷。章丘李开先撰《蒲汀李尚书传》有云:"积书最富,且多古刻。"开先复有《寄题李蒲汀尚书藏书楼》咏之云:"两世尚书百世芳,书楼突兀应文昌。古经当日曾分借,新刻别来屡寄将。皇甫一车蒙国赐,景文百轴作家藏。忽惊萤火檐前过,疑是燃藜夜有光。"同邑李先芳尝作《拾翠轩记》,记其事云:

> 余同郡李文敏父子尚书,积书画于来鹤楼上,不吝数百金求宋元板刻及孙、刘、马、夏真笔,每卷轴钤后曰:"濮阳李氏世藏。"至子孝元不肖,教戏楼下,诸戏子夜锤楼板盗去,多不成部。后为严竖子迫取之,楼上一空。昔濮州人杜暹聚书万卷,每卷后题:"清俸买来手自校,子孙读之知圣教,鬻及借人为不孝。"以今李氏观之,后先当发一笑。余复赘杜语增三句:"濮阳李氏亦同调,家藏万卷投枢要,嗟嗟二君皆可笑。"

有《李蒲汀家藏书目》二卷,《千顷堂书目》曾著录,黄虞稷亲见之,不知尚存天壤否?其藏书见于诸家著录者,有宋庆元元年建安刘之问刻本《汉书》一百卷(叙例一、二两叶明隆、万以前人影宋抄配),宋刊本《新刊诂训唐昌黎先生文集》五十一卷,宋建安虞平斋务本堂刻本《增刊校正王状元集注分类东坡先生诗》二十五卷,宋刻本《坡门酬唱集》二十三卷,宋陈宅书籍铺刻本《唐僧弘秀集》十卷,元刻大字本《韵补》五卷,元山东东平邑刻本《元丰类稿》五十卷,元刻本《欧阳文忠公文集》一百五十三卷、《年谱》一卷、《附录》五卷,元刻本《松雪斋文集》十卷,元刻本《雍虞先生道园类稿》五十卷,明嘉靖十一年韩山精舍刻本《紫岩文集》四十八卷,等等。复有李龙眠《罗汉图》,有孝元跋,钤“松桥碧山道人”“洗心书舍”“太保尚书之嗣”三印。叶昌炽《藏书纪事诗》云:“鸥波墨妙妙天下,狼藉海东圕溷多。完好如新双桧本,鬼神在在为㧑呵。”实有感而发。其藏印复有:“濮阳李氏世藏”、“濮阳李廷相双桧堂书画私印”朱文大长印、“濮阳李廷相书屋记”长方朱文印、“濮阳李廷相书画记”、“濮阳李廷相家图籍印”、“李太史家藏”朱文方印。

明万历《濮州志》卷三;明万历《东昌府志》卷十九;宣统《濮州志》卷四;《藏书纪事诗》卷二;《明清蟫林辑传》;《天禄琳琅书目》;《千顷堂书目》;《北京大学图书馆藏善本书录》第34页。

韩一右(?—1552后),明青城人。嘉靖十七年(1538)进士,授行人司行人。迁南京、广东道监察御史,巡视下江。时严嵩柄政,一右抗章,列其罪,嵩忌之,迁扬州知府。三十一年(1552)迁四川按察司副使,忌者竞萋菲,遂挂冠。时才四十有五。一右早岁潜心经传,晚年娱意文章。杨梦衮《韩公乡贤事实》谓其“居官不爱一钱,归囊唯余万卷”而已。

民国《青城县志》第四册。

龙游(?—1552后),字雨溪,峄县税郭(今属枣庄市市中区)人。嘉靖三十一年(1552)举于乡,除真定府通判,以艰归。继判永平,转饷边城,劳能考最,迁盐运使司副使。旋乞归,不复仕。家多图史,遭乱散佚,断简残编中尚可见其丹黄手迹。

光绪《峄县志》卷二十一。

赵邦彦(?—1553后),字元哲,号少虚,明东阿人。少有隽才,博极群书,而豪宕负气,不能修小文以中时俗。举嘉靖癸卯(1543)

省试,凡十上春官不第。构室虎窟山中,闭户下帷,覃思著述,驰骋千古,而家顾日益贫。平生劝驾金币尽以购长安市肆书,其后子女十余人衣食不能给。交游亲戚见其坎壈,又落落难合,多弃之不顾,而邦彦亦不肯一伛偻其间,以是益困。岁时伏腊,握粟酤酒,召山僧田父一二辈,相与对饮,耳热眼白,仰天呜呜。里中儿皆窃笑之,而不能知其所以。或劝之仕,邦彦亦笑不答。年六十余而卒。平生所为文二百余篇。自为机轴诗凡三千余首,法沈、宋、陈、苏诸人,于慎行称其诗玮词雄藻,直逼初唐。邑令田尝欲梓其文以传,会召入不果。后邑令朱应毂选其诗八卷刻之行世。

乾隆《泰安府志》卷十八。

李开先(1501—1568),字伯华,号中麓,明章丘县人。世居陇西,祖自陇徙长城岭,再徙于章丘绿原村,遂家焉。父淳,字景清,因居绿原村,自号绿原。邑庠生。年四十始举于乡。以屡试不第,病消渴殁。家无厚积,生计日窘,赖母躬持田桑,得以支撑。开先嘉靖七年(1528)举于乡,八年(1529)成进士,除户部主事,后改吏部文选司郎中,擢提督四夷馆、太常寺少卿。雅负经济,不屑称文士。入仕之初,曾先后饷军上谷、西夏,饱览山川形势,目击边防废弛,慨然有澄清天下之志。时夏言为首辅,贪污无能,朝政败坏,尝与王慎中、赵时春抗疏劾之,以自忤夏言。在铨部谢绝请托,屈抑权贵人。已迁太常,会七庙灾,上疏自陈罢归。家居三十年,治田产,蓄声伎,征歌度曲,为新声小令,挡弹放歌,自诩马东篱(致远)、张小山(可久)无以过也。

开先为文一篇,辄万言,诗一韵,辄百首。不循格律,诙谐谈笑,信手放笔。尝自序《闲居集》云:“年四十,罢官归里,既无用世之心,又无名后之志。诗不必作,作不必工。”改定元人传奇乐府,搜辑市井艳词,多士大夫所不道者。嘉靖间,晋江王慎中、武进唐顺之倡论尽洗一时剽拟之习,开先与罗洪先、赵时春诸人左提右挈,李(梦阳)、何(景明)文集几于遏而不行。复与王慎中、唐顺之、陈束、赵时春、熊过、任翰、吕高并称“嘉靖八才子”。然开先最究心者为金元词曲,与康对山(海)、王渼陂(九思)交尤笃,且俱名溢海内。尝与渼陂各出所作,互相评定,甚有彻夜不寐者。开先自谓“颇究心金元词曲,凡《中原》《燕山》《琼林》《务头》四韵书,《太和正音》《词话》《录鬼》《十谱格》《渔隐》《太平》《阳春白雪》《诗酒馀音》二十四散套,张可久、马致远、乔梦符、查德卿等八百三十二名家,《芙蓉》《双题》《多月》《倩女》等千七百五十余杂剧,靡不辨其品类,识其当行。音调合否,字面生熟,举目如辨素苍,开口如数一二。甚至歌者才一发声,则按而止之曰:‘开端有误,不必歌竟矣。’坐客无不屈伏。”(《南北插科词序》)盖开先有神解顿悟之妙,好之笃而久,是以知之真而作之不差如此。

有明一代,海内藏书之富,推江都葛氏(涧)、金陵焦氏(竑)、章丘李氏。李氏所藏多善本,尤以词曲为夥,有“词山曲海”之称。自谓:“岂但三车富,还过万卷余。”又云:“借抄先馆阁,博览及瞿昙。”盖官太常时文渊阁书许臣工借抄,故多未见之书。开先尝筑万卷楼,自撰《藏书万卷楼记》,述其以万卷名楼之旨。其辞曰:

> 藏书不啻万卷,止以万卷名楼,以四库昈类不尽,乃仿刘氏《七略》分而藏之。楼独藏经学时务,总之不下万卷。余置别所,凡五书。文明,火象也。又天地精华,多则为祟。古之善藏者每分之,庶不灾于火。吾楼书不过万以此。名山大川,其藏所也,奚必于楼?《诗》三百,蔽于“思无邪”三字,半部《论语》,犹歉于节用爱人,有一言而终身行之者,又奚必万卷?而况不啻万卷也哉!既记之,而复继以诗,以见吾志。诗云:“古有楚史,邈焉寡俦。《三坟》《五典》,《八索》《九丘》。有问即知,随其所投。藏书之富,更有邺侯。堆床插架,充栋汗牛。

诸子百家,六经赘疣。多歧亡羊,是则可忧。辩也如赐,艺也如求。科列文学,子夏子游。两端四教,无言更优。吾欲从之,不得其由。藏书万卷,聊以名楼。"

嘉靖十八年(1539)中麓草堂成,李舜臣为之记。唐顺之复撰《中麓文选藏书歌》,歌曰:

中麓子,最好奇,平生苦心只自知。破冢将寻姬氏籍,凿山欲出《禹王碑》。鸟篆蚪文焚后字,白云黄竹删前诗。藏在阴崖及海窟,神物守护谁得窥?自从掇取归君屋,但闻胡山鬼夜哭。汗牛讵止盈五车,插架应知满万轴。开函几席生云烟,五色纷纷耀人目。家中绫绮割截尽,更剪朝衣作装束。中麓子几岁读书长闭门,自信中郎能一目。还轻左氏识《三坟》,迩来下笔作词赋,绝似先年石鼓文。却忆射策来京国,此时才士纷如云。雕龙白马争先后,一日逢君皆闭口。试问鼫鼠君已知,解对黄熊谁更有。共看飞腾迈等伦,早排阊阖上麒麟。遂令纨袴生叹息,公卿元是读书人。老大无闻予自怜,论交多愧十年前。可道壮心犹未已,时复从君乞一编。

嘉靖十九年(1540)擢提督四夷馆,官太常少卿。馆在东安门右,与濮州李蒲汀廷相书屋近而且便。时时过从,翻阅书册。廷相仕至户部尚书,十八年五月致仕,时正闲居于家。开先于《张小山小令后序》中,又尝自言其搜罗张小山小令始末及词本之难得,其词云:

予自游乡校,读书或有余力,则以学词,词独爱张小山之作,以其超出尘俗,不但瘦劲而已。当时苦于无书,止有杨朝英所集《太平乐府》。及检旧箧,又得《阳春白雪集》及《百一选曲》两种。既登仕籍,书可广求矣,然唯词书难遇,以去元朝将二百年,抄本刻本多散亡。洪武初年,亲王之国,必以词曲一千七百本赐之。对山高祖名汝楫者,曾为燕邸长史,全得其本,传至对山,少有存者。人言宪庙好听杂剧及散词,搜罗海

> 内词本殆尽。又武宗亦好之,有进者,即蒙厚赏,如杨循吉、徐霖、陈符所进,不止数千本。今宜词曲少,而小山者更少也。京师积书家,如李蒲汀、沈竹东,词书成编者,不过十余部,其小山词载在《乐府群珠》《诗酒馀音》者,仅有数十曲。他所更得《仙音妙选》《乐府群玉》《乐府新声》,则有助于小山多矣。可惜类词有小山半册,廖洞野取去,坚不复出,而普集元词,在邹平崔临溪者,小山词独有一册,以负累逋逃,不知所之。今所编次虽成上下二册,每样曲终,镂板不剔空,以待博学君子,词山曲海,不惜寄示,必有以增其所未高,而浚其所未深云。

"词山曲海"之称,即缘是而来,然初未尝有以自称也。据今章丘文物局调查,中麓藏书凡26处。城内所建楼已不存,四乡多有之。

开先工词,所藏名画皆自为品第。然王元美(世贞)过中麓草堂,尽观所藏,以为"中麓画无一佳者"。实则弇州、中麓鉴赏标准迥然不同,弇州崇摹拟,中麓尚独创,世俗之见,未足以服中麓也。

先是山左藏书家,如历城边华泉(贡)、寿光刘西桥(鈗),亦好收书。边书毁于火,刘氏则散佚无遗。开先有二子一女,皆不屑,过继其堂弟李继先之三子李春坞为嗣。春坞卒于万历三十三年(1605),有子七人,长李衡,有名于时,人谓太常公再世。衡字虎门,举人,工诗善画,与同邑张光启唱和山水间。其藏书有明崇祯刻本《阅史约书》五卷(明王光鲁撰),钤有"李衡图书"印。章丘李氏所储,明万历初,其藏书之一部归宗室朱睦㮮,余者康熙间散出,半为昆山徐氏传是楼所得。常熟毛扆(斧季)从辇下还,亦获中麓书二百余帙,尽属秘本。其归昆山徐氏者,秀水朱彝尊尝获借观,谓"签帙必精,研朱点勘,北方学者能得斯趣,殆无多人"。新城王渔洋与中麓为乡里后进,曾购其藏书目录,累年不可得,仅于京师慈仁寺得小册《西汉文鉴》,朱印宛然。后闻其书尽捆载昆山徐氏,为之扼腕。康熙戊寅(1698),健庵(徐乾学)次子章仲为工部郎中,以宋椠本《山谷精华录》八卷贻渔洋,渔洋视其卷首,中麓印记在焉。深慨“此书藏济南李氏二百年而归于江南,又十余年,而复归济南,似亦有数焉”。然渔洋所见《山谷精华录》,实为明人伪本,大兴翁覃溪《题王文简载书图》所谓“十部唐签未备观,《精华》山谷辑来难”者是也。(覃溪自注:“先生所见《精华录》,乃明人伪本。”)唯长洲何义门所见北宋蜀大字本《孟子》,最称善本。《孟子》旧刊,自世彩堂以下,诸刻皆阙《篇叙》,独毛斧季购得章丘李中麓所藏北宋本乃有之。中麓所藏影宋抄单疏残本《谷梁》及义门校录北宋蜀大字本《孟子》,阮元均用以校勘宋本《十三经注疏》。中麓藏曲,清雍正三年至七年间,义门弟煌(字心友,号小山)尚获见中麓旧藏元椠杂剧及其他抄本,并据以校赵琦美抄校古今杂剧,今《古本戏曲丛刊》四集影印《脉望馆抄校本古今杂剧》,其中朱笔密校,署名“小山”或“仲子”者,皆煌之手笔。改正赵本讹字脱曲、倒曲颇多。而煌所据“元刊杂剧”,即今传之《元刊杂剧三十种》,并已收入《古本戏曲丛刊》四集。在脉望馆抄校本出现前,世间尚不知《元刊杂剧三十种》为中麓故物。中麓之“词山曲海”,虽已化为过眼云烟,然此书之得以流传,于臧懋循《元曲选》外,得见元剧十七种,且藉以窥见元人刊元剧之本来面目,则中麓亦可稍慰于地下矣。(《元刊杂剧三十种》原为上虞罗氏收藏,日本帝国大学曾借印出版,又有上海石印本。石印本有王国维叙录。)叶昌炽《藏书纪事诗》云:“云烟已逐边刘散,又自江南到济南。积劫微尘应悟彻,本来禅诵及瞿昙。”盖就中麓藏书之聚散言之。

中麓藏书之见于著录者,复有宋刊本《石林奏议》十五卷、明抄本《啸庵四六》(残)十五卷、明嘉靖刊本《白崖文集》四卷等。藏印有:“李氏中麓草堂图籍记”粗朱文印、“李开先印”。《千顷堂书目》著录《李中麓书目》一卷,未见。

中麓著有《闲居集》十二卷,《宝剑记》二卷,《断发记》二卷(现存一折,以上两种为传奇),《词谑》二卷,《中麓山人拙对》二卷、《续对》一卷;又《改定元贤传奇》七种,嘉靖间均有自刻本。复刻《赵浚谷诗文集》十六卷(明赵时春撰,嘉靖八年刊本),《张小山小令》二卷(元张可久撰,李开先编选,嘉靖四十五年李开先刻本)。又撰有《一笑散》(六种院本总名,现存《打哑禅》《园林午梦》两种)、《中麓画品》。其自著者,除《拙对》《续对》外,均收入《李开先集》(路工辑校,中华书局1959年版)。

《明史》卷二八七《陈束传》;《李开先集出版说明》;《闲居集序》;《闲居集后序》;《闲居集》之五《张小山小令序》、《吕江峰集序》;之八《封太宜人先母墓志铭》,《累赠奉直大夫吏部验封司员外郎绿原显考墓志铭》,《大中大夫太仆寺卿愚谷李公合葬墓志铭》;之十《对山康修撰传》,《渼陂王检讨传》;唐顺之《荆川集》卷二;朱彝尊《明诗综》卷四十一《小传》并引《静志居诗话》;王士禛《香祖笔记》卷五及陈乃乾《重辑渔洋书跋》;何焯《孟子音义跋》(《经籍跋文》);阮元《重刻宋本谷梁注疏附校勘记序》;《孟子注疏附校勘记序》;道光《济南府志》卷四十九;道光《章丘县志》卷十三;宋弼《山左明诗抄》卷十三;王培荀《乡园忆旧录》卷一;叶昌炽《藏书纪事诗》卷二;傅增湘《藏园群书经眼录》328页;郑振铎《跋脉望馆抄校本古今杂剧》(附《劫中得书记》及《西谛书话》下册);王重民《中国善本书提要》530页。

附李开先有关藏书诗

《寄题葛芝山藏书歌》有序

余有好书之病,芝山葛子殆甚焉,岂非同病相怜者哉。然士夫家率喜小说,古人解经之书,多阁而不行。虽则余悯之,但求诸纸上之陈言,孰如无言尤愈也。芝山别余日久,愿各努力,期不负素心,则固有千里同堂者矣。

芝山葛子书满屋,锦帙牙签数万轴。架上乱积蝇头书,床间总是牛腰束。漆字奇文久不传,竹简蝌蚪谁曾目?君家尽有古今秘,灿烂犹如手未触。长天苦诵不辍口,夜深还向萤窗读。我亦好书真成癖,远搜博访及穷谷。片时不离铅椠间,半生正堕鱼虫窟。尝闻世南行秘书,天子出入随华毂。结习犹坐陈隋余,独有河汾尚经术。只今颇会川上心,一笑无言乐事足。后四十年驾文螭,披发与子游亭毒。

《积书省悟》

多取不为贪,诗书僻性耽。借抄先馆阁(内书原陈芳洲奏请,自南都移来,共八十厨,掌以典籍。后迁代不常,因而攘窃抵换,存者无几。例许抄览,必先具领状,以时缴纳,世所谓读中秘书者是也。今馆中诸君,不得如前,闻只市书而已),博览及瞿昙。誉望惭书簏(李邕父善,号书麓),文章效济南(李廌有《济南集》)。若无真实行,万卷总空谈。

《晒书》

边刘并及余(边尚书华泉、刘太常西侨),癖好在收书。亡岂惟三箧(汉张安世能记补三箧亡书。边在家失火,余在舟遭水,存者尚多,刘则散失无遗矣),多应过五车("惠子多方,其书五车。"出《庄子》)。搬移纷仆辈,晒晾满庭除。祇恐伤蝌蚪,莫教饱蠹鱼。

《寄题李蒲汀尚书藏书楼》

两世尚书百世芳,书楼突兀应文昌。古经当日曾分借,新刻别来屡寄将。皇甫一车蒙国赐,景文百轴作家藏。忽惊萤火檐前过,疑是燃藜夜有光。

《用前韵寄题晁春陵藏书屋》

世史子长名姓芳(春陵父子,俱官翰林),雄文巨笔述明昌。牙签悉付傒奴掌,缃帙频劳使者将。蝌蚪周书掘冢得,龙蛇禹刻出山藏。读书莫凿匡衡壁,自有窗前明月光。

《田间四时行乐诗》之一

勅下得归田里日,途中旧馆又重经。当时幼主俱头白,在抱婴儿绾发青。新葛落机裁野服,古书插架列山庭。闲居有幸同刘向,昼读遗书夜看星。

(录自《闲居集》,见《李开先集》上册,1959 年中华书局排印本)

韩容(? —1571 后),字可受,号岱野,明青城人。隆庆辛未(1571)进士,授宜兴知县。以忧归,服除,补武陟,迁天雄别驾,寻守泽州,迁南工曹。所在剪凶暴,杜请嘱。寻以高州守致仕,囊橐萧然,唯牙签万卷而已。杨梦衮为撰《岱野韩公墓志铭》。

民国《青城县志·人物志》、《艺文志》。

王祖嫡(? —1571 后),字允昌,德州人。河南信阳卫官籍,明隆庆五年(1571)进士。与黄洪宪、吴中行、郭子章、王象乾为同榜,授检讨,迁国子司业,官至两淮运司。著有《书疏丛抄》一卷(有山阴祁氏澹生堂余苑刻本)、《家庭庸言》《文集》三十七卷。喜藏书,以师竹山房名其斋。藏有宋刊本《监本纂图重言重意互注点校毛诗》二十卷《图谱》一卷,钤有"王祖嫡印""太子洗马""辛未进士""师竹山房藏书私印",江安傅增湘亲见之。

乾隆《德州志》卷九;《藏园群书经眼录》36 页。

朱祐楎(1479—1538),宪宗庶七子(《明史·列传》作宪宗第七子)。成化二十三年(1487)封衡王,弘治十二年(1499)之藩青州。祐楎天资明颖,神采壮重,暇居斋宫,手不释卷。他无玩好,尤精书法,四体皆工,而楷书行草为最。旁及丹青,各臻妙品。积古今书籍千卷,一柜凡百有奇。嘉靖十七年(1538)卒,赐谥曰恭。撰有《篆字便于搜检》(一名《便于搜检》)四卷、《岁寒斋稿》若干卷。其藏本见于《天禄琳琅书目》著录者,有明版《史记》,题"明兴宗第四子衡王允熞藏本",误。实为祐楎藏书也。藏印有"衡王图书"白文印。

朱厚焍(？—1572),祐楎庶一子,初封江华王,嘉靖十年(1531)改封世子,十九年(1540)袭封衡王,隆庆六年(1572)卒,赐谥曰庄。《明史·诸王传》谓其尝辞禄五千石,以赡宗人,宗人德之。厚焍能读父书,尤喜刻书,见于著录者凡五种。一为《五经白文》二十三卷,明嘉靖十九年刻黑口本。二为《洪武正韵》十六卷,明嘉靖二十七年刻本,又隆庆元年刻本。隆庆本卷末有隆庆元年衡王跋,谓"是书出自中秘,寰宇景仰,而艰捧阅,阃肆眷锓殊乖。雠校靡确,敬遵式寿梓",盖厚焍翻内府本也。现存台北"中央图书馆"。三为《摄生众妙方》十一卷,明张时彻撰,北海马崇儒序(马,衡藩良医所良医),北京图书馆藏明嘉靖二十九年自刻本,又明隆庆三年刻本。四为《急救良方》二卷,明张时彻撰,明嘉靖二十九年刻本(《北京图书馆善本书目》作自刻本),隆庆三年由衡府医正马崇儒校正重刊,隆庆本现存台北"中央图书馆"。五为《四书集注》十九卷,宋朱熹撰,明隆庆四年衡府刻本。厚焍庶二子载圭,初封东昌王,嘉靖二十七年(1548)改封世子。万历三年(1575)袭封衡王。七年(1579)卒,赐谥曰康。无子。厚焍庶三子载封,初封武定王,万历九年(1581)进封衡王。十四年(1586)卒,赐谥曰安。刻有《洪武正韵》十六卷(万历十二年厚德堂刻本),明袁袠《衡藩重刻胥台先生集》二十卷(万历十二年重刻本)。载封嫡一子翊镬,万历十七年(1589)袭封衡王。二十年(1592)卒,赐谥曰定。翊镬庶一子,万历八年(1580)封世子。二十四年(1596)袭封衡王。后无记载。衡府刻书尚有《篆字便于搜检》四卷(朱祐楎撰),卷前有衡王序而未署年月,不详为衡府何王所刻,观其字体,约在弘治间;是否厚焍所刻,尚在疑似间。又刻有《篇海直音》,未见著录。

朱厚煐(？—1583),号岱翁,恭王祐楎庶四子。嘉靖间封高唐王,万历十一年(1583)卒。赐谥曰端裕。厚煐以博雅闻,工篆书,癖嗜古书,写录多秘本。易代后散落市肆,纸墨精好,装潢工致。王士禛《居易录》尝谓“岳珂《玉楮集》,衡府高唐王家抄本,流传绝少”。康熙乙巳(1665)士禛自扬州归,一日至青州,与张杞园(贞)观书市中,得刘贡父《春秋权衡》《意林》二书,亦高唐王府中物。又得明抄本《左氏传说》,王士禛跋云:“吕东莱《左氏传说》二十卷,抄本,二十年前得之青州,高唐王府藏书也。杞园云:曾见岱翁篆书《入药镜》一篇,淳整茂密,亦希有也。”《左氏传说》蓝格,白棉纸,有王士禛手跋,今藏黄永年先生许,可证厚煐素工篆书。今存《早朝诗》一卷,明嘉靖间时习轩刻本,通体篆书。卷端题“岱翁篆”,版心下有“时日轩”三字。黄裳《前尘梦影新录》著录。时日轩为衡王室名。《阳春白雪》当即其手书。以篆文刻书,远在张照“五经”、江声《尚书》之前,世盖鲜知之矣。郑振铎《嘉靖本篆文阳春白雪跋》云:“近在杭州石渠阁得残本篆文《阳春白雪》二册,为明嘉靖间宗室高唐王所刊,诧为罕见。按明刻词集最少,《阳春白雪》在朱彝尊编《词综》时已不可得,以篆文写之诗余,尤为绝无仅有,虽残本亦足珍也。”又云:“《阳春白雪》题皇明宗室高唐王岱翁集篆,和《居易录》所言可互证明。史无王传,于士禛未知其名。考《明史·诸王世表》五有高唐王,名厚炼,为懿王祐榕庶八子,嘉靖二十二年(1543)封,二十六年(1547)薨,无子,除,谥悼僖王。当即其人。此本于篆文后复附以今体文字,盖惧世人不尽识篆文也。”又云:“此本篆文一卷,凡六十八号(即六十八页),每半页七行,行九字;今体文一卷,凡十六页,每半页十四行,行二十四字。中逢有‘时习轩’三字,书名别作《篆诗馀》。”考《明史·诸王世表》有两高唐王,一属德府,一属衡府。衡府高唐王即朱厚煐,叶昌炽《藏书纪事诗》所云不误。王欣夫《藏书纪事诗补正》引西谛所云《明史·诸王世表》五高唐王厚炼,实归德府,非士禛所云衡府高唐王,西谛失考,王欣夫《补正》未能正西谛之误,亦智者千虑之一失也。然叶昌炽以厚熜为祐楎从父,亦大误,盖未尝以《明史·诸王世表》核之。厚熜有嫡一子载墀,嘉靖三十七年(1558)封长子,万历二年(1574)卒。以墀子翊镶袭封高唐王,追封墀为王,谥恭和。翊镶,墀庶一子,万历十六年(1588)袭封高唐王,四十年(1612)卒。翊镶嫡一子常泽,万历三十二年(1604)封长子,四十六年(1618)袭封。叶昌炽《藏书纪事诗》云:"光泽系出自辽府,高唐系出自衡府,庐江系出自郑府,与徽府书共千古。"盖明代藩府刻书,一时称盛,衡府所刻者,足与辽府、郑府、徽府并驾齐驱也。其藏书见于著录者,有明嘉靖丁未(1547)陈垲粤东刻本《越绝书》十五卷、明抄本《太上混元上德皇帝犹龙传》残存二卷、明抄本《太上老君混元上德皇帝实录》残存六卷、明天顺元年刻本《解学士先生集》三十卷。藏印有"高唐王府图书"大方印、"高唐王章"朱文大约半寸见方。

朱载玺(?—1593),恭王祐楎孙,厚熜侄。父厚燫,祐楎庶三子。嘉靖三年(1524)封新乐王,三十二年(1553)卒,赐谥端惠。载玺,厚燫嫡一子,嘉靖三十六年(1557)袭封,万历二十一年(1593)卒,赐谥曰康宪。《明史·诸王传》称新乐王载玺"博雅善文辞,索诸藩所纂述,得数十种,梓而行之"。朱谋玮(宁献王朱权孙)《藩献记》谓其"要表见宗藩有才艺者,走书天下,索同姓所纂述,得数十种,会梓而传之,谓之《绮合绣扬集》"。此书刻于嘉靖三十六年(1557),惜早已亡佚。有《衡府书目》一卷,亦未流传,究系藏书目或刻书目,今亦莫能详考矣。① 著有《洪武圣政颂》《皇明政要》《郙蕨雅唱》一卷、《丁巳同封录》诸书,多可传者。今唯见其《甲戌稿》

①昌彼得《明藩刻书考》以《宁藩书目》推之,认为《衡府书目》即衡府新乐王载玺所刻诸藩纂述书目,而非藏书书目。因《宁藩书目》四库入存目,《提要》谓此目所载系宁献王纂刻之书,凡一百三十七种。以彼例此,则《衡府书目》当亦刻书之目,可备一说。

行书手稿七页。复刻有高唐王厚煐《琴谱、瑟谱》一卷(明嘉靖四十年刻本)。载玺卒,嫡长子翊镕于万历二十四年(1596)袭封,四十二年(1614)卒,无子,除。载玺藏书见于著录者有明正德八年新安鲍氏刻本《李杜全集》不分卷,上有明衡藩新乐王朱□题识,清丁耀亢题识并批点,钤有“新乐王印”“丁耀亢”“陆舫”等藏印。二十册。

《明史》卷一百四《诸王世表》、卷一百十九《衡王祐楎传》;王士禛《居易录》卷十九;《藏书纪事诗附补正》第100—101页;《藏园群书经眼录》第279页;昌彼得《明藩刻书考》;《中国善本书提要》第411、412、443—444页;《杭州大学图书馆善本书目》第82、112页;《北京图书馆古籍善本书目》第2367页;张秀民《中国印刷史》第443页。

岳万陛(?—1583后),号后山方伯公,明朝城人。万历十一年(1583)进士,历任南京抚宁侯中军守备。性坦直,好善乐施,尤笃嗜书,家笥所积,人称邺架焉。曾孙镇,弱冠食饩,声尤藉藉,嗜书有曾祖父风。所藏嘉靖年邑志,即万陛故物,康熙间修志资以订正者良多。

康熙《朝城县志》卷八。

史邦直(1539—1586),宁忠厚,号正庵,乐陵人。先世元季自溧阳徙山东乐陵。邦直十三为邑诸生,隆庆二年(1568)成进士。乐陵之有进士,自邦直始。明年,知临晋县事,迁佐西安。寻调河南佥事,晋副使,致仕。邦直不屑为诗赋,独留心经济。于秦晋三校士,得人为盛。家居开讲堂,受学者咸称大师。治第无丹垩斧藻,服食器具从朴。苑囿花木声色宴游,未尝齿及。宦橐购书千卷,披阅不休,甫艾而齿落发衰,若七十以上人。卒年四十有八。

乾隆《乐陵县志》卷八。

马文炜(？—1589 后),字仲韬,号定宇,安丘人。起家故邑窭诸生耳。嘉靖壬戌(1562)进士,为确山令,折狱如神。入为御史,巡盐两淮。积美金十余万,俱抵正额。以事忤执政,罢为按察副使。治兵荆南,帝为张居正治第于江陵,监奴横行,文炜缚置于狱,中贵愧谢乃已。后以右都御史巡抚江西,执法颇严,中蜚语改南京,乞归卒。著有《雁门集》一卷、《淮阳杂录》二卷、《奏议》一卷、万历《安丘县志》二十八卷。文炜好聚书,收藏之富为一邑冠;类次部居,饶有统绪。二子应龙、从龙,皆能守父书。应龙,字伯先,以二酉楼名其居。生有异质,淬砺洵学,博通强记。为诸生时从父作邑志,论著多所创定,有良史风。万历壬辰(1592)成进士,除杞县令。时大旱,人相食,应龙为数十粥厂,活民无算。升礼部主事,寻转郎中,请告家居,卒。于书无所不读,寒暑疾病不废研咏。天文、历法、声律、卜筮、医药诸家言,往往独诣,即专门弗及也。著有《杞乘》四十八卷,《道德经注解》二卷,《梵雅》不分卷,《二酉楼诗集》不分卷,《艺林钩玄录》二十四卷,《碎金录》二卷,《辞林玉屑》二卷,考订古本《周礼》《毛诗》《尚书》《参同契》二十二卷。从龙,字君升,万历壬辰(1592)进士,筮供洪洞,有异政。寻调高平邑,行取给谏,以母年八秩辞官终养凡十五载。起通政司参议,起尚宝卿,起南大理司丞,皆不赴。甲申(1644)闻燕京陷,扶病携家南渡,卒于句容。从龙通籍五十年,在官八年,馀俱家食之。难进易退,依亲之暇,杜门耽经史,视利若浼,忧乡曲小民,无所不至。临终遗命薄葬,勿取柩还乡。曰:“得大明一片不毛地,委骨其中,吾心安矣。”从龙间关野死,傥亦鲁连欲蹈东海之意乎,然而盖公深远矣。

康熙《续安丘县志》卷十一、卷十八、卷十九;张贞《宝墨楼书目序》(见《渠亭山人半部稿》,康熙三十二年至四十七年刻本)。

王怀泉(嘉靖时),字同卿,安丘人。喜购书,收藏之富与马文炜相埒。缥囊缃帙,装潢整齐。

张贞《宝墨楼书目序》(载《渠亭山人半部稿》)。

宋仕(?—1591后),字原学,号可泉,平原人。隆庆辛未(1571)进士。张江陵(居正)其座主也。熏灼时,仕屏迹,不至其门。两宰大县,有惠政。入为监察御史,出按四川,蜀藩戚横恣,执而置诸法。按亩均赋,奏蠲盐井浮课九千有奇。再按吴中,所兴革十二事,皆硕画。后抚畿南,当洊祲,请蠲请赈,全活无算。晋副都御史,改抚应天。监司恃总揆姻娅不职,仕劾罢之。遂转南大理卿,以龋齕告归。于邑买郭筑绎幕园,贮书连屋,展阅讽诵,居之凡二十年。李维桢尝为《绎幕园记》。起留京少司寇,擢南总宪兼摄三部事。以劳卒。

乾隆《平原县志》卷八、卷十。

王邦直(?—1594后),字子鱼,又字东溟,即墨人。嘉靖间以岁贡官盐山县丞,以上书论时政,坐是闲废。归则殚精声律,聚书千百卷,坐卧一小阁二十年,成《律吕正声》六十卷。其书以卦气定律吕,推步准之《太玄经》,分寸准之《吕览》,故大旨主李文利黄钟三寸九分之说,而独斜其律,以左律为古律,又以三分损一,隔八相生,截然两法,而力辨古来牵合为一之非,援引浩繁,其说甚辨。自汉司马迁至明韩邦奇诸家,皆有节取,而无一家当其意。《四库全书总目》称为"笃志研思之作"。万历甲午(1594)诏修国史。翰林周如砥上其书,谓:"班固《律历志》载即墨徐万旦氏治《太初历》第一,而子鱼追迫配之于千载之后。"其推重如此。诏史馆采用之。复著《御倭条款》一卷,有明万历四十五年刻本。

乾隆《山东通志》卷八;王士禛《池北偶谈》卷九;《四库全书总目》334页;《明清蟫林辑传》;光绪《山东通志》4825页下。

李先芳（1512—1595），字伯承，又字符卿，号北山，其先湖广监利人，明初以士伍北徙，因籍濮州。先芳生而蚤慧，风姿甚都。从伯父蒙泉受经，十六能赋诗，为蒙泉所器重。旋补诸生，嘉靖辛卯（1531）举人，丁未（1547）成进士。时先芳诗名已著，而不与馆选，识者惜之。乃与历下殷士儋（正甫）、李攀龙（于鳞）、任城靳学颜（子愚）、临清谢茂秦（榛）结社，赋咏相推第一。明年（1548）选新喻知县。三年（1549）擢户部主事。丁外艰后复补刑部。又出试吏，仆仆对牒，非其好也。及入为曹郎，居多暇日，而海内名能诗家，如吏部宗子相（臣）、张助甫（九一）、兵部张肖甫（佳胤）、刑部王元美（世贞）、徐子与（中行）辈云集阙下，先芳尽与之交。朝夕倡咏，期为复古，而诸子之名大噪长安，称一代盛际焉。顷之，改尚宝司丞，一奉册封德藩，再供殿试，两考升少卿。左迁亳州同知，擢宁国府同知。旋罢归，坐卧会台别业，尽发藏书，日伏读经史百家之言。钩悬抉精，每有所论著。而于有韵之文，自汉、魏、初唐，下及近代，握枢综要，如衡万宝而锱铢。卒年八十有四。所著《读诗私记》二卷（《四库全书》本、《湖北先正遗书》本，作五卷）、《东岱山房稿》三十卷、《清平阁集》十二卷、《江右诗稿》二卷、《李氏山房诗选》六卷（以上两种四库入存目）、《明隽》二十卷行于世。尚有《大学古本四书解》《毛诗考正》《春秋辨疑》《汉注疏臆》《老子本义》《阴符经解》《五岳志略》《拾翠轩杂纂》《本朝安攘新编》《古文编》《阐微录》《医家须知》《壶天玉镜》《蓬悬杂录》《泰然亭乐府》诸书，藏于家。

光绪《山东通志》卷百六十三；宣统《濮州志》卷四、卷八；《四库全书总目》129、1596页。

王维翰（？—1602），字良卿，曹县人。尝受学于石寿庵，万历癸酉（1573）补邑庠。因秋闱不利，归而博览强记，披诵无间寒暑。

由是文学声藉甚。万历间，预修邑乘，虽多士，实尽出其手裁。家居建水东海舍，购图籍数万卷，无不综究。万历三十年(1602)卒，其图籍流散大河南北。识者以水东故物，倍加珍秘。凡十余年始散尽，学者惜之。

光绪《曹县志》卷十。

李若讷(？—1604后)，明临邑人。万历甲辰(1604)进士。与王象春、公鼐号“山东三才子”。历试夏邑、内乡，以治行异等入选。寻擢户曹郎，拜太平郡守，大治。迁宪副，历参藩，以文学饰吏治，以议论阐经纶，清执不阿，无事结纳。家多藏书，初慕李邺侯(泌)之万卷，将以“万卷”名其楼居，未果。已而垂老倦游还乡里，欲以丘壑殿浮生，自问不足与邺侯较，爰仿宋朱举之(昂)而以“小万卷”颜其楼。自撰《小万卷楼记》以叙其颠末。

道光《济南府志》卷五十三；同治《临邑县志》卷十一。

房守士(1537—1605)，字升甫，号备吾，齐河人。少孤贫，生而颖异，气宇魁梧，豁达多大节，识者已卜其为国家柱石。列诸生时，攻苦下帷，凡左国诸史，以及纲鉴子书，靡不成诵。以应选入成均。万历癸酉(1573)荐北畿亚魁，登丁丑(1577)进士。历任山西按察使、河南左布政使、大同巡抚、兵部右侍郎。四建生祠，两入名宦，一时有重望焉。又置田以赡养宗族，急人之难如己事，里闬之被德者，指不胜屈。以病告归，闭门扫迹，课子之余，尝狎于野老，不自以为己贵者。年六十有九卒于家。有《房中丞集》。尝于城西南隅筑“千楸园”，古柏森翳，亭台错落，一时题咏甚多。顺治初，钱塘吴文楫(《齐河县志》误作吴文帜)《题千楸园壁》诗云：“云山叠翠枕城隈，昔日维摩今又来。古木似因苔藓合，幽花若向客颜开。离离别馆藏书屋，漠漠垂杨拂酒杯。独我晚回题胜概，野鸥无事莫相猜。”千楸园内藏书之盛可以概见。

乾隆《齐河县志》卷五、卷七、卷九;民国《齐河县志》卷三、卷二十六、卷三十。

李尧民(1544—1606),字耕尧,别号雍野。原籍济宁,徙居郓城。万历癸酉(1573)举人,甲戌(1574)成进士,初授长洲县知县,旋调永年,咸以廉明著称,擢监察御史。正色立朝,伏蒲敢谏。寻除浙江道御史,复除应天府尹。尝构一小楼,颜以“快独”。典籍充栋,无所不读。书法宗右军,尤善章草。文章闳肆尔雅,置之先秦两汉间莫辨也。著有《快独集》《皇明文选》《西台奏议》行于世。卒年六十有三。今尚存明万历三十六年康丕扬刻本《雍野李先生快独集》十八卷。

光绪《郓城县志》卷五、卷十四;《中国古籍善本书目》。

于慎行(1545—1607),字可远,更字无垢,号谷峰,又号谷山,东阿人。年十七举于乡,隆庆二年(1568)成进士,改庶吉士,授编修。万历初《穆宗实录》成,进修撰,充日讲官。张居正夺情,偕同官具疏谏,居正怒之,请疾归。居正卒,起故官,累迁礼部尚书。慎行明习典制,诸大礼多所裁定。累疏请早建东宫,神宗怒,严旨诘责,遂乞休,家居十余年。卒谥文定。慎行学有原委,贯串百家,神宗时词馆中,慎行及冯琦,文学为一时冠。家富二酉之藏,尤好元明杂剧,藏曲之富,几与中麓相埒。其书大抵抄自内府本。现存赵琦美藏《脉望馆抄校本古今杂剧》一百七十三种(已收入《古本戏曲丛刊》第四集),据西谛考证,凡每剧之末,附有“穿关”(殆即“穿扮”之意)者,出自“内本”,其不附“穿关”者,均抄校自东阿于小谷本,共计八十一种。其中明记“于小谷本”者三十二种,未注明者四十九种。

于小谷者,慎行弟慎由子,出嗣慎行。名纬,字长文,小谷其号也。万历二十四年(1596)为官生,校阅《兖州府志》。万历间中举人,以父荫中书舍人,历户部主事、员外郎中、广东雷州府知府。时赵琦美亦以父荫官刑部贵州司郎中,故获交小谷。琦美原名开美,字仲朗,号玄度,常熟相国赵用贤子。生平损衣削食,假书缮写,朱黄雠校无虚日。其藏书之室曰脉望馆,题跋每自署清常道人。明人多为词曲,琦美尤酷嗜元明杂剧。每见"御戏监"所藏曲本(即内本),必手自抄校,订其讹误。内本所未见者辄抄于小谷家,盖皆慎行之遗书也。史称慎行学术淹贯,然观清常《古今杂剧》跋,一则曰:"于谷峰先生查元人孟寿卿作"(《忍字记跋》),再则曰:"于相公云,不似元人矩度,县隔一层"(《司马相如题桥记跋》),则慎行不独为藏曲大家,且于鉴赏中每多考辨,不愧为此中行家。所可惜者,慎行题跋,清常移录者仅此二则,余均不可得见。而慎行藏曲,传之小谷,赖清常转抄而大显于世,亦不幸中之大幸矣。

考清常题跋最早抄自"于小谷本"为万历四十三年(1615)孟春念有五日(《花溪跋》),距慎行殁已八年。至四十五年(1617),犹在漏夜抄校(《题桥记跋》《立功勋庆赏端阳跋》),即"奉差"之际,车尘马迹之中,亦未尝中辍(《十八学士登瀛州跋》)。抄录时每以于本校内本、世本,而记其异同,如《范张鸡黍跋》指出"于本作费唐臣"。清常如此深嗜笃为,固当大书特书,而于氏庋藏之功,亦不可没也。西谛《跋脉望馆抄校本古今杂剧》云:

> "物常聚于所好!"山东于氏、李氏和清代孔氏都是藏曲的大家。今所见的许多重要的曲本,殆多数源出于山东。

西谛于山东于氏、李氏、孔氏三大藏曲家如此推重,不可谓非山东藏书家之殊荣。其有功于文献,岂浅鲜哉!

慎行著有《谷城山馆诗选》二十卷(明万历于慎行刊本),《谷城山馆诗集》二十卷(明万历二十三年临清邢侗刊本),《谷城山馆文集》(明万历于纬等刻本、明万历三十五年周时泰刻《谷城山馆全集》本),《于少保诗选》不分卷(雷映辑,稿本),《读史漫录》十四卷(明万历三十七年郭应龙刻本、明万历四十二年于纬刻本、明万历李时馥刻本等),《谷山笔麈》十八卷(明天启五年于纬刻本),《兖州府志》五十二卷附《府境州县图》一卷(明万历二十四年刻本、1984年齐鲁书社影印本),复编有《海岳山房存稿》《诗》五卷《文》十五卷《别稿》五卷《附录》一卷(明郭造卿撰、明万历于慎行刻本),复刻有《庞眉生集》十六卷(于慎思撰,明万历二十七年于慎行刻本)行世。

《明史》卷二百十七《于慎行传》;姚思仁《兖州府志序》;《脉望馆抄校本古今杂剧》有关赵琦美跋;道光《重修东阿县志》卷十二;郑振铎《跋脉望馆抄校本古今杂剧》(《劫中得书记》及《西谛书话》下册)。

邢侗(1551—1612),字子愿,明临邑人。少而慧,长益博雅,万历二年(1574)进士,知南宫县。官至陕西行太仆卿。年甫三十余,移疾乞休,辄被发入山。素不好治家人产,唯喜收书,庋藏甚富,日蠹鱼经史诸子百家稗官掌故间,网鲜罨翠,渔猎靡遗。尝恨少人间未见之书,而又字劳编绝,叩玄问奇,反复商略,抽绎精华,尝非啜拾短饾饤,如世之食生物不化者。以故高文大册,历百千万言,悉稳严古隽,富滋串洽。善书画,与董其昌齐名,时称"北邢南董"。又与米万钟、张瑞称"邢张米董"。书为海内外所珍。琉球使者入贡,愿小留,买侗书去。家资巨万,筑来禽馆于古犁丘,减产奉客,遂致中落。终日与檐雀对,时或翻书库,得古人一言半语,欣然有会,乃自谓不贫也。年六十二卒。有《来禽馆集》二十九卷(明崇祯十年版筑居刻本),墨迹刻石曰《来禽馆帖》。其藏书见于著录者有明抄本《苕溪渔隐丛话》,后归聊城杨氏海源阁。杨氏书散,民国间归曹州徐继孺(又稚)。又《青溪暇笔》二卷,明姚福撰,明邢氏来禽馆抄本二册,今存国家图书馆。

《来禽馆集序》;《明史》卷二百八十八《董其昌传》附邢侗;同治《临邑县志》卷九、卷十二;光绪《山东通志》卷百六十三;《北京图书馆善本书目》。

张四鉴(?—1615后),字子明,明滕县人,世居滕县王开村,性敏嗜学,少有羸疾。万历间补邑学掾。输粟谒选,授代帑,未之任;补选司帑吴。吴财赋甲天下,毫无所染。唯购历代图籍史乘及名公墨迹而已。再司巡庐江,俸满迁邑簿,终于家。

道光《滕县志》卷八。

刘必绍(?—1619后),字绍先,号文石,明文登人。万历间由选贡授汝宁府通判。历保安州知州。公事少暇,课诸生讲学论道,一时宣大两镇蔚然有邹鲁风。寻调平凉府同知,改保定府同知,仍管州事。擢沈府左长史,告归。必绍幼明敏,比长,博学强记,所见益宏。从周讷谿、邹颖泉、楚侗耿游,得先儒传习之要。因居城东文山下,故号文石,宅旁有万卷楼,为贮书之处。尝自为之记曰:

盘古至今,历世如彼其远也。天地至大,六合如彼,其无外也。万事万物之赜,学者能考索经子,出入典坟,博观野乘逸编,天地古今在吾目中矣。自入仕途,常禄之外,不敢苟得。除充日用,赡亲友,余者即以易书,迩来所积将近万卷,故以名楼。吾子孙登是楼,阅是书也,经术世务,吾书备载,吾楼备藏。体此以明德,推此以新民,纯此以止至善,载天履地而为三,夫复何愧也。

光绪间邑人吕润蕃,亲临其地,则已楼基荒没,藏书杳无一存,不胜感慨系之,为作《刘文石先生传》。必绍著有《四书传习录》《观我亭集》《言治纪略》《官箴补》《三镇一览图说》。今尚存《四书传习心谈》十四卷补遗一卷。

光绪《文登县志》卷一、卷八;《文登市图书馆书目》。

厉芳(?—1619前),明日照人。与弟瞻以名教为己任。严气正性,跬步不苟。魏阉盛时,屡抗阉党不惧。诗文高古,读书数千卷,著《撮囊集》,以明经终。瞻由贡士任河间府献县丞。家藏书充栋,设义学以引后进。

乾隆《沂州府志·人物志》。

王象晋(?—约1619),字子进,号康宇,新城(今桓台县)人。万历三十二年(1604)进士,由中书历官浙江右布政使。优游林下者凡二十年,九十余卒。著有《翦桐载笔》一卷、《群芳谱》三十卷、《清寤斋欣赏编》一卷等二十种,多刊行,并传于世。家有藏书。

《居易录》卷十四;光绪《山东通志》卷百六十一。

朱廷佺(?—约1619),字不凡,莱芜人。中丞童蒙仲子。修干颀伟,丰颐多须。天性孝友,端凝刚方,坦易平恕,重然诺,轻财货,诸无所好,独喜博览典籍,每广异书,聚集五千余卷。摊书移见,遇快意处欣然忘倦,谓人生乐事无过此好。善饮,不事生产。及析业时自择硗瘠者。为诸生,累试不第,以中丞功荫二品任。谢不赴选,自奉淳薄,而常怀利济之心,人多迂之,因以自号。中丞病,迎医全椒,不远千里,起卧守视三年如一日。绝意仕进,因督课弟侄与亲友子弟,来就业者亦馆谷之。次第成立者二十余人。酿四十余瓮,读书课艺之暇,杯酌论议。屡遇大饥,赖全活者四十余家。平生阴行之善,多类此。久之,家益落,衣食恒不给,而闭门对卷,欣然若忘。当改革之际,屡罹兵戎之祸,皆以忠信获免。晚年得痿痹病,犹以古史诗赋自娱不衰。三十余年足迹不入城市,易箦之日,嘱子孙曰:“吾生平俭素,况尔等赤贫,不过随时殡殓耳。”一语不及家事。卒年八十二。

民国《莱芜县志》卷三十四。

李邦魁(?—约 1620),高密人。博学能文,由进士任唐山令,廉明慈惠,以劳瘁卒于官。箧笥中唯细二端、俸银十余两,左右图书外无长物。

民国《高密县志》卷十四上。

焦竑(1540—1620),字弱侯,号澹园。山东日照人,以军籍居金陵,遂家上元。竑为诸生有盛名,万历己丑(1589)以殿试第一人官翰林院修撰。因秉性疏直,事有不可,辄形诸言论,为当道所恶,谪福宁州同知。岁余大计,复镌秩,遂不出。竑博极群书,善为古文,典正驯雅,卓然名家。藏书之富,南中推为第一。祁承㸁《澹生堂藏书训》云:“金陵焦太史弱侯,藏书两楼,五楹俱满,余所目睹,而一一皆经校雠探讨,尤人所难。”后焦氏书散出,黄宗羲适在南中,急往讯之,以“不受奇零之值,二千金方得为售主”,欲购不得。时冯邺仙官南纳言,促其尽购之。谓“书归邺仙,犹归我也”。邺仙大喜。及宗羲归而不果,后来闻亦散去。事详黄氏《天一阁藏书记》。黄虞稷《千顷堂书目·簿录类》著录《焦氏藏书目》二卷。今未见传本。

初,万历间陈于陛议修国史,引竑专领其事,书未成而罢,仅成《国史经籍志》五卷(《粤雅堂丛书》本、《丛书集成初编》本,已收入商务印书馆《十史艺文经籍志》),《四库全书总目》称其书“丛抄旧目,无所考核,最不足凭”。然焦《志》每类皆有小序。分部虽准四部,而小类多依《通志·艺文略》,且仿《文渊阁书目》例,增《制书》一部,复有《附录》一卷,专纠《汉志》至《文献通考》分类之误。盖自郑樵以后能继樵志而包举千古者,唯弱侯而已。竑著作复有《俗书刊误》十二卷(《四库全书》本)、《荀子》(注释)三卷(《注释九子全书》本)、《老子翼》六卷(《续道藏》万历本、景万历本)、《老子考异》一卷(《四库全书》本)、《老子》(注释)一卷(《注释九子全书》本)、《庄子翼》八卷《附录》一卷(《续道藏》万历本、景万历本,《四库全书》本、《金陵丛书》本)、《庄子》(注释)五卷(《注释九子全书》本)、《列子》(注释)一卷(《注释九子全书》本)、《韩非子》(注释)一卷(《注释九子全书》本)、《吕氏春秋》(注释)一卷(《注释九子全书》本)、《扬子》(注释)一卷(《注释九子全书》本)、《文中子》(注释)一卷(《注释九子全书》本)、《养正图解》二卷(《宛委别藏》本)、《墨苑序》一卷(《十六家墨说》本)、《淮南子》(注释)一卷(《注释九子全书》本)、《支谈》三卷(《宝颜堂秘笈》本)、《焦氏笔乘》六卷《续集》八卷(《粤雅堂丛书》本、《金陵丛书》本、《丛书集成初编》本)、《焦氏类林》八卷(《粤雅堂丛书》本、《丛书集成初编》本)、《阴符经解》一卷(《宝颜堂秘笈》本)、《澹园集》四十九卷《续集》二十七卷(《金陵丛书》本),另有《易筌》六卷《附论》一卷、《玉堂丛语》八卷、《焦弱侯问答》《献征录》《熙朝名人实录》《二十九子品汇》《释评》《中原文献》《正圆解》《养正图解全书提要》等凡十余种。叶昌炽《藏书纪事诗》云:"委宛羽陵方蔑如,广寒清暑殿中储。校雠但惜无臣向,《七略》于今未有书。"盖叹其藏书之散佚,而书目之无存也。

焦氏藏书之见于著录者,有宋刊本《六经正误》六卷、《演繁露》六卷、《通鉴续编》二十四卷,宋刊本《南轩先生文集》四十四卷,元刊本《乐书》二百卷《目录》一卷,明刊本《事类赋》三十卷,明抄本《呆斋藏稿》六卷。藏印有"弱侯"朱文长印、"弱侯读书记"白文长印,又有"澹园焦氏珍藏""子子孙孙永保""抱瓮轩""竹浪斋品"四印。

《明史》卷二百八十八《焦竑传》;《明史稿》卷二百六十九《焦竑传》;《南雷文约》卷四;《明名臣言行录》卷七十四;《明人小传》卷三;《本朝分省人物考》卷十三;《明诗综》卷五十五;《明词综》卷四;《明诗纪事》庚十六;《列朝诗集小传》丁下;《静志居诗话》卷十六;《平津馆鉴藏书籍记》卷一、补遗;《天禄琳琅书目》卷二 41 页;《天禄琳琅书目续编》卷七;《铁琴铜剑楼藏书目录》卷六;光绪《山东通志》卷一百六十六;《藏书纪事诗》157 页;《明清蟫林辑传》;《中国善本书提要》564 页。

王衮(? —1620 后),字补之,一字幼迂,明益都人。泰昌(1620)选贡生。时熊嘉鱼倡为复社,山左之预斯盟者九十一人,衮与莱阳宋继澄、姜埰、左懋第、赵士哲辈毅然以名教干城为己任。衮藏书千卷,尤喜抄医籍。著有《四虽轩诗稿》《慧业轩诗集》。其《幽亭》诗云:"乱叶结幽亭,山当四面青。溪连寒霭汲,门共野云扃。剩拥书千卷,宁须带万钉。匡床过训鹿,机事已全篇。"又《夏日北园书事》云:"竹院松扉纳晚凉,尽除纱帽与蕉裳。园花种久能谙性,医卷抄多解古方。高树乱蝉雨打歇,幽阶行蚁水漂忙。无能有味闲安稳,君看王师正裹疮。"可见其拥书千卷怡然自得之情。

光绪《益都县图志》卷二十二、卷三十八;《益都先正诗丛抄》卷三;光绪《山东通志》卷百四十二。

武图功(? —1627),字言尔,号云台,明曹县人。万历庚子(1600)举于乡,甲辰(1604)成进士。初令滑,凡三年,再补黄梅,擢刑部主事,历员外郎中。出守辰州,改陕西按察司兵备道副使。丁外艰归。天启壬戌(1622)被议落四级,僻处大石潭,自号石潭居士,别号醉乡侯,又号黄石公。日以诗歌著述为事。家居凡四年。性爱槐柳,因名其园曰槐柳墅,在园中遍植槐柳。园之南有屋北向,曰"斗室",中贮汉魏六朝唐诗、百子、《离骚》。联曰:"楼椽白屋堪容膝,半榻青编自会心。"盖纪实也。旋于乙丑(1625)赴部补河间判,迁刑部郎中。因不附党,乞省,疏改南判。丁卯(1627)返里,寻卒。著有《书经儿训》《白马集》《大石潭诗草》《黄石三百言》《黄石五百言》《五岳游草》《五岳诗选》《明诗鼓吹》《二酉诗草》等藏于家。又《五岳诗集》四卷《槐柳记略》一卷《二酉诗草》四卷,有康熙间曹县武氏家刻本,流传至今。

《武氏家谱》上四卷(现藏曹县地方志编纂委员会);光绪《曹县志》卷十、卷十三;光绪《山东通志》卷百四十二;《中国古籍善本书目》。

赵允义(?—1627前),字仲方,明临清人。天启间领乡荐。性狷介,喜搜奇书。居乡褐衣徒步,虽孺子亦遇以谦。副使徐季曾过门必式之曰:"赵孝廉清超绝尘,令人景仰。"其推重如此。

乾隆《临清直隶州志》卷八。

钟羽正(?—1629后),字淑濂,号龙渊,明益都人。万历八年(1580)进士。除清县令,时甫弱冠,多惠政。征授礼科给事中,迁工科左给事中。出视宣府边务,颇多建白。先后劾罢兵部左侍郎许守谦抚宣府时贪污渎职、副总兵张充实等侵盗军资。还为吏科都给事中,劾礼部侍郎韩世能、蓟辽总督蹇达、大理少卿杨四知、洪声远不职,四知、声远坐贬谪。时当朝觐请禁馈遗。羽正上言:"臣罪莫大于贪,然使内臣贪而外臣不应,外臣贪而内臣不援,则尚相顾畏,莫敢肆。今内以外为府藏,外以内为窟穴,交通赂遗,比周为奸,欲仕路清泰,不可得也。"神宗善其言,敕所司禁之。且命阁部大臣公事议于朝房,毋私邸接宾客。其立朝刚正,大率如此。嗣以立储触神宗怒,斥为民,林居几三十年。光宗立,起太仆少卿。未至,进本寺卿,累迁至工部尚书。会群奄用事,遂自劾归。旋夺官。海内称"四大贤人",羽正其一也。崇祯初复官,久之,卒。羽正自奉淡泊,身服布素,常食不过二器。藏书百箧,丹黄殆遍。所著有

《掖垣疏稿》一卷(清顺治十五年丁耀亢、高有闻刻《崇雅堂集》本)、《崇雅堂集》十五卷(清顺治丁耀亢等刻本、清光绪三十三年钟氏家塾重刻本)。复有《厚德录》二卷、《管见录》二卷。其藏书今尚存《水经注》,明崇祯四年钟羽正抄本,有清李文藻批校。

《明史》卷二百四十一《钟羽正传》;《明史》(万斯同)卷三百四十三《钟羽正传》;《明史稿》卷二百二十六《钟羽正传》;《明臣言行录》卷七十九;《续表忠记》卷一;《明诗纪事》庚十三;光绪《山东通志》卷九十、九十三、百四十二;《山左明诗抄》卷二十四;光绪《益都县图志》卷三十六;《中国古籍善本书目》。

郑耕(?—1629前),字枕于,明济宁州人,生而颖异,家多典籍,悉自手录。万历间胡瓒督泉济上,课士得耕卷,有僻句质之,曰:语出《庄子》注。胡肃然起敬,学使合试二十七城,拔耕第一。寻病卒。子与侨,举人,入清不仕。

咸丰《济宁直隶州续志》卷八。

任光(1559—1629),字内含,别号斗垣,明寿光人。年五十有九,以明经见拔,入游太学。及天启七年(1627)年六十九矣,谒铨陕西州判,分署山丹卫。崇祯己巳(1629)秋,迁山西都问参军。光孝友恭俭,服食雅素,而收书则靡问其值,缥缃充栋,视为快事。所著《闲中杂录》《一吷集》《破颜集》俱不著卷数,藏于家。

乾隆《济阳县志》卷十二邢其谏《任公斗垣暨配合葬墓志铭》。

杨梦衮(?—1632),字岱宗,青城人。万历己未(1619)进士,授翰林院庶吉士,转兵科给事中。以疏劾魏阉夺俸。已而迁太常寺少卿,加工部尚书。晋太保兼太子太保。天启六年(1626)请告归。会魏阉败,言者诋之,遂削籍。梦衮郁郁不自得,乃屏迹田野间,变姓名,自号白山樵。清操卓识,长于诗文。所居图书四壁,茅屋数椽而已。崇祯壬申(1632)卒。著有《岱宗小稿》十六卷、《吏隐盟》、《青城县志》二卷(明万历四十年刻本)。

民国《青城县志·人物志》。

卢纯(1566—1635),字又诚,又字君一,莒县人。家世业儒,至纯以博学笃行闻于时。年未二十而庠,未三十而廪,未四十而贡。以父母衰,绝意进取。其同学先达有自都下招之仕者,不发缄,亦不复书。自辟一室,藏书万卷,目览手勘。晚年筑小文园于灵泉之上,即作家塾,日与弟子宾友登临唱酬以为乐。崇祯八年(1635)卒,年七十。著有《小文苑集》《庐山稿》《读书录》《诗经要义》《易经补注》,多散佚,仅存诗三卷,《列女传》残帙。光绪《山东通志·艺文志》均不载,殆早佚。

民国《重修莒志》卷六十七。

杜诗(1569—1637),字以兴,学者称友白先生,滨州人。明万历甲午(1594)举于乡,戊戌(1598)登进士第,释褐,督京仓。出司饷宣府。丁内艰,服阕,即武库。癸丑(1613)升庄浪道,迁晋臬,改湖广驿传道。己未(1619)举卓异,升永平兵备,旋以方伯衔兵巡辰常。寻晋江西方伯,以不建珰祠,冠带闲住。戊辰(1628)起,辖三楚,再举卓异,以忤时,解组归。性嗜书,手自校雠,不下邺侯万卷。所编有《文选芟注》《楚词芟注》《吕公医问读法须知》《海忠介公集》《范文恪集》《大洞仙经注》等。

高珩《栖云阁文集》卷十四《湖广承宣布政使司左布政使友白杜公墓志铭》;《国朝献征录》卷百零五。

毕自严(1569—1638),字景会,一作景曾,号白阳,淄川人。万历二十年(1592)进士。授松江推官,年少有才干,征授刑部主事,历工部员外郎中,迁淮徐道参议。内艰阕,分守冀宁,改河东副使。引疾去,起洮泯兵备参政。以按察使徙治榆林西路,进右布政使。泰昌(1620)时,召为太仆卿。天启元年(1621),辽阳覆,廷议设天津巡抚,专饬海防,自严得改右佥都御史以往,置水军,缮战舰,备戎器,及熊廷弼建三方布置策,天津居其一。增设镇海诸营,用戚继光遗法,水军先习陆战,军由是可用。魏忠贤令锦衣千户刘侨逮天津废将,自严以无驾帖,疏论之,报闻四方。

初,万历四十六年(1618),辽左用兵,议用登莱海运。明年(1619)二月,特设户部侍郎一人,兼右佥都御史,出督辽饷,以右副都御史山东巡抚李长庚为之。及是乃命自严代。进右都御史,兼户部左侍郎。时议设天津巡抚,令督饷侍郎兼领其事,即以委自严。在事数年,综核撙节,公私赖之。天启五年(1625)以右都御史掌南京都察院。明年(1626)正月就改户部尚书,以忤魏忠贤引疾归。崇祯元年(1628)起户部尚书,进太子太保。致仕卒。

自严生平无他嗜,唯酷爱坟籍,藏弆满架。观其官户部时,“舆后必置书二寸余,日晡事竣,必读书,漏下数刻乃归”,则其以经济而兼文章,当非偶然。其《石隐园怀古》诗曰:

天地为蘧庐,光阴成驹隙。名誉等浮沤,冠簪亦陈迹。
世网空劳劳,礼法殊役役。所以贤达士,雅有烟霞癖。
山间迷目花,赞皇醒酒石。李白桃花园,谢朓青山宅。
缔思古人风,堪作今人格。余今凋朱颜,何须恋赤舄。
抗疏谢轩冕,跣足践蓬藋。筑屋治场圃,宾云友松柏。
赋性本清真,秉心颇皓白。阶前饶葱蒨,架上富坟籍。
黄鸟鸣林皋,蠹鱼侵几席。醴酒恣欢娱,山蔬供烹炙。
焚香理素书,悬榻迎山客。维石性最坚,从不受磨坼。
余隐誓效之,腐鼠安能吓。宁知春复秋,并忘朝与夕。
斯为石隐园,吾以适吾适。

自严官户部尚书时,曾因华亭知县郑友元逋银案下狱,寻获释。崇祯八年(1635)复官致仕。此诗当作于出狱致仕之后。以石隐名其园,坚贞不拔之志,情见于辞。每读"阶前饶葱蒨,架上富坟籍。黄鸟鸣林皋,蠹鱼侵几席"之句,不啻置身于石隐园中,想见其"焚香理素书"之性情焉。著有《石隐园藏稿》八卷(明刻本)、《淄川毕氏传志》不分卷(明崇祯刻本)、《度支奏议》一百一十九卷、《督饷疏草》五卷、《饷抚疏草》七卷等凡二十种。

《明史》卷二百五十六《毕自严传》;《明诗综》卷五十七;《明诗纪事》卷十七;《四库全书总目》1514页;乾隆《淄川县志》卷六;《山东文献书目》。

张元英(?—1638),字孟育,历城人。天启四年(1624)举人。好储书,以经史子集分部,独钟悭书别贮一笥。闭门谢客,日焚香点校,岁数百卷以为常。邑人叶承宗尝记主客问答之辞云:"南中一君子尝问余曰:'历下孰为好学?'余曰:'其张孟育乎?'客曰:'何?'余曰:'人多求田问舍,张独积书插架,一难也;人多充栋尘封,张独岁校数百卷,二难也;人胸无片墨,辄肆雄谭,张独深藏若虚,三难也。'客曰:'虽未见张君,公言亦复佳矣。'"其推重元英如此。崇祯间已聚书至数万卷。崇祯十一年(1638),清军从墙子岭、青山口入长城,分四路南下。十二年(1639)陷济南。元英时守南城,倡施布被以恤军之冻者,损酒食饷戍卒,城陷死,书亦荡然无存。

崇祯《历城县志》卷十、卷十六;乾隆《历城县志》卷四十一、卷四十九。

王岫山(?—1640后),字子凉,长山人。崇祯庚辰(1640)进士,除如皋知县。性简静,饲鹿调鹤,积书数万卷,坐卧其下。乞休归,杜门著书,有《怪石集》二十二卷行世。陈大士《序》谓其诗如古篆隶,沉吟往复,终不可得其界畛。又比之棘端之猴,遮须国王之织。今集只存稿本二册,余毁于火。民国间长兴王修有峄生所藏旧抄本《齐民要术》十卷,钤有“长山王氏珍藏”“峄山之印”“王峄山印”“王峄山之印”。又有《三子合刊三种》三卷,明闵齐伋编,明吴兴闵氏刻朱墨套印本,十二册二函,钤“古齐长白山王峄生闳藏之符”朱文方印、“问宾过目”朱文方印。

嘉庆《长山县志》卷八;道光《济南府志》卷五十;王修《诒庄楼书目》卷二、卷四。

曹复植(1615—1642),字云将,应埙孙,安丘人,廪生。性孝友,沉毅寡言。成童补府学弟子员。声名藉甚,与益都孙廷铨、淄川高珩相颉颃。家多藏书,莫不通究,尤留心经世之学,好论古今利害成败。崇祯壬午(1642)避清兵遇害于安东卫。

民国《安丘续新志》卷十八。

王与玟(?—1642),字文玉,象丰子,桓台人。以诗世其家。尤工行草、尺牍,有苏黄风。诗宗晚唐,书入李邕之室。好蓄古法书、名画、敦彝盉鬲之属。崇祯十五年(1642)清兵陷山东州县,遇难死。著有《笼鹅馆集》四卷,青岛图书馆藏有抄本。

民国《重修新城县志》卷十五;《青岛图书馆古籍目录》。

臧新德(?—1642后),字伯铭,诸城人。诸生。崇祯十五年(1642)后,痛父遇变,弃城中居第,辇先世藏书八厨隐回头山,不复入城市,粗衣粝食终其身。

乾隆《诸城县志》卷四十二。

刘为霖(？—1643后),字泽生,济宁人。天启七年(1627)举人。行高志洁,岁歉屡空,不问米盐,而藏书最富。崇祯十六年(1643)烬于火。为霖见时事日非,绝意仕宦,筑远揽阁于洸泗之间,吟卧其上。有《远揽集》藏于家。

咸丰《济宁直隶州志》卷八。

赵方曙(？—1644),字初阳,别号研田,平阴人。太学生。好声伎游侠,工书,真草篆隶,无不精至。构研田斋,蓄图书法帖甚富。临摹辄肖,远近弛名,绢素求之,应接不暇。清兵南下,城陷,与弟方昕同遇难。

乾隆《泰安府志》卷十七。

李允樟(？—1644),字若梗,东明人。建和子。以胄监官武英殿中书舍人。以京朝不纲,愤而归隐,深沉自晦,杜门谢绍宾客,即亲友故旧,终年亦不一晤。唯有汲古癖,珍爱古本册籍暨宋人诸名公书画。每见金石鼎彝及古人书画,则流连玩赏,不忍释手。崇祯甲申(1644)卒。

乾隆《东明县志》卷六、卷八下;民国《东明县新志》卷十一。

傅国(？—1644),字鼎卿,因家丹水之阳,又号丹水。临朐人。幼慧,七岁作《霜林赋》累千百言。弱冠领乡荐不出。构四友亭,以晋陶潜、唐杜甫、宋苏轼配己为四,日啸咏其中。万历十一年(1583)成进士,授河南通许知县。善折狱,有廉明称,自此疑狱多下通许。迁户部主事,升员外,督饷辽东,节款百二十万。辽阳溃,削籍归。筑室孔山,号曰云黄别墅。置书万卷,自号云黄山人。以石为门,镌《云黄山人自叙文》其上。崇祯甲申(1644),张甚忽率百骑突至,积薪焚其楼,国与图书俱烬。著有《五经中注》《四书中注》

《咸平阳秋》《咸平刑书》若干卷。以生为朐人,欲存一方文献,仿郡县志例,作《昌国艅艎》,《表》三、《志》五十二、《传》十二,共十二卷。自为书曰《云黄集》《云黄别集》,其他史评、诗文评及论老释之书尚有十余种。今存明万历刻本《辽广实录》二卷、《云黄集》一百卷目录一卷、抄本《昌国艅艎》。

光绪《临朐县志》卷十四上;民国《临朐续志》卷二十二。

郭光,字大之。堂邑人。以明《易》为县学生。好蓄书。为文赡美条畅,于时县有五才子之目,光其一也。

康熙《堂邑县志》卷十六。

毕拱辰(?—1644),字星伯,号湖目,莱州掖县人。万历丙辰(1616)进士,喜藏书,宦辙所至,缥缃之富充栋焉。初试盐城县。以内艰,改补陕西,擢礼部主事。以不善事大吏,左迁浙江知事,弃官归里。益以诗文自娱。崇祯十年(1637)即家起吉安司理,再调南祠部郎,寻调晋阳。崇祯甲申(1644)二月卒。丁菡生雄飞尝谓:"予生有书癖,同予癖者,生平所遇三人,毕湖目先生其一也。先生莱州人,为先君子年友。通籍二十载犹浮沉郎官。青蚨空囊,书籍充栋,在金陵遇予而水乳合矣。携手促膝,竟日卜夜,无不研求。是时书廊几家,搜觅已枯。又每撤驺从,同予向委巷、地摊残物尘封中踞地以检,间得数叶,相视快心。"王西樵亦云:"佥宪博综鸿秘,不减曹仓邺架。"可谓推崇备至。著有《珠船斋诗》《皂溪存稿》《旅咏瓿馀》《系曜近草》。拱辰又并兰茂《韵略易通》二十韵为十六韵,撰为《韵略汇通》二卷,为通古时期北音系统韵书之一,至今为言音韵者称道之。此书有明崇祯十五年毕拱辰刻本。

《国朝山左诗抄》卷八;《山左明诗抄》卷三十二;光绪《掖县全志·忠节》;《中国古籍善本书目》。

邢奇,字彦美,长清人。天资颖悟,议论敏捷,蓄书万余卷,时号书仓(一作书精)。著有《绳庵集》。

道光《济南府志》卷五十二;道光《长清县志》卷十一。

崔朝(?—1644后),字鸣珂,益都人。赞善崔迪之六世孙,嘉靖间岁贡生。官衡府纪善,所得俸悉以购书,筑曝书楼以贮之。著有《曝书楼草》。崇祯甲申(1644)楼毁于火,其所著亦多散佚。

张东甫《青州明诗抄》卷二。

王若之(1594—1646),初名廷召,字湘叔,亦字湘客,益都人。明户部尚书基冢孙。父世鹤,赠户部郎中。基长子世凤无子,以若之后焉。万历四十五年(1617)以荫授南京前府都事,升户部员外郎,督天津饷,岁节省滥饷数万。以尚书陈于廷荐,升河南右参议,专理津饷。魏珰焰方炽,津人有议为建生祠者,请于若之,若之引疾归。崇祯己卯(1639)诏起用,以言事切直,谪南京户部郎中。忤南厂臣,疏参逮问,南法司审勘得雪。若之服官南都,放情山水,买舟游武陵,穷湖山之胜。平生博雅好古,所蓄金石书画,甲于一时。所与游者邹南皋、冯少墟、钟龙渊、张藐姑、李懋明、左萝石等,皆一代名人。乙酉(1645)南都不守,若之避乱姑孰,干戈崎岖,独载三代古鼎彝法书名画兼两联舳,寝食与俱。其答人书云:“正帷草莽之中,当坚守一之节。”十二月被执,三日不屈,被刑于南京西华门笪桥市。年五十三。王士禛《居易录》谓其“弧情绝照,清淡如晋人”。著有《湘客文集》若干卷、诗集《涉志》一卷、《疏稿》一卷、《启笺》一卷、《续诗》一卷(绝句百首)、《醮赋寝咏集》。尝刻《尺牍五言》四卷。总其名曰《佚笈姑存》九种十卷,有清顺治二年傅敏刻本。

光绪《益都图志·艺文志》;《池北偶谈》卷九;《中国丛书综录》。

孙敬祀(1623 前—1648 后),字接甫,平阴人。十七补博士弟子,比弱冠为古文词。又好专力于诗。庚辰(1640)岁试,以高等饩于庠。性简适,所居植花竹,蓄奇石,扫地焚香,图书充几案,键户默坐以自娱。戊子(1648)王国柱宰平阴,性贪鸷。恶敬祀有厚藏而俭于馈,遽收禁阅月,患无辞释之。后国柱等伏法,敬祀旋病痢殁。

光绪《平阴县志》卷五。

清

李棣生(?—1644 后),号参玄,清莱芜县人。崇祯十六年(1643)直指使者荐之于朝,即日召对,命监四十路镇军。清定鼎,授清丰令,擢都察院经历,迁虞部员外郎,出为卫辉府知府,以年老告归。棣生长于诗,尝渡江游白下。与艾南英、马士奇相唱和,一时名士咸俯首称之。乐安徐振芳序其诗曰:"家无担石而拥图史,百城之乐;被儒服者而据鞍振策,气笼海岳。"

民国《莱芜县志》卷二十四。

张所志(?—1644 后),字业元,号尚之,明末观城人。先累世名儒,藏书甚富。所志聪明而下帷工苦,十七食饩。旋从太翁游宦南北,幕府多暇,遂博极群书,为儒林所推重。易代以后,部檄严催,乃赴选得江西宁都县知县,以瓜期逾久,罢归。

道光《观城县志》卷九。

高潮选(?—1648 后),字荐莪,德平人,顺治丙戌(1646)岁贡,嗜古博览,藏书甚富,授单县令,中恶卒。

道光《济南府志》卷五十六。

李浃(?—1648后),字孔皆,一字霖瞻,德州卫人。顺治丙戌(1646)进士。知延庆州,调茶陵,以失察降知芮城县。复眭吏议归。游览山川,诗酒自娱。晚筑室曰陶庵,贮书数千卷,环以竹木,徜徉其中,卒年八十。著有《陶庵诗集》三卷、《年谱纪事》一卷,今存清康熙刻本。

道光《济南府志》卷五十六;《山东文献书目续编》。

李莱,字北山,号亦堂,浃孙。邑贡生。有《亦堂近稿》《病榻草》。北山好读书,寡交接,藏书最多而秘不示人。卢见曾戏谓之曰:“近有人向香城先生乞菊,香城不与,而答以诗曰:‘半载辛勤谁代得,果能吝惜亦风流。’君之于书可谓得吝惜风流者矣。”北山笑谢而已。晚丧子,郁郁而卒。

卢见曾《国朝山左诗钞》卷五十。

赵振极(?—1648),字永振,号建亭,曹州人,家贫授徒,及门多列科第。束脯所得,悉以鬻书,叠窗列架,千厢万轴。顺治五年(1648),为李化鲸所执,抗节不屈,李等取架上书,环体烧之,遂死。

乾隆《曹州府志》卷十六。

李振都(?—1649后),字道坤,金乡人。少从父宦游,好读书,未冠以第一人为诸生。淡于仕进,藩使胡汝宁劝之仕,乃由贡生就曲阜县教谕。历泗水、滋阳、宁阳。告归,仍以书为娱,自经史百家、金石图书,以至灵兰秘典,皆博采精校,考文献者悉征焉。明季饥荒战乱,邑里萧条,振都输米施镨,为惠于乡甚多。晚年日集亲朋宴会,品花竹鱼鸟为乐。一夕与族人论书已,端然而逝。

咸丰《金乡县志》卷九中。

李缙明(?—1650后),字仲卿,章丘人。清顺治六年(1649)进士,初官大理,覆奏详核称明允。督理中河,巡察江北,厘奸剔弊,兴利惠民。尤究心经史,故分校北闱,所得皆知名士。居官每购求遗书,手不释卷,一如诸生时,致仕后构别业曰啸园。著有《蓄德录》《彭门腐草》《字学蠡测》《啸园集》等书。淄川高珩为之传。

道光《章丘县志》卷十一;光绪《章丘县乡土志》。

王廷柏(?—1650后),字擎玉,曹县盘庚人。援例补太学生。筑精舍,聚书万卷,博学强记,日以著述为务。顺治戊子(1648),李化鲸陷城,廷柏见几而作。遨游于吴越山水间。越二载,倦游而归,隐居于城南土山,不履城市。梅放,策小蹇以踏雪,邀白衣而问酒,高致逸韵,不减当年陶孟。

光绪《曹县志》卷十四。

董祚远,字九如,威海卫人。先世籍濠州虹县,从明太祖起义兵,其四世祖于正统间袭威海卫指挥佥事,遂籍焉。祚远明季廪生,入清后以廪还学使。藏书万卷,徜徉山水,以隐沦自娱。著《地僻稿》一卷,王士禛、归孝仪、唐梦赍极称之。

光绪《文登县志》卷八下;光绪《山东通志·艺文志》4071页。

释幻止,清初富僧。清平县人。城西南卢庄有慈云庵,幻止卓锡其中,清修焚行,深入佛海。庵藏经藏甚多,闻皆元明善本,纸版俱精。幻止圆寂后,僧徒不知保存,经多散佚。

民国《清平县志·杂俎》。

李士模(清初),字可庵,高密人。顺治壬辰(1652)进士。累官大理寺评事。清风介节,士林重之。性和雅,博学工诗。好集古书名画,凡缙绅家所藏翰墨皆待其品题以为定论。

光绪《高密县志》卷七、卷八上。

释天机,清初临清人。卓锡常家老官寨圆觉寺。天机性本稚鲁,后有似神灵启示者,一旦豁然贯通,乃奔走南北,购藏全经贮之寺内,迄今屡经散失,尚存千余卷。

民国《临清县志·艺文志》。

张至善(清初人),字在止,博平人。崇祯十五年(1642)举人。入清,历知沅陵、怀远二县,约己爱民,绰有贤声,文望更著。致仕归,载书极富。

道光《博平县志》卷四。

吕林钟(约1612—1654后),原名鼎,字玉铉,滕县人。明增广生赞韶季子。赞韶于天启二年(1622)死于战乱。林钟年十五补博士弟子,发愤下帷,购书手校,牙签缥帙多至万轴。再赴省试不售,援例入国学,列名选人。母患背疽,林钟访得女医贾,应手愈。更阅三纪,母八十二乃卒。

道光《滕县志》卷九。

卢世㴶(1588—1653),字德水,别号紫房,晚称南村病叟。原籍涞水,明初徙德州左卫,遂家焉。曾祖宗哲,官翰林检讨,累迁光禄卿。祖茂。父永锡,太学生。世㴶为雅雨之叔曾祖。雅雨曾祖名世滋,世㴶其胞弟也。明启、祯之际,文士侈谭子史之学,标榜声誉,流为钩党。世㴶为人简易佚荡,高自位置,耻矜懻忮,以邀名当世。读书尚志,驰骋百家。为文不屑雷同,笔墨飞动,无聩饾饤僻怪之习。天启乙丑(1625)登进士第,除户部主事。未几省母归,复强起,补礼部,改监察御史。领汛舟之役,值久旱河竭,盗贼充斥,世潍疏数十上犁中漕弊,皆报可。役甫竣,竟移疾去。当是时,国事日非,东西交讧。世潍俛卬兴怀,如抱隐忧,悲天悯人,往往发之于诗,游于酒,人日沉饮自放而已。甲申(1644)以后,每抠衣循发,歌泣无聊,扫除墓地,有沉渊荷锸之意。入清拜原官,征诣京师,托病废强辞归,以暗症自晦。年六十六,卒于家。

世潍身长七尺,貌奇古,修髯垂蔽胸前,可尺余。雄辩风生,好作雅谑。屏居尊水园,园中有杜亭、画扇斋、匿峰庵、信轩,十余间茅屋耳,后为田中丞蒙斋所有。架上有书万卷,几案左右排连,笔研杂置,蜡泪纵横。与客饮,醉辄隤然自放,有陶、阮风,曾自言:"余生而有书癖,见古集善本,必斋戒以将之,危坐以进之,鼓歌以舞之,流略摩挲,不啻彝鼎。"毕生精力所寄,尤在抄书,自谓抄书近百种。自幼至老,及中间服官各地,几无时不以抄书为课。其可考者得七十一种。山左以抄书名家者,世潍一人而已。又喜刻书,计有《订读古本大学》《唐子西文录》等十四种。世潍交游极广,与毛子晋往来尤密。二人于藏书、校书,志趣相同。然取征各异,以子晋为鉴赏家之藏书,而世潍则读书者藏书也。素好杜诗。尊水园中之杜亭,设子美像,自称杜亭亭长。著有《读杜私言》一卷(崇祯四年精刻本、钱卢两先生读杜合刻本),复编《杜诗胥抄》十五卷、《馀论》一卷(崇祯七年尊水园精刻本,《杜集提要》著录崇祯四年刻本,恐误;汇刻本)。亦好为诗,尤喜论诗,与虞山钱牧斋(谦益)齐名。著有《紫房箧中小集》《紫房箧中馀集》《宿草》《在舆草》《闲居漫兴》《杜亭近草》《画扇斋诗》《春寒闲记》。世潍殁后,多已散落。同邑程正夫、陈功仲、赵仲启、李星来,为搜集校刻,得十二卷,名《尊水园集略》(清顺治刻本作四卷,清顺治刻十七年卢孝馀增修本,《藏园群书经眼录》作清刊本),今山东省博物馆、山东省图书馆、山东大学图书馆、青岛市图书馆均有收藏。其藏书复有:《乐舞全谱》十二卷，明朱载堉撰、德水愚者手抄本，《玉函山房藏书簿录》著录；《琅邪代醉编》四十卷，明姑苏张鼎思辑，明刻本，钤“南村病叟”朱文方印、“杜亭亭长”朱文方印，《五十万卷楼藏书目录初编》著录。

乾隆《德州志》卷九；光绪《德州乡土志》（抄本）；民国《德县志》卷十；道光《济南府志》卷五十二；《碑传集》卷一百三十六《卢先生世潅传》；王献唐《山东之抄书家——卢德水先生》（见《山东省立图书馆季刊》第一集第一期，收入本书附录）。

韩允嘉（？—1658后），字娲石，淄川人。性倜傥任侠，喜急人之急。持议云飞泉涌，讨文援毫立就。顺治元年（1644）膺贡元，二年（1645）中顺天副榜，得以郡司李起家，不乐就。十五年（1658）成进士，授秦中三水令。有惠政，邑人祠之。再补粤东东安，以执法忤上官，论罢，卒于官。当为诸生时，结如石社，江南北士蒸蒸起如云霞。喜积书画古玩。广交游，通缟缤，故海内无论知与不知咸称为蜗石先生。卒之岁才五十九。

乾隆《淄川县志》卷六。

萧惟豫（？—1658后），字介石，号韩坡，德县人。顺治戊戌（1658）进士。由庶常历官至翰林院侍读。典试江南，督学顺天。年甫逾三十三乞养归。时乘牛车，一童一杖，步村墟中，见者不知为荐绅先生也。李振裕《上萧韩坡夫子》诗云：“江国抡才日，于今五十年。隐过仕之半，名与德浑全。海鹤寥天迥，沙鸥宿影圆。藏山多秘笈，未许世人传。”著《但吟草》八卷、《恭纪诗》一卷，有清康熙五十年刻本。

乾隆《德州志》卷九、卷十二；民国《德县志》卷十、卷十六；《清诗总集叙录》；《山东通志·艺文志》；《中国古籍善本书目》。

吴兴姬(？—约1660),字心周,宁阳人。笃志力学,博通经史。顺治中由副贡三任校官,兴学课士,所至有声。告归,不事生产。尝鬻田购书数千卷,聚徒讲学,不责脩脯,一时名士多所造就。著《四书碎金》藏于家。

光绪《宁阳县志》卷十三;光绪《山东通志·艺文志》3555下。

张尔奎(1634—1661后),字锡公,邹平人。祖延登,字济美,号华东,万历壬辰(1592)进士,官至工部尚书、都察院左都御史。崇祯十四年(1641)以南总宪考满过家,薨于里第。父万选,字举之,天启元年(1621)贡生,官刑部郎中。尔奎幼从宦金陵,年十七始归。顺治辛卯(1651)举人,辛丑(1661)进士,授广宁知县。性风雅,敏而嗜古,家故多藏书。弱冠登第,犹拥书万卷,睥睨自若。铨广宁,合扁舟载琴书以行。临行,母谢夫人以宽政恤民训之,记以诗云:“慈母送西廓,临歧语意明。当思家苦税,休讳拙催征。”公役来迎,即遣回。途经佳山水名胜古迹无不留咏。至娑婆河,船轻水荡,篙工拟实以砂土,尔奎以诗答之:“萧然行李实无多,沙土仍防榷使河。箧有诗书三百卷,千金一字重如何?”既抵任,一以母训行之,大有政声,唯终为俗吏所苦,郁郁而卒。一切著述俱没于任。唯《粤行日记》传于世,《柯古堂诗文集》四卷为其婿淄川韩维垣藏弆笥中。家藏善本书,见于《天禄琳琅书目续编》卷十一著录者有元刊本《松雪斋文集》十卷,钤有“张氏宝藏”白文方印、“张尔奎”白文长方印、“邹平西张仲氏举之甫鉴赏印”朱文大方印。书末有董其昌手跋,略云:“见元刻《承旨集》于邹平总宪张公所,与宋版无异。快读一过归之,志予幸见。”(按董其昌跋所云:《承旨集》,即《松雪斋文集》,因孟頫尝官翰林学士承旨也。)“张氏宝藏”乃延登藏印,“邹平西张仲氏举之甫鉴赏印”,乃万选藏印。祖孙三代皆喜收藏,可谓秘书世家矣。张万选曾官太平推官,著有《太平三书》十二卷,现存有顺治五年(1648)襄古堂张万选刻本。《邹平县志》施润章《序》有云:“是时比部张举之(万选)请告家居,藏书多善本,博采勤搜,进士马宛斯(骕)讨核详实。”顾亭林(炎武)在邹平考订县志时,多借用其书。其昆仲张奉之与之探讨。学术活动之频繁,可以想见。

道光《济南府志》卷五十四;民国《邹平县志》卷十三、卷十七;《明史·七卿年表》;王士禛《池北偶谈》卷十一;《天禄琳琅书目续编》卷十一。

王大椿(?—1663后),字大生,号康水,高密人。清初副贡生。祖遂,博学,精书法。父士林,喜读书,不治生产。家无儋石储而积书盈室。大椿由岁贡授新泰县训导。告归后杜门乡居,足不入城,枕经籍史,弄月吟风,以诗文自适。邑中名俊,半出其门。年九十余卒。

康熙《高密县志》卷七;乾隆《高密县志》卷七。

王敷政(?—1663后),字代工,淄川人。康熙二年(1663)举人。授通议大夫,入国史馆,与修《世祖实录》。改授吏部考功司郎中,升内阁侍读学士。年四十五岁卒于官。家中书籍最富,每夏晒书,牙签散落盈升,家人岁以为苦。卒后散佚无存。

乾隆《淄川县志》卷五;王培荀《乡园忆旧录》卷二。

陈介吉(?—1663后),费县人。顺治间,年十九为诸生,工诗古文词,援笔立就。年三十二由岁贡入国子监,以母疾假归。生平无他好,唯酷嗜读书,终岁所入,半付书贾。以故积书甚富,琳琅满架,意欣然自得。虽屡空,淡如也。三子皆能读父书,瞻云、裔云尤著。

光绪《费县志》卷七、卷十一。

袁藩(?—1663后),字松篱,淄川人。康熙二年(1663)举人。工翰墨,善谈笑。少时辄好为宋元词曲,读书精于搜讨,名山石室之藏,购求装潢不遗余力。尝得苏长公所题孙莘老风字砚,尽出所有古玩易之。又于东海获一秦镜,自为题咏,一时文人皆属和焉。游履所至,著述满箧。有《敦好堂诗古文词》若干卷,康熙间与修邑乘,删定独多。今尚存清抄本《敦好堂诗集》三卷。

乾隆《淄川县志》卷六;《山东省图书馆古籍善本书目》。

释隆潔(?—1663后),字含辉,又字寒灰,俗姓王,为莱潍望族。清初安丘平等庵僧。与诸名士交游,读书不多而欲于文字中求解脱。尝手书《华严经》两周。晚年向嘉兴购经律论三藏二百二十八函及诸禅师语录以归,构三楹庋焉。广长廊数十间,同邑张贞为题其额。性喜吟咏,尤长五律,有《淡溪诗集》行世。

道光《安丘新志》卷二十五;民国《潍县志稿》卷三十六。

韩源(1582—1666),字逢之,别号乾宇。先世直隶枣强人,明洪武初,始祖景文徙于淄川北之荆山阿里家焉。传至韩源,已为淄邑大族。源于明万历己酉(1609)举于乡,崇祯戊辰(1628)进士,除河南郾城令。辛未(1631)调繁固。癸酉(1633)本省同考,甲戌(1634)行取考选,授礼部给事中。丙子(1636)巡视太仓银库,督理省直新旧饷务。丁丑(1637)巡视十库。戊寅(1638)以考选失上意,罢归。甲申(1644)清顺治帝起自田间,授礼科给事中。丙戌(1646)迁礼科右给事中,同考会试。寻升吏科左给事中,再同考会试武闱。丁亥(1647)升吏科都给事中。庚寅(1650)升太仆寺少卿。辛卯(1651),晋本寺正卿,仍管少卿事。壬辰(1652)以太仆寺卿管通政使司右通政事。癸巳(1653)官银台,年七十有二致仕。解组以来,唯葛巾野服,徒步田间,督僮仆以耕,与牧竖相尔汝,遇者不知为大僚也。

性淡素,无所嗜好。陋室数椽,积书满架,读书其中,晏如也。诸费从省,至市书则不计,曰:苟嫌值贵,但多读几篇,便足相偿矣。

高珩《栖云阁文集》卷十四。

张彦士(?—1666后),字龙弼,定陶人。顺治乙未(1655)岁贡,任黄县训导。监司举博学鸿词,未赴。升贵州赤水卫经历,时逾七旬,辞不就,优游林下十余年。彦士肆力经史,家藏书甚富,丹黄所及,重复稠叠,研精覃思,微文奥旨,靡不抉摘。旁及天文、地志、音律、术数之学,虽专门无以过之。卒年八十六,乡人私谥曰文康先生。著有《读史矕疑》(《四库存目》著录十卷)、《孝经注解》《忠经注解》《小学汇解》行世。《杜诗旁训》六卷,诗集、文稿藏于家。另著《张氏藏书目录》,有彦士自序。

光绪《定陶县志》卷六、卷九;光绪《山东通志·艺文志》。

宋瑚(?—1669后),号柳村,莱阳人。崇祯十二年(1639),与弟琏同中举人。总角日诵万言,文章风发,继而博通《五经》。匿影荒山,读书自得。宋俶《和家仲叔卧病不能赴招》诗云:"匿影荒山里,读书深柳中。威仪三亩内,天地二劳东。青眼谁知己,白头已作翁。何当埋姓字,犹自仰高风。卧疴三十载,久已谢公车。宁冀千秋后,聊忘万卷余。青山环别墅,修竹似吾庐。闻道东家好,饶多邺架书。"盖纪实之作。瑚以历城中疾归,旋卒。

康熙《莱阳县志》卷八、卷十。

杨庄(明末清初),字公临,诸城人。性孝友。富诗书。晚年构一草亭于丛篁中,额曰"分绿"。讷讷庵,其别号也。

光绪《诸城县志·列传》。

纪之竹(?—1669后),字友筠,号德园,胶县人。康熙己酉(1669)举人,授章丘县教谕,升四川石泉县知县。工书法,癖好王孟津墨迹,收藏尤富。故其书法纯学拟山园而有出兰之目。凡遇孟津片纸隻字,虽极拮据必多方购之。今山东省图书馆藏有《纪之竹行书》一卷。著有《渭川集》行世。

民国《增修胶志》卷四十二。

吴脉鬯(1603—1671后),字灌先,蓬莱人。崇祯丙子(1636)、壬午(1642)两次副榜。闻国变,航海抵南京,授参军。寻题杭州推官,以亲老不就,旋屏迹山居。经史靡不研究,尤精于易。著有《增辑易象图说》二卷、《易经卦变解八宫说》一卷、《昱青堂杂集》一卷。民国十二年(1923)同邑吴佩孚辑为《蓬莱吴灌先著述三种》,刊刻行世。脉鬯嗜诗酒,喜藏书。其《清闲歌》云:

清闲二字真无价,归向山林罢。邻舍四五家,种几亩田禾稼。结坐茅檐,自在有谁家。收用无冬夏。出门来,随处安插。松阴石畔,竹篱草榻。稚子提壶,山妻把笺,藤黄蕨菜,豆荚草芽。野调歌论,不得板眼。错打信口诗,那管他字句讹差。枣梨绕山谷,桃李盈门匝。菜畦儿紧靠葡萄架。线花地,便宜唵浮瓜。野酒新熟不压,虽无有榨酒的陶巾,荆蓊儿隔去混渣。到春来,芳丛不用远寻踏。到夏来,涧溪水涨枕流峡。到秋来,黄花咫尺便登高。到冬来,梅雪相邀把酒哈。喂一群化凤鸡,咕咕呱呱。养两支看家犬,狂狂吡吡。山家说不尽樵牧话。山家说不得你请我来,我请他。石底寻螃蟹,山窝捕蚂蜡。钓得鱼儿三指大。面里拖,油里杂。客来有嗄咱吃嗄。不必东挠搔,西抓撒。李杜诗千卷,圣贤书半榻。后代儿孙全不挂,是非荣枯一任他。朝廷纵有多么大,不犯王法管不着咱。不是神仙是甚么?!

复有《笑東蔡对山》诗云:

主人重文事,相延栖华屋。知我乐诗酒,意不在馆谷。良朋欣萃止,奇书负满簏。舌耕聊尔尔,眷我贪贱福。远给便近道,不仕羞言禄。山中蕨可茹,架上籍堪读。文成辄大叫,吟成自捧腹。笑我老而颠,陋彼空碌碌。但教心内舒,几使眉端蹙。所祈慈耆安,谁念妻孥育。怀古有同人,柴桑逼似仆。盼得瓮头清,解把葛巾漉。亲旧知如此,招之行不踧。况我日聚首,何惜些麯黍。家家为我酿,日日频聒凌。主婢皆未安,慰我酒欲熟。只恐日夜之间湛液迟,索酒题诗笔几秃。

皆为纪实之作。

光绪《山东通志》卷百六十七;《蓬莱吴灌先著述三种》。

李溉之(1627—1672),字岱源,世居济南长山。父化熙,字五弦,官至刑部尚书。溉之少习《春秋》,年十五补学官弟子,寻以荫入国子监。化熙既予告,溉之亦不谒选人。起芝烟阁于堂之左,置经传、子史、法书、名画,枕藉其中。与合志同方之友,日事搜讨,旁及天官、地志、九流、百家、二氏之说,靡不审其是非,正其纰缪。吏部按籍,除知滦州,以盗案罢归。

嘉庆《长山县志》卷七、卷十四。

王埙(清初),字仲和,齐河人。庠生。副使宫臻孙,武举虎臣子。少好学,积书至数万卷。因先人遗业为人侵据,愤恨投渊死。

民国《齐河县志》卷二十七。

董养性(1615—1672),字迈公,号毓初,乐陵人。康熙间以明经通判宁国府,署南陵、太平两邑,有惠政。民依为母,去之日,呼号塞路,追送数十里。比抵郡,即疡,自知不起。沐浴坐郡斋以终,年五十有八,郡人多叹息泣下者。养性潜心理学,于《四书》《五经》

各有注释。考注疏,辨同异,治公簿外,日手一卷。尝督运抵京师,悉梱载诸书以往,又博访文学士杜名齐、胡泉、陈辅性,延至馆舍相问难。耆旧有愿见而不得致者,则往就其家。能文处士如吴肃公、梅庚,被其折节者甚众。所著版行于世者有《易经订疑》十五卷、《易经启蒙订疑》四卷、《四书订疑》二十二卷。未及镌版者有《书经订疑》《诗经订疑》《礼经订疑》数十卷,稿藏于家。复撰有《高间云集》六卷,《四库存目》著录,误作元人。平生多购书籍,以一本藏于家,一别本藏县学舍,俾后进子弟得就取读。其嘉惠学者如此。捐馆之日,家无长物,箧中唯存书籍数千卷而已。卜葬之日,学政宣城施闰章为墓志铭以叙其为人。

乾隆《乐陵县志》卷六、卷八;《四库全书总目提要》。

孙承泽(1592—1672 或 1676),字耳伯,号北海,又号退谷,益都人。世隶上林苑籍,故自称曰北平。崇祯四年(1631)进士,官兵科给事中。李自成入北京,授四川防御史,譬死不就。入清,历官吏部侍郎。令祥符时,尝就明宗室灌甫第抄经注二百余册,载归京师。筑退谷于西山,名其藏书处曰万卷楼。承泽耄而好学,有明一代典故,尤了如指掌。博古精鉴,一时图书之富,足与宋田氏(伟)博古堂媲美。黄虞稷、周在浚《征刻唐宋秘本书例》谓“近代藏书,唯北平孙北海少宰、真定梁棠村司农为冠”,并非虚语。盖承泽精于经学,棠村富于子集,而两人又同嗜金石书画。承泽所著《庚子消夏记》八卷,卷一至卷三皆所藏晋唐至明书画真迹;卷四至卷七为古石刻;卷八为寓目记,则皆他人所藏,而曾为承泽所见者。《四库总目》称其书“大抵议论之中,间有考据”。鉴裁精审,叙次雅洁,犹有米芾、黄长睿之遗风。棠村名清标,字玉立,号蕉林,直隶真定人。明崇祯十六年(1643)进士。入清,官至保和殿大学士。精于鉴赏,所藏法书名画甲天下,刻《秋碧堂法帖》。竹垞有题《王维伏生图》云:“庚戌(1670)观于北平孙侍郎蛰室,既而归于棠村相国。知二公同乡同官,赏鉴亦略同也。”其推重如此。孙氏藏书富而无私,喜人借观。缪荃孙《艺风堂文漫存》赞曰:“昔孙承泽侍郎有喜借人书之誉。朱竹君学士亦与人借抄,以广流传,前哲流风令人向往。”叶昌炽赞以诗云:“万卷书侔田氏富,一拳山共米家横。雕桥退谷相辉映,玉镜蓬壶际圣明。”承泽所著除《庚子消夏记》外,复有:《尚书集释》二十卷,《九州山水考》三卷,《诗经朱传异》三十卷,《春秋程传补》二十卷,《五经翼》二十卷,《益智集》二十卷,《河纪》二卷,《天府广记》四十四卷,《元朝典故编年考》十卷,《学典》三十卷,《闲者轩帖考》一卷,《明辨录》二卷,《藤荫札记》无卷数,《学约续编》十四卷,《研山斋墨迹集览》一卷,《法书集览》三卷,《研山斋图绘集览》三卷,《春明梦馀录》七十卷,《典制纪略》不分卷,《己亥存稿》一卷。《研山斋墨迹集览》《法书集览》为《庚子消夏记》初稿,而《图绘集览》则为晚年所撰。《春明梦馀录》介平地理、故实之间,《四库全书总目》称其书体例庞杂,持论亦欠平允,然于明代旧闻,采摭颇悉,一朝掌故,实赖是书以存,且多取自实录、邸报,与稗官野史据传闻而著书者究为不同。故考明代之轶事者,多取资于是编焉。承泽藏书之见于著录者:孙星衍《平津馆鉴藏书籍记》有元版《春秋纂例》,钤有“北平孙氏”朱文方印、“北平孙氏研山斋图书”朱文方印;明刊本《东莱先生音注唐鉴》二十四卷,钤有“北平孙氏珍藏书画印”“孙承泽印”“退谷逸叟”“孙氏万卷楼印”;宋刊本《豫章先生遗文》十二卷,钤有“承泽”白文长方印;宋刊本《周易象义》十二卷,钤有“孙承泽印”“孙氏万卷楼印”二朱文印;明刊本《杨太真外传》二卷,钤有“北海孙氏收藏印”朱文长印;《九皇兹集》十二卷八册,明徐时世撰,张萱选梓,明万历古循张氏刻本,有“北平孙氏研山斋同书印”。

《四库全书总目》卷十四、十八、三十一、三十四、六十三、七十五、七

十七、八十一、八十三、八十七、九十七、一〇四、一一四、一二三、一八一各条;《清史列传》卷七十九;《藏书纪事诗》卷四;《明清蟫林辑传》;《平津馆鉴藏书籍记》卷一;曹溶《万卷堂艺文目跋》;光绪《山东通志》卷百三十八;《碑传集》卷十;《藏园群书经眼录》512、591 页;《中国善本书提要》23 页;《铁琴铜剑楼藏书目录》卷一;《天禄琳琅书目续编》卷七;《四川图书馆善本书目》。

张德贲(?—1673 后),字文若,平原人。敬孙。顺治丙戌(1646)岁贡,考授繁昌知县,补进贤。尝筑士味园,储书于宣明精舍,读书其中。邑人朱世则有《士味园记》略云:“士味园者,张明府文若先生之园也。……宣明精舍,明府读书处也。左图右史,金石古文充牣其中。……明府八十老矣,不乘舆,不支杖,每日曳履至园中,莳花灌竹,读书赋诗,乐此忘疲。岁癸丑(1673)四月,明府邀游其园,同余为客者,高广文怀祖、张参军贞甫、赵明府仲美。……余与参军赋诗赠焉,饮酒乐甚。已而,日逮崦嵫,仲美不饮,怀祖等皆醉,余浮数大白而别。”

乾隆《平原县志》卷七、卷八、卷十。

张尔岐(1612—1678),字稷若,一字蒿庵,自号蒿庵居士。济南济阳人。自明季为诸生时即穷究程朱之学,以帖括剿袭陈言为耻,以羽翼经传为业。尝著《天道论》《中庸论》《谨俗论》《笃终论》《立命说辨》,于天人理数,经学绝续,风俗之颓,人心之蔽,反复论著数千言。其文大抵主于匡世救俗,不为肤俗之论,故皆切实可行。入清,隐居乡里,不求闻达。自谓:“余固陋,鲜四方交,唯日闭门拥图书。”年三十,因《仪礼》郑康成注文古质,贾公彦释义曼衍,学者不能寻其端绪,乃取经与注章分之,定其句读,疏其节,录其要,取其明注而止。有疑义则以意断之,附于末。始名《仪礼郑注节释》,后改名《仪礼郑注句读》。又参定监本脱误凡二百余字,并考石经脱误凡五十余字,作正、误二篇附于后,成书十七卷,时年五十九矣。顾亭林于顺治十四年(1657)游山左,是年至莱州,与掖县赵士完、任唐臣定交,旋过即墨,由青州至济南,与徐夜及尔岐定交。亭林与尔岐独友善,读其书而为之序,尔岐为录一本,亭林藏诸山西祁县所立书堂。尝与汪琬书,称尔岐之学,根本先儒,立言简当。又《与友人论〈广师〉书》,谓"独精三礼,卓然经师,吾不如张稷若"。其为亭林推重如此。尔岐孝友恳挚,萧然物外,不与世接。自为墓铭而卒,年六十六。亭林哭之以诗曰:"历山东望正凄然,忽报先生赴九泉。寄去一书悬剑后,贻来什袭绝韦前。衡门月冷巢鶱室,墓道风枯宿草田。从此山东问三礼,康成家法竟谁传。"两人情谊之深,于斯可见。亭林以尔岐师法程朱,好言性命天人之际,致书规勉。谓性与天道子贡不得闻,圣门下学之功,唯博学笃志、行己有耻二大端而已。尔岐答书,洋洋千余言,不敢苟异,亦不敢苟同,虽亭林亦无以折服。《清儒学案》立有"蒿庵学案",称尔岐"为清初山左第一醇儒,学究天人,而无理障"。"精研《礼》经,墨守高密。""先导之功,不可泯也。"所著尚有《周易说略》四卷(有清康熙五十八年泰安徐志定真合斋磁版印本、清刻本),《书经直解》四卷(有清抄本),《诗经说略》五卷(有清抄本,原存莱阳赵擢彤处),《夏小正注》一卷,《弟子职注》一卷,《吴氏仪礼考注订误》一卷,《春秋传义》一卷(有清抄本),《老子说略》二卷,《风角书》八卷(有清抄本,清开州李若琳刻本),《蒿庵闲话》二卷(有清康熙间泰安徐志定真合斋磁版印本、清乾隆间李文藻刻本、清光绪十五年山东书局刻本、清信芳阁活字本),《蒿庵集》三卷(有清乾隆三十八年胡德琳刻本、光绪十五年山东书局刻本),《蒿庵集捃逸》一卷(罗振玉辑,有《百爵斋丛刊》本)。复编有《济阳县志》九卷(有康熙刻本)、《新济艺文》若干卷。藏印有"蒿庵"朱白文印。

《顾亭林文集》卷二《仪礼郑注句读序》;卷三《与友人论学书》《答汪

茗文书》;卷六《广师》;顾炎武《哭张蒿庵先生》(《亭林诗集》失收,据乾隆三十八年胡德琳刻本《蒿庵集》补);清罗有高《张尔岐传》(见《蒿庵集》附录,罗文称顾炎武于康熙十二年在山东通志局始交尔岐,实误);孙星衍《书张蒿庵先生自叙墓志后》(见《蒿庵集》附录);清张穆《顾亭林年谱》;《清儒学案》卷十六;《清代朴学大师列传》9—11 页;民国《济阳县志》卷十一、卷十七;《双行精舍书跋辑存续编》138 页。

王曰高(1628—1678),字登孺,号北山,茌平人。顺治七年(1650)举于乡,十一年(1654)成进士,十四年(1657)入对,改翰林院庶吉士。散馆,授编修,转工科右给事中。康熙二年(1663)典试江南,旋请假归奉母。五年(1666)丁母艰,服阕就职,晋兵科左给事中,擢礼科掌印,迁京卿。十三年(1674)冬,奉命视山陵,寒入膝络,终不痊,卒于家,年五十有一。曰高居官所得俸禄,尽以购书,多至万余卷,所往辄随。于古书画金石刻鉴赏尤精,而以槐轩名其室。有《永慕编》一卷、《槐轩集》十卷(有清雍正五年茌平王念祖刻本)。

康熙《茌平县志》卷五;民国《茌平县志》卷三、卷十二引刘谦吉《王北山先生祠堂记》;《国朝耆献类征初编》卷一百三十四邵长衡代庄澹庵撰《哀辞》;《四库全书总目》1649 页。

于涟(?—1675 后),字清漪,号桐江,文登人。顺治乙未(1655)与父鹏翰同登进士,授云南楚雄府推官。康熙乙卯(1675)补户部云南司主事,转吏部文选司,升本部员外郎,转郎中。致仕归,卒年五十四。涟藏书万卷,其孙式敷披览无遗。式敷,字德一,诸生,著有《学步草》。邑人毕霸序《学步草》亦谓"于子德一,性嗜书史,楼头数万卷,靡不周览"。可见祖孙有同好焉。

光绪《文登县志》卷九上一。

王沛思(? —1679后),字汝敬,诸城人。康熙十八年(1679)进士,改庶吉士,授编修,晋左春坊左中允,预修《明史》及《平定三逆方略》。后以亲老告归,不复出。日以课子弟讲经义、为诗歌。家藏书千卷,岁一读之。卒年七十六。

乾隆《诸城县志》卷三十六。

马长春(1606—1681),字三如,安丘人。祖应龙,字伯光,万历壬辰(1592)进士,官礼部精善司郎中,得赐书甚夥。平生著书数百卷,号称博雅。长春少颖异,又家多藏书,与从父弟澄承其家学,以古作者自期。崇祯甲申(1644),挈家南渡,客金陵,旋北归乡里。顺治丙戌(1646)举乡试,遂荐于有司。虽数困公车,不以屑意。治圃数亩,有古木数百章,修竹千挺。复植昌州海棠、红梨各一株于草堂之侧,布袍草履,日婆娑其间,乐而忘老。法书名画彝鼎之属,过眼辄辨时代,往往典衣易之。遇难,崎岖避地,必以自随。长春以诗名。康熙庚申(1680),寄新城王士禛五言诗一章,士禛酷爱其语似孟东野,亦赋五言寄之。长春既困公车,康熙庚戌(1670)随例试吏部,得县令需次,辛酉(1681)卒。著有《竹香斋集》若干卷藏诸家。

《渔洋山人文略》卷九《候选知县马君墓志铭》。

邵擢(1623—1681),字者超,号六优,城武人。顺治二年(1645)举人,三年(1646)成进士。授江宁县知县。暇则力购异书名迹,平堆几案,昕夕歌咏临摹。康熙二十年(1681)卒。年五十有九。

道光《城武县志》卷九;卷十一引何采《文林郎知江宁县六优邵公暨毕、郭两孺人合葬墓志铭》。

韩景裔(? —1682 后),字五云,阳信人。早岁即浸淫古籍。应童子试,补博士弟子员。旋食饩,膺康熙二十一年(1682)岁荐。于载籍多所评骘,独出手眼,从不拾人牙慧,尤邃于诗。广贮历代法书,精于鉴赏,真赝莫之能惑。书法腕力遒劲,楷书行草,兼擅其长,片纸只字,见者珍若拱璧。

乾隆《阳信县志》卷七。

李焕章(约 1612—1687 后),字象先,号织斋,乐安人。明亡,弃诸生。家藏书数千卷。多读史,工文章,皆有论次,颇具史识。尤好读佛书,栖僧舍。不欲婚,不欲宦,得一大禅宗为之导师;诵《法华》,著三宝文字,乃其素志。平生得一周亮工知己,不欲再交贵人,其笃于友朋如此。康熙十二年(1673)山东通志局开,延之入局,时昆山顾炎武、济阳张尔岐、益都薛凤祚咸在焉。自言"每花明月大,耳热酒酣,白发毵毵,婆娑相向者三年所,友朋聚晤之乐,未有若是之久者"。焕章与尔岐建交,盖即始于此时。尔岐殁,为作传,又序其集。年七十余终。著有《织斋文集》八卷(有清光绪十三年其裔孙振甲刻尚志堂本),尔岐为之序。复有《织斋集》一卷,有清抄本,李澄中批校,今藏山东省博物馆。

民国《乐安县志》卷十二;邓之诚《清诗纪事初编》卷二。

黄起元(? —1687 后),字贞起,滕县人。顺治十八年(1661)贡生。十余年得与廷试,籍吏部。又二十余年,授长清司训,秉铎六年,即解组归里。归后不屑为问舍求田事。稍有余赀,皆以营墨庄。蓄书数千卷,日操铅椠,从事校雠。兼精岐黄术,囊多良剂,病者随求随给,里人德之。

道光《滕县志》卷二、卷八。

毕忠吉(约1634—约1688),字致忠,号铁岚,益都金岭镇人。父受基,字心传,县学生。忠吉幼承庭训,数岁受《五经》及古文辞,辄通大义。十四补县学生,顺治十五年(1658)成进士,除常州府推官。擢刑部主事,晋员外郎,充康熙二十年(1681)顺天乡试同考官,明年会试同考官,得人最盛。旋授工部郎中。二十四年(1685)以佥事督学贵州。任满授云南布政司参议,一摄粮储道,再摄盐驿道。卒于永昌道任,年五十五。忠吉长于诗古文辞,著有《滇南记》一卷、《诗稿》一卷,皆未刊行。喜藏书,以慎贻堂名其室。有《慎贻堂书目》一卷,诸城味经书屋刘喜海抄本,现藏北京图书馆。刘喜海注云:"本是书画目,今删其画不录,而书则检载之,非依原本也。慎贻堂者,盖吾邑毕观察忠吉堂名。"目中收书369种。

光绪《益都县图志》卷二十五、卷三十七;《北京图书馆古籍善本书目》。

李尧臣(?—1690后),字希梅,号约庵,淄川人。诸生。笃嗜诗书,号称博洽。晚弃举子业,学古文,王士禛谓按之八家尺度,不爽毫黍。尤好金石文字,积书数千卷,皆手勘定。临终作书戒子孙,无坠所藏,留以待后之能读是书者。康熙二十九年(1690)分纂府志,恪尽厥责。卒年八十。所著有《百四斋文集》十卷、《诗集》一卷、《笔势》一卷、《书谱》一卷。

乾隆《淄川县志》卷六。

冯溥(1609—1691),字孔博,别字易斋,临朐人。父士衡,字于平,崇祯二年(1629)授浙江湖州孝丰知县。溥八岁受《左氏春秋》,暨秦汉以下古文,即能贯穿根柢。稍长,穷极经史,凡天文、图纬及兵书地志,罔不博综。顺治三年(1646)成进士,改庶吉士,授编修,累迁秘书院侍读学士,擢吏部右侍郎。康熙元年(1662)转左侍郎。时尚书孙廷铨病目;右侍郎石申亦以事注籍,凡一切推补,溥独主之。六年(1667)充会试副考官,明年擢都察院左都御史。九年(1670)擢刑部尚书。十年(1671)授文华殿大学士。十二年(1673)充会试正考官。十八年(1679)召试博学鸿儒,溥与高阳李霨、宝坻杜臻、昆山叶方霭四人同为阅卷官,得人最盛,毛奇龄等皆出其门。三十年(1691)卒,年八十三,谥文毅。著有《佳山堂诗集》十卷、《二集》九卷,四库入存目,有清康熙间古吴朱士儒刻本。佳山堂者,益都乡治园之堂也。溥念不忘归,故以名其集。

溥生平无嗜好,唯喜读书,政务之暇,手一编不辍。雅好为诗,退食之余,端居一室,静坐吟弄以自适。官居京师,辟城东隅废地数百亩,种树疏池,为万柳堂。时偕朋俦觞咏其上。既归里,复辟园于居第之南曰偶园,叠石为山,引渠成沼,优游其中者十年。其中三峰假山由明末清初著名叠石家张南垣设计督砌,是我国唯一一座保存完好且具有康熙风格的人造假山。山上有誉满九州的"福、寿、康、宁"四大奇石,相传为衡王府中物。喜藏书,多善本,以佳山名其堂。其《买书》诗云:"辍俸购遗书,书内有图记。珍重示子孙,贫乏无轻弃。孰知骨未寒,纷纷委市肆。嗟哉此翁愚,校雠忘年岁。梦寐驱蠹鱼,燥湿烦启闭。妄意手泽存,足以未厥世。天地有劫迁,运会多隆替。如何披故纸,遂令精神系。阅罢一叹息,翻笑皆疣赘。购者与售者,理应同一致。智者不藏书,况为子孙计。取其聊遮眼,宁能论价值。散佚与收藏,无为作凝滞。束卷听鸟鸣,莞尔适吾意。"有《佳山堂书目》一卷,北京图书馆藏清道光十二年(1832)味经书屋刘如海抄木。子协一,字躬暨,号退庵,能读父书。初任浙江绍兴府同知,丁父忧,服阙,补广州府,两摄转运使,以小误镌秩去官,寻起补汀州府,调台湾府,引疾归,卒年七十七。有文采,著《友栢堂遗诗选》二卷。

光绪《山东通志》卷一百七十五;《北京图书馆古籍善本书目》史部目录类;《佳山堂诗集》;光绪《益都县图志》卷三十七;光绪《临朐县志》卷十四;《四库全书总目》1641 页。

毕际有(1622—1693),字载积,号存吾,淄川人。自严子。顺治二年(1645)拔贡入监,考授山西稷山知县,升江南通州知州。康熙二年(1663),因解运漕粮,积年挂欠,赔补不及,罢官归里。优游林下三十年,康熙三十二年(1693)病卒。际有自命风雅,爱吟咏,四方名流,乐与之游。同邑蒲留仙(松龄)馆其家三十余年,相交甚笃。毕氏藏书极富,至际有,改尚书第正房振衣阁为藏书楼。同邑王寿鹏为撰联云:"万卷藏书宜子弟,十年种书起风云。"际有喜校雠,精鉴别,日流连其中。留仙《哭毕刺史》诗有云:"物必求工真似癖,书如欲买不论金";复有《贺新凉》词,谓袁藩曰:"书充栋,凭君剪。"均为纪实之作。著有《存吾集草》五卷、《淄乘征》《泉史》等书。际有三子,长、季早卒。仲子盛钜,字韦仲,贡生,选黄县教谕。性英敏,于书无不读,通晓诸家,精于翰墨;老攻方书,精于脉理,能守父书。盛钜与留仙年相近,二人同桌共食,夜雨连床,情如兄弟。留仙有赠诗五首,其一云:

> 廿载金兰道义熏,青灯好月我同君。寒炉拨火尘生案,懒性摊书乱似云。暂到苦贫家易弃,久交垂老意难分。年年援止情无限,只恐别时不忍云。

盛钜卒后,遗书长留。民国初年,毕氏藏书尚存。二十一年(1932)北京翰文斋济南分号书贾至西铺毕家收得明版书二三十种。其中万历《河间府志》、《大明会典》、万历《大名府志》等,均为罕见秘籍。然后人不知珍惜,或亲见其以书助炊,雨后铺路。若果有其事,则所谓"万卷藏书宜子弟"者,岂宜于"助炊""铺路"欤?为之叹喟。其藏书见于著录者,有明万历间刻本《王明甫先生桂子园集》二十三卷,《四库全书》未收,卷内钤"贝丘毕际有载积氏之印",现藏美国国会图书馆,王重民亲见之。

《淄川毕氏家谱》;乾隆《淄川县志》卷六;路大荒《蒲松龄年谱》21页;袁世硕《蒲松龄在西铺毕家》(《蒲松龄研究集刊》第四辑,齐鲁书社1984年11月版);《中国善本书提要》补遗18页;《济南市出版工作纪事》(征求意见稿,1986年10月油印本)第8页。

刘孔怀(?—1694后),字友生,长山人。顺治甲午(1654)拔贡。精于考核。顾炎武游山东尝主其家,与辨析疑义,为作《古易序》。喜接引后学,偃仰一室,庋书万卷,流连雒诵,意泊如也。著有《四书字征》《五经字征》《吕氏乡约》《诗经辨韵》《古易序说校正》《韩文辨韵》《范文正公流寓考》。

道光《济南府志》卷五十五;张穆《顾亭林先生年谱》;梁启超《中国近三百年学术史》66页。

高珩(1612—1697),字葱佩,号念东,别号紫霞道人,淄川人。明崇祯十六年(1643)进士,改庶吉士。顺治初,授检讨,迁国子监祭酒,秘书院侍讲学士。八年(1651)典试江南,进都察院左副都御史,迁刑部左侍郎。康熙十一年(1672)请假归里,筑载酒堂,与客觞咏其中。十八年(1679)起补原官。康熙三十六年(1697)卒,年八十六。著《栖云阁诗》十六卷、《拾遗》三卷(清乾隆淄川高氏家刻本)、《栖云阁文集》十五卷(清乾隆淄川高氏家刻本)、《救荒略》《仕鉴》、《劝学汇编》、《四勉堂说略》行世。珩嗜读书,凡海内名山所藏及文人所著,人间未经见者,购求务得之。居恒手不释卷。段松苓《淄川开元寺访碑赠高赞虞明经昆季》所谓"君家侍郎明德远,构书万卷藏栖云"者也。珩有载酒园(《清史列传》作载酒堂)、书带馆、栖云阁等书室。邑人唐梦赉为之传,王士禛为撰《高公神道碑铭》。

乾隆《淄川县志》卷七;《益都先正诗丛钞补》;《乡园忆旧录》卷四;《碑传集》卷四十三。

唐梦赉(1627—1698),字济武,别字豹岩,淄川人。顺治六年(1649)进士,改翰林院庶吉士。散馆,授检讨。因言事切直,罢归。居般水之阳,与王士禛、高珩相友善,研讨学问。梦赉博学广览,负经济才,尤工诗文。著有《志壑堂集》四十九卷(清康熙雍正间庄山书屋刻本、清雍正西湖书林刻本)、《借鸽楼小集》二卷及《林泉漫录》;纂《济南府志》二十四卷、《淄川县志》八卷,并行于世。王士禛为编定《志壑堂诗》十五卷,前有士禛序,称其"文近于蒙庄,诗近于东坡"。慈溪姜宸英序亦云:"读其经世之言,所为筹饷、积谷、铜钞改漕之法,嘉谟硕画,凿凿皆可见之施行。"(王士禛、姜宸英均兼序其诗文)《四库全书总目》谓"其诗运思颇深挚,吐属亦颇温雅,然较其才力,则稍谢士禛及赵执信、田雯诸人"。诚笃论也。所居志壑堂,为其藏书之处,茂林修竹,有丘壑之胜。前人《题志壑堂竹》诗有云:"太史藏书处,修篁绕一林。"韩维垣《唐豹岩五亩园诗》有记志壑堂诗一首云:"老屋窈而深,宏窗如丘壑。万卷倚琅玕,大雅今可作。兴来发青吟,长啸振丛薄。"志壑堂藏书之盛,犹可想见。

乾隆《淄川县志》卷七;《四库全书总目》1643 页;《清史列传》卷七十《唐梦赉传》。

曹贞吉(1634—1698),字六升,又字升阶,号实庵,安丘人。康熙二年(1663)举于乡,三年(1664)成进士。授中书舍人,出为徽州府同知,荐迁户部员外郎,历礼部郎中、湖广提学道,以疾归。贞吉生而嗜书,收藏甚富。以诗歌为性命。尤笃于师友,尝从施闰章游,闰章殁,经纪其后,不遗余力。每与汪士鋐话及往事,涕泗交颐。在京师时,时与商丘宋荦,郃阳王又旦,曲阜颜光敏,黄冈叶封,德州田雯、谢重辉,晋江丁炜,江阴曹禾,江都汪懋麟,以诗相倡和,时称“燕台十子”。新城王士禛定其诗而刊之。又工填词,以怀古、咏物诸篇,为当时所推重,与秀水朱彝尊、宜兴陈维崧相伯仲。《四库全书总目》称其“风华掩映,寄托遥深,卓然近代作手”。其词实远过其诗,盖才性有所偏至也。士禛、懋麟、彭孙遹、张潮、李良年、曹熟诸人交口叹为绝诣。著有《朝天鸿爪》《黄山纪游》诸集,其曾孙合士禛所刊,总名之曰《珂雪诗》,后收入《四库全书》。复有《珂雪词》二卷,并行于世。后人又辑为《曹贞吉全集六种》八卷,有康熙至乾隆间刻本。子涵,字巨源,雍正四年(1726)举人。授盖平知县,升宁远州知州,调宛平知县,迁昌平州知州,擢扬州府知府,署盐运使事。以积劳卒于官。能读父书。

《四库全书总目》卷百八十三、百一十九;《清史列传》卷七十《颜光敏传》附《曹贞吉传》;光绪《山东通志》卷百七十五。

葛枝挺(?—1699),字筠邻,号雪龛,德州人。诸生。性疏放,工诗。积书甚富。康熙癸丑(1673)始撰州志稿,逐年递增,二十六年如一日。康熙三十八年(1699)卒,殁后稿散佚无传。有《雪龛集》(亡)、《州志拟稿》(未见)。

乾隆《德州志》卷九、卷十二;光绪《德州乡土志》。

田需(?—1699后),雯弟,德州人。康熙丙午(1666)举人,己未(1679)进士。官编修。归田后诛茅卫水之东,构鹿关精舍贮书其中。里居二十余年,卒。著《水东草堂诗》一卷,有清康熙刻《古欢堂全集》本。

光绪《德州乡土志》。

释元玉(？—1699后),字祖珍,号古翁,又号石室,以字行,江南通州人。天岸老人弟子。初住青州太觉寺,后居泰山普照寺。康熙中息影禅庐,聚经典数千卷,澄思密林,探透悟真宗,栖迟于岳色溪声之间,悠然自远。寺前一石,题曰"界尘石"。名流往访,咸比之远公莲社。寺东别构石室,自为之铭,并大书"石室"二字。左右题景十二处,各系以长短句。年七十余卒。淄川唐梦赉为撰塔铭。著有《石堂集》十二卷,有清初泰安普照寺刻本。复有《石堂近稿》一卷、《金台随笔》一卷、《菊咏》百八首、《华严颂》等书。

同治《泰安县志》卷六;《国朝山左诗抄》卷六;聂钦《泰山道里记》。

张重曜(？—1703),字紫叔,莱阳人。生而异颖。家藏书甚多,读悉终卷辄不忘,史鉴帝年如示掌,即《通书》《太极》《潜虚》等,皆能发前人所未发。癸未(1703)卒。

康熙《莱阳县志》卷八;民国《莱阳县志》卷三之一。

王遹祖(约1620—约1704),字骏声,宁阳北石桥人。明季诸生,家多藏书,以品学见重庠序。鼎革后,弃青衿从黄冠游,因精导引之术。登山临水,徜徉自适,晚号中成子。年八十五端坐而逝。杨溥《王处士挽诗》云:"利禄无心老一廛,清风高兴到今传。书留架上三千卷,寿阅人间六十年。东海鹤归仙已逝,南州士去榻空悬。凤毛喜有贤京兆,加赠行看下九天。"杨荣《王处士挽诗》亦有"万卷青镫阙里书"之句,可见其志趣焉。

光绪《宁阳县志》卷十五、卷二十四。

朱缃(1670—1707),字子青,别字橡村,高唐人。总督闽浙兵部右侍郎朱宏祚长子。少负逸才,自六经、三史、四库、七略,旁及天官壬遁之书,无弗习。顾薄科举程文以为不足为,而独致力于歌诗,学于新城王士禛,有诗名,著《橡村集》四卷,四库全书著录。喜藏书,多善本。康熙四十四年(1705),士禛有安德之役,憩子青桐阴书屋者十日,日翻阅架上书。惜早年夭逝,年仅三十八岁。

光绪《高唐州志》卷八引王士禛《朱缃墓志铭》。

安致远(1635—1708),字静子,一名如磐,号綋庵,别号拙石老人,寿光人。幼孤,性嗜学,十三能文,十八补邑诸生,二十七膺拔萃贡。顾自顺治乙酉(1645)至康熙甲子(1684),十五举不售。祥符周亮工观察青郡,好奖借人物,致远与同郡李澄中、丁耀亢、张贞、李焕章皆见激赏。致远尤工诗,亮工尝在真意亭大飨士,命各赋诗。致远诗成,南中诸子并青州名士二十余人皆叹服。子箕既通籍,遂闭户著书。与仲子箕讲习不辍,著诗文自娱。箕,字青士。康熙戊寅(1698)拔贡,夙慧好学,与兄箕濡染家学,专攻诗古文。安丘张贞谓其溯洄骚雅,上下汉魏者也。致远暮年,学日富,名誉日起,世皆麕趣而悦之。长歌短吟,若顺风以呼,碑版卷轴,不胫而驰四方,自山以东,无不知有静子先生者。尝建晚读堂,积书万卷,与箕朝夕相对,俨若师友,书未尝须臾离手。康熙四十年(1701)卒。邑人私谥曰"文介"。著有《安静子集》十三卷,凡文集九卷,曰《玉硊集》四卷、《纪城文稿》四卷、《蜚音》一卷;诗集四卷,曰《柳村杂咏》二卷,《岳江草》《倦游草》各一卷,总名之曰《纪城诗草》。而《岳江草》独标"卷六"字,似非完本。词集一卷,曰《吴江旅啸》。自序谓诗喜摩诘,文摹庐陵。《四库全书总目》称"爱其从容闲雅,不事钩棘,故能不染明末纤诡之习"。

民国《寿光县志》卷十二并引张贞《安静子先生私谥议》,安作哲《安青士先生墓志》;《四库全书总目》1640页。

王士禛(1634—1711),字子真,一字贻上,号阮亭,又号渔洋山人。新城(今桓台县)人。顺治十二年(1655)进士,选扬州推官。总督郎廷佐、巡抚张尚贤等疏荐其“品端才敏,奉职最勤”。迁礼部主事。历充经筵讲官、国史副总裁,官至刑部尚书。卒后因避清世宗讳,改称士正。高宗时,诏命改称士桢,补谥文简。

士禛于清初蜚声诗坛,号称一代诗宗,与朱彝尊齐名,并称朱王。年二十三游历下,赋《秋柳》诗,一时为之传诵。其诗抒发情怀,早岁多清丽华瞻之作,中年后转为苍劲澄淡。兼擅各体,尤工七律。所填词,风致清新婉丽,后以小令见长。士禛谈诗,大抵源出严羽,以神韵为宗。其在扬州作论诗绝句三十首,前二十八首皆品藻古人,末二首为士禛自述。其一曰:“曾听巴渝里社词,三间哀怨此中遗。诗情合在空舲峡,冷雁哀猿和竹枝。”《四库全书总目》谓士禛“平生大指,其在是矣”。又谓“当康熙中,其声望奔走天下,凡刊刻诗集,无不称渔洋山人评点者,无不冠以渔洋山人序者,下至委巷小说,如《聊斋志异》之类,士禛倡批数语于其间,亦大书‘王阮亭先生鉴定’一行,弁于卷首,刊诸梨枣以为荣”。其影响之深有如此者。然赵执信作《谈龙录》,排诋颇甚。《总目》尝剀切论之:

平心而论,当我朝开国之初,人皆厌明代王、李之肤廓,钟、谭之纤仄,于是谈诗者竞尚宋元。既而宋诗质直,流为有韵之语录,元诗缛艳,流为对句之小词,于是士禛以清新俊逸之才,范山模水,批风抹月,倡天下以不著一字尽得风流之说,天下遂翕然应之。然所称者盛唐,而古体唯宗王、孟,上及于谢朓而止,较以十九首之惊心动魄,一字千金,则有天工人巧之分矣。近体多近钱、郎,上及李颀而止,律以杜甫之忠厚缠绵,沉郁顿挫,则有浮声切响之异矣。故国朝之有士禛,亦如宋有苏轼,元有虞集,明有高启。而尊之者必跻诸古人之上,激而反唇,异论遂渐生焉。此传其说者之过,非士禛之过也。然则士禛神韵之说,亦未可厚非矣。

士禛以带经名其堂,而池北书库则为其聚书之所。尝于《居易录》卷十四自序其聚书缘由云:

予家自太仆、司徒二公发祥,然藏书尚少,至司马、方伯二公藏书颇具矣。乱后尽毁于兵火。予兄弟宦游南北,稍复收辑。康熙乙巳(1665)自扬州归,唯图书数十箧而已。官都下二十余载,俸钱之入,尽以买书。尝冬日过慈仁寺市,见孔安国《尚书大传》,朱子《三礼经传通解》,荀悦、袁宏《汉纪》,欲购之;异日侵晨往索,已为他人所有。归来惆怅不可释,病旬日始起。古称书淫书癖,未知视予何如?自知玩物丧志,故是一病,不能改也,亦欲使吾子孙知之。

朱彝尊为作《池北书库记》言始末尤详,文云:

池北书库者,今少詹事新城王先生聚书之室也。新城王氏门望甲齐东,先世遗书不少矣,然兵火后散佚者半。先生自始仕迄今,目耕肘书,借观辄录其副。每以月之朔望,玩慈仁寺日中集,奉钱所入,悉以购书,盖二十年而书库尚未充也。自唐以前,书多藏之于官,刘歆之《七略》,郑默、荀勖之《中经新簿》,其后四部七录,代有消长。民间所藏,赐书之外无多焉尔。自雕本盛行,而书籍易得,民间镂版,未贡天府者,且十之九。由是官书反不若民间之多。古之拥万卷者,自诩比南面百城,今则操一囊金,入江浙之市,万卷可立致。然自博览者观之,若无所睹也。夫宋元雕本,日就泯灭,幸而仅存于水火劫夺之余,藉抄本流传。顾士之勤于抄写,百人之中一二人而已。习举子业者,诵四子书,治一经,不过四五十卷,可立取科第。而贾人牟利,亦唯近乎举子业者是求,非是则不顾。至以覆酱、裹面、糊蚕箔,古之人竭力为之者,今人全不之惜,任其湮没,此士君子尽伤于心,而先生书库之设,藏之唯恐不亟也。彝尊经乱,先世遗书莫有存者。及壮,糊口四方,经过都市,残编断帙,至典衣予直,积之二十年矣。以验藏书家目录,则仅有其十之二三焉。然未尝无出于藏书家目录之外者。譬之于海,九川四渎无不趋焉。而滮池瀱汋之水,聚而勿涸,鸟见之饮啄,鱼得之泳游,亦可自乐其乐,而忘其身世之穷焉。明年归矣,将寻先生之书库,借抄所未有者。奉先生之命,遂为先生记之。

所谓“池北书库”者,盖士禛居先人旧庐,西为小圃,有池,老屋数椽在其北,士禛宦游三十年无长物,唯书数千卷庋置其中,爰取乐天池北书库之名名之。

士禛又尝于《古夫于亭杂录》中,记慈仁寺购书故事云:“昔在京师,士人有数谒予而不获一见者,以告昆山徐尚书健庵,徐曰:‘此易耳,但值每月三五于慈仁寺市书摊候之,必相见矣。’如其言,果然。”又云:“书贾欲昂其直,必曰此书经新城王先生鉴赏者;鬻铜玉器,则曰此经商丘宋先生鉴赏者。士大夫言之,辄为绝倒。”孔尚任《藤荫杂记·燕台杂兴》云:“弹铗归来抱膝吟,侯门今似海门深。御车扫径皆多事,只向慈仁寺里寻。”自注云:“渔洋龙门高峻,人不易见,每于慈仁寺庙寺购书,乃得一瞻颜色。”士禛之风流余韵,至今厂肆老人犹能言之。叶昌炽《藏书纪事诗》云:“骨董僧寮列肆庬,碎铜玉石斗鸡缸。不堪重到慈仁寺,寂寞双松护碧幢。”盖不胜今昔之感。士禛于康熙四十年(1701)以大司寇假归,携载者唯襆车一乘,书十余乘,古今字画册卷二三乘而已。鸿胪禹之鼎为绘《渔洋山人载书图》,诸门人亦撰《载书图诗》,以纪其盛。王丹林题《载书图诗》云:“载书三万签,汗下十二牛。萧然无长物,高致敦前修。”可谓纪实之作。

士禛以诗名一时,顾最喜说部书,遇一僻秘为世所罕见者,于友人许辗转借录,雠校评泊。每读四部书,辄为题跋,一一记其刊刻传写及原藏者姓氏,或题于书前,或跋于书后,见于《渔洋书籍跋尾》者,凡上下卷一百五十篇。光绪四年(1878),仁和葛氏收入《啸园丛书》,近人陈乃乾以其编次杂糅,且《带经堂全集》取载书跋溢出于此者甚多,爰于《带经堂全集》中渔洋文、蚕尾文、蚕尾续文抄出,共二百三十篇,以四部重加排比。近年绍曾复与杜泽逊君益之以渔洋说部诸书论书之作,辑为《渔洋读书记》(青岛出版社 1991 年版)凡六百余篇,尤远出海宁陈氏之上。当康熙初,私家藏书之风最盛,若钱谦益、钱曾、季振宜、黄虞稷、徐乾学、曹溶诸人,皆争尚宋椠名抄,夸奇斗富,独士禛则斤斤于字句之是非。其跋杜诗云:"今人但贵宋椠本,顾宋版亦多讹舛,但从善本可耳。如钱牧翁所定《杜集·九日寄岑参诗》,从宋本作'两脚'但如旧,而注其下云:'陈本作雨',此甚可笑。"又跋尹洙《河南集》云:"《河南集》二十四卷,诗一卷,余皆杂文,前有范希文序。盖北宋人文章传于今日,犹得见其全,如此集者仅矣。惜写本多鱼豕之谬,恨不得别本雠对之,姑校正其可知者,余则阙疑,不敢妄有窜改。"士禛重视校勘,不贵宋椠,但从善本,与嘉道间藏书家佞宋之风迥然不同,至今为校勘者所取法焉。有《池北书库目》一卷、《碑目》一卷,今北京图书馆藏有清道光十二年味经书屋刘氏抄本,有刘喜海跋。

士禛初刻《落笺堂诗》,又刻顺治丙申(1656)至辛丑(1661)所作为《阮亭诗》,复有《过江》《入吴》《白门》前后诸集,后乃删并诸作,定为《渔洋前集》二十二集,始于丙申(1656),终于康熙己酉(1669),凡十四年之诗,是集出而少作诸集悉微。康熙甲子(1684)又裒其辛亥(1671)至癸亥(1683)之诗十六卷为《渔洋续集》,盖其为詹事时也。其时菁华方盛,与天下作者驰逐矜名,故平生刻意之作,见于二集者为多。嗣有《蚕尾集》十卷、《续集》二卷、《后集》二卷、《南海集》二卷、《雍益集》一卷。后又仿宋黄庭坚精华录例,删拨诸集,合为《渔洋山人精华录》十卷。《渔洋文略》十四卷,则为康熙乙亥(1695)士禛所自编。见于著录者,尚有《蜀道驿程记》二卷,

《皇华纪闻》四卷,《粤行三志》(《南来志》一卷,《北归志》一卷,《广州游览小志》一卷,《池北偶谈》二十六卷,《谥法考》一卷,《秦蜀驿程后记》二卷,《陇蜀馀闻》一卷,《长白山录》一卷,《补遗》一卷,《古欢录》八卷,《居易录》三十四卷,《浯溪考》二卷,《载图书诗》一卷,《香祖笔记》十二卷,《古夫于亭杂录》五卷,《分甘馀话》四卷,《渔洋诗话》三卷。所辑之书有:《阮亭选古诗五言诗》十七卷,《七言诗》十五卷,《唐贤三昧集》三卷,《十种唐诗选》十七卷,《萧亭诗选》六卷(清张实居撰),《徐诗》二卷(清徐夜撰),《考功集选》四卷(清王士禄撰),《古钵集选》一卷(清王士祜撰),《二家诗选》(《迪功集选》一卷,明徐桢卿撰;《苏门集选》一卷,明高叔嗣撰),《华泉先生集选》四卷(明边贡撰),《睡足轩诗选》一卷(明边习撰),《抱山集选》一卷(清王士禧撰),《唐人万首绝句选》七卷。士禛著作,生前有雕板者,有未及雕板者。其所雕之板不一地,有归新城者,有未及归新城者。康熙四十九年(1710)士禛门人程哲刻渔洋正续诗文五十二卷,蚕尾诗文十卷,蚕尾续诗文三十卷,统名曰《带经堂全集》。士禛殁后,其家复取书与板分而储之,未数载,散失已多。及北平黄叔琳(崑圃)为山东学政,惧其久而益佚,乃即各家现存之板,搜而辑之,贮诸学宫。初无诠次,后人都为一集,曰《王渔洋遗书》,亦有称《渔洋全集》者。士禛藏书见诸《藏园群书经眼录》者,有影写宋刊本《麟台故事》五卷,明万历刊本《博物策会》十七卷,明秦西岩家抄本《广川画跋》六卷(篇中有士禛校字),旧写本《清波杂志》十二卷(有士禛评记一则),宋刊本《重雕足本鉴戒录》十卷,旧写本《司空表圣文集》十卷,清初写本《石林居士建康集》八卷,明写本《玉楮诗稿》八卷,旧写本《浯汶稿》七卷,旧写本《石初集》十卷,士禛手录评点《宋荔裳入蜀诗》(以上八种均有士禛手跋),清旧抄稿本陈维崧《箧衍集》十卷。另有《五代诗话》十二卷,则为士禛手稿本。见于罗振常《善本书所见录》者,有明刊本《唐李文公集》十八卷,明写本《王柏峰诗稿》,王士禄蓝格抄本《王柏峰诗稿》(以上两种均有士禛手跋。柏峰,名之猷,士禛曾叔祖,以诗名)。见于《艺风藏书记》者,有旧抄本《唐摭言》十五卷(五代王定保撰,王士禛跋,现藏苏州市博物馆)。今济南张亦轩先生藏有士禛手批明嘉靖刊本《何大复先生小集》三十六卷。藏印有:"王印士禛""字贻上""济南王士禛""阮亭"朱文、"禛"白文方印、"士禛私印""王士禛印""王阮亭藏书印""渔洋山人""渔洋手跋""池北书库""池北书库收藏"朱文方印、"忠勤公之世孙""琅玡王氏图书""居易""大司成""宝翰堂"等。

《清史稿》卷二百六十六《王士禛传》;《清史列传》卷九《王士禛传》;光绪《山东通志》卷百三十九、卷百七十;《居易录》卷二、卷十四;《曝书亭集》卷六;《重辑渔洋书跋》;《渔洋山人著述·载书图》;卢见曾《文昌杂录序》(《雅雨堂文集》卷一);《昭代名人尺牍小传》;《四库全书总目》1521—1522、1647页;《藏书纪事诗》卷四;《明清蟫林辑传》;缪荃孙《艺风藏书记》卷三;《藏园群书经眼录》462、636、689、791、888、1104、1210、1272、1285、1363、1364、1431、1551、1589页;罗振常《善本书所见录》144、180页。

王启涑(?—1711后),字清远,号石琴山人,新城(今桓台县)人。士禛长子。由廪贡任茌平教谕,候补知县。书法欧阳率更,画有倪黄笔意,又尝与崔黍谷、孙湘南两尹修邑乘及续志。嗜学好古有父风,张杞园(贞)造访,尝入其燕憩之室,朴雅闲靓,不起纤尘。插架栖几,唯经史图籍彝鼎罍洗而已。《蚕尾续集》所谓"儿子启涑于绿萝书屋之南,稍以己意布置,具丘壑,命之曰清远山居"者是也。清远山者在浙江之浦阳,盖道家所谓洞天福地之一,适与涑字符合,故以取名。年七十五卒于家。著有《西城别墅诗》《茌平诗存》《闻诗堂小稿》《读书堂近草》。

民国《重修新城县志》卷十七;《国朝山左诗抄》卷三十八;光绪《山

东通志·艺文志》4106页。

张贞(1637—1712),字起元,号杞园,别号渠亭山人。安丘人。康熙十一年(1672)拔贡生,官翰林院孔目。十八年(1679)举博学鸿儒,以母忧,未与试。博雅好古,精鉴别,工金石篆刻,尤工古文。尝游施闰章之门,与王士禛交莫逆。间岁出游吴越,与高士名僧邂逅山间,觞咏为乐,或购书千百卷以归,藏诸宝墨楼。晚居杞城故园,自号杞园。夫人李氏,"琴囊印谱,饰以女红,牙签千卷,手自装潢"。黄宗羲撰《李孺人传》,叹为"慧业文人之亚",并谓"元之管夫人,明之徐淑、陆卿,文雅流传而田园阘茸,孺人则兼有其长"。此盖曹霖《题张杞园先生杞城别业图》诗所谓"主人好古富图史,牙签玉轴生辉光"者也。杞园尝著《宝墨楼书目》(载《渠亭山人半部稿》)自序其藏书缘由,略云:

> 余家东土,僻处下邑,百物皆不易致,而聚书尤难。邑中近代收藏之富推中丞定宇马公、司卿怀泉王公。马则州次部居,饶有统绪;王则缥囊缃帙,装潢整齐。余家自高王父以经术起家,至先大人明经公,世父孝廉公,娓古好文,力耕所入,悉以市书。叔父侍御公宦游所至,辄留心裒访,未尝以他嗜少分其好。谢政而图书满车,归来庋于所构宝墨楼。余有事四方,亦多访求逸典。鸠集二十余年,自经史子集,以逮农圃医巫稗官小说,亦略能备。藉以耗壮心,遣暇日。而性复善忘,案上积卷往往迷其处所,故簿录之,使易检阅,非欲竟多以斗靡也。

后藏书楼火自中起,书籍古玩尽付丙丁。藏书之见于诸家目录者,有宋刊本《增修互注礼部韵略》五卷,有"安丘张氏"朱文印章。另有明写本《玉褚诗稿》八卷(即四库本所以从出者),钤有"张贞起元氏书画印",江安傅增湘亲见之。杞园以古有杞宋之叹,博引群书，著《杞记》二十卷。除《杞记》外，复有《青州府志》《青州乡贤传》《安丘乡贤传》《家乘》《族谱》《渠亭山人半部稿》《或语》《潜州集》《娱老集》《渠丘耳梦录》四卷(清康熙四十八年自刻本)。复有《杞田集》十四卷《遗稿》一卷(清康熙四十九年春岑阁刻本)、《相印轩印谱》一卷(清康熙钤印本，今藏山东省博物馆)、《相印轩印存》不分卷(有民国二十四年渠丘印社影印本)等数百卷。

《清史列传》卷七十《唐梦赉传》附《张贞传》；光绪《山东通志》卷百三十四；道光《安丘新志》卷十七；《国朝山左诗抄》卷三十八；《五十万卷楼藏书目录初编》卷三；《藏园群书经眼录》1272 页；《乡园忆旧录》卷二。

商治(？—1715 后)，字公平，阳信人。性高旷，好积书，得辄读，读辄能记。不事帖括，唯怡情诗酒。又好游，尝登岱观海，往复燕粤，履迹几遍天下。邑宰龙海见赋诗云："林居好蓄书，旅游每披史。"

乾隆《阳信县志》卷七、卷八。

宋鸣鹨(1644 前—1716 前)，字太跻，沂州兰山(今临沂市兰山区)人。明岁贡生。好积书，收藏甚富。年九十二岁卒。

乾隆《沂州府志 · 人物志》；民国《临沂县志》卷十。

张浚哲(？—1716 后)，字天锡，历城人。少习举子业，既长，博极群书，力探作文之原，上自秦汉，下逮唐宋诸大家，研究殆遍。康熙丙申(1716)朝议以表判论取士，遂中是科副车。益肆力于古文词。积书数万卷，设迎宾馆延接宏博之士，一时先达咸以博雅推之。年未四十卒。子幼，著述散佚。

道光《济南府志》卷五十三；民国《续历城县志》卷四十一。

王廷飏(1662—1716后),字帝咨,号话山,滕县人。例贡生。嗜读书,架插三万轴,手自校雠。尝拈江左阁古古尔梅诗:"读书常恨古人欺,不博群书不敢疑",深有味乎其言。康熙甲戌(1694),年三十三,与两兄析产,得别业,去故宅较远,仍于祖宅东偏购旧址结庐而居,名其堂曰:"爱日",而以"怡怡"名斋。子特选,济州学正,补莱芜教谕。著有《衔山阁诗集》七卷、《半舫斋古文》八卷、《诗余》一卷等。

道光《滕县志》卷八;《山东文献书目》。

孔尚任(1648—1718),字聘之,又字季重,号东塘,自号云亭山人。曲阜人。孔子六十四代孙。父贞璠,明末举人,明亡隐居不仕,与贾凫西(应宠)友善。尚任于康熙六年(1667)入学为诸生,屡试不售,尝纳捐为监生,并于曲阜城北石门山"诛茅叠石,结庐其中",隐居读书以自乐。二十一年(1682)衍圣公孔毓圻延续修《孔氏家谱》及《阙里志》。二十三年(1684)圣祖南巡,诣曲阜祭孔子。礼毕,尚任在御前进讲《大学》首章称旨。圣祖面谕侍臣:"孔尚任等陈书讲说,克副朕衷,著不拘定例,额外议用。"授国子监博士。二十五年(1686)奉命随工部侍郎孙在丰往淮扬,疏浚黄河海口,至扬州,访明末遗民,交冒襄、杜浚诸遗老,获聆弘光遗事,有感于南明兴亡,于康熙三十八年(1699)撰成《桃花扇》传奇。《桃花扇》本成,一时王公搢绅,莫不借抄,有洛阳纸贵之誉。三十九年(1700)晋户部广东清吏司员外郎,时京师之演《桃花扇》者,岁无虚日。名公巨卿,墨客骚人,骈集者座不容膝。一夕圣祖命内侍索《桃花扇》,尚任于午夜进呈,寻即罢官。四十一年(1702)回阙里,五十七年(1718)卒于家,年七十一。著有《石门山集》一卷,《湖海集》十三卷,《宫词百首》,《岸堂稿》一卷,《长留集》十二卷,《小忽雷》传奇(由顾彩填词),《享金簿》一卷,《岸堂文集》六卷,《绰约词》,《节序同风录》十二卷,《会心录》四卷,《康熙甲子重修孔子世家谱》二十四卷,《阙里新志》二十四卷,《鳣堂集》,《石门集》,《画林雁塔》一卷,《律吕管见》,《鲁谚》,《急事约》,《平阳府志》三十六卷,《莱州府志》十二卷,《祖庭新记》二十卷,以《桃花扇》传奇为尤著。宋荦《题桃花扇传奇》云:“新词不让《长生殿》,幽韵全分玉茗堂。泉下故人呼欲出,旗亭樽酒一沾裳。”其见重士林率类此。尚任喜藏碑帖书画及古器物,即《享金簿》所记者。所著《小忽雷》传奇云:“喜的是残书卷,爱的是古鼎彝,俸钱支来不够一朝挥。”盖纪实也。

尚任与新城王士禛友善。士禛尝为其寓斋题名“岸堂”。尚任自注云:“予出使海口,著《湖海集》,每有飘泊之感。还京后,又寓海波巷,心窃厌之。阮亭先生为题‘岸堂’,住此八年,藤萝成架,一时风流多登堂者。”罢官后,尚任有《王阮亭先生过访寓斋》诗云:“积雨地皮青,重门垂萝茑。终朝科白头,热客顾我少。司农喝道来,不嫌屋低小。搴帷抽架书,展读意缥缈。画轴为横陈,鉴别出物表。太守具威仪,丈人杖荷条。折节与独行,马牛风不挠。朝野隐奚殊,此事今难晓。”盖不胜感慨系之。岸塘藏弆之富,于此益信而有证焉。

乾隆《曲阜县志》卷八十七;卢见曾《国朝山左诗抄》卷二十七;光绪《山东通志》卷百九十九;孔尚任《桃花扇本末》;袁世硕《孔尚任年谱》(齐鲁书社 1986 年版)。

张枚五(1646—1718 后),世居平阴县大留村。枚五积学不售,由成均得授司铎,初临邑,升灵山。不俟再迁,告归,家居者二十余年。性甘淡泊,键户静坐。喜收藏图书法帖,时时临摹。宅旁辟地为园,艺花种竹。筑一亭,坐卧其中,听松风谡谡以为欣乐。客至则洗爵割鲜,邀欢卜夜。旷达优游,视昔陶潜林逋不啻矣。

光绪《平阴县志》卷八引朱辉珏《枚五张公寿序》。

刘鸣谦(？—1721 前),字贞二,益都城东十里庙人。清康熙间岁贡生。善琴能诗。其先世与衡藩有旧,所藏书画多佳品,皆衡府所遗也。家中落,卒于窑头别墅。所著有《渔麓草》。

《益都先正诗丛抄》卷六;光绪《益都县图志》卷二十二。

罗植(？—1722 前),字阶兰,一字兰斋,号树堂,康熙时德州人。贡生,官刑部员外。阶兰生于世胄,潜心风雅,异书满架,尝手自校勘。有《墨寿轩诗草》,清田雯刻本。

《国朝山左诗抄》卷五十。

王德昌(？—1722 前),字心逸,号历长,又号砚北老人,长山县人。康熙间邑庠生。性行高洁,耽情坟籍,旁及天文、历法、句股、声律之学,无不洞贯。善八分书,参用汉唐法而自为一体,远迩称之。又好搜集法书奇画,名人篆刻,手自装潢、校勘,摩挲自适。末年迹益闷,日兀坐所居蕉叶廊中,家人进视,但见取所蓄书画印章,反复研玩,逌然自得。廊畔有古柳一株,时时吟啸其下,为作《老柳歌》,卢见曾采入《山左诗抄》。年七十有八卒。卒前两月,尽出平生所藏鼎彝字画,散之知交。著有《玉照堂遗诗》,又《说砚》一卷。

嘉庆《长山县志》卷八、卷十四。

高淑曾(？—1727 后),字鲁如,沂水人,明河南巡抚名衡四世孙。雍正五年(1727)进士,山蒙城知县擢六安州,署颖州,迁常德府知府。好为诗,与胶州高凤翰相切劘,格益进。聚书万卷。所著有《双介轩诗集》。

光绪《山东通志》卷百七十三。

高凤翰(1683—1749),字西园,号南村,别号南阜山人,胶州人。父曰恭,字作肃,号梅野,别号雪怀居士。工诗善画,喜聚书,以春草堂名其室。凤翰少具异才,承家学,亦工书画,尤豪于诗,人称三绝,浮沉诸生中者二十余年。所画不拘旧法,独创新格,自成一家。因曾寓扬州,与金农、汪士慎、黄慎、李鱓、郑燮、闵贞、罗聘并称扬州八怪(一说有李方膺、高翔,无闵贞、高凤翰)。雍正五年(1727)荐举贤良方正,任歙县丞。是时德州卢见曾方牧六安,重凤翰才,荐于大府,委署歙县,改署绩溪。性嗜蓄砚,藏千余方,皆自铭。亦喜藏书。后穷饿死,所藏均散佚矣。著有《砚史》、《南阜山人敩文存稿》二卷,辑有《高南阜印谱》一卷(有钤印本)。其藏书见于著录者,有康熙间商丘宋荦精刊本《古今韵略》五卷《例言》一卷,钤有"胶西""天禄外史""高凤翰"等印。

《南阜山人敩文存稿》(1983年上海古籍出版社据旧抄本影印);李斗《扬州画舫录》卷十;光绪《山东通志》5101页;姜亮夫《历代人物年里碑传综表》572页;雷梦水《古书经眼录》113页。

单襄棨(乾隆时人),字紫起,高密人。监生。家有田千亩,弃不事。营一室北城垣下,曰退斋,中列先世藏书万卷,艺菊数百本,帘阁据几,一意为诗,与其邑所谓三李者,以古学倡导后生。每高秋胜日,把菊命酒,互唱联吟,自以快然出一世,与古之惠休、齐已、陶、谢一流人日夕相晤语也。故诗体高超,动与古会,所著有《梦筑堂诗集》(清乾隆五十七年穆堂刻本)。同邑李诒经,字五星,诗学孟郊、贾岛、李遐,深许之,著有《卓然诗稿》。

光绪《山东通志》卷百七十七。

丁恺曾(1698—1761),字萼亭,号统九骚人,日照人。丁氏原籍东海,明初迁日照,遂家焉,数传至恺曾。曾祖允元,以进士起家。大祖昱,举人,宰睢宁,有政声。父士喆,绩学早逝。恺曾雍正元年(1723)拔贡。少负异才,博极群书。为文豪放不羁,奇气溢行间,选拔入都,名动公卿。中年家构阋墙之衅,至干戈相仇,禁之不可,有死者。恺曾慨然诣狱自首,殴仲弟自毙,以脱季弟于危。县宰懿其贤,于狱筑室三楹以居,恺曾读书其中者四年。出狱,游赵燕间,自雍正丙午(1726)至乾隆辛酉(1741)计十七年始旋里,移归旧居。尝道出青州,谒赵秋谷(执信)。后绝意仕进,闭门著书。聚书数千卷,皆手自丹黄,批却导窾,往往从无字句处别有悬解。凡天文、地舆、河渠、壬遁之数,无不提要钩玄,著为论说,卓然成一家言。其为文不拘一体,笔之所至,纵横驰骋如长江大河,波澜壮阔,自成巨观。诗则宗法汉魏盛唐,一返诸温柔敦厚,而以温李一派为有伤风雅。尤好读楚骚,故自号统九骚人。性跌荡,不治家人生产,日用所余,尽买古书,贮之望奎楼。望奎楼者,丁昱所建。邑有山曰奎,十里外与县署对峙,望之嶷然,望奎楼之名由是而得。恺曾坐卧其中,冥心探讨。虽平生习见语,一经道破,别有奇观。尝言曰:读书一世,应以得诸古者立万世不刊之业,即不获已而与陈编终老,亦必发前人所未发,俾后人得所依归,而后为有功于世。郡守李希贤延修府志,矢公矢慎,士林无异词焉。书成,主讲琅邪书院二年卒,年六十四岁。著有《说书偶笔》四卷、《韵法本俗》一卷、《西海征》二卷、《治河要语》一卷、《烟波钓叟歌直解》一卷、《奇门占验》一卷、《十八活盘详注》一卷、《贾先生古词论述》一卷、《古文集》四卷、《四书制艺文》一卷、《诗集》四卷,七世侄孙丁惟汾等辑为《望奎楼遗稿》,有民国二十四年(1935)青岛赵永厚堂排印本。子延needs能守父业,读父书。

《望奎楼遗稿》序跋;光绪《山东通志》卷百七十三;光绪《日照县志》卷八;《四库全书总目》288页;《中国丛书综录》总目564页。

黄建极(?—1724后),字位中,利津人。年十六,补博士弟子员。好多购奇书,不计生产。

乾隆《利津县志续编》卷八。

潘兆遴(1659—1725),字恬公,号恬庵,济宁州人。康熙二十九年(1690)举顺天乡试,授天长知县。父士良,号虞廷,官兵部右侍郎,九十一岁遗腹生兆遴。兄兆元,号存斋,长兆遴十岁,官上虞县知县。兆元好结客,故兆遴自幼得与前辈老宿及当代文人游,闻见日广,且家多藏书,恣其游泳。性好金石,作《分省金石记》。又以张弨《济州学碑释文》与顾蔼共订付梓。尚著有《正讹杂记》。尝梦手握一草,觉后大悟,以梦草名其室。年六十一,自为墓志铭,又六年而卒。孙文丹者,字书常,号拙翁,兆遴妇翁也。令天长,延以训其子,岁受脩金二镒。文丹好藏书,兆遴指以为赠,文丹但逊谢,虽不却,亦不取也。

乾隆《济宁直隶州志》卷二十五、卷二十六。

高橓(1646—1725),字橓木,原名樟,字公寿,益都人。好为诗词,日与新城王司寇阮亭、安丘张侍诏杞园辈递邮筒相酬和。橓于书无所不窥,插架至千卷,有假观者,忻然予之,不少吝。

李文藻《李文藻四种 · 高橓传》。

阎廷倩(约1680—约1730),**阎循观**(1724—1768)。廷倩字曼仙,别号遁圃。青州昌乐人。父愉,康熙庚辰(1700)进士,翰林院庶吉士。廷倩生十年,随父读书中秘。雍正间有达官将荐于朝,会其病亟乃已。年四十三卒,家故富于藏书,日兀坐一室,手披口诵,孜孜不稍倦。所著有《遁圃日志》《读鸡肋》《甲子图》《蘅斋时文》若干卷。子循观,廷倩卒时甫七岁,遗书满屋,封缄宛然,付孺人曰:“以授吾儿。”胶西法坤宏为撰《阎遁圃先生墓表》。廷倩卒后,孺人谨藏先世遗书数千卷,未尝有失。孺人卒,遗书尽归循观。循观字怀庭,号伊蒿,幼失怙恃,然遗书手泽所存,謦欬如在,不敢或忘。乾隆三十一年(1766)成进士,授吏部主事,议有不合,侃侃与上官争。又规画多远略,时以为迂阔。不得行其意,遂告归。其学初参内典,既而读宋儒书乃一归于纯。大要以忠恕为根本,以伦常为实际,毅然以绝学为己任。治经不主一家言,于《尚书》《春秋》尤邃。发为文醇实渊雅,称其德器。著有《尚书读记》一卷、《春秋一得》一卷、《西涧草堂集》四卷、《诗集》四卷、《困勉斋私记》四卷。后人辑为《西涧草堂全集》,有乾隆三十八年(1773)树滋堂刊本。

《困勉斋私记》卷一;《西涧草堂集》卷三;钱仪吉《衎石斋记事稿》卷六;嘉庆《昌乐县志》卷十一;光绪《山东通志》卷百七十五;《清史列传》卷六十七《阎循观传》;《中国丛书综录》总目504页。

杨大勋(?—1736前),字彤一,历城人。由贡生教习授虹县知县。历任山阳、阜宁,迁滁州直隶州知州,署太平府。嗜书,得旧本必补缀抄写以为乐。积书数千卷,示其子嘉树曰:"三十年宦囊尽此矣,吾不能效陆贾贻汝橐中金也。"著《文选音义》未竟卒。

乾隆《历城县志》卷三十八。

宫去矜(乾隆间),字伯申,高密人。父尔劝累官布政,去矜无贵介习。壮年辟居胶河上,自号守坡居士,图书满室,日以吟咏为娱,终身不预外事。诗入《国朝山左诗抄》。

光绪《高密县志》卷八上。

谭成爻(?—约1736),字心易,诸城人。少补府学生。善诗,嗜饮酒。尝挥铁如意,策蹇九仙马,耳闻所善皆酒人。坐一室,四壁图书,藜藿不给,淡如也。年七十卒。

乾隆《诸城县志》卷四十三。

柳采义(？—1736 后),字井社,福山人。雍正间廪生。幼嗜学,十五入泮,综览淹贯,家多藏书。性好施,宗族亲友多被其惠。

乾隆《福山县志》卷九;民国《福山县志稿》卷七。

张克家(？—约 1735),号西泽,明同知思桂子。无棣人。康熙乙卯(1675)恩贡生。中年弃举业,益专力于古学。诗秀淹老洁,文尚体要,尤工骈俪。慨邑乘缺略,卷帙残芜,独力搜讨成书,凡四阅寒暑,义例严整,典核详赡,三百年文献赖以不坠。性善游,吴、越、齐、楚、秦、晋间袱被千里,忽然而往,兴尽而返,如适莽苍也。于书无所不窥,家藏数千卷,子孙世守之,每抽一帙,丹黄皆遍。邑中大制作,必推克家属草,岿然为海邑文献者六十年。著有《新德轩诗文集》,卒年八十二。

民国《无棣县志》卷十二。

张在辛(1651—1738),字卯君,号柏庭,安丘人。康熙丙寅(1686,《中国印学年表》作康熙丙子)拔贡。工书,精铁笔,得文何之神髓,又绝似沈石民,设以两家制作拓入一谱,恐莫能辨。在辛自视颇高,不轻为人奏刀,家有墨宝楼,庋藏颇富,悉毁于火。其弟在乙、在戊,刻印一如其兄。有《相印轩藏印谱》《张氏一家印存》八册(康熙钤印本,以上均弟兄合印)、《望华楼印汇》四册、《篆印心法》一卷。

庞士龙《云斋旧藏善本印谱目忆录》卷三;《中国印学年表》第 21、24、28、30、33 页。

于熙学(？—1738 后),字无学,晚号秋溟,文登人。其珚子,可托孙。幼孤,刻意励学。由附贡生官工部虞衡司郎中。好藏书,多善本。所居东始山房,牙签万轴,手自校雠,终其身不懈。远近无不知有文登于氏东始山房者。邑志舛讹处皆引据史书及各家文集订正之。历城王苹任成山卫教授,熙学以诗进质,苹授以诗法,以不涉理路、不落言筌为宗旨,熙学笃信之。所为诗清微淡远,得王孟遗意。书学亦仿唐人,刚方磊落,细筋入骨,得欧、柳之神,人争宝之。著有《铁槎樵语》十卷,所为诗张鹏选入《山左续诗抄》。刻有王苹《二十四泉草堂诗》十二卷。牟平张崧(字钟峰,雍正丙午科举人),馆熙学家十一年,尽阅其所藏。子二:孟致,字比度,诸生,有《斋鹤堂诗稿》。仲迈,字我斯,岁贡生,克守家学,工书法,豪宕沉雄,似李北海。王苹《铁槎樵语序》有云:"于子秋溟,少司龙河先生冢孙,拥书万卷,清吟海上。"又《柬无学都下》诗云:"姑馀山中有于子,年始妙英富文史。三苍七录罗心胸,一砚轩然紫海水。海上天风起天涯,春来浩荡醉京华。持将盛年较入洛,瓦屋东头翠帙斜。"当非虚语。于氏所藏善本见于诸家著录者,有旧写本《归潜志》十四卷,旧写本《鹿皮子诗集》四卷,旧写本《碧溪诗话》十卷,明万历间刻本《赵文肃公文集》二十三卷。藏印有"于秋溟家秘本"朱文长方印、"于氏东始山房""于氏藏书印"朱文长方印、"东始山房""文登于氏珍藏"朱文方印等印。《归潜志》复钤有"红药书庄"椭园印、"于式山字仲樽印",《华夷花木鸟兽珍玩考》复钤有"于昌进珍藏"朱文长方印。考光绪《文登县志》卷六《选举表》,于昌进,颐发子,附贡生,署淮阳兵备道,诰赠荣禄大夫。于式山,县志无载,而有于式之,为昌遂子。昌遂,道光同治间人,亦为颐发子。疑式山亦为昌进子。二书原为秋溟所藏,后为昌进父子所得。

光绪《文登县志》卷九上二;民国《牟平县志》卷七;《藏园群书经眼录》462、767、1010、1110、1579页;《中国善本书提要》616页;《双行精舍书跋辑存》218 页。

王溁(1667—1742),字征远,号溟波,福山人。屡试不第,援例谒选。康熙五十一年(1712)选授云南云龙州知州,后历任广西太平府知府、四川成都府知府、顺天府丞、光禄寺卿、太常寺卿等官。酷嗜图籍,每弃产购书,丹黄评骘。著有《王太常集》二卷,末附《王太常年谱》(佚名撰)。光绪八年(1882)同邑王懿荣收入《天琅阁丛书》中,刊刻行世。

《王太常年谱》(《天琅阁丛书》本);民国《福山县志稿》卷七之一;《中国丛书综录》第1册198页。

臧岳(?—1743后),字括斋,濮州人。康熙戊子(1708)举人,雍正八年(1730)任淄川教谕。学问淹雅,熟于《左传》《国语》,课士论文,娓娓不倦。乾隆七年(1742)纂修《淄川县志》,八年(1743)书成致仕。著有《古文选释》《明文小题传薪》。居住万绿园,有《万绿园漫兴》诗云:"乐孺堂中乐未穷,团圞三凤笑言融。摊床不少书千卷,题字惟书柿叶红。"盖纪实之作。

乾隆《淄川县志》卷四、卷七;光绪《山东通志》卷百四十六。

赵执信(1662—1744),字伸符,号秋谷,晚号饴山老人。益都人。福建按察使进美从孙。进美诗名甚著。有《清止阁集》,复有南北曲《瑶台梦》一卷、《立地成佛》一卷。执信承其家学,少颖慧,工吟咏,年十六举康熙十七年(1678)乡试第二人。次年(1679)成进士。改翰林院庶吉士,散馆,授编修。是岁征天下鸿博之儒,五十人入翰林纂修《明史》,诸人皆以绩学雄文负海内重望,虎视蛟腾,傲睨一世。每逢校艺论文之会,同馆之以科目进者,率面热内惭噤,不能发一语。秋谷以纨绮之年,旗鼓相当,未肯作三舍之避。

朱竹垞(彝尊)、陈迦陵(维崧)、毛西河(奇龄)诸君子胥引为忘年交,而企羡于凤雏之五色也。性喜谐谑,士以诗文贽者,合则投分,不合则略视数行,挥手谢去,以是得狂名。二十三年(1684)充山西乡试正考官,寻擢右春坊右赞善,以学术显矣。而恃才傲物,为京朝官所嫉。二十八年(1689),《长生殿》院本盛行,而秋谷尤所咨赏。会国恤,止乐大红小红已浃日,而纤练未除。顾大集诸名士,征歌纵酒,言事者掎摭入奏,各谴谪有差,而秋谷遂坐是削籍,年曾未三十也。既归,放情诗酒。所居因园,依山构亭榭,各极天趣。性好游,尝逾岭南,再涉嵩少,五过吴阊、维扬、金陵间。所至,冠盖逢迎,乞诗文书者纷至,徜徉五十余年,年八十三卒。

执信诗自写性真,力去浮靡,生平服膺常熟冯班遗书,称私淑弟子。娶王士禛甥女。据传初犹与士禛相重,以求作《观海集诗序》,士禛屡失其期,遂诟厉。此说实为无根之谈,不足凭信。执信生性狂傲,耻有所依附,二人持论各异,焉能求序于士禛。尝问古诗声调于士禛,禛靳之。执信乃发唐人诸集,排比钩稽,竟得其法,为《声调谱》一卷。又因士禛与门人论诗,谓如神龙见首不见尾,或云中露一鳞一爪而已,遂著《谈龙录》。有云:"诗以言志,诗之中须有人在,诗之外尚有事在。"又云:"文以意为主,言语为役。主强而役弱,则无令不从矣。"虽意诋士禛,实通论也。大抵士禛诗以神韵缥缈为宗,执信诗以思路劖刻为主,士禛之规模阔于执信,而流弊伤于肤廓。执信之才力锐于士禛,而末派亦病于纤巧。论者谓两家互救其短,乃盖见所长云。执信手定《因园集》十三卷,后人又裒其所著为《饴山文集》六卷、《诗馀》一卷。

执信藏书甚富,卒后,归同邑李文藻。

《清史稿》卷四百八十九《赵执信传》;《清史列传》卷七十一《赵执信传》;《国朝耆献类征》卷一百十七;《碑传集》卷四十五;《国朝先正事略》卷三十八;《文献征存录》卷十;《国朝名家诗钞小传》;《四库全书总目》

1794 页。

韩瑜(1659—1744),字玉采,潍县人。邑诸生,少孤,事母至孝。财产不过中人,而性喜施予。族不能娶,不能葬,必助之资。康熙甲申(1704)岁大祲,人鬻子女,罄所有买九人,不立券,至丰年悉遣归。多蓄书籍,遇寒士则遗之。读书过目辄不忘,为名诸生。既老,口授幼孙腾五经,腾旋以能诵五经入泮。乾隆九年(1744)无疾而终。年八十有六。

乾隆《潍县志》卷四、卷五。

田雯(1635—1744),字纶霞,号山薑,晚号蒙斋,绪宗长子。德州人。康熙甲辰(1664)进士,授中书舍人,历户、刑、工各部司员。壬子(1672)分校顺天乡闱,得士最盛,擢光禄寺卿。施命巡抚江南,甫下车,即于地方民生之最切者具五疏,皆报可。后调抚贵州,多所建树。黔处蛮荒,数十年无发甲科者。因重修甲秀楼以助形势,并修武乡侯、王文成二祠,葺龙场书院,购经史诗文数百卷,集诸生讲学其中。公余暇日,自行课督,文风日盛。丁艰服阕后,特简刑部左右侍郎、户部左右侍郎。雯嗜读,牙签充栋,藏书万卷。康熙四十一年(1702)圣祖南巡,驻跸德州田氏寒绿堂,御书"山薑书屋"以赐之。卢见曾《里门感旧诗》所谓"牙签充栋足高门,旧库于今几尚存。最爱遗堂仍赐额,藏书万卷到玄孙"者也。当康熙中,王士禛负海内重名,文士无不依附门墙,求假借其余论。唯雯与任丘庞垲不相辩难,亦不相结纳。庞垲《丛碧山房集》,格律谨严,而才地稍弱;雯则天资高迈,记诵亦博,负其纵横排奡之气,欲以奇丽驾士禛之上,故诗文皆组织繁富,锻炼刻苦,不肯规规作常语。赵执信作《谈龙录》尝讥雯诗中无人,然偏师弛突,终能自成一队,谈艺者弗能废也。著有《蒙斋年谱》三卷(有康熙五十五年刻本)、《黔书》二卷、《长河志籍考》十卷、《苗俗记》一卷(有《昭代丛书》本)、《济渎考》一卷(《有小方壶斋舆地丛抄》本)、《古欢堂集》三十六卷(文二十二卷、诗十四卷)、《幼学编》四卷(清刻本,《山东通志·艺文志》不分卷),《山薑诗选》二十卷《补刻》一卷(有清康熙刻本,今山东省图书馆收藏)。复有《诗传全体备义》,惜不传。乾隆间,其后人编《德州田氏丛书》,收入《蒙斋年谱》《古欢堂集》《长河志籍考》《黔书》《古欢堂山薑诗选》,凡五种(《中国丛书综录》著录前四种,缺《古欢堂山薑诗选》一种)。

《清史稿》卷四八四《王士禄传》附《田雯传》;民国《德县志》卷十、卷十六;《四库全书总目》1526 页;《中国丛书综录》第 1 册 458 页。

任宣锡(?—1748 后),字价藩,聊城人。乾隆九年(1744)举人。官普安知县。为文典丽,好学嗜古,藏书最富。

嘉庆《东昌府志》卷三十三;宣统《聊城县志》卷八;《明清蟫林辑传》。

邓钟岳(?—1748 后),字东长,号悔庐,聊城人。父基哲游江南日,尝以千金购书。钟岳年方羁丱,读之略尽。故自少即以博洽著闻。然性谦退,恂恂若不知者。工书法,求无不应。康熙六十年(1721)进士一甲第一名,授修撰。雍正四年(1726)授江苏学政,刊《近思录》《白鹿洞规》以训士。七年(1729)以少詹事任广东学政。十一年(1733)迁礼部右侍郎,寻左降太常寺卿。十三年(1735)简江南副主考,丁艰归,起复,仍简江南学政。乾隆元年(1736)调浙江学政。四年(1739)再留任。七年(1742)晋礼部右侍郎,转左侍郎。九年(1744)、十二年(1747)复连典江南乡试。十三年(1748)扈从东巡,以疾致仕卒,年七十四。著有《知非录》《寒香阁诗集》《文集》。

光绪《山东通志》卷百七十四;《国朝山左诗抄》卷五十一。

袁承绂(？—1748后),字兴冕,号松山。长山人。景芳第三子。五岁就傅,即知读书。二十入邑庠,益肆力经史,尤耽临池。喜聚书,集邑中有志汲古者馆谷之。讲切磨镞,斐然有成,顾屡踬棘闱。乾隆十三年(1748)遂援例入仕,除户部河南司员外郎,迁本司郎中。请假归。遂优游田园,以读书教子为乐。卒年五十九。

嘉庆《长山县志》卷七。

颜懋企(？—1749后),字庶华,曲阜人。懋侨弟。乾隆己巳(1749),高宗巡鲁,特旨拨取十三氏子孙贡入国学,懋企与焉。性嗜书,独居一室,坐卧纵横卷帙中。双目炯炯,好考据典故,钩隐搜奇无细大。耻一不知。辑《飞尘集》《说鬼稽神录》《东壁偶识》《葆光楼随笔》《知依堂笔记》凡三十余万言。自天文、地舆、风俗、律礼、兵农、学校、月令、谥法、博奕、医卜,以及草木虫鱼、仙佛鬼怪之类,靡不分门别部。其文险奥不可句,诗更劖刻幽拔,呕心肝出乃已。又作《颜氏史传》《郇麋考》《端石考》《古印考》《图绘考》《诗格》藏于家。惜年仅四十二而卒。

乾隆《曲阜县志》卷八十八。

赵国麟(1673—1751),字仁圃,号拙庵,其先上虞人,祖瑗始家泰山。国麟少颖秀,日读书数千言。瑗手录《春秋内外传》《史记》《汉书》及唐宋八家文各数百篇授国麟曰:“北方艰购书,守此文义可粗明,慎行其身,毋忘沥海而已。”国麟于康熙四十五年(1706)成进士,五十八年(1719)授长垣知县。雍正二年(1724)升永平府知府。五年(1727)升福建布政使。七年(1729)调河南布政使。八年(1730)擢福建巡抚。乾隆三年(1738)由安徽巡抚擢刑部尚书,旋迁礼部,寻兼国子监事。四年(1739)授文渊阁大学士。八年(1743)解组归里,后十余年以疾卒于家,年七十有八。

国麟为官清冷绝尘,死后身外无长物,诒其子孙者,古书一屋,砚十数方而已。国麟自少至老,潜心力学,务阐明宋五子大旨而不泥其辞。博征古今,旁及日用琐屑,靡不通贯。尤喜启迪后进,尝设青岩义社(后改青岩书院)于泰山之麓,讲学其中,来学者常数十百人,钟鼓诵读之声晓夜不辍。官闽之日,尝诣鳌峰书院,为诸生陈说经义。国麟为文不逐时趋,慨然有厘正之志。著有《学庸困勉录》、《天雄书院口受》、《调皖纪行草》一卷、《云月砚轩藏稿》一卷、《拙庵近稿》一卷、《小园杂记》、《居岱渊源录》、《塞外吟》一卷、《调豫唱和集》、《近游草》、《文统类编》、《与点集》一卷、《日记》数册。抚皖时曾获《孙明复小集》,什袭珍藏,后聂剑光为之刊行。陈养源《书明复先生小集后》记其事云:"泰山相国珍如玉,相国原是嗜古者。搜罗遗文遍朝野,抚莅安徽得此集。什袭携归泰山下,聂君剑光广其传。"盖实录也。《四库全书》《明复小集》即出自国麟家藏本。明复晚年退居泰山,其文章根柢经术,卓然为一代儒宗。国麟以传明复之学自居,故其文虽十不存一,犹视同拱璧。国麟藏书多善本而不自私,恒以秘本假人无吝色,身后其季子起鲁能守父业。国麟藏书最早见于《天禄琳琅书目》卷七著录明刊本《重刊许氏说文解字五音韵谱》二函十二册,书中钤"闽南开府所得之书""泰山赵氏藏书"二印。注云:"此本篆法亦劣,以书中印证之,乃建本也。'泰山赵氏收藏'未详其人。"以天禄琳琅诸臣之博,只知此为泰山赵氏收藏而不知其人。叶昌炽撰《藏书纪事诗》亦仅云"泰山赵氏"并以宛陵太守沈率祖共系以诗云:"清泪凄然滴玉蜍,非熊说梦竟何如?伤心独拜他乡腊,更启残书祭岁除。"复加案语:

两家子弟,保守遗书,可敬可爱。为人后者,若以两贤之心为心,晋江父子,不得专美于前。虽名氏仅存,不可不表而出之。衰宗不幸，冢嗣倾亡，伏腊他乡，孑然顾影。平生网罗散佚，虽不逮藏家之什一，要于古人不为无补。已矣！今且为若敖之鬼矣，楹书付托，怅望何年？敝帚自珍，此心靡懈，亦聊贤于博奕而已。

昌炽因泰山赵氏与宛陵太守沈率祖两家子弟，均能保守遗书，自念其“衰宗不幸，冢嗣倾亡，伏腊他乡，孑然顾影”，平生网罗散佚，托付无人，不禁感慨系之。然《天禄琳琅书目》所载“泰山赵氏藏书”，实为国麟藏印，与赵氏子弟不涉。昌炽所云，不过藉以抒发其胸臆耳。

国麟藏书见于李氏《木樨轩藏书题记及书录》者有宋本《景德传灯录》三十卷，现藏北京大学图书馆，书中钤“泰山赵氏拙庵图书”白文方印、“闽南开府所得之书”朱文长方印，与天禄琳琅所藏正合。见于王氏《双行精舍书跋辑存续编》者有明万历刻本《汉魏诗选》，现存山东省图书馆。其藏印有“泰山文献”“泰山赵氏藏书”。今四川省图书馆藏清康熙五十八年泰安徐志定磁活字本《周易说略》八卷，钤有“文渊阁大学士”“仁圃藏书”等印，亦为国麟旧藏。所谓“闽南开府所得之书”者，实为国麟抚闽时所得，盖清代以出任督抚为开府也。《天禄琳琅书目》纂自乾隆九年(1744)，国麟姓氏于湮没二百四十余年后，一旦显露于世，追忆当年泰山赵氏藏弆之盛，其感慨之深自较昌炽为甚。昌炽地下有知，亦当拍案而起，不以“名氏仅存”而兴叹矣。

《清史稿》卷二百九十五《赵国麟传》;《清史列传》卷十四《赵国麟传》;《国朝耆献类征初编》卷十六;《汉名臣传》卷十七;《清儒学案小识》卷十一;乾隆《泰安府志》卷十七;同治《泰安县志》卷九;民国《重修泰安县志》卷十二;《天禄琳琅书目》卷七;《四库全书总目》1312 页;《藏书纪事诗》卷七;李盛铎《木樨轩藏书题记及书录》236 页;王献唐《双行精舍书跋辑存续编》164 页;《四川省图书馆馆藏古籍目录》经部易类。

赵起鲁(1741—1796 后),字道轩,泰安人。国麟季子,少孤。及长,为学壁立万仞。故旧有显赫者,炙手可热,起鲁视之若浼,避之唯恐不深。妇翁先售其田产,后悯其窭,欲复与之,坚持不可。尝屡空数日不举火,或进之食,忍死拒之。其特立有如此。嘉庆元年(1796)举孝廉方正,任蒲台教官。能守父遗书。乾隆丁亥(1767),益都李文藻客济南,借录《孙明复小集》于起鲁,又录副以寄其师河间纪昀。文藻尝札问起鲁,是册从何而得,起鲁亦不能答也。乾隆己丑(1769)聂钦出十金谋刻此书,文藻却其金而诺为刻之。

道光《泰安县志》卷十二;傅增湘《藏园群书经眼录》1132 页录清写本《孙明复先生小集》李文藻跋。

张朝谦(?—1751 前),字元益,号虚斋,寿光人。弱冠补上舍生(案:清代以"上舍"为监生别称),鬻田置书,积至数千卷。结交四方文士,李绘生象先、邱学山、蔡漫夫辈,相与切磨,名藉甚。年仅四十五而殁。著有《鸿爪吟稿》。

民国《寿光县志》卷十二。

李尔立(?—1752 前),字健如,高密人。性嗜书,家藏万卷,诵读恒至夜分。有《静斋诗稿》行于世。

民国《高密县志》卷八。

徐启新(1683—1756),字左翼,号焕章,长山人。康熙乙酉(1705)科武举,丙戌(1706)科会元,殿试二甲第一名。点御前侍卫。历任湖广荆门州游击、江西宁都营参将、浙江提标中军参将。雍正元年(1723)擢湖广宝庆协副将。乾隆十一年(1746)授云南临元镇总兵官。十八年(1753)年老乞休,二十一年(1756)以疾终于家,年七十四。启新性和平,诚悫无妄言,步履端方,胸怀韬略,外秉儒雅,善临池,兼工画兰。尤精奇门诸书。自宦游以迄居家,囊无余物,唯蓄书册卷轴而已。著有《宁波诗集》一卷、《凯旋歌》六章藏于家。

嘉庆《长山县志》卷八。

王会隆(?—1756后),字小峰,邹县人。家贫,读书古寺,借佛前灯照读,彻夜不辍。乾隆丙子(1756)中举人。平生寡交游,以课读为业,脩脯所入,辄以购书。县令王尔鉴重其名,倾心结纳,会隆唯以诗文往还,未尝至其室也。

光绪《邹县续志》卷十二。

李文驹(1704—1760),字符千,诸城人。叔曾祖澄中,以诗名。康熙时举鸿博,授检讨,典试云南,累迁侍读。祖华之,康熙十五年(1676)进士,官至刑部右侍郎。父璇,康熙四十五年(1706)进士,以礼部郎中擢江南道监察御史。文驹于雍正二年(1724)乡试中式,援例授户部贵州司郎中。调广东司。雍正十一年(1733)保举知府,十二年(1734)擢河南道监察御史。以母老乞终养归。母殁,服阕,乾隆十一年(1746)补浙江道监察御史。首上疏,陈山东饥状。历掌浙江、云南巡视南北两城,疏核山西豪右案,著有直声。二十一年(1756)擢户部掌印给事中。二十二年(1757)以失察镌级归。又三年卒,年五十七。文驹雅好著述,深于考据之学。诗春融有格,不失澄中家法。著有《自怡集》二卷、《诗馀》一卷,清嘉庆二十五年诸城李氏易安园抄本。先是祖华之历显要,家多赐书。文驹益搜罗至十余万卷,颇多秘籍。定省之余,足不出门阀,唯丹黄书史教子弟以为乐,如是者十年,乡党翕然称之。文驹藏书见于著录者有:明嘉靖丁未(1547)陈垲粤东刊本《越绝书》十五卷;明万历间刊本《墨子》六卷;新城王氏抄本《唐摭言》十五卷(有文驹跋,自称易安园主人);明嘉靖间刊木《丘隅集》十九卷;明万历间刊本《甄甀洞稿》五十四卷、《目录》二卷;旧抄本《贡礼部南湖诗集》上下集;旧抄本《北郭诗集》六卷,《尚白斋镌陈眉公订正秘笈》二十种四十八卷,明陈继儒编,明万历三十四年沈氏尚白斋刻本,二十册二函,钤"御书堂家藏""符千""怀古田舍""东武李文驹印"。藏印复有"李文驹藏书印"细朱文、"文驹之章"细朱文、"李文驹印""东武李文驹印""李印文驹""东武李氏收藏"等。

乾隆《诸城县志》卷三十二;《艺风藏书记》卷三;《藏园群书经眼录》279、1355、1359页;《中国善本书提要》310、618、630页。

朱思瑗(?—1762后),字伯王,长山人。赋性醇厚,博学嗜古,凡遇古今文籍,不惜倾囊购之。潜心举子业,屡荐不售,由廪贡考授潍县训导。甫数月,人咸化之。重友谊,好施予。以病卒于官。

嘉庆《长山县志》卷八。

董元度(?—1762后),字曲江,号寄庐,平原人。乾隆十二年(1747)举人,十七年(1752)进士。由庶常散馆出知安远县。以忤时,降补东昌教授。十年后,以老疾归乡里,历主书院讲席,著有《旧雨草堂诗集》。元度博雅好古,为纪晓岚所推重。诗宗渔洋山人,和平蕴藉,机趣洋溢。殁后其家藏书籍,售于牙侩,零星贩卖。王培荀尝见各本俱有元度图记,纸版精好,不知散落谁氏,为之叹息。培荀尝记元度闻旧家子弟以故书转售于人,或闻鬼泣,一日与晓岚言及,晓岚谓"我百年后图书杂玩散落人间,使赏鉴家指点摩挲曰,此纪晓岚故物,是亦佳话"。元度曰:"公此言名心尚在,我已弗存,其他何有?故我书无印,砚无铭识,正如云烟过眼,不足复问,何能镌号题名,为后人作计。"时人服其洒脱。然培荀在济南见故书局出售元度书籍,皆有曲江印记,则元度所云亦一时戏言耳。

光绪《山东通志》卷百七十;王培荀《乡园忆旧录》卷二。

郝梦岩(？—1763后),字辅武,寿光人。乾隆癸酉(1753)拔贡,任曲阜县教谕,合邑士子,皆钦其风范,秉铎十余年,清约如寒素,任满归,书笥外无长物。

民国《寿光县志》卷十二《儒行》。

程鸣岐(？—约1795),字凤洲,更名襄哉,字陶村,宁阳县程家园人。待聘孙。父豫,廪生。力学,早卒。鸣岐生而颖异,未冠以第一补诸生。旋擢异等,食饩。岁科试,累冠群曹。闻郡故家积轴,爰鬻腴田百亩,悉以购四部善本。键户下帷,寒暑弗辍,由是博综群籍,贯串百家。为文沉博瑰玮,无一字无出处。稿甫脱,遐迩传抄殆遍。好为诗,自胜迹名流,下逮琐物细故,靡不题咏,各报其妙。古体以杜、韩为宗,而溯源汉魏。葳蕤轮囷,观者眩目。书法师欧阳率更,大而擘巢,细若蝇头,各凝重有骨格。会李因培以名翰林视学山左,少许可,独倾倒鸣岐,目为国士。嗣是学益进,名益高,然累荐于乡不第。乾隆中充岁贡,寻卒。身后,其读书精舍号称甃寒书屋者,复厄于火,遗编煨烬,残稿灰飞,令人感叹。其外曾孙宁讷加意搜辑,仅得所著《问蓍集诗》一卷、《古藤山园诗抄》一卷、《万枣山房诗》一卷,不及千百之十一,然宁阳百年来作者,断以鸣岐称首云。鸣岐兄鸣皋,字鹤村,家多藏书,医药仙经亦千百卷,藏诸苑在居。殁后荡然无存。鸣岐尝作《怀旧诗四首·家兄鹤村先生》记其事,其一云:

落日西风一雁鸣,萧条满目怆中情。

藏书蠹卻神仙字,(自注:家多藏书,医药仙经亦千百卷,兄殁后,荡然几尽),赌墅荒凉国士枰。

光绪《宁阳县志》卷十三、卷三十四。

宁允济(?—约1765),字泽寰,宁阳县人。好读书,讽诵不辍。补邑诸生,试辄高等,食饩,知名郡国。教七子皆有家法。子之鸾,字仪九,从长兄之凤卜筑县东之谷山,境宇窈深,幽巘层矗。诛茅结屋,读书习静,人争羡之。后之凤扬历中外,官至陕西按察使,之鸾闭门吟诵,终老于家。之鸾能文工诗,尤喜临池,追摹古帖,深得萧子云笔意,收藏家宝惜之。子栏龄,字馨恒,廪生。以嗜学著称,及长,益自刻励,家故多书,口吟手录,评骘殆遍。

光绪《宁阳县志》卷十三。

王元枢(?—1798前),字斗南,号书门,济宁州人。国子监生。性豪放,耽苦吟。家素饶于财,尝以多财害名,欲尽空所有。乃游京师,与海内名人谛交,罄囊结客,号小孟尝。亦旁取声色狗马,不数年挥斥殆尽。雍正七年(1729),以资选籍,奉檄岭东,历尹乳源、阳春,迁罗定、嘉应二州,擢守肇庆,政声甚著。旋升海南兵备道,被劾落职,留滞十年,竟以佗傺卒于粤。元枢虽失意,寓萧寺,纵观古书,丹黄不辍。每论古学术治绩及边塞洋舶利害,风发泉涌。晚益工书。诗学六朝,最工五言。其七古近体极自矫异,然非所长也。尝自序其《书门山人集》云:"余年十六学诗,好楚屈平《离骚》,嗜汉魏诸什,尤笃陈思王曹植。六朝、唐则爱谢灵运、陶潜、杜甫、李白、王维、韩愈、李商隐数人,常为苦吟。余家楼居,夜半独起,声厉而哀,恍如泽畔被发。鱼山洒泪,妻孥辄不能寐,掩耳下楼,弗忍听也。曾游苏、扬,载书一船,酒一船,且饮且吟,往来京师,吟声出车中,道路人相愕。又诗不易成,或竟日一篇,或三四日不成篇,略不洽意者即弃之。亦不与名下士相唱和,窃大言不愿为诗人也,是以无多存焉。"有《书门山人诗》《戊辰春夏草》。

光绪《山东通志》卷百七十二;《国朝山左诗抄》卷五十二;道光《济宁直隶州志》卷八人物三。

卢见曾(1690—1768),字抱孙,号澹园,别号雅雨山人,德州人。祖世滋,太学生,与世漼为同产兄弟。父道悦,康熙九年(1670)进士,官陕西陇西(今属甘肃省)、河南偃师知县,著有《公馀漫草》《清福堂遗稿》。见曾幼承家学,康熙五十年(1711)举于乡,六十年(1721)成进士。雍正三年(1725)出为四川洪雅县知县。邑庶而贫,狱讼繁兴,见曾除杂派,清积牍,一以勤俭为治。四年(1726),以忧归。服阕,九年(1731)补安徽蒙城县知县,迁六安州知州。十二年(1734)调亳州知州。州有龙凤沟,已淤塞,见曾倡开之,水患遂除。十三年(1735)擢江南江宁府知府,未逾月,调安徽颍州府,颖有西湖,宋欧阳修尝筑塞白龙沟,注水湖中,灌溉腴田,以为民利,明季湖废。见曾欲修复,或有难之者,见曾以复湖则水蓄泄,利及一州,又免淹没之患,于是力排众议,湖乃得复。见曾又葺欧阳修、晏殊、吕公著、苏轼四贤祠,以宋佥书赵令畤、明通判吕景蒙配享,示有功于湖者不敢忘也。寻以荐擢江西饶九南道。乾隆元年(1736)擢两淮盐运使。淮商习骄蹇,疾见曾整峻。时江苏巡抚邵基与见曾为同年,素友善。制府、盐政皆劾见曾与邵为党,谳上,五年(1740)奉诏戍台。九年(1744)起谪戍,补直隶滦州知州。逾年,擢永平府知府。洋河自塞外入经抚宁之东北境,康熙时河身东徙,至是水暴涨,啮且及城,见曾与知县钱鋆、端木长浤议筑坝,挑引河上,图议于总督那苏图以闻,上报可,自是患遂息。见曾短小精悍,有吏才,那苏图特荐之,谓其人短而才长,身小而智大。十六年(1751)迁长芦盐运使,十八年(1753)复调两淮盐运使。扬州地故濒海,土薄水浅,沟道久湮,见曾醵赀浚之,扬城遂无水潦患。又修小秦淮、红桥、二十四景及金焦楼观。从此广陵、金焦名胜,复其旧观。见曾于乾隆二十七年(1762)以老病告归,三十年(1765)高宗南巡,赐御书"德水耆英"匾额,时年七十六矣。

见曾长于钼强治剧,所至尤以兴学造士为先。洪雅之雅江书院,六安之赓飏书院,永平之敬胜书院,长芦之问津书院,皆为其所手建。扬州旧有安定书院,更因廓其规制,严其教条,前后所成就者不可枚数。于前贤古迹,缺者补,坏者修,罔不兴举。其曾叔祖世淮,固负海内文名,见曾继起,又尝亲炙渔洋、山姜之门而得其指授,以故诗名早著,风雅之士宗焉。当其官扬州盐运时,爱才好客,接纳四方名士,唯恐不及,文酒之会,盛极一时。名流硕学如卢文弨、惠栋、戴震、金农、陈撰、厉鹗、王昶、沈大成、陈章等前后数十人,皆为上客,谈艺论学者无不知有雅雨先生。

平生喜藏书、刻书,尤精校雠。有清一代,自惠栋倡为汉学,说经者咸宗高密。盖以汉儒去古未远,家法犹存故也。见曾所刻《雅雨堂藏书》(十二种,附一种,清乾隆二十一年德州卢氏刻本),主其事者实为惠栋。其中如《郑氏易注》(惠栋辑补)、《周易乾度》《尚书大传》,多存汉儒旧说,而卢注《大戴礼记》,复经卢文弨、戴震参互考订。见曾于案牍鞅掌之余,亲自校读,遇有疑义,辄与抱经等往复商讨再四而后定。《大戴礼记》素无完本,讹舛几不可读,自雅雨堂本出,千载遗经,始粲然复章。惠氏之学,贯串群经,而尤邃于《易》。其主旨在掇拾汉儒《易》学余绪,使学者得窥其门径。见曾既于《雅雨堂藏书》中刻其《周易爻辰图》一卷,又单刻其《周易述》二十三卷,亦可以觇其为学旨趣。见曾于乡先贤著作,多所留意。如王定保《唐摭言》十五卷,庞元英《文昌杂录》六卷、《补遗》一卷,均刻入《雅雨堂藏书》。卢刻多搜求善本,所刻《金石录》三十卷,出自影抄济南谢世箕本及何义门手校叶氏菉竹堂本,向为校勘家所矜重。《韩昌黎诗集编年笺注》(一名《编年昌黎诗注》,桐城方扶南撰),见曾订正讹舛,刻以行世,章学诚誉为"攻韩集者不可不备之书"(见《校雠通义外篇·韩诗编年笺注书后》)。见曾因朱彝尊《经义考》生前自刻仅及其半,自《春秋》以下,阙焉未睹,引以为憾。爰求得未刻之本于竹垞之孙稻孙,首捐清俸为同志倡,付诸剞劂,计一百三十卷,合前所刻一百六十七卷,卒成完书。此不独为竹诧之功臣,穷经稽古之士亦赖以津逮焉。

见曾雅好金石义例,以元潘昂霄《金石例》十卷,明王行《墓铭举例》四卷,黄宗羲《金石要例》一卷,于金石义例各有所阐发,而三书均不易得,乃于乾隆二十年合刻为《金石三例》,学者称便。

清初诗学之盛,山左为最,《渔洋感旧集》遍及海内知交故旧,于山左或缺略未备,见曾深感乡邦文献零落澌灭殆尽,爰于镌刻《感旧集》十六卷之余,属同里宋弼(蒙泉)、平原董曲江(元度),遍搜乾隆以前山左人诗,手辑《国朝山左诗抄》六十卷,上自名公巨卿,下及隐逸方外,莫不毕载,每人各附小传,具列乡里出处,间缀名流评骘,山左一代诗史,得以考览。

见曾最笃师友之谊,往往珍其遗文而表章之。若虞山汪应铨(容斋)、桐城马朴臣(相如)、怀宁李葂(啸村)、全椒郭肇镄(韵镄)各家集,皆序而梓之。全椒兰皋生(金兆燕,号棕亭)尝为《旗亭记》传奇二卷,见曾爱其词之清隽,而病其头绪之繁,按以宫商,亦有未协者。乃款之于西园,与其商略。又引梨园老教师,为点缀排场,既稍易其机轴,又间出以醉笔。见曾虽自谓不谙工尺,而意到笔随,自然合拍,有不自知其故者。见曾幕客朱黄稗(名夰,字公放)著《玉尺楼传奇》(一名《平山冷燕》)凡二卷四十出。演沈韵与韩艳雪、马停云二女,俱以白燕诗得成佳偶。以艳雪诗达御览,授女学士,赐居玉尺楼。传奇即以此得名。见曾亦尝为其点窜,乾隆二十四年(1759),与《旗亭记》共付梨枣。又撰《玉尺楼曲谱》六卷,今有清抄本。当年西竹歌吹之盛,犹可想见。于此益知见曾主持东南风雅,不第觞咏坛坫,文章尔雅,举凡古今来贞奇侠烈、风流韵事,逸于正史而收之说部者,见曾咸乐于谱入传奇,被之管弦。沈德潜谓其"馆阁填词韵最清",最为知言。王昶谓其"爱才好事,百余年来所罕见",诚为笃论,然犹未能道出见曾之真性情、真学问也。

见曾既归田,任两淮盐政者,以相沿充公之提引金银入告,于是历任盐政皆得罪见曾为运使不详请,遂被逮对簿,以乾隆三十三年(1768)九月二十八日卒于苏,年七十有九,唯一孙在旁,前一日犹从人借书云。初,乾隆三十三年六月,查办见曾两淮盐引案发,有旨籍没其家。翰林院侍读学士纪昀与见曾为姻亲,漏言于见曾,孙荫恩革职逮问,昀戍乌鲁木齐,三十五年(1770)始获释还。青浦王昶时官刑部江西司郎中,七月,亦以漏泄查办两淮盐引案,奉旨革职,九月云贵总督阿桂请带往云南军营效力,届满三年,补吏部考功司主事,三十七年(1772)十二月迁吏部员外郎。查办见曾两淮盐运一案,纪昀、王昶均身受其累。

见曾家中藏书十万余卷,被籍时为有司所毁。流传至今者有明嘉靖刊本《古直先生文集》十六卷(明刘翊撰)。目录首叶有益都李文藻题记:"此书为卢雅雨先生所藏。籍没后,予过德州购得之。乾隆己丑(1769)二月,李文藻记于濮州书院之北楼。"藏印有"卢印见曾""雅雨山人",现藏北京图书馆。自为诗文甚夥,唯《出塞集》一卷有乾隆十一年刻本,余无暇自遴择。归田家居,渐次编定诗八集,文十余卷,籍殁后其子谦掇拾者,唯古文七十篇、诗二百七十首。道光二十年(1840),其曾孙枢辑刊为《雅雨堂诗文遗集》六卷(诗二卷,文四卷)。所著尚有《读易便解》二卷(稿本今藏山东省图书馆)、《雅江新政》、《尚书大传补遗》一卷、《渔洋山人感旧集小传》四卷(以上两种随书附刻,《中国丛书综录》以《尚书大传补遗》为卢文弨撰,误)、《焦山志》十二卷、《金山志》十卷(均有乾隆间雅雨堂刻本)。复编有《焦山诗》三卷、《宸翰》一卷(南京图书馆藏有抄本)。

见曾长于《易》理,自谓:"学《易》数十年,于唐宋元明四代之《易》,无不博综究览,而求其得圣人之遗意者,推汉学为长。"其论

《易》独宗费氏(直),以为两汉传《易》者数十家,唯费氏古文《易》最得圣人遗意,惜其书不传,祖述费学者厥为荀(爽)、虞(翻),而荀、虞之说,多存唐李鼎祚《周易集解》,故序而刻之。又以为《易》"道尽于孔子之《十翼》,而先儒之解《易》者,往往远于孔子。两汉京(房)、焦(延寿)专明阴阳灾异,宋邵雍益本老氏倡为先后天之说,均与孔子之《易》绝远。唯有以《彖传》释《彖》,以《象传》释《象》,乃能尽合于孔子,推之卦爻,无不皆然。其说大抵与费、荀荀同,与惠氏相发明"。此则论见曾者不可不知也。

卢文弨《故两淮都转盐运使雅雨卢公墓志铭》、《新刻大戴礼记跋》(《抱经堂文集》卷八、卷三十三,《四部丛刊》影印本);《清史列传》卷七十一《卢见曾传》、卷二十六《王昶传》、卷二十八《纪昀传》;《清儒学案》卷六十四《味经学案》;民国《德县志》卷十;《雅雨堂诗文遗集》卷一《经义考序》、《周易孔义集说序》(附惠栋跋)、《刻李氏易传序》、《大戴礼记序》、《刻金石录序》,卷二《山左诗抄序》、《旗亭记序》(转引自蔡毅编《中国古典戏曲序跋汇编》1890—1891 页);朱稻孙《经义考后序》(《经义考》,《四部备要》本);光绪《山东通志·艺文志》4143 页;庄一拂《古典戏曲存目汇考》1313 页《玉尺楼传奇》;严敦易《关于〈旗亭记〉的作者》、《金兆燕的〈旗亭记〉》(《元明清戏曲论集》183—184、284—287 页)。

范钥金(?—约 1770),字双南,自号商山楼居士,滋阳人。援例补太学生。工小篆分隶,好辨金石文字,藏书尤富。

光绪《滋阳续志》卷八。

杨仕进(1733—1770),字允升,号可亭,别号染南,滕县人。乾隆三十年(1765)拔贡。平生不喜泛交,所与皆当代名士,如德州孙理田今筵,济水谢石农钦宝,曲阜颜衡斋崇椝、桂冬卉馥,邑赵松园诚品,王寄园恩荣,往复过从,以诗文相商榷。好藏书,分以四部:

经之类十,史之类十二,子之类十一,集之类六,计二百八十二部,八千四百六十五卷,皆精善可观。世所罕觏者别为《书目》品题之。其余通行易得之书尚有八九千卷。古文学柳柳州、王半山,诗出入唐宋,以工部、陈思为归宿。卒年三十八岁,有《半笠草堂遗稿》《书目》藏于家。

道光《滕县志》卷八;光绪《山东通志·艺文志》。

李铎(?—1771后),字震文,号琪园,青州寿光人。乾隆二十八年(1763)进士,充翰林院庶吉士,三十一年(1766)散馆,授翰林院检讨,兼武英殿、国史馆、三通馆纂修起居注官。三十三年(1768)大考,改用江西会昌知县,调彭泽、新建,署理饶州府景德镇同知,复调山西宁武府同知,署理宁武知府。辛卯(1771)科,充江西同考官,得人最盛。以疾卒于官。铎家藏书籍充栋汗牛,不减邺侯家。官京师时,无日不游琉璃厂书肆,所得益夥。迨出任外官,每之一地,必载书兼两;案牍之暇,手未尝释卷。发而为诗,性灵才气不在湖海楼下。李南涧序其诗,以为能独成一家。自豫章回籍,唯扁舟一叶,罗列图籍,有琴鹤遗风。人或诘其清廉过激者,答曰:"以吾有书万卷,足以遗后,使子孙能读是,即吾之墨庄也。"著有《冷玉岩集》五卷、《蕉香书屋稿》。另有《琪园瑶笈丛书目录》,原稿每页版心均印"琪园瑶笈丛书"六字。殆就其所藏孤本秘笈拟刊为丛书者,惜未及梓行而殁。会滇南吴树声知宁武县事,出赀将原稿购去,遂不复有踪迹矣。其藏书见于诸家著录者,有旧写本《燕石集》十五卷、《东维子集》十六卷,明嘉靖间刻本《古直先生文集》十六卷,清康熙间重刻本《嘉定四先生集》八十七卷。藏印有"琪园家藏""李琪园家图书""琪园李铎收藏图书记"朱文方印等。

民国《寿光县志》卷十二、卷十四;王重民《中国善本书提要》428、566页;傅增湘《藏园群书经眼录》1343、1373页。

聂钕(?—1773后),字剑光,泰安人。少为吏,已辄弃去。闭户聚图史自娱。见市间有异书必竭力购之,虽绝炊不顾也。家徒壁立,环座图书萧然。暇日,竹杖芒屩,岩穴幽邃处,采古今金石文字阅三十年。乾隆二十四年(1759)泰安知县成城辑郡志,与之游,识其为人,谓其介然不谐于俗。二十五年(1760)元旦,众方奔走贺岁,君独挟笔墨,入山谷中写古碣数通以归。著有《泰山金石志》六卷、《泰山道里记》一卷。乾隆五十八年(1793)阮元视学山左,越明年,与巡抚毕秋帆议修《山左金石志》,其泰山金石,多得之于钕《泰山金石志》稿本。钕家居岱宗之阳,故多识岱,李文藻极称之。钱大昕于乾隆三十年(1765)秋道出泰安,欲访钕同游岱宗未果,引以为憾。是年冬,复过泰安,钕持刺介文藻书晋见,大昕喜甚,为序其《泰山道里记》。称"其文淳雅,或逊古人,然考稽精审,质而不俚,简而不漏,洵为志乘之佳者"。

道光《泰安县志》卷十二;阮元《山左金石志序》(《研经室三集》卷三);钱大昕《泰山道里记序》(《潜研室文集》卷二十四);田士懿《金石著述名家考略》。

张松亭(1684—1773后),平阴人。蚤而驰声上国,起家郡丞,中岁游历尚书郎,归而祭酒。董元度撰《松亭张公寿序》称其"笃行好施,化洽族党。一堂五世,临帖课读,神明不衰,是为难老;十亩闲闲,拥书万卷,手植虬松,干宵蔽日,忧乐不萦其虑,毁誉不闻于耳,是为散仙"。

光绪《平阴县志》卷八引董元度《松亭张公寿序》。

郝允哲(?—1775后),字圣陪,号镜亭,齐河人。乾隆乙未(1775)进士。早岁受业历下名士申士秀之门,以诗名齐鲁间。士秀尝寄以书云:"吾门如林汲之研经,吾子之咏诗,可称两绝,他日可以张吾军。”其见重如此。允哲积书万卷,皆手自校雠。讷斋张廷叙为题像赞云:“郝君书气了不除,陶然日坐读书屋。四时吟啸连篇章,万卷编摩富笥簏。秋来老树风萧森,桐梧荫密碧云覆。意欲古会静观化,百城南面饶奇福。短童捧茶殊解事,亦识鹤奴检字熟。叙也瓠落原书伧,搜剔怪隐恣往复。”续修《齐河县志》历数寒暑。著有《深柳堂诗文集》。年四十九,卒。

道光《济南府志》卷五十三;民国《齐河县志》卷二十七。

于学谧(? —1775 后),字靖之,莒县人。乾隆间拔贡。工诗文,兼善书法,远近咸推之。性嗜古,所购书甚夥,日沉酣其中。旁及佛氏书,尤孜孜不倦。学使钱萚石(载)激赏之,每语人曰:“吾得士如千,心契者唯于生一人耳。”卒年三十。有《玉台文》一卷、《焚馀诗草》二卷。

嘉庆《莒州志》卷十。

李鲲(牛运震《金石图》误作鹍,1699—1776 后),字化鹏,号浩斋,济宁州人。幼时因痘疡而左目盲。精于医,工行草隶篆。性嗜金石,收藏钟鼎图书碑版文字甚富。乾隆二十九年(1764)年六十有四,忽疽发背而右目亦盲。所藏有乡前辈于中丞若瀛所书《白衣大悲五印心陀罗尼经》石刻,至是晨起必焚香讽诵,不少怠。明年十月二日方夙兴礼拜,左目复明。七十七,犹能作行楷书。子东琪,号铁桥,克承家学。远近搜寻古碑,遇有端倪,即与黄小松(易)同知肩舆往,向榛莽中剜苔剔藓,且摸且读。胶东令《王君碑》《范巨卿碑》久佚,东琪搜得之置学宫。先是鲲于雍正六年(1728)得《郑固碑》缺石,郃阳褚峻载入《金石经眼录》。及东琪得《王君碑》,滋阳牛运震《金石图》称其得片石为承欢之助,士林传为美谈。著有《碑目》二卷。

乾隆《济宁直隶州志》卷五十四;咸丰《济宁直隶州志》卷八。

吴继震(?—1776后),字东皋,沾化人。乾隆丙辰(1736)举人。博览强记,肆力于经史子集、释仙稗杂,涉猎无遗。所居书籍环绕,寝馈其中四十年。外游必步行,携笔楮酒具,访古迹碑碣,悉录纪为文以志之。诗意和平,多乐府古体。会续修《山东通志》,继震与焉。邑中事迹能考实,不为臆说。著《琴川》《慎馀》各集七十余卷,时有腹笥之目。

民国《沾化县志》卷二。

李文藻(1730—1778),字素伯,一字茝畹,号南涧,益都人。乾隆己卯(1759)嘉定钱大昕主山东乡试,文藻以第二人中式,大昕叹为天下才。明年(1760)成进士。乾隆己丑(1769),谒选得广东恩平县知县,之任后,奉檄署新安县,又奉调潮阳县知县,以海疆三年俸满,擢广西桂林府同知。为学无所不赅。性好聚书。每入肆见异书,辄典衣取债致之。又从朋友借抄,藏弆数万卷,皆手自雠校,无挽近俚俗之本。于金石刻搜罗尤富,所过学宫寺观岩洞崖壁,必停骖周览。有仆刘福者善椎拓,携纸墨以从,有所得则尽拓之。尝乘舟出迎总督,小憩南海庙,命仆拓碑,秉烛竟夜。比晓,问总督,舟已过矣。文藻尝自述其十五六时,即闻有《海岱会集》一书,遍访旧家,不可得。壬申(1752)岁,闻书贾刘雪友有写本而不肯假观,为买一裘,始许录副。适值深冬寒甚,呵冻手抄,自十一月十一日,至十二月十五日始毕。齐鲁间藏书家自李中麓、王渔洋池北书库皆罕传,文藻慨然以裒辑为己任,撰《所藏书目》《所见书目》《所闻书目》,皆详其序例卷次,志其刊抄岁月,惜未及流布,今已不可考见。其所撰《琉璃厂书肆记》备述乾隆己丑(1769)之恩平前入琉璃厂观书始末。居京师凡五月余,性不喜观剧,茶园酒肆,足迹未尝至,唯日借书抄之。时大暑,至王昶邸舍,借抄惠氏《易汉学》诸书,漫肤多汗,沾渍衣襟,不以为苦。暇则步入琉璃厂访书,自晨至暮,翻检殆遍。时或典衣买之。见积秀堂有杨万里、洪盘洲二集抄本,索钱三十千,庋数日仍还之,然未尝释于怀也。又尝于琉璃厂金氏肆获抄本《皇宋通鉴长编纪事本末》《芦浦笔记》《麈史》《寓简》《乾坤清气》《釜水集》《吕敬夫诗集》《段氏二妙集》《礼学汇编》《建炎复辟记》《贡南湖集》《月屋漫稿》《王光庵集》《焦氏经籍志》之属。刻本如《长安志》《鸡肋集》《胡云风集》《黄稼翁集》《江湖长翁集》《唐眉山集》之类。凡得宋元人集二十余种。叶昌炽《藏书纪事诗》云:"所见所闻所藏弆,发凡真有著书才。安知散佚非全帙,赶庙驱车日又来。"文藻流风余韵,琉璃厂至今传为佳话。

文藻与历城周书昌(永年)最友善,自言:"好书与书昌同,惟不及书昌能读耳。"二人相交三十年,凡相聚及简尺往来,无不言传抄书籍之事。文藻尝谓书昌曰:"藏书不借,与藏书之意背矣;刻书不印,其与不刻奚异。"书昌叹为名言。及官恩平、潮阳,文藻以得自书昌者,为之刊刻,自惠定宇(栋)、戴东原(震)、钱晓征(大昕)诸家,以迄乡贤张希正(养浩)《三事忠告》、张稷若(尔岐)《蒿庵闲话》、赵秋谷(执信)《谈龙录》凡十有二种。文藻殁后之十一年,书昌由济南至青州,慰其诸孤,并尽携其书版以归,辑为《贷园丛书初集》四十六卷。贷园者,书昌斋名也。书昌之意,尚思续刻以益之。以为凡藏弆书版者,又将多所借以广之,不必限以一家,故不曰大云山房丛书,而以贷园名之。倘果由此多为流布,庶几可以少慰南涧之志。语详书昌所撰《贷园丛书初集叙》。

文藻擢桂林同知,未及一年,以痈不治,终于官舍,年四十九。钱大昕为撰《墓志铭》,悯其"不与石渠兰台之选"而"以能吏终"。大昕尝试论南涧有三反,"长身多髯,赳赳如千夫长,而胸有万卷书,一也;生长于北海,官于南海,二也;湛思著书,欲以文学显,而世称其政事,三也”。又尝言“南涧之性情与予略相似。予好聚书,而南涧抄书之多过于予;予好金石文,而南涧访碑之勤过于予;予好友朋,而南涧气谊之笃过于予;予好著述,而南涧诗文之富过于予”。又谓“方其在京华,每一日不相见,辄恤然若失,不知其何以然”。师生气谊之相投有如斯者。

文藻著书甚富,有《泰山金石考》十二卷、《毛诗本义》一册、《山东元碑录》一册、《濮雅》八卷、《青社拾闻》四卷、《饾饤录》三卷、《金石书录》四卷、《尹河南集笺注》若干卷,又附录补遗二卷,《齐藩录》二卷、《隶补》《南北史考略》《国朝献征录》《齐谚》《粤谚》诸书。《益都金石刻记》《云门金石刻记》底稿已具,《粤西金石刻记》目录已具,均未成书。《浯溪金石刻记》唐宋元碑已全拓,但未抄而加跋耳。《师友记》《先友记》已有萌芽而未就。易箦时,以金石嘱之翁覃溪(方纲),以目录嘱之周书昌,惜未见流传。今存者《尧陵考》四卷、《文集》三卷、《岭南诗集》八卷。《诸城县志》四十六卷,则为其谒选前(乾隆二十九年)所纂。又尝与周书昌合纂《历城县志》五十卷。两志发凡起例,独出机杼。全书纂集旧文,不自著一字,以示征信。后此志家,多踵效之。有清一代纂修方志,蔚然成风。然大抵失之芜杂,起而矫之者,盛推明康海之《武功县志》、韩邦靖之《朝邑县志》,一时文人学士多以简古为尚,王渔洋、宋牧仲辈,皆亟称之。耳食之徒,奉为修志楷模。迨《诸城县志》《历城县志》出,耳目为之一新。故论者以为清人注意修志方法,实自乾隆中叶始。诸城、历城两志,实开一代风气之先。

文藻藏书见于四库进书十八种著录者有七种。殁后书多流散,安丘赵录绩(孝陆)收藏独多。赵氏书后归山东省图书馆及山东大学图书馆。其藏印见于各家著录者,有“李生字曰香草”、“文藻”白文方印、“李文藻印”白文、“李南涧藏书记”朱文、“李生”白文方印、“字曰香草”、“南涧居士”朱文、“大云山房”朱文、“素伯”

朱文方印、"青州东郭李氏藏书"白文长方印、"李印文藻"白文大方印、"李静叔之伯兄"白文大方印、"拙斋先生伯子"朱文长方印、"训厚堂藏书记"白文长方印、"人当风雨散,花到别离开"白文大方印、"与朋友共"朱文方印、"己卯庚辰"白文大方印。

翁方纲《李南涧墓表》(《复初集》卷十四);钱大昕《李南涧墓志铭》、《李南涧诗集序》(《潜研堂集》卷四十三、卷二十六);《南涧贷生易箦记》;《琉璃厂书肆记》(《南涧文集》卷上);周永年《先园丛书序》(《贷园丛书初集》);光绪《山东通志》卷百三十四《艺文志》第十;光绪《益都县图志》卷二十五;民国《续历城县志》卷二十六;《藏园群书经眼录》;《藏园群书题记·抄本玉台新咏跋》91页;《涵芬楼烬馀书录》;《诒庄楼书目》;《艺风藏书记》;梁启超《中国近三百年学术史》304页。

葛建桐(1729—1780),字云桐,号介圃,濮州人。父沛,官广西永康知州。父殁,以例得府通判。性喜聚书,往来通邑大都,必入书肆,购求善本,不惜重价,且多购异本。暇日辄手一编,镌小印一文云:"恨不十年读书",其雅尚如此。以乾隆四十五年(1780)八月十日卒,年五十有二。

光绪《山东通志》卷百七十三;钱大昕《通判云桐葛公墓志铭》;宣统《濮州志》卷八;《明清蟫林辑传》。

刘宪德(?—1780后),字梦云,安丘人。乾隆甲午(1774)举人。嗜读书,工文章。与两兄育德、俊德俱以文行名一时。人称三刘。中年仕四川令,历任盐亭、名山、射洪、新津。旋里闭户抄古书,载籍累累满几案。或摹字,或镌印章,口不言仕官,足不履市廛,片纸支字不入公门。

道光《安丘新志》卷二十二。

孔昭焕(约1723—1782),字显文,号尧峰,曲阜人。孔子七十一代嫡孙。父广棨,字京立,雍正二年(1724)年十二以衍圣公嫡长孙授二品冠服,九年(1731)袭封衍圣公。好经术,娴礼仪,著述甚富。乾隆八年(1743)卒。同年昭焕袭封衍圣公,诰授光禄大夫,四十七年(1782)卒。尝增修《孔子世家谱》。昭焕工书,喜藏古籍,且多善本。乾隆三十七年(1772)四库馆开,征求遗书。三十八年(1773)五月昭焕进书二十七种。《四库全书总目》著录二十六种,《存目》一种。《总目》二十六种有:《周礼补亡》六卷(元邱葵撰);《大学管窥》一卷(明廖纪撰);《中庸管窥》一卷(明廖纪撰);《宋史质》一百卷(明王洙撰);《国语补音》三卷(唐人旧本,宋宋庠补辑);《战国策注》三十三卷(旧题汉高诱注,明毛晋汲古阁影宋抄本);《孔圣全书》三十五卷(明蔡复赏编);《人瑞录》一卷(清孔尚任撰);《东汉精华》十四卷(宋吕祖谦撰);《节序同风录》无卷数(清孔尚任撰);《先圣大训》六卷(宋杨简撰);《慎言》十三卷(明王廷相撰);《日言》一卷(明孔承倜撰);《绘图宝鉴》五卷《续编》一卷(元夏文彦撰);《法书通释》二卷(明张绅撰);《石村画诀》一卷(清孔衍栻撰);《格古要论》三卷(明曹昭撰);《会心录》四卷(清孔尚任撰);《子苑》一百卷(不著撰人,抄本);《亢仓子》一卷(旧题庚桑楚撰);《亢仓子注》九卷(旧题何粲撰);《乖崖集》十二卷《附录》一卷(宋张咏撰);《矩山存稿》五卷(宋徐经孙撰);《松垣集》十一卷(旧题宋幸元龙撰);《礼庭吟》二卷(明孔承庆撰);《振鹭集》一卷(明陈镐编)。今北京图书馆藏有善本三种:一、明嘉靖间刻本《东莱吕氏东汉精华》十四卷,宋吕祖谦撰。封面戳记云:“乾隆三十八年五月衍圣公孔昭焕送到家藏《东汉精华》壹部,计书壹本。”此书钤有“孔继涵印”“荭谷”。二、明正德间刻本《鲁斋研几图》一卷,附《圣门事业图》一卷、《性命心说》一卷。卷面有戳记云:“乾隆三十八年五月衍圣公孔昭焕送到家藏《研几图》壹部,计壹册。”此书收入《存目》。三、明正德间刻本《怀麓堂文后稿》三十卷、《诗后稿》十卷、《讲读录》一卷、《东祀录》三卷、《集句录》一卷、《哭子录》一卷、《求退录》三卷,明李东阳撰。此书缺《前稿》,当因前函佚去。北京图书馆复藏一部附录七种不全,正可用此本以补配之。卷内钤"衍圣公书画印"。

民国《续修曲阜县志》卷二;《四库全书总目》第182、309、454、461、532、569、786、809、814、962、974、977、1058、1132、1134、1251、1306、1541、1559页;《中国善本书提要》第148、226、570页;《曲阜古今书画选》第2页。

孔继涵(1739—1783),字体生,一字诵孟,号荭谷,曲阜人。孔子六十九世孙。乾隆二十五年(1760)举人,三十六年(1771)进士,官户部河南司主事,充《日下旧闻》纂修官,以母病告归,四十八年(1783)卒,年四十五。继涵雅志稽古,藏书数十万卷。于天文、地志、经学、字义、算术之书,无不博综。官京师七年,所抄校者数千百帙,集汉唐以来金石刻千余种,悉考核其事,与经义史志相比附。遇藏家罕传之本,必校勘付锓,以广其传。所刻《微波榭丛书》,其中汉赵岐注《孟子》十四卷,附宋孙奭《音义》二卷,宋宋庠《国语补音》三卷,均以宋本为底本,为戴震所授梓。尤以宋本赵注《孟子》为最有名。阮元在《孟子注疏校勘记序》中,尝谓"自明以来,学官所贮,注疏本而已。疏之悠谬不待言,而经注之舛讹阙逸,莫能諟正。……迄休宁戴震授曲阜孔继涵、安丘韩岱云锓版,于是经注讹可正,阙可补。"其推重如此。阮序所云安丘韩岱云刻本《孟子》,亦以宋本为底本。现藏湖南省图书馆。继涵与休宁戴震为姻娅,其学亦与戴震相似。东原既殁,为经纪其丧,并辑其所著书为《戴氏遗书》,复将戴氏辑校《周髀算经》等十种古算经,辑为《算经十书》,均刻诸《微波榭丛书》,尤为士林所称许。所著有《夏小正考异》一卷,《五经文字疑》一卷,《九经字样疑》一卷,《水经释地》八卷,《杂体文稿》七卷,《同度记》一卷,《长行经》一卷,《红榈书屋诗集》四卷,《斲冰词》三卷,均在《微波榭丛书》中。复辑《炊经堂友朋诗文杂稿》一卷,稿本今藏北京大学图书馆(原为李盛铎藏书)。大兴翁方纲《过荭谷斋同观石鼓文旧拓本》诗云:"积雨青棂润,苔花似古文。我来循孔壁,不屑较秦斤。"(自注:青棂,荭谷斋名。)又《送孔荭谷农部请养归曲阜》诗云:"敏捷抄书手,优闲奉母身。归当仍壮岁,行及小阳春。《日下》编初蒇,章丘笥更新。牙签精点勘,勿笑北方人。"(自注:朱竹垞云,李中麓开先所储书,签帙点勘甚精,北方学者,能得斯趣,殆无多人。今荭谷抄书之富,已过中麓矣。)叶昌炽《藏书纪事诗》云:"余在岭峤,见郎亭侍郎所得宋元人集,如周紫芝《太仓稊米集》、陈基《夷白集》,凡数十种,皆微波榭抄本。荭谷先生以朱笔点校,间有跋语,知覃溪之言为不虚也。"又为诗云:"恍有金丝孔壁闻,青棂积雨润苔纹。牙签已溢章丘笥,何论琳琅金薤文。"可谓知人之论。然竹垞仅言其"抄书之富,已过中麓",实则点勘之精,亦在中麓之上也。

继涵家藏善本为校勘家所称道者,首推宋绍熙三年两浙东路茶盐司刻本《礼记正义》十卷,即世所谓三山黄唐本者。原藏泰兴季氏、北平孙氏,后归璜川吴氏,吴以三百金质于朱文游,戴东原曾借阅补今本缺文。乾隆四十一年(1776)春,有挟之入都者,索价五百金,无售者。东原欲借重校而不得。九月之朔,持质百金于继涵,继涵乃假东原本补其缺落,用朱笔校以武英殿本,又用墨笔临东原校,并录宋黄唐跋、校正官衔及惠栋跋。时继涵寓京师小时雍坊李阁老胡同之寿云簃。继涵校本后归江安傅氏双鉴楼。黄唐原本辗转归清宗室盛伯羲。沈曾植欲借观而未能。盛书散出,归景朴孙。景又以是书售之袁克文,后为南海潘明训所得。潘氏以此书原藏曲阜孔氏作为传家之宝,海内传为孤本。当时日人亦急欲抢购,以便运往彼邦。潘氏既以巨资购得,国之瑰宝,得以保存。

爰以宝礼名其堂。复请毗陵董诵芬(康)募工锓刻百部,以飨好学之士。原书今藏北京图书馆。

继涵抄校本及所藏其他善本见于著录者有:明刊本《春秋繁露》十七卷;以钱献之校《永乐大典》本重校武英殿本《尔雅注疏》十一卷;以元本手校明刊本《转注古音略》五卷;旧抄本《大金国志》四十卷;旧抄本《契丹国志》十七卷;旧抄本《绍陶录》二卷;抄本《新定九域志》十一卷;明嘉靖孙沐万玉堂刻本《太玄经解赞》十卷,《说玄》一卷,《释文》一卷;明末刊本《砚北杂志》二卷;明正德十二年郭勋刊本《唐元次山文集》十卷,《拾遗》一卷;旧抄本《咸平集》三十卷;清抄本《夏文庄公集》三十六卷;旧抄本《日涉园集》九卷;旧抄本《丹阳集》二十四卷;明嘉靖刊本《双溪王先生文集》十七卷;旧抄本《阆风集》十二卷;旧抄本《墙东类稿》二十卷;旧抄本《小亨集》六卷;旧抄本《石初集》;清抄本《张大家兰雪集》二卷。继涵尝移录邵晋涵所辑《旧五代史》稿本,长洲章钰曾移录副本,海盐张元济校勘《百衲本二十四史》时,据以校嘉业堂刘氏刻《大典》有注本,校出孔本有而刘本无者六十五条,刘本薛史得以补阙。其有功于校勘岂浅鲜哉。藏印有"孔继涵印"白文方印、"荭谷"朱文印、"诵孟""孔继涵""继涵之印"白文、"斲冰词客"白文方印、"词人荭谷""孔继涵即荭谷""微波榭""南洲"朱文方印等。

民国《续修曲阜县志》卷五;《汉学师承记》;卢文弨《孔荭谷户部哀辞并序》(《抱经堂文集》卷三十四);翁方纲《孔荭谷墓志铭》(《复初斋集》卷十四);阮元《孟子注疏校勘记序》(《重刊宋本十三经注疏》附校勘记);微波榭刊本赵岐注《孟子》孔继涵跋;《藏书纪事诗》293—294页(王欣夫《补正》本532—533页);《清儒学案》卷七十九《东原学案》附孔继涵;《藏园群书经眼录》88、89、121、134、298、354、607、717、1041、1126、1198、1208、1237、1279、1304、1309、1364、1375、1442页;《藏园群书题记》卷一;《艺风藏书记》卷四、卷六;《涵芬楼烬馀书录》77、88页;《宝礼堂宋本书录》经部第14页及潘世兹《前言》(广陵古籍刻印社1984年重印本);《北京大学图书馆藏李氏书目》集部第 50 页;《中国古籍善本书目》经部四书类。

孔继涑(1726—1791),字体实,又字信夫,号谷园,别号葭谷居士,曲阜人。继涵弟。乾隆三十三年(1768)举人。两赴会试落第,候补中书,遂弃科举功名之业。家多蓄书,幼即好学工书。少聘华亭尚书张照女,未娶卒。照以书名天下,继涑习于张氏,得其笔法,几可乱真,有小司寇之目。刻其书为《瀛海仙班帖》。后宗宋四家,精于鉴别。手摹古今名迹百余卷,名《玉虹楼帖》《鉴真帖》《摹古帖》,为海内所推重。与梁学士同书齐名,有南梁北孔之称。彼此以家藏易观,互相评论,皆巨眼也。后以资为中书舍人,未就,卒于家。著有《谷园论书》一卷、《玉虹楼诗词》四卷。继涑所藏善本书见于著录者,有明刊本《尔雅注》三卷,《音释》三卷,明刊本《侯鲭录》八卷。藏印有"孔继涑章"白文印、"继涑"。

民国《续修曲阜县志》卷五;《乡园忆旧录》卷三;《藏园群书经眼录》118 页;《中国善本书提要》390 页;《双鉴楼善本书目》经部 8 页;《山东历史人物辞典》第 411 页。

马闾如(清乾嘉时人),字景骞,安丘人。少随父任读书江苏库使署中,乾隆癸卯(1783)中举人。晚仕即墨,广文涵育,熏陶蒸蒸向化,咸以为名世醇儒。一生忠厚待人,俭约自奉。广积诗书,课子孙耕读外,一无他事。

道光《安丘新志》卷二十二。

宋垤(1724—1784),字鸣鹤,泰安孝门里人。其先世居于燕,仕元袭万户,明初名均美者迁于岱麓下,遂家焉。祖机,父为焕,俱庠生。垤自幼读书颖悟,下笔数千言立成,遂入邑庠。因屡试不售,辍举子业,以诗书课诸子。时同邑故相赵氏(国麟)家多藏书,垤世与有姻旧,因假其秘本置家塾中,人借抄无虚日。邑中子弟以贫废学者,招至家,延师课其文艺,膏火之费,皆垤资之。乾隆四十九年(1784)卒于家,年六十有一。

同治《泰安县志》卷十二引汪麟《宋封君墓志铭》。

陈嶦(？—1785后),字倚宵,莒州人。岁贡生。幼聪慧,博学强记。十余岁时学作诗词,出语惊人。及为诸生,屡拔前茅。而诗赋尤脍炙人口。然潦倒场屋,屡试不第。老方援例贡成均。乾隆五十年(1785)朝廷大开千叟宴,嶦得与焉。设宴武英殿,钦赐诗章、鸠杖、银币以归。寿至七十七。家贮书约四千卷,疾笃犹朝夕读《小东园文集》。曰:"吾了此一事。"掩卷而终。所著有《莒志拾遗》《荣烛堂文集》。

嘉庆《莒州志》卷十;民国《重修莒志》卷五十四。

王应奎(？—1787后),字春溪,诸城人。幼有终童之目,肆力古文诗歌。乾隆五十二年(1787)成进士,除新阳知县,调守昆山、如皋。为政以兴利为先,劝农耕,督蚕桑。日出循观村聚阡陌间,卤簿衣冠,雨黦尘污,皆黯淡穿敝不暇易。所至尤重文教。如皋素习朴鄙,自应奎至,而超距挽强之士,皆弃其旧服鼓箧向学矣。解任之日,乡民多束帛相遗,皆不受,唯购书十余车,挽之归。旋守常州通判,母忧,服阙,援例为工部屯田司主事。迁刑部河南司员外郎。历三年,告归。光绪间,潍县宋书升尝馆其家,犹见其遗书盈屋,或丹黄细书,旁行斜上,多在署时校勘者。著有《话雨山房稿》藏于家。

道光《诸城县志》卷十四;宋书升《王春溪先生传》(《潍县文献丛刊》第二辑)。

李仁煜(?—1789后),字书山,号溪亭,渠子,诸城人。乾隆己酉(1789)科举人。家世诗书,绩学能文章,广罗古今图书贮楼内,名曰“万卷书楼”,日枕籍其中,每手一编,必亲雠校,朱墨丹黄盈卷帙。所著文辞典丽雅饬。嗜金石,尤精赏鉴,收藏历代碑版及钟鼎彝器,皆考源委,别真赝。晚年得汉石洛侯印,为之跋,考据精详,足资掌故。与曲阜桂馥善,每得石器及经史疑义,皆邮寄商榷,往返辩论。善隶书,得其遗墨者皆珍蓄之。

光绪《增修诸城县续志》列传二《文苑传》;光绪《诸城乡土志·耆旧录·文苑》。

周永年(1730—1791),字书昌,一字书愚,先世浙江余姚人,其高祖迁居历城,遂家焉。永年自幼好学,过目成诵。少长,于书无所不窥,而又笃嗜内典,无远近物色梵筴贝叶,庋置所居小楼几半。任抽一卷试之,朗朗口诵,如素习。父周堂自奉甚俭约,然为永年购书,从无吝色。旋受业于历下名士申士秀,学问文章,由是大进。年二十五,入泺源书院。时经学大师太仓沈起元主讲席,读永年文,激赏之。永年故贫,百无嗜好,独嗜书。见则脱衣典质,务必得,得则卒业乃已。肄业泺源时,所藏经、史、子、集、二氏百家之书,已数千卷,且能言其义者。颜其藏书之室曰水西书屋,因家居济南东流水街之故也。永年尝编有《水西书屋藏书目录》,起元为之序,谓永年“将尽致古今载籍”,“不仅以多藏为富”,“将掇其精而哜其胾”,许为“齐鲁之杰”。城南之卅里,为白云山,山半为般若寺,寺后为林汲泉。永年尝读书寺中,为屋数椽,名之曰林汲山房,因自称林汲山人。晚年,曾为《林汲山房图》,惜无传。永年于衣服饮食声色玩好一不问,但喜买书。有贾客出入大姓故家,得书辄归永年,凡积五万卷。永年见收藏家易散,有感于曹石仓及释道藏,继明末曹学佺之说,作《儒藏说》,其文曰:

书籍者,所以载道纪事,益人神智者也。自汉以来,购书藏书,其说綦详,官私之藏,著录亦不为不多,然未有久而不散者。则以藏之一地,不能藏之天下;藏之一时,不能藏于万世也。明侯官曹氏学佺,欲仿二氏为儒藏,庶免二者之患矣。盖天下之物,未有私之而可以常据、公之而不能久存者。然曹氏虽倡此议,采撷未就。今不揣谫劣,愿与海内同人,共肩斯任。务俾古人著述之可传者,自今日永无散失,以与天下万世共读之。凡有心目者,其必有感于斯言。邱琼山欲分三处以藏书,陆桴亭欲藏书于邹鲁,而以孔氏之子孙领其事,又必多置副本,藏于他处。其意皆欲为儒藏而未尽其说。唯分布于天下学官、书院、名山古刹,又设有经久之法,即偶有残缺,而彼此可以互备,斯为上策。

此说一出,罗有高、刘音均为之张目,刘音且为《广儒藏说》,广其意而说之。论者谓清修《四库全书》,分储七阁,实受《儒藏说》之影响,永年倡始之功诚不可没。

然永年坐而言,未尝不起而行。儒藏固不可旦夕而成,但千里之行,始于足下,贵在身体力行,从我做起。故约曲阜桂馥买田,各出所藏,筑藉书园,祠汉经师伏生等聚书其中,招致来学,以为天下倡。章学诚为撰《藉书园目录序》,尝于《周书昌别传》中言之,其文曰:

"藉书园"者,书昌之志也。书昌故温饱,橐馁于书,积卷殆近十万,不欲自私,故以藉书名园。藉者,借也。尝以其意,请余为《藉书目录》之序。余序之曰:书昌尝患学之不明,由于书之不备;书之不备,由于聚之无方。故竭数十年博采旁搜之力,弃产营书,久而始萃。今编目所录,自经部以下,凡若干万卷,而旧藏古椠,缮抄希觏之本,亦略具焉。然书昌之志,盖欲构室而藏,托之名山;又欲强有力者为之赡其经费,立为法守,而使学者于以习其业,传抄者于以流通其书,故以"藉书"名园。又感于古人柱下藏书之义,以为释老反藉藏以永久其书,而儒家乃失其法,因著儒藏之说一十八篇,冠于书首,以为永久法式。呜呼!书昌于斯,可谓勤矣。

章学诚又云:

士生三古而后,苟欲有志乎官守师传之业,非有所独得者,固不可以涉猎为功,而未能博稽载籍,遍览群书,亦未有以成其所谓独得之学,而使之毫发之无憾。此书昌之所以搜而聚,聚而藏,藏而籍录部次,以为永久之指也。近世著录,若天一阁、传是楼、述古堂诸家,纷纷著薄,私门所辑,殆与前古艺文相伯仲矣。然或以炫博,或以稽数,其指不过存一时之籍,而不复计于永久;著一家之藏,而不复能推明所以然者,广之于天下,其智虑之深浅,用心之公私,利泽之普狭,与书昌相去当何如耶?

然则藉书园者,实为18世纪我国公共图书馆之滥觞。永年视图书为天下之物,意在化私为公,藏之天下万世。其目的在"使学者于以习其业,传抄者于以流通其书"。永年不独为儒藏说之倡导者,且为儒藏说之实践家矣。

永年于乾隆三十六年(1771)成进士。三十七年(1772)四库馆开,以乡人大学士刘统勋荐,特诏征修《四库全书》,任校勘《永乐大典》纂修兼分校官,改翰林院庶吉士,授编修,充文渊阁校理,士林引以为荣。当时海内学人,集辇下,首欲纳交,投刺踵门,然深相知者,新安程晋芳、归安丁杰、余姚邵晋涵数人而已。永年在四库馆见宋元遗书,岁久湮没,畸篇剩简,多见采于明成祖时所辑《永乐大典》中。时议转从《大典》采缀,以还旧观。而馆臣多次择其易为功者,遂谓搜取无遗逸矣。永年固执以争,谓其中多可录。同列无如之何,则尽举而委之永年。永年无间风雨寒暑,目尽九千巨册,计卷一万八千有余,丹铅标识,摘抉编摩,于是永新刘氏兄弟《公是》

(宋刘敞撰)、《公非》(指《彭城集》,宋刘攽撰,刘攽字贡父,号公非,故人每以《公非集》称之)诸集以下,又得十有余家,皆前人所未见者,咸著于录。永年入馆之始,馆中例可借书,尝嘱桂馥为《四部考》,佣书工十人,日抄数十纸,盛夏烧灯校治,会禁借官书遂罢。好古之士,以为永年有功斯文,而永年自是不复载笔矣。

庚子、辛丑(1780—1781),《四库全书》将竣,而馆阁被命特修之书,皆欲趣成,馆阁撰述需人,翰林稍知名者,一人常兼数馆;又借才外曹,若进士、举、贡、诸生未得官者,或藉以超资换阶,纷然竞赴功名之会,而永年不得与,意泊如也。

《四库全书总目》虽纪昀、陆锡熊总其成,然经部属戴震,史部属邵晋涵,子部属永年,皆各集所长。永年于子,盖极毕生之力,故子部综录独富。会稽李慈铭言之详矣。

永年于乾隆四十四年(1779)出为贵州乡试副考官。五十六年(1791)乞病归里,秋七月卒,年六十二。其藏书终因未定经久之法,人殁而书亡。藏书散后,半归绵州藏书家李调元。白莲教起义,其族人乘机焚李氏万卷楼,争携藏书以去;其未尽者,亦化为云烟。永年为学务观大义,不觯章句。自谓义拙,不存稿,故殁后无传焉。所著《水西书屋藏书目录》久佚。《藉书园藏书目录》有东武刘氏抄本及诸城李璋煜抄本,今存北京图书馆。《儒藏说》及《先正读书诀》一卷,均收入《灵鹣阁丛书》。复撰有乾隆《东昌府志》,并与李文藻合纂乾隆《历城县志》、《历城县金石志》二卷。《历城县金石志》见闽侯林亚杰《石庐金石书志》,林氏藏有旧抄精本。刻有《贷园丛书初集》十二种四十六卷、《归田类稿》二十卷、《古文养蒙集》五卷、《制艺类编》等。永年藏书见于诸家著录者,有明嘉靖间刻本《六书精蕴》六卷《音释》一卷,旧抄本《广陵先生文集》二十卷《拾遗》一卷《附录》一卷,抄本《栲栳山人诗集》三卷,元刻本《茅山志》十五卷,明刻本《虎钤经》二十卷,清写本《张文忠公文集》二十八卷《附录》一卷,明嘉靖二十三年甲辰、四十年辛酉吴郡史臣纪传抄宋刻本《贞白先生陶隐居文集》上下卷,旧写本《石门先生集》十五卷,清抄本《晓庵遗书》一卷,旧写本《广陵先生文集》三十卷,旧写本《晏元献公类要》三十七卷,抄本《范文白公诗选》六卷,抄本《所安遗集》。《四库全书》开馆,永年进书三十三种,其中以永年家藏本为底本者四种,入存目者二十九种。李调元刻《函海》,尝得永年抄本书三十种,后屡索不还。及永年殁,不复可踪迹矣。藏印有"周印永年""周印书昌"白文方印、"书昌一字书愚"朱文方印、"书昌校本""林汲山房藏书"朱文方印、"林汲主人""藉书园印""济南周氏藉书园印""传之其人"白文方印。

《章氏遗书》文集三《周书昌别传》;《晚学集》卷七《周先生传》(《式训堂丛书》);王培荀《听雨楼随笔》卷一;《清史稿·周永年传》;李慈铭《越缦堂日记·桃花圣解庵日记》甲集第二集,《荀学斋日记》己集;《儒藏说》(《松邻丛书》甲编);民国《历城县志》卷四十一《周永年传》、卷五十二尹鸿保《书周征君逸事》;郭伯恭《四库全书纂修考》226页《四库全书依据书本一览表》;王绍曾《十八世纪我国著名目录学家周永年的生平及其主要成就》(《山东图书馆季刊》1981年第2期)。

李梃(?—1793后),字松溪,号雨樵,诸城人。乾隆癸丑(1793)进士,历官罗山知县。少承家学,积书三万轴,皆手亲校雠,遇赏心处摘录于册,名曰《袜线集》。卒年五十三。

光绪《山东通志》卷百三十九;道光《诸城县续志》卷十五。

刘君硕(?—1795前),乾隆时益都人。家多藏书,李南涧(文藻)尝借录《李织斋文》,皆校勘精细,乃其曾祖尔功先生所手定也。尔功著《茅亭诗抄》,君硕属南涧序而梓之。

《李文藻四种·茅亭诗抄序》。

郑其谊(?—1795 前),字董惟,号思圃,济宁人。与侨曾孙。敦品励行,博闻强识,老益精核。尝修谱系。先世富藏书,兵火后散佚大半。其谊搜求手泽不惜质衣购之。老屋十余间,卷轴之外无长物也。少从刘淇游,工诗善书法。乾隆某年卒,年八十一。

咸丰《济宁直隶州志》卷八。

宁世佺(?—约 1795),字尧叟,宁阳罗家楼人。乾隆中诸生。喜读书,堆案盈几积轴,外无长物。

光绪《宁阳县志》卷十五。

朱世则(?—约 1795),字慎恒,平原人。增生。少轻侠,长折节为儒,积书万卷,饮食坐卧,披诵未尝暂离。有求为诗古文辞者,援笔立就,浩歌自得。年七十,垂死,唯以校定《宋史》未及卒业为恨。

乾隆《平原县志》卷八;道光《济南府志》卷五十六。

张克勷(清乾隆间),字右襄,沾化人。廪生。好学,家贫不能置书,每从亲友借观,撮其要旨,手录成册,不下数百部。尤善书法,性慷爽,遇事勇于自任,胸无城府,士林咸乐与游。著有《田光论》《李孝妇传》《晋人谢秦人书》《车书图考》藏于家。

民国《沾化县志》卷二。

刘广恕(?—1795 后),字可亭,庆云人。乾隆丁未(1787)中进士,官工部主事,升员外,充京仓监督。解组后掌教古棣书院。著有《如心堂文稿》。年七十八卒。其《村居漫赋》云:“已作归田计,悠然物外情。只怜还故我,何必叹浮生。酿酒开新瓮,藏书有旧楹。间间村舍好,聊费小经营。”

咸丰《庆云县志》卷二、卷三。

宁栏龄(？—1795后),字馨恒,宁阳人。乾隆时廪生。姿廪颖异,童时即知孝让,以嗜学著称,及长益自刻励。家故多书,口吟手录,评骘殆遍。为文磊落清奇,每一艺成,远近传写,有纸贵之誉。书法纯师二王,性介不轻为人作。学者得其片楮如吉光之羽也。晚年讲学,以濂洛为宗,力造奥堂。子裕熵、裕煌。裕煌,字照彤,乾隆中优贡,博学,善属文,兼能诗。书法力摹钟王,具有风格。与中表程鸣岐互相切劘,所学益进。耄而好学,年七十余神明弗衰。《五经》《左》《国》《庄》《列》手抄日十余纸,点画精审,见者叹异。其侄宁汝岩有《照彤家叔以手书〈声调谱〉等书见赐因长句示堂弟霁苍》诗,备述其书法造诣及抄书之勤。诗云:"笼鹅高风今渺矣,银钩铁画谁继起。吾叔直接书圣传,自谓不疲颇乐此。英年临池老未休,踢拔毛颖如翻水。牙签压架尽手抄,门生持去不可记。近呼阿苍勤订装,拥书写像以自喜。盲左九万字蝇头,鸿文遍绿司马史。《楚骚》《文选》逮梵经,《道德》《南华》穷终始。诗取才调数十家,前有元白后温李。不耐试律与时文,然已累累数千纸。花朝月夕醉众宾,啧啧摹画叹观止。每谓笔阵久愈工,更持几卷赐犹子。《古本尚书》楷行并,秋谷声调兼诸体。由来踏破铁门限,二卷精力更莫比。自惭庸劣忝竹林,握管每教消墨冢。诸弟手笔俱如椽,行看综博取青紫。"

光绪《宁阳县志》卷十三、卷二十三。

庄履中(？—1796前),字和庵,莒州人。廪生。赋性朴拙,笃好诗书,遇秘本不惜重赀购之。尝手抄"五经"、《左传》三次,辑诗文数百卷,丹黄装帙,至老不倦。寿逾七十。

嘉庆《莒州志》卷十;民国《重修莒志》卷十三、卷六十五。

马淳(?—1796后),字怀民,齐河人。乾隆辛酉(1741)举人。学问博洽,历官有政声。酷爱书籍,凡精刻名抄,不惜重价,收藏至二万余卷,于县城内建楼十余楹贮之,名曰“五车书楼”。嘉庆初不戒于火,付之一炬,世共惜之。

民国《齐河县志》卷三十四。

王家榕(?—1796后),字广荫,号容谷,泗水人。乾隆三十六年(1771)举人,历邹平、德州训导。嘉庆元年(1796)举孝廉方正,朝考对策第一,授湖北竹溪知县,未赴,纳粟为同知。生平笃学好古,藏书至万卷,收古法帖墨迹尤富。精鉴别,工书法,与曲阜桂馥、莱阳初彭龄邮筒往来无虚日。在邹平时,倡修伏生祠,图其授经像,勒诸石,序而咏之。邑有北齐《隽修罗碑》及出土北周行军都统印,家榕皆为作跋,详加考核。尝得诸葛铜鼓于滋阳,筑铜鼓轩以贮之。夏仪《铜鼓歌赠王容谷》诗有云:“我闻司马言,还登司马堂,满壁图书尽奇古,秦碑汉碣殊烺烺。”非虚语也。著有《与堂诗文集》。

光绪《山东通志》卷百七十二;光绪《泗水县志》卷十五引黄承策《王容谷传》。

隋维烈(?—1796后),字永清,号毅庵,寿光县人。乾隆五十三年(1788)解元,嘉庆元年(1796)进士,通经学,尤邃于《易》,捷南宫后,隐居教授终身。家富藏书。邑有隋克峻,字颉唐,世居连城庄。博闻强识,一时有“书笥”之称。维烈爱克峻才,晚年以所藏书籍尽予之,曰:“吾隋氏传衣钵者止此耳。”克峻嗣孙世勋传家学,诸子百家,精粹者悉手录,以诸生老于乡。

民国《寿光县志》卷七、卷十二。

李敬五(?—1796后),字敷亭,宁阳人。嘉庆间廪贡生,旋举孝廉方正。好读书,名帖古画,富有收藏。闭门静养,不预外事。

光绪《宁阳县志》卷十四。

段松苓(1745—1800),字劲伯,亦字赤亭,益都人。府学士。旋连丁继母及祖母忧,不得应举。益肆力于学,尤好金石文字,所至披榛棘,穷悬崖,得一碑为前人所未录者,自携毡墨,手捶以归。时事姓氏,日夜钩考,征之传志,疏通而证明之,撰为《益都金石志》四卷。起于三代,下逮金元,一邑文献,灿然具备。偃师武亿为之序,叹为"信而好之者"。大兴翁方纲督学山东,搜访石刻,青州一府得之松苓者为多。乾隆五十八年(1793),仪征阮元继翁方纲督学山左,明年镇洋毕沅来为巡抚,欲同撰《山左金石志》,武亿及仁和朱文藻、钱塘何元锡暨松苓均延入督学幕中。乃遍访碑于岱、沂、灵岩、五峰诸山,跋涉千里,探幽剔秘,松苓或舂粮而行,架岩涸水,出之椎脱,捆载以归,其中多欧、赵以来未见之本。乾隆六十年(1795),《山左金石志》书成,松苓之力为多。嘉庆改元,按察使阳湖孙星衍将以孝廉方正举,力辞不就。五年(1800)卒,年五十六。著作复有《山左碑目》四卷、《赤亭金石跋》《益都诗纪》,补订李文藻《尧陵考》凡若干卷。松苓藏书有"段氏藏书"朱文印。

光绪《益都县图志》卷三十九;阮元《山左金石志序》;武亿《益都金石志序》(转引自《益都县图志》卷二十五);《金石著述名家考略》。

郭坛(?—1812),字岱封,潍县人。幼颖异,读书目十行下。弱冠补县学生,试辄第高等。为文有法度,教授里中,受讲益成名者相望。其学不同世俗苟且,凡典章、名物、地理、氏族、律吕,以及文字训诂,靡不研究。每治一经,皆博综众说,折衷以求其当,而时出创解率多精凿而不可易。坛素怀淡泊,不营仕进。嘉庆庚申

(1800)考职一等得主簿,不谒选而归。尝辟地为园,阮元颜其堂曰"经冶",积书满架,庭前莳花种竹,以接四方知名士。晚年力衰,恒坐卧其中,昕夕翻阅不辍。著有《经冶堂易义》若干卷、《经冶堂解义》二卷及《文抄》若干卷。《经冶堂解义》有嘉庆十九年刻本。

民国《潍县志稿》卷三十;宋书升《郭岱封先生传》(见《潍县文献丛刊》第二辑《旭斋文抄》);《经冶堂解义·郝懿行序》。

赵文松(?—1801前),字鹤龄,长山人。年五岁以家贫度为僧。阅二载主僧殁,复还俗。出游济南,方狮山先生时以医显,见文松奇之,留馆中。询其年已十六。教之读,颖异过人。渐授以医,不数年遂传其术。有淄川王生者,赴乡试得疾,文松诊之曰:"此易愈耳,但三日后更有某疾,不可为矣。当速归。"至家卒,果三日也。由是名大噪,家亦渐裕。喜藏书,曰:"遗有尽之金,不如遗无尽之书。"卒年五十八,闻者惜之。

嘉庆《长山县志》卷九。

桂馥(1736—1805),字冬卉,号未谷,别署老菭。曲阜人。乾隆五十五年(1790)进士。少承家学,于书无所不窥,尤邃于金石六书之学。乾隆三十三年(1768)初贡成均,得交大兴翁方纲,所学益精,其相与考订之功,具载覃溪所著《复初斋集》中。已而教习期满,补长山训导。时历城周书昌(永年)见自来收藏家易散,有感于曹石仓及释道藏,作《儒藏说》,约未谷买田,筑"藉书园",祠汉经师伏生等,聚书其中,招致来学。未谷尽出家藏,以助其成。盖二人意气相投,于振兴文教,诱掖后进,尤有同好焉。复倡修潭西精舍,与马秋药、庆晴村、吴谷人、武虚谷、阮芸台、徐大榕、陈明轩辈相与酬唱。

未谷平生读书治学,得于书昌者为多。其《上阮学使书》自叙为学次第云:“自束发从师,授以高头讲章,杂家帖括,虽勉强成诵,非性所近。既补诸生,遂决然舍去。取唐以来文集、说部,泛滥读之,十年不休。三十后与士大夫游,出应乡举,接谈对策,意气自豪。周书昌见嘲云:‘君因不喜帖括,遂不治经,得毋恶屋及鹊邪?涉猎万卷,不如专精一艺,愿君三思。’馥负气不从也。及见戴东原,为言江慎修先生不事博洽,唯孰读经传,故其学有根据。又见丁小雅,自讼云:‘贪多易忘,安得无错。’馥憬然知三君之教我也。前所读书,又决然舍去,取注疏伏而读之,乃知万事皆本于经也。窃谓训诂不明,则经不通。复取许氏《说文》,反复读之,知为后人所乱,欲加校治,二十年不能卒业。书昌寄书见讯,报之云:‘昔郭景纯注《尔雅》,十八年而成,馥之学万不及景纯,而《说文》名物十倍《尔雅》,扬子云所谓白纷如也。乌呼!馥所学如是而已。”毕生精力尽萃于《说文解字》。尝谓士不通经,不足以致用;而训诂未明,未足以通经。故自诸生以至通籍,日取许氏书与诸经义相疏证,垂四十年而成《说文解字义证》五十卷。又倩罗两峰聘绘许慎、江式、颜之推、张有、徐铉、徐锴、吾邱衍、李阳冰图凡八人为《说文统系图》,张埙、卢文弨、王念孙等皆为题记,因题其室曰“十二篆师精舍”。迨书昌征纂四库书,授翰林院编修、文渊阁校理,得借馆上书,约未谷为《四部考》,佣书工十人,日抄数十纸,盛夏烧灯校治。会禁借官书,遂罢。乾隆五十五年(1790)出为云南永平知县。永平故滇之边邑,未谷卧阁以治,政简刑清,境宇帖然。罗两峰复绘《插花骑象图》以志之。嘉庆十年(1805),年七十,卒于官。

未谷所著《说文解字义证》,论者每与段注并称。良以有清一代覃精许学者首推段注,可与抗颜行者唯桂书耳。张之洞《重刻说文解字义证序》尝就两书评骘其得失,略云:

窃谓段氏之书,声义兼明,而尤邃于声。桂氏之书,声亦并及,而尤博于义。段氏钩索比傅,自以为能冥合许君之旨,勇于自信,欲以自成一家之言,故破字创义为多。桂氏敷佐许说,发挥旁通,令学者引申贯注,自得其义之所归。故段书约而猝难通辟,桂书繁而寻省易了。夫语其得于心,则段胜矣。语其便于人,则段或未之先也。其专胪古籍,不下己意,则以意在博证求通,辗转孳乳,触长无方,非若谈理辨物,可以折衷一义,亦如王氏《广雅疏证》、阮氏《经籍籑诂》之类,非可以己意为独断者也。

张氏之论,最为宏通。梁任公《中国近三百年学术史》复从而引申之,斯可谓知人之论矣。未谷所著复有《缪篆分韵》五卷、《续三十五举》一卷、《札朴》十卷、《晚学集》十二卷、《未谷诗》四卷。未谷虽号经师,亦为诗人。尝仿《四声猿》为《后四声猿》杂剧,曰:《放杨枝》《投圂中》《谒帅府》《题园壁》,莫不富于风趣,求之清代,殊属难能,郑西谛尤亟称之。未谷工书,复精分隶,窥汉人堂奥,片札支字,海内宝之。未谷藏书见于诸家著录者,有宋种德堂刊本《说文解字韵谱》五册一函、影元抄本《紫云增修礼部韵略释疑》五卷、旧抄本《雁门集》八卷(汲古阁旧藏)。藏印可见者,有"桂馥之印""桂未谷""未谷""桂馥印信"等。

《清史列传》卷六十九《桂馥传》;民国《续修曲阜县志》卷七引蒋祥墀《桂馥传》;孔宪舜《晚学集序》(《晚学集》卷首);桂馥《周先生传》(《晚学集》卷七);桂馥《上阮学使书》(《晚学集》卷六);湖北崇文书局本《说文解字义证》;郑振铎《后四声猿跋》(《清人杂剧初集》);《天禄琳琅书目续编》卷三;《双鉴楼善本书目》经部;《诒庄楼书目》卷五;《涵芬楼烬馀书录》经部;《明清蟫林辑传》;梁启超《中国近三百年学术史》210页;傅惜华《清代杂剧全目》176—179页。

李联坛(?—1805后),字佑庭,号杏墀,济宁州人。嘉庆九年(1804)举人。父莹,官监察御史。父殁,绝意仕进,积书三万卷,手勘丹黄,午夜不倦。漕督周天爵与联坛父友善,每巡漕驻节济宁,辄过门通问。著有《杏墀遗稿》,卒年六十六。

咸丰《济宁直隶州志》卷八;民国《济宁直隶州续志》卷十三。

张咸平(?—1805后),字淳熙,平阴人。嘉庆九年(1804)援例充贡,家藏图书甚富,晚岁于松院之西偏,因旧室而新之,筑为别馆。其中花木竹石,位置俱有次第。

光绪《平阴县志》卷五。

于桐(?—1805后),字安巢,号敬亭,陵县于家集人。嘉庆乙丑(1805)以优贡官大理右寺丞,记名同知。告退后以聚书吟诵为乐。著有《挹翠山房遗稿》。其《春暮村居,萧练江以诗见寄,赋此奉答》诗云:"庭院昼方长,东风草径芳。陈编摊邺架,春梦到匡床。檐静蛛丝坠,泥新燕啄忙。琴樽故人乐,容日费时光。"

民国《陵县续志》卷四。

宁联璔(?—1809后),字位五,宁阳县宁家庄人。乾隆中诸生。性方整,简于訾笑。学通史汉,为文渊雅有体裁。好览古书,丹黄精审,尝辟一小园,罗植松竹,构澹和轩为子孙诵习之所,寒畯就学,悉以膏火佐之。又尝于杏岭之东、溪山胜处,创筑环云书舍数十楹,以待四方负笈之士。名流萃集,一时称盛。屡赴省闱不第。嘉庆戊辰(1808)始以恩例举于乡,己巳(1809)会试钦赐国子监学正衔。年八十卒。子伯成,诗礼堂启事。

光绪《宁阳县志》卷十四。

颜崇槼(1741—1811后),字运生,号心斋,曲阜人。乾隆庚寅(1770)举人。官兴化县知县。博雅工诗,与桂馥齐名。手著《续鲁故诗语》《同席录》《心斋记异》《牒鲭小记》诸书,皆征引博洽。纂修《颜氏宗谱》,表阐幽潜,有功家乘。嗜金石,精考据,兼有墨癖,搜罗藏弆,不遗余力。官教授时,值翁方纲、阮元先后督学山左,皆以文字相商榷。谈燕之风,一时称盛。诗格清雅,步武唐人。手稿皆未授梓,多为人取去。唯《种李园摩墨亭诗集》为孔昭虔所藏。

民国《曲阜县志》卷三、卷五。

刘曰义(1761—1812),字乔林,一字立夫,自号笠夫,世居栖霞县东北桥子村。乾隆癸卯(1783)举人。乙卯(1795)检发河南试用,戊午(1798)署兰阳县事,遽请养归田。乃益读书学问以尽其才。满架数千卷,浸溉胸中。尤笃好《周髀》《句股》,穷其微妙,智巧入神。所著《句股图》一卷、《面体算术》八卷、《小雅辛卯朔考》三卷、《读汉书律历志算草》三卷、《元史日影算》一卷,又《九章算式》九卷、《推日月食分》三卷,皆手书精谨,别以楷法小篆八分三体,粲然无一字行草。嘉庆壬申(1812)病卒,年五十二。

光绪《栖霞县续志》卷九引牟庭《刘公立夫墓志铭》。

赵锡蒲(1746—1814),字建男,号秋渠,又号石农山人,冠县人。乾隆丁酉(1777)拔贡,由新城教谕保举知县,分发直隶先后署无极、唐县、望都、高邑、定兴,升蓟州知州,署遵化直隶州,擢顺德府同知,调保定府同知,复调易州直隶知州。嘉庆十九年(1814)六十九岁卒于易州官舍。历官三十年无声色之娱,唯爱佳山水,好聚书,常以数千卷自随。所止居垒石穿泉,悠然尘外。

道光《冠县志》卷九;民国《冠县志》卷九;牟庭《赵秋渠先生传》。

孔广林(1736—1814 后),原名广枋,字幼髯,号丛伯,小字同,自号赘翁。曲阜人。与弟广森齐名。弱冠覃心《三礼》,尤笃好高密郑氏之学,著有《说经五稿》三十六卷,附《经说未竟稿》一卷。复辑高密遗著为《通德堂遗书所见录》十八种七十六卷(一名《郑学十八种》。治经之余,深于曲学,于元剧特精,所制皆遵守元人格律,不敢或违。著有《温经楼游戏翰墨》二十卷(稿本存上海图书馆)皆四十余年间所作剧曲、南北散套、小令。有杂剧三种:《璇玑锦》《女专诸》《松年长生引》各一卷(以上三种均《清人杂剧二集》本,《璇玑锦》《女专诸》,另有《幼髯孔氏所撰传奇杂剧三种》本),有传奇《斗鸡忏》二卷(《幼髯孔氏撰传奇杂剧三种》本)。晚年自叙六十年来读书、应试、交游、治经及家事而成《温经楼年谱》(原题《阙党赘翁自叙》,稿本存北京图书馆)。喜藏书,其善本见于著录者有旧抄本《皇朝事实类苑》六十三卷(宋江少虞撰辑),书中钤有"文宣王七十世孙广林藏书画印"朱文印。

来新夏《近三百年人物年谱知见录》第113页;《藏园群书经眼录》第775页;《清史稿艺文志及补编》第17、24、29、32、700页;《中国丛书综录》第二册第949、952页。

赵曾(1760—1816),字庆孙,一字庆之,号北岚,世居登州府莱阳县。少颖异,乾隆三十年(1765)举人。嘉庆六年(1801)挑发江南候补知县。历摄嘉定、青浦、吴江、荆溪、宝山县事。一摄镇江通判。曾嗜诗书,通小学,工隶书,尤酷嗜金石,所得汉人碑版拓本甚夥,自署为"百汉碑斋",卒年五十七。顾广圻有《挽赵大令北岚》诗。官嘉定时,与钱大昕(竹汀)及其从侄献之交游甚密。献之故多吉金贞石之储,及病,以归曾,故收藏金石甚富。其在荆溪也,公务杂沓中,登祝陵,访吴孙皓《封禅书》,手拓其文;又修石亭覆之,以庇风雨,勒铭善权寺壁,其逸兴如此。所著有《书鹤轩诗抄》《刀布文字记》《隶辨辨》,皆为梓行。又集县名人书,名《莱阳人帖》。身后家毁于火,金石书帖俱付灰烬。喜购书,今所见其藏本尚有清嘉庆十一年(1806)嘉定钱大昕家刻本《潜研堂文集》五十卷、《诗集》十卷、《续集》十卷。藏印有"莱阳赵曾北岚过眼经籍金石书画之记"。函签题"《潜研堂文集》,赵北岚嘉庆十三年(1808)所得,距先生殁之五年也"。另有手跋云:"《潜研堂文集》共五十卷,嘉庆戊辰春刻讫,钱瞟田学博赠于吴门。北岚记。"此书后归长洲章钰,钰卒,后人赠予燕京大学图书馆。

民国《莱阳县志》卷三;《章氏四当斋藏书目·集部》;李庆《顾千里研究》166 页。

王世恩(?—1820 前),字泽普,无棣人。嘉庆间恩贡生,铨州判。家无担石,日手一卷,晏如也。纠合同志,置书千卷,庋贮一室,俾众公览。性恬淡,不问生计,年届八旬,耳目聪明,齿牢善饭。卒年九十三。

民国《无棣县志》卷十三。

蒋天鈐(嘉庆间),字锡庭,号砚友,博山人。邑增生。大理寺评事加四级诰授奉政大夫。早年官京师,供职有声。交游多名下士。凡有利济于人者,不惜千金。既赋归田,积书甚富,延名流讲授,芹香廪禄,蒙塾生色。至其修书院,督善工,施地捐金事,尤不可殚述。

民国《博山县志》卷十二。

娄法程(?—约 1820),字道亭,平阴人。郡庠生,性忠直,好读书。祖春和,嘉庆间恩贡,家有藏书。法程少时粗知文义,即手不释卷。教人不以功名为急,殁后门人私谥之曰贞靖先生。

光绪《平阴县志》卷五。

于超然(清中期人),字坡堂,商河县西关人。邑庠生。读书以行为先,家有藏书。时李二曲颙所著《四书反身录》,县中刻本尚少,乃手抄四卷。宝坻王桂芬有《三月十九日西关于氏园中看桃花》诗云:"薄寒刚欲尽,暖入看花晨。疏柳荒城路,秾桃野馆春。地幽人亦静,书富士何贫(自注云:于老先生有古本藏书)。归径斜阳里,风和不起尘。"盖纪实之作。

民国《重修商河县志》卷十五。

孙荣曾(? —1821 前),字贻亭,胶州人。援例贡成均。生平好积古书,遇佳刻秘本不吝重价购之。年七十四卒。著有《培树山房诗草》。

道光《胶州志》卷二十九;民国《增修胶志》卷四十五。

杨景清(? —1821 前),字伯寅,招远人。道光时岁贡,博学工诗。登莱道闻其名,礼致训子弟。掖之张之维大支、王相鼎耳黄、林嵋小眉,素以诗豪东莱,见其诗皆倾服,因订交焉。生平好蓄书,晚年佐故人幕,将归,遗之金不受,乃市书以进。所著有《自怡诗集》。

道光《招远县续志》卷三。

宁传灏(? —1821 后),字沂亭,宁阳县栗家楼人。监生。赋性静退,与物无竞。足迹不入城市。闭阁摄养,茗椀薰炉,悠然意远。无他嗜好,唯喜蓄法书名画。尤喜乡先辈手迹,如程临池、宁大千、于沈章诸老,零缣断楮,必多方搜罗,手自装潢,秘藏箧衍,珠玑不啻也。尤爱菊,插莳如法。闻有异种,必致篱下。每秋高霜肃,群葩数百本,缤纷怒放,流连玩赏,竟日忘疲,几不知有人间事,咸以为栗里风味也。年八十余寿终。子继均、继衡、继锐,皆监生。孙天勋,监生。

光绪《宁阳县志》卷十五。

曹元询(? —1822 后),原名业,字灵悬,安丘人。嘉庆辛酉(1801)举人。少读书过目不忘,长尤淫于典籍,见古书法帖,名字善画,无不多方购之,虽易以土田不少吝,不唯衣囊空空也。道光壬午(1822)举孝廉方正,廷试一等,以知县用,未仕卒。

道光《安丘新志》卷十九。

初彭龄(? —1825),字颐园,又字绍祖,莱阳人。乾隆四十五年(1780)进士,改庶吉士,授编修,擢御史。五十八年(1793)以光禄寺少卿督学湖北。嘉庆改元(1796),历任云南巡抚、刑部右侍郎、吏部右侍郎、内阁大学士。十二年(1807)丁父忧,服阕,署山西巡抚,旋授刑部右侍郎。十七年(1812)署江南河道总督,补仓场侍郎。十九年(1814)擢兵部尚书,署江苏巡抚,寻因与两江总督百龄讦参革职。二十一年(1816)起为工部主事。道光二年(1822)擢工部尚书。四年(1824)以老乞休。五年(1825)卒。著有《乾隆辛卯迎銮恭进诗册》不分卷,有清刻本,今极罕见。彭龄家富藏书,名其室曰"遂初堂"。所藏多旧本精椠。彭龄卒后二年,道光七年(1827)藏书散出。见于著录者有宋刊本《监本附释音春秋谷梁传注疏》二十卷。此书旧藏朱卧庵(之赤)家,递藏彭龄及昌平王北堂(蕙铃),民国间,为傅沅叔(增湘)所得。有彭龄手跋,曰:

此种书存于人间者有数,弥足珍爱。万苦之中得此无上宝书。宋本最难得者经史。朱之赤审藏。乾隆五十有七年遂初堂初氏记。

复有北堂手跋,曰:

宋十行本《谷梁传注疏》廿卷,即阮芸台先生所从重刊者,古色古香,为北堂藏书之冠。丁亥冬十月得于欣赏阁,北堂识。

盖此书经之赤、彭龄、蕙铃、阮元等人鉴定为宋本，而傅氏则定为元刊明修本。书中钤有“乾隆五十有七年遂初堂初氏记”长印。复藏有明刻本《扬子》十卷，明洪武刻嘉靖补刻黑口本《元史》二百十卷，钤“初颐园藏印”。

《清史稿》卷三五五《初彭龄传》；丁丙《善本书室藏书志》卷五、卷十七；民国《莱阳县志》卷三；《明清蟫林辑传》；《涵芬楼烬馀书录》经 12 页；《藏园群书经眼录》75、76 页；《四川省图书馆藏古籍目录》。

郝懿行(1757—1825)，字恂九，一字寻非，号兰皋，栖霞人。乾隆四十年(1775)补县学生，四十三年(1778)食廪饩，受知于学使仁和赵鹿泉，有栖霞四杰之目。五十三年(1788)乡试中式。在历下获交云南宁州刘大绅，大绅与偃师武亿(虚谷)、栖霞牟庭(默人)相友善，因得交虚谷、默人。嘉庆四年(1799)成进士，授户部江南司主事。是年因盆莲双蒂，乃颜其书屋曰“双莲”。懿行为人谦退，讷若不出口，然自守廉介，不轻与人晋接，遇非素知者，相对竟日无一语。迨谈论经义，则喋喋忘倦。所居四壁萧然，庭院蓬蒿常满，僮仆不备，懿行处之晏如。浮沉郎署，视官之荣悴，若无与于己者，而一肆力于著述，漏下四鼓者四十年。

懿行精于训诂之学，牙签万卷，终日铅黄不离手。每撰成一篇，必于王石臞父子(王念孙、王引之)、阮芸台、孙渊如、马元伯诸名家往来商榷。所著《尔雅义疏》十九卷，石臞亲为点定，并撰《尔雅郝注刊误》一卷。盖懿行与伯申为同年，尝以师礼事石臞，故所得者为多。《尔雅义疏》与王氏《广雅疏证》，功力所至，各有不同，而两人治学途径，自周秦汉魏音韵训诂入手则一。若论其短长，王氏于声韵蓄力独厚，故较郝氏论声韵处精确；郝氏于目验实物有年，故较王氏论草木虫鱼处切实。懿行复著有：《易说》十二卷，《便录》一卷，《书说》二卷，《汲冢周书辑要》一卷，《逸书》一卷，《礼记笺》四十九卷,《春秋说略》十二卷,《春秋比》二卷,《山海经笺疏》十八卷《图》一卷《订讹》一卷《叙录》一卷,《竹书纪年校正》十四卷,《通考》一卷,《荀子补注》二卷,《晋宋书故》一卷,《补宋书刑法志》一卷,《补宋书食货志》一卷,《宋琐语》(不分卷),《宝训》八卷,《蜂衙小记》一卷,《燕子春秋》一卷,《记海错》一卷,《诗说》二卷,《诗经拾遗》一卷,《证俗文》十九卷,《晒书堂文集》十二卷,《外集》二卷,《别集》一卷,《晒书堂笔记》二卷,《晒书堂时文》一卷,《晒书堂笔录》六卷,《晒书堂诗抄》二卷,《试帖》一卷,《诗馀》一卷。

懿行妻王照圆,字瑞玉,号婉佺,福山县人。博涉经史,恒与懿行焚香对坐,参证异同得失,论不合辄反目不止。时有"高邮王父子,栖霞郝夫妇"之目。著有《列女传补注》八卷,《叙录》一卷,《校正》一卷,《列仙传校正本》二卷,《赞》一卷,《梦书》一卷,《晒书堂闺中文存》一卷。又与懿行以诗答问,懿行录之为《诗问》七卷。又合撰为《和鸣集》一卷。懿行撰《尔雅义疏》亦间取照圆说。

《清史列传》卷六十九《郝懿行传》;光绪《栖霞县续志》卷七,卷九引牟庭《郝公兰皋墓志铭》;光绪《山东通志》卷百七十六;许维遹《郝兰皋夫妇年谱》;刘盼遂《高邮王氏父子年谱》。

张振东(? —1825 后),齐东人。道光乙酉(1825)岁贡。为人廉静寡欲,端方正直。性嗜读,凡经史子集,古今试帖皆有端楷缮本,以备观览。殁后所抄书籍尚存十余笥,惜被水患,漂没殆尽。生平教授生徒因材施教,始终无倦容,世称为青园先生。

民国《齐东县志》卷五。

文彬(? —1826 后),字筠轩,诸城人。嘉庆丙子(1816)举于乡,大挑知县,历经四川大宁、乐至、蒲江、万县知县,升绵州、邛州知州。年七十余告归,优游林下十余年,日以图书自娱。孙淦,候补同知,嗜金石,精鉴别,所蓄古琴钟鼎古泉币以及名人书画,必呈文彬摩挲评赏以为乐。寿八十殁。

光绪《增修诸城县志·列传二·文苑传》。

王依人(1819—1828后),字情田,一字纯天,自号懒读斋主人,商河人。喜博览群籍,借友人书,有奇秘者抄录之。楷书端整,一笔不苟,日写万余字毫无错讹。不烦添注涂改,沉潜经史百家言,多所补正。年十九受知季提学芝昌,读书万卷,甲乙丹黄,每为古人雪不白之冤。

民国《重修商河县志》卷十四。

朱续经(1767前—1830后),字青章,号豫堂,平阴人。年十七入邑庠,乾隆甲辰(1784)举于乡。历任光禄寺卿、通政司参议,迁鸿胪寺卿。己丑(1829)缘事降级。庚寅(1830)补鸿胪寺少卿。迁光禄少卿,以疾请假回籍,居长清别墅。喜聚书,搜罗秘本及古金石文字,积至数万卷。卒年六十有九。

光绪《平阴县志》卷四。

马邦玉(?—1831后),字荆石,号寄园,鱼台人。以拔贡举嘉庆辛酉(1801)乡试,历官费县、济阳训导,单县教谕。文学湛深,著有《怀续堂诗文集》若干卷。于外物无所好,顾嗜古人碑版文字。四方访求,辄手拓其文,三十年如一日。宾朋故旧及诸弟子亦争致其所有,以故家无长物,唯碑拓颇多,因名其斋曰"宝汉斋"。每谛视审定,至欣然忘倦,间录有文字、题跋、考释,成《汉碑录文》四卷,有清道光二十七年(1847)灵石杨氏连筠簃移刻本、清光绪七年(1881)补正本、民国七年(1918)济南新华印字馆石印本(作三卷)。又有《汉碑摹本》一卷,今藏山东省博物馆。初设帐邹、滕间,生徒最盛,因家焉。

光绪《邹县续志》卷十二;《金石著述名家考略》34 页;《山东文献书目》。

程馀庆(?—1832 后),字椒园,利津人。道光壬午(1822)副贡,选寿张教谕。居恒汲古为乐,藏书数千帙,皆手自雠勘。所著《史记集说》,殚十余年之精力,诠解详明,尤为艺林所重。

光绪《利津县志》卷七。

徐宪文(约 1753—约 1833),字郁亭,号石渠,滕县人,世居滕西郭村。幼聪慧。少长补博士弟子。乾隆丙午(1786)学使赵鹿泉主科试,取兖郡第一。食饩,遂领乡荐。庚戌(1790)成进士,授内阁中书。辛酉(1801)分校礼闱。嘉庆十八年(1813)补授台湾南路理番同知。时年近六旬,履任年余,循例晋知府候选,遂买舟归。素嗜图章古籍,俸余所得以千百计。笑谓友人曰:"慎勿以薏苡见疑,所有宦囊止此痴儿耳。"葺茅屋于薛南,颜之曰"淡香书屋"。著《四书一解》,手抄丛书百余册,曰《淡香随笔》。年八十卒。

道光《滕县志》卷八。

颜逢甲(?—1834 后),字原美,号东田,滕县人。乾隆甲午(1774)举人。中年丧妻,孑居四十余年。一上春官不第,乃游江淮,北及临济,市书数百种,四壁牙签皆满。处己严峻,择人而友。尝与广文黄筠圃、孝义阎东山、隐逸任樵山,以文字相往来。年八十卒。著有《丧礼辨俗》《古诗肄》《白华山房诗文》藏于家。

道光《滕县志》卷八。

孙玉庭(1752—1834),字佳树,号寄圃,济宁人。乾隆四十年(1775)进士,改庶吉士,散馆授检讨,官翰林。癸卯(1783)任广西乡试副考官,出为山西河东道,调广西盐法道,擢按察使。又擢广西巡抚,调广东。擢两江总督,授体仁阁大学士,年老乞休。筑小园凿池种莲,尤爱菊,岁栽千百盆,所居阁五楹,堆菊为山。厅事间亦列菊山,灿若云霞。足迹不至城市,门庭清寂,无杂宾。家多藏书,缥缃插架,满堂满室。卒年八十二。有《孙玉庭自记年谱》。

光绪《山东通志》卷百七十二;王培荀《乡园忆旧录》卷三;姜亮夫《历代人物年里碑传综表》。

石嵩宗(1750—1835),字颖瞻,永学子,道光时平度人。以诸生名于时。少好读书,收藏极富。先自号其书室为"五峰",后因其先人起自埠阳,更名为"埠阳书屋",日浸淫其中以为乐。孙儒秀为撰《石颖瞻秀才书屋歌》云:"埠阳书屋负城郭,城上夜夜敲寒柝。石子挑灯苦读书,俯仰千年气落廓。忆昔先人起埠阳,耕读传家贻谋长。中叶播越来胶东,两世茫茫遗书香。胶水蜿蜒通地灵,石气遥接太华青。太君尺土培家庆,五峰突兀萃一庭。长公豪迈跨壁水,千金交遍槐阴市。二三泮林次第飞,翩翩衣马中州士。一箭金埒夺锦标,孟家双骥俱千里。五公少年亦老成,力田能佐诸兄给。独有石子少读书,年年购书书五车。读书多种北堂草,藏书静作南山庐。此庐昔日号五峰,群山于此竞朝宗。护持田家荆树红,称觞献寿乐华封。近日石子励幽独,居名拟改埠阳屋。学成未茂根柢深,孝思应知溯水木。我来书屋访同人,满院黄花斗小春。石子爱客具芳樽,古道照人意殷勤。殷勤谈未了,左帖、新诗、名家草,兼索长吟匾高斋,愧无好句写幽抱。"

道光《重修平度州志》卷十四、卷十九。

牛敏夫(？—1835后),字叶商,滋阳人。运震孙。邑庠生。举道光辛巳(1821)制科征士。家贫嗜学,克绳祖武。性严正,人多敬惮之。然才可肆应,如道光中重修城垣、东坝、书院、考院诸大役,悉赖主办,俱克蒇事。晚年爱风雅,花木一庭,图书四壁。每招知己,集生徒,把酒吟诗,洎如也。且老不废学,日诵古文数十篇,书小楷五百字率以为常。

光绪《滋阳续志》卷九。

张耕(？—1835后),字芸心,滕县人。居县南奚公山之西偏。藏书万卷。不乐经生学,道光间以太学生加纳布政司理问。轻财好施,性闲静,无流俗交,朝夕披阅不倦。著《古韵发明》,本顾、江、戴三家,推广其未尽之蕴,审定正音,则出流变。又依《等韵》而正之,曰《切字肆考》行于世。日照许印林、安丘王菉友读其《古韵发明》,多所许可。印林自称"后学",尊之为"老先生",菉友则谓"幸与先生并世而生",其推重如此。

《攀古小庐文补遗·与滕阳张芸心书》;《清诒堂文集·致张芸心先生书》(齐鲁书社1987年版);道光《滕县志》卷八。

焦建中(？—1835后),字正万,乐安人。执中之族弟也。邑廪生。年未四十,绝意仕进,慨然有名山一卷之志。衣食时不多给,不为意。手抄之书以十数。邑前辈自织斋、太拙以下诗文,凡无版本者皆录有全帙。秃笔淡墨,而字尽端楷,一时知名士率折节友之。

民国《乐安县志》卷十。

阎清澜(？—1837前),字文涛,号石渠,昌乐人。增广生。幼即嗜读,弱冠补博士弟子员。父年迈,喜讽咏,清澜时朗诵诗书为娱。其好学出天性,寝执卷帙,游携笔砚,常以到处留心为务。家藏书记写殆遍,抄录成帙者满数簏,好问不绝。不蓄疑,有未知,或不俟食毕,或旋命继火,即寒夜睡久,必急起核明乃已。工诗古文词,远近皆宗之。讲贯详明,议论博雅。游其门者得其绪余,多蜚声艺苑。制艺矩矱先民,虽屡膺鹗荐不售,无怨言愠色。晚年洁庭除,联诗社。垒石为山,名之曰偶,故亦号偶山主人。一日为学人改咏兰诗云:"一自香含幽谷里,群芳不敢并称花。"忽觉不怡,寻逝,年六十八。著有《镂冰诗集》《偶山丛话》。

民国《昌乐县续志》卷三十一。

阎湘蕙(? —1837 前),字香亭,昌乐人。清澜季子。附贡生,候选训导。前后十赴乡试不售。以舌耕老。岁入修资,购书外率以供表章文献之用。益都赵秉忠《琪山集》板久不存,纠同志重刊;《宋祠部集》板缺,复字多漫漶,为访得旧本补刊。临朐冯闾山,益都石米山诸先生之《海岱会集》无刊本,手自四抄之:一自藏,三赠藏书家。前未成书所采集以成者,则益都《李南涧文集》三卷,《营陵文抄》《诗抄》各若干卷。凡郡邑先正著作未刊之抄木,及已刊而板不存、书甚少者,收藏尤富。欲刊无资,或远走数十百里,付其后人以刊,益都钟羽正《崇雅堂集》其一也。南涧先生墓无碑,所居梁家庄明季拔贡梁汉钟,邑岁贡于宝文墓亦无碑,皆碑以表之。晚年齿并德尊乡邑,推祭酒者二十余年。所著有《云门驼劈山志》《谚语类抄》《梓里丛谈》等书,未梓。

民国《昌乐县续志》卷三十一。

张旷(? —1838 前),字远仙,观城人。娶同邑姜光宇次女。姜老无子,虑其子侄俱不克负荷,夫人魏氏曰:"中郎有女可托也。"遂举生平所藏书物赠之。

道光《观城县志》卷九《张远仙传》。

崔庄临(1767—1839),字敬孚,号莅堂,茌平人。嘉庆五年(1800)举人,以大挑二等选菏泽县训导,署曹州府教授,签取知县。庄临好文学出于天性。当乾嘉间海内竞尚汉学,庄临亦然。同时师友若高邮王引之,文登毕亨,侯官毛鼎亨,鱼台马邦举,皆许其可入堂奥,而庄临独兼及宋儒之书,笃信不韪。尝以为士不学此不足以为士。若得为大夫,为卿相,则更无论矣。平生治学,不主宗派,每诫子孙,但愿汝曹为实学,求实用,勿斤斤于门户之见。著有《洪范五行表》《读史随笔》《三国志补注》。家多蓄书。同治二年(1863),家人以兵乱逃离茌平。比归,藏书毁失过半,而所著与焉。

民国《茌平县志》卷三。

张广韶(?—1840后),字云门,平阴人。父煊,岁贡生。少攻举业,授徒于家,中年习医,精其术,世号为仙机。选即墨训导,未仕卒。广韶性颖异,尤长于词赋。道光乙酉(1825)拔贡,辛卯(1831)举人。大挑一等,署江苏金山知县,再署武进县。以捐资助赈,晋通判衔。广韶为人嗜书而疏于世故,同官多不悦。以失意上台,挂吏议去。旋起,复以教职,改用后选,授昌邑教谕,而广韶已卒。自被议,久羁江南,日沉于酒。所藏书史图画及生平著录皆散佚。其殁也,肥城朱家惠及族侄希曾欲裒集其诗文而存之,求无所得。后于东平杜桂林家得其诗一卷,则乙未年(1775)在济南读书时作也。

光绪《平阴县志》卷四。

张尔宇(?—1840后),字启之,掖县人。道光乙未(1835)解元,庚子(1840)进士,以直隶知县用,不就。禀性谦退,不喜名誉。

著作虽富,而刊传绝少。唯所著《四书考》为门弟子所抄,间行于世。自号半懒翁,作《懒翁歌》以自述。略云:"勤于守,懒于争;勤于事,懒于功;勤于实,懒于名。"斯可见其梗概矣。暮年构精舍于白云山,藏书数万卷,诵读其间。掖人言学者多宗之。

光绪《山东通志》卷百七十七;光绪《掖县全志》册九;光绪《掖县乡土志》卷二。

杨征和(?—1840后),清道光时济南人。征和、征致、征祺兄弟三人,有历下三才子之目。征和善书,能文,随笔画兰,不数作。好丝竹,酒间花下,清歌悠扬,宾客乐与酬酢。又善雕刻印章,工揭裱,家藏书画多手自装潢,非俗工可及。家极贫,入其室图书鼎彝,位置都雅,有若素封,一堂怡怡,萧然有以自乐。

王培荀《乡园忆旧录》卷三。

成瓘(1763—1841),字肃中,号篛园,晚号古稀迂叟,邹平人。少嗜读书,博学强记。乾隆己亥(1779)年十七补县学生。乾隆甲辰(1784)后,以大小试均不利,不愿老死于帖括中,于是借书亲戚间,晨夕展读。癸丑(1793)甲寅(1794)馆长山,遇沾化进士韩逢伯,谓子富于卷轴,盍罄控纵送其笔,为金石千声、云霞万色之文,卒于是秋受知于学使阮元。阮示以学人当求访书目一册,从此沉酣古籍,抗心不能自抑。嘉庆辛酉(1801),乡试中式,为江西刘金门、湖北叶云素所垂青,受业之暇,观书益富。嗣以九入礼部春闱不第,即笃志著述,潜心训诂考据之学凡四十年。其间曾佐修《会典》,主修《济南府志》,续订《邹平县志》。著有《篛园日札》《续札》《论语说》《成氏丛书》《篛园医说》《篛园医说续编》《邹平耆旧记》不分卷(《北京大学图书馆藏善本书目》著录成瓘撰,抄本)等书,别有诗、赋、古文,身殁散佚。而《篛园日札》为其心力所寄。平生与俞正燮(理初)交最深,正燮遇古书不能通者,唯箬园是质。正燮序《箬园日札》,盛赞其读书“能为深沉之思,刺取经传沉逸,与王深宁(应麟)例同而加详备。”“于《尚书》功最深。”“阎百诗说古文,醇疵相半,厘定之,证以古简,创获甚多。”正燮之推重如此。卒年七十有九。其藏书见于诸家著录者有清初影宋抄木《附释文互注礼部韵略》五卷、《条式》一卷。有成瓘手跋,曰:

《附释文互注礼部韵略》四大册。按《宋史·艺文志》载《韵略》凡五书,中无此名。顾亭林云:今所传《韵略》,则衢州免解进士毛晃增注于绍兴三十二年表进者。据此知亭林所见者,止毛晃一本,今校此书之刻,在宁宗嘉定六年,上距高宗绍兴三十二年,已逾五十一年矣。前后不著校定名氏,未知谁作。后魏了翁作《六经正误》,序云:柯山毛居正以其先人尝增注《礼部韵》,奏御于阜陵,遂又校雠增益,以申明于宁考更化之日。岳柯刻“九经”,自述亦云:毛谊父以其父晃所增注《礼部韵》于乾道淳熙间,进之朝,后又校定增益,申于嘉定之初。然则书乃毛晃之子居正谊父所定,下距理宗淳祐十二年刘渊平水改并韵目时,又先三十年矣。检钦定《四库书目提要》中亦不载之,此殆秘本之可贵者欤?邹平西郭箬园成瓘。

钤有“箬园之塾”印。

民国《邹平县志》卷十五;成瓘《古稀迂叟自叙》(《箬园日札》附录,商务印书馆1957年版);俞正燮《箬园日札序》(《癸巳存稿》卷十二);《清儒学案》卷一百三十七《理初学案》附《成先生瓘》;王文进《文禄堂访书记》卷一;《北京大学图书馆藏善本书目》第38页。

郭廷翼(?—1841后),字虞邻,号啸庄,即墨人。琇嗣子。琇(1638—1715),字瑞卿,号华野。康熙庚戌(1670)进士,历任江南吴江县知县、左佥都御史、太常寺卿、左都御史、湖广总督。廷翼,附贡生。年甫三十,绝意进取。好读书,筑慕云楼,藏书数万卷。引接士类,不遗寒素。性阔达,喜施济。岁祲,族人不能存活者多恃以举火。又捐地三百亩,以给鳏寡,其行谊类此。琇殁,为编《华野郭公年谱》,有道光二十一年(1841)胜溪草堂自刻本。复著有《南游草》藏于家。

同治《即墨县志》卷九;《明清蟫林辑传》96页;来新夏《近三百年人物年谱知见录》第58页。

慕维德(1779—1842),字淇瞻,号如山,别号松龛、笠舟。蓬莱人。嘉庆辛酉(1801)以优行贡入太学。庚午(1810)举山东乡试。己卯(1819)成进士,改翰林院庶吉士。散馆授编修。道光七年(1827)补湖广道,充己丑(1829)会试同考官。辛卯(1831)授福建汀州知府,旋补四川北兵备道。戊戌(1838)擢光禄寺少卿。庚子(1840)移病归。好聚书,所居插架千万轴,暇辄手自一编。敏于为文,数千言不移晷。所著有《松龛古今体诗存》八卷、《松龛馆课诗存》二卷、《赋存》一卷、《如山奏议》一卷,皆已刻。其未刻者,有《同馆赋选》《唐末诗选》《国朝诗选》《山左诗选》《古文制义文选》《墨选》《赋汇题解》《修治良规》诸编,咸藏于家。以壬寅(1842)十月二十日寅时卒,年六十四。生平行事详周悦让《慕光禄寺少卿传》。子曰镜。

光绪《蓬莱县续志》卷九、卷十三引周悦让《慕光禄寺少卿传》;光绪《增修登州府志》卷四十七。

王青熙(?—1843后),字心谭,清平人。道光五年(1825)举人,十五年(1835)进士,官江西建昌府同知。道光中卸职归林下,以教育自任,一时名士多出其门。家藏名人书画甚富,鉴别亦精。

民国《清平县志·杂俎》;光绪《山东通志》卷九十七、卷百三。

周远调(？—约1843),字雨船,镕锦次子,宁阳人。少读书,才气超迈,不拘守章句。书学颜、柳,间参米法,晚乃自为其体。嗜名人书画,藏弆甚富。暇则评泊以自娱。年七十三卒。

光绪《宁阳县志》卷十四。

周滂梱(？—1862后),字尉园,宁阳人。远调子。家世藏书,能文词,工韵偶,优于翰墨,兼善篆镌,腕力雅近率更,章草则潇洒自如,化尽锋角。道光二十九年(1849)充选贡。同治元年(1862)中式举人,谒选后晋衔同知。屡踬春闱,以二等注挑选副沂水学。光绪初襄续邑乘,于艺文、地志两编,诠订尤夥。年五十四卒于官。著有《吟社诗》藏于家。

光绪《宁阳县志》卷十三。

王培荀(1783—1845后),字雪峤,济南府淄川人。道光二年(1822)中乡试。同年,赴京会试,不第。十五年(1835),大挑以知县用,分发四川。同年,任荣昌知县。十七年(1837)调丰都县,二十年(1840)调新津。二十一年(1841),调兴文,寻调荣县。二十四年(1844),修缮荣县西北城楼,有《修城记》。又建凝翠楼,撰《翠楼记》,皆培荀手书也。能作孙过庭书,胜其诗文。历城周永年与培荀家累世交好。永年孙宗耀官四川,与培荀往来甚密。喜藏书,裒集甚富,有功于文献。所藏《童山诗集》,纸版最精,较王渔洋(士禛)所刻全集尤为胜之。卒后,藏书散出。民国初年,多归上海文献图书馆(后并入上海图书馆)。著有《寓蜀草》《雪峤外集》《乡园忆旧录》《听雨楼随笔》(六卷本刻于道光二十五年,后又另刻八卷本)等,多刊刻行世。

《听雨楼随笔·点校说明》(巴蜀书社1987年11月版。入上海文献图书馆者为王培荀藏书,非培荀之著书;点校说明恐误);邓之诚《清诗纪事序》;《王雪峤先生行略》(见《孙伯琴先生遗集》)。

刘汝弼(约1800—1845),字仲山,益都人。府学生。家贫,舌耕所赢,多购异书。惜年未半百,卒于乙巳之疫。著有《鹤露草》。

《益都先正诗丛抄》卷八。

崔旭(1767—1846),字晓林,号念堂,庆云人。嘉庆庚申(1800)举于乡。道光丙戌(1826)以知县分发山西署屯留。癸巳(1833)称疾引退。后调阳曲令,旋补松江知府。旭聚书及金石满屋,兼工分隶,而于诗功力特深。尝同梅树君、边巨峰、陈石生为诗社,晚与选《畿辅诗传》,并自选《沧州诗抄》《庆云诗抄》。所著有《念堂诗话》《念堂文集》《村居杂忆》《念堂脞录》《津门竹枝词》。复纂有《庆云县志》。道光二十六年(1846)卒,年八十。

民国《庆云县志》卷四;《山东历史人物辞典》415页。

徐圭璋(?—1846后),字珏亭,庆云人。性嗜读书,领乡荐后肆力博览,积书甚多。道光丙午(1846)以知县分河南试用,署鲁山县,旋补阌乡,有政声。未几卒。

咸丰《庆云县志》卷二。

马星蟾(1769—1847),字步五,齐河人。由廪贡选授沂州府学训导。未几调莱州府学教授。平生鲜嗜好,唯爱古书画,收藏颇富。宋徽宗御笔手卷《龙眠老人揭钵图》,其最著者也。道光二十七年(1847)卒,年七十有九。

民国《齐河县志》卷三十二引李福銮《星蟾马公家传》。

刘梅峰(1761—1847),字庾岭,号藕村,居巨野之南刘屯,隶临清卫籍。其先为屯官,终明之世,世袭百户职。父叶太公(佚名)以硕德宿学,蜚声黉序。梅峰幼承庭训,头角崭然。弱冠游泮,试辄前茅,遂补增食饩。为文宗金海阳,诗祖少陵,以寿世自命。家富古籍,因益宏览博通。因屡困棘围,乃讲学里闬,远近从游之士甚众。晚年闭户校书,思以立言垂后。著有《藕村诗草》《十笏庵琐谈》及文集数卷,生徒传抄,未及付梓。年八十七,以明经终于家。

民国《续修巨野县志》卷七下引贾毓相《刘梅峰先生墓表》。

孔昭虔(1770—1849),字元敬,号荃溪,曲阜人。广森子。少孤,恪承家学,恭谨自守。嘉庆六年(1801)进士,改庶吉士,授翰林院编修,补江西道御史,四充顺天同考官,得人最盛。擢台湾道,累升福建布政使,调贵州布政使,多著政绩。旋引疾归。善隶书,工吟咏。家故多藏书,涉览无遗。平生游踪遍寰宇,故纪游之诗尤为奇警,吴兰泉刺史称其才大法细,力追古人,为刻《扣舷小草词》一卷。尤精韵学,著《古韵》《词韵》,未卒业。有《经进稿》《绘声琴雅词》《镜虹吟室诗集》二卷,杂剧《荡妇秋思》一卷附《葬花》一卷。昭虔藏书见于吴县潘氏《滂喜斋藏书记》者有宋刻本《金石录》残存十卷(原书卷第十一至二十),此即《读书敏求记》所称冯砚祥家本也。

民国《曲阜县志》卷五;潘祖荫《滂喜斋藏书记》卷一;《涉园序跋集录》156—160页;傅惜华《清代杂剧全目》216页。

李廷棨(1789—1849),字戟门,号萼村,章丘西鹅庄人。道光九年(1829)进士,授直隶新城知县,迁宛平,旋升深州直隶州。二十一年(1841)授广州遗缺知府,二十二年(1842)补雷州府,调湖北荆宜施道。二十四年(1844)调直隶霸昌道,擢顺天府尹。二十七年(1847)授直隶通永道,二十九年(1849)卒于任。著有《纫香草堂文集》二卷、《纫香草堂诗集》十卷、《纫香草堂诗馀》一卷。廷棨与道州何绍基子贞昆外交莫逆,故所藏何氏墨迹独夥。又与历城马国翰竹吾为儿女姻亲,竹吾卒后,为刻《玉函山房全集》十九种。所有玉函山房金石图籍多归其家。后人式微,散佚殆尽。民国二十五年(1936),文安邢蓝田慕其收藏之富,而惜其散佚,凡六访鹅庄,搜访廷棨遗书。先后访得明胡震亨原刻《齐民要术》,清嘉庆间陶蕴辉据宋抄本校刻《太玄经集注》,戟门汇集戚友唱酬诗篇两卷、戟门《雷州记》手写底本一册,马国翰竹吾手札九十页,何绍基、李宗昉、匡源等数十家手札三百十三页。又得古泉数品,为马竹吾旧物,足以补山东省立图书馆所藏红藕花轩藏泉(今藏山东省博物馆)之缺遗。又清乾隆间拓本《大唐三藏圣教序》、《魏公墓先庙残碑》、戟门等题君子砖墨本一轴,何绍基、何子愚(绍京)、张石州(穆)、牟一樵(所)、许印林(瀚)、毕东河(道远)、花诰春、沈兆麟(郎亭)、柏锦林等所书册叶、楹联、屏条、横披等数十种。李氏藏弆散佚之余,庶几网罗殆尽。其中马竹吾手札数十通,虽述家庭琐事较多,然于辑佚书亦间有论列。或传竹吾辑逸,实出山阴章宗源手,攘为己有,观此则不攻而自破矣。

光绪《山东通志》卷百六十九;邢蓝田《鹅庄访书记》(见《山东省立图书馆季刊》第一集第二期,1936年版)。

刘鸿翱(1779—1849),字蜚英,号次白,潍县人。嘉庆己巳(1809)进士,授内阁中书。戊寅(1818)典试湖北。道光丙戌(1826)选江苏太湖司马。历迁徐州府知府、广东南诏连道、福建台湾道、陕西按察使,擢福建巡抚。因好为古文辞,文名动大江南北。癸卯(1843)夏,署浙闽总督,暇则治古文于犒勤堂。乙巳(1845)因腿疾乞归。鸿翱生平希慕白香山,故号次白。藩滇时,仿六一居士画舫斋式筑绿野斋于宅南。盖官京师时,寓居果子巷西偏之书室,花草茂盛,绿影纵横,夏日纳凉其下,蒲葵闲话,饶有田家风味,故以绿野命其斋也。己酉(1849)十一月初十日端坐而逝,年七十有一。著有《绿野斋文集》四卷,选《山左文抄》《山左古文抄》。安化陶澍、长乐梁章钜、归安姚文田、泾县朱琦,均为其文集撰序。朱琦序称其文"议论开张,牢笼百态,如一湖水之混茫而涵衍;时出清瘦,亭亭直下,如一湖山之孱削而高洁"。其推重如此。魏成梧《黄叶楼和诗》称其"插架缥缃余万卷,等身著述定千秋"。洵纪实之作也。

民国《潍县志稿》卷十一;《绿野斋文集》;光绪《山东通志》卷百七十七,5078 页。

于颐发(? —1850 前),文登人。任高堰通判、宿北同知,调外南同知,加知府衔,署淮阳兵备道。家富藏书。子昌遂、昌进,亦喜聚书。东鲁藏家,聊城杨氏父子外,当推文登于氏。

于昌遂(1804—1874 前),字汉卿,廪贡生,候补知州。年十三学诗,出语辄为名辈所赏。后学殖日富,旁览诸子百家之编。独深契于诗。其所作诗,天葩焕发,雨骤风弛,笔薄霄汉,气卷风涛,故能树帜骚坛。著有《羼提精舍诗稿》。以宦游江南,晚年卜居扬州。自书诗稿后有云:"先世藏书最富,肆意翻阅,穷二年力,上溯汉魏,下逮清初,洎乾嘉间诸集,无不涉猎。"道光庚戌(1850),士礼居宋本售与文登于氏者数十种,其中海内孤本《梅花喜神谱》即归昌遂。清李详《愧生丛录》有云:"宋刻《梅花喜神谱》,黄氏士礼居旧藏,《百宋一廛赋》载之。黄氏之书辗转数手售于杨至堂河帅,余友文登于彤侯之先德官南清河日为之平章,其人以是书及宋版《苏老泉集》相赠,传至彤侯,复转售于潘伯寅尚书(彤侯亲为余言)。此谱海内无二本也。"其藏本复有宋刻明刻互配本《补注释文黄帝内经素问灵枢》二十四卷，书前有昌遂题记，今藏北京图书馆。明嘉靖六年(1527)东阳张大轮刻本(有缺叶)，目录第二叶版心下有“书户詹玉宝”五字，余亦多有刻工姓名。藏印有“青棠红豆庐”“汉卿寓目”“昌遂读书”朱白方印、“汉卿珍藏”长方印等。

于昌进(约1807—1857)，字湘山，附贡生，署淮阳兵备道，年五十一卒，诰赠荣禄大夫。其家固多珍籍，然世无藏书之名。盖昌进不喜炫异故也。其藏本见于诸家著录者，有宋刻本《公羊传》，明影宋本《麟台故事》三卷，明万历刻本《华夷花木鸟兽珍玩考》十二卷，宋刻本《愧郯录》十五卷，明写本《张说之文集》二十五卷，明刻本《刘宾客文集》三十卷，旧写本《白莲集》十卷附《风骚旨格》一卷，经钼堂重录本《玉笥集》八卷，明刻本《蚓窍集》十卷，清抄本《辟雍纪事》八卷附《辟雍考》一卷，旧抄本《鸣盛集》四卷，清抄本《蓉塘诗话》二十卷等。藏印有“文登于氏小谟觞馆藏善本”白文长印、“文登于氏家藏”“小谟觞馆昌进收藏”“于昌进珍藏”白文长方印、“于昌进鉴藏”“不夜于氏藏书印”白文长印、“小谟觞仙馆”白文方印、“于氏小谟觞馆”朱文长方印、“文登于氏小谟觞馆藏本”白文长方印、“清俸买来”“湘山清赏”诸印。

于氏藏书约于咸丰庚申(1860)陆续散出，常熟瞿氏铁琴铜剑楼此时已收有于氏旧藏《愧郯录》等书。

光绪《文登县志》卷六、卷九；叶昌炽《藏书纪事诗》卷六第629页；罗振常《善本书所见录》第67、115、116、136、144、147、174、176页；傅增湘《藏园群书经眼录》第1110、1359、1390页；李盛铎《木樨轩藏书题记及书录》第147、328、377页；中医研究院、北京图书馆合编《中医图书联合目录》第7页；《传书堂藏善本书志》。

孙书箱(道光时人)，佚其名，原籍汴梁，后迁山左，入籍高密，家富藏书,自号书箱。

王培荀《乡园忆旧录》卷七。

孔昭薰(? —1850 后),号琴南,曲阜人。清嘉庆十八年(1813)举人,官临邑县训导。昭薰为谷园长孙,喜鉴别金石,克承家学。道光间搜得汉《周府君碑额》残石、唐《御赞》残石,并于文庙隙地掘获宋金元明人书石百廿余种,编列《至圣林庙碑目》六卷。搜访残石,悉为妥帖位置。工诗,尤好倚声,深得宋人风趣。性好客,旨酒高谈,风流自赏,从游者多知名士,人以绛帐目之。有《柳村诗》二卷、《贮云词》三卷、《北游诗词小草》若干卷,刻《阙里孔氏词抄》四卷。亦好藏书,其传本见于诸家著录者,有明刊本《尔雅注》三卷、《音释》三卷、明弘治十六年李举刊本《萨天赐诗集》不分卷。藏印有"曲阜孔昭薰过眼""七十一代孙孔昭薰""昭薰琴南氏印"朱文小印。

民国《曲阜县志》卷五;《藏园群书经见录》第 118、1345 页;《双鉴楼善本书目》经部 8 页;《金石著述名家考略》38 页。

孔炽庭(? —1850 后),家本曲阜,侨居粤东,为孔子六十九世孙,少负书名。鉴别古人法书名画,独具精识,克溯渊源。虽倾囊倒箧,不惜典质,以富其藏度。寓京师时,诸名宿或携所宝就评骘,人争以赵子固称之。咸丰时,其嗣怀民、少唐兄弟锐学有文,又善书法,笃守其先人所遗,重购前所未睹而希有者,撰为《岳雪楼书画录》,上自唐末,迄于元明,凡五类。

《清稗类钞选》186 页(书目文献出版社 1984 年点校本)。

韩世林(? —1850 后),字蔚瞻,曹县人,道光间痒生,候选布政司经历。嗜书有癖,购藏极富。遇心赏,手录成册,凡数十种。工书,法宗苏灵芝,为刘石庵所推许。又好录先哲格言,座右屏壁,粘贴殆遍。

光绪《曹县志》卷十四。

刘沛(咸丰间),字仲简,济宁人。嗜金石,工书翰,与文学孙文载、杨淇相友善。性耽幽洁,于西湖置别墅,植花木,中藏万卷,颜曰“还读草庐”。

咸丰《济宁直隶州志》卷八。

刘喜海(1793—1852),字吉甫,号燕庭,室名嘉荫簃,诸城人。统勋曾孙,墉从孙,镮之子。嘉庆二十一年(1816)举人,荫生,历官陕西、浙江布政使。精心博古,好搜奇书,有宋刻唐人集数十家,皆系精本。其中宋刊三十卷本《张说之文集》,尤为海内所称道。此书得之大兴朱竹君家。行款与权载之、司空表圣诸集同,号为蜀本。燕庭既殁,遂不可踪迹。世传有三十卷旧写本,邢赞亭曾得诸临清徐氏,上有“大兴朱氏竹君藏书印”。傅沅叔以为“朱氏椒花吟舫据家传宋本传录者,断然无可置疑。数百年来,上自秘府,下自藏家,穷搜渴想而不可得者,一旦见之,惊喜过望”。盖《张说之文集》,《唐书·艺文志》及宋以后诸家著录均为三十卷。然世传各本仅二十五卷,皆出自明嘉靖龙池伍氏刻本。四库及结一庐朱氏二本,虽极力采辑,然不见宋刻,旧观终不可复。燕庭原本虽亡,得窥朱氏传录之本,犹能使唐人巨集,缺而复完,故沅叔目为快事。

燕庭尝于庙市购得百衲《史记》,每卷咸有季沧苇印。其书一为北宋本,但有《集解》,凡六十八卷,十四行,二十五至二十八字不等;一本兼有《索隐》,恒字、慎字缺笔,当是南宋本;一本卷尾有“建安蔡梦弼傅卿谨案京蜀诸本校理,寘梓于东塾”二十字。盖即钱曾《读书敏求记》所艳称者。此书先归归安姚觐元,姚书散出归江南图书馆,端方独以此入私囊。后端方与袁世凯联姻,即以此为其女陪奁,遂为袁克定所有。现北宋本六十八卷,存日本内藤虎处。燕庭复藏有宋刊《集解》《索隐》《正义》合刻本《史记》,卷末有"校对宣德郎秘书省正字张耒隶书"木记,与《天禄琳琅书目》所记同。

燕庭邃于金石,收藏最富,摹刻尤精。手辑金石文字逾五千通。服宫中外廿余载,所至不名一钱,而箧中泉币尊彝载之兼两。唐善业泥造像,前人未经著录。道光己亥(1839),燕庭游慈恩寺,始于雁塔下拾得,或全或缺,大小凡八具。全者一面一佛坐莲台,二尊者侍下,或蹲二兽,荫以娑罗树。一面侧"大唐善业泥压得真如妙色身"三行十二字,阳文,遒劲若敬客书。喜海尝著《金石苑》,为未成之书,现存稿本一百二十一卷,六十三册。其中包括《目录》、《洛阳存古录》三十二卷、《搜古汇编》七十卷、《昭陵复古录》十卷、《鼓山题名》六卷、《乌石山题名》三卷、《杂录》不分卷,共七种。原藏上海涵芬楼,现藏北京图书馆,王国维跋。道光八年刘氏来凤堂刻本、同文图书馆石印本、民国十三年武进陶氏石印本,均为六卷。《寰宇金石汇志》(叶氏存古丛刻本)、《燕庭金石丛稿》不分卷(台湾"中央研究院"历史语言研究所据嘉业堂藏刘氏手稿蓝格抄本影印,名《三巴孴古志》,原为《金石苑》中之一种,因全书未尽刻行,别出),《长安获古编》二卷《补编》一卷,《海东金石苑》八卷《补遗》六卷《附录》二卷(此书记录朝鲜金石,有刘氏嘉业堂校刻金石丛书本),《海东金石存考》一卷(稿本、清抄本、木樨轩丛书本、遁盦金石丛书本、西泠印社聚珍版本),《古泉苑》一百卷附《皇朝钱法》一卷(稿本藏山东省博物馆),《清爱堂钟鼎款识法帖》不分卷(道光十六年拓印本、光绪三年尹彭寿补刻本),《龙门造像录》一卷,《昭陵碑考》一卷,《苍玉洞题名石刻》一卷,《论泉绝句》二卷(道光十八年自刻本、观古阁丛刻本)。又尝刻《宝刻类编》八卷(宋阙名撰,有自刻本,粤雅堂续刻本),为金石家所珍重。鲍康《题燕庭金石苑后即送入都》诗所谓"卅载搜奇书满家,藏来宝刻遍天涯。斜阳古市无人迹,为读残碑剔藓花"。其推崇如此。

道光二十七年(1847)秋,燕庭升浙江布政使。署浙江巡抚曾倡修天一阁及刊阁中藏书目,时英吉利既撤兵宁波,天一阁藏书有为其掠去者。燕庭闻之,乃登阁,遍观其藏书,重编《天一阁书目》十二卷(有诸城张鉴祥藏东武刘氏嘉荫簃传抄本)。鄞县《天一阁书目》,范氏在明时已有刊本,今日已不易见。清季罗振玉刊于《玉简斋丛书》,然亦流行未广。现行于世者,以嘉庆十三年(1808)阮元文选楼本为最先。阁书屡经兵燹,既多散佚,但窥目录所载,善本尚复不少。迄光绪十五年(1889)薛福成编刊见存书目时,而阁书亡佚已夥。此目出于阮、薛二目之间,博稽详考,胜于阮目颇多,至可宝贵。然以阮目相较,计失收二千三百四十一种,盖燕庭编写未竟,遽即罢官,论者惜之。海宁赵万里藏写本《无名氏天一阁书目》,云在阮、薛目之间者,疑即此目。某次,上元朱绪曾送燕庭于嘉禾舟次,燕庭谓绪曾曰:"《六艺纲目》,未得卢抱经校本,《宝刻类编》未补其阙卷,《助字辨略》未刊,三憾事也。"语详《开有益斋读书记》。然终因其风雅好古,被某中丞劾罢。

燕庭藏书,光绪初归归安姚觐元;姚书散出,归江南图书馆。叶昌炽《藏书纪事诗》云:"百衲丝桐藏箧衍,一床金薤整签题。风流罪过登弹事,空有莲台善业埿。"盖就其所藏百衲《史记》及唐善业泥造像言之。燕庭所藏金石拓本三千六百种,光绪二十二年(1896)丙申冬缪荃孙得之于苏州,今不知飘零何处。诸城张鉴祥藏有抄本《刘燕庭藏书目》,今藏山东大学图书馆。其善本书见于著录者复有:旧写本《河南先生文集》二十七卷;清萃古斋写本《无为集》十五卷;明刊本《石田先生文集》十五卷、《附录》一卷;旧写本《张右史文集》六十卷;校抄本《龙云集》三十二卷、《附录》一卷;旧写本《苕溪集》五十五卷;金刊本《栖霞长春子丘神仙磻溪集》三卷;元大德刊本《风俗通义》十卷。燕庭喜抄书,多用蓝格本,版心下刻“东武刘氏味经书屋”,或于左栏外刻“燕庭抄校”四字,或刻“嘉荫簃写书”五字。其抄本多罕觏之书。见于著录者,有宋周淙《临安志》,宋方万里、罗濬《四明志》等八十二种。光绪间吴县潘祖荫尝得喜海手批《竹汀日记抄》(《所见古书》二卷),以小字套朱印,喜海手批于书眉行间,有滂喜斋刻本。其见重如此。喜海又尝自辑《书目类编》不分卷、《书目汇编》二卷(包括《朝鲜书目》一卷,《日本所刊书目》一卷。以上两种均有道光刘氏味经书屋刘如海抄本)。其见于各家著录之“东武刘氏味经书屋抄本”书目,尚有《七录》一卷(梁阮孝绪撰),《元西湖书院重整书目》一卷(无撰人),《四库阙书》一卷(清徐松辑注),《内阁藏书目录》八卷(明张萱撰),《天禄琳琅书目》十卷(清于敏中等撰),《天禄琳琅书目后编》二十卷(清彭元瑞等撰),《懋勤殿书目》二卷,《御书楼书目》一卷,《国子监典籍厅存储书目》一卷,《石刻目录》一卷,《遂初堂书目》一卷(宋尤袤撰),《菉竹堂目》不分卷(明叶盛藏并撰),《百川书志》二十卷(明高儒藏并撰),《万卷堂艺文目录》二卷(明朱睦㮮藏),《聚乐堂艺文目录》十七卷(明朱睦㮮藏),《徐氏家藏书目》七卷(明徐𤊹藏并撰),《绛云楼书目》不分卷(清钱谦益藏),《述古堂书目》四卷(钱曾藏并撰),《也是园藏书目》十卷(清钱曾藏并撰、丁敬补编),《千顷堂书目》不分卷(清黄虞稷撰),《静惕堂宋元人集目》一卷(曹溶藏),《池北书目》一卷《碑目》一卷(清王士禛藏),《佳山堂书目》一卷(清冯溥藏),《慎贻堂书目》一卷(清毕忠吉藏),《曝书亭书目》不分卷(清朱彝尊藏),《商丘宋氏西陂藏书目》一卷(清宋荦藏),《传是楼宋元版书目》一卷(清徐乾学藏),《传是楼书目》四卷(清徐乾学藏),《传是楼书目》六卷(清徐乾学藏),《谦牧堂藏书目》二卷(清揆叙藏),《曹氏楝亭书目》不分卷(清曹寅藏),《裘杼楼藏书目》四卷(清汪森藏),《孝慈堂书目》不分卷

(清王闻远藏并撰,清龙池山房抄本),《春晖堂书目》一卷(清奕禧藏),《鸣野山房汇帖目》,《竹崦盦传抄书目》不分卷(清赵魏藏并撰),《阅清楼书目》不分卷,《养素堂藏书目录》一卷《续目》一卷,《借书园书目》五卷(清周永年藏并撰),《葆醇堂藏书录》不分卷(清朱文藻藏并撰),《吴郡黄氏所藏宋椠本书目》一卷(清黄丕烈藏并撰),《武英殿颁发通行书籍目录》一卷、《违碍书目》一卷、《应禁书目》一卷。又题跋四种五卷:清何焯撰《何学士题跋》一卷,王弘撰《砥斋题跋》一卷,全祖望《鲒绮亭跋》一卷、《碑跋》一卷,陈奕禧《隐绿轩题识》一卷。凡五十二种,一百五十五卷(不分卷者十二种)。其中颇多未曾刊印、赖抄本流传鲜为人知者,皆燕庭精心搜求所得,宜乎治目录者奉为至宝。

藏印有"嘉荫簃藏书印"朱文方印、"东武刘氏味经书屋藏书印"朱文长印、"刘印喜海"白文方印、"燕庭"白文方印、"文正曾孙"白文方印、"味经书屋""燕庭藏书"朱文长方印、"喜海""曾经燕庭勘读""刘"朱文园印、"文正曾孙文清从孙文恭冢子""刘燕庭藏书""文正曾孙刘喜海印""东武刘喜海燕庭所藏""东武刘燕庭审定""吉父"等。

《清史列传》卷二十六《刘墉传》附《刘镮之传》;光绪《山东通志》卷百七十五;《书目答问补正》175、181页(上海古籍出版社版);《明清蟫林辑传》;钱曾《读书敏求记》卷二;钱泰吉《校史记杂识》;朱绪曾《开有盖斋读书记》卷一《助字辩略》提要;光绪《增修诸城县续志·列传一》;《藏书纪事诗》卷六;《艺风老人年谱》;《藏园群书经眼录》161、1008—1009页;《金石著述名家考略》;《北京图书馆善本书目》;《刘燕庭藏书目》;《中国古籍善本书目》(征求意见稿)史部目录类1、2、4、5、6、7、8、9、10、11、12、13、14、15、16、21、25、26、27页;王献唐《聊城杨氏海源阁藏书之过去现在》34、35、36页(《山东省立图书馆丛刊》第一种,1930年4月出版);黄裳《前尘梦影新录》119页。

杨玉相(?—1852后),字润轩,潍县人,家故丰于赀。道光十四年(1834)举人,任鱼台训导,以亲老告归。咸丰二年(1852)独出重资创建本邑试院,所费四缗,多士皆感其惠。又以出痘为婴儿之害,乃携同里儿十数辈,并其父母,不远千里入都,赴牛痘局引种,并以其法推行乡里。设局传布,储药饵,延良医,二十余年间全活不可胜计。卒祀乡贤,谥文惠。玉相家富典籍,同邑陈大中馆其家,披阅殆遍。

光绪《山东通志》卷百七十七;民国《潍县志稿》卷三十一;《潍县文献丛刊》第二辑第23页。

张镇(?—1853后),字式如,无棣人。印坦子。少撄足疾,绝意仕进。从父丹徒任所,图籍自娱。宋元孤本及清初乾嘉诸儒手校本,所藏百十种,日事丹黄,学益精博。书法晋贤,画宗董巨,为艺林贵尚。旁及音律、医卜诸学。《孝经郑注》久佚,臧庸、严可均皆有辑本,镇博搜精择,为《孝经郑注补》一卷;《易纬》多为后人附托,乃据武英殿本,旁征《易疏》及唐宋类书,订讹考佚,依《后汉书注》序次定为六卷。其他精校秘册甚夥,太平军攻苏州,多散佚。卒于华亭。

民国《无棣县志》卷十二。

王筠(1784—1854),字贯山,号菉友,安丘人。驭超子。道光元年(1821)举人,出宰山西乡宁县,在万山中,民朴事简,讼至立判。暇则抱一编不去手。权徐沟,曲沃,地号繁剧,二县皆治,然未尝废学。少喜篆籀,及长,博及经史。未仕前游京师,与黟县俞正燮、汉阳叶志诜、道州何绍基、晋江陈庆镛、日照许瀚商榷今古,故于《说文》特长。尝谓桂馥书专胪古籍,取足达许说,不下己意。唯引据失于限断,且泛及藻缋之词。段玉裁书体大思精,所谓通例,又前人所未知。唯是武断支离,时或不免。文字之奥,无过形音义三端,由形以考音,由音考义,文字之说备矣,乃标举分别,疏通证明,积数十年之力,著《说文释例》二十卷,《释例补正》二十卷,《说文句读》二十九卷,《附录》一卷,《补正》三十卷,《说文系传校录》三十卷,《说文韵谱校》五卷,《说文属》不分卷,《说文广训》,《说文校议覆勘》。复有《周易详解》,《鄂宰四稿》,《禹贡正字》一卷,《仪礼读》,《仪礼郑注句读刊误》,《周礼读》,《礼记读》,《礼记一得录》,《四书说略》四卷,附《教童子法》一卷,《六书蒙拾》,《文字蒙求》四卷,《正字略》一卷,《十六国史略》,《史记校》一卷,《北史论略》,《顾亭林年谱校》一卷,《马首农言校勘记》一册,《菉友杂著》,《徐沟笔记》二卷,《菉友臆说》一卷,《菉友蛾术编》二卷,《潜游小草》一册,《清诒楼草》二卷,《覆瓿集》一卷,《清诒堂灯迷》一册,《覆瓿社谜》一册,《集腋集》一册,《清诒堂文集》四卷(近人屈万里、郑时同辑(齐鲁书社排印本)。筠治说文三十年,独辟门径,一空倚傍,论者谓许氏之功臣,桂、段之诤友。吴县潘祖荫谓"筠书晚出,乃集厥成"。然菉友《说文释例》得力于许瀚者为多,瀚尝著《说文答问》为菉友所借,什九采入《释例》,《释例》既刻,印林曰:"书之精英,已采摭无遗,予书亦不必刻矣。"核以《释例》卷一至卷八,采许瀚说者,比比皆是。盖许瀚尝与菉友论《说文》或体俗体,论《说文》异部重文,往复讨论,不仅采摭《说文答问》而已。咸丰四年(1854)菉友加知州衔,乞病未归卒,年七十一。嗣子彦侗能继先志,凡著述未刊行者,多校订付梓。

筠富藏书,其善本见于著录者,有原稿本《随园诗集》一卷,手抄本《石破天惊》不分卷,明末黄嘉惠刻本《董解元西厢记》等。藏印有"王筠私印""菉友"朱文方印、"安丘王菉友藏书画印"。

《清史稿》卷四百八十二《王筠传》;《碑传集》卷七十四《王筠传》;潘祖荫《说文句读书后》;王筠《说文释例自序》;《说文释例初稿题记》

(见柳诒徵《说文句读稿本校记》);袁行云《许瀚年谱》98、99、207—211页;民国《续安丘新志》卷十六;《藏园群书经眼录》1436页;《董解元西厢记·王筠跋》;郑时《王菉友年谱》《王菉友先生著述考》(以上两种系《清诒堂文集》附录)。

王芳(1796—1854),字汝馨,海阳人。太学生,考授州同知,以事亲,不愿谒选。善属文而数奇,屡踬秋闱。嗜书,作潜斋,藏古籍数千卷,淹贯博通。为人道古今成败得失,洒洒不止。晚年尤喜为诗。

光绪《海阳县续志》卷五、卷八。

孔继埙(? —1854后),字辛谱,号退谷,曲阜人。天资明敏,早岁食饩,咸丰三年(1853)以陪祀贡成均。工绘事,善书,尤精篆隶,遇金石碑拓,不惜重价购之。凡三代钟鼎及汉魏瓦当,靡不博览,随时临摹多本。因筑对山园,与篑山园东西相望,值风晨月夕,偕兄继堋游咏其中,怡怡如也。

民国《续修曲阜县志》卷五。

李璋煜(1792—1854后),字方赤,又字月汀,诸城人。嘉庆十八年(1813)举人,二十五年(1820)进士。官刑部主事。道光十七年(1837)出为江苏常州知府,署扬州知府、广东惠潮道、浙江按察使,官至江苏布政使。璋煜嗜金石文字,藏获甚富。最著者有商父癸爵、兕形父乙举、汉大梁鼎。撰有《爱吾鼎斋藏器目》一卷(《灵鹣阁丛书》本)。陈介祺为撰《日照许氏诸城李氏金文拓本释》,所谓"诸城李氏",即其外祖璋煜所藏。又喜藏书,且多善本。诸家著录者,有抄本朱文藻《说文系传考异》二十八卷、《附录》二卷;抄本桂馥《说文解字义证》五十卷,《析难字法》。《义证》钤有"东武李氏方赤收藏”印,今藏北京图书馆。复有旧抄木《南牖日笺》七卷,钤有“李璋煜印”“扫叶山房”二印,原为鲍氏知不足斋藏书;旧写本《吴郡乐圃朱先生馀稿》十卷,钤有“璋煜校正”白文、“扫叶山房”朱方长印;有璋煜朱笔校字,后归临清徐梧生(坊)。又《宾退录》十卷二册,宋赵与时撰,清道光二年(1822)李璋煜家抄本,有李璋煜校并跋;《济南集》八卷二册,宋李廌撰,清东武李氏研录山房抄本;《欧阳先生文集》八卷,清抄本,一册,有李璋煜、陈敏鼎跋;《王无功文集》五卷《补遗》一卷,唐王绩撰,《附录》一卷,清李氏研录山房校抄本,钤有“李璋煜”“礼南”“爱吾鼎斋藏书印”;《沈云卿文集》五卷《补遗》一卷,唐沈佺期撰,清李氏研录山房抄本;《张说之文集》三十卷《补遗》一卷,四册,唐张说撰,清东武李氏研录山房抄本;《宋陈少阳先生尽忠录》八卷《补录》二卷,明陈沂辑,清道光七年(1827)东武李氏爱吾鼎斋抄本,有李璋煜跋;《周北山先生诗集》四卷,一册,元周权撰,清李氏研录山房绿格抄本。李氏抄本多蓝格。

光绪《续修诸城县志·列传》;陆心源《金石学录补》卷四;《藏园群书经眼录》第726、1076、1194页;袁行云《许瀚年谱》第15、22、37页。

栾允谦(?—1854后),字㧑之,掖县雷埠人。嗜学,文名噪一时。道光己酉(1849)登贤书,舌耕所积,尽以购书。年垂暮尤耽诵读。每课徒,暇辄执卷朗诵,声振四座。

光绪《掖县全志》册八。

周福锦(?—1854后),字继庭,金乡人。太学生。嗜书,收藏万卷。咸丰间,死于战乱,藏书亦被焚。同邑后辈周磊有《哭守城殉难诸族人·继庭叔》诗有云:“藏书万卷比黄金,赴义捐躯义更深。玉轴锦函封印好,一时烽火共销沉。”

《济宁直隶州续志》卷二十三《艺文志·诗录·金乡》。

郭种德(？—1854后),字迈庵,恩县人。道光壬辰(1832)恩科举人,丁未(1847)科进士,以即用知县分发湖北。到省后,适值大水灾,奉檄筹办赈抚事宜,夙夜在公,不辞劳瘁。充己酉(1849)科湖北乡试同考官。署京山、盐利各县事,补授嘉鱼县事。生平砥砺廉隅,不为阿附。公余辄与二三友好诗酒唱酬,文翰往来,收藏日富。又喜藏书,去官时旧书数簏外无长物。卒后,家业凋零,藏书散佚。

民国《恩县志》卷十一、卷十二。

杨兆煜(1768—1838),字炳南,又字熙崖,聊城人。嘉庆三年(1798)举于乡,大挑得即墨县教谕。子以增,壬午(1882)进士。杨氏海源阁藏书实始于兆煜。名其斋曰"袖海庐",曰"厚遗堂"。藏印有"古东郡厚遗堂杨氏藏""东郡杨氏厚遗堂珍藏"。

梅曾亮《即墨县教谕杨府君墓志铭》(《柏枧山房文集》卷十三)。

杨以增(1787—1855),字益之,号至堂,别号东樵,聊城人,幼而颖异,博览群籍。年十七入邑庠,旋食饩。嘉庆己卯(1819)举于乡,道光壬午(1822)成进士,知贵州荔波县。乙酉(1825)、戊子(1828)两充乡试同考官。署松桃直隶厅同知、贵阳府知府。擢广西左江道,调湖北安襄郧荆道,治盗有声。父忧服阕,授河南开归陈许道,升两淮盐运使,未之任。擢陕西布政使。时关中旱饥,巡抚林则徐,深相契,至举以自代,受巡抚。会回疆有警,署陕西总督,旋授江南河道总督。是时已减河工经费,以增至,悉力拄措,尽除浮费。尝除夕风雪中,暮宿河上,工归实用,较嘉庆中费不及什一。咸丰五年(1855)冬十二月十八日,卒于任,谥端勤。

以增平生无他嗜,一专于书,所收数十万卷,构海源阁藏之,属上元梅伯言曾亮为之记。海源阁者,以增因其父欲立家庙未果,爰于寝东先建此阁,以承祀事。取《学记》"先河后海"语,颜曰"海源",盖寓追远之思,并仿鄞范氏"天一阁"亦以阁名之。时在道光二十年(1840)庚子亥月中浣,以增亲题其额,悬诸楼上,海源阁楼上楼下,各为三楹。楼下供杨氏祖先排位,楼上庋存善本书籍。百宋一廛故物及其他善本皆存于此。楼下家祠金柱上悬有木刻楹联,云:"食荐四时新俎豆,书藏万卷小嫏嬛。"小嫏嬛者,以阮元小嫏嬛仙馆自况也。咸丰辛亥(1851)壬子(1852)间,吴门汪氏艺芸书舍得之黄氏士礼居宋元旧刻,及周氏水月亭、顾氏小读书堆、袁氏五研楼之书,逐渐散出,以增时官江南河道总督,为其所得者颇多。时常熟瞿氏铁琴铜剑楼亦刻意搜求士礼居旧藏,上海郁氏宜稼堂所得者亦复不少。当晚清之际,聊城杨氏海源阁、常熟瞿氏铁琴铜剑楼、钱塘丁氏八千卷楼、归安陆氏皕宋楼,号为藏书四大家。其后陆氏皕宋楼庋藏为日本静嘉堂所有,丁氏八千卷楼归江南图书馆。四大家岿然独存者唯杨氏海源阁、瞿氏铁琴铜剑楼而已,故号称南瞿北杨。以增既获艺芸书舍及士礼居旧藏,益多方搜罗,得鲍氏知不足斋、秦氏石研斋、惠氏红豆山庄、方氏碧琳琅馆以及江都汪容甫、海宁陈仲鱼、阳湖孙渊如、大兴朱竹君等海内名家所藏,乃别辟书室曰"宋存书室",贮天水旧籍,而以元本、校本、影宋抄本附之。复以所得宋本《毛诗》、"三礼"、《史记》、两《汉书》、《三国志》,颜其室曰"四经四史之斋"。盖藏弆之富为山左千百年来所未有。清代私家藏书,初以江浙为中心。辗转流播,终不出江浙境外。迨聊城杨氏以百宋一廛之精本,辇载而东,情势始为之一变。杨氏"宋存书室""四经四史之斋"最为海内艳称。王献唐尝于1930年实地勘察,始知所谓"宋存书室""四经四史之斋"者,实系虚构之名,并未专辟一室。杨氏宅内专储书籍者,除海源阁外,宅后尚有三舍,则皆储普通版本。另于肥城华跗庄杨氏田庄辟陶南山馆,多存宋元旧椠,捻军时曾遭严重损失。所谓"宋存书室""四经四史之斋”或即在陶南山馆,已无从证实矣。

所谓“四经”者,宋刻《毛诗》《周礼》《仪礼》《礼记》,以其皆郑氏笺注也。以增“毕生邃于经学,服膺北海”,尝谓“谈经而不由郑学,犹欲入室而不由户也”。而郑氏所注群经,唯《毛诗》《周礼》《仪礼》《礼记》世有传本,非徒以其为宋刻而宝之也。其中《毛诗》两种,一为宋建本《毛诗诂训传》二十卷,购自扬州汪中后人处,锓刻甚精。二为宋建本《监本纂图重言重意互注点校毛诗》二十卷。此书为士礼居旧藏,字体工整,锋稜耸峭,且纸墨俱佳。经文及释文颇多胜于通行坊刻之本。惜经咸丰十一年(1861)兵燹,前者只剩后三卷,后者仅余卷首及卷一至卷十一。“四经”中其他三种一为宋婺州市门巷唐宅刻本《周礼注》,亦购自扬州汪氏,为国内仅见之《周礼》经注合刻本,书中文字,多为正体,少破体俗字。二为《仪礼注》。据冀淑英先生云:此书“宋本已不存,另一本,题宋刻明印本,实为明刻”。宋本是否毁于咸丰十一年(1861)兵燹,《楹书隅录》未提,已无从考见。三为《礼记注》宋抚州公使库本,印刷精善,纸地厚韧,墨色浓郁。行间眉端有宋人批注手迹,尤为罕见。所谓“四史”者,有宋刻《史记》三种,其中一种为宋乾道七年(1171)建安蔡梦弼家塾刻本,《楹书隅录》仅著录一部。据冀淑英先生云:“此本杨氏原藏有两部,1947 年售与北图一部,其中有另一宋本配入。原《楹书隅录》著录一部早已售归他人,后亦为北图所收。即有杨保彝抄配之本。”第二种为宋淳熙三年(1176)张杅铜川郡斋刻淳熙八年(1181)耿秉补刻本。以上两种均系《史记集解索隐》合刻本。另一种为宋建本《史记集解》,为李氏木樨轩所得者,亦系海源阁散出之书。然则杨氏所藏宋本《史记》实为三种四部。有人以为杨氏以元中统二年(1261)南宋尚未灭亡,故以中统二年刻本《史记集解索隐》为宋本。实则杨氏未尝以元刻为宋本也。经近人鉴定,中统本实为明正统游明刻本,杨氏误定为元刻本则有之,有《楹书隅录》为证。宋本《汉书》二种,一为南宋蔡琪纯父一经堂刻本《汉书集注》,此书为商丘宋氏故物,以增抚陕西时以银五百两得于关中。纸质匀洁如玉,四旁宽广,字大者如钱,绝有欧柳笔法。吴骞《宋椠汉书残本跋》、瞿中溶《宋本汉书附录札记》均对胜处极口称道。另一种亦系宋刻,与宋本《后汉书》行款悉同,共为一帙。《后汉书》为宋王叔边刻本,咸丰元年(1851)以增得之于苏州。字体秀劲与蔡梦弼本《史记》类似,为南宋闽刻之佳者。《三国志》为宋建本。以增得自袁江,字体方劲,锋棱峭厉,与黄善夫本《史记》相近,字句亦颇多胜处。张元济先生辑印《百衲本二十四史》以无缘通假,引为憾事。曾据日本帝室图书寮宋本与杨绍和跋勘对,所举殿本考证疑字,一一吻合,乃知二本实同,均为海内外鲜见之孤本。以上"四经""四史",除《史记》第三种、《汉书》第二种外,均已先后归北京图书馆。其中《毛诗》第二种,先归至德周氏(叔弢)自庄严堪,1952年周氏亦捐赠北京图书馆。周氏初得此书时,佚去黄荛圃手跋两通。1940年正月二十日,北平书友王文进忽邮寄黄荛圃跋两通,正此书所佚者,其徒乔景熹得自苏州。周氏以合浦珠还,为之大喜过望。亟命工补缀,装之首册,虽索值奇昂,亦不遑谐价。周氏珍护杨氏旧藏,传为书林佳话。叶昌炽《藏书纪事诗》云:"四经四史同一斋,望洋向若叹无涯。稽天始知逢源乐,此事难教语井蛙。"今则书海"稽天",乐在其中,叶氏"望洋"之叹,"井蛙"之诮,已一去不复返。以增死而有知,亦当含笑九泉矣。

以增藏书收购以至鉴别,多得梅曾亮、包世臣、高均儒、吴熙载之助。复校刻《海源阁丛书》六种,计有高均儒辑《蔡中郎集》十卷,《外纪》一卷,《外集》四卷,附《列传》一卷,《年表》一卷;宋葛刚正《三续千字文注》一卷;元舒天民撰、舒恭注、明赵宜中附注《六艺纲目》二卷,《附录》二卷;清刘淇《助字辨略》五卷;清毕亨《九水山房文存》二卷;清姚鼐《惜抱先生尺牍》八卷。据近人李士钊考证,丛书中尚有:宋吕祖谦《吕氏读书记》、《隶篇》、《牧令书辑要》(按《牧令书辑要》系丁日昌据《牧令书》重编,在杨以增后,如果为杨氏所刊,似当为绍和所刻)、叶葆《跛溪先生自编年谱》、凌次仲《礼理篇》、杨以增《志学箴》、包世臣《艺舟双楫》、《灵棋经》、唐唐求《唐求诗集》、梅曾亮《柏枧山房文集》、胡天游《石笥山房文集》、《蕉声馆文存》、袁枚《小仓山房尺牍》、杨以增《退思庐文存》、杨绍和《仪晋观堂诗抄》、杨保彝《归瓻斋诗词抄》等十六种。其中如《唐求诗集》系光绪二十年(1894)杨保彝刻于北京。杨以增、杨绍和诗文集,杨保彝诗词,系民国九年(1920)杨敬夫刻于聊城。盖杨氏四代人陆续付梓,非尽系以增时所刻。因非一时所刻,又较为分散,故鲜为世人所知,现已颇难搜求。以增复以乡先辈桂未谷(馥)《说文解字义证》、许鸿磐《方舆考证》久未刊印,延日照许印林(瀚)为之校勘,后以调陕中辍,仅刻成《义证》一册、《考证》总部(即目录)。然《义证》《考证》之刻,实肇端于此。以增殁后,子绍和编为《先都御史公奏疏》三十六卷,稿本二十一册藏山东省图书馆。另有《海源阁珍存尺牍》则为林则徐、萨迎阿、翁同书、陈官俊、钱仪吉、吴荣光、许瀚等十二人致以增手札,尚待刊行。

藏章有"杨以增印""至堂""字益之号东樵""杨以增字益之又字至堂晚号冬樵行者""杨以增字益之又字至堂晚号寒樵行二""杨东樵""杨东樵读过""益之手校""杨氏海源阁藏""海源阁藏书""宋存书室""东郡杨氏宋存书室珍藏""聊摄杨氏宋存书室珍藏""四经四史之斋""常惺惺室""退思庐"等。

杨绍和(1832—1875),字彦合,号勰卿,以增仲子,咸丰二年(1852)举于乡,由中书改官户部郎中。时杜翮为山东团练大臣,绍和为手订章程。同治四年(1865)成进士,擢右赞善,疏陈四事,深中外交肯綮。洊升侍讲,卒于官。绍和邃于汉学,精研训诂,《毛诗》《公羊》皆有札记,未及成书。海源阁藏书,以增时已具规模,绍和官京师时适清宗室怡府乐善堂藏书散出,绍和所得者为数不少。其余零星善本,随时赓益。于是海源阁插架之富,益骎骎驱驾南北藏家而上之。其相互授受之迹,可得而言者:清初毛晋汲古阁、钱曾述古堂之书,康熙中,半归昆山徐乾学、泰兴季沧苇。徐、季两家藏弆,后经何义门介,归清宗室怡府乐善堂。乐善堂大楼九楹,庋藏满溢,四库开馆之日,彼且置而不献。至端华与弟肃顺及怡亲王载垣以狂悖见诛,于是毛、钱、徐、季之珍,始流落人间。其归于绍和者,由是传是、述古之旧,又随百宋一廛而入于海源阁矣。综观海源阁藏书,大抵十之七八得于南,十之二三得于北。两地精华,萃于山左,蔚然为北方图书之府。至此,江浙藏书中心之格局,已岌岌为之冲破,此在我国藏书史上有其重要意义。

癸亥(1863)甲子(1864)间,绍和里居,爰就“四经四史之斋”旧藏善本及自收精椠,撰为《海源阁书目》,复取宋元各本,记其行式、印章、评跋,间附案语,至同治九年(1870)编成《楹书隅录》五卷,凡著录珍本一百七十一种。其继得于黄氏士礼居、汪氏艺芸书舍之精校名抄以避兵而储山中,晚年所得之书均不与焉。同治十年(1871)命子保彝,由里中抄寄原书跋尾若干条,手加甄录,增补九十二种,厘为四卷,名曰《楹书隅录续编》。海源阁宋元本书见于《楹书隅录》正续编者,共二百六十八种,凡宋本八十五,金元本三十九,明本十三,校本百有七,抄本二十四(见杨保彝跋)。绍和原拟将手校珍秘,纂为三编,惜未偿夙愿而殁。《海源阁书目》世无传本。元和江建霞(标)刻入《江刻书目三种》之《海源阁藏书目》一卷,即所谓药州精舍写本,谓得自汪郎亭(鸣銮)者。郎亭时官山东学政,未言书目何人所撰。实则《海源阁藏书目》,出于绍和之手无疑。江氏不过就其中加注某书收入《隅录》及《续编》而已。北京图书馆藏有杨绍和撰《宋存书室宋元秘本书目》四卷抄本,与江刻

《海源阁藏书目》相较,江目收宋本96,元本79,校本126,抄本62,共363种;《宋存书室宋元秘本书目》收宋本103,元本95,校本133,抄本66,共计397种,《宋存书室宋元秘本书目》较江目增出34种。如与《隅录》《续编》相较,共增129种。可见《宋存书室宋元秘本书目》,编在《隅录》《续编》之后。江目所据者,实系不全之本,此海源阁书目之大较也。绍和撰有《仪晋观堂诗抄》三卷,民国九年杨承训汇刻为《聊城杨氏三代诗文集》。

藏印有"杨绍和藏书""杨绍和""杨勰卿""杨二协卿""杨氏彦合""杨彦合读书""臣绍和印""东郡杨绍和字彦合藏书之印""东郡杨绍和字彦合鉴藏金石书画之印""彦合珍存""杨绍和审定""绍和筑岩""彦合珍玩""协卿真赏""协卿读过""杨氏协卿平生真赏""东郡杨绍和观""道光秀才咸丰举人同治进士东郡杨绍和字彦合鉴藏金石书画之印""秘阁校理""仪晋观堂"等。

杨保彝(1852—1910),字奭龄,号凤阿,绍和子,以祖父以增荫得知县。同治九年(1870)举贤书,以迭遭父母丧、嗣父母丧、祖母丧,偃蹇家居者十余年。改官内阁中书,转员外郎中,调总理各国事务衙门章京,擢道员。变法以来,以不宜于时,遂退隐于陶南山庄,筑眉园以居之。清末光宣间延为山东通志局会纂,并充山东优级师范教务长。致疾卒。无子,择族子敬夫嗣。

凤阿既以三世藏书嗣其家,深感创业不易而守成更难。故平日深自秘惜,不轻以示人。又以家在陶南,僻处东海,海内仰之虽若景星卿云,若非千里命驾,殆无由一饱眼福。当时唯柯凤荪(劭忞)以及门之雅,曾登阁一观。而江建霞随汪郎亭(鸣銮)学使,按试所经,亦初得涉猎,记其崖略以去。即今日所传《海源阁藏书目》刻入《江刻书目三种》者也。第江氏手跋,由羡生妒,识囿方隅,竟谓"昔之连车而北者,安知不捆载而南"。保彝观此,不怿于怀,缘是扃闭深严，殆同永巷。保彝晚岁尝就其父绍和《宋存书室宋元秘书本目》拾遗补缺，撰为《海源阁宋元秘本书目》四卷，著录善本书都四百六十四部，一万一千三百二十八卷。海源阁孤本秘笈，大抵尽在于斯。因恐身后族氏争产，累及藏书，遂援吴县潘氏攀古楼成例，于宣统元年(1909)九月，将所订书目及金石目录等项，呈请县府，归入祖祠，子孙世世保有，外人不得干与。是年十月至次年四月，递由东昌府转山东提学使咨部存案。同时聊城县政府亦出示保护，其书目等等，亦由呈转各机关分别盖印发还杨氏。宣统三年(1911)孙宝琦(慕韩)任山东巡抚，曾专折奏请，妥为保守，以防散佚。唯官吏奉符，驿骚百出，杨氏两世孤嫠，愤慨异常。至有闭阁燔烬之说。可知累代宝藏，几经艰辛，乃保绵延。保彝身历其境，感慨尤深。《海源阁宋元秘本书目》除聊署有案外，杨氏底本，久已失传。民国二十三年(1934)王献唐偶于市上得之，后有保彝题记，现存山东省博物馆。书凡四百五十五部，缮定后复增入十三部，溢出一部，共得四百六十九部，较聊署档案所载又增多五部。此殆保彝手编底本，于备案时略有减损。要之海源阁善本书备于是矣。王献唐爰依面叶署签，统改名为《海源阁宋元秘本书目》排印行世。保彝除《宋元秘本书目》外，尚编有《海源阁书目》六册，抄本存山东省图书馆。计分经、史、子、集四部，共著录三千二百三十六部二十万八千三百卷有奇。即杨氏所谓“世间经见之书”。其中以明刻居四分之一，余为清刻本，类皆精刊精印。此外复有《金石书画目录》五册，计碑帖九号、书画二十号、吉金二十号、文石三十号。保彝撰有《归甋斋诗词抄》一卷，民国九年(1920)杨承训汇刻《聊城杨氏三代诗文集》五卷，此其一也。

藏印有“杨保彝”“杨保彝藏本”“杨氏伯子”“陶南布农”“陶南山馆”“归甋斋”“眉园”“凤阿”“保彝私印”“聊城杨氏三世守藏”等。

梅曾亮《兵部侍郎江南河道总督杨公家传》(《柏枧山房文集》甲子补刊);龙启瑞《兵部侍郎都察院右副都御史江南河道总督杨公神道碑》(《经德堂文集》卷四);杨绍和《楹书隅录序》、《楹书隅录续编序》;《楹书隅录》卷一、卷二;梅曾亮《海源阁记》;杨保彝《楹书隅录跋》;柯劭忞《楹书隅录跋》;江标《楹书隅录跋》;叶昌炽《藏书纪事诗》第344页;《明清蟫林辑传》;袁同礼《清代藏书家概略》(《图书馆学季刊》第一卷第二期);《涉园序跋集录》48—49页;冀淑英《自庄严堪善本书目》;周叔弢《弢翁藏书题识》(附《自庄严堪善本书目》);宣统《聊城县志》卷八;王献唐《聊城杨氏海源阁藏书之过去现在》(《山东省立图书馆丛刊》第一种,1930年4月出版);袁行云《许瀚年谱》;萧新祺《谈海源阁"四经四史"》(《书品》第3期,1986年);李士钊《聊城海源阁杨氏刻书简述》(《山东出版资料》第1辑,1984年);韩天衡《中国印学年表》35、90、120页(上海书画出版社1987年版);《藏园群书题记》卷十三(上海古籍出版社1989年版);南京大学图书馆等编《中国丛书目录及子目索引汇编》83页。

杨敬夫(1900—1970),原名承训。以族子嗣。民国十年(1921)肄业于济南山东省立法政专门学校,十二年(1923)任北洋政府教育部秘书厅行走,后调赈灾委员会。十四年(1925)任京奉铁路局秘书。十六年(1927)移居天津。先是,凤阿去世后,袁世凯长子袁克定,垂涎海源阁藏书,曾思攫为己有。敬夫嗣母王太夫人少珊闻讯,即将部分宋元珍本由海源阁楼上移入卧室。十六年,以东昌地方不清,部分宋元孤本秘笈即已移藏天津。十七年春,西北军马鸿逵部进驻聊城,海源阁书略受损失。敬夫岳父劳之常复劝其继续运往津寓,以策万全。敬夫茫然不知所措。是年冬乘大风雪将王太夫人卧室中存书,捆载十余大箱由聊城运往禹城,然后改由火车运往天津,存西安道寓所。二十年(1931)九一八事变爆发,敬夫欲自谋生计,亟需资金,爰将其中九十二种珍本,由北平琉璃厂藻玉堂经理王子霖介绍,以八万元抵押于天津盐业银行。此九十二种,凡宋本三十余种,元本二十余种,“四经四史”大都赫然俱在,而孤本秘校不计焉。二十年傅沅叔曾亲驾津沽,雅意延访,观书于盐业银行,大饱眼福,爰就其所觏宋元本三十种,撰为《海源阁藏书记略》,叹为旷世鸿宝。于是益为海内藏书家所注视。后因抵押到期,敬夫无力赎回,经平津人士潘复、王绍贤、张廷谔等组织存海学社,筹款赎回,仍储入天津盐业银行。三十三年(1944)又加入新股,更名为存海学社新记。三十四年(1945)抗战胜利,十一月国立北平图书馆复员,报经教育部部长朱家骅批准,拨款收归国有。时适行政院院长宋子文视察平津,当即下手谕必须妥善处理。经多方协商,结果决定作价国币一千五百万元,收归国有,交国立北平图书馆收藏。嗣于三十五年(1946)一月二十八日在天津盐业银行交接清楚。计宋元善本书九十二种,一千二百零七册,分装七大箱,于二月一日派兵护送到平。从此流落天津长达十五年、稀如星凤之陶南精帙,终归国家典藏,实为我国藏书史上之一大幸事。然海源阁藏书几经兵燹,流散人间者亦复不少。第一次遭劫,在咸丰十一年(1861),上文已有所述及。傅沅叔于甲寅(1914)年冬,在厂肆得宋刻本《孟东野诗集》,荛圃题识,即为阁中之物。可知辛亥前后,管钥已疏。其第二次遭劫,在民国十八年(1929)。时山东社会秩序混乱,土匪蜂起。敬夫避居天津,阁中主持乏人。是年五月,土匪占据聊城,尚未损及海源阁藏书。迨七月十日,土匪王金发复陷县城,其司令部即设于杨氏宅内,随带书记官、参谋,闻有兰山樊天民、堂邑杨道南,均系前清生员,颇知书本。遂将海源阁之宋元秘笈及金石书画,择优掠去。盖杨氏善本书一部分虽存天津,然大部仍存故宅。敬夫运津时,亦未暇别择,故损失极为惨重。同年十一月山东省立图书馆馆长王献唐奉山东省教育厅厅长何思源命前往调查。王氏目击书籍零落,积尘逾寸。宋本《史记》,残余一册,宋本《咸淳临安志》,残余两册,均散置地上,与乱纸相杂。字画碑帖,仅存轴木,夹板中心,多被撕去。藏砚数十方,只存砚盒,所有砚石,均无一幸免。杨至堂画像一轴,撕裂如麻,投置几下。黄荛圃手校宋本《蔡中郎集》第四册残页,亦以拭抹鸦片烟签,涂污满纸,以镇库之珍,损坏如此,言之痛心。杨氏家人并谓匪徒每以阁上书籍炊火,旧书不易燃烧,愤言"谁谓宋版书可贵"。因古书均以毛头纸印之,并不爇火也。匪徒胡作妄为,至于此极,令人发指。匪乱之后,敬夫从未旋里。家中仆役,仍沿向不登楼之例,任其凌乱,不敢一扫积尘,可胜浩叹。唯稍感欣幸者,此次匪乱,其后宅三室,均未波及。其中不乏宋元善本,及荛翁精校之书,虽非陶南上乘,然以今论之,实为难得之善本也。

王氏调查后回济,向山东省教育厅提出报告,并由教育厅拟具保管办法,拟会同民政厅派员办理。王氏亦在所派员之列。正拟起行赴聊,不意政局突变,晋军入鲁,鲁省又陷入漩涡。匪徒王冠军乘机占据聊城,其伪司令部,即设于海源阁内(一说伪司令部设县政府)。此即海源阁之第三次遭劫,时在民国十九年(1930)也。匪徒既占据聊城,即盘据海源阁内。土匪去后,又有招抚改编之军队入城,此去彼来,有如传舍,无从一一详其姓名。但知攫书最多者为王冠军部。王冠军素稔杨氏藏书之富。自天津物色一精于古籍及古玩号称"九爷"者来聊。居月余,始终不露姓名,但知其为天津籍,身长清癯,唇有黑须。王冠军于是尽检善本、碑帖、字画,囊括而北。聊城县长王克昌(天津人),因与王冠军相勾结,亦得珍品若干。迨王冠军部开移河北,即将宋元善本及书画文物,运至保定家中保藏。王病故后,其书时有出售,当地奎文堂书肆所得独多。闻有《蔡中郎集》(黄丕烈、顾广圻校跋,见《楹书隅录》),元本《事文类聚》(见江刻《海源阁藏书目》)二种,均已残损。既而北平书贾,闻讯蜂集保定,又为文友堂、文禄堂、藻玉堂所分得。其零星归于北平图书馆者,有绿格旧抄本《经典释文》、何小山校明刻本《国语补音》、旧抄本《史记法语》、旧抄本《宋遗民录》、旧抄本《珊瑚木难》、黄丕烈手跋清乾隆刻本《武林旧事》、旧抄本《毗陵集》、旧抄本《玉楮诗稿》、黄丕烈跋竹纸旧抄本《湖山类稿》、旧抄本《燕喜词》等十种,赵万里先生曾为撰《海源阁遗书经眼录》。其见于王重民《中国善本书提要》及《补编》者,凡宋、元、抄校三十四种。其中与赵氏《经眼录》重出者,有《武林旧事》《珊瑚木难》两种。此三十四种,大都为赵万里编《国立北平图书馆善本书目》(1933 年版)所著录。其见于《国立北平图书馆善本书目》而不见《北京图书馆善本书目》(1959 年版)者,如黄丕烈校跋《武林旧事》,黄丕烈、顾广圻校跋清抄本《盐铁论》,宋本《童蒙训》,旧抄本《珊瑚木难》,何焯、黄丕烈校跋明抄本《麈史》,抄本《声画集》,叶石君、黄丕烈校明刻本《唐僧弘秀集》,朱彝尊抄本《元音遗响》,明刻本《玉山名胜集》、明抄本《支遁集》,影写十行本《默堂先生文集》,元刻本《中庵先生文集》(二十五卷本),明抄本《不系舟渔集》,黄丕烈跋明抄本《鸣鹤馀音》等,则已于抗战期间,运往美国国会图书馆保存,旋又移藏台湾“中央图书馆”矣。总之,此次海源阁被劫,事后敬夫派其管事邓华亭点检,计经部损失十之七,史部、子部各损失十之四,集部损失十之三。宋元版完全损失,以孤本高丽板韵学书最有价值。所剩者为充宋、充元、明清版及抄本,已多数不全。共装七大箱,运赴济南经二路纬一路东兴里寓所保存。其余书籍及杨氏四代人所刻《海源阁丛书》书版则运往聊城西南田庄祖茔之旁“弘农丙舍”(亦称厚遗堂)暂存。民国三十年(1941),济南东兴里房屋出售,又将东兴里书运往北京宣武门内亲戚家中。劳之常一再威胁利诱,欲敬夫以三百万联合储备银行伪钞售与日本人,作为回山东任汉奸省长资本,敬夫严词拒绝。嗣后辛铸九、苗兰亭、张蔚斋等人集资,由辛铸九与劳之常达成协议,购藏济南道德总会,抗日战争胜利后,捐赠山东省立图书馆。此即现藏山东省图书馆海源阁书之由来也。检以杨保彝《海源阁书目》大抵吻合。当时杨氏指为普通版本,存诸后宅。近据山东省图书馆整理,经部268种,史部556种,子部327种,集部973种,丛书148种,共计2272种,较《海源阁书目》著录者尚少964种。其中是否包括当年杨氏暂存"弘农丙舍"之书,则已无从追踪矣。

海源阁历经两次大劫,宋元秘笈及名家抄校,四处流散,王献唐先后于济南所见者,即得九种。一为黄荛圃校《穆天子传》及顾千里校《说文解字系传》;一为黄荛圃、朱秋崖等合校《封氏闻见记》及吴枚庵手抄、黄荛圃手校《江淮异人传》,明本《武夷新集》,明本《许白云集》,刘武仲兄弟合作字册;又有黄荛圃校《林和靖集》、绍兴十八年《同年小录》、《吕衡州集》,均为《楹书隅录》著录之书,因谐价未成,为北平书估以重价购去。其中黄校《穆天子传》、顾校《说文解字系传》,晋军占据济南时即已发现。适山东省立图书馆正在交代,外债累累,势难为省馆购买。迨王氏交卸离馆,将束装返里,终念此书失之交臂,未免可惜,即告贷亲朋,倾囊得之。王氏曾赋诗以记其事。诗云:

黄金脱手了无余,换得陶南镇库书。

不学东家权子母,鱼盐柴米姑徐徐。

其余多种,均于晋军北去回馆供职后为省馆收购。以近人喜习《穆天子传》,苦乏善本,黄校所据系九行二十字本,为人间孤本,爰于1934年由山东省立图书馆影印问世。上文曾谈及宋本《童蒙训》为赵万里、王重民两氏所亲见,然世人鲜知其收藏始末。雷梦水《书林琐记》尝记琉璃厂书业崇文斋主人孙瑞卿由北京返里探亲,乘火车至山东德县打尖,适逢该处集市,喧闹异常。孙氏忽于旧货摊上发现宋绍定刻本吕本中《童蒙训》三卷,为海源阁所流散者,购归北京图书馆(此书曾辑入《影印国藏善本丛刊》,原定由涵芬楼影印出版,因抗战爆发,未果)。即此一端,可见杨氏藏书散失之严重。

然杨氏藏书之散佚,非尽出于匪劫。敬夫抵押天津盐业银行者仅为九十二种,其运津之十余大箱,远不止此数。当时道路传言,有宋椠十二种,最初由叶誉虎(恭绰)、张岱珊、梁众异三人,合出六万元,因谐价未成,敬夫以八万元间接售与日本人,其经手者,为北平琉璃厂王某。然检阅叶恭绰《遐庵谈艺录》记海源阁藏书聚散,未尝言及售与日本人,道路传言,未尽可信。当时叶氏所见杨敬夫第一批运津者,为二十三种,且详记其版本行款、边阑藏印。叶氏初拟介之公家收购,无应者,不得已,乃拟集同志十人,每人出资五千,将全数购入,以纾杨氏所急,免其为市侩所劫持,以致分散。俟公家能收购时即照原价归公。已定议,且收款矣,率以北京藏书家某,从中挑拨,磋商两月,迄无结果,其事遂作罢。民国十六年(1927)十一月吴县王君九(季烈)在北平获得消息,海源阁有宋元本二十六种,捆载到天津出售,立即函告张元济先生,并抄寄清单一纸。经张氏检对《楹书隅录》,均有其书。每种开价少者千元,多者乃至九千元。王献唐亦辗转从北平获杨氏售书总单,开价又高出王君九所开清单。唯王献唐所获售书总单为二十三种,与叶恭绰《遐庵谈艺录》载第一批运津书目相符。王君九所开者为二十六种(实际为二十七种,其中《后村集》一种,未开价,故云二十六种)。张元济先生以售价过昂,恐其流出海外,因前闻临清徐氏(梧生)书散出,即拟有古书保存会章程,商诸叶誉虎、傅沅叔等,期以共同醵资,通力合作,共谋保存,且避免竞争,滥出高价。此时又旧事重提。叶拟先约八人,每人五千,以办此事。然各人意见纷纭,徒为谈资。后傅氏获知"二孟一黄"为李木斋所得,所谓"二孟"者,即宋本《孟东野诗集》、宋本《孟浩然集》(宋本《孟浩然集》先归李木斋,转归潘明训),"一黄"为宋本《类编增广黄先生大全文集》。至1929年,杨氏宋元本书二十六种,尚有宋本《荀子》等十五种,闻四万元即可脱手。叶氏赴沪,又商诸张元济及南海潘氏(明训),拟集资四万元,每股五千,潘氏以为过昂,尚须磋减,终未协议。其中宋本《管子》,北宋本《说苑》,北宋本《淮南鸿烈解》,宋本《荀子》,宋本《击壤集》,宋本《三谢诗》,为大连图书馆所得。宋本《新序》则为周叔弢所得。据冀淑英先生撰《自庄严堪善本书目》著录,海源阁藏书归周氏收藏者,其品种之多,版本之精,仅次于北京图书馆得自天津盐业银行之九十二种。兹按《自庄严堪善本书目》移录于后:

(甲)经部十种:

1.《监本纂图重言重意互注点校毛诗》二十卷,《图谱》一卷,汉毛亨传,郑玄笺,唐陆德明释文,宋刊本,五册。存十二卷(一至十一、图谱一卷)(《楹书隅录》卷一著录,“四经四史之斋”宋本四经之一)。

2.《周礼注》十二卷,汉郑玄撰,宋婺州市门巷唐宅刻本,劳健抄补并跋,六册(《楹书隅录》卷一著录,“四经四史之斋”宋本四经之一)。

3.《新定三礼图集注》二十卷,宋聂崇义撰,宋淳熙二年镇江府学刻公文纸印本,钱谦益跋,六册(按此书为季振宜、徐乾学旧藏,后归海源阁,《楹书隅录》未收)。

4.《尔雅》三卷,晋郭璞注,元雪窗书院刻本,三册(此书为怡府旧藏,后归海源阁,《楹书隅录》未收)。

5.《广雅》十卷,魏张楫撰,隋曹宪音解,明刻本,顾广圻、黄丕烈校并跋,一册(《楹书隅录续编》卷一著录)。

6.《干禄字书》一卷,唐颜文孙撰,清初毛氏汲古阁影明抄本,与《佩觿》合一册(《楹书隅录》卷一著录,误作影宋精抄本)。

7.《新加九经字样》一卷,唐唐元度撰,清初席氏酿华草堂影宋抄本,一册(《楹书隅录》卷一著录)。

8.《佩觿》三卷,宋郭忠恕撰,清初毛氏汲古阁影明抄本,毛扆校,与《干禄字书》合一册(《楹书隅录》卷一著录)。

9.《复古编》二卷,宋张有撰,元至正六年吴志淳好古斋刻本,杨哲、茂翁跋,二册(此书为怡府旧藏,后归海源阁,《楹书隅录》未收)。

10.《字鉴》五卷,元李文仲撰,清初毛氏汲古阁影元抄本,何煌校,二册(《楹书隅录》卷一著录)。

(乙)史部四种:

1.《建康实录》二十卷,唐许嵩撰,宋绍兴十八年荆湖北路安抚使司刻递修本,十六册(此书为徐乾学旧藏,后归海源阁,《楹书隅录》卷二著录)。

2.《晋书》一百三十卷,唐房玄龄等撰,宋刻本,三十六册(此书为季振宜、徐乾学旧藏,后归海源阁,《楹书隅录》卷二著录)。

3.《钓矶立谈》一卷,清康熙四十五年曹寅扬州使院刻《楝亭十二种》本,何煌校并跋,黄丕烈跋。与《糖霜谱》《都城纪胜》合一册(《楹书隅录》未收)。

4.《都城纪胜》一卷,题灌园耐得翁撰,清康熙四十五年曹寅扬州使院刻《楝亭十二种》本,黄丕烈校并跋,与《糖霜谱》《钓矶立谈》合一册(《楹书隅录》未收)。

(丙)子部十二种:

1.《新序》十卷,汉刘向撰,宋刻本,钱谦益、黄丕烈、余锡爵跋,五册(此书为绛云楼故物,又经季振宜、徐乾学、黄丕烈、汪士钟递藏,后归海源阁,《楹书隅录》卷三著录)。

2.《兰亭续考》二卷,宋俞松辑,宋淳祐刻本(卷二配劳健抄本),二册(此书为怡府旧藏,后归海源阁,《楹书隅录》未收)。

3.《衍极》五卷,元郑杓撰,刘有定释,清康熙二年周起荣抄本,周起荣、吴翌凤跋,黄丕烈校并跋,一册(《楹书隅录续编》卷三著录)。

4.《画鉴》一卷,元汤垕撰,明沈氏野竹斋抄本,沈与文校,史臣纪、顾玄纬、姚咨、冯彦渊跋,黄丕烈校并跋,一册(此书历经沈与文、姑馀山人、方山、姑苏吴岫、上党冯彦渊等名家收藏,后归海源阁,《楹书隅录续编》卷三著录)。

5.《春渚纪闻》十卷,宋何薳撰,明崇祯毛氏汲古阁刻《津逮秘书》本,丁竹浯补目,黄丕烈校并跋,四册(《楹书隅录续编》卷三著录)。

6.《开元天宝遗事》二卷,五代王仁裕撰,明建业张氏铜活字印本,何煌、黄丕烈跋,一册(《楹书隅录续编》卷三著录)。

7.《河南邵氏闻见后录》三十卷,宋邵博撰,清抄本,黄丕烈校并跋,沈钦韩校注并跋,一册(《楹书隅录续编》卷三著录)。

8.《录异记》八卷,前蜀杜光庭撰,明抄本,秦四麟校并跋,何煌跋,黄丕烈校并题诗,一册(《楹书隅录》卷三著录)。

9.《注心赋》四卷,宋释延寿撰,元刻本,孱翁跋,二册(此书为怡府旧藏,后归海源阁,《楹书隅录》未收)。

10.《道德指归论》六卷,题汉严遵撰,明刻《秘册汇函》本,黄丕烈校跋并录,钱谦益题识,张昭仁校并跋,二册(《楹书隅录续编》卷三著录)。

11.《南华真经》十卷,晋郭象注,宋刻本,十册(《楹书隅录》卷三著录)。

12.《壬辰重改证吕太尉经进庄子全解》十卷,宋吕惠卿撰,金刻本,文彭、吴元恭题款,六册(此书为季振宜、徐乾学旧藏,后归海源阁,《楹书隅录》卷三著录)。

(丁)集部二十三种:

1.《陶渊明集》十卷,晋陶潜撰,宋刻递修本,金俊明、孙延题签,汪骏昌跋,二册(《楹书隅录》卷四著录)。

2.《陶靖节先生诗注》四卷,《补注》一卷,晋陶潜撰,宋汤汉注,宋刻本,周春、顾自修、黄丕烈跋,孙延题签,二册(《楹书隅录》卷四著录)。

3.《杜审言诗集》一卷,唐杜审言撰,宋刻本,一册,与《常建诗集》《岑嘉州诗集》《皇甫冉诗集》合为一函(《楹书隅录》卷四著录)。

4.《王摩诘文集》十卷,唐王维撰,北宋蜀刻小字本,袁褧观款,顾广圻跋,六册(此书由明袁褧、项墨林递藏,归汪士钟后,与《骆宾王集》同入海源阁,《楹书隅录》卷四著录)。

5.《常建诗集》二卷,唐常建撰,宋刻本,一册,与《杜审言诗集》《岑嘉州诗》《皇甫冉诗集》合为一函(《楹书隅录》卷四著录)。

6.《岑嘉州诗集》八卷,存一至四卷,唐岑参撰,宋刻本,与《常建诗集》《杜审言诗集》《皇甫冉诗集》合为一函,一册(《楹书隅录》卷四著录)。

7.《皇甫冉诗集》二卷,唐皇甫冉撰,宋刻本,一册,与《杜审言诗集》《常建诗集》《岑嘉州诗集》合为一函(《楹书隅录》卷四著录)。

8.《钱起诗集》不分卷,唐钱起撰,清顺治六年张秀抄本,叶万校补并跋,与《韩君平诗集》合一册(《楹书隅录续编》卷四合并著录)。

9.《韩君平诗集》五卷,唐韩翃撰,明抄本,叶万校补,黄丕烈校并跋,与《钱起诗集》合一册(《楹书隅录续编》卷四著录)。

10.《增广音注唐郢州刺史丁卯诗集》二卷,《续集》一卷,唐许浑撰,元祝德子订正,元刻本,五册(《楹书隅录》卷四著录)。

11.《李群玉诗集》三卷,《后集》五卷。唐李群玉撰,明崇祯三年叶奕抄本,叶奕、黄丕烈校并跋,一册(《楹书隅录续编》卷四著录)。

12.《唐求诗集》一卷,唐唐求撰,宋刻本,季振宜题款,顾莼题签,黄丕烈跋,一册(《楹书隅录》卷四著录)。

13.《注东坡先生诗》四十二卷,宋苏轼撰,施元之、顾禧注,宋嘉泰淮东仓司刻本,黄丕烈跋并题诗,周锡瓒跋,潘奕隽题诗,二册(《楹书隅录》卷五著录)。

14.《宝晋山林集拾遗》八卷，宋米芾撰，清抄本，四册(《楹书隅录》未收)。

15.《筠溪牧潜集》七卷，元释圆至撰，元大德刻本，杨绍和跋，一册(《楹书隅录》卷五著录)。

16.《梅花字字香》二卷，元郭豫亨撰，元至大刻本，杨绍和跋，一册(《楹书隅录》卷五著录)。

17.《蜕庵诗集》四卷，元张翥撰，清康熙陆漻家抄本，王闻远、黄美镠校并跋，黄丕烈校跋并录，许心扆题识，一册(《楹书隅录续编》卷四著录)。

18.《梅花百咏》一卷，元韦珪撰，元至正刻本，黄丕烈跋并题诗，一册(《楹书隅录》卷五著录)。

19.《拱和诗集》一卷，元曹志撰，附一卷。清乾隆三十四年鲍氏知不足斋抄本，一册(《楹书隅录》未收)。

20.《新刊国朝二百家名贤文粹》三百卷，存一百九十七卷。宋庆元三年眉山书隐斋刊本，六十册(《楹书隅录》卷五著录)。

21.《东坡乐府》二卷，宋苏轼撰，元延祐七年叶曾南阜书堂刻本，黄丕烈跋，二册(《楹书隅录》卷五著录)。

22.《稼轩长短句》十二卷，宋辛弃疾撰，元大德三年广信书院刻本，黄丕烈跋，顾广圻抄补并跋，陶梁、瞿中溶、汪鸣銮、王鹏运、许玉瑑题款，四册(《楹书隅录》卷五著录)。

23.《花间集》十卷，后蜀赵崇祚辑，宋刻递修公文纸印本，杨保彝题识，二册(《楹书隅录》卷五著录)。

以上四部共计四十九种，其中《楹书隅录》及《续编》著录者四十种，未收者九种。若以版本分，凡宋刻十九种，金刻一种，元刻九种，明本一种，影宋、影元抄各一种，校本五种，抄本十二种。周氏自谓“惜书之癖，甚于惜钱”，海源阁书散出时，不惜以重价收之。朋辈有诧其痴而讥其大费者，周氏则认为“人生几何，异书难遇”，每得

“人间孤本,真当景星卿云视之,奚暇为财物计”。(见明刻本《齐乘》及宋蜀刻本《后山诗注》题识)民国十六年周氏闻海源阁书即将散出,曾亲往杨宅观书,其书大抵得自敬夫。亦有非出自杨宅者,如元至正本《复古编》,得自藻玉堂书估王子霖,为海源劫后流入天津茶叶铺者。元刻本《注心赋》、抄本《宝晋山林集拾遗》,原藏海源阁,不载杨氏书目,吴县潘祖荫于同治十年于杨氏亲见之。杨氏书散出,为李典臣所有。民国三十三年,李氏出售藏书于孙氏,浼周氏估值,李即以《注心赋》见赠。而《宝晋山林集拾遗》则为李氏出售后所得。周氏于杨氏藏书皆善保旧装,不轻改易,颇加称赏。每见劫后辗转流传,横遭割裂,或装池污损之书,辄命工补缀,恢复旧观。今则周氏辛勤搜求之海源阁宋元秘笈及名家抄校,已于1952年悉数捐入北京图书馆,与抵押盐业银行之九十二种,同为国家永久保存。此非徒为海源阁之功臣,其“化私为公,造福后人”之崇高品德,当为世人所矜式。周氏一生信奉“深喜孤本犹在人间,不必其为我有”,此种精神风貌,尤非其他藏书家所能企及。从1959年《北京图书馆善本书目》可以考见者,海源阁宋元秘本,尚有归刘少山(名占洪)者26种,归凌志斌者2种,归潘明训者4种,归陈澄中(名清华)者1种(世彩堂本《昌黎先生集》),归邢赞庭者多种。五十年代初,刘、凌、潘、邢诸氏先后向国家捐献,均为北京图书馆所珍藏。陈书亦归自香港,但其中无《昌黎先生集》。其为李盛铎所得者,亦入藏北京大学图书馆。从此陶南孤本秘笈,永存天壤,古人所谓“聚而必散,物理之常”,将一去不复返矣。

民国十六至十九年间海源阁书在天津陆续散出,为举世瞩目之大事。自晚清以来,向为人所称道之“南瞿北杨”,至此硕果仅存者初唯“南瞿”而已。五十年代初,常熟瞿氏铁琴铜剑楼藏书亦归北京图书馆。百川汇海,堪称盛举。为保存海源阁在天津售出之第一手资料,爰将当时售书清单汇录于后,以存一代书林掌故。

书　　名	版本	册数	价　格(国币)		
			王君九抄单　　价	王献唐抄单　　价	1929 年叶恭绰抄价
孟东野诗集	北宋本				
孟浩然集	宋　本				
范文正文集	宋　本	8	2.000 元	2.300 元	5.000 元
淮南鸿烈解	北宋本	12	4.500 元	4.800 元	6.000 元
云庄四六馀话	北宋本	2	1.500 元	2.000 元	
吕东莱集		8	1.700 元	2.000 元	3.000 元
王摩诘诗	北宋本	6	1.600 元	2.000 元	3.000 元
愧郯录	宋　本	6	3.000 元	3.300 元	4.000 元
管子	宋　本	10	3.000 元	4.000 元	5.000 元
说苑	北宋本	10	5.000 元	5.500 元	6.000 元
楚辞	北宋本	12	7.000 元	7.500 元	8.000 元
山谷老人刀笔	宋　本	10	2.500 元	2.500 元	
孙可之文集	宋　本	2	2.000 元	2.800 元	2.000 元
苏端明集	宋　本	16	6.000 元	6.500 元	8.000 元
黄山谷诗(按即《类编增广黄先生大全文集》)	宋　本	1	1.000 元	1.300 元	
韦苏州集	宋　本	6	2.000 元	2.300 元	
晋书详节	宋　本	10	1.700 元	2.000 元	
柳先生集	宋　本	24	9.000 元	10.000 元	
击壤集	北宋本	6	2.500 元	3.000 元	5.000 元
皇甫杜岑常诗集	宋　本	4	1.500 元	1.800 元	未注明价格
三谢诗集	宋　本	1	1.500 元	2.000 元	1.500 元

(续表)

书　　名	版本	册数	价　格(国币)		
			王君九抄单　价	王献唐抄单　价	1929 年叶恭绰抄价
陶渊明集	北宋本	2	3.000 元	3.500 元	4.000 元
荀子	宋　本	10	4.000 元	4.200 元	5.000 元
新序	北宋本	5	5.000 元	6.000 元	6.000 元
庄子	宋　本	10	3.000 元	4.000 元	未注明价格
王右丞诗集	宋　本			709	未注明价格

附注:①上列售书单书名次序,按王君九抄单排列,未予变动。王君九抄单尚有《后村集》一种,因未开价,故未列入。王单原无册数,据王献唐抄单及叶恭绰抄单补。《王右丞诗集》两单俱无,据叶单补。《孟东野诗集》《孟浩然集》《黄山谷诗》,王君九抄单均未注版本,据《楹书隅录》补。《吕东莱文集》,原单无版本、册数,王献唐据《江刻书目》定为元刻本 24 册,叶恭绰抄单则为 8 册,显非同一版本。据王献唐云,"原单注谓均系宋版",则此书似非元刊,故按叶单列为 8 册。叶恭绰抄单名为 15 种,实为 17 种。

②王君九抄单、叶恭绰抄单见《张元济傅增湘论书尺牍》181—182、199—200 页。

③王献唐抄单见王氏《海源阁藏书之损失与善后处置》(《山东省立图书馆季刊》第一卷第一期,1931 年)。

海源阁书自十六年在天津散出,复经十八、十九年两次匪劫,流落人间者,更仆难数。明刊及旧写诸书,平津坊肆,时有所见。北平沦陷期间,琉璃厂藻玉堂尚收得元中统本《史记集解索隐》一百三十卷(实为明正统复明刻本),可见杨氏后人待价而沽,散非一时。

北图零星收购海源阁遗书,据目前所知,凡见于赵万里编《国立北平图书馆善本书目》及王重民《中国善本书提要》而不见于1959年《北京图书馆善本书目》者，均系抗战期间移存美国国会图书馆，后又转存台北“中央图书馆”。现北图尚有胶卷可以阅读。杨承训尝于民国九年汇刻《聊城杨氏三代诗文集》五卷，杨氏三代诗文赖以保存，有足称者。

海源阁善本书最早影刻者为光绪十四年王鹏运所刻宋刻公文纸本《花间集》，收入《四印斋所刻词》。先后影印者，除前述黄校《穆天子传》、世彩堂本《昌黎先生集》外，1934年东方文化事业总委员会日本学人桥川时雄曾据大连图书馆藏宋嘉泰本《三谢集》一卷在北京影印。1955年中华书局影印元本《稼轩长短句》。1982年上海古籍出版社影印宋本《孙可之文集》、北宋本《王摩诘文集》，收入《宋蜀刻本唐人集丛刊》。1983年上海古籍出版社又将宋本《三谢诗》涵芬楼毛样影印问世。同年国务院古籍整理出版规划小组开始编印《古逸丛书三编》，周叔弢先生即建议将旧藏海源阁刻印精善之书宋本《南华真经》等四种、北京图书馆藏海源阁书宋本《礼部韵略》等五种列入《三编》。1984年中华书局对选目重加修订，列入《三编》之书，凡五十六种，其中为海源阁旧藏者即占十四种，出自周叔弢先生捐赠者为九种。犹忆20年代至30年代张元济先生辑印《四部丛刊》(初编、二编、三编)及《续古逸丛书》、《百衲本二十四史》，海内外孤本秘笈，几网罗殆尽，而海源阁旧藏，竟付缺如，每引以为憾。今《古逸丛书三编》已陆续出版，“四经四史”及“宋存书室”中之精华，于历劫之余，终将影印问世，供人披览。不独张氏遗憾得以弥补，且百世盛业，绝续有人，较之杨氏当日闭诸笈笥，只自怡悦，又不可同日而语矣。兹将入选《古逸丛书三编》之十四种善本列后：

《周礼注》十二卷　宋婺州市门巷唐宅刻本(“四经四史”之一)
　　六册　周捐

《礼记注》二十卷,附《释文》　宋淳熙四年抚州公使库刻本(“四经四史”之一)
《建康实录》二十卷　宋绍兴十八年荆湖北路安抚使司刻本(孤本)　十六册　周捐
《两汉博闻》十二卷　宋乾道八年胡元质姑孰郡斋刻本　十二册
《新序》十卷　南宋初浙本(孤本百宋一廛中有重名之书,号称北宋本)　四册　周捐
《南华真经注》十卷　南宋初荆湖北路刻本(书眉宋人题字)　十册　周捐
《开元天宝遗事》二卷　明建业张氏铜活字印本　三册　周捐
《山海经传》十八卷　南宋池阳郡斋刻本(孤本)　三册
《壬辰重改证吕太尉经进庄子全解》十卷　金刻本(孤本)　六册　周捐
《离骚草木疏》四卷　宋庆元六年罗田县学刻本(孤本)　一册
《陶靖节先生诗注》四卷,《补注》一卷　宋刻本(孤本)　二册　周捐
《骆宾王文集》十卷　南宋初蜀小字本(存五卷,另五卷毛抄)　二册
《梅花字字香》二卷　元至大间刻本(孤本)　一册　周捐
《梅花百咏》一卷　元至正间刻本(孤本)　一册　周捐

敬夫藏书印有“海源残阁”朱文印、“杨印承训”白文方印。

傅增湘《海源阁藏书记略》(天津《大公报》1931 年 5 月 27 日);《藏园群书经眼录》;《藏园群书题记》;《张元济傅增湘论书尺牍》(商务印书馆 1986 年版);《宝礼堂宋本书录》;冀淑英《自庄严堪善本书目》;周叔弢《弢翁藏书题识》(附见《自庄严堪善本书目》);叶恭绰《遐庵谈艺录》19—24 页《海源阁藏书》;赵万里编《国立北平图书馆善本书目》(1933 年版);《北京图书馆善本书目》(1959 年版);王文进《文禄堂访书记》;王献唐《海源阁藏书之损失与善后处置》、《聊城杨氏海源阁藏书之过去

现在》;《双行精舍书跋辑存》、《续编》;郦承铨《记大连图书馆所收海源阁藏宋本四种》(《文化先锋》第5卷第24期);《本馆收购海源阁遗书始末记》(北平图书馆《图书季刊》新第7卷1—2期合刊);《周叔弢先生谈古逸丛书三编》(《古籍简报》107期);《古逸丛书三编目录》(《古籍简报》120期);南京大学图书馆等编《中国丛书目录及子目索引汇编》83页。

吴式芬(1796—1856),字子苾,号诵孙,海丰县人。道光二年(1822)举人,十五年(1835)进士。道光十八年(1838)由翰林院编修简放江南南昌知府,旋擢广西右江道,署按察使。案必亲鞫,务核其实。未几升河南臬司,晋直隶藩司。调贵州,复调陕西。寻授鸿胪寺卿,提督浙江学政,迁内阁学士兼礼部侍郎,出试严、温两府。咸丰五年(1855)因病引退。六年二月买舟东归,十月初八日卒于家,年六十一。生平好金石文字,凡鼎彝碑碣、汉砖唐镜、印玺、封泥、瓦当等古器物,收藏至富,且长于考订,又为刻砚名家。咸丰六年(1856)曾刻毛公鼎四百余字缩于澄泥砚背,刻工精细挺劲,颇有原作笔意。该砚今藏天津市艺术博物馆。著有《捃古录》二十卷、《捃古录金文》三卷(以上两书均为光绪二十一年刊本)、《金石汇目分编》四十卷(民国初北京文禄堂刊本)、《双虞壶斋藏器目》一卷(《灵鹣阁丛书》本)、《陶嘉书屋钟鼎彝器款识目录》八卷(《北京图书馆善本书目》作许瀚撰,误。应为许瀚校并跋)、《印谱》八种(其中有《双虞壶斋印存》《陶嘉书屋秦汉印章》)、《日记》《封泥考略》(与陈介祺合撰)、《补续汇刻书目》《唐宋九明人摘句缀锦集》《陶嘉书屋诗赋稿》等。其中《陶嘉书屋钟鼎彝器款识目录》《双虞壶斋藏器目》均为式芬藏器目录,前者较后者内容为详。《目录》载青铜器拓本五百六十种,兼器物都六百廿六种。式芬自序略云:

余自庚寅以后游京师,获交当代好古诸家,每遇古器必手自摹拓,而四方同好亦各以所藏拓赠,所获浸多。爰荟萃墨本,汰其赝者,装册为玩,以是随其所得付装,故不次时代先后,亦不类分其器,续有所收,则别自为册,盖取其多而未已,用六一居士《集古录》目例也。

《捃古录金文》以考释为主,而《捃古录》则为金石总目,以孙星衍《寰宇访碑录》为底本,补其未备,删其讹误,复增入三代秦汉以来吉金,各注某氏家藏,共收金文、石文、砖瓦文一万八千一百十六种,可谓洋洋巨观,自与《捃古录金文》性质迥然不同。《金石汇编分目》,荟萃金石目录,以州县分编,与《捃古录》相为表里。《陶嘉书屋钟鼎彝器款识目录》,现藏北京图书馆,书内有许瀚朱校,对古器真伪著录、释文、称谓,多所考证。盖式芬殁后许瀚应邀赴海丰整理吴子苾遗书时所校,《捃古录金文》与《捃古录》之得以信今传后,实许瀚之力为多。许瀚《哭吴子苾阁部联》云:

平生金石盟心,才几时,江城剪烛,沂驿传书,那期白马素车,酹酒为君订遗稿;世时云烟过眼,从今后,拔剑歌哀,衔碑语苦,纵复高山流水,抱琴何处觅知音。

两人之气谊相投,亦可于此见其崖略焉。然式芬金石学之成就,尤在印玺封泥。以古玺印之学,于古文字、官制、地名,咸有所补益。道光以还,古封泥之出于巴蜀及临淄者,刘喜海尽得之,同光间出于山左者,十倍于蜀中,皆归之吴式芬、陈介祺。自二氏《封泥考略》出,前人不识有以为印范者,至是始定封泥之名。其书于考证古代官制、地理,为用至大。王国维《齐鲁封泥集存序》亦备论之矣。

彭蕴章《内阁学士兼礼部侍郎衔吴公墓志铭》(《清碑传合集》2153—2154页);民国《无棣县志》卷十;光绪《山东通志》卷百七十一、百三十四;刘节《中国金石学·绪言》五《玺印及封泥》(《图书季刊》一卷二期,1934 年);王国维《观堂集林》卷十五;韩天衡《中国印学年表》(中国书画出版社 1987 年版);袁行云《许瀚年谱》260、261、264、272、282、286 页。

吴重憙(1838—1911 后),字仲怿,一字仲饴、少文、敬美,晚号石莲,因名其室曰石莲闇。海丰人。式芬次子。潍县陈介祺婿。同治元年(1862)举人。历官陈州知府、福建按察使、驻沪会办电政大臣、河南巡抚等。自总角即饫闻庭训,复与其兄重周同受业于日照许印林,故于乾嘉诸老之学及金石艺事,靡不覃思迈进。凡陶嘉书屋、双虞壶斋旧藏悉归石莲庵外,又喜蓄金石图籍,所收尤以旧抄为多。光绪十八年(1892)遭于火,颇多损失。光绪中奉朝旨驻沪,适嘉兴唐鷦安藏书散出,重憙得其抄校秘册甚夥。辛亥(1911)后与章钰同客津沽,常以目录金石之学相质证。所藏秘籍,章钰大率寓目。与缪荃孙亦多往还,时有所请益。著有《石莲庵诗》《词》各一卷,《石莲庵乐府》(散曲)一卷,《吴氏族谱》十二卷。辑刻《山左人词》十七种四十八卷,附一种一卷,《石莲庵汇刻九金人集》一百五十卷,《海丰吴氏诗存》四卷,并与李葆恂合撰《津步联吟集》《词》各一卷。其中《山左人词》委诸艺风老人校刊,故刻印极精。石莲庵所藏善本见于著录者,有明嘉靖二年安正书堂刻本《诗经疏义会通》二十卷,旧写本《春秋传注》三十六卷,宋刊巾箱本《增入名儒集议资治通鉴详节》□□卷,旧抄本《续资治通鉴长编》一百八卷,影元抄本《契丹国志》二十七卷,旧写本《酌中志》二十四卷,旧写本《高士传》三卷,影写宋刊本元丰《新定九域志》十卷,清写本淳熙《三山志》四十二卷,明嘉靖十二年顾春世德堂刊本《中说注》十卷,清乾隆四十年沈仲梅写本《诫书》十六卷,旧写本《砚山斋珍赏历代名贤墨迹集览》一卷,元刊本《图绘宝鉴》五卷,旧写本《珩璜新论》一卷,旧写本《齐东野语》二十卷,旧写本《震泽长语》二卷,旧写本《说原》十六卷,明棉纸蓝格写本《新刊古杭杂记诗集》四卷,明写本《徐孝穆文集》七卷,旧写本《中山集》三十卷,旧写本《河东先生集》十五卷,清写本《河南集》三卷,石门吕氏旧藏写本《广陵先生文集》三十卷,明末毛氏汲古阁写本《宝晋英光集》六卷,清石门吕氏写本《诚斋集》四十二卷,旧写本《南轩先生诗集》七卷,明嘉靖间刻本《荆溪外纪》二十五卷,旧写本《碧山乐府》二卷。清乾隆间内府五色写本《劝善金科》十本二十卷。复有《北梦琐言》二十卷,宋孙光宪撰,旧抄本。《藏园群书题记》421 页记:"日前偶婴小亟,翰文斋以新收海丰吴仲怿侍郎遗书数种相眎,其书多得自嘉兴唐鹪安家。而唐氏又得于吴氏拜经楼,中有《北梦琐言》一帙,缮写工雅,有'红药山房''拜经楼''海宁杨氏'诸印。"藏书印有:"海丰吴重憙印"白文、"石莲闇所藏书""石莲闇藏书印"朱文、"吴重憙"朱文、"石莲"朱文椭圆、"重憙鉴赏""石莲经眼""石莲涉猎""海丰吴氏石莲盦"朱文、"吴仲怿秘笈印""海丰吴氏家藏""海丰吴氏藏书""海丰吴氏珍藏""仲怿"朱文长方印、"海丰吴氏"等。重憙编有《石莲闇藏书目》不分卷,紫格稿本。原稿未署名,多重憙手书,字迹卓然可辨,十二册一函,今藏陕西师范大学图书馆善本室。传世之本复有《海丰吴氏藏书目》不分卷,清抄本,一册,八行,行字不等,蓝格白口,四周单边。今藏北京图书馆。

缪荃孙《艺风堂友朋书札》607、608、609、1077 页;章钰《四当斋书目》上二《史》六十一;谢伯阳《近三百年散曲家传略及书目》82 页;《藏园群书经眼录》41、87、240、307、334、377、414、553、599、623、637、678、716、719、723、751、1002、1067、1117、1125、1161、1190、1243、1254、1615 页;《中国善本书提要》485、509 页;袁行云《许瀚年谱》207、262 页;《藏园群书题记》32、420 页;《陕西师范大学图书馆善本书目》第 13 页;《北京大学图书馆藏善本书录》第 85 页;《杭州大学图书馆善本书目》第 98 页。

马国翰(1793—1857),字词溪,一字竹吾,原籍章丘,曾祖时迁居历城南权府庄(今全福庄),遂家焉。父名锦,官山西汾州府经历,历署宁乡、武乡、天镇等县知县。国翰随之任所,从贾璇受业。道光十一年(1831)乡试中式,十二年(1832)成进士,历署陕西洛川、石泉、泾阳知县。十九年(1839)秋请假归里养疴。二十四年(1844)擢陕西陇州知州。咸丰三年(1853)引疾归。咸丰七年(1857)以疾卒于家,年六十有四。国翰道光十九年(1839)家居,吟诗课子之余,与周二南(乐)、何苹野(邻泉)、谢问山(焜)、王秋桥(体涵)、范伯野(垌)诸名士结鸥社于大明湖上。国翰家贫好学,自为诸生时,每见异书,辄手自抄录。及成进士,为县令,廉俸所入,悉以购书。时积书已五万七千余卷,出与友朋相乐,入与诗书为朋。周二南《题马竹吾竹园课子图小像》云:"日啸林泉里,忘形并忘言。高风偕凤侣,清荫及龙孙。书屋不知暑,秋声先到门。此君客我访,问字拟携樽。"(《二南诗续抄》)又何苹野《马词溪竹林课子图》云:"循声治绩著长安,故国山庄竹万竿。壮岁归来间课子,举家欢喜胜迁官。能知止足持身易(亭名止竹),不读诗书继世难。林下自寻真乐事,任他人当渭川看。"(《天我相斋诗集》)老成风范,于此可见。

国翰撰有《玉函山房藏书簿录》二十五卷,《续编》一卷(清道光间刻本),凡经史子集四编,六十一类。经编十四类,史编十六类,子编二十二类,集编九类。尝自序其《簿录》云:

> 余性嗜书,闻友人家有奇编秘籍,每以一瓻乞假,手自抄录,遇诸市肆,不惜重值购之。为诸生日,砚田所获,半供书贾。或有时典质衣裘,室人以书痴瞧余,弗顾也。比筮仕西秦,前后十四年,中间家居者五年,广搜博访,细大不捐,乃积书五万七千五百余卷。夫古人之著作,不一其体,秉经立训者,渊懿卓烁,悬日月以不刊;粹儒之言,布帛菽粟,淡而弥永。其他百家撰述,未能尽醇,而持之有故,言之成理,亦自独有千

古。至于脞说小品,罗罗清疏,各饶风致。李邯郸谓书有三味,取喻良切矣。余每得一书,必深求一书之用意。暇日排比,依晁公武《郡斋读书志》、陈振孙《直斋书录解题》之式,分列部居,撮记要旨,为《藏书簿录》二十六卷,就架上现有之书编次,其有所遗漏及后更新得者,再为续编以补之焉。

时值道光二十九年(1849)在陇州任内,《藏书簿录》二十五卷刻竣。后又编次所得之书为《续编》一册,只经、史二例,收书三千余卷,未付梓,故《簿录》实为二十五卷。国翰无子,以族子嗣,殁后,其藏书为管钥者巧偷贱售,流散海内南北。善化张某宦山东,所得甚多,载归长沙,后为汪郎亭所得。

国翰藏书大抵重实用而不重宋元。其收藏善本见于各家藏书簿录者,如旧写本《春秋五礼例宗》、明弘治十四年涂祯仿宋刻本《盐铁论》、明弘治四年吴郡张习刊本、明天顺刊本《静居集》、明崇祯三年句章谢三宾刻本《学古绪言》等寥寥数种而已。于类书则收藏较丰,共三十九部四千零七十五卷,此盖辑佚时所依据者。

国翰喜藏泉。其所藏古泉币先后归山东省立图书馆者共七百二十四板,一千二百二十九品。取与国翰所撰《泉品》核对,溢出五百四十六品。最后所收泉币多缺,其不缺者,或与肉好不合,为他人后配,真赝杂厕。详日照王献唐《罗泉楼记》。

国翰因《汉书·艺文志》《隋书·经籍志》著录之书,遗佚者十之八九,学者欲睹无从,乃举周秦以来,以迄唐代诸儒撰述,其名氏篇第列于史志,及他书可考者,广引博征,自群经注疏、音义,旁及史传类书,片辞只字,罔弗搜辑,名曰《玉函山房辑佚书》。分经史子集四编,以集编未及撰成,即已下世,故流传于世者仅有经、史、子三编,为类三十有三,凡经编十六类,四百五十二种;史编三类,八种;子编十四类,一百七十二种。共六百三十二种。每书各作序录,冠于篇首。盖自宋人辑佚以来,其规模之大,数量之多,用力之劬,未有逾于国翰者。国翰辑佚,于嘉庆二十年(1815)已启其端,时年二十二岁。其《春日宴孙耿贾氏南园感诗》所云"《训纂》遗搜鄠,《埤苍》字订妩"者,系指所辑扬雄《训纂》、张揖《埤苍》而言。道光九年(1829)辑汉晋《易》注,是为经编辑佚之始。道光十八年(1838),辑《汉志》农家诸佚篇,自《神农》《野老》,以逮《范子计然》凡十余种,则子编辑佚亦已进行。迨道光二十九年(1849),经、子两编均已在陇州刻成。后又陆续刻印史编,其书大抵随刊随印,有尚未辑成者,有辑成而尚未付刊者。国翰殁后,书板遗稿,颇多损失。妻丁氏遂将书版及残存之稿藏章丘女夫李氏复壁中。同治九年(1870),山东巡抚丁宝桢欲广为流布,命取《辑佚书》板于李氏复壁,板已有断烂,宝桢补刊其残缺。同治十三年(1874),国翰继子超凡及外孙李元琎之伯父李稚玉助匡源重加董理。时匡源所见,凡五百八十余种,为卷六百有奇。子编自儒家、农家外,俱无目,颠倒舛错,漫无条理。其见于原刊目录所列,未见者四十余种,见于各序所列而无之者尚有二十余种。匡源爰参校汉隋唐《志》补为总目。而王献唐所藏国翰辑佚书初印本《刘歆三统历谱》三卷尚不与焉。至河北省立第一图书馆所藏道光间管廷芬编《一瓻笔存》内有国翰辑《归藏》一卷,与《辑佚书》本有所不同,当为初辑传抄本,或为随刊随印之本,以后又有所增补,故详略各异。

光绪十三年(1887)冬,章丘李元琎及从兄李符卿补国翰未刊之书,于超凡子凤藻处得手稿百余册,畀寄居济南之河北学人蒋式瑆,为之董理。次年四月,蒋氏将手稿校订完毕,撰《玉函山房手稿存目》一卷、《玉函山房手稿存目后记》一篇,摘出可补刻者《尚书逸篇》等十一种,归诸符卿昆季,光绪十五年(1889)刊为《玉函山房辑佚书续编》十四卷。复益以古文诗词杂著二十种,合为《马氏全书》。山东巡抚张曜为梓印六十部。现《马氏全书》已不易见,马氏手稿百余册,亦不知流落何所。光绪间孙葆田以《辑佚书》有一传而两书复见者,有一书所获止三四条而强分为卷者,有所辑或非原书,及原书在当时已散佚而以意揣编之者,因删存其经编什之五,而以汉人为主。于小学则间取魏晋。现孙氏《校经室文集》中有《删定马氏所辑汉儒经解序》,而删定之稿,亦未之见。近人王仁俊以马氏《辑佚书》未臻完备,又为《玉函山房辑佚书续编》《补编》凡四百余种。稿本今藏上海图书馆,现已影印问世。自丁宝桢、匡源、章丘李氏昆仲,以至蒋式瑆、孙葆田、王仁俊,均可谓马氏之功臣矣。

然自《辑佚书》流传后,世人以为此皇皇巨著,竟出自默默无闻之历城马氏,于是浮言四起,以为国翰窃自章宗源,或有为窃自章学诚者,一时奇谈怪论,淆惑视听。蒋式瑆辟之于前,王重民辨之于后,百余年来妄加于马氏之冤诬,一旦廓而清之,非特马氏之幸,亦中国学术界之幸事也。

国翰尚著有《目耕帖》三十一卷(附梓《辑佚书》后)、《目耕帖续刻》二卷、《买春轩国风说》《论语捃说》《红藕花轩泉品》八卷、《农谚》一卷、《分类编典稿》一册、《订屑编实》《春轩俪字》《竹如意》二卷、《神莘》一卷、《玉函山房文集》五卷、《续集》五卷(光绪十五年刻本)、《玉函山房诗集》八卷、《百八唱和集》一卷(光绪十五年刻本)、《买春诗话》一卷。其他如《月令七十二候诗自注》《夏小正诗自说》等十一种,见于《马竹吾先生全集目》及李元琎《马氏全书后序》者,似均有刻本,有待访求。

国翰身后,所藏书籍金石,多归章丘李戟门,累年散佚。求马氏书者,尚或于戟门后裔踪迹之。文安邢蓝田仲采六次往访,菁英略尽。综其所获,著为《鹅庄访书记》一卷。见《山东省立图书馆季刊》第一集第二期。

藏印有"玉函山房藏书"朱文印、"玉函山房司马氏"。

光绪《山东通志》卷百七十、卷百三十九;民国《续修历城县志》卷二

十二、卷二十三、卷二十四、卷二十五、卷二十六、卷二十七、卷二十八、卷二十九、卷三十、卷三十四、卷四十一;马国翰《玉函山房藏书簿录》;《清儒学案》卷一百九十六《诸儒学案·马先生国翰》;孙葆田《校经室文集》卷一;王重民《清代两个大辑佚书家评传》(《中国目录学史论丛》,中华书局1984年版);《中国丛书综录》388—399页;《藏园群书经眼录》第80、1388、1389页;《双鉴楼藏书续记》卷下;叶德辉《郎园读书志》卷五;王献唐《罗泉楼记》(《奎虚书藏特刊》,山东省立图书馆1935年版);邢蓝田《鹅庄访书记》(《山东省立图书馆季刊》第一集第二期,1936年版)。

丁楙五(1825后—1857后),字伯才,一字比林,号槑山,日照县人。弱冠补博士弟子员,以厌俗学,旋弃举业。博购奇书,闭户自修,尤好古吉金文字。咸丰初从同邑许印林(瀚)受小学,未竟所学,年三十二而卒。著有《说文解字韵隶》十二卷,印林为之审定。1934年褒殷堂有影印本,王献唐为之序。印林批稿本今藏山东省博物馆。

光绪《日照县志》卷八《人物志》;丁楙五《说文解字韵隶》稿本内附《小传》;袁行云《许瀚年谱》218、246页(齐鲁书社1983年版)。

李佐贤(1807—1857后),字仲敏,号竹朋,利津人。性纯笃,早有文思。道光八年(1828)领乡荐第一。十三年(1833)进士,十五年(1835)举礼部。二十四年(1844)由庶常授编修,居史馆。同年,典试江西,出守福建汀州府。莅政六载,引退归,以载籍为娱。深求濂洛之旨,兼涉考据之学。凡金石、书画、砚石、印章皆能剖析微茫,别其真赝。喜藏书籍字画,收辑金石文字不下数千种,而古泉尤为专门,因名其所居为石泉书屋。所藏古玺汉印多精品,其后人全部售于丹徒刘铁云(鹗)。后转归端陶斋(方),印入《陶斋藏印》。其他古器物,寄存潍县陈氏,多为吞蚀,因以兴讼。著有《石泉书屋印存》《得壶山房印寄》《古泉汇》六十四卷、《续泉说》一卷

(陈介祺评)、《续泉汇》十四卷、《补遗》二卷(与鲍康同编)、《石泉书屋类稿》《诗抄》《吾庐笔谈》《书画鉴影》《藏器目》(收入《灵鹣阁丛书》),以《古泉汇》六十四卷为最著。复辑有《武定诗续抄》行世。

光绪《利津县志·文苑列传》四;《灵鹣阁丛书》;《许瀚年谱》190、271页;《中国印学年表》59、69、72、77、81、97页;《双行精舍书跋辑存》正编161页。

杨峁,字松岩,益都人。工医,好购书,置数千卷,皆手自校勘。子绍基嘉庆三年(1798)举于乡,道光十八年(1838)始以截取选浙江永康县,引见后改河南南召县。以目疾告归,家居十余年,咸丰八年(1858)年八十五方以重赴鹿鸣上请部文未下而卒。孙滇,字南池,好吟诗,尤留心邑中文献,著有《邑先辈纪略》等书。

光绪《益都图志》卷三十七。

翟云升(1776—1860),字舜堂,号文泉,掖县人。嘉庆五年(1800)举于乡,选黄县教谕,旋告归。道光改元,举孝廉方正,力却之。二年(1822)成进士,官国子监助教,授粤西知县,以母老不仕。自髫年嗜学,为桂未谷(馥)弟子。举乡后益精心训诂,一贯群书。性耽六书,尤嗜隶古吉金乐石,搜奇甚富。视世之荣悴若与己无与者。而唯键户修业,寝食于其中者四十余年,终其身穷困老死而不悔。著有《隶篇》四十五卷、《五经岁遍斋许学三书》(《说文形声后案》四卷、《说文辨异》八卷、《肄许外篇》二卷,现存稿本)、《古韵证》二十二卷,稿本。复辑有《五经岁遍斋校书》(《覆校穆天子传》六卷、《补遗》一卷、《校正古今人表》九卷、《焦氏易林校略》十六卷。《焦氏易林校略》为云升自撰。有清道光中东莱翟氏刊本)。

光绪《三续掖县志》卷四《艺文传》引尹琳基《翟文泉先生传》;《中国

丛书综录》第1册527、623页。

马遇时(咸同间),字耐园,临邑刘江家庄人。廪贡生。历署金乡教谕、平度州学正,解组归,优游林泉数十年。修桥补路,济孤怜贫,凡善事皆乐为之。尤嗜积书,不惜重价购之。金题玉躞,万轴琳琅,邺架曹仓不是过也。

同治《临邑县志》卷九。

张椿龄(?—1862后),字寿山,寿光人。同治壬戌(1862)举人。家贫好购书,蓄积甚富。居平寝食与俱,坐卧不释。其为文元本经史,不蹈空虚。又好与人为善,刊《明清鼎甲征信录》,使人知所劝惩。晚岁家无儋石储。年七十余卒。

民国《寿光县志》卷十二。

孟广琛(?—约1860),字献廷,诸城人。咸丰间附贡生,分部行走,主事,援例为郎。亲殁,不乐仕进。图书庋满架,坐卧其中。工诗善书法,搜罗名人石墨迹甚夥。其别业在城北,镂小印曰"白玉山樵"。

光绪《增修诸城县续志·列传第二·文苑传》。

吴守基(?—1868后),沾化人。岁贡生。有谋略,膂力过人。工行草书。借得奇书,亲手自抄,每日不下二万余字。教授生徒,名士多出其门下。著有《是亦书屋诗稿》。卒年八十三岁。

民国《沾化县志》卷三。

王畇(?—约1875),字叔桥,诸城人。监生,候选府经历。性孤介,于书无所不读。家藏书数万卷。工诗,知县汪封渭慕其名。

倡立诗社,与李璋煜并诸名士分韵联吟,主盟坛者数十年。喜为人刊诗文集。生平无滥交,每闻有善书画、精篆刻者必延致之,座上客常满。

光绪《增修诸城县续志·列传第二·文苑传》。

王莲塘(?—1863后),字吏香,诸城人。道光丙午(1846)举人,咸丰癸丑(1853)进士,即用知县,签分河南,调补新安,兼权洛阳县事。已而复权渑池,补杞县。升郑州知州,擢知府,调署裕州,已而复回郑,年已六十余矣。挂冠归田里,家居十有余年,泊如也。喜读书,三充乡闱同考官,所得士入词垣、登显宦者数人。归日,橐书数千卷,日事探讨,奖励后进,娓娓无少倦。年七十六卒,乡谥文靖。

光绪《增修诸城县续志·列传第一》;光绪《山东通志》卷九十七、卷百三。

张桐生(?—1864后),莱阳人。同治三年(1864)甲子科举人,授临朐县教谕。家多藏书,其善本见于诸家著录者有:宋刊残本《河南程氏遗书附录》一卷、抄本《拙斋文集》二十卷《拾遗》一卷,明万历间刻本《睡庵稿》二十五卷,清康熙五年刻本《颜山杂记》四卷,清康熙二十三年史馆刻本《古今通韵》十三卷首一卷。书内均钤有"莱阳张氏桐生藏书之印"朱文长方大印。《河南程氏遗书》宋时有麻沙、春陵二本。桐生所藏残本不见著录,字体小而精整,且板刻气息朴厚,决非闽中刻手所能为,惜全书不得见矣。

《中国善本书提要》第529、补16页;《藏园群书经眼录》第555页。

吴步韩(1798—1866),字锦堂,号小岩,郯城人。道光十六年(1836)进士,以知县分直隶,署深泽知县,建小莲池书院。署冀州知州,补望都知县。改教职,选兖州府教授。时山东军书旁午,巡抚李僡奇其才,使襄军务。同治五年(1866)卒于任。步韩自少时名闻齐鲁淮海间,宦辙所历,皆以文名。积书数万卷,名人书画数百帧,古今碑帖钟鼎文字各数百种,古砚百方有奇,汉以来印章以千计。客至,搤孶而谈,口如悬河。暇则杜门,翛然自远,视荣利泊如也。卒之日无余财,唯图书金石充架笥而已。著有《七十二砚斋集》《七岌山房弃馀草》《虫吟小草》《有是四端斋楹联》《诗品》《印谱》《百石山房印存》。

光绪《山东通志》卷百七十三。

许瀚(1797—1866),字印林,一字元翰,日照县人。曾祖重行,太学生。祖赉,庠生。父致和,字赓堂,一字肃斋,贡生。家贫,嗜读,以课馆为业,垂老不废著书。著有《说诗循序》《大学讲义》《学庸总义》若干篇。平居敕教诸子,但为说经大义,不以梯荣相苛,故印林得专意古学,得力于庭训者多。印林于嘉庆十八年(1813)入县学,二十年(1815)补州学生员,受知于山东学政王引之,是为治古文字声韵之始。道光五年(1825)道州何凌汉视学山左,奇印林诗古文,拔贡成均。六年为国子监生员。与何绍基、绍业兄弟游,与俞正燮、苗夔、张穆、王筠订交,以学问相切磋。时王引之任武英殿总裁,奉命校勘《康熙字典》,征印林充校录。由是亲炙于王念孙父子,益肆力于许郑之学。书成,叙得六品州同衔。在京数年,复与丁晏、龚自珍、魏源等订交,得观叶志诜、徐松、刘喜海、李璋煜、许梿、吴式芬等人藏弆,眼界始阔。而印林所得书日富,所至辄满载行箧,晨夕批校不辍。现存《攀古小庐书目》及《丙申南行添带书目》(以上书目两种,均手稿本,前者存北京图书馆,后者存山东省博物馆)可以复按。自道光十二年(1832)起,应浙江学政何凌汉、陈用光,顺天学政吴文镕、潘锡恩之招,先后至杭州、保定学署校文。居杭三年,尝登文澜阁观《四库全书》,至宁波登范氏天一阁,至台州访洪颐煊,至严州访严可均。校艺之暇,复与何绍基购访秘镌,搜拓石墨,每有所获,互相矜赏。比归里,唯载书帖四五大簏而已。道光十五年(1835)印林举顺天乡试,十六年应会试,报罢。自此屡试春官(杨铎《许印林先生传》谓"五试春官",据袁行云考证,印林应会试仅四次),未尝获售。印林每入都,索字者日塞门。辛丑(1841)春,寓张穆蹬喜斋,以索字者众,家童磨墨声隆隆然腕为之脱。顾印林所为者厥为金石文字及声韵训诂,在京十载,尝与张廷济同观文鼎家藏汉铜,与陈庆镛同观吴式芬陶嘉书屋藏钟鼎拓本,与吴荣光、朱为弼、龚自珍、朱善旂、徐同柏、张开福、翁大年等往复讨论。阮元并为其所得"六君子砖"题诗,印林自称"门生"。盖印林出王引之门,而引之又为阮元所得士也。王筠撰《说文释例》及《说文系传校录》采印林说,得印林之助尤夥。印林金石题跋率多成于此时,而藏弆之富不下万签。一时处逸大儒,相与上下议论,证成著述。龚自珍赠诗,推为"北方学者第一"(见《定庵文集补·己亥杂诗·别许印林孝廉》),其见重于时如此。

无何,印林倦游思归。道光二十年(1840)应山东济宁直隶州知州徐宗干聘,主讲渔山书院,又延为《济宁直隶州志》总纂。时汪喜孙、杨铎来济宁,印林暇辄与两君搜访普照寺汉画像残石。移至书院西偏,颜曰"汉画室",复议改玉露庵立先贤先儒祠,以普照寺北齐及唐天宝造像碑实之。于济州金石,自学宫、寺观以至深山穹谷,靡不椎拓殆遍,荟萃考证,由冯云鹓编成《济州金石志》八卷。印林一意搜求金石砖瓦拓本,以黄易旧藏居多。桂馥身后遗书,亦颇有所得,而以《隶藉稿》为最著。二十四年(1844),至沂州府,主讲琅琊书院。时与临沂密云路(仙坡)访碑,获齐隋碑颇丰。并以所得汉画像石《伏生授经图》移置右军祠,一时传为佳话。阮元《题沂州画像石》诗所谓"孔壁丝竹不可闻,存者伏生书古文。伏生之年九十外,女老犹能读断断。帝令晁错受经勤,女年六十老布裙”者是也。二十五年(1845)秋,应邀至清江浦为潘锡恩校订《史籍考》。时潘氏官南河总督,同时应邀者有包慎言、刘毓崧,皆饱学。印林为撰《拟史籍考校例》四条:一曰繁冗者宜删,二曰重复者宜并,三曰漏略者宜补,四曰舛误者宜正。盖《史籍考》实创始于章学诚,中经毕沅、阮元、朱珪、谢启昆之资助,自乾隆五十四年(1789)至嘉庆四年(1799),历时十一年,成书五百卷。然原书采择未精,颇多复漏。印林《校例》揭橥删繁补缺,斠正舛误,三年之间(道光二十六年至二十八年)晨夕商讨,卒成清稿三百卷,分卷虽较原稿为少,而补录存佚之书,视原稿反增四分之一。印林之功,诚不可没。唯此书及毕、谢原稿,不幸于咸丰六年(1856)与泾县潘氏藏书,同归一炬。是亦大可哀矣。

先是诸城李璋煜(方赤)以桂馥《说文解字义证》仅有稿本流传,多未校正。邀印林、王筠合校。道光二十二年(1842)聊城杨以增拟付诸剞劂,复延印林与汪喜孙为之校理,由印林任总校。以汪力主删汰原书,纰漏百出,印林不之许,爰撰《说文解字义证校例》《桂注说文某先生校语条辨》《补例》《改例》,讼于以增。寻以增由河南开归陈许道调陕,其事遂寝。二十七年(1847)灵石杨氏(尚文)欲出资刊印,王筠、张穆咸怂恿印林主其事。印林遂于是年三月至清江浦,是为印林第三次校勘桂书。旋以书未成,病偏痹,局移赣榆县青口镇,养疴日照,犹力疾校理。咸丰二年(1852)刊竟,复手校一过,为《说文义证定本》。而印林竟因此负累千有余金。八月,选滕县训导。只身抵滕,冷斋颓敝,几案俱空。冬寒,竟不能作书。三年正月,以湿痰旧症复发,四月告归。大病稍瘳,恒“假希遇之品,聊用破寂”。其跋《姜玉谿大令岱麓访碑图》云:

平生舟车南北,攀葛披榛,探幽扪险,以至约食典衣。所致唐以前片石只辞,穹崖巨制,亦不下千种。连城碔砆,纯驳杂糅,不敢与鉴藏家埒。

跋《唐仁恺碑》又云:

余蓄金石刻文字,数逾欧、赵,妄欲为欧、赵之为。学殖未深,饥驱匙暇;舟车南北,衰病忽侵。奉檄方膺,挂冠旋退。归寻箧笥,鼠蠹纵横。或失其标识,欲定一目录而不能。

印林之自况如此。时吴式芬自陕归海丰。式芬富金石庋藏,凡鼎彝、碑碣、汉砖、唐镜之文皆有拓本。所著《捃古录》仅有初稿,式芬延印林为之校订。印林用力于金文考释者特勤。五年(1855)八月,式芬官浙江学政,印林应邀赴杭,随署校文。迨式芬病退,印林亦返沂州,助式芬编《捃古录金文》。《捃古录金文》收各家考释文字,以印林说最多。寻式芬卒,式芬子重憙复延印林至海丰续校《捃古录》《捃古录金文》,兼及《陶嘉书屋钟鼎彝器款识目录》(《北京图书馆善本书目》误为许瀚撰),印林于各器真伪、释文、称谓等多所订正。式芬苦于款识古文之不能尽识者,经印林反复抽绎,意遂可通。咸丰八年(1858),印林疡偏左舁卧舆归日照,然犹力疾补正《捃古录》。雪堂尝见其手稿,深叹"前辈为学之勤,虽笃疾不辍"有如此者。十年(1860)主讲日照奎峰书院。十一年(1861),家中书籍碑版及《说文解字义证》版片于兵燹中尽付劫灰。及归,家徒四壁,支一瓮一釜,与老妻日两炊。同治五年(1866)遂郁郁而殁,年七十。印林一生笃好许郑之学,于声韵、训诂、金石研讨尤深,所校勘宋元明书籍,精审不减黄尧圃、顾涧蘋。陈介祺挽之云:"经训古康成,更释迈薛、阮,韵订顾、王,文而又儒真不愧;字学今叔重,惜桂版燹焚,吴编疡辍,人犹有憾竟云亡。"可谓知印林者矣。著有《攀古小庐文》一卷、《攀古小庐文补遗》一卷、《攀古小庐杂著》十二卷、《别雅订》五卷、《古今字诂疏证》一卷、《管子弟子职韵说》一卷、《印林文存》一卷及《说文义证定本》(不分卷)等。近人袁行云撰《许瀚年谱》,并汇编其著述为《攀古小庐全集》(仅出上册),均由齐鲁书社出版。

《清史稿》卷四百八十一《许瀚传》;杨铎《许印林先生传》;张穆《许肃斋先生寿序》;许瀚《攀古小庐杂著》;袁行云编《攀古小庐全集》上册;王献唐《山左先贤遗书提要》;袁行云《许瀚年谱》。

隋藏珠(1813—1866),原名藏朱,字松心,号亦亭,别号龙渊,广饶人。道光十四年(1834)举人,十五年(1835)进士,由户部主事晋升郎中,充二十三年(1843)会试同考官,所得十三人多名宿。时铸铁钱,委藏珠监督,设局山西河底镇,严禁扰民,民大悦。回京饯送者六十里不绝。补授建昌府知府。绝苞苴,首县馈筵丰洁,却之,谓留与难民,数月吃著不尽,闻者感泣。性严正,恶言利,独爱书成癖,积至数万卷。日引后进,讲经义,疏通《四书》大义,不专主旧说,闻者无不如梦初觉。卒于同治五年(1866),年五十四。著有《四书举隅》《史屑》《铸错堂稿》《与石居诗文草》《与石居时文草》《建昌学治录》《寒柏草堂课艺》《寒柏草堂诗稿》《滦蒲书院课艺》,又词曲凡若干种。民国《乐安县志》谓"藏珠于吾县近百年来品最卑,才最高,学亦最富。于古今载籍几无所不窥。生平爱书如命,插架万轴,寝馈以之"。可谓笃论。

民国《续修广饶县志》卷十九、卷二十三;民国《乐安县志》卷十。

刘松龄(?—1867前),字寿山,昌乐人。邑庠生。少有虚弱疾,入泮后弃儒就医,因精其术,贫富谢仪概不受。中年后声驰遐迩,名流贵族酬答书画,积久满一楼焉。

民国《昌乐县续志》卷三十五。

靳春泰(1781—1868),字子俊,号东旸,聊城人。文钟子。幼失怙恃。季父文锐官翰林,随祖母往依焉。文锐深器之。年十九入邑庠,适文锐出典陕甘试,殁于闱中。闻讣星夜赴陕,扶榇归,经营丧葬。并市所藏书,以营父母之葬,均如礼事。家贫授徒自给。晚岁由岁贡选阳信司训,兼主讲锄经书院。宏奖士类,不遗余力,所成就者甚众。耄而好学,自以不获一第,终身之憾。年八十有四中同治甲子(1864)举人,乙丑(1865)钦赐国子监学正。戊辰(1868)卒。

宣统《聊城县志》卷八。

于祉(1788—1869),字燕受,号澹园,又号逸樵、独笑生,潍县东北隅人。幼聪慧异常,有才子之目。性高简,出应童子试,有司已拔置第一,耻当事无待士礼,遂援例入太学,不复出。所蓄古籍及名流书画甚富。隐居著述,谢绝宾客。书法二王,文逼庄鹖诸子,诗则自陶、谢入,而上窥建安黄初,所为五言古及五言乐府,掖县李少伯图极赏之。会有所得,则欣然忘食,不知世有荣瘁炎凉事。年八十二无疾而殁,所著有《三百篇诗评》一卷、《澹园诗选》八卷、《澹园古文选》二卷、《澹园诗话》一卷行世。复撰有《揽古轩书画录》藏于家。

民国《潍县志稿》卷二十九;光绪《山东通志》卷百七十七;《清史稿艺文志及补编》第349、582、689页。

王锡棨(1833—1870),字戟门,诸城人。年十七入邑庠,附贡生,乡试荐不售,咸丰间遂援例官户部郎中,补刑部广西司。研精小学。嗜好金石,收藏极夥,鉴别尤精,钟鼎钱币碑碣之属,遥望即辨真赝,善伪者不能售其欺。审释文字,援据经训,至为精确。齐鲁所出古砖甓收藏多奇品。尤娴书法,篆、籀、隶、楷各体俱工。兼善篆刻,评者比之邓完白。并工摹拓,藏旧拓本甚多。仅《都中收买装潢法帖清册》(二卷)所著录者,即有千种之多。其中以《张猛龙碑》为最出色。细审来源,不仅得自碑估,尚有同好投赠交易之品。约略记之,帖铺有:尊汉阁、德古斋、古香堂、咏文堂、式古堂、友石斋、富华阁、盛古堂、文林阁、润鉴斋、古华斗室、前门小摊、广文斋、德宝斋、松竹斋、隶古斋、尊古斋、拟秀阁、述古阁、松茂斋、文贵堂、宝墨斋、筠青阁、李宝台、鸿古堂、恒丰堂、山左刘帖客等二十七家;朋好投赠者为李约农、樊文卿、杨星吾、朴又栩、孙春山等人。所收古泉,多稀见之品,有至精而无微瑕者。锡棨虽年仅三十八岁,而撰述则斐然可观。其所收金文起自咸丰末叶,曾编《选青阁藏器目》,收入江氏《灵鹣阁丛书》;藏泉有《泉货汇考》十二卷,甲子(1864)秋影印流传。续得于同治癸亥(1863)以后者,悉收入《泉苑萃珍》,凡四卷。其孙维朴收入《诸城王氏金石丛书》。又有《邃古阁藏古刻录》四卷、《亦佳室印谱》六卷、《选青阁日记抄》三卷,待梓。

光绪《山东通志》卷百三十四转引吴重憙《王锡棨事略》;光绪《增修诸城县续志·列传第一》;《诸城王氏金石丛书提要》;《续金石著述名家考略》;褚德彝《金石学录续补》上卷13页。

裴怀珠(?—约1874),字辉浦,泰安马庄人。初读书以时文为无用,专心岐黄,闻有异书必物色借抄。同族一诊,无俟再延邻村。每日视十数家,辞酒馔,而归家食。咸同间瘟疫与霍乱大作,活人无算,有垂危复苏者。所集验方已成巨帙,惜未付梓。今散佚不传。

民国《重修泰安县志》卷八。

周源澜(?—约1874),字柳溪,德平人。同治间庠生。为人寡默,为学必规先正。交游最审。善藏书,购盈斋室,焚香瀹茗,神气洒然。暇与二三同志唱咏以为乐。

光绪《德平县志》卷七。

张树甲(?—1876后),字耦堂,文登人。咸丰乙卯(1855)举人,丙辰(1856)进士,户部主事。同治甲戌(1874)奉命赈文安各县。生平博览群书,以学问见重当路。相国宝鋆尤器重之。官户部二十余年,补福建司主事,引疾归。嗜书,积至数万卷。著有《诗经论文》《颐志堂杂著》。子熙绂,太学生,精舆地,所绘《文登县图》如指掌螺纹,纤毫不缺。

光绪《文登县志》卷九下;光绪《山东通志》卷九十七、卷百五。

丁毓清(?—1875前),字鉴湖,诸城人。性聪颖,束发受书即能解说大意。出应童子试,辄列前茅。以院试屡踬,遂援例候选州同。家富藏书,精赏鉴,善书,耽吟咏,花朝月夕,与二三知己或弹琴酌酒,或评赏书画,兴至则高谈雄辩,杂以诙谐,座客皆忘返。好义轻财,乐与贫士交,乡人咸称之。

光绪《增修诸城县续志·列传第二·文苑》;光绪《诸城乡土志·耆旧录、文苑》。

孙岳(?—1875前),峄县人。献珍次子。廪生。厚重,不苟言笑。喜购书,不惜重值。笃于族谊,尝重修家乘,以教亲睦。周恤贫乏,荒年有鬻子女者为赎还之。友朋间惠赠不胜数,慷慨有父风,而好交游亦如之。书屋数椽,同辈至相与角艺吟诗,极尝奇析疑之乐。年六十三卒。

光绪《峄县志》卷二十一。

成龙泉(1792—1875),字剑光,齐东人。十七岁入邑庠,试辄冠军,遂食廪饩。尝设帐于县城北关李氏。工书法,善楷隶,经传史集抄录几遍。咸丰辛酉(1861)间,散佚过半。八十四岁卒。其孙若曾读书尽抄本,民国间犹家藏盈笥焉。

民国《齐东县志》卷五。

魏申锡(?—约1875),字方来,利津人。廪贡。性冲淡,无宦情。喜购书,日讲诵性理、五子、《近思录》等书。尤嗜《庄》《列》。自号无方居士。著有《无方居士遗诗》。

光绪《利津县志》卷八。

张文斐(?—1875前后),字猗双,滋阳人。邑庠生。好读书,尤邃于《易》。绝意进取,独居一楼,左图右史,居不履城市者垂五十年,年九十无疾卒。

光绪《滋阳续志》卷九。

李学瑢(咸同间人),字鸣珮,日照人。诸生。工书,得钟、王遗法。藏金石书画甚富,鉴别精审,为一邑之冠。亦喜藏书,闭户研读,不与外事。学瑢身后,不能世守,百年之间,荡然无存。其淳化阁帖原拓,为松雪斋旧存,最称玮宝。传李愚庵官内阁学士时,从内府易出者,后归潍县陈簠斋,陈氏后裔复以五千金售归沪贾。民国二十二年(1933)同邑王献唐得学瑢所藏清康熙五十九年李氏观妙斋重刻本《无声诗》七卷,开华纸初印极精。献唐爱不释手,赏玩累日。

《双行精舍书跋辑存》第195—196页。

于钟块(?—1875前),字我文,号石岚,海阳县人。监生。工琴,尝断桐自制,音韵绝伦。居海滨茅屋数椽,图书满架,以树根为几案,取海石之奇异者罗置其上。入其庐者,皆有萧然世外之想。

光绪《海阳县续志》卷五。

毕以绣(1787—1874),字芝坪,号文亭,文登文城镇文山村人。因家居文山西麓,有萧然高世之志,故晚号文亭。文亭酷嗜秦汉篆隶。少师曲阜桂馥,得其佳品,临摹四十年不倦,而变化出乎古人铁笔之工,贵官显达索之,辄不应。一生不求功名,父荫得候选盐课大使。尝随父毕所档任上,得游览山河,广收书画,博采金石之便。见精品,虽重金在所不惜。道光二十三年(1843),其父任漳州知府时,返里筑"听雨楼"二层六间,楼上藏古书、金石、字画及古玩。文亭爱书如命,对其藏品极为珍重。为防盗,特在楼梯口上镶上大柜门,进屋不见楼梯,外人欲上楼,不知从何处登楼。一生收集图书七千余卷、金石九千通、字画二百多幅。卒后葬烽山老茔,例授修取郎。现藏文登图书馆五百余册古书,皆为毕氏听雨楼故物。撰有《听雨楼诗稿》《九千石印草》。今存《文亭印草》二集四卷,清嘉庆十八年钤印袖珍本,山东省图书馆收藏。《中国古籍善本书目》尚著录有《金石摘录》十卷,为毕以绣稿本。

《文登文史资料》1987年第三期;《中国古籍善本书目》;《贩书偶记》。

孙福海(1799—1875),字镜寰,一字补堂,荣成人。道光二十三年(1843)顺天乡试举人,以知县发往湖北补用。咸丰三年(1853)到省,四年(1854)夏署随州事。光绪元年(1875)卒,年七十有七。贫不能敛,行箧唯书万余卷、画数册、端砚一方。葆源、葆田等四子,奔丧至楚,以贫故不能归,乃悉出先世图书,分别出售,以为归葬资。

孙葆田《先府君事略》(《校经室文集》卷六,见《求恕斋丛书》)。

孙葆田(1840—1911),字佩南,荣成人,寄居潍县。少嗜学,其祖藏书数万卷,至葆田散佚过半,复有万余卷。同治庚午(1870)举于乡,甲戌(1874)成进士。光绪八年(1882)选授安徽宿松县知县。勤政爱民,日坐堂皇,妻纺织,室中萧然如寒士。十一年(1885)乙酉科分校江南乡试,调署合肥县知县,大学士李鸿章弟子之傔人横于乡,以迫债殴人死,葆田检验尸伤,观者数万人,恐县令为豪强迫胁验不实。葆田命仵作曰:“敢欺罔者论如律。”得致命状,人皆欢噪,谓包龙图复出,谳遂定。有御史劾葆田误入人死罪,诏巡抚陈彝按之,卒直原谳。葆田遂自免归,名闻天下。后应山东巡抚张曜招,主尚志堂讲席。十六年(1890)张曜奏请续修《山东通志》,延葆田为总纂。张曜卒,葆田主大梁书院,旋聘为大学堂监督。丁未(1907)冬,复主志局,阅三寒暑,仅成书百余卷。辛亥(1911)正月以疾卒于潍。年七十有二。(《清史列传》误作宣统元年卒,年七十。)葆田故从武昌张裕钊受古文法,治经实事求是,不薄宋儒。著有《校经室文集》六卷、《岁馀偶录》二卷。校刻有《孙明复小集》、杜氏《春秋会义》、黄氏《读礼记日抄》、赵氏《孟子注》等。辑有《孙氏山渊阁丛刊》九种三十八卷,光绪中荣成孙氏问经精舍刻本。葆田卒后,藏书散出。善本如明人奏议之类不少,尽售于北京书贾。济南张景栻收得其查初白手批《杜诗笺注》。复有《楚辞集注》一函,号称宋版,索高价不售。审视,间避宋讳,而字体刀法,实系明刊也。

《清史稿》卷四百七十九《孙葆田传》;《清儒学案》卷一百九十四《孙葆田》;孙葆田《旌表节孝士默特母叶太恭人事状书后》(《校经室文集》卷二,《求恕斋丛书》本)。

丁善宝(? —1881后),字黻臣,号六斋,潍县人。幼即工诗,兼精帖括。咸丰壬子(1852)恩赏举人,授内阁中书。通籍后仍不废学,尝患士子业帖括者多偭越规矩,手订先正文十二种梓之,以式多士。中年养疴里居,绝意世荣,家雄于赀,为潍邑首富。筑十笏园,闻名齐鲁。喜藏书,架上所蓄前人诗集尤富,各有点定,尤喜王新城渔洋所选《唐贤三昧集》,丹黄殆遍。酷好吟咏,诗宗阮亭,雅擅风韵、春秋暇日辄折简招致王绩熙、柯劭忞、宋书升、刘抡升、张昭潜等于十笏园中,觞咏流连以为乐。自辛巳(1881)岁,越清淮,浮大江,遍览西湖风月。既归,则又赴东武,登五莲,望海上诸山,游超然台,吊东城故迹。论者谓其诗之佳,盖有得于江山之助。或劝之仕,不答。殁年四十七。著有《六斋诗存》二卷、《六斋文存》一卷、《后守圉记》一卷、《十二种文萃》十二卷、《批校斯文精萃》十卷。

民国《潍县志稿》卷三十、卷三十七;宋书升《六斋诗跋》(见《旭斋文抄,《潍县文献丛刊》本)。

林钟柱(?—1881 后),字砥生,掖县人。父牟贻,咸丰辛亥(1851)亚元,任通州石坝州判,摄赤城篆,兼署独石口同知。钟柱生而颖悟,幼承家学,随侍仕所。在都与诸才俊交,学日进。比归,登已卯(1879)贤书,益覃思经史,研究诗古文,欲自成一家言。聚书甚富,博闻强记。喜为设色画,渲染生动。后侨居劳山,欲为《劳乘》,以信今传后,而以疾辍业。疾稍愈,司铎东平。旋返仍寓即墨之南村,又久之始归。卒年六十。著有《东溪草堂诗抄》,未刊。其他著述亦皆如云烟之散佚,不复可问矣。

民国《四续掖县志》卷六引董锦章《林砥生传》。

陈介祺(1813—1884),字寿卿,一字受卿,号簠斋,又号齐东陶父,潍县人。官俊子。少长京师,承父训,绝嬉娱,无妄言,聪慧嗜学,日读百数十行,略不遗忘。十九岁入郡庠,未几食饩,受业于费耕亭,由是以诗文名都下。道光十五年(1835)举于乡,两主司得卷疑为耆宿,撤棘始知为世家少年。语人曰:其人不易得也。二十一年(1841)御试授中书,擢侍读,橐笔掖垣,于朝政国典无不究心。二十五年(1845)成进士,以二甲第三名入词垣,改授编修。于时专心朱程之学,与倭文端公仁往复辩论,精益求精。咸丰三年(1853)以捐献饷银,赏戴花翎,加侍讲学士衔。四年(1854)乞假旋里,僦居来章村,不入城市者数年。生平笃好古文字,弱冠见称于阮元,嗣与外舅诸城李璋煜、海丰吴式芬、利津李佐贤及一时好古之士,赏奇析疑垂三十年。凡遇三代、秦汉、六朝金石及片瓦零甋,靡不远搜广罗,筑簠斋以珍弆之。凡得彝器数百件,毛公鼎为其最著者。文几七百余字,推天下金器之冠。又喜古印,收藏逾万,名其斋为万印楼。道咸之际,尝醵资属海盐陈粟成《簠斋印集》十部二十二册,日照许瀚、海丰吴式芬、道州何绍基为之审定。因获三代钟十,复颜其斋曰十钟山房。书法入古,人获片楮,辄球图珍视。晚与归安吴云,吴县潘祖荫、吴大澂,福山王懿荣诸人定文字交。每定一器,考证一字,函牍往复无虚日。研究考释,独能证以义理,得古人制作精正,为从来考古家所未有。即旃墨装裱之事,亦无美弗臻。又喜古籍,收藏甚富。藏书印有"陈印介祺""寿卿""介祺""医斋""寿考维祺""金石日击撞""予性颛而好古""簠斋""愿为主书令史""曾经我眼即我有""陈伯子介祺古莱之东睢人也"等。甲申(1884)年七十二,秋七月二十日卒于家。著有《诸经训释》《诗经论文》《说文统释》《汉书地理志校释》一卷,《奏议书牍》,《簠斋藏古目》三册(陈文会影印本),《簠斋藏器目》二卷(《灵鹣阁丛书》本、《广仓学窘丛书》本,商务印书馆影印本无卷数,附补遗),《簠斋藏古册目并题记》,《十钟山房藏石目》一卷,《十钟山房钟鼎款识》,《毛公鼎考释》一卷,《南宫盂鼎考释》一卷,《汉金文考》《秦权量诏版释文诗记》《十钟山房印举》《汉灯考记》《封泥考释》《匋文造象化布杂器考释》《簠斋吉金录》八卷(风雨楼影印本),《吉金文释》一卷,《封泥考略》十卷(吴式芬同辑,芬影刊原本),《簠斋金文考释》一卷(云窗丛刊本),《秦前文字之语内外篇》,《簠斋传古别录》一卷(《滂喜斋丛书》本,与石居影印本),《簠斋笔记》(《滂喜斋丛书》本),《簠斋题跋》二卷,《序跋》一册,《簠斋尺牍》十册(商务印书馆影印本),《访碑拓碑手札》(丁锡田刊本),《家塾授蒙浅语》一卷,《家塾五言记》一卷,《习字诀》一卷。身后藏弃零落殆尽。长子厚滋,字九兰,号邃盦,能承家业。考订金石文字,援据经训,至为精当。

光绪《山东通志》卷百三十八;民国《潍县志稿》卷三十、三十七;《十钟山房印举序》;《清史稿》卷三二、七十一;《碑传集补》卷九引支伟成《陈介祺传》;《滂喜斋藏书记》卷一;《潍县文献丛刊》第二辑。

高庆龄(?—1885),字南郑,潍县人。诸生。父其绪好藏书。庆龄能继父业,好金石文字,尤嗜古印,搜采至数千方,去伪存真,拔其尤者六百纽,编为四卷。以所藏之印,半出齐鲁,因名为《齐鲁古印攈》。又以前人旧谱印钵不分,特标古玺于卷首,秦汉诸印次于后。凡印之银铜琁玉及官私印玺,皆分注于下,为印谱中最善之本。庆龄卒于光绪十一年(1885)。《中国印学年表》于民国十三年(1924)复辑有《秦汉印章拾遗》,恐系旧辑而后付印者。亦喜藏旧籍,其善本见于著录者,有旧抄本《五代会要》三十卷,书内钤有“古雪书苑高氏家藏”“古平寿高庆龄珍藏印”等印记。

褚德彝《金石学录续补》上卷第9页;《中国印学年表》第100、102、146页;《中国善本书提要续编》第25页。

高鸿裁(1852—1918),字翰生,潍县人。自幼胸襟旷迈,不屑为世俗利之学。祖其绪,父庆龄,家世藏书,至鸿裁益购求,所藏多善本,丹铅校雠,日不暇给。尤嗜金石文字,旁及瓦当砖甓封泥之属,皆非世所习见。而所获秦颂辞砖,尤为海内第一。复以二十余年之精力,搜购山东全省府州县志,其中多罕见之本。有清以来,潍邑先达,多藏旧籍,嗜金石,鸿裁辄为濡染。又遍交当世知名士,如福山王懿荣、江阴缪荃孙、上虞罗振玉、荣成孙葆田、临清徐坊、胶州柯劭忞等为文字之友。孙、徐、柯皆侨潍,鸿裁与同县宋书升昕夕造其庐,相得尤欢。庚子(1900)后始游京师,慨然有忧世之意。又为孙葆田延至济南襄纂《山东通志》,再至京师,史馆延为编修,然不久辄辞去。民国七年(1918)卒,年六十七。著有《上陶室砖瓦文捃》十二册、《齐鲁古印捃补》一卷、《辨蟫居藏书目》一卷、《历代志铭征存》若干卷。编有《齐鲁遗书》十八种。殁后,鸿裁砖瓦先为日人大田氏所购,后终归山东省立图书馆。所藏山东地方志有百十八种,于民国二十二年经王文山介绍为美国国会图书馆购得,至今长流海外,王重民、朱士嘉尝于国会图书馆亲见其书。多为益都李文藻、潍县陈介祺旧藏。王氏以鸿裁搜购方志、砖瓦有功文献,为撰《高鸿裁传》,以记其事。其藏书始末,宋书升《辨蟫居藏书记》言之綦详。文云:

吾齐自古称文物薮,汉世所传,若王同之《易》,庸生之《书》,辕固之《诗》,郑君之《礼》,衣被宇内,卓为儒宗。海隅席其风者,学问彬彬,莫不以经籍为贵。厥后刘宋间,青州任彦升,宏才博览,聚书至巨万卷,习俗雅尚,于是概见。我朝聚书之家,偻指难数。而流传藉藉者,则安丘张杞园氏、益都李南涧氏为最著。夫杞园当日家仅逾中人之产;南涧一官落拓,贫窭以终,其物力不足以奔走市贾,所藏之籍能与几何?然而世每乐道之者,岂其人果以聚书传耶?吾邑高君翰生,星衔公之孙,叔馀公之子也。星衔公为余曾王母群从弟,君年视余为弱,而行则长。每相过从,谦谦自牧,尊酒谈谳际,功名富贵,未尝挂齿颊。盖冲夷而澹退,其天性然尔。夙重朴学,嗜书成癖。凡奇编秘函,以及宋椠元雕,刻意搜罗,不惜巨资。偶或不给,辄典质以酧其价。又辑《齐鲁遗书》,采摭数十家,表彰先哲,孜孜不遗余力。先是星街公始有事收藏,获寿光故家书若干卷;后司铎阙里,又得书八椟,捆载东归。尝戏语人曰:“此吾冷官宦橐也。”公捐馆后,叔馀公兄弟四人析而分读。公性好金石,鼎彝、碑版、秦玺汉章之伦,莫不众蓄。故凡小学诸书,足资考证者咸购之。今得君所续存者,合计卷三万有奇。以三世之勤,始获百城之拥。呜呼!何其难也。君惜其聚之难,而思葆诸永久,俾无坠失,爰择精室庋之。插架分厨,仿朱秀水曝书亭例,略为变通,区分六门:曰经、曰史、曰子、曰集、曰丛书、曰类书。室外旁莳修竹,每当旭日初升,微风徐动,而幽籁清影,时萦回拂动囊帙间,致足乐也。君则闭关独坐,参钩研稽,甲乙丹黄,寒暑靡闲。取宋沈忠敏公诗句“安得牙签三万轴,为公一一辨蟫鱼”之意,颜曰辨蟫居,而嘱余为之记。余向读《隋书·经籍志》,每慨书有三厄。亦尝综究物理,深原其故:嬴氏扇虐,燔弃“六经”,此火厄也;五季之变,荡于兵戈,此金厄也;隋初载以渡江,中流沉舶,此水厄也。盖文字为五行之秀,其机偶戾则气必反,而自雠古与古相续,著录日盛,其免此三厄获传于今者幸矣。乃其千百什一之存,又或以岁久饱蠹,销蚀残毁,不施勘斠。古书之传,愈久而愈失真,则又幸中之一大不幸矣。此承学之士所尤兢兢也。抑又闻之,泛涉为雄,精稗一致,择术不审,心思耳目,驰骛而无所就,是谓乱官,德业且以日荒。徂徕先生之《录蠹书鱼辞》也云:“文中子曰,九师兴而《易》道微,‘三传’作而《春秋》散。齐、韩、毛、郑,《诗》之末也;大戴、小戴,《礼》之衰也。又杨墨之言出,而孔子之道塞;佛者之教行,而尧舜之道潜。斯则《易》其九师之蠹乎?《春秋》其‘三传’之蠹乎?《诗》其齐、韩、毛、郑之蠹乎?《礼》其大戴、小戴之蠹乎? 孔子道其杨墨之蠹乎? 尧舜道其佛老之蠹乎? 魏晋以降迄于今,又有声律对偶之言,雕镂文理,刓刻典经,道日以刻薄而不修,‘六经’之旨日以解散而不合斯文,其蠹也。"徂徕此言,推阐王氏之说,切讥经师适开后学不信古,不好古之渐,所持未免过当,而其余论则美矣。兹以辨蟫名居也,勿亦有慨于此与? 夫藏弆虽富,而独能剖别以黜其悖道,则君志之所向可知矣。且君之藏书承先泽也。星街公宣教曲阜,以昌明圣教为己任,载书而归,别无长物,与南涧买舟潮阳时何以异。叔馀公考订古印摺,经潘司寇伯寅、王太史廉生弁言藏于家。论者谓不得杞园铁笔摹刻以传为憾。二公学行素绩,允符群望,非皆服古功深,涵濡于正学之验耶? 君食旧德,绍清芬,抚摩遗编,必有益生其孝恭,而自励所以可传者,固无俟献规于司钥也。重违其嘱,遂述梗概,以为之记。

鸿裁尝与上虞罗振玉,以墨本互通有无,所藏元大字本《仪礼集说》,刊印极精,罗以未得一见为憾,于《五十日梦痕录》中记其事。其书后归同邑郭氏,二十四册,每册皆钤明礼部官印。王献唐尝亲见之。

收藏印有"曾为高鸿裁藏""翰生高鸿裁印""潍高翰生所藏""翰生藏旧抄本""潍高翰生收辑山东全省府州县志印记"。

《诒庄楼书目》卷七 12 页;民国《潍县志稿》卷三十、三十七;宋书升《旭斋文抄》(《潍县文献丛刊》第二辑);王献唐《双行精舍书跋辑存·仪礼集说》;王重民《中国善本书提要》192 页;朱士嘉《美国国会图书馆藏中国方志目录》;《北京大学图书馆藏善本书录》第 87 页。

张廷勋(咸丰间),字辅宸,济宁人。性俭约而善施予。家富藏书，日拥图籍探讨先儒身心体验之学。年九十卒。

民国《济宁直隶州续志》卷十二。

丁艮善(？—1885后)，字少山，日照县人。布衣。少从同邑许印林游，得闻《说文》及金石文字之学。学政汪鸣銮以学行俱优，保奖翰林院侍诏衔。著有《吕氏春秋校录》，校勘仿宋《说文解字》、仿宋《翰苑集》、仿宋《陶诗注》、仿宋《唐石经凡例》。光绪十一年(1885)尝校刻《陶靖节先生诗》四卷，复缩刻《唐开成石经》，校刊极精。吴式芬著《攈古录》，金文一种，编集未竟而殁，子重熹官开封时，延艮善董理，遂成完书。喜藏书，精校雠。张之洞在鄂重刻桂馥《说文解字义证》，因《义证》原为印林校刻，故亦延艮善主其事。印林身后，遗书碑帖多为其辇去。所藏旧抄本《舆地碑记目》四卷，现藏美国国会图书馆，卷内钤有"丁印见(疑为'艮'之误)善""东海上人""日照丁氏少山"三印，与吴县潘伯寅(祖荫)重刻车秋舲本不同。刻本脱误尚少，然有不及写本处。复藏有许瀚批校本《毛诗证读》不分卷，少山题签；许瀚批校道光十七年华氏刻本《韵征》(存十卷)，有"丁印艮善""少山"二印。

袁行云《许瀚年谱》218、246、252页(齐鲁书社1983年版)；褚德彝《金石学录续补》上卷12页；《双行精舍书跋辑存》64页；崇文书局刊本《说文解字义证》张之洞序。

王绪祖(？—1885后)，字兰畦，号许阁，诸城人。光绪乙酉(1885)举人，内阁中书，精鉴别，考证金石，能世家学。藏宋拓汉孔宙碑、乙瑛碑；唐姜遐碑，整纸；东汉阳瑾碑。金类有睽敦、句鑃；唐涂金天宝铜碑；元山东东路交钞；金贞祐宝券二铜板。石刻自西安降命石刻并六朝志石、造象凡四十余种。著有《句鑃斋金石跋》《汉魏六朝石刻今存录》《北齐标卖乡石柱考》《东武金石考》《古泉汇补缺订讹》四卷。

褚德彝《金石学录续补》卷下2页。

王祖源(?—1886),原名伯溓,字莲塘,福山人。兆琛子。道光己酉(1849)拔贡,除兵部主事,选四川龙安知府,调成都知府,升授龙绵成茂道,署盐法道,复署四川按察使。持躬俭约,乐道安贫。在都候选时,子懿荣为户部额外主事,京秩清苦,父子尝易衣而出。然性耽金石、古玩,日流连于厂肆中,量力购置,虽箪瓢屡空弗恤也。及选授龙安,为四川府道第一瘠缺,历任八年,安之若素。调成都后,又连署各缺,俸入稍优,乃嘱其子汇刻《天壤阁丛书》,以惠学者焉。光绪丙戌(1886),以觐见,卒于京都。

民国《福山县志稿》卷十。

王懿荣(1845—1900),字廉生,以得"汉王正孺印",又字正孺,福山人。幼承家学,不屑于章句帖括。光绪六年(1880)成进士,改庶吉士,授编修,益讲求经世之学。生平好藏书,天壤阁中藏弆颇丰。早岁尝于蓬莱县城得宋赣州本大字《文选六臣注》残本。又尝得其先人诒堂(燕绪)侍讲公藏书《六臣注本文选》,行款与宋淳熙本同。新年到外家贺节,见郝兰皋及其先从祖姑婉佺(照圆)所集宋元明本史书,及殿本《二十四史》,逐卷有校签黏其上。入京前,从宦至成都,往来燕赵秦蜀之郊,留心访古、访书,见辄收之。过陕西城隍庙,得明初印《元史》残本,有"太史英国公印"章、"四明范氏"印。己卯(1879)由川回京,过此肆,又得宋南雍大字明印本《魏书》《北齐书》《北周书》,合以旧有之明库册纸元本《隋书》、元本《北史》、明翻宋秘阁本大字《晋书》、元大德本涂改称乾道本之《汉书》,慨然有集旧本全史之志。又自言:"到(陕西)城隍庙得元诸路本,每叶有某路某学字样。残本《北史》,与前黑口元本不同,爱之。"懿荣又癖好金石，一日过宝鸡，渡河至祷于陈宝神，愿得古器，获方鼎一，小鼎一，彝觚剑各一，以为神佑。及官京师，食不兼味，每至厂肆，见宋元旧本及古器物，必尽力购置，虽箪瓢屡空，父子易衣而出不顾也。缪荃孙《艺风藏书记·缘起》谈晚清收藏家，搜罗群籍，互出所藏，以相考订者，历数自吴县潘祖荫、常熟翁同龢以下十一人，福山王懿荣、临清徐坊与焉。懿荣收藏金石最富，得自诸城刘喜海者为夥。尤精于考订，广搜博识，真赝灼然。其收藏之古器物中，有三代器五十余种，汉铜器有阳信家铜鉳镦，晋城阳王君神道，刘宋熊氏石造像，梁刘敬造像，"萃车马曰庚都"大钵，皆好古家希见之品。古瓦有琅琊台所出千秋万岁瓦及羽阳万岁朝阳望嵎等奇品，古砖有永元七年(95)画像砖，为前人所未见者。尝与潍县陈介祺商订金石文字，常熟翁同龢、吴县潘祖荫咸推重之，谓博学多识，为近代所罕见。其学贯穿百家，宋元以来迄于当代之精抄旧椠，目览手斠，靡所不窥。凡版本之佳恶，点画音训之淆讹，钩考详密，洞若观火，厂肆诸估人奉若严师，勿敢欺。光绪十二年(1886)丁父忧。服阕，典河南乡试。二十年(1894)大考翰詹列一等，升侍读，入南书房行走，晋国子监祭酒。二十四年(1898)潍县估人范维卿携殷墟甲骨，至京津求售，懿荣知为殷商文字，传以每字银二两大肆收购，为国内甲骨文最早发现者与收藏家。其所藏后归丹徒刘鹗(铁云)，刘著《铁云藏龟》，其中得自懿荣者为多。光绪间，命翰林院检查各宫殿所藏书画，检稽宋元本书目，编排目录。从昭仁殿廊下所藏各书，编为《天禄琳琅书目续编》。复从慈宁宫及翰林院清秘室宝善亭所储宋元本书，编为《四编》，懿荣实预其事。惜《四编》未及竣事。《天禄琳琅书目》，始编于乾隆九年(1744)，嘉庆二年(1797)又撰为《后编》。道光中，复成《三编》。唯《三编》鲜为外人所知，光绪间清理宫内旧藏，始检得之，懿荣录有副本，现亦不知流落何所矣。光绪二十六年(1900)六月十七日，帝国主义八国联军,攻陷大沽口,八月十四日联军攻占北京,慈禧挟光绪出奔西安,联军烧杀抢掠,无所不为。懿荣书绝命词,夫妇俱投井死。著有《奏稿》二卷,《南斋应制集》一卷,《正读亭诗》二卷,《攀古楼藏器释文》一卷,《天壤阁杂记》一卷,《正读亭文》二卷,《翠墨园语》一卷,《汉石存目》一卷,《南北朝存石目》一卷,《福山金石志稿》一卷,《寰宇访碑录补遗》一卷、《补目》一卷,《四家馆课》四卷。同治光绪间刻《天壤阁丛书》二十三种(其中《声调三谱》收书五种,以一种计)、《增刊》六种。其藏书见诸家著录者,有宋刊残本《后汉书》,元刊本《资治通鉴释文》三十卷(黄氏士礼居旧藏),元刊本《资治通鉴释文辨误》十二卷,元刊本《吏学指南》八卷,元刊本《示禅人语》一卷,抄本《礼经类编》三十卷,旧抄本《渑水燕谈录》十卷,清抄本《孙子》二卷(懿荣跋,倩人录,王念孙校),抄本《隋书经籍志考证》四册,明洪武刊本《光岳英华诗集》十五卷,明嘉靖间刊本《初学记》三十卷,明会通馆活字印本《锦绣万花谷前集》四十卷、《后集》四十卷、《续集》四十卷,明活字印本《王状元标目唐文类》十二卷,明末刊本《松雪斋文集》十卷、清康熙乙丑精刊本《竹斋先生诗集》四卷等。藏印有"王印懿荣""王懿荣字正孺""福山王氏正孺藏书""廉生""王懿荣""海上精舍藏书""国子监祭酒王懿荣印""莲生登来"等。所谓"莲生登来"者,出《公羊传·隐公五年》:"登来之也。"何休《解诂》云:"登,读为得,得来者,齐人语也。"王氏齐人,故作此印。然王氏藏书印章,犹不止此。王维朴《诸城王氏金石丛书提要·寰宇访碑录补遗》记其手稿内尚钤有"莲生考藏金石文字"朱文长方印、"琅邪王氏"朱文瓦当印、"莲生珍藏"朱文小方印、"王"朱文、"懿荣"白文方印、"莲生金石带兰"朱文方印、"复斋歒堂之学"白文方印、"青彩馆读碑记"白文长方印、"莲生专瓦"朱文方印、"莲生"朱文方印、"小莲花室"朱文方印、"山东福山王氏小莲花室供养"白文方印、"莲生得古佛像皈依记”朱文方印,另一名讳之印白文方印,凡十三纽,多为懿荣中年前所用,诸城王维朴亲见之。

《清史列传》卷六十五《王懿荣传》;孙葆田《国子监祭酒王文敏公神道碑铭》(《校经室文集》卷四,《求恕斋丛书》本);《藏书纪事诗·附补正》第713—716页;民国《福山县志稿》卷七之二、卷十;萧穆《天禄琳琅目录三四编本》(《国粹学报》第七〇期);李先《谈甲骨文的发现》(《光明日报》1983年11月5日);《中国古代史史料学》第8页;《藏园群书经眼录》第237、263、574、757、884、1307、1489、1504页;《中国善本书提要》第21、354、359页;《诒庄楼书目》卷四、卷七;《寒瘦山房鬻存善本书目》六·14页;《诸城王氏金石丛书提要》;褚德彝《金石学录续补》上卷17页。

王崇焕(?—1951后),字汉章,晚号娱堪老人,福山人。懿荣幼子。懿荣藏书,多失于庚子之役,复为其侄所败。崇焕辛苦所积,得汪阆源(士钟)旧藏宋本数种,秘不示人。晚年贫而疾笃,仍不忍以易粟。故后,亲友为理遗箧,终未发见,不知究为何籍。其遗书多归天津图书馆。王謇《续补藏书纪事诗》云:“神京庚子遭浩劫,文敏旧物已式微。幼子偶得艺芸书,苣箧藏弆不翼飞。”其藏书见于著录者,有明嘉靖间刻本《重编使琉球录》二卷,今藏美国国会图书馆,王重民亲见之。书中钤有“福山王崇焕收藏之印”“蕉雨亭”等印记。济南张亦轩先生尝收得宋刊赣州本蝴蝶装《文选》残本一册,系懿荣故物,《天壤阁笔记》著录。据亦轩先生回忆,似有崇焕题记。又尝收得懿荣手辑山左人墨迹十余种,题曰《海岱献征》,有崇焕所书便条,以赠伪山东省长唐仰杜者。亦轩先生先后搜求,凡装数十册。“文革”之初,焚失殆尽,收合余烬,已溃不成册,为之扼腕。崇焕撰有清人年谱五种:《澹归大师年谱》《纪晓岚年谱》《天南遁叟年谱》《王文敏公年谱》《盛意园先生年谱》,均见来新夏《近三百年人物年谱知见录》。其中除《王文敏公年谱》刊于

《中和月刊》第四卷第七期外,余者皆为未刊稿本,今藏天津图书馆。

王謇《续补藏书纪事诗》第29页;《中国善本书提要》第214页;来新夏《近三百年人物年谱知见录》第31、100、224、237、241页。

曹伯贞(同治光绪间),字正甫,宁阳人。思珍子。少承庭训,天姿明敏,童幼即知向学。师事孝廉刘伟瞻,指授文法,悉传其业。弱冠入邑庠,以优等食饩。时黄恩彤以中丞罢节归,偕诸弟往从受业,互相切劘,学益大进。同治壬戌(1862)并辛酉(1861)科遂领乡荐,屡上公车不第,大挑一等,以知县用。分发安徽,大府重其品学,延教子弟。壬午(1882)充江南乡试同考官,得士逾额。任繁昌县,政尚清简,尝曰:为民造福,须先为民省事。事省,则民受福矣。凡三任繁昌,前后六年,偶感时疾,遽卒。平生于书靡所不读,尝分俸馀,买书数千卷,置遗经家塾,延名师教子侄辈,勉以读书明理。置田百亩为膏火资。

光绪《宁阳县志》卷十三。

邱在辛(?—1887前),字和轩,诸城人。自先世居城东铁水园,家富收藏,祖廷招好搜罗先世手泽,缥缃卷轴盈箧笥,在辛珍藏之。工绘事,出笔秀润,无尘土气。晚年淡于荣利,友人丁毓淇招隐于六谷山中,陶然诗酒书画自娱,年八十九无疾卒。

光绪《增修诸城县续志》列传九《隐逸传》。

张时斌(?—1887前),字颁士,宁阳县葛石店人。喜读书,手不释卷,研究"四书""五经"皆有心得,为文恪守先正。学使何根云亟赏,擢之食饩。后屡荐省闱不售,遂援例充贡。性安淡泊,不理家人生产,唯购书及名人笔迹,吟诵自娱。中年涵养充粹,操益方谨,足迹不入城市。著有《葛石山房诗续抄》。

光绪《宁阳县志》卷十三。

张笃诚(? —1890),字允勦,蓬莱人。诸生。得汉琴候李夫人灵第之门刻石,旁刻一鹿甚奇。又藏本邑郭东村所出大甗砖瓦亦富。

《天壤阁日记》;《金石学录续补》上卷20页。

丁树桢,字干圃,号陶斋,黄县人。光绪庚寅(1890)进士。刑部郎中。所藏彝器有容鼎、齐侯鼎,字大寸许,为吉金中奇品。石类有魏三体石经,朙字为清代言碑家所未见。招远黄里沙出大瓦当,文曰"曲成之宫"四字,亦购得之。

《天壤阁日记》;《金石学录续补》上卷20页。

夏廷爵(清同光间),字彤锡,泰安人。国常之季子。禀资朴厚,长而好学。藏书充栋,手自校雠,不遗一字。六十八以附贡终。

民国《重修泰安县志》卷八。

王茂苓(清同光间),字云溪,新城(今桓台县)人。岁贡生。家贫嗜读,积书至千余轴。善韵学,一时习四声者争处其门下,时人比之沈休文。其为诗,速而能工,杯酒之间立成数纸。

民国《重修新城县志》卷十八。

李毓恒(1841—1900),字冬涵,一字勉斋,济宁人。幼嗜学,就傅佔毕,辄自携《四库总目》潜阅,具知古今学术派别、门径涂轨。及长,有志存书,购书六七万卷,部分类析,略述梗概,成《惜阴书屋书目》六卷。又仿《郡斋读书志》例,每书抉摘要义,辨正异闻,著

《勉斋读书记》。先世遗集,颇多校刊。知州王恩培延修州志,毓恒裒集已刊、未刊乡耆著作四十余家,邦人之征文考献者多取征焉。光绪中叶,乡塾尽易帖括之习,竞购书诵读,风气转移自毓恒始。辑有《磨墨亭丛书》六十五种,未刊,现存抄本。卒年六十。傅增湘《磨墨亭丛书题记》云:济宁李氏抄本。全书凡六十五种,钤"李氏藏书""冬涵阅过"二印,盖缮正以待梓也。各书行款不一,其八行二十一字者,大抵皆传抄阁本。审其笔迹,似咸同间人所为。其中如《墨史》及《穆参军集》,据别本校勘,则近人徐梧生之笔意。当时所录各书多无刊本,故拟汇为丛刻;今检其目录,则近岁流传者已十居八九矣。乾嘉以后,刻书之风盛行,如孙氏、毕氏、鲍氏、黄氏、卢氏皆在大江以南,唯北地则声闻寂寞。李氏僻居鲁东而奋然有志于此,搜采至数百卷之多,惜各书多不附题跋序例,唯《澹生堂书目》有冬涵手记,题同治壬申(1872)岁。其事迹别无可考,使人把卷流连,有名字翳如之叹。爰详著其目于册,俟异时就彼州人士访求焉。余昔年得宋刊本《方言》,海内孤帙也,中有"冬涵阅过"朱文方印。昨岁梧生司业藏书散出,时有抄本数十部,亦钤此章。余就其中收其《皇宋策要》二册,意其人亦癖书嗜古之流,萤乾蠹老,遗籍长留,徒令人展卷摩挲而想象其丰采,斯亦足慰矣。其推重如此。复著有《惜阴书屋诗集》不分卷,今山东省图书馆藏有清末抄本。其藏书见于诸家著录者,尚有明万历间刻本《重订直音篇》七卷。《豫变纪略》八卷五册,清郑廉撰,清淡宁轩抄本(清王锡生点校识语)。先为王灏藏书,后归李氏。钤"任城李氏藏书"朱文方印。

藏印复有"冬涵"。

民国《济宁直隶州续志》卷十二;傅增湘《双鉴楼藏书续记》卷下;王重民《中国善本书提要》58 页;《惜阴书屋诗集》;《藏园群书经眼录》897、965 页;《新华文摘》1983 年第 8 期 260 页。

陈介锡(清同光间人),字晋卿,潍县人。介眉仲弟。廪贡生。同治制科征举孝廉方正。性嗜古,授职州同。后不乐仕进,唯日以证文考献为事。先是胶州高南阜、即墨郭根庵辑有《桑梓之遗》七十八册,辗转由其族叔子懿家归介锡,手检点前后,未为全璧。乃出其家藏缃素,余或乞自知交,或购以兼金,至有教驰数百里,浼托数千人而后一获者。统计卷轴、屏幛、尺牍、便面、诗文稿不下千余种,殚心抉择,必人与物确足以传者,始赓续为百余册,以竟高、郭之绪。又癖石,蓄文石数十枚,珍逾拱璧,为撰《杂志》二卷。繁征博行,文极瑰丽。光绪间病殁,所藏弃零落殆尽,唯《桑梓之遗》现存。著有《桑梓之遗目录》十卷、《桑梓之遗录文》十卷、《桑梓之遗人物考略》一百卷、《文石杂识》二卷、《文石山房诗抄》二卷。

民国《潍县志稿》卷三十、卷三十七。

郭祐之(?—约1891,《中国印学年表》作郭裕之,误。),字申堂,光绪间潍县人。性谨愿,天资颖敏,学问淹通。喜藏书,多孤本,葺松南书屋,贮存都数千种。益都李南涧旧籍大半归之。又酷嗜金石,鉴别极精。三代秦汉钚印搜存殆遍。著有《续齐鲁古印捃》十六卷(光绪十八年钤印本)。藏印有“郭申堂庚寅年收书印”白文。

民国《潍县志稿》卷三十一;宋书升《旭斋文钞》(《潍县文献丛刊》第二辑);《中国印学年表》108页;《藏园群书经眼录》575、1533页。

陈长贞(清光绪间),字起元,潍县人。赋性聪颖,家世习医,旧藏医书甚富,于是朝夕披览,研穷脉理。少孤家贫,供事于天德堂药店,师事马湘,于一切方脉,罔不默识于心。精探奥颐,及壮出诊,咸应手而愈,由是名大噪。知县朱靖宣额其门曰“著手回春”。光绪七八年间,邑中发见白喉症,伤人极多。独创一方,活人无算。

诸医咸奉其方为圭臬,奏效如神。每晨求诊者常数十人,敦请往诊者更难缕数。朝饭前辄乘舆出,后车十余乘随行,络绎于道,终日不得家食,夜深始归。虽极劳瘁,迄不少息,盖不忍患病者之久待也。以是积劳日甚,年四十一而卒。著有《伤寒秘要》藏于家。

民国《潍县志稿》卷三十二。

尹彭寿(?—1891后),字祝年,又字慈经,号竹年,诸城人。清光绪十一年(1885)拔贡,十四年(1888)副榜,官兰山教谕。淹雅耆古,工篆隶,能书画,尤好搜访碑刻,有李东桥、黄小松之风。在东武故城获汉朱博残石,为世矜贵,自署曰"博石堂"。然时赝造古器物售人,陈簠斋(介祺)、潘伯寅(祖荫)、王廉生(懿荣)多受其欺。时论每以其无品而惜之。又喜藏书,见于著录者有明正德刻本《金薤琳琅》二十卷。钤有"尹彭寿印""尹兴宝藏书";咸同间抄本《滇志》三十二卷,二十八册,钤有"诸城邓村棣华书屋尹氏家藏",今藏北京大学图书馆。光绪间彭寿尝为曲阜桂馥《说文部首读》家传本刊刻行世。著有《山左南北朝石刻存目》一卷、《石鼓文汇》一卷、《魏晋石存目》一卷、《汉隶辨体》四卷、《山东通志经籍志稿》若干卷。藏印复有"尹彭寿印"白文方印、"东武尹氏珍藏"朱文方印、"尹祝年读"朱文方印。

光绪《山东通志·艺文志》3569、3579、3583页;田士懿《金石著述名家考略》;《藏园群书经眼录》498页;《中国善本书提要》196页;《清史稿·艺文志》143、505页;《双行精舍书跋辑存》续编64页。

陈如愚(?—1894后),字柳溪,东阿人。岁贡生。延熏之长子。由优廪生举光绪乙亥(1875)孝廉方正,考取训导。光绪甲午(1894)科举人。天才卓越,颖敏异常;经史子集,过目不忘。大家文集,历科制艺,搜览无遗。为文不涉时趣,每拈一艺,振笔直书,不假留处。推陈出新,超忽灵异,令人拍案叫奇。晚年理学深邃。所著遗稿,字雕句琢如良金美玉,精炼绝伦。与人论说,或天文,或地理,或古今人物事迹,源源本本,条分缕析。腹笥充牣,如窥大海,莫测涯际。且关心民瘼,建功闾里,尝创义坝以御水灾;漕米定价,远近感德。

民国《续修东阿县志》卷十一。

王守训(1845—1897),字仲彝,又字松溪、菘畦。黄县人。先世系出太原,明永乐间由直隶长芦迁居黄县。至守训四世祖王克预,以举人官福建侯官等县知县,有惠政,其后遂益显。祖允中,嘉庆二十二年(1817)进士,官至湖南按察使(光绪《山东通志》作河南按察使),署布政使。父棠,道光十一年(1831)举人,官陕西雒南县知县,母慕氏生守训雒南署中。守训幼有异秉,性颖悟,允中绝爱怜之。庚午(1870)山东乡试副贡生,援例为中书舍人,直内阁。乙酉(1885)丙戌(1886)联捷成进士,改翰林院庶吉士。散馆授检讨。历充国史馆协修、武英殿纂修,尝主讲瀛洲书院。辑有《清史·艺文志》,著有《诗毛传补证》三卷,《适斋经说》一卷,《读礼笔记》一卷,《春秋地理补考》四卷,《习言考义》二卷,《称谓杂考》九卷,《韵字折中》无卷数,《汉碑异文录》不分卷,《王氏水源录》不分卷,《文学天性斋诗文集》八卷,《文抄》一卷,《适斋随笔》一卷,《绳床百咏》不分卷,《金波词》不分卷,《登州诗话》三卷。其有关一郡文献者曰《登州杂事》三十卷,病革时犹以搜求未善为憾,遂卒。平生沉酣经籍,其妻丁氏尝质金钏以佐守训购书,所聚书多至六七十万卷。与福山王懿荣、荣成孙葆田友善,官内阁时,几无一日不相见,见则稽经诹史,各举所得以为乐。慕乡先达郝懿行之学,著述无虚日。守训卒后,懿荣哭而挽之,推其"文学为士乡三百年之冠",识者以为知言。山东大学藏明刻本《风雅翼》、明万历间闵氏刻朱墨套印本《庄子华南经》四卷,钤有“光绪初书归黄县王氏海西阁”白文方印、“王仲彝家藏书”朱长方、“菘畦”朱方。又有“武英殿纂修官黄县王守训海西阁鉴藏书籍艺文印子孙保之”朱文大印。

孙葆田《翰林院检讨王君墓志铭》(《校经室文集》卷五,《求恕斋丛书》本);光绪《山东通志》补遗;《金石著述名家考略》再续第28页。

杨毓春(?—1900后),字写生,号芋农,聊城人。嗜书好古,得善本必亲加校雠。尝读《割烹要汤章》,慨然曰:“范文正为秀才时以天下为己任,吾人通经贵致用,徒津津呫哔抑末也。”弱冠游庠食饩,蜚声黉序。光绪壬午(1882)登贤书,戊戌(1898)大挑山西知县。母卒,服阕仕晋,大吏咸器重之。未几奉差雁门,为厉风所苦,致成痪疾。大吏引入幕府,为襄擘画,未逾年而卒。

宣统《聊城县志》卷八。

高清淑(?—约1900),字骧凡,一字湘帆,东阿人。藏古帖数十种,多善本。

民国《东阿县志》卷十一。

杜金锡(?—1900后),字菉泉,高密人。举人延文子。廪贡生。性嗜书,家多旧藏,一日书舍不戒于火,故籍荡然。庚子(1900)后游崂山,识名僧某,作方外交,数旬而返,著有《崂山游记》《格言集》《辄见录》,年六十卒。

民国《高密县志》卷十四上。

任象益(?—1900后),字子谦,寿光人。邑廪生。喜聚书。初授乡塾,脩脯尽以购书,尚不足。后游历下,受知于郑东甫、曹仲铭、孙佩南诸前辈,名大起。每届秋闱,文思敏捷,几如温飞卿叉手成韵。多为邻铺假手,得巨资,辄广收图籍,寝馈与俱。迨科举停废,回籍兴办学务,因劳瘁,致疾卒。邺架遂之散佚。著有《听香草堂遗稿》。

民国《寿光县志》第八册。

张宗鲁(?—1902后),字筱山,牟平县人。光绪壬寅(1902)副贡。学问渊博,矜式一时,收藏古今书籍颇富,年未六十卒。

民国《牟平县志》卷七《文献志》。

王续藩(?—1904后),字念斋,号筱园。始祖由莱阳迁掖,遂家焉。续藩弱冠入郡庠,食廪饩。己巳(1869)岁贡。光绪戊子(1888)科主试者为祭酒盛伯羲,得续藩文甚异之,拔置第二。续藩久为名下士,老而始遇声称,益藉甚。己丑(1889)会试不售,后在迁邸教读。适崔子万郡守聘主北海书院讲席,遂归。主讲十有五年,于古今碑拓搜罗尤富。郑荥阳石刻在邑之南山,续藩集为屏障、偶联,咸愿购得之以为荣。魏绍程邑侯刻三续邑乘,专以相委。于古迹订讹,甚饶古意。好聚书,充架溢簏,其左右前后,纷纭罗列皆书也。卒年八十六。

民国《四续掖县志》卷六引董锦章《王念斋传》。

王彭年(?—1904后),字寿卿,桓台人。性聪颖,嗜读好古。光绪丙子(1876)举人,就职知县,旋改阳信训导。在任三十年,朴素无华。风格严峻,顾与士子语,则恂恂若家人父子。及解组,行李萧然,盖廉俸所入,悉以购书。著有《笔花轩集》《诗文杂作》。卒年七十有三。

民国《新修桓台县志》卷三。

鲁子深(约1876—1905后),字献甫,滕县城西人。其父为诰封朝仪大夫。始就傅,性嗜古人故实,学为制举文字,裒然成帙,既而以兵燹弃去。光绪三十一年(1905),子深发皤然近七旬,犹性喜篆隶书,辟宅数十弓,凹池叠石,因树为屋,藏书数千卷,有吉金名画,客至相寻于蜂香花影中,几迷不得路。邑中凡缮墉埠、成略彴、葺盂庙、剞族谱,皆首捐勒名。

《高熙喆集·朝仪大夫鲁公墓志铭》。

法伟堂(1833—1907),字容叔,一字小山,胶州人。于学无所不通,尤精音韵金石之书。幼孤,育于叔父,为叔父后。本生父教先,州学生。从匡鹤泉肄业济南,名垂一时。以同治九年(1870)充优贡生。光绪五年(1879)举于乡,十五年(1889)成进士,以知县用,加国子监学正衔。后主海岱书院讲席,与潍县宋书升齐名。光绪三十三年(1907)山东议修通志,延伟堂以金石门属之,未就,卒于济南讲院,年六十有五。山东为金石之学者,自吴式芬、陈介祺、王懿荣等以收藏鉴赏相高,遂成风气。伟堂独殚心考据,所学尤为笃实。考订陆德明《经典释文》,多前人所未发。又校《说文解字》《一切经音义》《列子》等书。遗稿有《听训馆韵书》。又有《山左访碑录》,提学使罗正钧访得稿本,交山东提学司石印行世。平生所集书数千卷,身后亦皆散佚。藏书有《宗子相先生集》二十三卷,明宗臣撰,明常郡叶盂瞻天华阁刻本,6册,有"胶州海上庐法氏珍藏"朱文方印;《淮南鸿烈解辑略》不分卷,明张榜辑,李杨纂,明末刻本,4册,钤有"胶州海上庐法氏珍藏"朱文方印。

孙葆田《法征君墓志铭》(《校经室文集》卷六);《清史稿》卷四百八十二《郑杲传》附法伟堂;光绪《山东通志》卷百七十七;台湾本《续修四库全书提要》史部3341页柯劭忞撰《山左访碑录提要》。

张昭潜(1828—1907),字次陶,潍县人。十三而孤,从学于其叔父星瑞。弱冠入邑庠,寻食饩,贡成均。同治庚午(1870)巡抚丁宝桢开尚志堂,延揽经明行修之士讲学其中,昭潜与焉。凡地方碑版文字,宝桢尝倩其代作。《重修泰山神庙碑记》其一也。汪柳门(鸣銮)侍郎视学山左,待以国士礼,奏奖国子监学正衔。光绪庚寅(1890)修《山东通志》,巡抚张曜(勤果)知其博雅擅一世,以《山东郡县沿革表》属之。嗣归里,主讲潍阳书院,与多士论学术,必勉以程朱为依归。论文章则必称震川而上溯韩、欧,凡游其门者,罔不禀师说以教授乡里。光绪丁未(1907)年七十九卒。著有《无为斋诗文集》十二卷〔光绪戊寅(1878)郭恩孚果园刊本〕,《续集》六卷〔光绪庚子(1900)郭恩孚果园刊本〕,《遗集》二卷(门人孙乃瑶等辑),《山东地理沿革表》二卷,《潍县地理沿革表》一卷,《北海耆旧传》二十卷,《诗集》二卷,《词集》一卷,《读诗日记》二卷,《通鉴纲目地理续考》,《潍志纠谬》。家富藏书,见于著录者,有明影宋抄本《新雕徂徕石先生全集》二十卷,光绪十年(1884)济南尚志堂据以雕版行世,因当时校刻者不暇详审,卷内夺讹未及刊正。光绪十六年(1890),荣成孙葆田方校刊《孙明复小集》,欲以此本合印以行,而病其夺讹太甚,因倩徐坊为之校雠。光绪十六年(1890)尚志堂又据以重刊,附有徐坊校记。张氏所藏明影宋抄本,傅增湘亲见之。然傅氏所云:"潍县张氏光绪九年刻本为徐梧生所校,附有校记",似不甚确切。盖潍县张氏未尝自刻,复误光绪十年为九年,附有徐坊校记者,为尚志堂光绪十六年重刊本,而非光绪十年刊本也。又有清抄本《北海集》四十六卷,后归山东省图书馆。

光绪《山东通志》卷百七十七;《藏园群书经眼录》1132页;《徂徕石先生文集》(中华书局1984年版);孙葆田《无为斋遗集序》(《校经室文集》卷一,《求恕斋丛书》本);孙葆田《太学生赵君墓碣》(《校经室文集》卷五,《求恕斋丛书》本);王献唐《双行精舍书跋辑存》续编881页。

徐懿德(1849 前—1908 前),字诗苔,邹县人。道光二十九年(1849)拔贡,任夏津县教谕,修学宫,设讲幄,月课诸生徒济济执往,文风为之一振。及致仕家居,诸门生过邹者必拜谒求指诲如在署。又工书法,好金石,家藏古铜器及名人墨迹颇多。耄年好学,犹日书百余字。卒年八十三岁。片楮只字,人矜宝之。著有《家训》十六条。

光绪《邹县乡土志》。

江曙(?—约 1908),字晓塘,别号痴莽,滋阳人。光绪间邑诸生。冲襟雅抱,不慕荣利,入庠后即弃帖括业,屏绝尘鞅,以萧闲自娱。博学工书法,楷、行外,邈隶旭草,靡不通晓。性好古,图书金石咸鉴别精确,搜藏无算,市古者多就而质真赝,辨妍媸焉。居一室,廉幙凝静,彝鼎缥缃罗列盈几案,终日娱赏其间,意欣欣殊自适也。

光绪《滋阳续志》卷九。

郭杭之(1828—1908),字子方,一字湘帆,先世为高唐人,明成化间迁居潍县,遂为望族。祖衍汾,嘉庆丁卯(1807)举人,翰林院侍诏。父梦龄,道光癸未(1823)进士,由知县仕至山西布政使,署理巡抚,为道同间名臣,入《清史列传》。杭之幼随父自楚而蜀、而陇、而豫、而晋,所至揽江山之胜,饫闻庭训,又得良师益友,愈廓见闻。同治九年(1870)举于乡,是时年方壮。其后累上春官不第,乃一隐于诗酒。与胶州柯蘅、同邑刘抡升友善,共结诗社,常为主盟,多交当世名士,故所作诗文颇多,久为同人所推许。家藏旧书多善本,皆披览靡遗,凡经史诸子及列朝掌故、中外地舆、星标、医卜诸书,无不穷究,而于古今人诗集尤喜读之。有会心处,时多妙解。腹笥便便,韫盖者典训宏富。故其诗不名一体,举凡风云变态,鸢鱼飞跃,无不资其吟咏。其书卷淹博,故格调雅丽。山左入清以来,诗学最盛,新城、高密各擅盛场。道光以后作者寥寥,而先辈遗泽几于扫地无余。杭之起而继之。新城三王、高密三李不得专美于前矣。著有《青桐轩诗集》十卷,清光绪乙未(1895)自刻本,收光绪壬辰(1892)年五十以后诗。

孙葆田《青桐轩诗集序》、《议叙同知乡谥敏端郭君墓志铭》(《校经室文集》卷一、卷六);民国《潍县志稿》卷十七、卷三十。

刘学(清光绪时人),字豪斋,掖县人。形古而性癖介。嗜奇书,得辄过直以偿。尤好古文奇字,于金石、蝌蚪、大小篆、八分,无不谙具源委,书传司农家法。或赝书冒其名,遂终身不挥毫。

光绪《掖县全志》册九。

胡纯修(?—1909前),字若渊,平阴人。襁褓中嗣伯父天佑为子,少长即知孝敬,先意承志,曲得欢心。母病延医调治久不痊,乃广积医书,博观而会通之。纯修既善医,求乞者不以为烦。有某者家贫甚,其女近十龄,生恶疮,两足皆腐,行将毙矣,负而弃诸野。纯修闻之,使人负之还置于家,饮食而调治之。半岁平复如旧,乃使归。凶岁辄施米粥。乡党中有不能嫁娶者,助以资财。贫不能葬者,并与地,人称盛德焉。

光绪《平阴县志》卷五。

张毓澄(光绪时人),字秋溪,桓台人。廪贡生。性质直,好古敏求,博学务详说,见异书必借抄之。嗜读迁史,自壮至老,披阅铅丹,不问寒暑。族中修谱,采访编辑,以一身任之,其能耐劳如是。著有《史记摘解》及《翠竹碧梧山房集》四卷。

民国《新修桓台县志》卷三。

程自迩(？—1909前),字扶九,号近斋,平阴人。先世绩学传家,代有闻人。自迩负性豪迈,喜读书,赍大志。弱冠作诸生,试辄第一,三入棘闱不售,遂仗策长安,以教习候铨县令。又廿载,始膺简命,剖符闽中,作长泰宰。莅政三年,民被其泽。生平嗜古,髫年即工吟咏,嗣自随宦,以及作宰数十年中,交游当代名公学士,阅历南北山川风土景物歌谣,放眼拓胸。每有所得,无不发之于诗。投闲后,益放怀诗酒,不屑屑为生计。邑之南傍山临水,有负郭田数十亩,不以任稼穑,尽筑土为垣,多植树栽花,结茅其中。兴至则摘花泛酒,击钵催诗,晨夕还往,殆无虚日,名之曰"搰搰园"。盖景慕汉阴丈人之遗意也。晚年艰于步履,键关谢客,不复及门外事。日坐斗室中,拥书万卷,寓目会心,则握管书之。所著有《草堂诗话》及《岁华录》各数卷。性尤爱菊,著书之暇,广求佳品数十种,手自栽灌,乐不言疲。

光绪《平阴县志》卷四引张峤《程公传》。

艾紫东(？—1909前),字佑宸,原名犹龙,济阳县南乡孙耿镇人。候选县丞。咸同间保以知县用,并加同知衔。同治十二年(1873)诰授通奉大夫,后分发河南,补阳武县知县,以忤巡抚涂宗瀛,未及之任,留省三年,后开缺另补。弹压陕州平粜,积劳成疾,病故差次。宣统元年(1909)祀乡贤。著有《尚书笺注》九卷、《毛诗说略》八卷首一卷、《学庸易解》二卷、《论说新编》二卷(以上四种均为稿本,今皆存于山东省博物馆)。批点《四书》《朱子本义汇参》,洵足嘉惠后学。喜聚书,家藏数万卷,卒后散佚,今藏山东省博物馆者为多。书中皆钤乾坤龙虎朱文大圆藏书印,其文难识。

民国《济阳县志》卷十一。

刘嗣瑞(？—约1909),字寿人,济宁人。光绪间入赀以东河同知分兖沂曹济道候委,先后修济宁石佛、新店运河两堤及菏泽贾庄黄河大工,均以劳勩闻。比署祥河同知,驻黄河北岸陈家镇,岸低湍高,素称险要。每遇河流盛涨,吏民惶骇,莫知所为。嗣瑞履任后,相度情况,预为储备,经历三汛,获庆安澜。及同知期满,得代回籍,意泊如也。宅西偏有"瀫园",邑人夏联钰为之记,镌石而陷诸壁。藏书甲济上,披览不倦。时有考证,朱墨烂然。日亲笔砚,抚松雪体,得其精神,其风雅自好类如此,卒年七十有七。

民国《济宁县志》卷三《文献略》。

刘汉东(?—1909后),字西园,昌乐人。廪贡生。善属文。沉默寡言。居恒以庄敬自持。虽盛暑,衣冠必肃。对客危坐,竟日无倦容。教授弟子以经术,不专重科举文。酷嗜书,购置满箧,手不释卷。不以学问矜人,而人亦自下之。宣统己酉(1909),山东谘议局告成,汉东以群推与选。时党派互争,汉东大体自持,中立不倚。邑宰黄尧阶重其德望,延为佐理,汉东亦悉心筹画,凡所措行,犁然合于人心。迨黄尧阶卒于任,汉东为经纪其丧,归。自是闭门读书。卒年五十有六。学者私谥文庄先生。著有《笔记》《诗集》《文集》《大事记》若干卷。

民国《昌乐县续志》卷三十一。

李梓,字友桐,沾化人。太学生。以善书名。习闲好静,厌城市嚣尘,移居东村。诛茅为屋,颜曰"绿叶斋",藏古帖名画,有米南宫、倪云林雅致。琴砖二方,尺半许,置床两头,尝夹坐其间曰:"此亦琴中趣也,可当一弄。"

民国《沾化县志》卷三。

张彬(?—1911前),字筑岩,号今雨,夏津县人。邑之高士也。

诗文书法屡冠童军。乃独轻科名,爱书画,故终身以书画名。性超越,喜远游,闻有佳山水,辄杖策往。建茅斋于宅西,陈帖画峭石于其中。窗外种竹,绕屋扶疏,杂植松柏、杨柳、梧桐、藤萝、秋菊之属。而情之所钟,尤在法帖、古画、奇书、怪石,因题其斋曰"四爱草堂",自号四爱主人。以身不着丝䌷,又号布衣老人。年逾古稀,手不释卷,借书画以消遣。凡世俗名利,不一置齿颊。寿七十有八。武城刘晓山景慕其行,尝赠以楹联云:"到处声名齐斗岳,平生笔墨化云烟。"

民国《夏津县志续编》卷九。

郭元照,字春午,别字南屏,阳信人。积书数千卷。

民国《阳信县志》卷八引方燮《南屏郭公墓志铭》。

崔鸿图(? —1911 前),字荷泉,庆云人。性嗜古金石书画,遇真本审定明确,不惜重赀,故收藏宏富,为一邑巨观。著有《古印集存》十二册。

民国《庆云县志》卷二;《中国印学年表》120 页。

吴瓒(? —1911 前),字臣助,沾化人,附监生。好读书,涉猎经史子集,尤嗜子长文,工篆刻。屡踬棘闱,寄志田园以自乐。性癖洁,积书盈室,牙签齐楚,若不展卷;然试揀一事,无不娓娓立谈。著有《挥锄园林集》《四书讲义》《伊吕遗徽》。

民国《沾化县志》卷二。

陈鉴堂(? —1911 前),字镜秋,莒县北杨家庄人。邑廪生。学问文章,具有根柢。屡应乡试。房考秦应逵,名进士也,素负知文,荐之主司,竟不遇,遂绝意进取,以成就后学为己任。出其门者,多经明行修之士。性恬淡,寡嗜欲,唯于书史碑帖,好之成癖,见辄购置,虽至典质衣裘不顾也。藏书万卷,课读之暇,风雨一编,乐以忘老。尤精山水舆地之学。家居浯水之南,潍水之北,尝作《浯水源流考》,有裨志乘。其他著述,凡奇节异行,足以维系世道人心者,辄津津乐道之,其天性然也。处世待人,一以坦白相见,和粹乐易,有古君子风。卒年七十三岁。

民国《增修莒志》卷六十七。

袁恩覃(?—1911 前),字少海,潍县人,家朱里村。幼聪敏,家贫无书。村有刘氏,藏书颇富,借读之。于是闭户潜肄,博览群书,闻有异书,必徒步往借,虽仆仆数十里不以为劳。父困于穷,令归农。恩覃虽在陇畔不间诵。逾年入邑庠。已而东游铁岭,其邑卜氏藏书甲于辽东,延恩覃课其子弟。在铁六年,昼夜习诵,所学益富。及归,手不释卷,枕藉坐卧,无处非书,至老不辍。自为文拙不存稿,稿成辄弃去。

民国《潍县志稿》卷三十。

张守叙(?—1911 前),字秩山,无棣人。庠生。喜绘事,遨游诸公卿,一时名噪江南,北及大梁。花卉虫鱼,识者多以司马钟目之。晚岁伏处里闸,来学者获其指授,多名于时。门庭洒扫无纤尘,老屋数椽,左图右史,院中广植花木,偶闻嘉种不惜远道购致之,风趣古茂似魏晋时人。年九十二微疾而卒。

民国《无棣县志》卷十三。

张鸿海(?—1911 前),字子仪,又字瀛仙,桓台人。好读书,能文工诗,书法逼近颜柳。年弱冠游庠食饩,名大噪。乡闱五荐未售,遂无意仕进。爱古帖古画及古人诗文集,闻有善本则购求之,不惜重值。架上书凡历代正史皆备。卒年五十。

民国《桓台县志》卷三。

高英之(？—1911 前),字实中,号介石,泰安城子寨人。廪贡生,任邹县教谕。髫龄严重,长博及群书,莫不考核其理,以求实用。购经史子集,贮之斗室。户箴席铭,即物寓意,归本身心。中丞涂宗瀛主讲岱麓书院,尝极口称赞以励诸生。英之留心时务,得人才,开言路,禁蒙蔽,崇节俭,除积弊。人谓所论皆切中当时事情。然退藏韬晦,不乐著书,不事讲学,故世鲜知者。

民国《重修泰安县志》卷八。

王维冲(？—1911 前),字守谦,桓台人。性廉介,善书法。族中旧有古籍珍器,维冲皆经手保存,屡经变乱,未尝损失,族人服其能。处乡里,善为人排解,有疑难事咸取决焉。

民国《新修桓台县志》卷三。

孙垣(？—约 1911),博山人。崇基弟。兄弟析炊,崇基以所居旧楼让与垣,垣赠诗有“爱弟藏书让书楼”之句,盖实录也。

民国《博山县志》卷十二《人物志 · 文苑》。

刘宗华(？—1911 前),字卓堂,东阿人。弱冠知名,与兄庆华同补博士弟子员,旋食廪饩。天资明敏,嗜学善悟。肄习帖括文字而外,兼肆力于经史,诗词、歌赋,靡不擅长。顾屡蹶棘闱,鹗荐数次,未获一售,遂慨然弃儒而学医。广搜古今医书,贯通脉理,深得古人不传之秘。凡所诊治,罔不应手奏效。遇有贫者,恒设药以济之。晚岁由恩贡就教职,比选寿光县教谕,则已殁矣。著有《屏山堂诗稿》藏于家。

民国《续修东阿县志》卷十一。

蒋三省(清末),临清人。岁贡生。家富藏书,悉心雠校。为文能深入理窟。晚年任阳信训导。

民国《临清县志》第九册《人物志三》。

于泉清(?—1911前),字廉堂,长清潘保于家屯人。性孝。母疾沉,号泣奔走,延医诊治罔效,越数日病自愈。立志学医。乃多购医书,潜心岐黄,苦攻十余年,极有心得。遂出诊,著手回春。无论贫富,悉屏车马,徒步往视,所活虽众,终其身未尝一索聘仪。

民国《长清县志》卷十三。

赵维畬(清末人),字馀田,利津人。廪贡生。藏书甚富,凡经、史、子、集,古人事迹无不洞悉,蔚为一县读书佳士。尤工书法,纯得颜、柳笔意。晚年因患腿疾,不出庭户。承欢慈闱,颜其门曰"百龄母健,万卷书横"。著有《式古堂文集》行世。

民国《利津县续志》卷七。

田毓珩(?—1911前),字云石,号镇楚,德州人。高才硕学,尚气节,能文章,而性方鲠,不与俗谐。光绪元年(1875)举于乡。十八年(1892)春闱中式,以未殿试,例称贡士。志气高尚,不屑仕进。见宦途积弊日深,每多愤懑。凡结纳营私,希图进取者,一语揭之,若将浼焉。与督粮道高其亨为会榜同年,屡次延请,拟聘主讲繁露书院,不得已到署一见,未及终席而归。其清高狷介之行类如此。先是家颇饶裕,慷慨好施,遂致中衰。晚年稍困,藉授生徒以自给。年七十有六卒于家。董芾《赠德州田云石进士》诗云:"庄名雅号花儿树,结茅中有高人住。我幸有缘得暂往,一见相亲便如故。架多奇书琴剑横，雄才伟抱喜谈兵。满腹有言能骂鬼，嶙嶙傲骨薄公卿。尝将浮云比富贵，世间俗子分泾渭。此等胸怀真难知，肉食何能投气味。我本西蜀倦游人，廿年心事倍酸辛。齐鲁奔驰因亲老，已矣今生挽俗尘。恭承雅爱留茗饮，临别眷眷赋短吟。”

民国《德县志》卷十、卷十六。

王颖儒（？—1911 前），福山人。钟沄父。精于医，好藏医书。

民国《福山县志稿》卷七《王钟沄传》。

孙文楷（？—1911），字模卿，益都人。同治癸酉（1873）举人。潜心著述，尤精金石之学，以收藏贫其家。力耕自养，恒屡岁不入城市。溥仪退位，家人秘不以闻。经月，忽入城访友归，即仰药自尽。著有《适野集》《一笑集》，皆咏田事诗也。复有《老学斋文集》二卷，《今吾吟草》四卷，《稽庵古印笺》四卷，《古钱谱》《古泉鉴》一卷（稿本）等书。

《清史稿》卷四九六《孙文楷传》；《中国古籍善本书目》。

赵葵畦（1866—1951），字荔圃，又字智如，安丘人。光绪二十八年（1902）例贡生。官顺天府粮马通判，署涿州知州。淹雅劬学，笃嗜金石文字，参稽钩考，朝夕无暇晷，搜弃周秦汉魏六朝墨拓甚伙，尤多旧本。罢官归来，杜门课子。间精研分隶，壹意临摹。复留心乡先达著作，曾访获同邑王菉友（筠）《虢季子白盘释文》、日照许印林（瀚）《攀古小庐古器物铭释文》及碑刻跋文遗稿，手抄成帙，拟刊布流传。撰有《高丽好太王碑释文校勘记》一卷。从侄录绩、子录绰亦嗜聚书。

《续金石著述名家考略》第 40 页；民国《续安丘新志》卷十二。

赵录绩(1876—1939),字孝陆,安丘人,葵畦从侄,录绰同曾长兄。工词曲,酷嗜书,收藏甚富,见于著录者凡七百余种,其中善本二百二十四种。最著者有:宋刻本《真西山读书记》十八册,宋刻本《山谷词》一册;元刻本《柳先生外集》(附《年谱》)、《宋史》(罗凤藏本)、《陈书》《棋经》《坐隐斋先生自订棋谱》《柳柳州集》《周易会通》《草堂诗馀》《陆宣公奏议》,共九种。复藏有明刻本《玉台新咏》《世说新语补》《薛文清公读书录》(王筠藏本)、《五十明注苏诗》《李太白诗集》(王懿荣题签)、《圣贤像赞》《集古录》(高邮王氏藏本)、《李太白全集》(太古孙氏藏本)、《楚辞章句》《晁氏三家集》《墨苑》《山堂四考》《三朝要典》《归太仆全集》(王鼎襄批校)、《通鉴真解》《词学指南》(明补元版)、《翠娱阁评选钟伯敬先生合集》《史记评林》《百川学海》正续集、《楚辞章句》(汲古阁版,王筠藏本)、《宋宫词》《渭南文集》《李中麓闲居集》《乐府诗集》(汲古阁版)、《丹铅总录》(残,稗农批)、《盛明杂剧四种》(本盒曾可雪批校,王筠藏本)、《玉山草堂集》(汲古阁版)、《冯文敏诗集》《欣赏编》《史记》《世德堂六子》(曹瀛藏)、《小学绀珠》(明补元版)、《明邱文庄公琼台会稿》(王懿荣题签)、《皇明开天御律》(王士禛硃批)等。所收明抄本有《观象玩古》《献征录》(内府抄本,王懿荣题签)、《菉竹堂稿》(有翰林院印,王懿荣题签)、《三朝北盟会编》(常熟赵氏葛山楼印、蓝朱墨批)、《宣德鼎彝铭》(项子京抄本)、《广百川学海》(曹寅藏本)。旧抄本《柳河东文集》(何义门批校,陆其清抄)、《阿弥陀佛蠡测记》(丁师汝抄本)、《周髀经残注》(王筠手定并批)、《晴川集》(王士禛批,抄本)、《成丛丛书》(叶志诜校勘本)、《碎珮丛聆》(刘润抄本)、《桐阴书屋诗》(李峨村评点)、《历代帝王宅京记》(彭元瑞朱批)等。又得大兴翁树培所撰《古泉汇考》,原为诸城刘喜海藏旧抄本,手自校注,拟刻未果。后归福山王懿荣。庚子变后,天壤阁藏书散出,为录绩所得,雅自珍秘,不轻示人,日照王献唐再三请求假录,贮之山东省立图书馆。录绩尤重搜集乡邦文献。益都李文藻卒后,遗书星散,录绩收藏独多。复得同邑先哲王筠遗著稿本《禹贡正字》一卷,《说文系传校录》三十卷,《六书蒙拾》《韵汇校》《史记校》一卷,《菉友杂著》《徐沟笔记》二卷。又收筠勘定他人著作二十余种,有段玉裁《诗小学》,陈奂《诗毛氏传疏》,张尔岐《仪礼郑注句读》《礼记集说》《经典释文》,王念孙《广雅疏证》,段玉裁《说文解字注》,汪氏《说文系传》《六书正讹》,严可均《说文校议》,顾霭吉《隶辨》《一切经音义》《列女传校》,顾炎武《天下郡国利病书》、《宣和博古图》,张尔岐《蒿庵闲话》,郑复光《周髀经浅注》《楚辞》,万树《词律》《董解元西厢记》等。

录绩卒后,藏书散出。抗战胜利,其家人以善本书籍一批售于山东省图书馆,余者多为同邑曹愚盦所得,后辗转归山东大学图书馆、青岛市博物馆、青岛市图书馆。编有《渠丘赵氏模㘞阁所藏善本书目》,今山东大学图书馆藏有抄本。藏印有"孝陆"朱文大方印、"赵氏模㘞阁考藏图籍书画印"白文大方印。

《渠丘赵氏模㘞阁所藏善本书目》;郑时《王菉友先生著述考》(见《清诒堂文集》300—348页,齐鲁书社1987年版);《双行精舍书跋辑存》第26页、《续编》第109页。

赵录绰(1902—1944),字孝孟,安丘人。父葵畦为著名金石学家,录绰幼承家学,钻研朴学,受业于胶州柯劭忞。后入北京工业大学学习,获学士学位。任北京图书馆馆员,致力于目录版本及金石文字学,家多藏书。《北平图书馆善本书目乙编》四卷、《续编》四卷盖出其手。未刊者有《簇清馆金文汇笺》《许印林年谱》《书目答问校注》《禁毁书目人名便检》等。未定稿尚有《历代沟洫志》《中国族谱总目初编》《山东艺文全录》《海岱文征》。后入东方文化事业总委员会从事编纂《续修四库全书提要》。

《中国文化界人物总鉴》654 页。

吕阶升(?—1911),莱芜人。廪生。幼承庭训。以七代书香不可断绝,励志攻苦。涉猎百家言,尤熟传记,工诗古文词,宿老皆服其宏博。有感时势,杜门不出,左图右史,期与古人为徒。四壁萧然,意豁如也。

民国《莱芜县志》卷二十四。

奚玉瑚,字象彝,号仲华,巨野人,善元子。先世巨富。生有异禀,好读书,博物君子也。援例入成均,多试屡荐不售。玉瑚乃以教读屏居一室,左图右史,浏览涉猎,终日手不释卷。所撰有《南华经解辑注》《南轩诗抄》《平畹颂》《错综千字文》等藏于家。

民国《续修巨野县志》卷七下。

任宝书(?—1911 后),字石泉,掖县人。张菊如弟子也。画工山水,人物纯以工细胜。收藏古迹甚多,鉴别极为精碻。

民国《四续掖县志》卷四。

王金奎(?—1911 后),字文甫,号石农,沾化县人。光绪癸卯(1903)恩科举人。颖悟能文,兼通经史小学。朝考二等,分发广东盐课大吏。奔走仕途,非其素志。到粤后不惯土俗,适宋书升开局修《山东通志》,应召回里,任采访职,日从诸儒讲学。嗜书成癖,遇有贾客以佳本来售,虽书值无措,宁典衣以偿之,家藏书籍不下万卷。又深通金石之学,考据精详,名声卓著。济南素封旧家,皆出所藏以求品鉴。屡次参加古玩展览会,品鉴无讹。

民国《沾化县志》卷二。

吕玉峰(?—1911后),莱芜人。家有藏书。明邑人孙平甫(号石痴居士)工古文词诗歌,其遗稿湮没三百余年,玉峰偶检出陈编一卷,题为《石痴诗集》,平甫后裔喜其先世手泽未泯,亟付印以传。

民国《莱芜县志》卷三十三并引谭性教《孙平甫墓志铭》。

查景绥(?—1911后),字星阶,顺天宛平人。父筠历官捕河通判、泉河通判。景绥幼随宦济宁,遂侨居焉。少聪颖,从邑人李琳卿(宝琛)游。熟于音韵训诂之学,而尤长于诗。琳卿素知医,故景绥亦兼通医学。屡踬秋闱,荐辄不售。因纳粟以运判分浙江,供差屯溪,分卡期满得代。民国改元,挂冠归。居恒留心掌故,一意搜求先辈著述而集录之。于济宁轶事及河上变迁之迹,了如指掌。家藏古书画尤多。著有《诗本音补正》《屈辞精义选补正》《古音集说》《古音分部考》《经史随笔》《医学指归》《怡怡园诗文存》《怡怡园笔记》等。

民国《济宁县志》卷三。

陈宗妫(1841后—1911后),字麓宾,东阿人。光绪己卯(1879)举人,庚辰(1880)成进士,官户部福建司主事,升山西司员外郎。光绪三十二年(1906)补授度支部左丞。光绪末,派赴日本考察财政。辛亥革命后归里,在家读书课孙自娱。宗妫服用俭素类寒儒,唯好聚书,每日夕退食,必纡车海王村,游诸书肆,遇所好者,载以归,不必精椠善本,第用之适。日日市之,为数已夥。每归里,所辇运者,皆书也。同邑刘炤瀛居京,苦无书,常诣借读,偶为所无,数日复晤,则曰:"向欲观者今购得矣。"其爱书与宏奖风流有如斯者。卒年七十。

民国《续修东阿县志》卷十一、十四。

王鸿远(? —1911后),字诸宾,临淄县南门人。增生。博学能文章,士林推重。编修于疏枚尝从学焉。藏书富甲一邑。终岁披吟,乐此不疲。金石书画,尤精鉴赏,好古者每相就正。先世科第联翩,簪缨焕映,鸿远独赋性淡泊。一生足迹,不入公门。平生所遇极偃蹇,且不善居积,家道中落,敝衣疏食,愉愉如也。

民国《临淄县志》卷二十七。

陈冕,字冠生,清末济南人。收藏书画颇多。《欧钵罗室书画过目考》多著录其藏品,所谓"陈冠生殿撰"是也。亦多藏书,间有善本。藏印曰"小墨墨斋"。济南张亦轩先生尝得其恽南田手写本《阳宅秘诀》、明肃府刊《春秋左传类解》等数种。

张亦轩先生提供。

杨绍典(? —1911后),字子谟,号沂滨,寿光人。廪贡生。持身教人,一本平实,不为娇激之行,治家綦严。夏秋解馆,必力农。衣食尚节俭,唯购书不惜重赀。晚岁自题楹联云:"数卷图书慰夙好,一庭花木乐余年。"

民国《寿光县志》卷十二。

范之杰(1872—1957),字隽丞,别名询炎,号瘖陶,济南历城人。光绪二十八年(1902)举人,二十九年(1903)进士,授清翰林院编修,民国九年(1920)任湖北省高等审判厅厅长。新中国成立后任上海市文史馆馆员。喜聚书。得杨守敬所藏日本卷子本一宗。其后散出,大部归济南张亦轩(景栻)先生。民国十年(1921)居济南历山顶洵天寓庐山岁寒堂,著有《瘖陶去职实录》一卷。

张景栻先生供稿;光绪《山东通志》卷九十六、卷百四。

武中和(清末民初),字致堂,莱芜人。邑庠生。明达果毅,不模棱,不徇情,是非可否,一言立决。酷嗜书,购置多种,供人披阅。训子弟纂严,力学制行,丝毫不稍宽假。邑子弟若无明师,首倡捐巨资,创立"文会山馆",月试诸生,延名宿评阅指点,多所成就。又创办学堂,造就尤多。贪令某溢征病民,中和上控得平。匪掠颜镇,土劣乘机诬良,居民骚然,中和权义执言,众咸慑服,其好义急公类如此。

民国《莱芜县志》卷二十七。

孙建伟(?—1912),字子英,牟平县人,庠生。举孝廉方正。工书法,善丹青,古画名书,收藏甚富。为人蕴藉廉明,名与实副。

民国《牟平县志》卷七。

刘延坦(?—1912 后),字平甫,济宁人。光绪十六年(1890)进士,以知县分湖北,三充乡试同考官。有以关节言者,力却之。时大府欲以厘差属延坦,以厘金困商病民,意主革除,坚辞不就,庸是见重于湖广总督张之洞。历官蒲圻、监利知县。三十年(1904)奉檄办学堂,延坦捐廉以倡。遂建筑校舍,延聘教习,招选合格学生。先立高等小学堂,复极力推广,是以监利学堂,较荆属七邑开办独早,成绩亦最良。三十一年(1905)调署沔阳知州兼理沔阳卫。迨武昌起义,解组归。民国纪元,任章丘县知事。嗣以年老去职。生平不惑神鬼之说,独好积书,多至四十万卷。于治河方略颇具卓见。著有《治蒲倡和集》二卷。年七十有八卒。

民国《济宁县志》卷三《文献略》。

刘新国(?—1912 后),字治平,无棣县人。岁贡生,嗜读书,不问家人生产。《十三经》笺注之学,皆能贯澈旁通。积书至数千卷。

铨即墨县训导,年已七十,未任卒。

民国《无棣县志》卷十二。

民　国

韩光节(?—1914后),字子符,夏津县北关人。廪贡生。曾任诸城县教谕。性端严,不苟言笑。嗜古人法帖及经史子集,故琳琅满室,为一邑冠。居近城市,终年不轻越雷池一步。历任邑宰,雅慕芳表,每欲一通謦咳,不得也。正心修身,自甘朴拙,不苟合于世俗,与同邑李东崖、武城刘晓山号三愚。年六十四岁卒。

民国《夏津县志续编》卷八。

邹道沂(?—1914后),原籍江西,以随父宦山左,遂占籍聊城。光绪十四年(1888)举人,民国二年(1913)任济宁尹。嗜书,家多故籍。见于著录者有四库馆写本《春秋会义》二十六卷。是书为四库馆臣从《永乐大典》中辑出,书已成而总目失收。世间流传极罕。书中有道沂手跋,云:

> 自先君见背,贫无以存,常鬻书自给。近急谋一葬地,乃从徐梧生农部假百金,梧君高谊,慨然许诺。顾沂此后奔走四方,将此本藏之书簏,或恐散失,无克负荷先世之传。梧生农部雅善收藏,为海内名家,爰以此书归之;亦藏之名山,传之其人之意。书之以矜梧生农部之善,且志沂之罪。辛卯八月棘人邹道沂书。

是书后为傅增湘所得。道沂为盛伯羲(昱)典试山左所得士。曾为伯羲校书,意园所藏明抄本《国朝典故》中,《天顺日录》卷四后有"弟子邹道沂校"一行。观于网罗古籍,耽嗜校雠,薰习师门之遗风,亦近代雅流也。

《藏园群书经眼录》78页;孙葆田《校经室文集》卷一;《藏园群书题

记》29 页。

宋书升(1843—1915),字晋之,号旭斋,潍县人。生时父前殁已数月,母茹苦食贫,抚育成立。幼聪慧绝伦,读书过目不忘。光绪壬辰(1892)进士,翰林院庶吉士,时年已五十矣。所著《宋氏周易要义》尚未写定,惧以仕废学,遂家居不出。散馆。其初创《要义》稿也,第缀辑汉易诸家说,折衷一是,既乃弃去其大半。上溯河洛,中萃汉宋,下采毛、惠、张、焦诸家说,以捋其实,而扬其粕。又以为毛、惠诸家之于《周易》,其摧陷廓清之功巨矣。顾欲再为摧陷廓清之,非从天算著手不可,由是推衍中西算法,以考定古今黄赤道大距之变动。确知夏元年与《竹书纪年》合,又即夏禹元年考定《夏小正》诸星躔次,知"十月南门见"与"四月南门正"二"南门"实为库楼外之南门星。其《夏小正释义》《黄帝以来甲子纪元表》二书皆为注《易》作也。年近七十而《要义》始写定。嗣掌教济南,历经抚学以保荐经学奏牍,有小康成之目。丁未(1907)召见,赏给五品卿衔。袁世凯抚鲁,事之弥恭谨,其后专员赍厚币招致之,坚辞不起。迫促急,乃以病危辞。键户不出,唯日夜饮苦蘖,声言治病。暇即取败纸,咄咄乱书,行草杂糅,莫测其所书为何语。纸盈几寸许,旋即焚之。再书,再焚,秘不示人。嗣又检寻所著书,如《论语义正》《春秋分类考》《周礼明堂考》《二十四史正讹》暨诗古文词十余种,悉焚之,殆有大不得已于中者耶。乃不数日药发,卒于章丘馆甥高淑性家。卒年七十有三,时民国四年。书升殚心经术,《易》《诗》《书》均有撰述,尤精推步之学。家多藏书,间有善本。卒后,书稿、遗籍悉归高氏。高氏家中迭遭兵燹,书册碑帖损毁泰半,余者售于北京、济南书贾。今山东省博物馆藏有《周易要义》(已由齐鲁书社排印出版)、《尚书要义》《尚书考》《禹贡说义稿》《夏小正释义》《诗略说》《春秋三界考》《古韵微》《旭斋文稿》《宋晋之遗稿》

《初篁书庐文稿》等稿本十余种。复藏有清乾隆十二年桐乡汪氏求是斋刻明周嘉惠《装潢志》一卷,翁方纲、王献唐题记。藏印有“宋书升”白文方印、“晋之”朱白文方印。

《清史稿》卷四八二《郑杲传》附宋书升;民国《潍县志稿》卷二十九;《双行精舍书跋辑存》第10、210页;崔巍《山东省博物馆馆藏山东人著作目录》。

郭恩孚(1846—1915),字伯尹,号蓉汀,又号果园居士,潍县人。父襄之,西宁兵备道。恩孚少颖异,师事同邑张昭潜。工诗,独宗工部。襄之困守西宁,恩孚万里省亲;围解,随父归里,不复出。民国建,遁迹崂山者数月始返。与平度白澄泉永修友,善诗名亦与之齐,时号白郭。掖县董锦章《诗人郭果园家传》有云:“余至果园,见积书万卷,壁悬果园图及高密傅少隅孝廉藤笔书。”著有《果园诗抄》十卷、《遗诗》一卷、《天中岛》八卷;刻有《沧江精华录》《无为斋正续文集》《宝树堂遗书》三种。

民国《潍县志稿》卷三十、卷三十七。

徐坊(1864—1916),字士言,又字矩庵,号梧生,又号蒿庵,山东临清直隶州(今临清市)人。荫生。曾祖学来,官广东肇庆府知府。祖维清,官甘肃宁夏府知府。父延旭,官至广西巡抚。徐坊自幼颖悟,于书无不读。年十八九娶大学士定兴鹿传霖女为妻。光绪十年(1884)中法战争之役,法军陷镇南关入侵,延旭战败而退,被逮下刑部狱,论死。赖左宗棠、李鸿章、丁宝桢等交章驰救,流配新疆。未出都,即病故。坊旋以父荫任户部江南司主事。光绪二十六年(1900),八国联军陷京师,坊扈从两宫至西安,明年扈光绪帝返京。以学部尚书荣庆疏荐,擢国子丞。宣统元年(1909)创设京师图书馆,学部奏准派翰林院编修缪荃孙为监督,国子丞徐坊为副监督,盖即今北京图书馆之前身。我国有近代公共图书馆,肇自江南图书馆(创于光绪三十三年,早京师图书馆两年)与京师图书馆。顾京师为天下观瞻所系,又为全国儒林冠冕,故规模远较江南为宏。时馆舍未建,暂措北城广化寺开办,所有典司书籍,分别部居,经画工程,制订章程各事,均由缪荃孙及徐坊妥筹分任。荃孙为目录版本大师,早年尝助张之洞撰《书目答问》,江南、京师两馆悉出其手创,在京馆三年(宣统元年至三年),先后编定《各省志书目》四卷、《善本书目》八卷,并刻馆藏《宋元本留真谱》。然京馆草创之功,徐坊预有力焉。坊任职京馆,复兼礼部礼学馆顾问官。辛亥(1911)十月,武昌首义,全国响应,成立中华民国。溥仪被逼退位,荃孙息影上海寓庐,坊亦以遗老蛰居京师。嗣废帝以优待条件,获居故宫,陆润庠先为溥仪师。润庠既卒,召徐坊为毓清宫行走代润庠。民国五年(1916)以疾去世,终年五十三岁。所遗诗文词集若干卷,曰《徐忠勤公遗集》未刊行。

坊早岁侨居潍县,与孙葆田、柯劭忞、高鸿裁、宋书升诸人相过从。及官户部,获交福山王懿荣、江阴缪荃孙、上虞罗振玉。与京师书林翰文斋主人韩子元交往尤密。归朴堂庋藏宋元本书自此始。光绪中叶后,京师言收藏者首数之。缪荃孙《艺风藏书记·藏书记缘起》尝云:

> 通籍后供职十六年,搜罗群籍,考订版片,迩时谈收藏者:潘吴县师,翁常熟师,张南皮师,文治庵丈,汪郎亭前辈,蔡松夫、黄再同两同年,盛伯羲、王廉生两祭酒,周荃生编修,王茀卿、徐梧生两户部,陆纯伯中翰,互出所藏,以相考订。

傅增湘《双鉴楼善本书目序》亦云:

> 历观近代胜流,若盛意园、端匋斋、徐梧生诸公,当其盛时,家富万签,声名烜赫,骎骎与南瞿北杨齐驱方驾;而鼎革未几,楹书咸佚,求其家藏簿籍,渺不可得,未尝不叹风流之易歇。

徐坊藏弆之富,考订版本之精,于此可以觇消息焉。然徐坊"藏书夙富,严扃深鐍,秘不示人,同时嗜书如缪艺风,穷经如柯凤孙,与监丞号为石交,亦未得寓目"。庚子之变,扈从两宫,藏书颇多丧失。其最著者如宋婺州本《周礼》,后归德化李氏(盛铎)木樨轩。徐坊生前未自编书目,故藏书底蕴,鲜为人知。迨徐坊谢世,其子不能守父业,夫人鹿氏亲自扃管,书已稍有流散。其抵押北京翰文斋者,如明刻本《虎钤经》二十卷,即为德化李氏所得。傅增湘于民国十四年(1925)至十六年(1927)间,曾数登归朴堂观书,见宋本《周易正义》(即《周易》单疏),"惊为旷世奇宝"。时海盐张元济正辑印《四部丛刊》《续古逸丛书》,并为筹影《百衲本二十四史》作准备,广搜宋元精本,闻徐梧生藏书将散,其中必多罕见之本,恐交臂失之,或竟流出海外。爰与叶恭绰等倡为古书保存会,联合同志多人,集资购买,并愿将宋本《周易正义》印入《续古逸丛书》,以增声价。傅每有所见,辄与元济通声气。十六年(1927)七月,徐书大批散出,傅复开出《徐司业书目》五十四种贻张,七月二十六日《致张元济书》中略云:

> 徐氏书中善本甚多,抄本及明刊极有佳者。不知此时馆中能收数十种否?如高丽(或日本刊)(案:实为日本刊)活字本《弘明集》极少见。又宋元集亦有罕见者,校本亦多名笔,侍只见十之一二耳。

但终因价值奇昂(傅于九月一日信中称:"凡校抄者皆百元以上一册","如《陈古灵集》,乾隆后抄本,五册索五百元,他可知矣。")未敢问津。民国十九年(1930)鹿氏去世,京寓藏书分别归其子徐钟葴及长婿史吉甫。钟葴藉父荫,溥仪赐以乾清门三等侍卫官职。史吉甫,名宝安,河南卢氏人。尝官翰林院编修,民国初任参议院议员。撰有《枣花阁图书题跋记》六卷(傅增湘藏其稿本,北京大学藏有据原稿晒印本)。二人所得京寓善本,遂陆续散出,时翰文斋以诡诈手段所得为多。民国二十四年(1935)夏,徐家曾因此与翰文斋涉讼,不得直。徐坊存定兴藏书,十五年(1926)经徐坊弟徐植以八万金为文友堂、文奎堂、保文堂、晋华书局及待求书庄合股收购。运至北京,名噪全市,群相争购。书贾以为奇货可居,拟编就书目后高价出售。但延至年余,书目未就,书亦久未售出。待求、晋华资金借自银号,债主索逼,遂以书抵债,所得之利尽被利息夺去,并有亏损,两家因此倒闭。文奎堂资本虽较雄厚,其经手人崔禄卿因奔走积劳致死。时傅增湘亦出入于书贾坊肆之间,并从翰文斋、蟠青书室、文禄堂等处陆续收购,颇有所获。其归于傅氏者,均著录于《藏园群书经眼录》《藏园群书题记》《双鉴楼善本书目》《双鉴楼藏书续记》。欲求归朴堂藏书踪迹者,实唯此是赖。迨民国二十九年(1940),"与南瞿北杨方驾齐驱"之徐氏藏书,已成过眼云烟,"陆续散尽"矣!

据考查所得,徐坊藏书见于各家著录者,计经部二十四种,史部三十六种,子部二十七种,集部九十八种,丛书三部三百二十二种,时代不明者尚有十八种,共五百二十五种,以集部为最夥。其中宋刊本十六种,元刊本九种,宋刊元修本二种,宋元本共二十七种。另三朝版一种。日本活字印本二种,明清刻本三十一种。徐坊藏书中之最著者,厥为宋绍兴临安府刻南宋监本《周易正义》。此书出自北宋监本,原为俞石涧、季振宜旧藏,推为海内孤本。民国二十年(1931)傅增湘恳廉惠卿与徐氏协商,愿出价五千元收购,因廉突然去世,未能成交。后徐钟蒧求官于世交某,以是书为贽,复辗转归于傅氏。傅氏以孤本难得,决意为之传播,邮致东瀛,妙选良工,影印百帙。终因债台高筑,应付无策,遂亦不得终有,流散日本,引以为憾。徐坊所藏宋绍兴九年(1139)临安府刊本《文粹》一百卷,为杭本之至精者;宋刊本《六臣注文选》六十卷,字体遒丽,锋稜峭峻,是建本之最精者。两书书影均收入《中国版刻图录》。

宋刻本《韩集举正》,字体清劲,刊摹精善。版式阔大,殊便观览。中逢下有花鱼尾,其形为。篇中校正诸字,上加●○□己诸符号,宋本中极罕见。宋刊蜀大字本《文章正宗》三十二册,由定兴运至北京,售价达万元,当亦为稀世之珍。宋刻元补《魏书》一百十四卷,完整无阙,张元济辑印《百衲本二十四史》求之多年,民国十九年(1930),以二千一百二十元归傅增湘后,影自涵芬楼及北平图书馆眉山《七史》之阙叶,除《传》卷四第十六叶、《志》卷十四第十二叶原阙外,其余阙卷阙叶,均赖以增补。

徐坊藏书有手跋可考者:一为宋监本《荀子》,跋文云:

右巾籍本《荀子》,丙申(1896)夏观于京师,反复考之,知为陈氏刻本,唯有讹误,亦希见矣。惜不得睹其全,一校异同也。序目首尾两卷已抄补二十有八叶,其余不知何如耳,惜哉!临清徐坊。

时为光绪二十二年,徐坊三十三岁。二为旧抄本《皇甫持正文集》书衣上有题记二则,一则云:

孙佩南大令得此本于趵突泉上,途适过济,佩南即以见贻,时庚寅四月,士言。

另一则云:

庚寅四月,孙佩南得此书于趵突泉上,途适过历下,因此见贻,良友佳贶,书以识之。惜行箧无汲古本,不获一校异同也。上章摄提皋月朔旦。临清徐坊书于济南西郊旅舍。

此书系孙葆田所贻,时光绪十六年(1890),葆田为续修《山东通志》总纂,三为四库馆写本《春秋会义》。书中有邹道沂手跋云:

自先君见背,贫无以存,常粥书自给。近急谋一葬地,乃从徐梧生农部假百金,梧君高谊,慨然许诺。顾沂此后奔走四方,将此本藏之书簏,或恐散失,无克负荷先世之传。梧生农部雅善收藏,为海内名家,爰以此书归之;亦藏之名山,传之其人之意。书之以矜梧生农部之善,且志沂之罪。辛卯八月棘人邹道沂书。

邹道沂,山东聊城人,光绪十四年(1888)举人,民国二年(1912)曾任济宁尹,亦为蠹鱼书痴之流,因举债葬父,即以此书酬徐坊。时在光绪十七年(1891),徐坊二十八岁。以上三书均为徐坊早年收藏,证以邹道沂题跋所云,则徐坊之"雅善收藏,为海内名家"有由来矣。

徐坊极重旧抄。见于各家著录者,初步统计,约四百一十六种,其中最著者为《张说之文集》三十卷,大兴朱氏(筠)椒花吟舫据家藏宋本传录。而朱氏所藏宋本,后归诸城刘燕庭(喜海),已不可踪迹。四库据明刊本移录,仅为二十五卷,虽经馆臣旁加搜辑,增补六十一首,终非宋本之旧。坊藏旧抄,后归邢赞亭,傅增湘亲见之,尝谓"数百年来,上自秘府,下至藏家,穷搜渴想而不可得者,一旦见之,惊喜过望。行当取与诸本对勘,补其缺佚,正前人之谬说,使唐人文集,缺而复完,亦快事也"。藏园如此推重,当非虚语。其次为明抄本《孔毅父文集》。此书为明代朱氏横经阁旧藏,后归郁氏宜稼堂。郁氏散出,辗转归于徐坊。均以收藏者秘不示人,罕为人知。旧抄本《宋真宗御制玉京集》六卷,道藏中未收,亦仅见之秘笈。《苕溪渔隐丛话》,《前集》六十卷,《后集》四十卷,明棉纸红格写本,卷中墨笔校改之处甚多。此书明抄,藏园有残本二部,故宫检出一部,曹州徐继孺家一部,然均不完,唯徐坊所藏百卷,完整如新。徐坊尚藏有两种重要稿本:一为焦循《毛诗名物解》手稿本;一为李兆洛《辨志书塾文抄》(即《养一斋文集》)稿本,均属先贤手泽,弥足珍贵。

徐坊一意收藏名家孤本、稿本,于山左先贤手泽,尤加注意。如孔继涵撰《红榈书屋文集》为曲阜孔氏原稿本。宋书升《夏小正笺疏》,据叶景葵《卷盦书跋》考证,系宋书升借用归朴堂抄书纸抄写之最后定本。此书卷六末页尚有徐坊补抄八字,并注云:“纸已破损,补书于此。”可见徐氏对山左先哲手泽爱惜之心。又有明刊本《大戴礼记》为日照许氏校本,护页上有徐坊墨笔题字云:“日照许印林先生批校本,壬子(1852)春,坊记。”旧写本《洛阳九老祖龙学文集》,有李文藻手跋。济宁李冬涵(名毓恒,字冬涵,一字勉斋),为清光绪间著名藏家,李书散出,为徐坊所得者不尠。其中《磨墨亭丛书》二百二十二卷,为李氏抄本,全书凡六十五种,钤“李氏藏书”“冬涵阅过”二印,盖缮正以待梓者也。各书行款不一,其八行二十一字者大抵皆传抄阁本,审其笔迹,似即冬涵所为。《墨史》及《穆参军集》则据别本校勘,出徐坊手笔。近见中华书局点校《徂徕石先生文集》,以光绪十年济南尚志书院刻潍县张次陶(昭潜)藏明影宋抄《新雕徂徕石先生全集》为底本,附录中有徐坊《重雕徂徕石先生文集校记》,以尚志书院重雕本“校刻者不暇详审,故卷内夺讹亦皆未及刊正”。时孙葆田方校刊《孙明复小集》欲以此本合印以行,而疡其夺讹太甚,遂以校雠之役属徐坊。坊从高翰生(鸿裁)假得康熙四十九年(1710)徐肇显刻本、康熙五十五年(1716)燕山石氏(健)刻本,及旧抄《圣宋文选》“校勘一过,凡原文讹者正之,夺者补之,互异者两存之”。坊自称“少年孤露,学殖日荒,重违孙君之意,勉事校雠”。时光绪十六年(1890),徐坊二十七岁,在“而立”之前即已有志于校雠矣。

徐坊收藏另一大书,为震泽杨复古《昭代丛书续编》手稿本。包括续编、广编、埤编、新编、别编各五十卷,共收书二百五十种,即一种为一卷。新安张氏《昭代丛书》原已有甲、乙、丙三集,因岁久多散佚不完,杨氏乃赓续为此。是书自乾隆三十七年(1772)始,至嘉庆二十一年(1816),前后历四十四年,为杨氏毕生精力所聚。书中保存清代遗文佚典,至可宝贵。道光时,吴江沈楙直将杨氏丛刻中谐谑、香艳诸品析出,附之别集,而取他书补之,以符杨氏每集五十种之例。又将五编易为丁、戊、己、庚、辛，以继张氏之后，合而刊行。后杨氏稿本为徐坊所得。徐书散出，归诸藏园。可以从中窥见杨氏《昭代丛书续编》原貌。

徐坊除收藏古籍外，于金石甲骨文亦庋藏颇丰。据褚德彝《金石学录续补》记载，徐氏所藏石鼓文旧拓，与吴昌硕（俊卿）所藏元拓本，最称珍本。其所藏甲骨卜辞，见于容庚、瞿润缗《殷契卜辞》著录者达八百七十四片之多。徐坊与王懿荣有乡谊，而收藏甲骨文亦有同好，当非偶然。世徒知徐坊为藏书名家而鲜有知其收藏甲骨文者。徐藏甲骨文，为燕京大学所得，现藏北京大学。

徐坊藏章见于著录者有"临清徐坊卅四岁后号曰蒿庵"朱文印、"徐坊印信"朱文印、"徐坊之印""国子先生""临清徐坊士言藏书印""徐坊"白文印。

《清史稿》卷四百七十二附梁鼎芬传后；柯劭忞《徐忠勤公墓志铭》（见民国《潍县志稿》卷三十二、闵尔昌《碑传集补》卷七）；《学部官报》第100期《学部奏准编修缪荃孙等充图书馆监督各差片》；爱新觉罗·溥仪《我的前半生》（群众出版社1964年版）；伦明《辛亥以来藏书纪事诗》；《张元济傅增湘论书尺牍》（商务印书馆1983年版）；雷梦水《古书业与近代几位藏书家》（见《文物》1985年第1期）；《四库全书总目》1279页；《藏园群书经眼录》；《藏园群书题记》（企麟轩1930年版）、《续集》（藏园1930年版）；《双鉴楼善本书目》（藏园1930年版）；叶景葵《卷盦书跋·夏小正笺疏》；《中国善本书提要》389页；莫伯骥《五十万卷楼藏书目录初编》卷二（东莞莫氏刊本）；王文进《文禄堂访书记》卷三、卷四；雷梦水《古书经眼录》37页（齐鲁书社1984年版）；张元济《涉园序跋集录·尔雅疏》（古典文学出版社1960年版）；容庚、瞿润缗编《殷契卜辞》（1933年刊本）；民国《济宁直隶州志》卷十二；北京图书馆《中国版刻图录》12页、图版29（文物出版社1960年版）；沙嘉孙《徐坊和他的归朴堂藏书》（《文献》1987年第3期）。

李子容(1845—1916),佚其名,字子容,滕县人。父瑞仲,赠中宪大夫。少师公振黄来麟,品学文章为邑中冠,故子容学术之正亦于是始。逾弱冠,补博士弟子员。年七十,犹肆力于古文词。购书数万卷,筑楼读之。暇辄编辑唐人排律,笺搜故实,皲茧寒暑不手辍。性俭约,每食无重肉。儿辈有以春初韭进者,则斥之。唯以成人名节、完人生殖为生平第一乐事。里有寒而婺者,辟地数弓、田数亩,以终始其守。戊戌(1898)己亥(1899)间,岁有秏名,淮泗北开口,为淖糜以苏饿者,犨资疾助之,来就食者且四万人。欢声海流,菜色立变。民国丙辰(1916)卒,寿七十有二。

《高熙喆集·寿子容先生序》;《中宪大夫李公墓志铭》。

郑文焯(1856—1918),祖籍北海高密,郑玄后裔。后迁奉天铁岭。字俊臣,号小坡、叔问,别署大鹤山人,又号冷红词客。清光绪举人,曾任内阁中书。辛亥以后,以遗老自居,旅居苏州四十余年。能词,兼善金石、书画、医学,著有《大鹤山房全书》十一种二十七卷,有清光绪至民国间刊民国九年苏州交通图书馆汇印本、民国二十八年春板归苏州文津书坊重印本。《续补藏书纪事诗》云:“珠林珍秘鸥波舫,金薤琳琅翠墨园。六代神髓书跋尾,石芝小印绛云存。”复记云:郑叔问内翰精鉴赏,金石、书画、经籍一经品题,人皆重之。藏家以得其一跋为荣。平生与人往还尺牍,每朝达邮筒,夕付装池。《赏延素心录》中物无可与比拟者。晚年隐居吴下、卜筑吴小城东之孝义坊,校词读画,题识金石拓本,几成日课。著述亦极精博,金石而外,陶瓷竹木悉有记载。身后遗物悉为康长素(有为)取去。长素谢世,长物飘零,大鹤著述亦随之散矣。郑文焯藏书印有“小坡”“叔问”“郑记”白文长方印、“高密”“郑大鹤”“郑文焯”“江南退士”“瘦碧”“大鹤天爱者”“大鹤”等。

徐继孺(1857—1917),字幼稚,又字又稚,号梅斋。曹县人。年十二中秀才。光绪十四年(1888)举人,十六年(1890)成进士,为翰林院庶吉士,授编修。历任陕西副主考、河南学政、山西清源局总办,太原府、汾州府、潞安府知府。在潞安时,杀外国传教士七人。事发,清廷震惊,敕命其终身戍守,以谢洋人。继孺闻讯出走,隐居河南辉县苏门山(又称百泉山),自号苏门山人。居三年潜回故里,潜心著书。民国六年(1917)盗匪攻陷县城,继孺设法抵御,为流弹所中,身亡。著有《曹南文献录》八十二卷、《曹南艺文志》十卷、《新学辨惑》二卷等十三种二百零八卷,约三百万言。继孺喜藏书,多善本。民国十八年(1929)藏书散出,其精品多为傅增湘所得。其藏书见于著录者,有旧抄本《太平寰宇记》二百卷《目录》二卷,旧抄本《宣和奉使高丽图经》十四卷,旧抄本《困学纪闻》二十卷,旧抄本《唐摭言》十五卷,明刊本《白醉琐言》二卷,明会稽钮氏世学楼写本《云笈七签》一百二十卷,明抄本《苕溪渔隐丛话前集》六十卷、《后集》四十卷。

光绪《山东通志》卷九十六、百四;钱实甫编《清代职官年表》第3198页;孙葆田《寄徐幼稚学使书》(《校经室文集》卷三,《求恕斋丛书》本);《藏园群书经眼录》第376、713、753、796、911、1581页;《山东历史人物辞典》第458页。

王石经(1833—1920),字西泉,潍县人,少有膂力,入武庠,顾善学颜清臣书,尤酷嗜金石文字,藏弆亦夥,与邑人陈介祺、郭麐折柬往来,夙称莫逆。凡商周、秦汉之钟、鼎、匜、盘、尊、罍、敦、洗之属,得以悉心研究,寝馈其间数十年。详其文词,取其笔法,嘬其奥蕴,故能善篆隶,工雕镌。其所刻石印,一笔一画纯从古钵得来。故生于道咸间,其奏刀殊无邓石如、陈曼生一字阑入,唯不喜为俗人落墨。尝同陈介祺检定《万印楼印谱》。同王懿荣、盛昱、徐坊诣太学观石鼓。同宫本昂赴琅琊台拓秦碑。一时交游皆海内知名士、博古家也。同治九年(1870)辑自刻印成《甄古斋印谱》六卷,光绪十六年(1890),与田熔睿、高鸿裁、刘善颖辑《古印偶存》(有四册、七册本)。《甄古斋印谱》一册,当代名人题跋殆遍。年八十有八卒。

民国《潍县志稿》卷三十二;韩天衡《中国印学年表》71、92、107 页。

赵东璧(1832 前—1920 前),字星文,临淄大蓬科庄人。光绪丁亥(1887)岁贡。为嶥子。颖敏好学,谨慎寡言。品行端方,重然诺。好施与,邻里有困乏者必周之,乡党咸颂其德。有爱书癖,教授乡里,所得脩金悉以购书。曰:“积产金千,何如藏书万卷也。”为文清真雅正,教人专务实行,一时从学者甚众。生徒遍益、乐、寿三县,出其门者多纯笃之士。尝云:“读书半生,老死牖下,不能开拓智识,增广见闻,是吾憾也。”时年已七十矣。乃西游孔林,观圣人之遗迹。登泰岱,览东岳之名胜。东观大海,登州之蓬莱阁,即墨之崂山,皆登览焉。又比至京师,瞻京都之壮丽。著《七十出游记》。凡游览所及,皆有诗以纪之。迨科举停,学校兴,默察时势所趋,首倡新学,特开风气之先。年七十五,被举为劝学员长,兼视学。任职三年,劝办小学八十余处。创立本村小学校,以观音堂后院为校舍。住持有二尼,使各择配还俗。筑教室三间,捐资制几案,学校得以成立。年八十,又充县教育会长。精神强健,终日危坐无倦客。生平以读书为乐,朝夕手不释卷。晚年又深于《易》,著有《易学浅说》二卷。疾习俗之弊,又著《丧礼刍议》,针砭流俗。年八十有八殇殁。

民国《临淄县志》卷二十七。

孙维壁(1861 前—1921),字宿来,号牖民,济宁人。附贡生,候选州判。父肇熙,附贡生,例职候补中书科中书,出使日本大臣参赞官。安平书院山长,查办沂州矿务委员代办。胶高补习普通实业学堂堂长。宣统元年(1909)任山东省学务公所省视学员。维壁平居读书,喜会通群经大义,不屑为章句之学。诸子百家,博涉约取,恒得神解。尤爱读《左氏春秋》、司马迁《史记》及李、杜、韩、苏诸家诗。弱冠入邑庠,学使陆润庠期以远到,顾性不喜举子业;复以其父多疾,不忍远离,数罢乡试。比光绪庚子(1900)辛丑(1901)并科,备中不售,益绝意进取。嗜吟咏,平生怀抱,一寄之于诗,意致深远,逼近少陵。工书翰,不规一家。于右军、率更、诚悬、永兴诸派,均得其神韵。于宋好东坡、山谷两家,亦间及篆隶。兴至偶为之,不轻作。尤笃好金石书画,鉴别之精,见推当代。尝出游京津间,大学士孙家鼐慕其学行,将延之入幕,未几归。民初,先后任山东提学使、省视学、山东图书馆帮办等职,与湘潭罗顺循(正钧)、昆明萧绍庭(应椿)最为莫逆。而于建设山东图书馆,并附设金石保存所,保全考古文物出力尤多。时图书馆初建,规模未备,然草创之功,未可湮灭。尝谓:"国学以文字为托始,文字以金石为后亡,藉此搜讨丛残,略存梗概。唯事当创始,诸待扩充,而渊海宏深,搜求未备。四部仅列,子目不分,是曰守残,缺陷一也;精镠华赙,购求不易,但期备格,无藉校讹,是曰因陋,缺陷二也;谱录之学,提要为先,仅志卷函,未详著录,是曰计簿,缺陷三也;私家撰述,多就沉埋,访鉴无方,阐幽乏术,是曰多佚,缺陷四也。"其实事求是之精神有足多者。辛酉(1921)五月卒于历下,年六十余。著有《可庐文集》《诗集》若干卷,考订金石书画若干种。家多藏书,傅丙鉴《孙牖民先生诔》有云:"孙君之学,贯于天人。经纶觉世,号曰牖民。读书稽古,色养奉亲。淡泊明志,贞固怡神。以诚其意,以修其身。达人知命,君子安贫。图书载籍,如海藏珍。精与古会,以娱天真。"斯可以觇维壁之志趋焉。

民国《济宁县志》卷三《文献略》;《山东省各衙署局所学堂职员一览表》。

孙培益(? —1921后),字励堂,一字渔傭,济宁人。生而颖异,蚤岁读书即贯彻群经,擅长词赋,尤工四六骈体。酷嗜《尤西堂文集》。年十八入邑庠,旋食廪饩。光绪二十九年(1903)中乡试,宣统初就直隶州判职,分安徽。鼎革后,杜门不出。家居无事,辄手一卷。群书插架庋床,几无容膝处,日寝馈其中而不知倦。精于医,不轻为人诊视,然施治辄愈。岁辛酉(1921)修邑志,培益与焉。后以猝病卒,年仅四十有九。著作甚少,向不存稿。

民国《济宁县志》卷三。

张树德(1879—1923),字茂叔,一字彝伯,临清人。廪生。少有大志,兼资文武。光绪甲午(1894)后,慨国势阽危,毅然入本省武备学校。毕业后,深为当道所器,以政见不合假归,迭电不赴。继见时政日非,遂入同盟会,从事革新运动。宣统纪元,与弟树海俱考选为优贡。明年廷试一等,以知县事分发江苏。未及赴,即为山东巡抚孙宝琦咨留本省,襄办学务,委充体育专科主任。迨武昌起义,山东随之光复,树德预有力焉。民国以来,被迭选为省议员。民国十二年(1923)春卒于济南旅寓,年甫四十有五。树德博学多通,而书画篆刻尤精。所蓄金石古物,充溢箧衍,无不鉴别精审。平生所镌印章千数百方,不拘一格,浸浸入古。徐东海称为印篆名家。著有《曼陀花馆印谱》十二册,《晚香斋手刻印存》一册,此外尚有《金石述飞鸿堂印人传》《节略说骚》《三柳堂吟存》等多种,在济寓避兵时散佚强半,士类惜之。

民国《临清县志·人物志四》。

李佩玺(1843—1926),字信之,号铸村,阳信县人。明经。性豪迈,学问赅博,尤工吟咏。服膺袁简斋,谓诗必本性灵,已得盛唐三昧。平生诱掖后进如弗及。家藏万卷,暇辄手不释卷。卒年八十有四。著有《铸村诗草》四卷藏于家。

民国《阳信县志》卷五《人物志》。

慕学勋(1880—1929),字玄文,蓬莱人。民国元年(1912)天津北洋大学毕业,任德国驻北京公使馆中文秘书达十七年。学勋雅好积书,勤于收集,二十五年间所聚珍本古籍四万余册,其中十一属稀觏善本,余者多系清刊本、稿本、抄本及老档。总类约三百七十八种。计有宋版五册,元版九十八册,明版三千四百十四册,著者手稿九册,明人稿本、明抄本七册,清人稿本、清抄本三百二十九册。尤以《广文苑英华》二十六卷,为中土所罕见。抄本《郑氏应谶五代记》五十卷一百回,与通行之求无不获斋等七种刊本《台湾外纪》大异。清抄本《福堂寺人小草》(明刘若愚撰),较刊本多出一卷,甚可宝贵。此书曾为士礼居所收藏,而《荛圃藏书题识》未见著录,或疑书贾伪钤黄氏印记,以充黄氏藏书,有待考索。《云川阁集》不分卷,清杜诏撰,稿本。曾藏鲍廷博家,有"嘉庆十九年闰二月阅毕,博记"及"知不足斋鲍以文藏书印"章。《宋明兵制备览》四卷,佚名撰,时代不详。其书对宋、明两朝兵制研究至为详赡。《礶花做法》不分卷,佚名撰,疑为晚清人所撰。其书所论焰火及花炮制作之法,颇有可借鉴之处。《问诗楼合选》四卷,乾隆间某王室妇天然主人选,米色丝栏精抄本;《吴可读奏议》不分卷,清吴可读撰,抄本;明永乐初内府精镌阔大本《诸佛世尊如来菩萨尊者名称歌曲》,皆为世间罕见之本。

学勋卒后,其子继承父藏。后供职外省,无法捆载远去,于民国二十一年(1932)以一万零五百元全数售于加拿大多伦多大学东亚图书馆,民国二十年(1931)六月运出,长留海外至今。

吴晓铃《加拿大多伦多大学东亚图书馆所藏蓬莱慕氏书库述概》(见《文献》1990 年第 3 期)。

马官伟(? —1928 后),字惠阶,日照人。嗜书,收藏甚富,鉴别亦精,旧椠名抄,类居大半。民国十七年(1928)任济南工商银行总经理。后银行倒闭,欠公款十二万元,以家藏古籍二百八十六种六千八百七十五册,抵押入山东省立图书馆。其中宋元旧椠及名家校藏精本约有三四十种。济南藏书家张亦轩(景栻)先生收得其元刊本《古今韵会举要》、元刊本《庐山莲宗宝鉴》、宋刊《通鉴总类》残本。其鬻存者,尤多精品。藏印曰"欣遇草堂""暂得于已",盖用《兰亭序》意也。

王献唐《李南涧之藏书及其他》(见《山东省立图书馆季刊》第一集第一期 1931 年版)。

孙培升(? —1927 后),济宁人。培益弟。以优行贡成均,家居无事,辄手一卷。群书插架庋床,几无容膝处,日寝馈其中而不知倦。精于医,不轻为人诊视,然施治辄愈。

民国《济宁县志》卷三。

李玉亭(? —1929 前),原名思温,字温如,寿光人。清光绪庚寅(1890)科恩贡,力田好学,幼有夙癖,成童后陇亩操作,虽苦不厌,归家则又执卷朗诵,见者以为迂,亦弗顾。中年教授四方,弟子数百人。馆谷所入,聚书甚多。余悉以与兄,终身无私蓄。科举停废,年届六旬,每遇后生,恒谓学问无新旧,勿拘泥以误前进。所蓄书丹黄灿然,至老不释。寿八十有二。著有《无聊吟》二卷。

民国《寿光县志》卷十二。

邵允中(1850—1929),字心斋,晚号竹西。其远祖于明洪武间自豫迁徐州砀山,继迁鲁之汶上,再迁齐河,遂家去城四十里之西乡。所居村初唯一族,因以邵庄名其村。允中少入塾,即知读书,以力行为务。比弱冠,试辄前茅。入泮后屡踬秋闱,援例贡成均,就训导职。宣统元年(1909),举孝廉方正,以母老不仕归。教读乡里,不受脩脯。门弟子有贫不能应试者,且出资助其行,士林乐道之。清季废科举,兴学校,首捐资于村建校以为倡,邻村翕然效法,学校缘是益增。宅西有余地数弓,于焉构茆屋三楹,藏书万余卷,外则叠怪石为岩岫,莳花木其旁,秋菊则佳种尤夥。屋之东修竹左右,清影罩窗,因以竹西自号。自少壮工于诗,至是而所作积愈富。六十后乃手自删订,都为一集,签曰《绿云山房吟草》。年八十卒。

民国《齐河县志》卷三十二《艺文·传》阎廷献《邵心斋先生家传》。

高淑性(?—1930前),章丘人。潍县宋书升婿。藏书甚富,内多秘籍。复有李南涧故物。书升卒后,遗书亦多归之。民国初年,高氏家中迭遭兵燹,书册碑帖损毁泰半,余者售于北京、济南书贾。1930年1月,济南敬文斋购得高氏藏书一批,王献唐为图书馆选收数种。

《双行精舍书跋辑存》10、72、210页,《续编》45、203页。

丁麟年(1879—1930),字绂臣,亦字绂宸,号幼石,又号移林,日照县涛雒人。光绪十四年(1888)举人,十八年(1892)进士。官户部郎中,兴安府(今陕西安康)知府。民国元年(1912)春由陕西弃官归里。九年(1920)任山东省立图书馆馆长。为馆搜罗古物,如铜器、陶器、汉画石刻甚夥,均分类、鉴定考证之。复购进珍本古籍二百八十六种,六千八百七十五册。其中明刻精本颇多;清刻各书,亦皆精刻初印;至宋元旧椠及抄校善本,多至四十余种,非旧存所能比拟。尤重山左乡贤书画,所收皆属珍品。麟年博学多闻,精于小学及金石之学,尤深研汉隶碑帖。著有《移林馆吉金图识》(有光绪间石印本)、《移林馆丛书》、《三代名器文字拓片集录》、《移林馆钟鼎款识浅释》、《日照丁氏藏器目》(有民国二十年丹徒陈氏刻本)、《殷周名器考证》、《出土文物分类集录》、《山左乡贤书画甄录》等多种。

麟年喜收藏金石书画,精鉴别。同邑王献唐《五灯精舍印话》齐鲁各家藏印条记其事曰:"利津李竹朋佐贤以治泉币知名……又曾搜集各家金文墨本,装六十册,归吾乡丁绂臣先生。先生复聚郁华阁全部墨拓,并他所藏,装二百余册。自言清末收藏金文之富无出其右者。"义和团之变,所收之彝器多毁于陕西,不毁而散出者寥寥无几。其后裔某,侨居青岛,济南藏书家张亦轩先生尝至其家,出示朱竹垞墨迹一册,许印林手校阮氏《钟鼎款识》,又于案头见明活字本书一帙。闻所藏一大部书售于公家,似经厂本《文献通考》。

丁惟彭《收藏家、考古家、书法家丁麟年》(见《日照古今》1985 年版)。

赵金池(? —1931 前),平原人。幼贫苦不知书,为人佣工,以谋衣食。中年忽精河洛之术,占验多效,文理亦通。盖其所居村有镇武庙,窖藏经卷极多,兵燹后散漫于地,金池珍重保存,昕夕苦学,得以发蒙。

民国《平原县志》卷十二。

彭文炳(1869—1931),字星如,号痴僧,别号梨园遁叟。原籍直隶枣强县,其先人明季迁居商河,遂家焉。文炳年十六为县学生员。长从孝廉李荔村问业。尝谓享用恒患不知足,而为学则恒患知足。当时虽日治帖括而心不慊之,知天地间于帖括外,更有所谓学也。旋补优廪生,乡试数不售。以己酉(1909)科拔贡就州判。解官归里后,唯以临池自娱,书法仿颜、柳而不袭其貌。求书者日踵于门。家富藏书,尤热心乡梓教育。卒年六十二。著有《聊复尔尔》《蛩吟小草》《大连杂咏》《书法讲义》等。

民国《商河县志》卷十四《艺文志》。

王价藩(1865—1934),字荩臣,后字建屏,号退轩。泰安人。先世蜀人。咸同间,父钊因乱避地来泰安,遂家焉。尝入川寻母,归而病殁。后数月遗腹生价藩,母张氏苦节抚孤,使之成立。价藩年十八,开馆教授乡里子弟。二十五岁入邑庠,因乡试不售,遂绝意仕进,以教授生徒为事。主醴泉义塾十有四年,长县立女校五年。后倡办商会,掌文牍二十年。晚年退而专心致力于乡邦文献之收集,颜其斋曰"知退轩",故人称退轩先生。

价藩安贫力读,搜罗经史图籍四十余载,先后获七千余卷,增其残缺杂抄,亦近万帧。王氏先人仅有坊本《武备辑要》一部,价藩就学乃敬存之。以笃嗜诗文,尝典衣一袭,质铜部,钱数十,以半买炊米,半购四子书。又常假友朋古籍,蝇头楷字,昼夜手抄,卒读之。尝借抄明刻吕新吾《呻吟语》,抄既竟,友见其勤苦,举原书以慨赠之。此后束脩所入,多付书贾。间岁一游济垣访书,归辄橐负巨帙以为乐。故生也虽晚,舞象舞勺之年,即识经史百家之书。价藩酷好旧籍,尝数十里外访求乡先达遗书。下村程氏,其先人为西山太守,成进士后远宦赣中,藏书甚富。价藩往访,见其蠹蚀尘封,后人不知珍惜,为之恻然。邑先正明宋青岩(焘)裔犹守远祖遗籍,尽二日,遍览焉。裔孙以贫故,辄售先人所蓄,价藩尝资助,取而代存之。康乾时赵仁圃(国麟)为理学纯儒,著述等身,藏书甲鲁中。惜仁圃殁后,不三世家道即式微,逾于民家。至七世裔孙,所藏之书已不及仁圃百之一二。价藩与之友善,得翻箱倒箧,尽发所藏而观之。中州王岚谷,光绪名孝廉,博学工诗,服官山左,以贫老殁于岱下。缃素所积,往往为友辈子弟携去,妻妾以断炊谋售于人。价藩造其家,见妇人孺子如乞者,蜷伏敝庐,拥败絮一团。妻老妾病,子且憨幼,无以为生。败堵舍破,釜甑间尘埃满地。支箱笼盆盎者,尽缥帙也。价藩怜而悲之,为经纪其家计,教诲其子,保存其旧籍。不幸七八年中,其家妻死妾亡,儿子长成。时业其家者,又以疾死。几卷敝纸,遂成岚谷之侨岱遗念矣。价藩藏书半得于济垣坊间,半得于各乡先辈藏书之家,如明宋焘青岩洞藏书、清初赵仁圃岱阳精舍藏书、中州王岚谷晚翠园藏书。此外间有历下周永年藉书园故书、栎阳周亮工赖古堂故书、常山王鹭田故书,而邑中赵桐亭、朱云衡庐星舫旧藏,亦均有为价藩所得者。

价藩于岱岳掌故文献,与乡先正之著述,莫不博访穷搜,以故家藏卷帙之多,非邑中首藏,而泰岱文献之罗致,邑中藏家殆无其匹。每遇罕觏之本,悉恭楷手录,付梓刊行。于宋青岩(焘)、清赵仁圃(国麟)诸家遗书,尤为注意。丙辰(1916)有老妇携书求售,睹之,为仁圃手抄《契丹国志》,价藩欣喜若狂,急以青蚨酬之。先是尝觅手民访印仁圃遗著,分赠友朋亲故;至是得仁圃手泽,益宝之,遍请挚友题记。宋绎田(焘)为明东林君子,尝著《泰山纪事》,初由市街故纸担上,以钱七枚得其一卷,又闻人言,书原三卷,乃询诸宋氏,果获余编。并得绎田其他诗文,急携付之手民于十里外,装印成帙,以广流传。《泰山述记》,为长洲宋思仁所辑,初在济垣图书馆见存若干卷,携纸两诣济南,橐笔手录,恭楷成书。嗣从砚友徐某处得两卷补抄之。观其目次,犹有阙佚。子亨豫壬申(1932)游学京师。见大学书库有《述记》,遂课余录草,附书寄归。《泰山述记》一书,三次访求,历时八年凡得十二卷,竟成完璧。其辛勤若此。价藩先后访得者不下数十种。值邑中纂修志乘,乃尽出所藏,以资采撷。

价藩藏书既富,以三间草堂为藏书之室。自恨衰老,未能遍

读,故颜为"仅好书斋",并作《仅好书斋志》,其志云:

> 余本寒素,不能致书。弱冠后屡以枵腹,自惭庸陋,始稍稍购求。然重赀者仍无由倖获也。近三十年来,余赀即作购书费。赓续积七千余卷之多。爰于辛未(1931)夏,洁茅斋而满贮之。斋拟以"仅好"为名。盖明吾之积是书仅好之而已。实未能日事披吟,获开卷之益也。此后若有善读者来此教吾儿孙,及时研读,并藉供同好,是则足慰素志矣。如谓秘不示人,永为吾家所私有,殊未敢设此妄想耳。
>
> 民国二十年岁次辛未夏日记

李梓敬题联句曰:"书斋曰仅好,经史家传将近万卷;著述称岱粹,名山本业自足千秋。"子亨豫能守父书。

价藩著有《退轩呓语》六卷、《退轩诗草》一卷、《退轩杂记》一卷、《退轩说部丛抄》四卷、《退轩文稿》一卷、《文言俚语》一卷、《女诫俚言》一卷、《兵事日记》二卷、《尺牍草稿》四卷、《退轩日记》四十卷、《退轩自注年谱》一卷等,藏于家。复有《泰山王氏仅好书斋藏书志》不分卷,稿本现藏泰山文物管理委员会。

《泰山王氏仅好书斋藏书志》。

王亨豫(1900—1948),字次通,泰安人。价藩子。宣统二年(1910)入天书观小学就读,民国七年(1918)中学卒业。每去邑图书馆阅书,尤喜西洋教育史,遂萌发从事教育之志。翌年执教邑七里埠小学。民国十年(1921)主办七里埠小学。民国十一年(1922)至北京大学免试就读。悉心搜购、抄录泰山文献,邮寄其父。价藩得书,抚案太息曰:"人言儿大不由己,是吾儿也,何谓不由己,终知儿是吾儿也。"十三年(1924)归里,主办邑南满庄小学、邑女师天书观小学及民众学校。十九年(1930)应聘执教济南一中。二十二年(1933)归里,执教乡村师范及萃英学校。亨豫崇尚儒学,父子志同道合,相依为命凡十余年,实父子兼师友也。二十三年(1934)价藩病卒,亨豫为刊《泰山王退轩先生清芬录》,集价藩著述目录,注年谱。继父遗志,搜集典籍,征集泰山文献,编为《泰山丛书》,计四十五种一百余卷。民国二十五年(1936)刊《泰山丛书》第一辑,收入《泰山图说》、《泰山纪胜》、《岱宗大观》及《泰安州志》四种。

二十六年(1937)七七事变,战云陡起,亨豫率家人避地深山僻乡,辗转迁徙中,犹不忘访寻名胜古迹。凡古寺庙、金石碑刻,无不记录,以备订志乘、增阙佚之用。有意外发现,如获至宝,此为苦中之乐也。遂续编《泰山丛书》,日夜手抄校辑,得四十卷,三十万言。书未付梓,三十七年(1948)亨豫卒于战火之中。《泰山丛书续编》稿本现藏曲阜师范大学图书馆,1989 年曲师图书馆影印数十部行世。1952 年亨豫子佛生先生将其祖父藏书 682 册捐献归国家,现存山东省博物馆。

王佛生先生供稿。

刘益亭(?—1934 后),昌乐人。收藏乡贤文献甚富。

《双行精舍书跋辑存续编》45 页。

益都李氏三兄弟:**李慎五、李惜五、李明五**,皆喜藏书,慎五收藏最夥。惜五专考六朝碑版垂四十年,昼夜临池,山左近年书学未有用力如惜五之精纯者。藏有杨峒手校《四声切韵表》,民国二十一年王献唐曾属惜五过录一本。

《双行精舍书跋辑存》61 页。

潘复(1883—1936),字馨航,号鉴斋,济宁人。清末举人。初为江苏布政使陆钟琦幕僚。辛亥(1911)回乡,与靳云鹏合资创办鲁丰面粉公司。后历任山东劝业道、山东实业司长、南运河水利局督办、济宁鲁丰纱厂总理、北洋政府财政次长兼盐务署长、奉系黄河工程局督办、财政总长、盐务署督办、国务总理、东北边防军司令长官公署高等顾问等职。民国二十五年(1936)在北平西山病逝。复喜购藏古籍,亦喜刻书。民国元年(1912)盛伯羲遗书散出,购得所藏《策要》等书。与南通张季直研讨郡国利病,于是搜求历代著述、舆地图籍百数十种。后得同邑许云峤(鸿磐)《方舆考证》稿本,于戊午(1918)锓木,壬申(1932)竣工行世。藏书室名华鉴阁。藏印有"济宁潘复"白文方印、"馨航"朱文方印、"华鉴阁"朱文方印。

樊荫南《当代中国名人录》第399页;《藏园群书题记》卷六;《方舆考证·序》;《山东历史人物辞典》第494页。

丁锡田(1898—1941),字稼民,又字卓千,室名十笏园,潍县人。善宝孙,毓庚子。家殷富。同邑陈蜚声弟子,创立潍县私立小学。1931年应聘为县志局采访主任。1937年寓居北京。著有《两京纪游》二卷(民国十二年石印本)、《稼民杂著》三种一卷(民国十七年潍县丁氏十笏园石印本)、《后汉都国令长考补》、《潍县文献丛刊》(民国间潍县丁氏十笏园石印本)、《山东县名溯原》《潍县乡贤传》四卷(民国十五年十笏园石印本)。十六年复出资石印陈蜚声辑《伏乘》十九卷、《伏氏佚书》《伏氏佚文》二卷,周亮工著《通烬》一卷,安致远著《青社遗闻》一卷,凡五种。十七年复石印《韩理堂年谱》一卷。二十五年辑《习盦丛刊》三种三卷(民国二十五年潍县丁氏排印本)。锡田藏书极富,多善本,尤重视收集山左乡邦文献。藏有清郭麐撰《潍县方言》十卷,原书未刻,现存民国二十三年山东省立图书馆抄本,系从丁氏藏本过录;清乾隆三十七年茅埙抄本《东坡题跋》一卷;李文藻刻周永年手校本《春秋左传补注》六卷底本,系休宁戴东原所校;《菉友文集》,向未刻行;王筠撰《周虢季子白盘释文》一卷,为未刻稿本;《土产撷秀》不分卷一厚册,末附宋高宗御食谱，清末民国间抄本，有钤印“潍丁稼民藏书”(2005年上海敬华古籍善本专场拍卖会)。锡田与日照王献唐友善，书信往来，无不谈及访求书籍之事。民国二十三年，献唐主山东省立图书馆政，筑“奎虚书藏”大楼成，锡田持书十五种捐赠入馆，多为自著、自刻之书。锡田身后，藏书一部存北京军事博物馆，一部捐献，现藏山东省社会科学院历史研究所与潍坊图书馆。

(日)桥川时雄《中国文化界人物总鉴》8页；王献唐《双行精舍书跋辑存》226页，《续编》184、186页；《各界捐赠书版古物图书一览表》(见《山东省立图书馆季刊》第一卷第一期)；《山东历史人物辞典》第522页。

郑时(？—1936后)，字爰居，诸城人。家距安丘王菉友旧居数十里。自髫年即习闻菉友学行粹然。及长，稍知向学，读菉友所著《说文》诸书而好之。庚午(1930)避兵青岛，得交潍县丁稼民(锡田)，借录所藏王菉友《清诒堂文集》二册。因辗转传抄，中多讹谬，与同里王叙卿几经校雠，复益以已刊各书序跋，共得文百二十余篇，诗词十余首，菉友诗文，已知者略具于是。乙亥(1935)春，至济南访书，于山东省立图书馆晤王献唐，时献唐纠合同好，有《齐鲁先哲遗书》之辑，已知者将裒菉友文而刊之，嘱鱼台屈翼鹏(万里)董理斯业。时爰悉举数年所辑尽归之，并著《王菉友年谱》《王菉友先生著述考》附后。《菉友年谱》者，亲友学谱也。《著述考》，菉友著述综述也。其例首为著录，次传本，次序跋，次故事，次批判，无者阙之。此足窥菉友著述之富及校订之精，时有功焉。时喜藏书，有清抄本《周易本义析疑》一卷(赠山东省立图书馆)、抄本王筠《马首农言校勘记》。又喜收藏名人手札，有《福山王懿荣致诸城尹彭寿手札》真迹。

郑时《清诒堂文集序》《王菉友先生年谱叙例》《王菉友先生著述考》

小序(见《清诒堂文集》,齐鲁书社1987年版);《双行精舍书跋辑存》续编35页。

刘云坪(?—1945后),清平人。家藏明版书甚夥。日伪时,曾受杨敬夫岳父劳之常之托,整理海源阁藏书。

《山东出版志资料》第一辑(1984年版)185页。

刘仲华(?—1947前),济南人。家多藏书。与日照王献唐友善,二人往来无不谈及藏书之事。民国二十年(1931)七月,献唐至济南芳润阁书店于乱书中检出清王筠撰《检说文难字》道光家刻本三册。是书甚稀见,献唐为图书馆购一册,自收一册。适遇仲华,以是告之。急往,检余册而去。晚岁居济南正觉寺街,设书肆,出售自存书籍。民国三十六年(1947)藏书散尽矣。

《双行精舍书跋辑存》第39页。

曹善揆,号愚盦,安丘人。民国初曾游京津,得无名氏《太上感应篇集证》刊之。1939年后居青岛。家多藏书,新中国成立后大都归山东大学图书馆。藏印有"渠丘曹愚盦氏藏书"朱文大方印。

丁逋,字伯弢,日照人。曾供职山东大学图书馆。喜研金石之学,日与好友同邑王献唐相切磋。弟叔弢,曾任枢机主教田耕莘秘书。兄弟二人皆喜藏书。叔弢卒于"文革"中。

《双行精舍书跋辑存》第62页。

孙观亭,益都人。家有藏书。其中明曹珖撰《大树堂说经》二卷,稿本;清安箕撰《秉兰录》一卷,原书未刻。民国二十三年(1934)王献唐主山东省立图书馆,假录藏之。复有明冯琦编《海岱会集》十二卷,亦为罕见之珍本。

《双行精舍书跋辑存》第 21 页,《续编》第 51、168 页。

王寀廷(1877—1953 后),原名贡忱,字拱宸,号眉孙,又号丑石,后以字行。桓台人。玉德子。光绪二十八年(1902)举人。三十三年(1907)会考广东即用知县。民国初田中玉主鲁,任山东省议会议长、《济南日报》社社长。开设逢源阁书店,以王懋卿为经理。家富藏书,且多善本,尤重乡邦文献。名其藏书之室曰"止适斋"。民国十八年曾得海源阁旧藏明刻本《管子》,原题"房玄龄注,刘绩补注"。约刻于明弘治、正德间,卷端有贡忱手跋。卷内钤有"琅环别馆藏书记""东郡杨氏海源阁藏""止适斋藏书"等印记。是书传本极尠,现藏北京图书馆。贡忱另藏有明万历间刻本《金刚般若波罗蜜经》一卷,三十年代其子季真留美时,将是书与潍县高氏上陶室砖瓦拓片若干种售与美国国会图书馆。末有贡忱题记云:

篆书三十二体《金刚经》,经帙始刻于元皇庆二年(1313),今海内罕有存者。此有明万历间倪氏摹刻本,戈法钩勒,精妙入神,原本不可得,得此亦大不易。民国纪元第一甲子,以四十金购自江阴胡氏,什袭之藏,未尝轻以示人也。大儿子留美,将有襄办中国书法展览会之举,来函征集出品,小儿际可既为搜索碑帖拓片多种,并以此四册附焉。二十三年(1934)冬大雪后二日,贡忱氏识于济南道合里之止适斋。

王重民于美国国会图书馆亲见之。所藏《靖康孤臣泣血录》不分卷,清黄丕烈校明万历刻本,亦为海源阁旧藏,有贡忱手跋云:

自东郡杨氏藏书散失后,其发见于济南市者,以敬古斋所得为多,该肆王某善价而沽。据余所见闻已不下四五十种矣。庚午(1930)冬得此,亦该肆经售者。计叶论值,穷措大竟悍然为之。可见一时好尚,固足以颠倒人如此。辛未(1931)夏至止适斋主人识。

是书钤有"孙庆增""孙从添""叶树廉""石君""归来草堂""荛圃手校""锦带堂""杨以增""至堂""宋存书室""东郡杨氏鉴藏"各印。贡忱藏书复有明万历三十六年刻本《律吕正声》六十卷,清顺治刻本丁耀亢撰《陆舫诗草》五卷,清许鸿磐《许云峤先生文集》稿本,光绪二十八年(1902)刻本《山东乡试中卷》,止适斋抄本《海源阁宋存书室目录》四卷等。1952年将其所藏古籍18591册、书画176幅、碑帖466通捐献山东省文物管理委员会,今藏山东省博物馆。著有《止适斋藏书目录》不分卷、《止适斋书目》一卷、《存书随手录》不分卷,稿本,均藏山东省博物馆。复纂有《重修新城县志》二十六卷首一卷、《桓台志略》三卷行世。藏印有"王印寀廷""止适斋藏书""止适斋藏书印"。

王文进《文禄堂访书记》卷二;《中国善本书提要》239、406页;《中国地方志联合目录》272页;《双行精舍书跋辑存续编》178页;贡世卿《解放前济南新旧图书业概况》(见《济南文史资料选辑·第五辑》1984年12月版);《大众日报》1953年2月13日四版《山东省人民政府文物管理委员会鸣谢启事》。

慕又荷,蓬莱人。家多藏书。其善本见于著录者,有明嘉靖间刻本《古今说海》一百四十二卷,钤有"蓬莱慕氏又荷所藏"印记。现藏北京图书馆。山东大学藏道光二年刻本《赋则》有"蓬莱慕氏子荷所藏"朱文方印、"子荷手校"朱文方印,疑是一家人。

王重民《中国善本书提要》第339页。

丁心佛,黄县人,好聚书,精鉴别。著有《还读盦读书题记》一卷、《笺经室所见宋元书题跋》一卷、《婴闇书跋》一卷。复有《还读盦丁丑日记》一卷、《黎青室札记》一卷、《寄庵杂记》一卷、《还读盦笔记》不分卷、《独醒庐诗集》一卷、《还读盦唱酬诗》不分卷、《还读盦诗集》二卷、《还读盦诗抄存》一卷,均为稿本,今藏山东省博物馆。

《山东文献书目》。

丁惟汾(1874—1954),字鼎丞,又字鼎臣,日照人。父以此,号竹筠,年十八往谒其乡人许印林,印林导之治朴学,由是致力于文字声韵之学。然以两试失利,年六十余犹教授里巷,岁只三千文,乡里几不知其名。著有《毛诗正韵》四卷、《韵例》一卷、《我有图诗》二卷,复订有《尔雅声类》。章炳麟为撰《毛诗正韵序》,称其书"搜参王怀祖(念孙)、孔撝约(广森)二家,分部以二十二,经益正,条理益密,斯所谓集其大成,金声而玉振之者乎。允非苗夔之伦所得赴其步骤者也"。

鼎丞幼承家学。及长,毕业于保定师范学堂,见闻大增。适清设官费留学,鼎丞以优异成绩录取,光绪三十年(1904),入日本东京明治大学经纬学院习法律。获交革命党人沧州张继及山东徐镜心等,慨清政腐败,国家多难,爰于光绪三十一年(1905)加入同盟会,推为山东主盟人及山东分会长。孙中山有"唯丁是赖"之语。创办《晨钟》杂志,与《民报》相配合,鼓吹革命。辛亥(1911)首义前不久归国,先任教山东省法政专门学校,旋任校长。武昌首义成功,鼎丞即约集党人,策动山东独立。民国改元,南京成立中华民国临时政府,孙中山就任临时大总统,宣布临时约法,同盟会改组为国民党。鼎丞时在济南,受命为国民党山东党部理事,负责山东党务。迨南北和议成功,孙中山让位袁世凯。民国二年元月,各省选举国会议员及众议员,鼎丞当选为山东省众议员。民国元年,袁世凯窃国野心已毕露无遗。鼎丞与同志密谋讨袁。时袁侦骑四出,欲逮鼎丞,不得已乃避居故里务农。民国五年(1916)潜赴上海,联络十七省国会议员,联名通电讨袁。六年(1914)张勋复辟失败,冯国璋代总统,段祺瑞为国务总理,拒绝恢复黎元洪受张勋胁迫下令解散之国会,国民党人乃齐集上海,再转赴广州,组织中华民国军政府,选举孙中山为大元帅,主张恢复临时约法,于是有护法之役,鼎丞与有力焉。民国八年(1919)鼎丞随孙中山之上海,参与办《建设杂志》,并创办《北方周刊》。是年春,因巴黎和会事,引发五四爱国运动,山东实开其端。鼎丞在革命洪流中与覃振等发表离京宣言,表示与军阀政权划清界限。民国十一年(1922)奉孙中山指派与张继同为北方党务特派员,组织北方执行部,从此参与孙中山领导下之中央决策。民国十三年(1924),孙中山指派参加中国国民党在广州举行之第一次全国代表大会,并当选为第一届中央执行委员。直至民国三十六年,蝉联国民党中央执行委员会常务委员或监察委员,近二十三年之久。在宁汉分裂之际,鼎丞始终以孙中山信徒自居,坚守总理联俄容共政策,与共产党人相周旋。“西山会议”邀鼎丞参加,亦为其所拒。民国十六年(1927)南京政府成立,先后任国民政府委员、中央青年部长、宣传部长、监察院副院长。首先倡议创办中央党务学校(后改名中央政治学校、中央政治大学),与胡汉民、戴传贤等任筹备委员。迨学校正式成立,鼎丞任校务委员兼训育主任。抗战军兴,入川任最高国防委员会委员,僦居重庆曾家岩,茅屋数椽,安之若素。1949 年赴台任国民党中央评议委员、总统府资政。卜居台北市金山街,藤床竹几,四壁萧然,泊如也。晚年笃志著书,年逾八秩,犹能以蝇头细楷批校群书。1954 年 5 月 12 日病逝,年八十一。

鼎丞嗜学,壮岁奔走革命,舟车戎马之际未尝一日废书,而又邃于古韵,盖早岁沃闻其父讲论,熏陶日久,有以致之。后居金陵,获交章炳麟、刘师培、黄侃诸大师,往复商讨,于古韵部类之析合,音准之辨正益精。暇则斠勘《正韵》,复取分韵习之,朝乾夕惕,又博稽群籍,辨章韵读,任举一字,即知古隶何部、读何音,脱口而出。《正韵》原分六类,都七十三例,鼎丞读诗,复以韵谱之,续得六例,成《毛诗韵聿》不分卷、《诗毛氏传解诂》三十卷。继治《尔雅》,成《尔雅释名》七卷,《尔雅古表》十九卷;复治《方言》,成《方言译》(一名《方言音释》)十三卷。更以今言求古语,为《俚语证古》十四卷。凡所著书,爬疏剔抉,再三易稿。或劝其付梓,辄拒之。盖闻见益博、学益精进而更有所补正也。民国二十年(1930),同邑王献唐数度索稿,乃以《齐东语》刊入《山东图书馆季刊》。又五年,再以《毛诗双声通转韵征》载入。综观鼎丞一生精力萃于《毛诗》《尔雅》《方言》三书,其著作之枢要,则在声音,即音求义,由义证音,取资方语,究其流变,当有合处,豁然畅通,不需转释。前人诂经重书证,鼎丞则增创口证,有功音学,殊非浅鲜。鼎丞卒,1966 年衡山廖维藩等将其遗稿辑为《诂雅堂丛著六种》,由台北中华丛书编审委员会排印出版。其批注、札记经人整理而未梓者复有六种:曰《诂雅堂读左笔记》(□卷)、《诂雅堂读国语笔记》(不分卷)、《诂雅堂读孟笔记》(不分卷)、《诂雅堂读荀笔记》(不分卷)、《诂雅堂读庄笔记》(不分卷)、《释名译证》(不分卷)。另有《读烈皇小识摘录》、《读圣安本纪摘录》(顾炎武著)、《读青磷屑摘录》(明代野史之一),共为一册,手抄本,题为《史镜》,所以垂鉴戒也。主编者有《山东革命党史稿》十三卷、《山东革命党史稿附录》一卷、《山东革命党史稿先烈传》二卷、《山东革命先烈碑传录存》一卷,均民国三十年(1941)石印本。

鼎丞好学嗜书,与同邑王献唐过从甚密,燕谈之间,书信往返,无不涉及治学访书之事。所藏多实用之书。献唐《双行精舍书跋辑存》著录有许印林批校本《江氏诗经韵读》、抄本清李铭汉《尔雅声类》、清牟庭批校本《国策》、许印林手校木《古诗源》十四卷等。

王献唐《诂雅堂主治学记》(见《方言音释》,齐鲁书社 1985 年版);

丁基实《我所知道的丁惟汾》(见《山东文史资料选辑》第12辑,山东人民出版社1981年版);《双行精舍书跋辑存》66页,《续编》7、29、171页;廖维藩《丁鼎丞先生传略》(载《诂雅堂丛著六种》卷首);杨仲揆《刚毅木讷的学者革命家——丁惟汾传》(1983年台湾近代中国出版社《近代中国丛书》之一)。

现　代

刘占洪(近人),字少山,掖县人。生平事迹不详。唯性喜聚书,多海内珍本。民国十七至十九年间海源阁藏书散出,少山与周叔弢唯恐典籍流落异邦,尽力抢救,收购不少,新中国成立后将所藏善本捐献北京图书馆。凡1959年《北京图书馆善本书目》加注“刘捐”字样者,均为少山所捐。其最著者有宋刻本《张先生校正杨宝学易传》二十卷(宋杨万里撰,张敬之校正,有郑希圣、朱良育跋);元刻本《东莱校正晋书详节》三十卷(宋吕祖谦辑);宋刻本《荀子注》二十卷(唐杨倞撰,有李芝绶、杨沂孙、翁同龢跋);宋刻元修本《十二先生诗宗集韵》二十卷(宋裴良甫辑);宋端平二年乙未朱鉴刻本《楚辞集注》八卷《附辨证》二卷《后语》六卷(宋朱熹撰),首页有“东郡宋存书室珍藏”两朱文印。正文下有“杨印绍和”“宋存书室”白文印。他卷尚有“杨绍和鉴定”“彦合珍玩”“彦和”“瀛海仙班”“绍和筑岩”诸印。大题下有“源”字印。盖即聊城杨氏海源阁故物,为少山所得者(1953年人民文学出版社影印行世,1963年中华书局重印)。元刻本《增广音注唐郢州刺史丁卯诗集》二卷(唐许浑撰,元祝德子订正,《续集》一卷,元刻本,徐郙、陆润庠等题款。《续补》一卷,清抄本);宋刻本《莆阳居士蔡公文集》三十六卷(宋蔡襄撰,序目、卷一至六、三十五至三十六配清抄本,朱锡庚跋);元刻本《伊川击壤集》十八卷(宋邵雍撰,卷十八配明抄本)等二十余种。藏印有“东莱刘占洪字少山藏书之印”“刘占洪少山珍藏”。

《北京图书馆善本书目》1959年版;姜亮夫《楚辞书目五种》第43页。

张鉴祥(?—1955后),字镜夫,诸城人。曾任职青岛市博物馆。酷嗜山东文献及目录之学,尝遍访南北书肆,收藏山东先哲遗著颇丰;复穷毕生之力,购藏历代公私簿录凡一千零四十一种,三千五百九十七册。名其室曰千目庐,自号千目庐主人。镜夫卒后,其书散出,山东先贤著述大都归青岛市图书馆,青岛市博物馆亦得拾数种,书目多半归山东大学图书馆。山大图书馆藏有抄本《千目庐鬻书简目》,盖即镜夫所藏书目之目录也。其中颇多稿本、抄本。尤以刘喜海嘉荫簃抄本《刘氏天一阁见存书目》最为宝贵。书中有镜夫手跋,云:

谨按:《鄞县天一阁书目》,范氏在明时已有刊本在,今日已不易见。清季罗振玉刊于《玉简斋丛书》,然亦流行未广。观行于世者,以嘉庆十三年阮文达公文选楼本为最先。阁书屡经兵燹,既多散佚,但窥目录所载善本尚复不少。迄光绪十五年薛福成编刊见存书目时,而阁书亡佚已夥。其族氏典藏规例虽称严密,恐亦不免有所盗窃。汉季移京,卷为帏幕;绛云一炬,山鬼昼哭,盖其中有气数在也。予于甲戌春间由诸城旧家获天一阁旧目四册,既无岁月,亦无撰人,唯卷首有例言一篇,相传为刘燕庭先生登阁观书,随手所记录者。然无序跋印章,未能遽信。书中所依据原目云云者,系指阮氏目而言,而薛氏目或未及见。予复以薛目详校,内多有异同;此目较薛目为详尽。且于原目不载之书,额外著录颇多,予因疑此目在薛目之前,盖阮、薛二目之刻相距已八十年,其间岂无好事者。设此目果出二目之间,至可宝贵。至于谓燕庭手定本,或谓李方赤先生手藏本,因无序跋印章之实证,殊不敢加以武断,言其必是,要亦读书者之有心人为之者也。人民建国之二十四年九月重阳日张镜夫跋。

又再识云:

《书目》抄录毕事,详校一过,忽于末叶左角下发现白方小印“嘉荫簃”三字,乃知为燕庭先生故物,既而刘少文表兄自诸城来,叩以燕庭先生与天一阁观书事。兄云:道光二十七年秋,先生升浙江布政使署,浙江巡抚曾倡修天一阁及刊阁中藏书目,未果而罢官。此或阁目底本。少文兄是先生嫡孙,言必可信,留待博雅君子证之可矣。二十五年夏六月下浣卧病初起,张镜夫再识。

书中镜夫题跋,大率类此,可见其学养有素。1956年青岛市图书馆编印《明清山东人著作目录》,即出镜夫所藏,其有功山东文献,自不待言。撰有《增修胶县艺文志》一卷、《即墨县艺文志》一卷,山东大学图书馆藏有《胶县张氏杂抄书目》抄本。复撰有《簿录通考》二册,有梁氏慕真轩藏稿本。藏印有“胶海张鉴祥字镜夫藏书画印”朱文长方大印、“张镜夫藏书印”朱文方印、“张鉴祥藏书印”朱文长方印、“胶海张鉴祥四十岁后所得书”朱文长方印。

《千目庐鬻书简目》;抄本《翰文斋售书书目》张镜夫跋;《书目总录》。

王献唐(1896—1960),初名家驹,后改名凤琯,又改名琯,号凤笙,以字行。日照县人。祖宏基,庠生。父廷霖,名医,酷嗜金石,师承同邑许印林(瀚),著有《泉币图解》《读说文日记》。献唐幼承家学,经史子集,靡不周览。年十七,毕业于青岛礼贤书院文科,院长德人卫礼贤甚器重之。民国六年(1917),应天津《正义报》约,译德文说部。七年(1918),应济南《山东日报》《商务日报》笔政,兼任山东省立法政专门学校国文教员。旋以《山东日报》《商务日报》

两报记者身份常驻青岛，暇辄潜心宋明理学，兼治佛学及西方哲学。佛学则由法相宗专攻唯识，又改修天台宗。十年(1921)国家收回青岛主权，任督办公署秘书。十三年(1924)与礼贤书院院长德人苏保志等倡议成立中德学社，交流中德学术文化。十四年(1925)至北京，观摩唐抄宋椠，典衣广收图籍，丹黄手校，充满橐囊，是为治版本目录之始。十五年(1926)，国民革命军克武汉，应邑人丁惟汾招赴汉口供职，旋赴九江。惟汾，以此(竹筠)子，父子俱治声韵，导献唐习《说文》《方言》，于是肆力于文字音韵之学。治《毛诗》之余，成《两周古音表》《幽宵古韵表》二书。时同邑丁伯弢好金石，献唐日与往还，获读款识碑版书籍，相与切磋。十六年(1927)国民政府定都南京，任国民党中央党部秘书。嗣疑其泄密，愤而辞职。十八年(1929)秋，任山东省立图书馆馆长。慨齐鲁为文物之邦，历代人才辈出，且勤于著述，有清一代，金石、小学越前古。然屡经战乱，文献无征；于是毅然广罗文物典籍，惨淡经营，历时十纪，凡唐人写卷，宋元旧椠，明清精刻及名家抄、校稿本，都一千七百四十六种，三万五千四百册。除内阁大库外，若益都李氏大云山房、曲阜孔氏微波榭、聊城杨氏海源阁收贮较多，新城王氏池北书库，德州田氏古欢堂，历城马氏玉函山房，诸城刘氏嘉荫簃，日照许氏攀古小庐，潍县陈氏十钟山房、高氏辨蟫居，海丰吴氏双虞壶斋，并明清南北各家，亦多有资取，要之十九为齐鲁故物也。洎乎抗战前夕，馆藏达二十一万余册，善本亦三万六千册有奇，金石物品，至万七千余件，且多精品。爰建"奎虚书藏"新楼储之，屹然为北方图书文物之重镇焉。当献唐初主馆政，尝有诗纪事云：

雄心直欲侔千古，合此四科张一军。精识吾宗古匋主，训诂吾师西海许。归来堂后更嘉簃，中天赤旭照东武。

盖献唐心仪者，以言金石师诸城赵德甫(明诚)、刘燕庭(喜海)，潍县陈簠斋(介祺)，福山王廉生(懿荣)；以言音韵训诂则师同邑许印林。齐鲁学者之流风余韵至今绵延未绝者,献唐之力为多。顾献唐犹以为未足,乃发奎虚所藏,辑刊《山左先哲遗书》,拟分十编,已编定者为甲、乙、丙、丁四编,凡十七种,亲撰提要。其中如牟庭《同文尚书》《诗切》,许瀚《古今字诂疏证》《经韵》,成瓘《箬园日札》,宋书升《古韵微》,王筠《清诒堂文集》等均为清代山东先贤未刻稿本、抄本,赖献唐搜求、整理、抄校,得以流传。旋以抗战军兴,仅印成《古今字诂疏证》等四种。近年齐鲁书社将山东未刊先贤遗著辑为《山左名贤遗书》,陆续付诸剞劂,即承献唐余绪而扩张之。

献唐有功于桑梓文献者,犹不止此。民国十八年(1929)聊城杨氏海源阁为匪徒王金发所占,宋元秘笈多遭抢掠,匪退,献唐衔命赴聊城勘查,目睹杨氏镇库旧藏,零落满地,宋本《史记》、宋本《咸淳临安志》等残册,均与乱纸相杂,黄荛圃手校宋本《蔡中郎集》第四册后页,亦以拭抹鸦片烟签,涂污满纸,深感痛懑。当即会同当地各界代表,组织海源阁藏书清查委员会,先就海源阁所藏善本书籍,逐部点查,亲自登录。其凌乱纷杂,或投置地上者,亦一一为之整理,庋排架上。返省后撰为《聊城杨氏海源阁藏书之过去现在》(《山东省立图书馆丛刊》第一种,1930 年 4 月出版),公诸海内,并妥拟善后处置办法报请山东省政府实施。正办理间,土匪二次占据聊城,海源阁复遭浩劫。旋以内战突起,晋军入鲁,献唐随省府移驻青岛,飘遥转徙,忧心如焚。迨大局底定,重主山东省立图书馆,献唐复会同各方,共谋保全海源阁残余书籍。由献唐拟订协议大纲草案,提出三种办法,征求杨氏后人杨敬夫意见。献唐复撰为《海源阁藏书之损失与善后处置》一文,详言其始末,对杨氏陈之以利害,动之以爱国爱家之感情,期杨敬夫为曹倦圃、周林汲,为杨氏孝子仁人,为山东文化作义举。然卒未能为杨敬夫所动。杨氏藏书及藏书印章,辗转流至济南者,献唐均百计求之,归诸省馆而后安。献唐以保存齐鲁文献之任自居,类是者难以悉举。

献唐不独长于金石文字,并由是而上窥考古学之堂奥。民国十九年(1930)考古学家吴金鼎发现山东城子崖龙山文化遗址,邀献唐参加实地勘查,又与傅斯年、李济、董作宾等共同发掘,献唐被聘为山东古迹研究会委员。于出土文物,多所考证。献唐原撰有《炎黄氏族文化考》,因得滕邑三郳彝器考之郳族,知三民华夷之界,即炎黄二族之别,益知震旦文教,古分炎黄二支,而中国文化要多来自炎族,即所谓夷族文化。欲求远古夷族文化,其中心即在山东。自谓此书凿破混茫,前所未有,偶为人言,辄哑然不信。自发掘龙山文化遗址,益信夷族文化影响于全国文化者至深且巨。献唐之治中国古代史,实由此启之。

献唐幼喜聚书,壮而弥笃。频年四方,随在搜集。生平节衣缩食,聚书五万卷。家有老屋,庋架储之。横几摊卷,昏晓流连。意有所触,辄发吟咏,成《藏书十咏》。读其访书、购书、载书、装书、勘书、曝书、跋书、抄书、借书、读书之乐。

民国二十六年(1937),抗战军兴,济南垂危,献唐恐馆藏善本书与古物精品沦于敌手,毅然舍妻别子,只身率编藏部主任屈万里、工友李义贵,携珍本图书及文物十巨箱至汉口,历尽艰难险阻,辗转至四川乐山。事详屈万里《载书播迁记》。时山东省图书馆经费来源断绝,屈万里不得不另谋工作。献唐锐然以馆长自承,以大学讲课微薄收入,维持图书馆开支。巴蜀空袭频繁,献唐与李义贵长年羁栖于岩窟佛寺,守护图书文物,不以为苦。虽衣食不继,而此志弥坚,因名其室曰“那罗延”。“那罗延”者,梵语金刚坚固之谓也。献唐虽清贫度日,然念念不忘搜求珍本图籍,每得一书,辄废寝忘食,手不释卷,或详加校勘,或过录前人题跋,或手自装订整理,心营目识,怡然自得。工友李义贵自民国二十一年(1932)即入山东省图书馆服务。抗战胜利,献唐先期回乡,义贵负责留守,夙夜辛勤,克尽厥职。嗣以解放战争,交通阻隔,供给中断,义贵宁肯佣工为活,决不损及图书文物。迨全国解放,献唐复职,图书文物运回故土。现藏山东省博物馆者,即当年颠沛征途之珍秘。献唐之功,诚不可没,而义贵亦与有力焉。

民国二十九年(1940)国民政府于重庆成立国史馆,献唐受聘为总干事,旋改任副总纂修。《国史金石志稿》(一至十三卷存台湾,后数卷存大陆),即出献唐手笔,而未卒业。解放后,任山东省文物管理委员会副主任、故宫博物院铜器研究员,并参与筹建山东省博物馆。著有《两汉印帚》《邹滕古匋文字》《临淄封泥考》《汉魏石经残字》《春秋邾分三国考》《三邾疆邑图考》《山东古国考》《那罗延室稽古文字》《古文字中所见之火烛》《五灯精舍印话》。编有《顾黄书寮杂录》,近年山东省博物馆、山东省图书馆先后辑馆藏中献唐题跋为《双行精舍书跋辑存》、《续编》(张亦轩先生另辑有《双行精舍书跋辑存三编》,尚未付印),齐鲁书社并印行《双行精舍校注水云集》。《春秋邾分三国考》以下十种均已收入《王献唐遗书》(齐鲁书社出版),复有《炎黄氏族文化考》《中国古代货币通考》。尚待出版者有《双行精舍石文》《洛神赋十三行考证》《古籍经眼录》等,生平著述达千万字以上,献唐治学之勤且劳于此可见梗概。

献唐著述之暇,偶为七言绝句,清逸隽永,惜不自留稿。于绘事,喜为花卉,尤善作风荷,信笔点染,俨若弗弗飘风,骤出腕下。书法熔篆、隶于行、楷之中,自成一家。间为篆刻,则宛似汉京风格。其多才多艺又如此。

献唐于历史、考古、文字、音韵、训诂、金石、货币、书画,固无不兼擅,然其精力所寄实在目录版本。盖其师承者为顾千里、黄荛圃,故以"顾黄书寮"命其藏书之所。献唐生平经见之书,不可缕指,每有所得,辄为题跋。今辑入《双行精舍书跋辑存》及《续编》者,多半为披读时信笔所题。或晨起临窗,或夜阑灯灺,兴之所至,妙语天成。考辨版本,则追源溯流,曲折入微。间述琐事轶闻,大抵片言只语,莫非书话,人文掌故,发人深省。古人书跋,往往文词枯燥,不堪卒读,而献唐则以清丽之笔,珠玑纷呈,令人忘倦,是又在顾、黄之外,独辟蹊径矣。

屈万里《王献唐先生事略》(台湾版《屈万里先生文存》第五册);屈万里《载书播迁记》(台湾版《山东文献》第2卷,1976年12月);王国华《考古历史学家王献唐传略》(山东省文物局《文物摘报》第23期);王献唐《聊城杨氏海源阁藏书之过去现在》、《海源阁藏书之损失与善后处置》;王献唐《顾黄书寮杂录题记》(《顾黄书寮杂录》);王献唐《山左先哲遗书提要》;《双行精舍书跋辑存》出版说明、任迪善《前言》;蒋逸雪《那罗延室稽古文字序》(《那罗延室稽古文字》);《齐鲁书社图书目录(1979—1985)》。

路大荒(1895—1972),原名鸿藻,字笠僧,淄川县北关外菜园庄人。曾祖梦园为笃学之士,好聚书,精古器物鉴别,父□□为乡先生,好诗文会友。大荒幼承家学,颇多颖悟。七岁入乡塾,从同邑蒲国政(春华)学。国政为柳泉族人后裔。博学多闻,暇辄娓娓谈留仙遗闻佚事。大荒受其濡染,年十五治《聊斋志异》,初有所获。后入北京清华学堂附设体育学校,年二十余归里,服役淄邑体育场。淄邑乡党邻里多有收藏,大荒与之往来,借抄不辍,复搜得柳泉原稿及各种抄本甚夥。所藏《蒲松龄文集》凡四十余篇,精装锦盒,海盐张元济为之题签,海内名家复多题咏,一时传为佳话(现藏山东省图书馆)。柳泉手抄之《观象玩占》,有硃黄两色所绘之天文图,尤为稀世之珍。民国十七年(1928)五月,调县民众教育馆,悉心致力于蒲氏遗著研究,多所创获。民国十九年(1930),胡适等名流与之商讨蒲学,由是学业大进。二十三年(1934)撰《蒲柳泉先生年谱》;二十四年(1935)复编成《聊斋全集》。其中所收诗文多为世人所未见,蓬莱栾调甫为之序,日照王献唐荐于世界书局,二十五年(1936)出版问世。全书共收四百五十八篇,蒲著几网罗殆遍。

世人获窥蒲氏全豹自此始。抗战军兴,大荒投入救亡运动。二十七年(1938),家为日寇所焚,潜来济南,易名路爱范,隐居大明湖东岸秋柳园友人家。或劝作扶桑游,大荒严词拒绝。抗日战争胜利,任职山东省立图书馆理董古籍。新中国成立后,被聘为山东省文物管理委员会委员。山左文物,多经大荒鉴定。1961 年 9 月被聘为蒲松龄著作编辑委员会副主任委员。旋调山东省图书馆善本部工作,鉴定馆藏古籍版本,奖掖后进,不遗余力。日本友人画家高山超阳为作《大荒堂著书图》,并题《忆江南》一阕。词曰:

淄川好,同里有留仙,继续发扬传万古,大荒堂上金石研,优然乐无边。

名湖边,流水绕清居,回忆著书千万卷,一时代作大龙驹,不朽赖斯图。

可谓纪实之作。大荒酷嗜金石碑帖,每遇古籍善本,多方购求,故藏弆颇富。所藏元椠本□□□□江安傅增湘亲题书眉。又藏清张笃庆稿本《渔洋山人评点昆仑山房诗稿》三卷,精装珍如珪璧,以人重且为珂乡文物也。自镌“留仙同邑人”印章,钤诸卷端,盖终身未尝一日忘柳泉也。

李士钊《蒲松龄全集与路大荒》(见《蒲松龄年谱》,齐鲁书社 1980 年版);《双行精舍书跋辑存续编》198 页。

栾调甫(1889—1972),名廷梅,以字行,文号山东伧子,时称“伧公”。蓬莱人。少年家贫,光绪乙未(1895)随父至海上,入明强学堂就读。丙申(1896)寄居山东黄县,入教会义塾,半工半读。戊戌(1898)复入明强学堂。己亥(1899)归里,免费入郭氏英文义馆。以贫窭,终于壬寅(1902)辍学。至海上,其父授以格致之学。又自学古籍,尤潜心墨学,寒窗十载,力疾著书,致使双耳失聪。宣统辛亥(1911)撰《名经注》,为调甫早期治墨结晶之作。该书条分缕析,发挥无遗，时称“海内墨辨学第一善本”。民国七年（1918）以译工科书籍为生。九年（1920）应齐鲁大学博医会之聘，翻译医书。十一年（1922）撰《读梁任公墨经校释》一文，据理批驳梁氏之诬。其文寻根推密，显微抉幽，以精审详核，震惊学林，揭开墨辩大论战之帷幔，拨正墨学研究之航道。十四年（1925）被聘为齐鲁大学国文系教授。是年秋，梁任公（启超）亲赴济垣，登门造访，畅谈数日，遂成忘年交。任公尝撰文，赞叹调甫学术造诣，有“即使不是绝后，也是空前”之语。称其于《墨经》之研究成就，“可谓石破天惊，极新之发明”。十五年（1926），辑《墨辩讨论》一书，其中论文均有极深见地，而以《古代坚白同异之辩》，尤为精辟独到。同时研究小学，兼任《齐大东风》杂志首席编辑。十八年（1929）倡议并筹建国学研究所。十九年（1930）出任该所主任，兼山东省图书馆设计委员会委员。二十一年（1932）编《国学汇编》。二十五年（1936）至青岛，任山东大学教授。抗日战起，济南沦陷，失业归里。藏书两万余册存齐鲁大学“考文楼”，竟致散佚无遗。二十九年（1940）齐大复课，携眷返校，任旧职。珍珠港事变，日美太平洋战起，日军进驻齐大，调甫避居济垣东关十亩园，饮冰茹柏，决不腼颜事敌。新收古籍又损失过半。抗战胜利，任齐大教授、“中央研究院”第一届院士。中华人民共和国建立，任齐大国学研究所主任、中文系主任、教授。1952 年院校调整，齐大改组为山东医学院，调甫调任山东省历史博物馆馆员。被选为山东省政协委员、常委。1960 年受聘为中国科学院山东分院研究员。“文革”中，多年藏书惨遭“横扫”，遂神志昏迷，瘫痪卧床不起，寻卒，享年八十有四。身后无长物，唯遗手稿二百余册。复著有《墨学讲义》《论语研究》《文字学概论》《文字学》《经学概论》《逻辑》《因明》《辩篇》《名学讲义》《墨子要略讲义》《墨子研究论文集》

《三经堂札记》《三经堂随笔》等十余种。复编辑《墨辩讨论》《齐大国学论丛》等。调甫勤于撰述，著作等身，然生前多未刊行，实为一大憾事。

调甫一生清贫,笃学嗜书,常夺口腹之奉,购置古书。遇有佳刻,不惜破金候时以求。平生不喜与人交往,唯与王献唐友善,盖二人深有同好也。书信往还,无不言及藏书、读书之事。终年目耕手校不辍,所藏书丹黄殆遍。然生遭多难,藏书得而复失,失而复得,几经挫折,前后经眼不下数十万卷。上至天文,下至地舆,四海广闻,乡土习俗,子史百家,莫不毕罗。丙午(1966)劫后,尚余书两屋,悉数捐赠山东省文史馆,约计一千余种,四千七百余册。其中多元明清善本,如《礼仪》《墨子》《聊斋》等书,尤能搜罗异本,便于研讨。皆能配套成龙,并撰有版本考,极有利于学术考据。藏书印有"三经堂"白文方印、"山东伧子"朱文长方印。

栾登《栾调甫和他的著作》(见《文史资料》第二期,山东省人民政府参事室、山东省文史研究馆联合编印);銮汝书《自学成才的墨家大师栾调甫》、栾汝珍《学人藏书旨在传后》、栾登《耳虽失聪心明如镜的教授》(均见《山东文史资料选辑》第29辑)。

张景栻(1913—2006),字亦轩,济南人。其父精于中医药。于济南南门外设一药店,悬壶济世,颇受好评,亦挣得万贯家赀。亦轩先生少即嗜书,常从献唐先生游,耳濡目染二十余年,其学大进。当时正是齐鲁教育文化大发展时期,学术繁荣,名人辈出,书肆林立。先生得以遍览群书,大力收购。凡唐卷写经、宋元旧椠、明清佳刻、名批精校,以至名人尺牍,无不齐备。先生坐拥书城,聘驰古今,安贫守贱,其乐无穷。惜遭丙午浩劫,所藏古书古物,多被焚毁。"文革"之后,收拾劫余之物,复撰述不辍。对本书之撰,更大力襄助。除为本书作序之外,复尽其所知,手录十余纸相赠。先生手泽至今仍珍藏吾清风轩中。

亦轩先生一生不求闻达,远离权贵,常以“布衣”自称,而一专于书,清静治学。先生精通目录版本、金石文字及音韵训诂,考研古书古物有成,著作等身。献唐之后,齐鲁学术文献之传,唯先生一人而已。

黄裳(1919—2012),室名来燕榭,青州人。著名散文家、作家,当今藏书大家。自幼有文才,年十五在南开初中时首发文章,至2012年5月终篇,前后活跃文坛78年,总计撰文616篇。其著作尚有《锦帆集》《关于美国兵》《旧戏新谈》《榆下说书》《前尘梦影新录》《纸上蹁跹》《清代版刻一隅》《黄裳文集》等20余种。

先生长期服务于上海《文汇报》社,因耿介坦荡而多难。喜藏书,精鉴别,多善本。自抗战胜始聚书,至丙午浩劫前,廿余年阅书无数。每得一书,必细读一过,品题书后,撰为题跋。著有《来燕榭书跋》一书,文笔古朴雅洁,读之有金石之声。正如先生挽联所云:“榆下燕归来,顾曲谭书,才华不数黄荛圃;纸上鹤飞去,多能富学,笔力堪追周会稽。”如今,凡先生经眼品题之书,各大图书馆均作善本收藏。齐鲁私藏自孔子始,至先生终,二千余年藏书史垂垂幕落,可见先生地位之重也。先生卒后,家中尚藏有大量手稿、书信和藏书,是我国文化界、藏书界一笔珍贵的财富。同邑好友谢春彦有感于先生多彩坎坷的一生,作东鲁快板诗云:

琴心不死剑低昂,一介犹燃冷砚光。
燕榭黄袍谁染就,青州司马等牛郎。
洛阳有纸殊难贵,偶过南邨小颓唐。
周书员来空电告,南天只剩老凤凰。
锦帆此去疑多路,忍痛闲说梦一场。
此亦百年奇版本,红旗猎猎入大荒。

先生收藏印众多,笔者所见者有“黄裳藏本”朱文长方印、“来燕榭珍藏图籍”朱文方印、“黄裳珍藏善本”朱文长方印、“黄裳小雁”“黄裳”“裳读”“黄裳藏本”白文方印、“来燕榭珍藏记”朱文长方印、“来燕榭珍藏书籍印记”朱文方印、“黄”白文“裳”朱文方印、“黄裳青囊文苑”朱文长方印等。

附录

金石录后序

宋李清照

右《金石录》三十卷者何？赵侯德甫所著书也。取上自三代，下迄五季，钟、鼎、甗、鬲、盘、彝、尊、敦之款识，丰碑、大碣，显人、晦士之事迹，凡见于金石刻者二千卷，皆是正讹谬，去取褒贬，上足以合圣人之道，下足以订史氏之失者皆载之，可谓多矣。呜呼！自王涯、元载之祸，书画与胡椒无异；长舆、元凯之病，钱癖与传癖何殊。名虽不同，其惑一也。

余建中辛巳(1101)，始归赵氏。时先君作礼部员外郎，丞相作吏部侍郎，侯年二十一，在太学作学生。赵、李族寒，素贫俭。每朔望谒告，出，质衣，取半千钱，步入相国寺，市碑文果实。归，相对展玩咀嚼，自谓"葛天氏之民"也。

后二年，出仕宦，便有饭蔬衣练，穷遐方绝域，尽天下古文奇字之志。日就月将，渐益堆积。丞相居政府，亲旧或在馆阁，多有亡诗、逸史、鲁壁、汲冢所未见之书，遂力传写，浸觉有味，不能自已。后或见古今名人书画，三代奇器，亦复脱衣市易。尝记崇宁间，有人持徐熙《牡丹图》，求钱二十万。当时虽贵家子弟，求二十万钱，岂易得耶。留信宿，计无所出而还之，夫妇相向惋怅者数日。

后屏居乡里,仰取俯拾,衣食有余。连守两郡,竭其俸入,以事铅椠。每获一书,即同共校勘,整集签题,得书、画、彝、鼎,亦摩玩舒卷,指摘疵病,夜尽一烛为率。故能纸札精致,字画完整,冠诸收书家。余性偶强记,每饭罢,坐归来堂烹茶,指堆积书史,言某事在某书某卷第几叶第几行,以中否角胜负,为饮茶先后。中即举杯大笑,至茶倾覆怀中,反不得饮而起。甘心老是乡矣。故虽处忧患困穷,而志不屈。收书既成,归来堂起书库,大橱簿甲乙,置书册。如要讲读,即请钥上簿,关出卷帙。或少损污,必惩责揩完涂改,不复向时之坦夷也。是欲求适意,而反取憀慄。余性不耐,始谋食去重肉,衣去重采,首无明珠、翠羽之饰,室无涂金、刺绣之具。遇书史百家,字不刓阙、本不讹谬者,辄市之,储作副本。自来家传《周易》《左氏传》,故两家者流,文字最备。于是几案罗列,枕席枕藉,意会心谋,目往神授,乐在声色狗马之上。

至靖康丙午(1126)岁,侯守淄川。闻金寇犯京师,四顾茫然,盈箱溢箧,且恋恋,且怅怅,知其必不为己物矣。建炎丁未(1127)春三月,奔太夫人丧南来。既长物不能尽载,乃先去书之重大印本者,又去画之多幅者,又去古器之无款识者,后又去书之监本者、画之平常者、器之重大者。凡屡减去,尚载书十五车。至东海,连舻渡淮,又渡江,至建康。青州故第,尚锁书册什物,用屋十余间,期明年春再具舟载之。十二月,金人陷青州,凡所谓十余屋者,已皆为煨烬矣。

建炎戊申(1128)秋九月,侯起复知建康府。己酉(1129)春三月罢,具舟上芜湖,入姑孰,将卜居赣水上。夏五月,至池阳,被旨知湖州,过阙上殿,遂驻家池阳,独赴召。六月十三日,始负担,舍舟坐岸上,葛衣岸巾,精神如虎,目光烂烂射人,望舟中告别。余意甚恶,呼曰:"如传闻城中缓急奈何?"戟手遥应曰:"从众。必不得已,先弃辎重,次衣被,次书册卷轴,次古器。"独所谓宗器者,可自抱负,与身俱存亡,勿忘之。遂驰马去。途中奔驰,冒大暑,感疾,至行在,病痁。七月末,书报卧病。余惊怛,念侯性素急,奈何。病痁或热,必服寒药,疾可忧。遂解舟下,一日夜行三百里,比至,果大服柴胡、黄芩药,疟且痢,病危在膏肓。余悲泣,仓皇不忍问后事。八月十八日,遂不起。取笔作诗,绝笔而终,殊无分香卖屦之意。

葬毕,余无所之。朝廷已分遣六宫,又传江当禁渡。时犹有书二万卷,金石刻二千卷,器皿、裀褥,可待百客,他长物称是。余又大病,仅存喘息。事势日迫,念侯有妹婿,任兵部侍郎,从卫在洪州,遂遣二故吏,先部送行李往投之。冬十二月,金寇陷洪州,遂尽委弃。所谓连舻渡江之书,又散为云烟矣。独余少轻小卷轴书帖,写本李、杜、韩、柳集,《世说》《盐铁论》,汉唐石刻副本数十轴,三代鼎鼐十数事,南唐写本书数箧,偶病中把玩、搬在卧内者,岿然独存。

上江既不可往,又虏势叵测。有弟迒任敕局删定官,遂往依之。到台,台守已遁。之剡出陆,又弃衣被走黄岩,雇舟入海,奔行朝。时驻跸章安,从御舟海道之温,又之越。庚戌(1130)十二月,放散百官,遂之衢。绍兴辛亥(1131)春三月,复赴越,壬子(1132),又赴杭。

先侯疾亟时,有张飞卿学士,携玉壶过,视侯,便携去,其实珉也。不知何人传道,遂妄言有颁金之语,或传亦有密论列者。余大惶怖,不敢言,遂尽将家中所有铜器等物,欲走外廷投进。到越,已移幸四明。不敢留家中,并写本书寄剡。后官军收叛卒取去,闻尽入故李将军家。所谓岿然独存者,无虑十去五六矣。唯有书画砚墨,可五七簏,更不忍置他所。常在卧榻下,手自开阖。在会稽,卜居土民钟氏舍。忽一夕,穴壁负五簏去。余悲痛不已,重立赏收赎。后二日,邻人钟复皓出十八轴求赏,故知其盗不远矣。万计求之,其余遂不可出。今知尽为吴说运使贱价得之。所谓岿然独存者,乃十去其七八。所有一二残零不成部帙书册三数种,平平书帙,犹复爱惜如护头目,何愚也耶?今日复阅此书,如见故人。因忆侯在东莱静治堂,装卷初就,芸签缥带,束十卷作一帙,每日晚吏散,辄校勘二卷,跋题一卷。此二千卷,有题跋者五百二卷耳。今手泽如新,而墓木已拱,悲夫!

昔萧绎江陵陷没,不惜国亡,而毁裂书画。杨广江都倾覆,不悲身死,而复取图书,岂人性之所著,生死不能忘之欤?或者天意以余菲薄,不足以享此尤物耶?抑亦死者有知,犹斤斤爱惜,不肯留在人间耶?何得之艰而失之易也。呜呼!余自少陆机作赋之二年,至过蘧瑗知非之两岁,三十四年之间,忧患得失,何其多也!然有有必有无,有聚必有散,乃理之常。人亡弓,人得之,又胡足道。所以区区记其终始者,亦欲为后世好古博雅者之戒云。

绍兴二年(1132)玄黓岁,壮月朔甲寅,易安室题。

(录自《四部丛刊》影印吕无党抄本《金石录》,个别异文,按王学初《李清照集校注》校改)

郡斋读书志序

宋晁公武

杜邺从张京兆之子学问,王粲为蔡中郎所奇,皆尽得其家书,故邺以多闻称,而粲以博物显。下逮国朝,宋宣献公亦得毕文简、杨文庄家书,故所藏之富,与秘阁等,而常山公以赡博闻于时。夫世之书多矣,顾非一人之力所能聚,设令笃好而能聚之,亦老将至而耄且及,岂暇读哉?然则二三子所以能博闻者,盖自少时已得先达所藏故也。

公武家自文元公来,以翰墨为业者七世,故家多书。至于是正之功,世无与让焉。然自中原无事时,已有火厄,及兵戈之后,尺素不存也。公武仕宦连蹇,久益穷空,虽心志未衰,而无书可读,每恨之。南阳公天资好书,自知兴元府至领四川转运使,常以俸之半传录。时巴蜀独不被兵,人间多有异本,闻之,未尝不力求,必得而后已。历二十年,所有甚富。既罢,载以舟,即庐山之下居焉。宿与公武厚,一日贻书曰:某老且死,有平生所藏书,甚秘惜之。顾子孙稚弱,不自树立,若其心爱名,则为贵者所夺,若其心好利,则为富者所售,恐不能保也。今举以付子,他日其间有好学者归焉,不然则子自取之。公武惕然从其命。书凡五十箧,合吾家旧藏,除其复重,得二万四千五百卷有奇。今三荣僻左少事,日夕躬以朱黄雠校舛误,终篇,辄撮其大旨论之。岂敢效二三子之博闻,所期者不坠家声而已。书则固自若也。傥遇其子孙之贤者,当如约。

绍兴二十一年(1151)元日昭德晁公武序。

(录自清汪氏艺芸书舍刻衢州本《郡斋读书志》)

山东之抄书家——卢德水先生

王献唐

古代书籍,在未有版刻以前,概出手抄。既有版刻,其印刷术,亦不如今世之便利。每刻一书,几费周张,流传希少,交通阻隔,且或困于经济,无力购致。更有秘本未刻,为世罕见,每多辗转移录,藉存其书。宋之陈振孙、叶梦得,元之孙叔明、庄慕叔,其抄书掌故,最为世称。朱明以还,此风愈盛,藏书家更别其抄本之名,曰吴抄(吴匏庵),曰叶抄(叶与中),曰文抄(文衡山),曰王抄(王肯堂),曰沈抄(沈辨之),曰杨抄(杨梦羽),曰姚抄(姚舜咨),曰秦抄(秦西严),曰祁抄(祁尔光),曰毛抄(毛子晋),曰谢抄(谢肇淛),曰冯抄(冯己苍、冯定远等十兄弟),曰钱抄(钱牧斋、遵王等),更加朱性甫、冯己苍等,平日皆以抄书为课,无间寒暑。馆藏明抄《圣济总录》二百卷,一百二十册。又见明抄《太平御览》《册府元龟》各一千卷,概出一人之手,笔画清整,始终不懈,其气魄毅力,皆足使人惊叹矣。

虽然,抄书家之抄书,亦有二派:一为藏书者之抄书,一为读书者之抄书。前者专重版本,后者专重实用。影宋影元,朱丝乌丝,斠校无讹,装池精整,此藏书者之抄书,毛子晋、黄荛圃之流是也。寻绎新意,参校旧文,怀铅握丹,沫口胝指,此读书者之抄书,冯己苍、李南涧之流是也。前乎南涧,吾东在明清之际,有一读书者之抄书家。以余所知,其所抄书,已有七十余种。体例编次,率由手定,缮写之劳,不假他人。所著全集,以不流行于世,世人亦不注意及之,即德州之卢德水先生是也。

先生名世㴶,字德水,别号紫房,晚称南村病叟,为卢雅雨之叔曾祖。雅雨曾祖名世滋,先生其胞弟也。原籍涞水,明初徙德州。天启乙丑(1625)进士,补礼部,旋改御史,领泛舟之役。适久旱河竭,贼盗生发,条议奏闻,皆犁然中窍。庄烈殉国,先生手诛闯卒,为庄烈发丧。入清仍拜原官,征诣京师,托病废强辞,以喑症自晦。生万历十六年(1588),卒顺治十年(1653),时六十六岁。

先生身长七尺,貌奇古,修髯垂蔽胸前,可尺余。雄辩风生,好作雅谑。屏居尊水园,园有杜亭、画扇斋、匿峰庵、信轩、十余间茅屋耳。堆书数千卷,几案左右排连,笔研杂置,蜡泪纵横。先生脱帽卷韝,立而读之。读竟转立他处,再读他书,雒诵长吟,午夜不休。亟呼酒,二奴子取瘿瓢贮酒,大容十升,舁以进之。先生叉手鲸饮,微醉则假寐,鼻息雷鸣。少顷辄醒,醒复读书如故,奴子垂头

而睡,弗问也。饮酒不论贤愚贵贱,泛滥喧嚣,俾昼作夜,尝匄人作生志,略云:

> 漼生平得志于酒,一尊陶然,百虑俱淡。相期终此身,而不必名后世,生老病死,听之而已。性好书,般弄涉猎,聊复自误。问以经济,恍坠云雾,进之穷理尽性,益后茫然矣。或有举五柳先生所称无怀葛天之民以相儗者,逡巡未敢承也。

综观先生生平,殆胜明遗老,不肯仕清,故佯狂遁世,而托之于酒。好为诗,尤喜论诗。早岁负海内文望,与虞山钱牧斋齐名(集中有赠牧斋数诗)。诗以少陵为宗,著《读杜私言》,牧斋亦谓:余为《读杜笺》,应卢德水之请也。渔洋《论诗绝句》云:

> 杜家笺传太纷挐,虞赵诸贤尽守株。
> 苦为《南华》求向郭,前惟山谷后钱卢。

尊水园中之杜亭,设子美像,先生自称杜亭亭长。编《杜诗胥抄》成,有祭告诗曰:“十年曾有约,三岁始能成。”所著书,除《读杜私言》外,尚有:

《紫房箧中小集》

《紫房箧中馀集》

《宿草》

《在舆草》

《闲居漫兴》

《杜亭近草》

《画扇斋诗》

《春寒闲记》

以上诸书,当先生没后,多已散落。同邑程正夫、陈功仲、赵仲启、李星来,为搜集校刻,得十二卷,名《尊水园集略》,非全豹也。据田纶霞所为《卢南村公传》,谓先生卒日,其子孝馀,以先生书千百本,纳之古朴长宽之棺中。是否先生抄著,抑为藏书,均不可知。

田氏又撰先生诗为读本,曰:南村若有先生在,小子当为洒扫人也。(以上事略,参见王永吉所撰墓志铭,田纶霞《古欢堂集》,《渔洋感旧集小传》,《渔洋精华录训纂》,钮琇《觚剩》)。

就《尊水园集略》赠答诗文,知先生交游极广。其与藏书最有关系者,则与同时之毛子晋往来极密也。毛有赠先生诗,先生答诗云:

> 翰林作主墨为卿,万卷由来胜百城。欲觅雅人深致处,小斋匡坐一灯明。
>
> 丁卯桥边诗韵高,三罗昭谏气尤豪。遗编如土谁收拾,丝绣平原有大毛。(自注:子晋近将丁卯甲乙两集授梓。)

先生之识子晋,时在润州。子晋以所刻《十三经注疏》求序,先生叙中有云:

> 余客润州,子晋携所刻《十三经注疏》相视,自谓平生精力,尽于此书。余取而观之,远胜监本。因谓子晋曰:唐人选唐,中有御览诗,此独不可仿故事而行之乎?子晋爰命余作序,余再三不敢出手。又谓子晋曰:虞山一序,观止矣,何为益多?子晋亦不复相强。然子晋雅意,终不可负,爰铨次数语,以赠子晋,并以留别。

先生既交子晋,于藏书校书,自受其影响。然二人取径不同,以毛为鉴赏家之藏书,而先生则读书者之藏书也。先生自述云:"余生而有书癖,见古集善本,必斋戒以将之,危坐以进之,鼓歌以舞之,流略摩挲,不啻彝鼎。"

先生不唯喜藏书,又喜刻书,计刻有:

《订读古本大学》

《唐子西文录》

《龙川二书》《三国纪年》《中兴遗传》三书合刻,有钱牧斋序

《杜生传》

《许绳斋批点李于鳞太莘山记》

《许葺翁和陶诗》

《宋布衣诗选》

《简斋诗抄》

《马无方诗稿》

《汪未央诗》

《寒山新诗》

《程鲁詹啸歌》

《清罄亭近诗》

沈景倩《秋景诗》

以上共得十四种。其集中所为刻书序文,尚有数种。是否先生自刻,序未明言,兹均从略。

先生一生精力,尽于读书,而尤在抄书。因读而抄,因抄而读,其用力之勤,卷帙之富,恐历来之抄书者,罕有其媲。据闻所抄书籍,现在皆已无存,但就集中抄书序文,可以窥见崖略,兹一一分疏于次:

《庄子外篇杂篇》

章次仍旧,字句有节删。

《战国策》

《吕览初本》

据先生序言:此在润州清缮之本,因未勘正,故名初本。另有草稿,系应举时所抄。

《古乐府》

依《诗所》乐府类抄出,后拟者俱不录。原有古乐府,及取古乐府一句作题目,或自出新题者,俱存之。

《搜神记》《搜神后记》《异苑》

以上三书合抄。

《艺文类聚》

选抄六册。

《世说新语》

《万首唐人绝句》

依赵凡夫本抄。

《唐韵清谣》

就唐人集中选抄五言律一种。

《王右丞集》

节删数首。

《杜少陵集》

此书即《读杜胥抄》。先生自谓读杜至四十余过,稍稍会其伦要,手汇为帙。序准编年,体分古近,于古近体中又分五七言。所抄杜诗,只十去二三,视诸家选本,最为繁富。先生另有《读杜私言》载抄本前,由王瑞符等汇刻,互见前条。

《杜诗摘录》

摘录杜集佳句,附前抄后。

《王江宁绝句诗》

《柳柳州集》

《法书要录》

节抄。

《历代名画记》

《意林》

摘抄。

《北梦琐言》

据华亭孙道明抄本校录。

《东坡药录》

《东坡酒录》

《东坡杂录》

以上三书,均自辑自抄。

《东坡杂文合抄》

上书亦系先生辑抄,与《药录》《酒录》《杂录》同帙。

《栾城集》

集中经解、奏议、论策三类,未抄。

《山谷集》

是书先抄两册,赠王潜夫。后依新旧各刻,校抄十二册,附录一册。

《淮海集》

《鸡肋集》

先生自题云:"抄时取其小,至大文字,如《安南罪言》等项,俱未遑及。缘余性怯世务,凡遇经济文章,一概卷却。心知其非,而不能强,任之而已。抄书将百种,俱用此法,偶发其凡于此。"

《陆放翁诗》

依正德中绍兴郡官刻本校抄,另有清缮本。

《江湖长翁集》

全集卅册,抄时将题跋一部,移置篇首。

《乐庵语录》

略有节删。

《陈龙川杂稿》

摘抄序记、题跋、书启,零碎文字。

《石林避暑录话》

《考亭题跋》

从《朱子全集》中录出,凡二册。先生题云:"湖南毛氏刻各家题跋,尚少此种,安得顺风寄子晋广之。”

《野客丛书》

摘抄。

《石门文字禅》

摘抄。其题跋一部,尽录之。

《鹤林玉露》

《东观馀论》

摘抄。

《广川书跋》

摘抄。

《图画见闻志》

《纬略》

依沈晴峰旧藏本,节抄二十六条。

《林霁山集》

自题云:“旧刻纠纷,略为科拣,令归条理。”

《中州集》

遗山《中州集》,每人有一小序,止抄序文。

《剡源集》

依监本校抄。

《文献通考经籍志》

《南村辍耕录》

全书经先生重编,分人物、山水、杂俎、文丛四部。

《明诗近体》

五言律诗一册,七言律诗一册,五七言绝句一册。

《东水日记》

书为明叶与中著,其七世孙重华刻赠先生,摘其论列艺文者录之。自题云:“内有陆放翁《家训》,今《渭南文集》不载,或放翁编集时自删之。"

《愚古集》

《凝斋集》

《祝氏集略》

《宙载》

《馀冬序录摘要》

依杨升庵选本节抄。

《后渠、大洲二先生集》

《高中玄本语》

从高集录出。

《张太岳杂著》

从张集录出。

《徐太室杂著》

《金罍子》

摘抄一百五十二条。

《李子田杂著》

《李卓吾杂著》

张伯起《谭辂》

《白苏斋集》

《歇庵集》

《郁冈斋笔麈》

《袁中郎集》

《紫桃轩杂缀·又缀》

《梅花草堂合抄》

分类辑抄,凡十三册。

《娄子柔集》

摘抄其评骘艺文者。

《徐氏笔精》

《露书》

《徐文长三集》

总上共得七十一种。据先生自题抄本《鸡肋集》,谓抄书将近百种,上列书目,容或尚遗漏。又题《鹤林玉露》,称抄书时一书甫了,旋易一书。就其题跋所记抄书时地,自幼至老,以及中间服官各地,几无时不以抄书为课。唯其所抄,每就意之所好,自为删节,更或变其原编次序。此盖便于诵习,为读书而抄书,固无关版本,亦似不讲求版本也。

大抵收藏家之抄书,每觅工代缮,按字数给值。读书者之抄书,则多自行缮录,不假他手。历观先生抄书题记,概系自写,偶有倩人代抄者,亦必先写底稿,别为清本。其生平心力,几悉耗于此,拳拳嗜书之心,直与性命为轻重。必如此乃可以言抄书,亦必如此乃可以言藏书,与世之但以惊人秘笈自夸者,其为人为己,固有别矣。

(录自《山东省立图书馆季刊》第一卷第一期,1931年山东省立图书馆编印)

李南涧之藏书及其他

王献唐

此文前以油印印行,友人丁稼民、胡道静两先生,为增益二事。继更参校各书,订补多条,颇与前文出入;附记于此,并谢二君。

一、叙言

本馆前岁以十二万金,购得日照马氏藏书,颇多宋元旧椠及名家校藏精本。唯以山东藏书,在清代乾嘉之际,以益都李南涧为最。其校藏书籍,关系齐鲁文献,遍检旧存及马氏新籍,独付阙如。间尝颇引为憾。寒家旧有《南涧文集》手稿二种,及批校《杜诗》残本一种,拟自抄留副本,以原书赠存本馆。乃于去冬,本城大布政使街敬古斋碑帖店,忽以南涧抄本惠定宇《古文尚书考》至,并经戴东原、邵二云、钱辛楣及南涧亲笔批校,朱墨烂然,阅之狂喜。连同查初白手批赵注《杜诗》,以百二十元之重价,为本馆购得之。同时又闻敬古斋新由章丘高淑性家,购得大批书籍,上述二本,即在其中,度必尚有佳椠。越日自往该店,检其丛残,尘灰污手如漆,又得南涧藏书一种。敬古斋亦以余能不惜重价,每日以新购书籍之佳者,捆负求售。于是南涧遗书及毛西河手批《诗所》,邵二云手校《新唐书纠谬》,宋晋之说经手稿,为吾一网打尽矣。自后求书之心愈炽,意有所念,所求之书,即随念而至。如周林汲、桂未谷、孔荭谷等旧藏,辄连翩得之,亦不知其何说。遂决意为诸家藏书考略,以南涧一家为斯事发动,乃先为此篇。尝谓非嗜书如性命者,不能使之保管书籍。若余上述,非敢自谓嗜书,特狂热耳!狂热之心情,亦不可不记;记之以为大雅笑柄。

二、李南涧事略

李文藻,字素伯,一字茝畹,号南涧。先世自枣强迁益都县,居城东关春牛街。乾隆二十四年(1759),以第二人举乡荐,明年会试中式,又明年成进士。(时为乾隆二十六年,《清史列传》误作二十五年。)谒选得广东恩平县知县。到任后奉檄署新安县,又奏调潮阳县知县。庚寅(1770)辛卯(1771)二科,分校广东省试,以海疆三年俸满保荐,擢广西桂林府同知,未及一年,卒于官,时为乾隆四十三年(1778)八月四日。

南涧居官,以清白强干著称。岭南俗多窃牛,牛皮色相似,获盗多不肯承,有司无如之何。南涧始至,令有牛之家,各于牛角印烙私记。凡赴墟卖牛者,牙侩以印烙登簿,以印付买主。如告失牛,先以印呈官,官遣役持印验墟簿,无得隐者。大府善其法,下所部行之。阳江民刘维邦,以母病延道士作法,借邻人刀十柄,缚梯上驱祟。吏索钱不遂,取刀送县,诬以不轨。南涧奉檄往勘,廉得其实,白于上官,释之。未几阳江令以他事被劾,衔南涧甚,遣亲信仆至恩平,欲探阴事中伤之。居两月,无所得,乃已。潮阳民好械斗,往往杀伤多人。南涧至,悬钲堂上,有将斗者,令地保驰入城,击钲以告,立往拘治,众则散矣;自是械斗稍息。县故有东山书院,延进士郑安道为师,购经史子集充其中,以教学者,士风顿振。故翁覃溪表先生墓曰:"北方之仆学,岭南之循吏",盖得其实也。

先生天姿俊朗,年十三,从父游曹家亭子,作一记,仿《赤壁赋》,见者以为神童。钱竹汀典试山东,得先生喜曰:"南涧天下才也!"填榜日,按察沈廷芳在坐,起揖竹汀,贺其得人。先生笃于友谊,广交游,一时硕儒,如戴东原、翁覃溪、邵二云、周林汲、罗台山等,皆与友善,尤为纪晓岚赏拔。盖会试时,出晓岚门下也。钱竹汀与先生谊属师弟,而情好尤笃,其铭南涧墓曰:

> 南涧与人,交有终始,虽交满天下,独喜就予。在京都日相过从。其归里也,每越月逾时,手书必至。得古书碑刻,或访一奇士,必以告。及出宰剧县,在七千里之外,奔走瘴疠,簿书填委,而书问未尝辍,䌸缕千百言,从不假手幕客。予尝梦游南涧官斋,觉而书至,意甚异之,殆所谓同气相求者。去岁南涧自粤西贻予书,言生痈于尻甚剧,自后久不得音问,又数感恶梦。今冬其弟文涛使来告曰:"吾兄以去年八月四日,病痈终于官舍。遗命不作行状,以自编年谱,乞先生铭其墓。"呜呼,南涧果死矣!世岂复有此才哉!

又序《南涧诗集》曰:

南涧之性情与予略相似。予好聚书,而南涧抄书之多过于予;予好金石文,而南涧访碑之勤过于予;予好友朋,而南涧气谊之笃过于予;予好著述,而南涧诗文之富过于予。世俗以乡会试所得士,与试官相称为师弟,特以名奉之,而吾两人乃以臭味相合。方其在京华,每一日不相见,辄恤然若失,不知其何以然也。

先生乐道人善,乡先生诗文可传者,必撰次表章之。元和惠定宇、婺源江慎修,皆素未相识,访其遗书刊行之。德州梁鸿翥,穷老笃学,月必诵九经一过,乡里咸目为痴。南涧一见奇之,为之延誉,遂知名于世。其在岭表,士子以文就质无虚日,独称冯敏昌、胡亦常、张锦芳、黄丹书、吕坚,而于黎简,尤为倾倒。尝为冯、胡、张三人作《岭南三子歌》,其奖借后进,诚有味乎言之也。

性嗜金石,其仆刘福善椎拓,携纸墨以从。所过学宫、寺观、岩洞、崖壁,必停骖周览,有所得,即尽拓以去。又有一仆,因拓摩崖刻石,失足坠崖死,先生哭之痛。尝乘舟出迎制府,小憩南海,命仆拓碑,秉烛竟夜。比晓,问制府,舟已过矣。又尝手拓广州光孝寺龚澄枢造铁塔记,及造千佛宝塔记,以正朱彝尊所谓刘𬮱旧铸二塔并立一屋中,一作记一题名之误。潮阳与海阳、揭阳,俗称三阳,仕其地者多致富。先生去官之日,囊橐萧然。还至番禺,命工摹光孝寺贯休画罗汉四轴以归,曰:此吾广南宦囊也。

先生祖名元盛。父远,字拙斋。娶邢氏,先卒,继周氏。弟文涛、文渊、文浚。渊有《左传评》,涛著《海客遗稿》,浚著《粤游小草》。子三人:章甄、章棉、章姚。钱竹汀尝戏论先生曰:"南涧有三反:长身多髯,赳赳如千夫长,而胸有万卷书,一也;生长于北海,官于南海,二也;湛思著书,欲以文学显,而世称其政事,三也。"此虽竹汀戏言,亦略尽南涧生平矣。

以上事略,参见翁方纲《李南涧墓表》,《潜研堂集》,《汉学师承记》,

《清史列传》,《山东通志》,《益都县志》,《南涧文集》,《金石学录》,《粤游小草序》,《绿荫轩雅集录》。

三、藏书掌故

“所见所闻所藏弆,发凡真有著书才。安知散帙非全帙,赶庙驱车日又来。”

此叶菊裳咏先生藏书诗也。先生藏书数万卷,皆自校雠,丹铅不去手。其藏书处曰竹西书屋。每入肆见秘籍,辄典衣取债致之。又从朋友借抄,无虚日。尝于纪晓岚家,假录《易汉学》诸书,浸肤多汗,沾渍衣襟,不以为苦(各书著录,均以借抄《易汉学》诸书,在王德甫家。依《古文尚书考》先生手跋:惠著各书,系藏纪晓岚处,据以订正)。历官岭南,载书数千卷自随,尝曰:“官居之贫,山水之奇,金石文字之富,天下未有也。”又以齐鲁藏书家,如章丘李中麓、新城王贻上等,身后书尽散佚,慨然以裒辑为己任。曰《所藏书目》,曰《所见书目》,曰《所闻书目》,皆详其序例,志其抄刻岁月。所为《琉璃厂书肆记》,最为海内著称,其言曰:

乾隆己丑(1769)五月,予以谒选,居京师五月余,无甚应酬,又性不喜观剧,茶园酒馆,足迹未尝至;唯日借书抄之,暇则步入琉璃厂观书。虽所买不多,而书肆之不到者寡矣。

又曰:

内城隆福诸寺,遇会期多有卖书者,谓之赶庙。散帙满地,往往不全。朱豫堂日使子弟物色之,蓄数十万卷,皆由不全而全。吾友周书昌遇不全者,亦好买之。予好书与书昌同,不及书昌能读耳。

就以上二节,可见先生聚书癖好,亦即为叶诗张本。其藏书目录,掘翁覃溪所撰墓表,似经周林汲编定,今亦不传。先生又有与纪晓岚书,述及访求马宛斯《十三代纬书》经过,颇关吾东文献,录附于下：

> 前承谕访马宛斯《十三代纬书》，某初谓是拾缀谶纬之书。后读施愚山为作墓志云：疾将革，唯语子弟，以《左传事纬》《十三代纬书》，未镂版为遗憾。以《左传事纬》例之，又谓《纬书》必马所著矣。昨于九月初一日，过邹平，邀一友，同至其家。一白发者出，自云宛斯之侄。问所存遗稿几何，白发云：伯父殁十年，予始生，其遗稿一簏，在长房某所。某不识字，恐其有干豫田产者，故不肯示人。数年前卢运使征诗札至，仅得一首报之。因问《十三代纬书》安在？曰：三十二套，皆质于典家。惊其太多，索其目视之，乃即汉魏以来诸书而裒集之。盖丛书之大者，非其所自著述。十三代者，周至隋也，共二百二十二种，而《周礼》《仪礼》《尔雅》《三传》皆在焉，殊不可解。其或以五经之外，国家不以取士者，皆得谓之纬书邪？丰氏伪《诗传》等书亦收入。所收六朝人著述颇多。唯吴均《齐记》，世间罕有，余非甚难得者。谨将全目，抄寄台览，倘邺架尽有其书，则不必览马家所藏者。但首必有序例，惜未及见。白发云：原本签帙，皆其伯父手题也。

四、所著书目

先生为学无所不赅，尤肆力汉唐注疏。工诗工文，雅善骈体。余藏先生文稿，有钱竹汀批语，嘘奖备至。其官岭南时，邮亭僧院，信笔留题，钱氏称其似质而雅，似浅而深，中有所得，不徇流俗之嗜好。尝欲依曝书亭著录八门之目，以编经籍；依朱氏《经籍考》存缺佚未见之例，以编金石。又在广东寄翁覃溪拓本数十百种，疾革时，遗言复寄百种，嘱其编次。翁氏自言必为成之，亦未识究竟。至所著各书，有已刻行者，有未刻行者，兹分详于次：

《毛诗本义》一册

未刻,见《青州府志》。

《金石目》不分卷

见田士懿《金石名著汇目》。

《泰山金石考》

未见刻本。

《粤东金石略》

底稿旧为北平翰文斋收去,现在未知存佚。

《岭南诗集》四卷

已刻。官为一集,用梁王筠例分恩平、桂林、潮阳,凡古今诗五百八十首,有钱竹汀序。

《律诗合谱》不分卷

依王渔洋《律诗定体》、赵秋谷《声调谱》摘抄,已刻。

《全唐五言八韵诗》四卷

与益都张希贤合辑,已刻。

《历城县志》五十卷

与历城周永年合辑,已刻。胡德琳序曰:

余自济阳调任,丁亥(1767)春杪,即开志局。凡历代掌故风土之记,寰宇之志,及直省通志,名人总集,下逮稗官小说,无不搜罗。金石之文,消泐残蠹,无不抉剔。山川之脉络,沟渠之分并,并皆亲至其地,综览而条析之。虽不敢谓毫发无遗憾,而订误者十之三,补缺者十之五;盖益都进士李莒畹、邑孝廉周静函之功居多。

《历城金石考》二卷

与周永年合撰。闽侯林亚杰有旧抄本,见《石庐金石书志》。

《诸城县志》四十六卷

与诸城王荣绪等合纂,已刻。馆藏《桑梓之遗》(高南阜、郭根庵等合辑),有周书昌致南涧手札,述及历城、诸城两志,似纂修之时,《诸城志》以先生为主体,《历城志》则以书昌为主体也。

《所藏书目》

《所见书目》

《所闻书目》

以上三种,均见翁方纲《李南涧墓表》。

《南涧文集》二卷

《功顺堂丛书》本。上卷文十九首,下卷文二十首。

《南涧文集》三卷

昌乐阎湘蕙辑,共九十一篇,缮本未刻,有阎湘蕙序,见《益都县志》。

《重辑南涧文集》

潍县高翰生依阎本重辑,增出二三十篇。友人丁稼民曾见其书,亦未刻行。

《南涧底稿》

手稿本,四册,详后。

《南涧手稿》四册

安丘李乡洲收藏,未见。原与前种合为一书,贾人分订零售,遂致折离。

《南涧文稿》

稿本,二册,详后。

《绿荫轩雅集录》

稿本,一册,详后。

《四松记》

已刻,见阎湘蕙序文。

自著年谱

见钱竹汀《李南涧墓志铭》。

五、所刻书目

先生校刻书籍,多见《贷园丛书》,后以版归周书昌,周序有云:

《贷园丛书》初集十二种,其版皆取诸青州李南涧家。……余交南涧三十年,凡相聚及简尺往来,无不言传抄书籍之事。及其官恩平、潮阳,甫得刻兹十余种,其原本则多得之于余。今君之没已十一年,去年冬,始由济南至青州,慰其诸孤,因携以来。忆君有言曰:藏书不借,与藏书之意背矣;刻书不印,其与不刻奚异?尝叹息以为名言。使果由此多为流布,君之志庶几可以少慰矣。

《贷园丛书》初集十二种,均先生所刻,其目如下:

《九经古义》十六卷惠栋著。

《易例》二卷同上。

底稿现归潍县丁稼民收藏。

《左传评》三卷李文渊著。

《古韵标准》四卷江永著。

《四声切韵表》不分卷同上。

《声韵考》四卷戴震著。

《石刻补叙》二卷曾宏父著。

《凤墅残帖释文》二卷钱大昕著。

《三事忠告》三卷张养浩著。

《蒿庵闲话》二卷张尔岐著。

《谈龙录》一卷赵执信著。

《贷园丛书》初集,现存书目,已如上列。《汇刻书目》所载《贷园丛书》目录,尚有《正蠹》二卷,今本无之。溢出此书,数为十三种,与周序不符。或其所据,别为增刻之本,亦未可定。除此之外,先生尚刻有:

《山左明诗抄》三十五卷。

是书为德州宋弼纂辑，于乾隆辛卯(1771)，刻于恩平，有先生序言，节录于下：

> 《山左明诗抄》三十五卷，德州宋良仲之所辑也。先生时长泺源书院，郡县之士来学者，使各搜讨其所知，而予所购得者，盖数十种。后先生入京，逢人索求，有得，即手自誊写。岁癸未，卢君致仕归里(案指卢雅雨)，先生以全稿畀卢。予适授徒德州，趣卢付之梓，而卢以所辑未备为辞。戊子秋，卢君得罪籍家，而先生以甘肃按察入觐，道卒洛阳。予恐此书之遂湮也，走德州，从州官求买此书。卢氏书入官者数十万卷，吏为检三日，得《明诗选》凡三本；一为路中允斯道本，一为惠文学栋本。路唯抄撮十郡志乘，惠所录仅数十家，皆未成卷帙。其一即此本，裒然三十五卷，作者四百三十一人，中间评点，先生手迹也。唯小传一册佚出。越数日，先生柩至自洛阳，予迎哭已，启笈得小传，则先生所手录也。是秋予谒选，得广东恩平令，携以行。庚寅夏到官，其冬政稍暇，校而梓之。颇有疑绪，又或有传无诗。先生既往，无从质正，不敢遽有更改，谨完其为先生之书而已。

先生又跋所刻《易例》云：

> 先生(案指惠定宇)又有《左传补注》《尚书古文考》(案原名《古文尚书考》)，亦予所刻也。

似此，先生尚刻有《古文尚书考》，今《贷园丛书》既无其书，亦未见有单行本。据钱晓征序刻本《古文尚书考》，惠书之刻，始于宋子尚，即《书目答问》所载之省吾堂本。时在乾隆五十七年(1792)。南涧书跋，在嘉庆四年(1799)，相隔四年，是时李刻《古文尚书考》，或已蒇事。南涧为钱门高足，书讯往还，如南涧先有刻本，钱氏不能不知；如宋子尚刻在李本之前，南涧亦不能不知；何以钱李序跋，均未题及,是亦可疑者也。

此外有足本《孟子赵氏注》十四卷、《孙氏音义》二卷。正定梁玉立初藏宋椠本,毛斧季从之借抄。其书后入四库,戴东原从馆书录副,以畀南涧。南涧议付诸梓,携入桂林,逾岁即没。其弟文涛欲遂南涧遗志,与杨峒、段松苓等校雠梓行。以与南涧刻书有关,并附于此。

六、本馆所收南涧藏书

南涧藏书,早经散出。剩余之一部分,归潍县宋晋之(宋名书升,穷经博学,著述甚富。曾主讲泺源书院,纂修《山东通志》)。一部分归一名曰寿字慢亭(一字仙评)者。章丘高淑性,为晋之子婿。晋之晚年无子,寓居高家,尽以所著说经稿及藏书,归淑性。淑性为刻《周易要义》一种,余均未刻。慢叟之书,后亦辗转归高氏。前岁匪乱,损失颇多,淑性时已去世,其子孙尽以劫余残书,售诸敬古斋。兹将本馆所得于敬古斋者,分详于左:

《新唐书纠谬》二十卷六册。

李南涧手抄,邵二云手校,原为二册,改装六册。每册签题"新唐书纠谬""上册""下册",隶书各七字,均出南涧手笔。上册序文首页,有南涧眉批"此书余姚邵二云所校"九字。又卷末护页,载南涧手跋曰:

> 此书借抄于朱豫堂鸿胪。抄毕时,予已得缺,将出京,不及校阅,乃属余姚邵二云手校一过。逾月予抵里门,雪中无事,偶书抄校始末于梦雪斋中。乾隆己丑(1769)十一月二十四日,李文藻记,是日冬至。

是书别有一本,为南涧与邵二云、周两塍合校,旧藏钱塘丁氏八千卷楼(见孙子宜《新唐书纠谬校勘记》跋)。据《郡斋读书志》吴书初名《纠谬》,后改《唐书辨证》。宋元祐中,缜与《五代史纂误》俱刊行之(见《挥麈录》)。为有刻本之始。绍兴间,乐长吴元美重刻于湖州,仍题曰《纠谬》,至今尚沿其称。明有赵开美刻本,清有知不足斋本、福建聚珍版本。顾千里有何义门校本(见顾氏手札),钱塘丁氏有陈中鱼抄本(即南涧、二云诸人所校者),孙子宜有旧抄本(见孙氏《新唐书纠谬校勘记》跋),邵二云有宋椠本(见钱竹汀跋)。《四库全书简明目录》称世所行本,多佚脱倒乱,四库藏本,即用南宋椠本校补(两淮进本)。此本书抄刻之大较也。今以知不足斋本及福建聚珍本,与此对勘,多有不同。篇首吴缜自序,前半文字,与刻本全异。二十卷溢出"朱敬则显诛二张可疑"及"张孝忠妻入朝迎公主事可疑"诸条,皆为刻本所无。其他字句不同之处尤多。南涧但称借抄于朱豫堂,未定何本。末卷自"柳宗元传"条以下四条,均与知不足斋本不符。据钱晓征跋知不足斋本,谓明人刻本,卷末脱三十行,妄以它卷文羼入,从邵二云处,假宋椠本抄足。证之此本,似是亦从明本录出,卷末不符诸条,或即钱跋所谓"妄以它卷文羼入"者。然就二十卷溢出诸条观之,亦与钱氏所据本不同。书中字句,时有脱漏,多经二云校补。二卷有二云眉批曰:

> 原本多缺文,今就可知者,注于行间,俟求善本校正。

据上批语,是二云校此书时,仍以意自定。钱跋谓二云处有宋椠本,彼时书当未归二云。若归二云,必以是对勘矣。吴序首页,及十卷首页,有"大云山房"朱文方印。目录首页,有"李文藻印"白文方印。一卷首页,有"仙评过眼"白文方印。

明刻《唐荆川先生文集》十一卷十册

明绣谷广庆堂刻本,原为十二卷,此缺末后杂文一卷。审其装订,初为十二册,后以缺卷,合一二两册为一本,改装十本。每半页十行,行二十字,前有王慎中序。全书间着圈识批语,未识出何人手笔。函签题"《唐荆川集》全函"六字,为南涧手书,下钤"李氏珍藏"朱文双虬方印。序文首页及一卷首页、四卷首页,有"南涧居士"

朱文方印。目录首页,有"左经右史"白文方印、"素伯"朱文方印。目录后页,及三、四、五、六、七、八、九、十、十一各卷后页,有"李文藻印"白文方印。五卷首页,有"李生"白文方印、"字曰香草"朱文方印、"辛巳进士"朱文方印。六卷首页,有"李生"及"繁露山长"白文长方印。七卷首页,有"繁露山长",八卷首页有"素伯"诸印。九卷首页,有"左经右史"印。十卷首页,有"竹西书屋"白文小长方印。十一卷首页,有"李生"及"辛巳进士"二印。每卷末页,多有"程氏万里"朱文方印。

明刻《吕公实政录》七卷十册

明吕坤著。万历戊戌(1598),吕君门人赵文炳,辑录先生从政文字,刻于湖北。为目凡五:曰《明职》,曰《民务》,曰《乡甲约》,曰《风宪约》,曰《狱政考》。写刻白棉纸印,每半页九行,行二十八字。本馆近收吕著《交泰韵》《反挽歌》《省心纪》《河工书》《小儿语》《续小儿语》《阴符经注》《疹科》《宗约歌》《好人歌》《闺戒》,共十种。刻印纸张,与此相同,系一时所为;后人辑印,统名曰《吕新吾全书》。首有赵文炳序,题下钤"李氏珍藏"朱文双虬方印。《明职》首页,《民务》二、四两卷首页有"素伯"白文方印。《民务》二卷末页,有"青州东郭李氏藏书"白文方横印。"拙斋先生伯子"朱文横方印。三卷末页,有"李伯子"白文方印。四卷末页,有"李静叔之伯兄"白文方印。《乡甲约》末页,有"训厚堂藏书记"白文方印。《风宪约》末页,有"管窥轩藏书印"白文方印。

《冯舍人遗诗》六卷三册

冯德培原刻本。前载王士禛《晴川集》原序及赵执信序,后载申翌、冯德培二跋。赵序尾后空白,有南涧手跋云:

> 乾隆壬午(1762),门人冯生淑清馈此书;淑清,舍人元孙也。李文藻记。

全书间有圈识眉批,亦出南涧手笔。二卷末页,有仙评跋曰:

昨于市头,以百文购此;序尾数语,南涧先生手迹也。壬申冬月仙评志。下钤"仙评"朱文长方印。

又六卷后护页,有慢亭跋曰:

余致仕后,假寓城南之孟氏园。拟作南游计,将所藏书籍,分售诸友,既壮行色,且留纪念。韵谷携去者,李南涧手迹最多,《冯舍人遗诗》其一也。际此天翻地覆,邪说横行,圣教废坠,经说一门,几无人过问。韵谷犹笃好如此,求之当世,盖亦绝无而仅有者矣。

民国纪元,阴历腊月十二日,慢亭识于阳丘寓舍。下钤"曰寿之印"白文方印、"慢叟"朱文方印。

就上一跋,可知南涧遗书递藏源流。王序首页,有"南涧居士"朱文方印。一卷首页有"辛巳进士"朱文方印、"繁露山长"白文方印、"仙评"白文方印。二卷末页,有"李文藻印"白文方印。赵序首页,有"高迁之印"白文方印。二卷首页,有"宋书升"白文方印、"晋之"朱白文方印。三、四、五、六卷首页,均有"晋之"印。

抄本《古文尚书考》二卷二册

《古文尚书考》有二:一清陆陇其撰本,一清惠栋撰本,此惠氏书也。上卷首页至六页半,为南涧自抄,余为他人代录。签题《古文尚书考》,下双行"竹西书屋藏本",亦出南涧手笔。全书经南涧朱笔校雠,并以朱笔圈识。戴东原、钱竹汀、邵二云三先生所校者,均用墨笔。东原校语,下注"东原"二字。二云又以墨笔定其句读,其主要者,则以联圈记之。首册护页,有南涧手跋云:

惠定宇经义底稿数种,在予房师纪晓岚先生所。乾隆己丑(1769)夏,予以谒选客京师。时先生方戍西域,郎君半渔招余检曝书籍,得见惠著《周易述》《易汉学》《周易本义辨证》《左传补注》《古文尚书考》共五种。《周易述》已有卢雅雨运使所饷刻本。《易汉学》《周易本义辨证》《左传补注》,俱未及录;所假录者,特《古文尚书考》二卷耳。其书较阎潜邱《古文尚书疏证》,引据益博,辨论愈精,古文至此,可谓畬粉矣。近世江慎修所著《四声切韵表》《古韵标准》二书,出于顾亭林而精于亭林;此出于潜邱,而博于潜邱,皆所云那得不传者也。原本字句讹脱,寓斋无经传可以互证,姑校其可知者;拟寄历城周林汲,更加考定焉。中秋前四日,益都李文藻,记于虎坊桥北百顺胡同寓舍。

下卷末页,有邵二云手跋云:

惠氏《古文尚书考》,予最爱其《辨正义》四条,《证孔氏逸书》九条,议论精当,为竹垞、亭林所未逮。案书中二云连圈者,即此十三条。至下卷所述,则本前人而推广者也。郑晓谓姚方兴二十八字曰若句,袭诸篇首;重华句,袭诸《史记》;浚哲,掠《诗·长发》;文明,掠《乾·文言》;温恭,掠《颂·那》;允塞,掠《雅·常武》;玄德,掠《淮南子·鸿烈》;乃试以位,掠《史(案此下疑脱一记字)·伯夷传》;其言与惠氏近。又旌德梅鷟撰《读书谱》四卷,《尚书考翼》一卷,予未之见(案梅氏书名《古文尚书考异》)。据陈第所引,如谓《禹谟》克艰,本诸《论语》;人心道心,本诸《荀子》;《咸有一德》之观政观德,取诸《吕氏春秋》;《说命》建邦设都,取《墨子·尚同篇》;《冏命》交修不逮,取诸《楚语》;此皆辨论之最有关系者。惠氏之书,与之符合,而不言其出于梅氏,只别载梅说九条何欤?梅氏之外,闻又有姚际恒《古文尚书通论别伪例》十卷,钱煌壁《书辨疑》六卷,与阎氏《古文尚书疏证》,后先并出。当备购其书,互相参考。屠维赤奋若,重阳后二日,余姚邵晋涵识。

今学海堂刻本,删去各家序跋。宋子尚刻本,有钱大昕、沈彤两序。邵氏跋语,各本均不载。据南涧题刻本《易例》,是书已经先生付梓(详前条)。或即根据是书?未见刻本,无从比对。至惠书底稿,长沙叶德辉氏，曾得其下册（见《郎园读书志》）。叶谓以校读经楼本（即宋子尚原刻，题读经楼定本），稿本为略。征之此册，则多较刻本为详，字句之间，尤多违异。如：

（一）刻本上卷各条内之“郑元”，此均作“郑康成”。

（二）《辨正义》第四条内夹注，刻本“盖《般庚》二篇，加《大誓》一篇，故三十一。一说二十八篇之外，加《大誓》，析为三篇”。一段，此本作“盖《般庚》二篇，又分《顾命》王若曰以下，为《康王之诰》故三十一”。

（三）同条刻本夹注：“《般庚》《大誓》，皆析为三篇，分《顾命》王若曰以下，为《康王之诰》，故三十四。”此本作：“依欧阳篇数，增《大誓》，又分为三。”

（四）同条原文大字“于是有三十三篇之文，是其谬耳”下，此本有夹注“梅既去《大誓》，则古文止有三十一卷，同于欧阳《尚书》”数语，为刻本所无。

（五）此本下卷《舜典篇》，“玄德升闻”句夹注“案《易》礼天地玄黄，帛之玄纁，皆色也。老子《道德》，始有玄妙之语，《淮南》宗老，故有玄德之词；援道入儒，自姚方兴始”一段，刻本亦未载。

以上略引数端，其他类此者尚多。以吾所见：叶氏所藏，当为最初稿本，此则最后定本也，其证有三：

一、书内“郑玄”，刻本作“郑元”，此均作“郑康成”。玄为康熙名讳，初盖以“元”代玄，后径改作“康成”。引用古人姓名，如或更易失真，不若改用其字之为愈，抄本作“康成”是也。刻本仍用“郑元”，知其所据底本，必在未改以前。

二、宋氏刻本书面签题，自署“定本”，所以为定本之源流，未尝言也。据南涧手跋：惠氏经义底本，均在纪晓岚处。其身后丛稿，既辇归纪氏，此书定本，亦必在其内。不能自留未定本，以定本归江艮庭，转归宋子尚也（宋刻钱序，言得于江艮庭）。

三、此本所增益者,均极关重要。刻本并非故意刊落,以其所据本,尚未增入,此则最后所加也。

就上所述,推知叶氏旧藏,为最初底稿本,宋氏所刻,为修正本,此则最后定本,其价值更不待繁言解矣。至戴、邵所校,多足羽翼本书,择录数条如下:

(一)上卷《辨梅氏增多古文之谬十五条》篇“《汤誓》非全书”节,引《论语》“予小子履,敢用元牡”,云云。惠谓:“《墨子》引《汤誓》,其辞若此。”二云批云:晋涵案:《墨子·兼爱篇》,作“万方有罪,即当朕身,朕身有罪,无及万方”。辞亦小异。

(二)下卷《舜典篇》“玄德升闻”句下夹注:“《淮南·鸿烈》曰:舜执玄德于心,而化弛若神。”二云批云:

晋涵案:班固《东都赋》:“因相与嗟叹玄德”,正用《淮南子》语,《淮南》又本于《老子》“是谓玄德”也。

(三)同篇“乃命以位”句下夹注:“陆氏《释文》曰:曰若稽古帝舜,曰重华,协于帝,此十二字是姚方兴所上。”二云批云:

晋涵案:郑晓曰:“乃命以位,是用《史记·伯夷列传》。”

(四)《汤誓篇》曰“其尔万方有罪,在予一人,予一人有罪,无以尔万方”,下夹注引阎若璩说:“《墨子》引《汤誓》曰:予小子履,敢用玄牡,敢昭告于皇后皇帝。”东原批云:

《墨子·兼爱》下篇所引,作“汤说”为大旱祈于天之辞。

(五)《伊训篇》夹注:“《墨子·非乐篇》曰:先王之书,汤之官刑,有之曰:其恒舞于宫。”东原批云:

《墨子》“恒”作“桓”,是(案今刻本亦作恒)。

(六)同上篇夹注:“降之百祥,《墨子》作日祥,似传写之讹。”东原批云:

《墨子》“日殃”即古殃字

以上约举数端,其他辨别讹字,校正讹文,尤不胜举。似南涧抄书时,未及依原本覆校,脱误颇多。诸家所校,仍多以意定之,亦非根据底本。潍县丁稼民,藏有南涧所刻惠氏《左传补注》底稿,亦系东原手校,或是同时所为也。上卷首页,有“素伯”朱文方印、“臣寿之印”白文方朱。下卷后页,有“钱大昕印”白文、“辛楣”朱文二方印。

《潜庵先生遗稿》五卷四册

睢州汤斌著,忠恕堂刻本。内有批校极多,或勘对卷次,或自下己见,均与南涧字迹不符。卷一目录,钤“繁露山长”朱文长方印、“素伯”白文方印。卷三目录,钤“南涧居士”朱文方印。卷二首页,钤“李生”白文方印。卷四首页,钤“辛巳进士”朱文方印。各册均有潘连生、锡康印记,校笔或出其手。

《南涧底稿》不分卷四册

稿本,分元亨利贞四册,凡文三十二首,皆南涧手书。字迹草略,或不可辨识,文亦有未完者。内有跋顾宁人《三石阙刻文记》及《杨姑桥东巨洋水造舟记》二首,已见功顺堂刻本,字句多有不同;此当是草稿,未经修定。其他各篇,亦每为刻本所无,详目另见后篇。

七、著者所收南涧藏书

明本《类选笺释草堂诗馀》四卷《国朝诗馀》三卷六册

《草堂诗馀》为上海顾从敬选,分小令、中调、长调。《国朝诗馀》为钱允治编,存小令、中调,缺长调。《草堂诗馀》陈允锡序首页,及一卷末页,有“繁露山长”白文长方印、“南涧居士”朱文方印。钱允治第一序首页,有“李生”白文方印。第二序首页及三卷首页,有“辛巳进士”朱文方印。何俊良序首页,有“素伯”朱文方印。四卷及《国朝诗馀》陈仁锡序首页,有南涧居士印。三卷末页,有“李文藻印”朱文方印。全书间有圈点批语,字迹不类南涧,未识出何人手笔。

《杜工部集》残本四册

清钱谦益笺注,康熙泰兴季振宜原刻本。存一至三卷,十六至二十卷,《少陵年谱》一卷。全书残蚀过甚,间有缺页。每卷下原题"虞山蒙叟钱谦益笺注"一行九字,均经挖去。当时牧斋所著各书,曾经查禁,藏者不敢留其姓字,恐干禁例也。各卷卷目下,有黄笔"益都李文藻校录"一行。全书经南涧朱笔圈点,眉批极多。又有黄笔批语,系录自沈归愚《别裁集》,所题"校录"一词,殆指此批,以均用黄笔故也。至朱笔批语,疑系南涧自撰,原书或有题识,残佚无从查考矣。

《南涧文稿》不分卷二册

存文五十一篇,前后二篇俱残。稿系他人代缮,经南涧手改,并加圈识。内多于文题下写一抄字,似是选出清抄者。有钱竹汀、成卫宗批语甚多;殆南涧为钱、成门人,以此求政,经其阅定者也。《青州府志》载阎湘惠编订《南涧文集》三卷,此书内附签条,署名湘惠,当是阎氏所据之底本。后有《遗安堂文集序》《病祷文》《记栖霞盗》(指于七)、《李德昭论》数篇。南涧手批"静叔作",盖其弟李文渊文稿也,详目别见后篇。

《绿荫轩雅集录》不分卷一册

此系南涧盟谱,共十八页,有南涧自书者,有他人代缮者。首载《绿荫轩雅集序》,略述与潘本信等结盟缘起。序后开附同谱兄弟履历、生辰、三代等,每人各占一页。首为南涧,次孙桐,归安人。三孙光淑,归安人。四王溥,山阴人。五潘本信,六潘本泰,均归安人。七徐曰昂,昆山人。八蓝嘉瓒,定海人。九潘本侃,归安人。十李长安,江宁人。十一潘本佶,归安人。十二张问第,遂宁人。十三陈嘉树,楚雄人,共十三人。

《隶释》残本附

余藏明万历王云鹭刻本《隶释》存一至七卷,二十至二十七卷,有孔荭谷过录钱竹汀、李南涧校语;虽非南涧原本,亦可窥见当时校录真相。卷末录附南涧原跋云:

《隶释》二十七卷,今年春,寓历城,借抄于明府胡公书巢。其书疑为明人所刻,而无序跋年月,或书贾故去之,以冒宋椠也。四月至濮州,手校一过,于碑文用墨笔,跋尾用绿笔,所以为别耳。乾隆戊子(1768)夏五月,李文藻记于丹陵书院之借书楼。

己丑(1769)五月,文藻携此书入都,欲觅善本覆校,不可得。至八月杪,座主嘉定钱先生,假满来京,以手抄本见示,因再事点勘,改正良多。钱先生本有乙卯自跋云:此书明万历中,夏邑王云鹭字翀孺,有刊本,予从河间纪同年晓岚所借抄。恨其中多脱落,复向王礼堂学士假抄本校之。文藻此本脱误处,与钱先生原抄本正同,则向所假于胡明府者,即王云鹭所刊也。晓岚先生为文藻会试房师,今方戍西域,其藏书多为人假者(案假下者字疑讹)。近郎君汝佶,招文藻为查检数日,而此书竟不可得见矣。重阳前二日识。

案南涧跋载为纪氏查检书籍事,与《古文尚书考》跋语正合,李跋之后,又有荭谷手跋云:

继涵案:王云鹭刊本,《武梁碑》有脱落,《魏大飨碑》颠倒错简数处,想胡令(德琳)与辛楣与已改正抄之耶?何不一识之?丙申七月十五日甲申记。

跋后护页,有朱笔一行,题:"乾隆丙申,以钱辛楣、李南涧本校,十二月三十日丁卯竣。"首卷《刻隶释小序》下,有"微波榭"白文方印、"史兆千印"白文方印。《隶释》序下,有"涵"字白文、"荭谷"朱文二小方印。目录下,有"孔"字白文、"继"字"涵"字朱文联珠方印。七卷末页,有"昭焯珍藏"朱文长方印。

二十七卷末页,有“保阳李玉纶书画之印”朱文方印、“广”字“根”字白文联珠方印、“昭焯珍藏”方印。

《隶释》一书,今通行者,有楼松书屋汪氏刻本,洪氏晦木斋覆刻本,讹误颇多。黄荛圃有《隶释刊误》,亦有未尽。前见傅青主手校王云鹭刻本,首卷虽钤傅氏印章,而字迹不类。且内中夹有“文绍案”之校语,疑系传录本,以价昂未致。家藏竹声共雨山房旧抄本,只十九卷,为高南阜旧藏。有高南阜题记,亦只言十九卷,其二十卷以下之《水经》及《集古录》、《金石录》、《天下碑录》等均缺。疑抄时即据一十九卷本,与王本、汪本相较,均不同,亦未审其出于何本也。又藏抄本《隶释刊误》,为莫友芝手校,多订正黄书之误。其所依据,亦为《汉隶字原》诸书。《隶释》所录碑文,原碑尚多存在,曷不以原碑校之。概依《隶韵》《字原》《石墨镌华》《金薤琳琅》诸书,殊不可解。魏稼孙曰:“洪氏原书,非为讹舛,仍当以书为主,以碑为宾,少复旧观。”(见《绩语堂题跋》)然所据各书,年久写印错讹,容或因误而误,安如原碑之可信。杨星五《望堂金石》中,已发其覆,颇怪傅、汪、黄、莫诸君未见及此也。又洪书抄刻各本,就各家所藏,统得十八种,分详于下,以备参考。一、洪氏初刻本。二、洪氏增除本。三、徐髯仙藏宋刻本。四、元泰定七年宁国路儒学重刻本。五、周香严藏隆庆四年抄本。六、万历年间王云鹭刻本。七、昆山叶氏抄本。八、汲古阁毛氏影宋本。九、朱文游家抄本。十、传是楼抄本。十一、钱塘汪日秀刻本。十二、傅青主校王云鹭本。十三、竹声共雨山房抄本。(内有校笔,后附墨书短跋,署名震川,与校笔同出一手。玄字均不缺笔,以纸张字体证之,似为明末抄本。)十四、王礼堂藏旧抄本(见本书李南涧跋。)十五、钱竹汀校王云鹭本。十六、李南涧校抄王云鹭本。十七、孔荭谷校王云鹭本。十八、洪氏晦木斋覆刻本。

此外尚有明南监本《宋史》(即朱英刻本,经嘉靖、万历、天启、崇祯、顺治、康熙诸朝修版),亦南涧旧藏。首册朱序下,有“左经右史”白文方印。《宋史》表下,有“李生”白文方印、“字曰香草”朱文方印。《宋史》目录下,有“南涧居士”朱文方印。目录后有“李文藻印”白文方印。二册本纪卷一下有“李文藻印”朱文小方印。全书朱笔批过,字迹不类南涧。又每册首页,多有“惕庵珍藏”白文方印,未识何人。顷见此书于书肆中,未及议价,故附记于此。

八、未见书目

先生藏书目录,今已佚失,无从窥其全貌。其全部书籍之散出,亦不知在何时。据济南之老于书业者,称三十年前,屡见南涧藏书,多售于北平书贾。缪荃孙《琉璃厂书肆后记》,谓翰文斋主人韩心源得李南涧藏书云云,或即在是。至山东方面,闻安丘赵孝陆家,收藏颇多,亦不审为何种。拟就各家藏书志中,搜集编次,略复南涧旧观。兹先将《琉璃厂书肆记》所载购藏书目,移录于次,以当鼎脔。

抄本《宋通鉴长编纪事本末》
抄本《芦浦笔记》
抄本《麈史》
抄本《寓简》
抄本《乾坤清气》
抄本《滏水集》
抄本《吕敬夫诗集》
抄本《段氏二妙集》
抄本《礼学汇编》
抄本《建炎复辟记》
抄本《贡南湖集》
抄本《月屋漫稿》
抄本《王光庵集》
抄本《焦氏经籍志》
《长安志》
《鸡肋集》

《胡云峰集》

《黄稼翁集》

《江湖长翁集》

《唐眉山集》

抄本《元史略》

抄本《揭文安集》

抄本《读史方舆纪要》

残宋本《自警编》

宋本《温公书仪》

以上共得二十五种。此外尚有抄本《孟子赵氏注》一种(已见前条)。《古刻丛抄》一种(一卷,详知不足斋刻本周嘉猷跋)。《元丰九域志》一种(旧抄本十卷,见《艺风藏书记》)。又《艺风藏书记》载《隶续》二十一卷,南涧以朱竹垞藏本,校曹楝亭刻本上,并补遗六叶。后有南涧手跋曰:

> 洪氏《隶续》二十一卷,缺第九卷、第十卷。据朱竹垞跋语,此即其所藏本,而是刻无朱跋。每卷有印曰:"楝亭藏本,丙戌九月,重刻于扬州使院。"按楝亭姓曹氏,名寅,字子清。尝为竹垞刻《曝书亭集》,未毕而竹垞卒。集内有为作诗序,盖竹垞之友也。丙戌为康熙四十五年,时竹垞尚在,而曹视两淮盐政。既取《隶续》为己藏本,又并其跋弃而不刻,何也?乾隆戊子七月十五日,益都李文藻记。乾隆四十二年丁酉二月初九日,校完。

南涧更依《曝书亭集》抄录竹垞原跋,附于书上。于跋后手题曰:

> 右跋原本无之,兹从《曝书亭集》抄出。其实所跋之本,与此无异。乾隆戊子五月十三日,文藻记于濮州寓舍。

除上书而外,友人丁稼民言:伊藏有南涧手批《韩文》六册,系当时读本,批注极为随意,间有所为诗句,写于书上正文前后者。

又据一书友言:潍县某氏,藏有宋黄庶《伐檀集》三卷,明嘉靖刻本,钤南涧收藏印记,尚未之见也。

九、南涧遗文目录

功顺堂所刻《南涧文集》,遗漏颇多。《益都县志》载《南涧文集》三卷,系阎湘蕙辑,亦非完书。据阎序:先生文集,本无定本,唯自刻《四松记》一篇。潍阳刘次白选山左古文,抄其《重修鲁仲连祠墓记》《吏部左侍郎俞公传》二篇。南涧病中频危时,口授其甥蒋熙书遗命一册,有云:"文章抄成清本者,有六七册。但未分类,且可删者多,非罗台山定之不可。亦有许多刻在人家集者,未尝录也。"可知功顺堂所刻者,非先生手定之本。其原抄清本,今已不存(余藏《南涧文稿》每篇下多批一抄字,必其缮写清本时所据之本),阎氏辑本,亦无从得见。兹依功顺堂本,及本馆所藏稿本,著者自藏抄本,并见于他书者,辑录其目于次:

文目	功顺堂本	稿本	抄本	见于他书著录者
南汉二铁塔考	有	无	无	
姑幕考	有	无	无	
王猛墓考	有	无	有	
王曾王旦相业论	有	无	有	
浒山泺水利议	有	无	有	
卫氏族谱序	有	无	有	
蓼谷纪年集序	有	无	无	
诸城县志序(代)	有	无	无	见《诸城县志》
因瞽得闲集序	有	无	有	
金溪毛母寿序	有	无	无	
游光孝寺记	有	无	无	

▲附录

(续表)

文目	功顺堂本	稿本	抄本	见于他书著录者
游广州西郭二寺记	有	无	无	
琉璃厂书肆记	有	无	无	有单行本,与缪荃孙后记合印,又见《书林清话》
送冯鱼山说文记	有	无	无	
杨姑桥东巨洋水造舟记	有	有	有	
松亭记	有	无	有	
记蝗	有	无	有	
宝薤亭记	有	无	有	
重修鲁仲连先生祠墓记(代)	有	无	有	见《山左古文抄》
宋仇公著墓志铭跋	有	无	有	
书吕贞妇传后	有	无	有	
郡司马王公诗传	有	无	有	
张为主客图跋	有	无	有	
鲁孝王石刻跋(二则)	有	无	有	
书金石文字记嵩山太室少室开母庙三石阙铭条	有	有 题作《跋顾宁人太室少室开母三石阙刻文记》	有	
鲁相乙瑛置孔子庙百石卒史碑跋	有	无	有	

(续表)

文目	功顺堂本	稿本	抄本	见于他书著录者
鲁相韩敕造孔子庙礼器碑并阴跋	有	无	有	
与钱晓征先生书	有	无	无	
与纪晓岚先生书	有	无	无	
同上	有	无	无	
与西园书	有	无	无	见《山左古文抄》
吏部左侍郎俞公传	有	无	无	见《山左古文抄》
滨州学正王君传	有	无	无	
广信府同知丁琰传	有	无	有	
永康州知州葛君传	有	无	有	
微山湖伊家河神庙碑(代)	有	无	有	
举人张君墓志铭	有	无	无	
严先生诔	有	无	有	
裴大夫七十寿序	无	有	无	
又稿	无 文字与前不同	有	无	
又稿	无 代刘统勋作	有	无	
乡贡进士广宁祭文	无	有	有	
又稿	无	有 与前稿略同	无	
青州太守裴公遗爱碑记	无	有	无	

(续表)

文目	功顺堂本	稿本	抄本	见于他书著录者
又稿	无	有	无	
又稿	无	有 以上三稿文字略同	无	
全唐五言八韵诗序	无	有	无	
又稿	无	有	无	
又稿	无	有 以上三稿均未完	无	
重修东岳庙引言	无	有	无	
律诗合谱序	无	有 未完	无	见本书
代琳太守祭鹤大中丞文	无	有 未完	无	
韵谱汇编序	无	有 未完	无	
方伯徐公诔并序(代琳太守)	无	有	无	
裴氏世牒后序(代严艾壹)	无	有	无	
高舜木传	无	有	无	
高介夫传	无	有	无	
募文昌宫香火小引(代刘宏如)	无	有	无	
丁丑会试为刘湘皋(代拟谢表)	无	有	无	

(续表)

文目	功顺堂本	稿本	抄本	见于他书著录者
邓太夫人七秩寿序(代路斯道)	无	有	无	
又稿	无	有 与前稿略异	无	
坡子庄汉寿亭侯祠重修记	无	有 未完	无	
公祭许澹弇司马文	无	有	无	
荒政(七月学课策问)	无	有	无	
德平县修城记	无	有	无	
重修德平县光岳楼记(代文治光)	无	有	无	
中宪大夫颜君夫妇双寿序	无	有	无	
琅琊台赋	无	无	有	
四字讲德赋	无	无	有	
泺源书院同学谱后序(文)	无	无	有	
成安少府墨斋张君七十序(代)	无	无	有	
青州官署即事书怀三十首并序(代)	无	无	有	
绿荫轩雅集序	无	无	有	
王氏通谱序	无	无	有	

(续表)

文目	功顺堂本	稿本	抄本	见于他书著录者
粮道颜公父母寿诗序	无	无	有	
操觚守义诠释序(代)	无	无	有	
郭母寿序(代)	无	无	有	
为朱明府募仓谷引	无	无	有	
请考课须因名核实折子	无	无	有 未完	
不耕获不菑畬解	无	无	有	
丰卦初爻解	无	无	有	
书邵璟传赞后	无	无	有	
韩母张孺人墓志并铭	无	无	有	
淅川县教育王君墓志铭	无	无	有	
山东巡抚鹤公诔	无	无	有	
代冯氏族人祭节妇孔氏文	无	无	有	
梁方伯夫人赵氏诔	无	无	有	
管烈妇看语	无	无	有	
为静叔病祷祠堂文	无	无	有	
四松记	无	无	有	有单行本
粤游小草序	无	无	有	见《山东通志》及《益都县志》
山左明诗抄	无	无	有	见本书

右南涧遗文,除重复者,共得八十五首。各本字句,多有不同。稿本抄本,亦屡经点窜,至再至三。内如《青州友署即事书怀诗序》及《绿荫轩雅集序》,均为骈体。其气息格调,雅近宋人。据钱竹汀《答南涧书》,知先生尚有为其父母所撰行状,极得钱氏称许,今亦不传矣。

十、南涧藏书印记

南涧藏书印记,就各书所载,共得二十印,分录于下:

1. 大云山房朱文方印
2. 李文藻印白文方印
3. 李文藻印朱文小方印
4. 南涧居士朱文方印
5. 李氏珍藏朱文双虬方印
6. 左经右史白文方印
7. 素伯朱文方印
8. 李生白文方印
9. 字曰香草朱文方印
10. 辛巳进士朱文方印
11. 繁露山长白文长方印
12. 竹西书屋白文小长方印
13. 李南涧藏书印朱文方印
14. 敦修堂朱文方印
15. 青州东廓李氏藏书白文横方印
16. 拙斋先生伯子朱文横方印
17. 李伯子白文方印
18. 李静叔之伯兄白文方印
19. 管窥轩藏书印白文方印

20. 训厚堂藏书记白文方印

十一、附论

综观南涧生平,有可纪述者四事:一曰藏书,二曰读书,三曰刻书,四曰著书。藏书而不能研读,如不藏等。读书而不能流通,但供一己之受用,与人群何豫?刻书而无学识以济之,则斠校不精,鉴别不明。故善藏书者,必能读书;善读书者,必能刻书;善刻书者,必能著书。以自身求书之不易,推及他人,故能藏者必能刻。以自身探讨之心得,启示他人,故能读者必能著。南涧有四者兼备之长,抱利己利他之愿,求诸历代藏书家中,实为少觏。同时在山左一隅,堪与南涧相伯仲者,只一历城周林汲耳!今两家藏书,已散佚殆尽,无人肯为收拾网罗,存一时一地之文献。甚有即南涧一名,亦有不能举其姓氏者,呜呼!鲁人之负南涧深矣!

南涧藏书补遗

《李南涧之藏书及其他》一文,既已上版,本馆又续得其藏书四种,文集一种,补记于下:

《练中丞金川集》一卷一册

明练子宁著。书凡三刻,此康熙间施愚山、高端生等校刊本。原分二卷,上卷诗赋,下卷杂文,此仅存上卷,后附《遗事录》,与明本编次不同。目录首页,有"李文藻印"白文印及"南涧居士"朱文二方印。《遗事录》末页,有"左经右史"白文方印。

《光宣台集》二十五卷八册

阿字无禅师著,分法语、诗文、佛事等十七类,门人古正、古云同编,清初刻本。每册首页,有"李南涧藏书印"朱文方印。又有云同"诵金刚经唐棣"及"日啖荔枝三百颗"白文二方印、"唐棣佛缘"朱文方印,各册护面及后页,印钤甚多。

《纲目定误》四卷一册

原刻本,清陈景云著,为《文道十书》之一。首页雷熔序下,有“竹西书屋印记”朱文方印,后页陈黄中跋下有“李生”“文藻”二白文方印。

《南岳志》八卷八册

清高自位重编,乾隆癸酉刻本。目录上方,有南涧手跋曰:“是书长沙太守蒋君曾炘所惠。乾隆丁酉十月二十四日,李文藻记。”无收藏印章。

抄本《李南涧先生古文》一册

此即《益都县志》所载阎湘惠搜辑之《南涧文集》,题“私淑门人昌乐阎湘蕙辑录”。存卷中二十篇,以首页目录校之,仅及一半。原书当为上中下三卷,与《益都县志》合。抄手甚劣,有《四松记》《与阎怀廷书》《告城隍庙文》三首,为抄本刻本所无,余均见《南涧遗文目录》。间著成卫宗、刘次白评语,亦系后人过录。《桂未谷诗集》有《缮写南涧诗文了简林汲》一首,知南涧集尚有一本,与前述诸本不同也。

除上而外,又见南涧手批《韩非子》残本一种,《春秋繁露》一种,《五代史抄》一种,均钤南涧收藏印记,以价昂未收。其在粤南所摹光孝寺贯休罗汉四轴及南涧画像,亦先后为本馆购得,另详插图题记。外有《南涧手书诗稿》横幅及诗稿字册,最近亦归本馆。友人丁伯弢言有先生藏书数种,嘱其开示书目,尚未寄来,不及编入矣。著者藏有清初拓本《汉乙瑛碑》,首装南涧手跋五段。第二段已见刻本文集,字句间有不同,其余四段,刻本抄本均不载。前文漏未录入,并记于此。

(录自《山东省立图书馆季刊》第一卷第一期,1931 年版)。案:李文藻卒于乾隆四十三年,文内谈及李刻惠栋《古文尚书考》谓“南涧书跋在嘉庆四年”云云,恐误。

儒藏说

清周永年

书籍者,所以载道纪事,益人神智者也。自汉以来,购书藏书,其说綦详,官私之藏,著录亦不为不多,然未有久而不散者。则以藏之一地,不能藏之天下;藏之一时,不能藏 于万世也。明侯官曹氏学佺,欲仿二氏为儒藏,庶免二者之患矣。盖天下之物,未有私之而可以常据、公之而不能久存者。然曹氏虽倡此议,采撷未就。今不揣谫劣,愿与海内同人,共肩斯任。务俾古人著述之可传者,自今日永无散失,以与天下万世共读之。凡有心目者,其必有感于斯言。

邱琼山欲分三处以藏书,陆桴亭欲藏书于邹鲁,而以孔氏之子孙领其事,又必多置副本,藏于他处。其意皆欲为儒藏而未尽其说。唯分布于天下学宫、书院、名山古刹,又设为经久之法,即偶有残缺,而彼此可以互备,斯为上策。

竹帛变为摹印,书之流传较易。然考历代艺文录存,而书亡者多矣。或曰:凡书之不传者,必其不足传者也。是不然。《尚书》《周官》,残于秦火;淹中古《礼》,竟亡于隋唐之际,此皆古圣人传心经世之要典,岂其不足以传哉?! 则以藏之者无法耳。

释者之书,正伪参半,美恶错出,唯藏之有法,故历久不替。然立藏之后,自成一家之言者,初不多见。儒者则一代之内必有数卓然不朽之书,可以入藏。释老之藏盛于前而衰于后,儒家则代有增益,此亦闲卫吾道之一端也。

或曰:古今载籍浩如烟海,子之计是愚公之移山也。曰:不然。

天竺之书远隔中国二万余里,六朝迄唐,西域求法高僧见于传记者,不可殚述,况中国之书,固不必远求乎。明释正可以藏经繁重,欲易为书册,以便流通。竭力号召,竟成其事,然则吾党之立志患不固耳奚,其难。

或曰:子欲聚儒者之书,而仍袭二氏之名,可乎?曰:守藏之吏,见于《周官》。老子为柱下守藏史,固周人藏书之官也。二氏以藏名,其书乃窃取儒者之义。今日之举岂曰袭而用之哉!

或曰:童而习之,白首纷如。一卷之书,终身不能穷其蕴,又奚以多为。曰:是不然。孟子云,博学详说,将以反约。不博而约,非约也,陋也。以孔子之圣,犹以好古敏求立教,况其下焉者乎。介甫曰:“不尽读百氏之书,必不能明圣人之经。”若曰文足害道,博适溺心,斯二氏之玄谈,非吾儒之宗旨也。

郑渔仲曰:“有专门之书,则有专门之学。人守其学,学守其书;人有存没,而学不息。世有变故,而书不亡。”然何如毕入于藏,使天下共守之乎。且儒藏既立,则专门之学亦必多于往日。何也?其书易求故也。

郑渔仲曰:“辞章虽富,如朝霞晚照,徒耀人耳目;义理虽深,如空谷寻声,靡所底止。”以其未尽见古人之书,故拘于习尚以自足耳。果取古人之书,条分眉列,天文地理、水利农田,任人所求而咸在。苟有千古自命之志,孰肯舍其实者,取其虚者乎。故儒藏之成,可以变天下无用之学为有用之学。

天下都会所聚簪缨之族,后生资禀,少出于众,闻见必不甚固陋,以犹有流传储藏之书故也。至于穷乡僻壤,寒门窭士,往往负超群之姿,抱好古之心,欲购书而无从。故虽矻矻穷年,而限于闻见,所学迄不能自广。果使千里之内有儒藏数处,而异敏之士,或裹粮而至,或假馆以读,数年之间可以略窥古人之大全。其才之成也,岂不事半而功倍哉!欧阳公曰:“凡物非好之而有力,则不能聚。”儒藏既立,可以释此憾矣。

先正读书遗矩亡于明之中叶。高者失之于玄虚,卑者失之于安庸。儒藏既立,宜取自汉以来先儒所传读书之法,编为一集,列于群书之前,经义治事,各示以不可紊之序,不可缺之功。凡欲读藏者,即以此编为师。斯涉海有航,无远弗届,而书籍灿陈,且如淮阴之用兵,多多益善矣,又何患其泛滥而无归哉。

儒藏条约三则

儒藏不可旦夕而成,先有一变通之法,经史子集,凡有板之书在今日颇为易得。若于数百里内择胜地名区,建义学,设义田,凡有志斯事者,或出其家藏,或捐金购买于中,以待四方能读之人,终胜于一家之藏。即如立书目,名曰《儒藏未定目录》,由近及远,书目可以互相传抄。因以知古人之书或存或佚,凡有藏之处,置活板一副,将秘本不甚流传者,彼此可以互补其所未备。如此则数十年之间,奇文秘笈,渐次流通。始也积少而为多,继由半以窥全。力不论其厚薄,书不拘于多寡,人人可办,处处可行。一县之长官,可劝一县共为之;一方之巨族,可率一方共为之。今愚夫愚妇,不惜出金钱以起祠宇,较之此事,轻重缓急,必有能辨者矣。

藏书宜择山林闲旷之地,或附近寺观有佛藏、道藏,亦可互相卫护。吾乡神通寺有藏经石室,乃明万历中释某所为。其室去寺半里许,以远火厄,且累石砌成,上为砖券,今将二百年犹尚牢固,是可以为法也。

书籍收藏之宜,及每岁田租所入,须共推一方老成三五人经理其事。凡四方来读者,如自能供给,即可不取诸此,寒士则供其食饮。须略立规条,如丛林故事。极寒者并量给束脩,免其内顾之忧。有余仍贮存之,以为置书增田之费。

(录自《松邻丛书》甲编)

周书昌别传

清章学诚

余去京师四年，春明故人，日益以远。今年邵晋涵与桐氏书来，言书昌病归狼狈，殊可念；俄又书来，言书昌死矣，乾隆五十六年辛亥(1791)秋七月也。哀哉！余自己丑(1769)庚寅(1770)间，京师闻书昌名，未得见。辛卯(1771)始识与桐。欲访书昌，时二君甫成进士，俱罢归铨部，意不自得，先后出都门，余亦游涉江湖，不遑安处。乙未(1775)入都，二君者方以宿望被荐，与休宁戴震等特征修四库书，授官翰林，一时学者称荣遇。而戴以训诂治经，绍明绝学，世士疑信者半，二君者皆以博洽贯通，为时推许。于是四方才略之士，挟策来京者，莫不斐然有天禄石渠句坟抉索之思，而投卷于公卿间者，多易其诗赋举子艺业，而为名物考订，与夫声音文字之标，盖骎骎乎移风俗矣。

余因与桐往见书昌于“藉书”之园。“藉书园”者，书昌之志也。书昌故温饱，橐馁于书，积卷殆近十万，不欲自私，故以“藉书”名园。藉者，借也。尝以其意，请余为《藉书目录》之序。余序之曰：书昌尝患学之不明，由于书之不备；书之不备，由于聚之无方，故竭数十年博采旁搜之力，弃产营书，久而始萃。今编目所录，自经部以下，凡若干万卷，而旧藏古椠，缮抄希觏之本，亦略具焉。然书昌之志，盖欲构室而藏，托之名山；又欲强有力者为之赡其经费，立为法守，而使学者于以习其业，传抄者于以流通其书，故以“藉书”名园。又感于古人柱下藏书之义，以为释老反藉藏以永久其书，而儒家乃失其法，因著《儒藏》之说一十八篇，冠于书首，以为永久法式。

呜呼！书昌于斯,可谓勤矣。夫古者官府守书,道寓于器,诗学六艺,学者肄于掌握而已。及其礼失官废,师儒授受,爰有专门名家,相与守先待后,补苴绝业。夫官不侵职,师不紊传,其名专而易循,其道约而可守,是故书易求而学业亦易成也。自学问衰而流为记诵,著作衰而竞于词章,考征猥琐以炫博,剽掠文采以为工,其致力倍难于古人,观书倍富于前哲,而人才愈下,学识亦愈以卑污,则专门之业失传,古职之失守,而学者无所向方故也。间有好学深思之士,能自得师于古人,而典亡学绝之后,闻见局于隅墟,搜讨穷于寡陋,不幸不见天地之纯,古人之大体,而挟村书以守旃蒙者。遂得以暖姝菌蠢学一先生之言,不复深维终始,则以书之不备,聚之无方,弊固至乎此尔。孔子曰:“多闻,择其善者而从之,多见而识之。”孟子曰:“博学而详说之,将以反说约也。”士生三古而后,苟欲有志乎官守师传之业,非有所独得者,固不可以涉猎为功,而未能博稽载籍,遍览群书,亦未有以成其所谓独得之学,而使之毫发之无憾。此书昌之所以搜而聚,聚而藏,藏而籍录部次,以为永久之指也。近世著录,若天一阁、传是楼、述古堂诸家,纷纷著簿,私门所辑,殆与前古艺文相伯仲矣。然或以炫博,或以稽数,其指不过存一时之籍,而不复计于永久;著一家之藏,而不复能推明所以然者,广之于天下,其智虑之深浅,用心之公私,利泽之普狭,与书昌相去当何如耶？虽然,群书既萃,学者能自得师尚矣。扩四部而通之,更为部次条别,申明家学,使求其书者可即类以明学。由流而溯源,庶几通大道之要,而有以刊落夫无实之文词,泛滥之记诵,则学术当而风俗成矣。斯则书昌之有志而未逮,读其书者不可不知其义也。书昌志既美而不就,当世亦复迂之,故生平不得展其意气。四库馆开,既以夙望被征,尝欲行其平日之见,尽表遗籍,设法劝诱,使人刊布流通,且为学者无穷之利。而己身与同列者竭所知能,优游寝食其中,将以庶几得当,而于程功刻日,迁秩叙劳,皆未有以计也。事多杆格不行。宋元遗书,岁久湮没,畸篇剩简,多见采于明成祖时所辑《永乐大典》,时议转从《大典》采缀,以还旧观,而馆臣多次择其易为功者,遂谓搜取无遗矣。书昌固执以争,谓其中多可录。同列无如之何,则尽举而委之书昌。书昌无间风雨寒暑,目尽九千巨册,计卷一万八千有余,丹铅标识,摘抉编摩,于是永新刘氏兄弟公是、公非诸集以下,又得十有余家,皆前人所未见者,咸著于录。好古之士,以为书昌有功斯文,而书昌自是不复任载笔矣。庚子(1780)辛丑(1781)之间,《四库全书》将竣,而馆阁被命特修之书,若《开国方略》《满洲源流》《职官表》《河源考》之类,指不胜屈,皆欲趣成,以入四库著录。馆阁撰述需人,翰林稍知名者,一人常兼数馆;又借才外曹,若进士、举贡诸生未得官者,或藉以超资换阶,纷然竞赴功名之会偿,而书昌不得与,意泊如也。

书昌阔于世故,唯读书不欺。其与人也忠信,而自为谋,往往明大而疏于细;据其理不甚详察于事,人以是益迂之。初入翰林,以谓官清则贵有守,唯治生有具,乃可无求于人。于是鬻间架,权市货,倩贾客为之居廛,俄而大耗其资,则矍然省曰:"商贾末也,力农本也,弃本逐末,我则疏矣。"则又僦田讲求艺植,倩农师为之终亩,凡再遇丰年,而僦田所获,不足偿其粪溉。则又矍然省曰:"农夫耒耜,士之贽也。我不食业,而耕是谋,失吾本矣。"遂评辑制举之文,镌印万本,以为诸生干禄者资。其文多组织经史,沉酣典籍,意在即举业而反之。通经服古,自谓庶几义为利矣。然而应科举者多迂之,印本不售,而刻印资多券质,责逋计子母,即鬻万本不足偿,于是至大狼狈。凡书昌计治生,知其事者,无不规谏,虽妻子亦力阻,而书昌自喜益深。黠者或从中暗规其利,书昌又坦怀无逆亿,故以温饱之家,讲书余蓄无几,至三变计而益惫不支。然其读书实深有得,而流俗视之,乃与言治生等。呜呼!人固不易知,知人读书之有所得,则更不易。自孔氏之门,颜曾游夏,不专一律,孟子王齐反手,身当七百名世,而井田封建,一则曰闻其略,再则曰此其大略。诸侯之礼,则未之学。荀卿深明礼乐,详于制数,虽推施不及孟子,而于入孝出悌,守先王之道,以待后之学者,实无愧焉。人岂可一律哉!自有谓坐言起行,讥宋儒为无用者,于是经术渊闳之士,或于世事稍疏,即为儒者诟病,不知守先待后,责固不轻,而书昌勤学而不为名,心公而无私于利,粹然古之醇儒。不知者讥其所见之偏,即知之者亦徒震于学识之博,而于书昌之所自得者,则皆未有当也。书昌于学,其大者溯源官礼。尝谓宋儒以后,学统授受,学案异同,言人人殊,皆逐末而遗本,夫学安得有统,《周官》礼,千古之学统也;学安得有案,《春秋》礼,千古之学案也。又曰:君子思不出位,位于古文同立:唯礼有定位,所以立不易方,不知礼无以立也。郑、孔诸儒之于《礼经》往往张之,或失其位,《周官》之礼,遂失其传,而人且无所措手足矣。故于宫室制度,登降仪节,讲求甚悉。以为学而不明于此,皆面墙也。又曰:“学必求诸身心,蕺山刘子以后,遂无深造自得之学。其纷纷争宗旨者,市于学也。”旁涉佛藏,博综探索,自谓有得。尝谓告子言生之谓性,人知其为佛氏所宗,不知彼谓不得于言勿求诸心,乃是阴辟儒行,彼谓不得于心勿求诸气,乃是阴辟道流。盖其意以儒者存养省察为反求诸心,道家飞伏脩炼为求助于气也。闻者虽疑信不定,然其所见卓然不可易也。

始余游京师,于书肆见伟丈夫,黝泽而髯,取肆书都目,流览绝疾,似无所当意者,掉臂竟去。余微迹之,益都进士李文藻也。后见书昌髯伟绝类李君,因悉李君志奇好古亦似书昌。时李已出为广东知县,与书昌往复,搜刻山东前辈遗书,不遗余力,余恨未得交李君也。同时聊城邓汝功、德州梁鸿翥,皆笃学嗜古,不为时名,推为山东士望。辛丑(1781),李君卒广西同知,以诗别书昌,意谓梁、邓先后下世,以次及李,因拟书昌为鲁灵光,今十年尔,而书昌又逝,悲夫!书昌讳永年,书昌其字,自号林汲山人,其先浙江余姚人也。自高祖迁居历城。祖母刘,以节孝旌。考堂,国学生,善行闻于乡里。母王,有淑德,闾党称之。书昌乾隆三十六年(1771)进士,特授翰林庶吉士,散馆授编修,充文渊阁校理。乾隆四十四年(1779),贵州乡试典试官。卒年六十有二。子震甲,乾隆四十五年(1780)举人。余与书昌交,终始于与桐。居京师,尝困踬少欢,过二君,辄忘患苦,能作竟日谈晏。忆书昌方欲僦田治生,有老农为述田家乐事,娓娓入人。余闻之意移,亦欲共书昌效彻田遗意。独与桐谓未可信。余询其故,与桐曰:农田之必有利,犹读书必有益也。农子闻大儒言读书之功,而舍其耒耜以求占毕可乎?余曰:我辈归老故山,得有田圃林泉之胜,三数知契,衡宇相望,弦诵之余,因而课耕问莳,朝夕过从,人在士农之间,不亦可乎?与桐、书昌,皆色然有慕,斯言犹在耳也,不知感慨系之矣!与桐书言书昌且东归,自知不起,属与桐寄语,俾余为传。余谓书昌不好名,传不足以慰地下也。若其读书有以自得,区区欲以己之所有公于斯人,则余与与桐所为心折者尔。

(录自《章氏遗书》卷十八,文集三)

海源阁记

清梅曾亮

昔班固志艺文,自六艺而外,别为九流,则凡书之次六艺,如诸子者,皆流也,非其源也。况又次于诸子,如诗赋诸略者乎?然当秦火后,余裁数经。至汉成帝时,间二百年,书已至万数千卷之多。而自汉以后,几二千年以至于今,附而相推,激而相摧,演而愈淆,丽而愈支,昔之所谓流者,且溯而为源,而流益浩乎其无津涯。故书犹海也,流之必至于海也,势也。学者而不观于海焉,陋矣!虽然是海也,久其中而不归,茫洋浩汗,愈远而不知其所穷,惝然不知吾之所如,浮游乎无所归休,以终其身为风波之民,不亦惫哉!然则何从而得其归?曰:有史焉,足以纪事矣;有子焉,足以辨道术矣。今且类其物而分之,比其物而合之,摭一书为千百书,而其势犹未已也。由今以观,周秦人书于汉人见之外,别无见也;由今以观,魏晋人说经于唐人载之外,别无见也。其见于史、见于集者,亦希矣。然今之说者,不唯视唐加详也,且视汉而加详也。夫汉唐人之书具是矣,其后此者,非衍词也,即变文也。不然,则凿空者也。而作者勤焉,学者骛焉,以千万言说书之一言,而其辩犹未知所息也。昔之人有言曰,《十三经》《十七史》外,岂有奇书?夫古今才人,如此其众也;著书垂后,怪奇伟丽者,如此其多也,而云尔者,是知源者也。

同年友杨至堂无他好,一专于书,然博而不溺也。名藏书阁曰"海源",是涉海而能得所归者欤?或曰,信如子言,凡书之因而重,骈而枝者,悉屏绝之,其可乎?曰:乌乎可!游滥觞之渊,而未极乎稽天,浴日月之大浸,是未知海之大也,又安能知源之出而不可穷也哉?

(录自《柏枧山房集》卷十一)

楹书隅录初编自序

清杨绍和

先端勤公平生无他嗜,一专于书,所收数十万卷,庋海源阁藏之,属伯言梅先生为之记。别辟书室曰"宋存",藏天水朝旧籍,而以元本、校本、抄本附焉。癸亥(1863)甲子(1864)间,绍和里居,撰《海源阁书目》成,复取宋元各本,记其行式、印章、评跋,管窥所及,间附数语。乙丑(1865)入翰林,簪笔鲜暇,此事遂辍。顷检旧稿之已成者,得若干种,厘为五卷,命曰《楹书隅录》。写校既竣,抚书远想,哀慕曷极。同治己巳(1869)仲夏,聊城杨绍和彦合甫识。

(录自《楹书隅录》)

楹书隅录续编序

清杨绍和

昨岁撰《楹书隅录初编》成,得书五卷,皆先公四经四史斋旧藏善本。予昔年所收精椠,间附录焉。唯继得黄、汪二家精校名抄各本,以避兵而储诸山中者,悉未登录。今春珥笔稍暇,命儿子保彝由里中抄寄原书跋尾若干条,手加甄录,补成九十余种,厘为四卷,命曰《续编》。若予年来嗜好所在,不乏珍笈,手校诸籍,亦颇罕秘,《三编》之纂,拟俟诸他日。同治辛未(1871)中秋,彦合主人识于京寓五端友斋。

(录自《楹书隅录续编》)

楹书隅录跋

清杨保彝

右《楹书隅录正编》五卷,《续编》四卷,最宋本八十五,金元本三十九,明本十三,校本百有七,抄本二十四,为部二百六十有八,先大夫手编,先大父端勤公藏书也。先大夫晚年所得之书弗与焉。稿成于同治初,于时寇乱未定。其储诸山中别墅者,太半未及辑次。及官翰林,始补录之。故有正、续二编之分。光绪改元,吴县潘文勤公有《士礼居题跋》之刻,借稿抄胥原跋,或有误收,未及改正,而先大夫见背,既为友人借录,不无亥豕,而书储里中,原稿待校。未经编入者,复十余种。迨癸未(1883)秋,保彝报罢南旋,赍归原稿与著录各本敬为编辑,详加校补,始成定本。其间各家题识,字体、手迹互有同异,谨依原本,不敢忘改,存其真也。忆昔先大夫之在朝也,珥笔余暇,辄约二三同志作海王村游。每得善本,则折柬相邀,并几赏玩,考订商榷,流连晨夕,致足乐也。若夫晚近,士大夫同好相高,或成隙末,甚且秦越殊辙,而怀璧致戾,腾其口说,以相谤诅,岂世风之升降邪?盖自古往往然矣。唯是保彝无似,不克仰承先志,遗书莫读,手泽常新,奉书遐想,泣慕曷极。呜呼!藐是孤儿,艰难困踬,老守遗编,白头以相终始。若弗知身敝而名堕也者,非人子之谊然哉。爰濡泪吮毫,敬志于后。工始癸巳(1893)小阳,洎本年冬十月既望而书成。为字十四万四千二百四十有二言。同校者为宛平刘君家立、家荫昆季,同邑外弟傅君昉安、玉田、吉生、曾佑;例得备书。光绪二十年(1894)太岁在阏逢敦牂涂月上浣,男保彝恭跋。

(录自《楹书隅录初编》)

楹书隅录跋

清柯劭忞

同治辛未(1871),劭忞应会试入都,问字于先生之门。适此书初编甫脱稿，劭忞获与校勘之事，今二十有五年矣。哲嗣凤阿户部，刊此书工毕，乃复校一过，而书其后焉。先生禀端勤公之教，又从梅先生曾亮、包先生世臣游，经术词术皆深入古人阃奥。其治经尤邃于郑学。尝曰："阐洙泗之微言，导新安之先路，未有如郑君者也。"此书第一卷宋本《周礼跋》述端勤公之言曰："自后儒空言义理，而郑君之学微。然王祎谓朱子《诗集传》，训诂多用毛、郑，朱子《论孟精义序》云：'汉儒正音读，通训诂，考制度，辨名物，其功博矣。'学者苟不先涉其流，则亦何以用力于此。读经而不由郑学，犹欲入室而不由户也。"观端勤公之服膺郑学如此，可以知渊源之所自矣。杨氏以藏书为世业，宋椠元抄，集诸家之大成，故藏弆之富，鉴别之审，海内推先生第一。然端勤公之学之传于先生者，世或不尽知也。劭忞恐耳食之士，未奉先哲绪论，故附箸先生之家学，俾后之君子有考云。时乙未(1895)闰五月，门人胶州柯劭忞谨识。

(录自《楹书隅录初编》)

聊城杨氏海源阁藏书目跋

清江标

吾郡黄荛圃先生所藏书，晚年尽以归之汪阆源观察。未几，平阳书库扃钥亦疏，在咸丰辛亥(1851)、壬子(1852)间，往往为聊城杨端勤公所得，至庚申(1860)而尽出矣。标癸未(1883)秋游山左，汪郎亭先生出示杨氏《海源阁书目》，并勰卿太守所撰《楹书隅录》。甲申(1884)冬，复随先生观书于阁中。端勤文孙凤阿舍人发示秘笈，举凡艺芸书目之所收，《楹书隅录》之所记，千牌万缊，悉得寓目。大约吾吴旧籍十居八九，尧翁之所藏则又八九中居其七焉。

嗟乎!吴中藏书,庚申(1860)之后,几无全帙,百宋一廛中之物,更稀如星凤,岂知琅嬛福地,别在陶南,江夏签縢,自存天壤。标先代所藏图籍,既经兵火,靡有孑遗,今海源阁中元本《汉书》,犹为我家旧物,有兰陵萧江收藏记可证。眷念先型,怆怀何极!今岁客居南越,适辑《荛翁年谱》成,独念书录不传,荛言未刊。前年潘郑盦尚书辑刻《士礼居题跋》六卷,荛翁卅年精力所聚,略见于此。标复亟亟写刻此目,欲使世知百宋种子尚未断绝。人亡人得,聚散无常。昔之连车而北者,安知不橐载而南乎?录竟志此,以为息壤。光绪十三年(1887),岁在丁亥中春月,元和江标识于药洲精舍。

(录自《江刻书目三种》)

楹书隅录后序

清孙葆田

曩者葆田在京师与伯羲祭酒论国朝人撰述,独目录之书自乾隆以前不多见,何哉?伯羲曰:此殆彼时文禁严故也。因叹近年江浙诸行省迭遭寇乱,典籍散失。今所传私家书目,如常熟毛氏、钱氏,泰兴季氏,鄞范氏,其仅存者,大率有录无书。独吾乡聊城杨端勤公仕道、咸之际,生平尤好聚书,所收藏数十万卷,多宋元旧椠。闻故翰林侍读勰卿先生早承家学,尝著《楹书隅录》凡若干卷,稿藏于家。先生之子凤阿,吾同年友也。时官中书舍人,伯羲遂属予为介,借稿录副,由是杨氏藏书目稍传于时矣。其后吴县所刻《士礼居题跋》既出,读者疑之,盖黄氏故无成书,赖是录搜辑,附入各卷内,或乃移易其名,谓是编所录,尽出士礼居,误矣。葆田尝读梅伯言郎中所为杨公家传,述同时人语曰,向以至堂好蓄书,今乃知其得一书必阅一书也。至堂,端勤公字也。梅郎中又谓公治文书毕,即手一卷,其守身一以宋儒之礼法为归,而名物象数声音训诂亦勤恳研究。昔姚姬传先生尝叹近世言汉学者,无宋儒苦身力行之学,如公乃庶几兼之矣。葆田不及见端勤公,而以年家子之谊获侍勰卿先生于京寓,故知其家渊源甚悉。今先生没逾二十年,会凤阿舍人已改官户部,暇日乃即原稿重加编辑,详校付梓。刻既成,以书寄予济南,属为后序。予与凤阿,今日盖皆所谓不能读父之书者,观先生是录,以楹书为名,其能无有感于中哉。凤阿又述先生遗言,谓汉与宋无殊途,学与文非两事。将来可望有成者,唯不肖葆田而已。葆田深愧乎其言。读是书益不能不为慨然以兴也。岁月易迈,追思与伯羲谈论时亦十有七年矣,其尤可慨也夫。光绪丙申(1896)冬月。

(录自《校经室文集·补遗》)

楹书隅录跋

清董康

《楹书隅录》五卷,《续编》四卷,聊城杨氏海源阁家刻本,比年散落都市,康购得之,凡阙失三之一,补刊百九十余版,复为完书。端勤父子宦辙所至,雅意勤搜,四经四史,卓然为诸藏书家冠冕。其中秘医大都有百宋一廛旧物,吴中先辈,考订源流,厘然有绪。方今中原多故,文献孑遗,陶南世家,独能保守无恙,与海虞瞿氏铁琴铜剑楼足相辉映。康昔斠刻瞿氏书目,今复补成此帙,文字之缘,属有深幸,用纪简端,以饷同志。壬午(1882)仲春武进董康。

(录自武进董氏补刻《楹书隅录》)

孙宝琦奏保护海源阁藏书折

清孙宝琦

清宣统二年(1910)三月

山东巡抚孙宝琦奏:保存古物,莫重于书籍。海内士庶,以收藏闳富著声称于当世者,家数无多。山东故绅前南河总督杨以增搜集故书,雅多著录。所藏宋元旧椠各本,精审绝伦。其子前翰林院侍讲学士杨绍和,其孙分省补用道杨保彝世守遗编,克绵其绪。是以海源阁藏书,至今称述弗衰。杨保彝以累世单传,楹书无托,曾呈请地方官保护,永为海源阁世产在案。上月十二日杨保彝病故,现在籍绅士翰林院编修马荫荣、杨毓泗等呈请切实保护在案前来。臣查保存古物,定例宜遵,旧籍相传,尤为文明观耀。昔韩宣子聘鲁,观书于太史氏,称为周礼在鲁,此阁亦犹礼存于鲁之一端。付托无人,深虞沦佚。各国方以存古为重,中原尤以保粹为先,自应珍重维持,俾延世泽。除饬学司妥筹保护,并分咨查照外,理合附片具奏。

(录自《图书馆学季刊》第一卷第一期)

海源阁藏书记略

傅增湘

一九三一年

自聊城杨氏海源阁藏书散出后,凡读书好古之士以及当代名公巨卿,咸奔走告语,谋所以保存之策。或搜求于琉璃厂肆,或远访于冀鲁都会,或咨询于杨氏后裔。山东教育厅至派专员抵海源阁中,以调察其残余。记载消息,腾布于报纸者,日有所闻。盖保守古物,发舒文化,人各有责,世具同心也。然或语焉未详,或言之未当,未足以餍海内人士之望。余耽嗜古籍,久成痼癖,耳闻目见,深恫于怀。爰多方寻究,辗转属托,数月以来,于杨氏现存古籍,粗得观览,虽未能尽窥宝藏,而寓目所及,固已十得八九。聊志梗概,以资采择。

吾国近百年来藏书大家,以南瞿、北杨并称雄于海内,以其收罗闳富,古书授受源流咸有端绪。若陆氏之皕宋楼,丁氏之八千卷楼,乃新造之邦,殊未足相提而并论也。杨氏收书始于至堂河督,其子协卿太史继之,其孙凤阿舍人又继之。至堂于道光季年在南中所收多为汪阆源之物,汪氏得之于黄荛圃,黄氏所得多为清初毛、钱、徐、季诸家所藏。至协卿、凤阿所收,咸在京师,值咸同间怡府书散,其时朱子清、潘伯寅、翁叔平争相购致,而协卿亦颇得精秘之本。然怡府旧藏亦自徐、季而来,其流传之绪大率如此。据《楹书隅录》所载,凡宋本八十五,金元本三十九,明本十三,校本百有七,抄本二十四。然协卿晚年所得之书固未尝入录也。协卿欲为三编之纂,迄未有成。故江建霞手抄之目,其书往往出于《隅录》之外,即吾辈今日所见,亦有不载于目者,职是故也。

杨氏既以三世藏书嗣其家,举明季清初诸名家所有古刻名抄,又益以乾嘉以来黄、顾诸人之精校秘写萃于一门,蔚然为北方图书之府,海内仰之,殆如景星庆云。第家在陶南,僻处海东,非千里命驾,殆无由窥见,而杨氏亦深自秘惜,不轻以示人。以余所闻,当时唯柯凤荪以及门之雅,曾登阁一观,而江建霞随汪柳门学使按试所经,亦粗得目涉,记其崖略而去,即今日所传药洲精舍写本是也。第江氏手跋,由羡生妒,识囿方隅,谓"昔之连车而北者,安知不捆载而南?”主人覩此,不怿于怀。缘是扃闭深严,殆同永巷。宣统初元,孙慕韩抚部复专折奏请妥为保守,以防散佚。官吏奉符,驿骚百出。杨氏两世孤嫠,愤慨殊常,至有闭阁燔烬之说。可知累代宝藏,几经艰瘁,乃得绵延以至于今日也。鼎革以来,中外坊估,络绎于途,而觊觎终未得逞。第甲寅(1914)之冬,余曾于厂肆得宋蜀刻本《孟东野诗集》一册,荛圃题识,即为阁中之物,可知是时管钥固已疏矣。迄丙、丁之际,鲁府有收归公有之议,于是杨氏后裔惧终不吾有,乃检其精要,星夜辇出。至庚午(1930)而匪军入聊,屯军阁中,而万本琳琅,遂随佩剑弓刀以俱去矣。

自阁书散佚之耗出,于是厂估奔走四出,西至保定、顺德、大名,东至德州、济南、青岛,风起云涌,竭力穷搜,萃积于平津各肆。而杨氏后裔,以旅居耗产,亦出所藏,以求善价。二三年来,其散出者略已少半。余前岁客津门,曾观宋本子集凡二十六部,大率先后为有力者分携以去。余以绌于赀,未得尝鼎一脔。其抄校秘籍出现于海王村者,亦经官馆与私家购求殆尽。往往一二抄校小帙,悬价千金,而宋元古刻更无论矣。说者遂谓“宋存书室”中精华殆已略尽,然以真赏者衡之,其事固未必尽然也。

考杨氏藏书,号称美富,然其父子特自矜异者,独为四经四史,故于“宋存书室”外,别题斋名。梅伯言撰《海源阁记》,以谓凡书之次六艺,如诸子、诗赋者,皆流也,非其源也。是梅氏亦尊经史而抑子集矣。桐乡陆敬安《冷庐杂识》云:“聊城杨侍郎得宋板《诗经》《尚书》《春秋》《仪礼》《史记》、两《汉书》《三国志》,颜其室曰‘四经四史之斋’,可为艺林佳话。”近时董君授经亦云,“端勤父子雅意勤搜‘四经四史’,卓然为诸藏书家冠冕”。综诸名家论定观之,是海源阁藏书为海内之甲观,而“四经四史”又海源阁中之甲观矣。

余三十年来目想神游,形诸梦寐,至是乃税驾津沽,雅意访延,请于主者,始得寓观。都现存之书,凡宋本三十余部,元本二十余部,而古抄秘校不计焉。如入嫏嬛之府,登群玉之山,目不暇给,美不胜收,而尤使人怡神惬志者,则“四经四史”大都赫然具在,然后叹箧中所储,固已探骊得珠,其散落四方,只一鳞片爪也,乌足同日而语耶!兹举其珍秘者,列诸左方,其仓卒未遑遍览者,不复详焉。

宋本《毛诗》(巾箱本)

宋本《尚书蔡氏传》(大字精善,极少见。)

宋抚州本《礼记》(初印,纸洁如玉,墨光如漆,张敦仁所刊之底本。)

宋乾道本《史记》(蔡梦弼刊本,十二行二十一字,刻工劲秀,建本之精者。)

宋本《汉书》(宋蔡琪一经堂本,大字妍美,八行十六字,铁画银钩。)

宋本《后汉书》(宋王叔边本,十三行,字体秀劲,与《史记》同,建本之最精者。只于日本曾见一部。)

宋本《三国志》(《国志》宋椠最罕见,此精印尤难得。)

按:此即“四经四史”也,惜《仪礼》未及见。

宋本《诗说》(海内孤本。)

宋本《春秋名号归一图》(汲古阁旧藏,精善。)

宋本《大戴礼记》(元本,然极罕见。)

宋本《文公家礼》(大字严整。)

元本《礼书》(精雅可玩。)

宋本《汉书》、宋本《后汉书》(二书虽有元修,然完整者极不易得。)

宋本《资治通鉴考异》(宋绍兴初浙本,薄纸精印。)

宋本《方舆胜览》(是书多残损,此本独初印完善,可贵。)

宋本《两汉博闻》(乾道胡元质刊本,古雅罕见。)

宋本《证类本草》(蜀刻古劲,世所稀有。)

宋本《离骚草木疏》(孤本秘笈,十行二十一字,版式高阔。)

宋本《韩昌黎集》(十二行本,特为精雅。)

宋本《骆宾王集》(北宋蜀本,古雅绝伦,抄配亦精。)

宋本《元丰类稿》(大字劲雅,然是元本。)

宋本《宝晋山林集拾遗》(嘉泰筠阳郡斋刊本,大板,十行十六字,刻尤古雅,世无二本。华氏真赏斋故物。)

宋本《刘后村集》(精洁完善。)

元本《乐书》(精整。)

元本《尔雅》(精刊初印。)

毛抄《石药尔雅》

毛抄《汗简》

毛抄《西崑酬唱集》(以上三书汲古精写,当与宋刻同珍。)

此外宋元本诸书,亦多佳槧,然或为生平所常见,或迫于晷刻,未及披览者,不更赘及。至抄校各帙,多属陆敕先、何义门、顾千里、张讱庵诸人名笔,而黄荛圃所校至十余种,且多为古书,所据咸属宋本,尤足珍秘,所谓下宋刊一等者也。迩来文教浡兴,嗜书好古衍为风尚。世人偶见古刻旧抄,辄争相骇异,诧为瑰宝,甚者获其一二,更高自矜异,揭榜征题,此钱牧斋所谓"吴儿穷眼"者也。若使睹此,当复何如耶!

综而论之,杨氏之书聚积万签,保藏三世,今乃一朝散佚,海内闻之,罔不叹惋。若欲网罗寻访,使复旧观,诚非易事。然以余所见,则残佚之余,犹存少半,且经史八帙,端勤视为镇库之宝,学人仰为稀世之珍者,幸而尚存,则精华固依然如故也。第杨氏既有不能终守之虞,外人更时有篡取之意,而其部帙繁重,价值高奇,又非常人之力所能举,吾辈披赏之余,唯有私与慨叹而已。所冀当代贤达,高掌远蹠,顾此数千卷之书,实四部之菁英,旷世之鸿宝,几经兵戈水火虫鱼之劫,仅得留贻。若能广集群力,包举无遗,辟馆别储,供人考索,是海源阁虽亡而复存,且视杨氏闭诸箧笥,衹自怡悦者,其用心又加宏焉。嗟夫!鸿名盛业,百载难逢,贞下启元,千钧一发,世有其人乎?余馨香百拜以求之矣。辛未三月二十四日藏园识。

近于平津坊肆时见有海源阁藏明刊及旧写本书。迩来风气,访书者多醉心宋元,而其余不屑一盼。然平心论之,明刊或有稀觏之书,旧写颇多孤秘之本,若有好事者兼收而并蓄之,亦可蔚为巨观。聊附鄙言,奉质当世。辛未浴佛前日,书潜偶记。

(录自《藏园群书题记》附录二)

冀鲁豫八路军解放聊城前为保护聊城固有文化的三项命令

冀鲁豫前线记者团十二月三十日电:八路军某部政治机关为保护聊城固有文化免于战争损害,在我军入城前发布三项命令:

(一)向民族英雄范筑先墓立正敬礼。

(二)保护中国四大藏书家之一海源阁图书馆。

(三)保护中国史学家傅斯年先生在聊城北街的住宅。

(录自1947年1月5日延安《解放日报》、重庆《新华日报》、山东《大众日报》)

藏书十咏

王献唐

幼喜聚书,壮而弥笃。频年四方,随在搜集。裒其所藏,约五万卷。家有老屋,庋架储之。横几摊卷,昏晓流连。意有所触,辄发吟咏。裁题命篇,都为十什。夫百年之乐,视此陈编。千金之珍,宛同敝帚。挹郡言而寄傲,游卷阿以矢音。是亦以无益之事,遣有涯之生者也。

"大云"文献近如何,一例"水西"感慨多。
拚却芒鞋三十緉,冷摊僻市几回过。

—访书

吾东藏书,清乾嘉时,以历下周林汲、益都李南涧为最。年来搜求两家藏书,仅得十数种。大云山房、水西书屋,其藏书处也。

黄金脱手了无馀,换得陶南镇库书。
不学东家权子母,鱼盐柴米姑徐徐。

—购书

黄荛圃手校《穆天子传》,顾千里手校《说文系传》,均海源阁故物,近日散出,余倾囊得之。

才过东江又北湖,晴虹贯月出吴都。
迄今谁是倪黄手,来画渔洋第二图。

—载书

前在金陵购书十数簏,以兵戈路阻,浮江泛湖,辗转运至海上。昔渔洋有载书图,拟仿其意,为吴江载书图。

红蟫青筒阅星霜,百叠丛残手自装。
肯以千金换敝帚,任人两字署清狂。

—装书

唐抄宋椠意纷驰,狼藉丹黄笔一枝。
排闼风声灯欲死,有人兀坐五更时。

—勘书

曝书亭接晒书堂,拈取先贤一瓣香。
手扑牙签三万轴,不辞风日坐檐廊。

—曝书

抄刻精严别异同,取材端喜老荛工。

九流四部闲征遍,消受春灯一穗红。

—跋书

荛翁题跋书籍,间于版刻流别外,兼及当时购书掌故。清言屑玉,为书跋中之别开生面者。余每喜效之,尤多在宵深人静时著笔也。

爱好贪多癖不除,蚕眠小注单行疏。

垂廉半卷杨花起,手写人间未见书。

—抄书

日本所藏经部单疏本,挽近辗转移写,流入吾国,多为前此所未见。向从友人假得,排日为课,手录二种。又借抄《陶诗》汤注二种,时在前岁三月。

海源书似阵云屯,小钵猩红认宋存。

乞与老饕供一饱,残年风雪过屠门。

—借书

去岁残冬,借书杨氏海源阁,流观七日。其藏书印有"宋存书室",亦屡见《楹书隅录》。问其家人,竟不知有是室也。

殊方别语日琅琅,身世蠹鱼了不妨。

十丈红尘万人海,此心安处是吾乡。

—读书

近岁喜治古今语言,长日读书,以此为多。末句用东坡词,盖又截取柔奴语也。

(录自《山东省立图书馆季刊》第一卷第一期)

文登于氏藏书考

沙嘉孙

文登于氏是一个古老的大家族,有清二百六十多年间,以藏书名家者代不乏人,真可谓源远流长。尤其是道咸间的于昌进、于昌遂弟兄,家富万签,且多宋元旧椠及名抄精校;在山东,可与临清徐氏归朴堂藏书相媲美。然而,在咸丰之前却为世人所不知。咸丰之后,藏书渐出,往往有惊人之本,这才引起书林和学界的重视。民国十一年(1922)瞿启甲所编《铁琴铜剑楼书影》中收录了于氏所藏宋刻本两种,以后各家多有著录者,于氏藏书的面目才稍显于天下。民国十六年(1927)涵芬楼影印了宋刻本《愧郯录》,日照王献唐先生购得此书,深有感慨地写下了一段跋语,他说:"原书为吾东文登于氏故物,传世之宋本《公羊传》亦然。其家固多珍籍,世无藏书之名,东人不喜炫异故也。"①王欣夫先生在《藏书纪事诗附补正》中也有"东鲁藏家,杨氏父子外当推于氏昆仲"之语。② 可见于氏不愧为清代藏书大家。然而他们的藏书事迹至今鲜为人知。近现代关于藏书家的专著、辞典中罕见记载;或偶有提及,也是语焉不详,甚至张冠李戴,多有舛误。王欣夫先生曾有"征其事迹以补之"的打算。但是,大著未成,先生已归道山。前几年顾起潜老先

①王献唐撰《双行精舍书跋辑存》第218页,齐鲁书社1983年8月排印本。

②清叶昌炽撰,王欣夫补正,徐鹏辑《藏书纪事诗附补正》第629页,上海古籍出版社1989年9月排印本。

生莅山东,又问及于氏藏书,希望早日搞清这一问题,可见前辈对此事的高度重视。我多年收集山东私人藏书资料,曾与王绍曾老先生合撰《山东藏书家史略》一书,1992 年由山东大学出版社印行。书中对于氏藏书亦言之未详。几年来,心中时感不安。因此,特撰此文以补之。不过仍是挂一漏万,缺略之处尚多,只好等待知情人士及专家的补正了。

(一)

清初是我国私人藏书的鼎盛期。这时于氏家族中也出现了众多的藏书家。最早的就要数于涟了。于涟,字清漪,号桐江。顺治十二年(1655)与父亲于鹏翰同登进士第,授云南楚雄府推官,后补浙江义乌知县。因为协助浙闽总督山东武定人李之芳剿匪立了大功,于康熙十四年(1675)升户部云南司主事,转吏部文选司。因前功蒙优奖,加十一级,晋阶一品,特赠四代正一品封典。不久又被提升为本部员外郎,转郎中。但是他命不寿,五十四岁就病死了。①于涟平生嗜读书,喜欢作诗。父子二人都善收藏,家中弆书不少。邑人丛大为所撰《特授光禄大夫桐江于君墓表》中有"光禄藏书万卷"之语可证。经过他的儿子于念祖、于绍祖,一直传到孙子于式敷手里。

于式敷,字德一。诸生。《县志》记他:"性情直方严励,棱棱不合时宜。家居城市无妄交,暇则策蹇驴,率小奚奴,往来交山道上,见之者不知为贵介子。"在当时人看来,他颇有些怪癖。更坏的是,他视酒如命,四十岁就因饮酒过量而去世。邑人赛珠《挽于德一同社诗》中有"游戏尘寰四十年,醉乡一去呼不还"之句,算是替他作了总结。和于涟一样,他很喜欢作诗,其诗集名叫《学步草》,《县

①光绪《文登县志》卷九,烟台诚文书局民国十一年(1922)排印本。

志》《府志》《山东通志·艺文志》均有著录,然今亦不传。于式敷嗜书如嗜酒,于涟的藏书发展到式敷这一代达到了顶点。《县志》载:"式敷性嗜书史,楼头数万卷,靡不周览。"可见式敷收藏之富。可惜的是,后人不能保守,式敷卒后,很快就散佚殆尽。笔者遍检诸家簿籍,未见有著录者,可能已不存于天壤之间了。

(二)

稍晚于于涟出世的于熙学,不但聚书宏富,且雅善收藏;后人又慎于保守,历经二百余年,尚有传于今世者。于氏藏书活动至于熙学,其水平有了明显的提高。

于熙学,字无学,晚号秋溟。家住文登县大水泊,世称大水泊于氏。他的祖父于可讬是清初名臣。曾官工科给事中,后周历六科。他刚直不阿,敢于直谏,顺治帝称他为"直谏议"。康熙时官至户部左侍郎,《清史稿》有传。他很注意教育后代,买了不少古书,供他们学习。他的长子于其珚就是熙学的父亲。其珚于康熙二十五年(1686)取得了贡生的功名,后来也没做什么官。他很喜欢写文章,讲究章法和用词,就是一篇短札,也不随便下一字。《县志》评论他的文章"淡而远,古而逸",当时的大学者何焯就很欣赏他的作品。其珚家庭殷富,购置了不少书籍,收藏在他的树笔堂内。每月键关却扫,流连于书海之中,以著述为乐。有《树笔堂杂文》一卷,历城王苹为之作序,说他"诗笔尔雅,识解卓荦",可能不是虚论。遗憾的是,他三十多岁就死了;由于生年太短,所藏善本不多,因此流传下来的也就很少了。笔者仅知杭州大学图书馆藏有旧抄本《能改斋漫录》一种,书中钤有"于氏树笔堂印"①。熙学幼年丧

①杭州大学图书馆编《杭州大学图书馆善本书目》第51页,1965年7月排印本。

父，由他的叔父于其珣督教成人。但父亲那种嗜书之风却深深地影响了他，他从小就喜爱文学，尤其迷恋诗歌。康熙四十五年（1706）历城著名诗人王苹中进士，授县令。因母亲年老，就近改任成山卫教授。成山卫原属文登县，于雍正十三年（1735）改为荣成县，就是今旧荣成，与大水泊是近邻。王苹的到来，使熙学欣喜若狂，立即带着他的诗作登门求教。王苹很喜欢这个求知若渴的后生，与他长谈数日，授以诗法，从此熙学的作诗水平有了很大的提高，后来熙学就成了王苹最得意的门生。待分别时，王苹赋三十六韵长诗留别："……往返喜倾倒，书尺慰别离。标举望吾子，期待匪吾私。……"爱徒之情溢于言表。康熙五十六年（1717）熙学以副贡生官工部虞衡司郎中，在京师刊行了王苹的诗集《二十四泉草堂集》。此书共十二卷，收诗一千零二十六首，占王苹全部诗作的三分之一，今多作善本收藏。熙学自己的诗作写得清微淡远，颇得王、孟遗意。因为喜游荣成南之道教洞天福地铁槎山，故名其诗集为《铁槎樵语》，未梓行。是书原为十卷，然光绪《增修登州府志·艺文志》著录为二卷，可知全集至清末已佚大半，清张鹏展采入《山左续诗抄》。王苹为其所作序今犹存，是研究二人关系的有用资料。序云：

宋严沧浪论诗，唯在妙悟兴趣，以不涉理路、不落言筌为上。而自负其论如那查太子，析骨还义，析肉还母，沧浪之论韪矣。而余谓为诗欲如沧浪之论，亦欲如沧浪自负之语。盖诗未有不收视返听，惨淡经营，移日分夜，寂寞求音而能诣其极者。故妙悟由于沉郁，兴趣生于顿挫。东野之寒号，后山之吟榻，与沧浪自负之语曾无少异矣。于子秋溟，少司龙河先生冢孙，拥书万卷，清吟海上。以余为孤行之知途，出其诗卷是正。余师友零落，旧学销亡，愧于秋溟无能相长，因举余之旁通于沧浪者，以告之秋溟。古心目鞭，横空硬语，其为诗多有合于沧浪之论,或不河汉吾言也。①

王苹师承新城王士禛。渔洋谈诗,大抵源出严羽,以神韵为宗,倡天下以不著一字尽得风流之说。熙学得渔洋诗派一脉相传,诗意清远,的确没有辜负王苹的一番苦心。他又通书法,亦仿唐人,刚方磊落,细筋入骨,颇得欧、柳之神。

熙学好学嗜书,且熟知文字与版本目录之学。王苹《柬无学都下》诗有云:"姑余山中有于子,年始妙英富文史。《三苍》《七录》罗心胸,一砚轩然紫海水。海上天风起天涯,春来浩荡醉京华。持将盛年较入洛,瓦屋东头翠帙斜。"②当非虚语。文字与版本目录学知识,给熙学的聚书活动插上了双翼,又为他的整理工作打下了坚实的基础。他治学很勤奋,稍有余暇即伏案校书,终身不懈。特别注重地方文献的收集与整理。雍正三年(1725)曾引据所藏史册及各家文集,订正顺治十七年《登州府志》。此志为宣城施闰章所纂,是清初方志杰出之作。然是时嘉靖旧志已亡,而八属邑志又未备,记载难免阙漏。熙学订正,当有较大增削,然书稿今亦不存,不可知其详情了。在这之后,宁海(今山东牟平)人张崧来熙学家设馆,历时十一年,尽阅东始山房藏书,是最知于氏藏书底蕴者。张崧,字洛赤,一字南赤,号钟峰。雍正四年(1726)举人,丁未(1727)会试明通榜,四上春官不第,即到熙学家任教。③ 张崧是个勤于著述的人,东始山房所藏数万卷图书对他来说具有极大的吸引力。十几年里,他如饥似渴地阅读,其学大进。后被郡守张某延为瀛州书院山长,撰有著作多种。光绪《山东通志·艺文志》著录有:《幼海风土辨证》不分卷,《修志管见》一卷,稿本今藏山东省图书馆;《山

①光绪《文登县志》卷九,烟台诚文书局民国十一年(1922)排印本。
②光绪《文登县志》卷九,烟台诚文书局民国十一年(1922)排印本。
③民国《牟平县志》卷七,山东印刷局民国二十四年(1935)石印本。

蚕白蜡虫谱》一卷,《北菌谱》一卷,清抄本,今亦藏山东省图书馆。复有《旅食贤己录》《眼学堂诗集》《向若稿》等。《牟平遗香集》张崧小传云:"尝以吾邑文献缺如,遂举郡县沿革,古迹暨山川、物产之异,裒采群书而讨论之,辨其讹舛,颜曰《幼海风土辨证》十四册及《修志管见》一卷,稿未订,尚秘藏于家。"此书之撰当得助于东始山房丰富的藏书。张崧治学颇重实用,且致力于方志的修纂,当亦受熙学影响。

熙学于校书之余,是否编有家藏书目,我们不得而知。只知道乾隆时著名藏书家益都李文藻曾亲至其家,观其藏书,并编入他的《所见书目》之中,江阴缪荃孙《云自在龛随笔》记其事云:

> 李南涧欲作书目一编,所藏者曰《所藏书目》;所见于人家者曰《所见书目》,皆详其卷数,录其序跋,并镂板年月;而近年人家书目所有而未得见者,曰《所闻书目》。以清初为断,若焦氏《经籍志》则不及之。所见黄叔琳、朱竹君、纪晓岚、冯益都、赵泰安、周林汲、于文登、李诸城、卢德州。

文藻著此三种书目,见载于翁方纲《李南涧墓表》。文藻卒后,书稿不知流落何许。艺风见多识广,此记定有所依据。南涧将熙学(于文登)与黄叔琳、朱筠、纪昀、冯溥、周永年、卢见曾诸大家并列,可见熙学藏书在清初已著名于世。后因文藻书目失传,遂被湮没。同被湮没者复有泰山赵国麟(赵泰安)、诸城李文驹(李诸城)。国麟曾任文渊阁大学士,为官清冷绝尘,而聚书独富。《天禄琳琅书目》即载其藏本。今世如《木樨轩藏书题记及书录》《传书堂藏善本书志》《双行精舍书跋辑存》《四川省图书馆馆藏古籍目录》等,均有著录。尤其是泰安王价藩《仅好书斋藏书志》(稿本今藏泰山文管会)和他所辑的《泰山丛书》(稿本今藏曲阜师范大学图书馆,又有扫描复印本)记载更为详细。然《天禄琳琅书目》云:"泰安赵氏,未详其人。"叶昌炽见此,不胜感慨,在《藏书纪事诗》中说:"虽名氏仅存,不可不表而出之。”王欣夫先生补正《纪事诗》,亦未详其事迹,余因撰《泰山赵氏藏书考》一文,国麟名字方显露于世。文驹亦出身于藏书世家。叔曾祖澄中以诗名于清初。祖华之官至刑部右侍郎,家多赐书。文驹本人官至户部给事中,搜罗图籍至十余万卷,其中颇多秘本。傅增湘《藏园群书经眼录》、王重民《中国善本书提要》等书中尚有著录,然亦无藏书之名。山东藏书家多有被湮没者,不止熙学、国麟、文驹三人而已。王先生和我所撰《山东藏书家史略》搜罗至559人,其中此种藏家比比皆是。山左藏书家慎保守,不宣扬,是其一大特点。然而,这就给现代研究藏书史及文化学术史者带来许多不解之谜。很多重要传本源出于山东,却不知为谁氏收藏。《史略》一书在这方面进行了一些探索;然而,更深更细致的工作还有待于来日。

熙学所藏善本笔者知见者有十种:

1.《吕氏家塾读诗记》三十二卷,宋吕祖谦撰。明刻本(卷五至八抄配)。钤有“于氏东始山房印记”朱文长方印、“损堂藏书善本”白文方印。清末归德化李氏木樨轩,今藏北京大学图书馆。①

2.《南濠居士文跋》四卷,明都穆撰。清初抄本,二册。今藏北京图书馆。②

3.《能改斋漫录》十八卷四册,宋吴曾撰。旧抄本。是书分事始、辨误、事实、地理、议论、乐府等十三大类。对史事、名物制度、诗文典故多有考证。明季从秘阁抄出,日照焦竑藏有抄本。清初多以焦氏抄本传抄,此本亦当同出一源。时在诸刻本之前,极有校勘价值。原为其玿藏书,有“于氏树笔堂印”;后传至熙学,有“于秋

①李盛铎撰,张玉范整理《木樨轩藏书题记及书录》第64页,北京大学出版社1985年12月排印本。

②北京图书馆编《北京图书馆普通古籍总目·目录门》第1册22页,油印本。

溟家秘本”朱文长方印。今藏杭州大学图书馆。

4.《宾退录》十卷,宋大梁赵与时撰,清康熙间抄宋书棚本,有“于秋溟家秘本”“东始山房印”,竹纸二册。①

5.《归潜志》十四卷,今存八卷。元刘祁撰。前有新城王士禛序。此书传抄本多不全,朱竹垞本存九卷,铁琴铜剑楼本存十二卷。此本系据新城王氏池北书库抄本传录。士禛序称,“此志犹首尾完好,是可宝也”。可见渔洋不知有十四卷全本,而以八卷本为完书,亦智者千虑之一失。书中钤有“红药书庄”椭圆印、“于式山字仲樽印”“于秋溟家秘本”“于氏东始山房”诸印。查光绪《文登县志》无于式山,而有于式之,为于昌遂子。昌遂为昌进兄,疑式山为昌遂昆仲之子,然未敢臆断,其人待考。此书于民国十二年(1923)归傅增湘先生。②

6.《老子亿》二卷四册,明王道撰。明嘉靖四十五年(1566)无锡安如山刻本。书末刻有“无锡后学安如山校刊”一行。撰者王道,山东武城人,正德进士,官至吏部右侍郎。是书大抵以儒解老,间引他说,每章作解。校刻者安如山,无锡人,明嘉靖进士,是弘治间以铜活字印书著称的安国之后。书中钤有“于氏东始山房印记”朱文长方印,又有“直隶教育厅检查图书印”及日人“月明庄”印,民国间流散异邦,今藏美国哥伦比亚大学东亚图书馆,沈津先生亲见之。③ 此书罕传,今国内仅存两部:一藏中国科学院图书馆;一存台湾“中央图书馆”,为1986年严灵峰先生捐赠者;日本尚存一部。天壤间仅此四部而已。

7.《梁谿漫志》十卷一册,宋费衮撰。清初抄本。前有宋绍熙

①《德友堂书籍目》第63页,民国排印本。

②傅增湘撰《藏园群书经眼录》第767页,中华书局1983年9月排印本。

③沈津《海外之图府——美国哥伦比亚大学东亚图书馆访书记》,见《书品》1988年第4期59页,中华书局排印本。

三年(1192)自序,次宋开禧二年(1206)国史实录院牒,末有楼钥跋。此书记旧典遗文颇多,卷内有"于秋溟家秘本""东始山房"等印记。后归北京图书馆,王重民先生亲见之。①

8.《鹿皮子诗集》四卷,元陈樵撰,卢联辑。旧抄本。有明正德戊寅(1518)慈溪周旋序。书内钤"于秋溟家秘本"朱文长方印。别有杜储辑本,不及此本完备。民国十一年(1922)古书流通处购得,曾送傅增湘先生审阅。②

9.《赵文肃公文集》二十三卷十册,明赵贞吉撰。明万历间赵可怀闽刻本。卷内有"于氏东始山房印记"。为北京图书馆收藏。

10.《碧溪诗话》十卷三册,宋黄彻撰。清初抄本。行书。后录朱竹垞跋。钤有"于氏东始山房印记""云轮阁""荃孙"等印。此书为江阴缪荃孙所得,后归周叔弢先生。1952年周先生捐给北京图书馆。③

从上可知,熙学藏书多抄本,或许是其一大特色吧。这些藏书可能就是李文藻《所见书目》中的一部分,至民国初年始散出,可谓有功后世了。

(三)

至道咸间,文登于氏藏书达到极盛,出现了于昌进这样的大家,然昌进的生平事迹也最难搜寻。光绪《文登县志》卷六在其父于颐发传之后附记云:"昌进,副贡生,署淮阳兵备道,诰赠荣禄大夫。"仅十七字而已。后检光绪江苏《清河县志》卷十七,反倒有昌

---

①王重民撰《中国善本书提要补编》第122页,书目文献出版社1991年排印本。

②傅增湘撰《藏园群书经眼录》第767页,中华书局1983年9月排印本。

③冀淑英撰《自庄严堪善本书目》第102页,天津古籍出版社1985年7月排印本。

进传,是最详细的资料,现全文抄录如下:

> 于昌进,字湘山,荣成人。由副贡生官南河。历署睢南、海防、宿北同知,补里河同知。精实干练,孜孜奉公。每伏秋异涨,大府倚昌进以办,晨夕风雨中屡濒危险,卒无偾事。道光二十年(1840)河决中牟工,下游千里率成平陆。漕艘壅杨庄之塘河,不得渡。昌进建策,辟清口引淮济运,运以畅行。二十七年(1847)夏,河大涨,吴城堤将溃,清邑适当其冲。抢堵扫二十余日不可守,民情汹惧,昌进请于河督,劂七堡堤,泄水入湖,清邑数十万生口遂获无恙。当是时,南河号积弊区。天使驿临,有所验问,案牍纠葛百端,自旧官宿吏,人人袖手,噤不敢置对。唯昌进深悉其机牙,条晰而梳栉之。以故先后河督麟庆、潘锡恩、杨以增无不礼重昌进若左右手,历奏以沿河知府、河工道员补用。尝斶俸修文曲沟,建王渔洋祠。尤喜奖掖后进,凡书院课士,订膏火,别良楛,必丰必饬。粤贼踞金陵,招募练勇,设局曰安镇,联络城堡,部分肃然。时知清河县吴棠,方署邳州事,昌进言于大吏曰:事亟矣! 定乱止暴,非棠无可与集事者。立檄回任清河,截留溃勇,搜缉土寇,驰檄四方,克斯灭贼,河北人心大定,昌进本谋也。以风痹去官,未几卒,年五十一。

昌进晚年,正值太平天国运动兴起,据史书记载,太平军在咸丰三年(1853)三月占领南京,不久即陷扬州,举行北伐。当时扬州郊外有清军北大营重兵把守,太平军北上受阻,因而改道安徽直奔郑州渡黄河北上。清河一带只偶有捻军的小股游击活动,所以未能陷城。传文所言当指此时。至咸丰八年(1858)八月,太平军破北大营,与捻军携手,其势力才至清河一带。咸丰十年(1860)捻军攻清河,城陷,而传文未提。估计这以前昌进已卒。胡珽于咸丰七年(1857)即见昌进藏书散出,八年(1858)铁琴铜剑楼已有购藏,也可作为昌进去世的旁证。因此定昌进约生于嘉庆十二年(1807),卒于咸丰七年(1857),不会有大错。

昌进出生于一个藏书世家,喜好藏书并非偶然。他的父亲于颐发就是一位藏书家。颐发曾任高堰通判,宿北同知。道光十四年(1834)调外南同知,加知府衔,署淮阳兵备道。① 长子于昌遂自书诗稿后有云:“先世藏书最富,肆意翻阅,穷二年力,上溯汉魏,下逮清初,洎乾嘉间诸集,无不涉猎。”颐发藏书,就集部而言,已成系统,可想见其富。颐发有三子:昌遂、昌进、昌迪。昌迪志无记载,而昌遂、昌进皆嗜书。昌进于道光二十二年(1842)任睢南同知,已充分显示出他的精明强干,受到上司的器重。二十八年(1848)杨以增为江南河道总督,驻清河。三十年(1850)以增任命昌进为里河同知,并奏以沿河知府、河工道员补用。清代道员多兼兵备道,因此《文登县志》记昌进“署淮阳兵备道”,当有所依据。昌进基本上承袭了父职。此后,太平军由南向北发展,迅猛异常。江南各地藏书,一时相竞散出。其中以长洲汪士钟艺芸书舍藏书最富。汪氏于道光初年尽收黄丕烈士礼居旧藏,复得周氏水月亭、顾氏小读书堆、袁氏五研楼之书,庋架富且博,为江南藏书大宗。此时亦陆续散出,被清廷官兵及书估携至清河者颇多。昌进三四年间所得甚夥,仅道光三十年(1850)一年内就得士礼居宋本数十部,其购藏之速,实在令人惊叹。以增时在河督任内,亦因利乘便,得精帙殊多,以粮船运载至鲁。此时瞿氏铁琴铜剑楼尚自顾不暇,未能及时购藏。江南善本多归山左聊城杨氏海源阁及文登于氏小謨觞馆。然昌进与以增同在一地,且为其下属,昌进藏书,以增却悄然不知。《楹书隅录》记元刻《梅花百咏》以增案语云:“咸丰辛亥(1851),有估人持此本与宋刻《梅花喜神谱》来袁江求售。余极思并购,而《喜

①光绪《文登县志》卷九,烟台诚文书局民国十一年(1922)排印本。

神谱》忽为他人携去,至今犹萦梦想云。”其实,此书正是昌进从他眼皮之下取走的。李详《愧生丛录》记其事云:“宋刻《梅花喜神谱》,黄氏士礼居旧藏,《百宋一廛赋》载之。黄氏之书辗转数手售于杨至堂河帅。余友文登于彤侯之先德官南清河日为之平章,其人以是书及宋版《苏老泉集》相赠,传至彤侯,复转售于潘伯寅尚书(彤侯亲为余言)。此谱海内无二本也。”①这是以增梦中绝想不到的。《楹书隅录》中以增案语及其他撰述只字未提昌进其人其书,也就不难理解了。按李详此说,昌进这时的聚书活动是十分活跃的,与携书官兵及书估的关系也非同一般,实际上他已以中间人的身份与书林为伍了;以增有些藏书可能就是经昌进介绍而购得的。更富戏剧性的是,以增在咸丰五年(1855)卒于任上,昌进不久也随之去了,他二人的关系也就成了历史的悬案。

昌进卒后,藏书随即在清河一带散出。首先收得于氏藏书的是书估沈锡堂。胡珽从沈氏处见到宋刻元补抄本《重雕改正湘山野录》,时在咸丰七年(1857)。沈氏、胡氏实为最早经眼于氏书者。后多被瞿氏铁琴铜剑楼、蒋氏传书堂所得。至李详撰《愧生丛录》之光绪二十七年(1901),四十余年间陆续散尽了。于彤侯为昌进子,其生平不详,待考。光绪《文登县志》有于式之,是昌遂子,说他入荣成籍。昌进、昌遂自称“不夜于氏”,古不夜城即在荣成县境内,《清河县志》故记为荣成人,是正确的。荣成县在雍正十三年(1735)以前属文登县,因此于氏自称祖籍为文登人,也无不可。

于昌遂,字汉卿,生于嘉庆九年(1804),为婺源齐学裘女夫,齐彦槐(1774—1841)孙女婿。廪贡生,候补知州。后居清江浦。同治二年(1863)役南通,往来狼山、司渔诸港,四年(1865)移泰州馆

①李详《愧生丛录》,见《国粹学报》,清末排印本。

课。晚年卜居扬州,约卒于同治末。临终自为墓志,遗命葬平山堂之下。他十三学诗,出语辄为名辈所赏。后学殖日富,旁览诸子百家之编,愈契于诗。其所作,天葩焕发,雨骤风驰,笔薄霄汉,气卷风涛,故能树帜骚坛。于山左新城、高密派外,凌空独步,是晚清山左诗坛的佼佼者。著有《羼提精舍诗稿》十二卷(今存稿本《羼提精舍诗存》一卷。有李文田跋、佚名跋)。自书《诗稿》后云:

余作诗二十余年,得诗二千余首,因事因年分十一集。久思删订,重录一过,苦无定识。偶有就正,人所许可,每不惬心;惬心者,人或不之许,以是愈无定识。乙丑(笔者按:即同治四年)赁居泰州,江都郭尧卿馆余家,课儿子辈读书。暇,煮茗挑灯,与纵谈汉魏、六朝、唐、宋、元、明迄国初,以抵乾嘉诸作者。每自抒胸臆若干首。昔为人所不置可否,或指为疵累者,尧卿率取之,大抵五言为多。众所标识,或芟之,则七律七绝为多,余始恍然。证以二十六年学力所至,少陵谓得失寸心,知良不诬也。适有以活字板偿逋者,谓兵后在扬州巨室坏墙下得之。检其字,得四万六千余,偏旁略备。喜其不灾枣梨而省抄胥之苦,鸠工印二百部,藏之箧中,以防散落。回忆余自十三岁学诗,至十五略识门径,然但能五律,他体率不成章。朝夕讽诵者,张文昌、贾阆仙、孟东野、李才江及晚唐各家五律数百首耳。越年,平乐何荔泉来,时与先从兄菊农论诗,余末座敬听,为之跃然。遂纵观三唐诸家所作,而于初唐陈伯玉,中唐刘梦得,晚唐皮袭美、李山甫四家读之,辄索然。《杜集》则心知其佳,口不能道其佳处。是时,他体亦稍稍为之,意中犹茫茫然无归宿也。又牵于举业,不得专力于此。至十九岁,偶患咯血症,废读。性情所嗜,藉以养疴。先世藏书最富,肆意翻阅,穷二年力,上溯汉魏,下逮国初,洎乾嘉间诸集,无不涉猎。其间读不能终卷者,唐以前唯《康乐》一集,后则《山谷》,今代《随园》《船山》《瓶水斋》耳。善乎,李子德之言曰:“殚心五古,他体虽缺,诗人也。诸体森然,而五古未称纯诣,犹之半诗人也。”余服膺《新语》屏去诸集,唯取子德所评《汉诗音注》诵之。三年,乃悟五古妙处只在兴象断续间,太白、摩诘颇理会到此。若少陵前后《出塞》《梦李白》,正如秦始皇郡县天下,圣人复起不能更其制,而先王典策荡然矣。唯《佳人》一篇,转出太白、摩诘上。昔老聃作《五千言》,非不能祖述尧舜,盖不欲以可道之道、可名之名与尼山同千古耳。是由读《庾开府集》,悟五律妙处,只在先后浓淡间,唐人合作率如是。厥后能见及此,仅《翁山》《愚山》。读《玉豀生集》,信王荆公晚年之论不诬。后来知此者,唯梅村。七古一体,余始步趋东坡,后读《敬业堂集》,见初白殚一生学力,仅成偃师之枝,信东坡天才。千里马固善走,岂能与大鹏较远近耶!遂取梅村歌诗读之,又上窥庾、鲍,而以李、杜、韩、苏之才气格律行之,与香山实风马牛也,今之学梅村体者,率袭《长恨歌》《琵琶行》面目,不知二诗实《长庆集》中下乘。见不及此,何能望梅村项背耶?此余二十年学力所及,如严沧浪所谓安身立命处也。诗稿印成,信笔书后,求尧卿为序。诗之道果应如余所言耶,或余有所偏执耶。

从这里可以看出,在于氏小谟觞馆中,聚书者为昌进,读书者实为昌遂。他所读之书,亦即所藏之书。1981 年台湾商务印书馆排印的岫庐文库本赵烈文《天放楼书录》163 页有云:“同治三年(八月十三日)下午孙澄之至,傍晚同赴于(汉卿)氏招。……坐中见所藏北宋椠《嘉祐集》《梅花喜神谱》,皆黄荛圃百宋一廛中物。”由此也可见于氏藏书之一斑。昌遂嗜诗,如狂如痴。他的诗作深受乾嘉诗风的影响,重于质实,很多作品讽世极深。又多为有关捻军史诗,涉及太平天国军事,有一定的史料价值。他的诗集在同治五年

(1866)用活字排印了二百部,今尚有传本①。文中提到的从兄名叫于昌运,字菊农,是道光戊子(1828)副贡生,甲午(1834)中举人,拣选知县。赋性孤傲淡泊。少年即从父兄宦寓清江,清江浦地处纷华征逐之场,而座无谈客,时人罕识其面。唯喜读书,尤潜心于根柢之学。曾撰《诗经正韵》一书,又采辑各家《易》注数十万言,附以心得,多能发前人所未发。亦嗜诗,著有《菊农诗集》。然四十岁就病死了,昌进为他撰有墓志铭。于氏父子兄弟多好读书、藏书,这几乎形成了一种风气。

于氏小谟觞馆所藏善本笔者知见者有:

《毛诗》二十卷,汉毛苌传,汉郑玄笺,唐陆德明释文,南宋刻巾箱本。宋讳匡、殷、桓、觏,慎字缺笔,而敦字不缺,盖为孝宗以后刻本。经汪士钟、于氏、铁琴铜剑楼递藏。于氏印有"于氏小谟觞馆"朱文长方印、"昌进收藏"白文方印、"文登于氏家藏"朱文椭圆印。民国八年(1919)商务印书馆辑印于《四部丛刊》中。

《春秋公羊经传解诂》十二卷,汉何休撰,唐陆德明释文。宋绍熙二年(1191)余仁仲万卷堂刻本。原藏镇江蒋春农家,后为黄丕烈、季振宜、文登于氏、虞山瞿氏递藏。有黄丕烈手跋。于氏收藏印有"文登于氏小谟觞馆藏本"白文长方印。民国间商务印书馆辑入《四部丛刊》中,影印行世。

《麟台故事》五卷,此存卷一至三,宋程俱撰。明影写宋刻皮纸抄本。为钱谷、黄丕烈、文登于氏递藏。有黄氏手跋。后书归乌程蒋孟苹传书堂。民国十一年(1922)蒋氏请王国维为撰《传书堂藏善本书志》,四年乃成。国维于是书多有考证。② 书中于氏藏印有

①袁行云《清人诗集叙录》第2628页,文化艺术出版社1994年8月排印本。

②王国维撰《传书堂藏善本书志》,台北艺文印书馆1974年据稿本影印本。

"文登于氏小谟觞馆藏本"白文长方印、"湘山心赏"朱文方印。蒋氏书后归涵芬楼。民国二十三年(1934),是书编入《四部丛刊》,影印行世。书后附张元济跋及校记。

《中兴馆阁录》十卷、《中兴馆阁续录》十卷,宋陈骙等撰。宋刻宋印本,为黄丕烈、汪士钟、文登于氏、宜兴吴云、乌程蒋氏递藏。有复翁长跋。于氏印有"小谟觞仙馆""不夜于氏藏书印"。蒋氏书后归涵芬楼,而无是书,不知流落何处。今仅见上海图书馆藏清钱氏潜研堂抄本,原为于思泊藏书,有余嘉锡跋。于思泊即于省吾,著名古文字学家。

《辟雍纪事》八卷、《辟雍考》一卷、《原始》一卷,明卢上铭、冯士骅同辑,旧抄本。钤有"文登于氏小谟觞馆藏本"白文长方印。后归德化李氏木樨轩,今藏北京大学图书馆。

《内阁书目》一卷,不著撰人姓氏,明抄本。所载"本朝"著作内有《仁庙御制诗》四册,则当编于正统以后。书名后仅记册数,不记卷数,与钱溥《秘阁书目》同,王重民先生因疑为钱氏所编残本。原为贵池刘氏藏书,有"大明刘氏藏书""刘城鉴藏"二印。后为于氏所得,钤"小谟觞仙馆""文登于氏藏书印"等印。此书今藏北京图书馆。王重民《中国善本书提要》不记"文登"二字,仅云:"'小谟觞仙馆'与'于氏藏书印'为同一印色,当是一家,其人待考。"可见有三先生未详于氏为何许人也。

《晁氏宝文堂书目》三卷,明晁瑮撰。明抄本。此书编于明嘉靖间,为晁瑮及其子东吴的藏书目录。开端有残阙,后人又误以下卷为上卷,应为正其次序。是书在书名下多注明版刻,足以考见明代版本源流,颇有罕见之本,且多收小说戏曲。是研究古代小说戏曲史者重要的资料。原为明贵池刘氏藏书,后归于氏,钤有"小谟觞仙馆""文登于氏藏书印"等印记。今藏台湾"中央图书馆"。1957年12月上海古典文学出版社据此书胶卷整理排印出版,广为流传。

《汉隽》十卷,宋林钺撰。明刻本。此书宋淳熙十年(1183)始刻于象山县学,临清徐氏归朴堂藏有此刻。元时板亡重刊,现存黑口九行本。是书为明季重刻本。书式亦古雅,唯失林钺自序。为季振宜、云间陆氏、文登于氏递藏。于氏印有"文登于氏小谟觞馆藏书之印",后归蒋氏传书堂。

《刘向说苑》二十卷十册,汉刘向撰。明内府抄本。朱格大字,书法挺秀。可能是从宋本传录,原为鄱阳胡氏藏书,有"鄱阳胡氏果泉藏书"印,为于氏所得,钤"文登于氏小谟觞馆藏本"一印。后归蒋氏传书堂,转归涵芬楼。

《补注释文黄帝内经素问灵枢》二十四卷,唐王冰注,宋林亿等校正,孙兆改误。宋刻明刻互配本。此书《素问》十二卷为宋刻,是现存最早的版本。卷前有昌遂题记,今藏北京图书馆。《全国中医图书联合目录》著录。

《兰亭考》十二卷,宋淮海桑泽卿世昌撰。旧抄本。是编分本序、诗、睿赏、纪原、八法、临摹、审定、推评、法习、咏赞、传刻、释禊十二篇,末录群公题跋。《四库全书总目提要》对此考引陈振孙《直斋书录解题》,尚多抨击。原为于氏藏书,有"不夜于氏藏书印"白文长方印。后为江阴缪艺风、三山林石庐递藏。①

《金石卮言》一卷,不著撰人姓名,旧抄本。字大而佳。张长庆、于氏小谟觞馆、缪氏艺风堂递藏。于氏藏印有"文登于氏小谟觞馆藏"白文长方印。后归三山林石庐。

《石墨镌英》一卷,不著撰人。明抄本。是编对所藏诸帖,叙考源流,足资考证。张长庆、文登于氏、缪艺风递藏。于氏印有"文登于氏珍藏"朱文方印、"汉卿珍藏"白文长印。后归三山林石庐。

《二王楷迹》一卷,不知撰人姓名。旧抄本。书中所叙二王墨

①林亚杰撰《篋书剩影录》,宝岱阁1961年油印本。

迹极详备。张长庆、文登于氏、缪艺风递藏。于氏印有“文登于氏珍藏”“汉卿珍藏”二印。后归三山林石庐。

《兰亭辑略》一卷,不知撰人姓名,旧抄精本。是编所纪《兰亭》源流颇有考据。后列宋理宗内府所藏《兰亭》百十七刻之目,足资考证。末有乾隆五年(1740)山阴潘宁手跋。张长庆、文登于氏、缪艺风递藏。于氏印有“文登于氏珍藏”“汉卿珍藏”二印。后为林亚杰宝岱阁收藏。

《梅花喜神谱》二卷,宋宋伯仁撰。宋景定年间刻本。是书绘梅花蓓蕾以至就实的各个程序,凡一百个花品。每画梅花一态,即配以诗,笔法粗壮,然雕板欠精。明代为著名画家文徵明所藏,清初钱曾《读书敏求记》有著录。嘉庆六年(1801)黄丕烈至京师琉璃厂购得,后归汪士钟。汪书散出归文登于氏。书中钤有“汉卿珍藏”白文长方印、“汉卿寓目”朱文方印,为昌遂印记。后传至于彤侯,彤侯于光绪年间售于潘祖荫。祖荫未及钤印,即于光绪十六年(1890)去世。弟祖年于民国十年(1921)将此书送给长女潘静淑,作为祝贺她三十岁生日的礼物。静淑夫吴湖帆特辟“梅景书屋”储之。民国间商务印书馆借以影印,编入《续古逸丛书》中。1968年湖帆卒,此书遂归上海博物馆。1981年2月文物出版社据原书套色影印行世,唯缺诸名家手跋。

《华夷花木鸟兽珍玩考》十卷,明慎懋官撰。明万历间刻本。是书为四库馆藏本,《存目》即依此本著录为十卷,然他本均为十二卷,疑此为残本。有翰林院印,及长方木戳:“乾隆三十八年七月两淮盐政李质颖进到华夷花木考一卷,计书七本。”不知于氏从何人所得。于氏钤有“于氏小谟觞馆”朱文长方印及“于昌进珍藏”朱文长方印。后归罗振常。①

①罗振常撰、周子美编订《善本书所见录》,商务印书馆1958年排印本。

《容斋随笔》十六卷、《续笔》十六卷、《三笔》十六卷、《四笔》十六卷、《五笔》十卷。宋洪迈撰。明弘治八年(1495)华燧会通馆铜活字印本。此书于氏钤印最多,有“于昌进鉴赏”“于昌进珍藏”“昌进收藏”“文登于氏小谟觞馆藏本”“于氏小谟觞馆”“小谟觞仙馆”“文登于氏小谟觞馆审定善本”“不夜于氏藏书记”“清俸买来”凡九方。昌进藏印于此可以概见,是书后归蒋氏传书堂。

《重雕改正湘山野录》三卷、《续录》一卷,宋释文莹撰。宋刻元抄本。原为黄氏士礼居旧藏,有黄丕烈手跋。继归汪氏艺芸书舍,后为于氏收得。于氏书散出,胡珽从书估沈锡堂处借阅,过录一部,并为题跋四则。时在咸丰七年(1857)十月。转归瞿氏铁琴铜剑楼。①

《愧郯录》十五卷,宋岳珂撰。宋刻本,原为吴郡杨梦羽所藏,后归黄丕烈,有复翁手跋。继归文登于氏,其藏印有“文登于氏家藏”朱文椭圆印、“小谟觞仙馆”白文方印、“昌进考藏”白文方印、“清俸买来”白文椭圆印、“不夜于氏藏书印”白文长方印、“不夜于氏藏书印”朱文长方印、“于昌进珍藏”白文长方印、“于昌进鉴赏”白文长方印,凡八方。此书后归铁琴铜剑楼。民国十六年(1927)上海涵芬楼辑入《四部丛刊》,影印行世。末附张元济跋。

《续幽怪录》四卷,唐李复言编。南宋临安府太庙前尹家书籍铺刻本。原为黄丕烈藏书,有黄氏手跋。后归汪士钟,继归于氏。于氏藏印有“文登于氏小谟觞馆藏本”白文长方印、“湘山心赏”朱文方印、“不夜于氏藏书印”朱文长方印、“昌进收藏”白文方印、“清俸买来”白文椭圆印、“汉卿寓目”朱文方印、“种如何树人”白文方印,凡七方。咸丰后为瞿氏铁琴铜剑楼购藏。民国二十三年

---

①瞿良士辑《铁琴铜剑楼藏书题跋集录》,上海古籍出版社1985年4月排印本。

(1934)商务印书馆编入《四部丛刊续编》,影印行世。

《曹子建集》十卷,魏曹植撰,明复宋开宝七年(974)本。钤“不夜于氏藏书印”。后归李盛铎,今藏北京大学图书馆。

《山居杂志》二十种十四册,明汪士贤辑。明万历新安程荣校刻本。有“文登于氏小谟觞馆藏本”一印。民国间为浙江书估粹芬阁主人收得,不知又转售何人。①《中国丛书综录》著录二十三种,疑此为不全之本。

《庾开府诗集》六卷,后周庾信撰。明嘉靖、隆庆间朱曰藩刻本,原为汪士钟所藏,后归于氏。于氏印有“于公孙”“昌遂读书”“于氏小谟觞馆”等印,后归蒋氏传书堂。

《张说之集》二十五卷,唐张说撰。黑格旧抄本。字似明人书。黄丕烈藏,有黄氏手跋。此书大兴朱筠椒花吟舫藏有宋刻本。为三十卷,而丕烈未得见。朱氏宋本后归诸城刘喜海,遂不可踪迹。今可见者仅有椒花吟舫传录宋本。丕烈藏本后归汪士钟,继归于氏。于氏印有“于氏小谟觞馆”朱文长方印、“于昌进鉴藏”白文长方印。是书后为罗振常所得。

《孟浩然诗集》三卷,唐孟浩然撰。宋蜀刻本。是书黄丕烈得诸桐乡金氏,有黄氏手跋。后归汪士钟,继归于氏。于氏印有“文登于氏小谟觞馆藏书”白文长方印。后为聊城杨绍和所得,是海源阁中仅有的于氏藏本。②

《刘宾客文集》三十卷,唐刘禹锡撰。明万历黎民表刻本。黄丕烈旧藏。复翁朱笔校后十卷并跋。后归于氏,其藏印有“小谟觞仙馆”“不夜于氏藏书印”。民国七年(1918)归罗氏蟫隐庐,傅增湘

①粹芬阁主人编《粹芬阁珍藏善本书目》子部第29页,世界书屋民国二十三年(1934)排印本。

②陶湘辑《涉园所见宋版书影》,民国影印本;王文进撰《文禄堂访书记》卷四,北京琉璃厂文禄堂民国三十一年(1942)排印本。

亲见之。

《白莲集》十卷附《风骚旨格》一卷,唐释齐已撰。旧抄本。明冯班、清何焯手校,焯为二跋。后归汪士钟,继归于氏。于氏印有“文登于氏小谟觞馆藏本”。民国间为罗氏蟫隐庐收得。

《鄱阳先生文集》十二卷,宋彭汝砺撰。清沈彩手写本。彩为吴兴故家女,能诗工书。此书字迹轻婉,实为难得之精品。后归汪士钟,续归于氏。于氏印有“于氏小谟觞馆”朱文小长印、“于昌进珍藏”白文长方印。后经蒋氏密韵楼,为涵芬楼所得。傅增湘曾借校,改嘉庆二十三年(1818)高泽履刻本讹脱380余字,又补脱文17行,佚诗一首。为此书最善本。①

《苏老泉文集》,宋苏洵撰。宋刻本。未见著录,唯李详《愧生丛录》提及。

《石屏诗集》十卷,宋戴复古撰。明弘治刻本。原为璜川吴氏旧藏,后归黄氏士礼居,有黄丕烈手跋。继为汪士钟、文登于氏、瞿氏铁琴铜剑楼递藏。于氏印有“文登于氏小谟觞馆藏本”。民国二十三年(1934)商务印书馆假于瞿氏影印,辑入《四部丛刊续编》。

《簡绡集》二卷、《梅花衲》一卷,宋李龏撰。明末汲古阁影宋本,精妙无匹。后为汪士钟、文登于氏、张氏适园递藏。② 于氏印有“文登于氏小谟觞馆藏本”。

《玉笥集》四卷,元张宪撰。旧抄本。前有明成化五年(1469)安成刘□序。书中钤有“文登于氏小谟觞馆藏本”。民国间归罗振常。于氏复有经钮堂重录本,八卷,藏印同上。是书后归傅增湘。

《蚓窍集》十卷,题明云间管时敏撰、西城丁鹤年评。明永乐元年(1403)刻本。卷末有清何焯手书诗一首。后为汪士钟、文登于

①傅增湘撰《藏园群书题记》,上海古籍出版社1989年6月排印本。
②清张钧衡撰《适园藏书志》,清末家刻本。

氏、蒋氏传书堂、北京图书馆递藏。民国二十年(1931)傅增湘曾借校。书中于氏印有“不夜于氏藏书印”“小谟觞仙馆”“湘山清赏”“清俸买来”等。

《鸣盛集》四卷一册,明林鸿撰。旧抄本。此本原出邵铜刻本,文中有缺字空白,殆由原本模糊,抄者一遵原刻行款,是其可贵之处。有“文登于氏小谟觞馆审定善本”白文长方印。后归德化李氏木樨轩,今藏北京大学图书馆。

《树经堂咏史诗》八卷,清南康谢启昆撰,清道光五年(1825)树经堂刻本。文登于氏旧藏,后归李氏木樨轩,今藏北京大学图书馆。

《玉台新咏》十卷,南朝陈徐陵辑。明崇祯六年(1633)寒山赵均刻本。文登于氏小谟觞馆旧藏。题曰“南宋刊本”,盖经坊贾割裂寒山跋语,搀染乱真。后归潘景郑,有潘氏手跋。①

《重校正唐文粹》一百卷,宋姚铉撰。明嘉靖三年(1524)东阳张大轮刻本。为嘉禾顾元定、文登于氏、德化李氏、北京大学图书馆递藏。于氏印有“种如何树人”“昌遂读书”。

《唐宋诸贤绝妙词选》三卷一册,题花庵词客编。抄本,抄手精整,的是毛氏风格。为毛氏汲古阁、艺芸书舍、于氏、袁克定、涵芬楼递藏。于氏印有“文登于氏小谟觞馆藏本”。②

《蓉塘诗话》二十卷,明姜南撰。清抄本。前有明嘉靖癸卯(1543)陆深序,后张秉壶跋。有“文登于氏小谟觞馆藏本”白文长方印。后归德化李氏木樨轩,今藏北京大学图书馆。

以上共收录四十一种:经部二种,史部六种,子部十四种,集部十九种。其中宋刻本八种,宋刻元抄本一种,宋刻明刻互配本一

①潘景郑撰《著砚楼书跋》第 313 页,古典文学出版社 1957 年 7 月排印本。

②张元济撰《涵芬楼烬余书录》,商务印书馆 1951 年 5 月排印本。

种,明刻本九种,明铜活字印本一种,明影宋抄本三种,旧抄本十二种,明抄本三种,清抄本二种,清刻本一种。当然,这些藏书仅是于氏小谟觞馆中的一小部分。然而,其藏书内容之精博,版本品种之多样,已令人惊叹。于氏父子、昆仲都喜爱诗歌,对书法和绘画也颇有兴趣,因此所收子部、集部图书较多,由此形成了自己藏书的特色。遗憾的是,他们没有留下藏书目录,我们不可能窥其全豹了。

原载《文献》1996年第3期,此次增订稍有改正。

藏书家人名四角号码索引

2

4

7

后　记

《山东藏书家史略》虽然经过我和沙嘉孙同志的多年努力，陆续补充修订，希望尽可能搜罗得比较完备，避免出现一些重大的失误。但实际情况并不能尽如人意。这主要是因为个人的见闻有限，没有读过的书和没有见到的资料还有很多。即使见到的资料，也还有摸不清情况的。这里我只举两个例子：1946年国立北平图书馆从天津盐业银行收购聊城杨氏海源阁宋元秘本92种，1207册。根据北图《本馆收购海源阁遗书始末记》，这批海源阁遗书是由平津人士潘复、常朗斋、王绍贤、张廷谔（张氏在北图收购时任天津市长）诸氏组织存海学社，贮存在天津盐业银行的。存入的时间《始末记》只说“已历有年所”，并无明确交代。存海学社1944年“又加入新股，改组为存海学社新记”。加入新股的是哪些人，也并未说明。存海学社的主要人物之一潘复，我们一向以为他是“平津人士”，其实他是寄寓在天津的。《史略》中有一个近现代藏书家潘复（1883—1936），山东济宁人，曾任北洋政府财政总长、盐务署督办，庋藏典籍甚富。可是我们没有意识到，他就是保存海源阁遗书在天津盐业银行的存海学社的主要负责人之一。最近中华书局综合编辑室副主任李肇翔先生因为知道我在整理海源阁书目，便把一本佚名标注的《海源阁宋元秘本书目》寄给我参考。打开这个标注本一看，凡是属于北图向盐业银行收购的那批书，下面都标注书主为济宁潘氏，这就使我们恍然大悟。按照当年实际情况，海源阁第四代主人杨敬夫只是把这批92种宋元秘本抵押给天津盐业银行,抵押到期杨敬夫无力赎回,书主已经由杨敬夫转归潘复为首的存海学社(后改称存海学社新记)。不过这批书仍然寄存在天津盐业银行仓库里。因此北图是向存海学社新记收购,而不是向天津盐业银行收购。潘复字馨航,清末举人出身,爱好文墨,他的藏书处名华鉴阁。民国期间历任山东劝业道、山东实业司长、南运河水利局督办、济宁鲁丰纱厂总理、北洋政府财政次长、黄河工程局督办、财政总长、盐务署督办,最后出任张作霖军政府内阁总理兼交通部总长,东北易帜后任东北边防军司令长官公署高等顾问。后来在天津作寓公。由于他富于赀财,又酷爱收藏典籍,当杨敬夫无力赎回抵押给天津盐业银行这批书的时候,他就首先发起组织存海学社,不惜重金,赎回这批宋元秘本,避免流失海外。因此我们不能低估潘复、常朗斋、王绍贤、张廷谔等人在妥善保存海源阁遗书中所起的作用。当1946年1月北平图书馆收购存海学社新记这批海源阁遗书时,潘复早于1936年9月12日病逝于北平西山,年仅53岁。他虽然并未亲自见到这批书收归国有,当然也是符合他的愿望的。

再有一个例子:我们原来知道海源阁遗书星散时,热心收藏,后来悉数捐献给国家交北图保存的,有周叔弢、刘少山、凌志斌三位先生。这是冀淑英先生写信告诉我的。我们可以从《北京图书馆善本书目》(1959年9月版)中找到"周捐""刘捐""凌捐"字样。(周捐海源阁遗书,详冀淑英先生编《自庄严堪善本书目》。见于《北京图书馆善本书目》的并非全系海源阁遗书)。属于刘捐的有宋本《张先生校正杨宝学易传》、元本《春秋诸传会通》、宋本《附释文互注礼部韵略》等20余种,但我们不了解刘少山的本名和籍贯。一次偶然的机会,沙嘉孙同志在姜亮夫先生《楚辞书目五种》中宋端平二年刻本《楚辞集注》条下发现这部海源阁的旧藏,钤有"杨印绍和""东郡宋存书室珍藏""东莱刘占洪字少山藏书之印""刘占洪少山珍藏"等藏印。这个意外的发现,使我们知道刘少山是山东人,本名占洪。我们立即在《史略》中增补了这个藏书家。但是东莱是古地名,汉置东莱郡,即今山东旧登莱二府之地。故治在今掖县。后汉徙治黄县。隋改莱州,复称东莱郡。宋曰莱州东莱郡。明清都称莱州府,故治在今掖县。那么刘少山到底是不是今掖县人呢?我们不敢肯定。最近在佚名标注的《海源阁宋元秘本书目》中看到,凡是归刘少山的书,上面都标注"蓬莱刘氏"。佚名的标注,当然是有依据的。可见刘少山是蓬莱人没有错。这是因为汉代的东莱郡,本来包括旧登莱二府之地,蓬莱自然在东莱郡管辖范围之内。刘少山的籍贯本名是弄清楚了,可是他的生平事迹,至今仍一无所知。查遍有关的各种工具书,都不见其姓氏,这就不免令人纳闷。

上面两个例子,后者已经在《史略》中作了补充,前者已来不及加以修订。这些问题的发现和解决,是陆续积累的过程。尽管如此,仍然有一些空白甚至舛讹,有待今后进一步去探索和补正。这里有必要附带指出的是:山东藏书家向来有把私人的藏书公诸天下后世的光辉传统。当海源阁藏书星散的时候,山东藏书家并不袖手旁观,而是把目光热情地注视着这一大批宋元秘本,即使典衣缩食,也要想方设法把它买下来,然后奉献给国家和人民。从时间先后来看,先有济宁的潘复,后有蓬莱刘占洪、日照王献唐。他们都是近现代山东藏书家中的佼佼者。他们不仅是聊城杨氏海源阁的功臣,而且是保存、传播古文献的功臣,是弘扬我国优秀传统文化的先驱。他们的远见卓识、化私为公、藏书不必为我所有的崇高品德和高尚的精神境界,永远值得人们敬仰。因《概述》(代序)中意犹未尽,特追记如上。

王绍曾记于1992年11月30日

增订本后记

沙嘉孙

1979年,我可爱的女儿诞生了;可是,她那饱受磨难的爷爷却走了。……无数的鲜花,不尽的人群,还有那悲愤的哀乐回响在群山之中,直冲泰山之巅。……我失去了慈祥的父亲,国家失去了一位诚实的教授。怀着悲痛的心情,回到济南,出席山东省图书馆学会第一次科学讨论会。我默默坐在会场的一角。这时,一位老者向我走来;我看着他的脸,呆住了,忙站起来,和他握手。老人操着一口带有浓重江阴语音的"普通话"——我是宜兴人,宜兴与江阴相去不远——这时,好像在千里之外又听到了乡音,看到了亲人。他对我的论文表示赞赏,又说:"你懂得一些古文,我们山大需要你这样的人才,你愿意到山大来工作吗?"我点点头,表示愿意。老人那双长眉毛下的眼睛放出了光芒,高兴地说:"好好,回去我就向有关部门推荐。"这位老人就是王绍曾先生。从这之后,我就追随先生,二十多年来,参与了他主编的多部著作。《山东藏书家史略》就是我与先生合著的第一部书。

1983年,济南市文化局将我的妻子从河南杞县调来济南,结束了我们夫妻分居十二年的生活。1984年初,我调往山东大学图书馆古籍特藏部工作。在先生的直接指导下,边学习边工作,很快熟悉了业务;从采购、分编到借阅,无不了如指掌。而业余时间就全部用在《山东藏书家史略》一书的资料收集工作上。十年间从没有休息过。每篇撰成都要经过先生再三修改、增补、润色,最后由我誊清成定稿。1992 年书成,由山东大学出版社印行。此书出版之后,受到学界的好评,但也发现了不少问题。先是先生编印了一个勘误表,对文字上的错误进行了纠正。后来,我在阅读过程中,又不断发现了一些新材料,随手记在书上,这就是现在的增订本。

2000 年,我编成了《山东大学图书馆古籍善本书目》①,工作了 41 年的我退休了。当时身体不大好,平常很少生病的我,几次住进医院,还做了一次不大不小的手术。医生再三叮嘱,不能劳累,注意休息,少看书。先生去看我,教我养生之道,授我全身按摩之法。从此,在家静养,停止了一切写作与外界的交往。在上海工作的儿子要我到他那里住一段时间,说南方空气好,有利于身体的恢复。2006 年我和老伴带着女儿,离开生活了 53 年的济南,回到了日夜思念的江南。上海曾是我祖父沙彦楷先生工作、生活的地方。这一年的八月十五,月亮分外的明,亮得叫人睁不开眼。我站在儿子装修华丽的新房大阳台上,遥望着深蓝色的夜空,百感交集,哽咽着喊了一声:“爷爷,我们回来了!”那泪水就像泉涌一般流了下来。我思念爷爷,也挂念着千里之外的先生。没想到,我到上海的第二年,先生就离我而去了,我永远失去了敬爱的老师。

2008 年 1 月,我的小孙女出生了,我也当爷爷了。孩子善良、聪慧、坚强、好学,美得叫人难以相信,从此我的身体也有了好转,可以看点书,写几个字,画几笔画了,生活中充满了欢乐。2012 年,

①此书于 2004 年经过山东大学图书馆同仁的增订,由齐鲁书社出版发行。

杜泽逊君突然找到了我,告知《山东藏书家史略》《山东文献书目》要再版,我编写的《山东文献书目续编》也可以一并印行。之后,我老伴急至济南老宅,将三书捡出,交付杜君。书稿都是手抄,字迹难辨,这给出版编辑工作一定会带来不小的困难。2013 年出版社将排印的清样寄到上海,我又细细重校一过,花去了半年多的时间,勉强完成了任务。

《山东藏书家史略》这次增订,增加了四位藏书家。其中有清代的毕以绣,其材料是从《文登文史资料》1987 年第 3 期上发现的。后查检《中国古籍善本书目》及《贩书偶记》中都著录有他的藏书和著作。再就是郑文焯,他的祖籍是北海高密,郑玄的后裔。他有一方印章,就刻着“高密”二字,表示永不忘祖之意。他的著作很多,《山东文献书目》全部收录。他又是一位著名的藏书家,《续补藏书纪事诗》中记其藏书事迹甚详,而《史略》未收,好像没有道理。今将其补入,应是顺理成章的事情。另外两位是现代山东最大的藏书家:一位是为本书作序的张景栻先生;一位是长期居住上海的青州藏书大家黄裳先生。他们二位于 2006 年、2012 年先后去世。为永远纪念二先贤,本书在最后特别作了介绍,只是在撰文时,我已移居上海,而所有资料都封存于山东大学寓所,传文多凭记忆写成,可能会显得单薄一些。好的是,杜泽逊君近日告诉我,他曾于 2001 年在《藏书家》第 4 期上发表过一篇介绍张先生的文章,篇名叫《长伴蠹鱼老布衣》,读者可作参考。黄裳先生的著作很多,至于他的藏书部分可参考其大作《来燕榭书跋》《前尘梦影新录》《清代版刻一隅》等书和有关文章。

关于山东藏书家缺失的部分,除大陆之外,还有港澳台及海外。这几个方面,我们掌握的资料很少,还需要在对外交往中注意收集、充实,以求逐步完备。

对于书中已收录的藏书家,也多有补充。如五代和凝曾采两汉以来有关争讼难究而精察得情之案例,著成两卷,名曰《疑狱集》。其子嵘曾任将仕郎守太子中允,又继遗篇续成两卷,合为四卷,约于广顺元年(951)刊行。为我国现存较早的有关刑法折狱著作。至明嘉靖间,张杲得此传本后,又博采典籍中记载精详之案例,编成六卷,合为十卷,续刊其后。今存清咸丰元年(1851)桐乡金凤清校刊本。这一段的补入异常重要,对研究我国判案、法医史和印刷史都有重大意义。又如清代的张万选曾官太平推官,著有《太平三书》十二卷,有清顺治五年(1648)襄古堂张万选刻本。《邹平县志》施润章《序》有云:"是时比部张举之(万选)请告家居,藏书多善本,博采勤搜,进士马宛斯(骕)讨核详实。"顾亭林(炎武)在邹平考订县志时,多借用其书,其昆仲张奉之与之探讨。《史略》原文将万选附于张尔奎之下,他的藏书情况并不清晰。这一段记载充分表明邹平张氏三代藏书极其富博,且与外界学术交流频繁,享誉当时,确为藏书大家。再就是清末文登于氏小谟觞馆,在山东方面,他们的藏书仅次于聊城海源阁。然而由于资料奇缺,致使《史略》的记载过于简略,很多问题没有搞清楚。后来笔者用大力,花了一年多的时间,撰写了《文登于氏藏书考》八千余言,发表在《文献》杂志上,算是对山东私人藏书史上一个重大课题作了交待。这次增订,就将此文收入附录之中,供读者参考。由于时间关系,对正文就没有再作改动。曹愚盦是近代一位重要藏书家,藏书极夥,今多保存于山东大学图书馆。但长期以来,我们只能根据他的唯一一方藏书印章"渠丘曹愚盦氏藏书",推测他是安丘人,号愚盦,而不晓其大名;笔者甚至怀疑他是一位隐者。在一个偶然的机会,在他的一本藏书中发现了一则佚名的题记,云:"曹善揆,号愚盦,安丘人。民国初曾游京津,得无名氏《太上感应篇集证》刊文。1939年后居青岛。"这才知真人的大略。像以上的例子,书中还有很多,就不一一赘述了。

订正部分主要有五代朱遵度一节,参考杨锦先女士的《五代青州大藏书家朱遵度》一文,补入了宋代郑文宝《江表志》卷三“朱遵度,本青州书生,好藏书,高尚不仕,闲居金陵”这一段最早的记载。后来,因为宋代陈振孙在他所撰的《直斋书录解题》中误将朱遵度所撰《群书丽藻》著录为崔遵度撰;《宋史·艺文志》又误作宋遵度撰,才造成了混乱。宋遵度无此人,而崔遵度《宋史》有传,其生平经历与朱遵度全无相同之处。其传文还明确记载他撰有《琴笺》及其文集二十卷,而无此书。朱、崔俨然二人,并不相混。《史略》在叙述上确有含糊之处,此次订正,作了厘清。

李冕原材料以干支纪年,误入清末。后查其为明嘉靖时人,重新排入明代。施端教为江苏泗州人,属于误收,已删除。书中还有不少生造的简化字,皆据《汉语大字典》改为规范字。

沙嘉孙

2014年5月1日记于申城寓所

图书在版编目(CIP)数据

山东藏书家史略/王绍曾，沙嘉孙著．—增订本．
—济南：齐鲁书社，2017.1
ISBN 978-7-5333-3492-5

Ⅰ．①山… Ⅱ．①王… ②沙… Ⅲ．藏书家—列传
—山东省 Ⅳ．①K825.4

中国版本图书馆 CIP 数据核字(2016)第 126137 号

封面题签：顾廷龙
责任编辑：孔　帅
版式设计：李　生　郭　觐

山东藏书家史略(增订本)

王绍曾　沙嘉孙　著

主管单位　山东出版传媒股份有限公司
出版发行　齊魯書社
社　　址　济南市英雄山路 189 号
邮　　编　250002
网　　址　www.qlss.com.cn
电子邮箱　qilupress@126.com
营销中心　(0531)82098521　82098519
印　　刷　山东德州新华印务有限责任公司
开　　本　880mm×1230mm　1/32
印　　张　19.5
插　　页　18
字　　数　507 千
版　　次　2017 年 1 月第 1 版
印　　次　2017 年 1 月第 1 次印刷
印　　数　1-1300
标准书号　ISBN 978-7-5333-3492-5
定　　价　**88.00 元**